ÜBER DIESES BUCH

In diesem Band wird zunächst die ideologische Grundstruktur jener Ära untersucht, die sich selbst meist als »fortschrittliche Reaktion« interpretiert. Man verstand darunter die Überwindung jener liberalistischen Kulturanarchie des Impressionismus, deren einziges Interesse der »persönlichen Note« gegolten hatte. Demgegenüber verlangen die Ideologen der Jahrhundertwende eine Bindung, die je nach weltanschaulicher Orientierung völkische, rassische, national-religiöse, theosophische, lebensreformerische oder sozialfaschistische Züge annimmt. Allen kulturellen Strömungen um die Jahrhundertwende vom Neoimpressionismus, der Heimatkunst, dem Monumentalismus bis zum Purismus ist ein verzweifeltes Ringen um »Stil« gemeinsam, das eine ästhetisch-dekorative, volkhaft-monumentale und schließlich werkbetont-sachliche Phase durchläuft.

DIE AUTOREN

Richard Hamann, geb. 1879 in Seehausen bei Magdeburg, 1913–1949 Ordinarius für Kunstgeschichte in Marburg, 1947–1957 Gastordinarius an der Humboldt-Universität Berlin, Mitglied der Deutschen Akademie der Wissenschaften, gest. 1961 in Oberstdorf/Allgäu. – Publikationen u.a.: Der Impressionismus in Leben und Kunst, 1907; Die Deutsche Malerei, 1925; Rembrandt, 1944; Geschichte der Kunst von der Vorgeschichte bis zur Gegenwart, 1932/1952.

Jost Hermand, geb. 1930 in Kassel, seit 1958 Professor für deutsche Literatur an der Universität Wisconsin, Madison/USA. – Publikationen u.a.: Literaturwissenschaft und Kunstwissenschaft, 1965; Von Mainz bis Weimar. 1793–1919. Studien zur deutschen Literatur, 1969; Pop International. Eine kritische Analyse, 1971; Der Schein des schönen Lebens. Studie zur Jahrhundertwende, 1972.

RICHARD HAMANN / JOST HERMAND

EPOCHEN DEUTSCHER KULTUR
VON 1870 BIS ZUR GEGENWART

BAND 4

STILKUNST UM 1900

Mit 88 Abbildungen

FISCHER TASCHENBUCH VERLAG

Fischer Taschenbuch Verlag
Juli 1977
Ungekürzte Ausgabe

Umschlagentwurf: Jan Buchholz/Reni Hinsch
unter Verwendung des Aquarells ›Abschied‹ von Heinrich Vogler,
Deutsche Kunst und Dekoration Bd. IV, 1899,
Verlagsanstalt Alexander Koch, Darmstadt

Fischer Taschenbuch Verlag GmbH, Frankfurt am Main
Lizenzausgabe mit freundlicher Genehmigung der
Nymphenburger Verlagshandlung GmbH, München
© 1973 Nymphenburger Verlagshandlung GmbH, München
für die Bundesrepublik Deutschland, Österreich und die Schweiz
© 1959 Akademie-Verlag GmbH, Berlin
für den unter dem Haupttitel
›Deutsche Kunst und Kultur von der Gründerzeit bis zum Expressionismus‹
erschienenen Band ›Stilkunst um 1900‹
Gesamtherstellung: Clausen & Bosse, Leck (Schleswig)
Printed in Germany
6354-1180-ISBN-3-436-02510-0

INHALTSVERZEICHNIS

VORWORT ZUR 1. AUFLAGE

Einmal ganz grob gesprochen, wird das machtpolitische Spannungsfeld der Jahrhundertwende von zwei Polen bestimmt: dem übersteigerten Nationalismus der wilhelminischen Führungsschicht und der ständig wachsenden Arbeiterklasse, die sich in der Sozialdemokratie ihre offizielle Interessenvertretung geschaffen hatte. Der Eindeutigkeit dieses ideologischen Gegensatzes, der hauptsächlich die gesellschaftlichen und ökonomischen Auseinandersetzungen betrifft, läßt sich auf kulturellem Gebiet kaum etwas Vergleichbares zur Seite stellen. Hier liegt der Schwerpunkt weder auf dem forcierten Repräsentationsbedürfnis der neureichen Kommerzienräte noch auf den erst keimhaft entwickelten literarischen Bemühungen der geistig interessierten Arbeiterkreise, sondern auf dem mittleren Bürgertum, der sogenannten „dritten Macht". Daß die wilhelminische Hautevolee in dieser Hinsicht versagte, ist bei den gründerzeitlichen Traditionen dieser Schichten nicht verwunderlich. Ihrem Geschmack entsprachen bombastische Siegesalleen, eine renaissancehafte Palastarchitektur und ein literarischer Highlife-Idealismus, der sich in geschwollenen Jambentragödien und pikant verzuckerten Salonromanen erschöpft. Die geistige und kulturelle Unbildung der Handwerker, Industriearbeiter und kleinen Angestellten hing dagegen aufs engste mit ihrer ökonomischen Zwangslage zusammen. Was sich hier an Tatkraft regte, mußte bei der Gespanntheit der sozialen Verhältnisse erst einmal politisch zum Austrag kommen, bevor es sich auf kulturellem Sektor auswirken konnte. Dazu kam, daß die Sozialdemokratie in diesen Jahren noch kein eigentliches Kulturprogramm besaß, sondern ihren Anhängern unter der Parole „Wissen ist Macht" ein relativ wahlloses Aneignen der geistigen und kulturellen Überlieferung empfahl. Es blieb daher bei den Bemühungen der Arbeiterbildungsvereine und der Volksbühnenbewegung, die selbstverständlich nicht mehr als eine aufklärende Aufgabe erfüllen konnten und obendrein mit vielen staatlichen Schikanen zu kämpfen hatten.
Aus diesem Grunde stand die Kultur- und Kunstpolitik dieser Jahre weitgehend im Zeichen jener bürgerlichen Schichten, die sich seit der Reichsgründung von 1871 in einer gewissen Opposition gegen oben und unten befanden. Schließlich gab es auch in den achtziger und neunziger Jahren immer noch genug versteckte Liberale, die der Bismarckschen Alleinherrschaft und den politischen Ambitionen des jungen Kaisers mit einer gewissen Skepsis gegenüberstanden und lieber Privatleute blieben, als sich irgendwie zu engagieren.

Doch je mehr sich diese Kreise zwischen die Mühlräder der innenpolitischen Auseinandersetzungen geworfen sahen, die im Zeitalter der „Sozialistengesetze" ihren ersten Höhepunkt erlebt hatten, desto schwächer erwies sich ihre bürgerlich-demokratische Gesinnung. Die Opportunisten wurden kaisertreu, die besseren unter ihnen zogen sich im Sinne einer Vogel-Strauß-Politik ins Ästhetische zurück und befriedigten ihre geistigen Interessen mit französischer russischer oder skandinavischer Literatur, während sie den wilhelminischen Prunkstil zutiefst verachteten. Zwar huldigten auch sie bei offiziellen Anlässen dem herrschenden Hurrapatriotismus, bevorzugten jedoch auf künstlerischer Ebene eine Fin-de-siècle-Stimmung, die sich in weltverlorener Einsamkeit mit mystischen Abstrakta wie „Allseele" oder „Dingvertrauen" zu trösten versucht. Ihren Höhepunkt erlebte diese paradoxe Auseinanderentwicklung gegen Ende der neunziger Jahre, wo man sich trotz der aggressiven Außenpolitik künstlerisch so ästhetenhaft gebärdete, daß Thomas Mann mit Recht von einer Periode der „machtgeschützten Innerlichkeit" gesprochen hat. Im Gegensatz zu den achtziger Jahren, in denen wenigstens eine kleine, naturalistisch-orientierte Gruppe ein gesellschaftliches Verantwortungsbewußtsein gezeigt hatte, begeisterte man sich jetzt für die „paradis artificiels" des ästhetischen Lebens, was inhaltlich als bewußtes Absehen von den dunklen Seiten des Lebens, als „Impressionismus", zum Ausdruck kommt. Doch dieses Kokettieren mit der sinnlichen Eindrucksfülle, zu dem sich ein dekadentes Verliebtsein in das eigene Leiden gesellt, konnte sich nur für wenige Jahre behaupten und wurde schließlich nach 1900 von einer wesentlich tatkräftigeren Richtung verdrängt. Soziologisch gesehen, bedeutete das eine merkliche Akzentverlagerung ins Mittelständische, zu Schichten, die erst jetzt von der Kultur ergriffen wurden und mit einem kunstpolitischen Elan in die Arena traten, der oft eine gefährliche Nähe zu den imperialistischen Zielen der wilhelminischen Führungsspitze verrät.

Das Ergebnis dieser ideologischen Umorientierung, die annalistisch zufällig mit dem Anbruch des neuen Jahrhunderts zusammenfiel, wurde von weiten Kreisen als endgültiger Durchbruch zu einem bürgerlichen Selbstgefühl empfunden. Immer wieder trifft man in diesen Jahren auf Proklamationen, die das mittlere Bürgertum als eine Macht bezeichnen, der eine weit größere Rolle zugedacht sei, als das Zünglein an der Waage zu spielen. Anstatt sich weiterhin mit einem dekadenten Ästhetizismus über die politische Machtlosigkeit hinwegzutrösten, erhob man plötzlich einen Führungsanspruch, der sich auf alle Gebiete erstreckt: auf Wirtschaft, Rasse, Wissenschaft, Kultur, Staat oder Religion, als sei der Mittelstand die entscheidende Trägerschicht des gesamten Reichsverbandes. Daß dieser politische und kulturelle Durchbruch mit einer solchen Vehemenz erfolgte und zugleich einen zutiefst reaktionären Charakter hat, hängt mit der mangelnden Ausreifung dieser bürgerlichen „Revolte" zusammen. Während sich das politische und geistige Selbstbewußtsein der bürgerlichen Schichten in England und Frankreich schon zu Beginn des 19. Jahrhunderts relativ frei entfalten konnte, war es in Deutschland immer wieder zurückgedrängt worden und kam daher jetzt wie ein lange unterdrückter Komplex lediglich in einer verquälten und weitgehend gehemmten Umstilisierung zum Durchbruch. Man spürt deutlich, daß es sich hier um Schichten handelt, die sich durch die allmähliche Konsolidierung der Lage am gesellschaftlichen Aufstieg gehindert sahen und darum ihren „Willen zur Macht" ins progressiv „Idealistische" oder konservativ „Revolutionäre" uminterpretierten und zugleich zum Vorbild für andere Nationen erhoben. Anstatt einzusehen, daß man rückständig war, machten viele Vertreter dieser Richtung aus der Not eine Tugend und verklärten gerade jene Ideen oder geistigen Haltungen, in denen sich spezifisch „reaktionäre" Elemente verbergen. Der idealistische Elan, der diesem Weltanschauungssuchen zugrunde liegt, richtet sich daher gegen alle bisher als „fortschrittlich" empfundenen Ideen und bemüht sich in phantastischer Verblendung, die auseinanderstrebenden Kräfte der Zeit wieder unter einen religiösen, mythischen oder völkisch-rassischen Aspekt zu stellen. Mit besonderer Schärfe verurteilte man das Phänomen der modernen Massengesellschaft, und zwar sowohl die „materialistischen" Ziele der Arbeiterbewegung als auch den „Mammonismus" der kapitalistischen Kreise, da man in beiden lediglich das finanzielle Gewinnstreben, die Profitrate oder den Akkordlohn sah, durch die sich der Mensch in eine „bête humaine" verwandelt habe.

Um diese „Entmenschung" zu überwinden, die man zwar richtig erkannte, aber ideologisch verzerrte, predigte man eine radikale Wendung ins Irrationale, ins urtümlich Heile und Gesunde, wobei man sich auf die romantische Organismusidee berief und daraus das Schlagwort „Kultur statt Zivilisation" abzuleiten versuchte. Durch diesen Antikapitalismus und Antisozialismus verfielen alle „liberalen" Ideen und wirtschaftlichen Gegebenheiten wie Industrie, Großstadt, Parlamentarismus, religiöse Aufklärung oder Demokratie, an denen das fortschrittsfreudige Bürgertum bisher gehangen hatte, plötzlich der ideologischen Verdammung. Statt dessen schwärmte man wieder für das zeitlos Ewige, um so der oberflächlich „materialistischen" Gesinnung des späten 19. Jahrhunderts ein Leitbild „wahren" Menschentums entgegenzusetzen. Das Gefährliche dieser geistigen Wende war, daß man dabei nicht auf die echten und gehaltvollen Traditionen der eigenen bürgerlichen Vergangenheit zurückgriff, auf den zutiefst humanistischen Geist der Aufklärung und der Goethe-Zeit, sondern sich in die Fangarme eines „romantisch-utopischen" Irrationalismus warf, durch den sich die geplante Revolte gegen den modernen Wirtschaftsgeist schnell in eine reaktionäre Bewegung verwandelte. So setzte man zwar mit idealistischem Eifer an die Stelle der Zivilisation die Kultur, der Masse das Volk, der Skepsis den Glauben, der Vielheit die Einheit, der Analyse die Synthese, doch alle diese Unterscheidungen drangen nicht bis zu den realen Gegebenheiten vor, sondern blieben im Abstrakt-Theoretischen befangen. Statt von vornherein die Totalität aller menschlichen Beziehungen ins Auge zu fassen und den Menschen als gedachtes Wesen in die Zukunft zu projizieren, verhielt man sich meist rein „sezessionistisch". Was als „deutsche Bewegung" geplant war, wurde daher immer stärker zu einer Opposition von rechts und lief schließlich auf eine innerbürgerliche Revolte hinaus. Man denke an den scheinbaren Widerstand der „Alldeutschen" oder der „Völkischen", die sich mit geheuchelter Biedermannsmiene als nationale Opposition bezeichneten, obwohl sie faktisch die gleiche Annexionspolitik propagierten wie die wilhelminischen Platz-an-der-Sonne-Theoretiker. Trotz aller antiliberalen und antikapitalistischen Thesen gerieten daher ihre ideologischen Gegenentwürfe immer stärker ins Fahrwasser der als „Schädlinge" am deutschen Volkskörper angeprangerten Großindustriellen. Man hat oft das Gefühl, als ob es sich bei diesen scheinbaren Gegensätzen nur um taktische Manöver handelte. Ein Beweis dafür ist, daß es nie zu politischen Aktionen dieser Kreise gegen ihre angeblichen Feinde kam, sondern sich das Ganze bald zu einem raffiniert getarnten Bündnissystem entwickelte, bei dem die hoffnungsvollen „Idealisten" einfach überrumpelt wurden. Das Ergebnis dieser verhängnisvollen Entwicklung war, daß sich die antiplutokratischen Affekte des mittleren Bürgertums nicht ins freiheitlich Demokratische entluden, sondern von geschickten Demagogen weitgehend ins „Völkische" umgelenkt wurden, was zu einer fortschreitenden Selbstentmündigung dieser Schichten führte.

Besonders deutlich zeigt sich dieses irrationale Einheitsstreben in der Menschenauffassung und den damit verbundenen Gemeinschaftsidealen der Jahrhundertwende. Die Naturalisten der achtziger Jahre hatten auf Grund ihrer positivistischen Maximen im Menschen lediglich ein „unpersönliches Geschehen" oder einen willenlosen Bestandteil von Masse und Milieu gesehen. Ihre Tendenzen zielten auf Entgötterung, Entnaturalisierung und Entmenschung der gesamten Erscheinungswelt hin, um so an die Stelle des gründerzeitlichen Personenkults eine arbeitsgebundene Sachkultur zu setzen, der eine objektive Leistungsethik zugrunde liegt. Daß man dabei den Bogen überspannte und den einzelnen Menschen zu einem seelenlosen Mechanismus oder sinnesphysiologischen Apparat degradierte, gehört auf ein anderes Blatt. Im Rahmen des Impressionismus wurde dagegen die menschliche Psyche lediglich als ein Tummelplatz unzusammenhängender Eindrücke empfunden. Dafür sprechen die Werke von Ernst Mach, in denen nur der momentane Reiz anerkannt wird, während alle Willensmomente, die auf einer geistigen Kombinatorik beruhen, als Einbildungen oder nachträgliche Verfälschungen bezeichnet werden. Bei ihm gibt es weder ein Ich noch ein Du, sondern bloß ein anonymes Allgemeingefühl innerhalb sinnlicher Rauschzustände, durch die sich der Mensch völlig an die ihn umgebenden Eindrücke verliert.

An die Stelle dieser menschlichen Leitbilder trat um 1900 das Bedürfnis, dem einzelnen Ich wieder eine „Seele" zurückzuerobern, die es in der gesteigerten Sinnlichkeit und unpersönlichen Hast des modernen Wirtschaftslebens weitgehend verloren habe. Überall spürt man ein sehnsüchtiges Verlangen nach einer Lebensgestaltung mit stark persönlichen Bindungen und Beziehungen, denen meist heimatlich-stammliche oder bündisch-kreishafte Vorstellungen zugrunde liegen. Anstatt sich wie bisher für mechanische Zweckverbände wie Fabriken, Aktiengesellschaften und wissenschaftliche Institute einzusetzen oder einer impressionistischen Vereinzelung zu huldigen, forderte man jetzt ein „ursprüngliches" Verhältnis von Mensch zu Mensch, bei dem weniger die Leistung als das rein Charakterliche im Vordergrund steht. So findet sich im „Jahrbuch für die geistige Bewegung" (1910), dem weltanschaulichen Organ des George-Kreises, die programmatische Erklärung: „Wir haben erfahren, daß das geheimnis des lebens ‚Seele' heißt, und daß Seele nur frei wird, wo der mensch sich dem menschen um des menschen willen verbindet" (S. 16). Auf diese Weise entwickelte sich ein Menschenbild, das einen ausgesprochen „personenkultischen" Eindruck erweckt. Hatte man den Menschen bisher als etwas Determiniertes, als Objekt einer Analyse oder als Mitglied einer bestimmten Klasse betrachtet, so bemühte man sich jetzt, ihn als eine „eigenschöpferische" Persönlichkeit hinzustellen, die in allen Fragen des gesellschaftlichen, kulturellen und politischen Lebens einen weitreichenden Anspruch anmelden kann. Das Ergebnis dieser Entwicklung war ein Tatidealismus, der zu einer ganz neuen Schätzung des persönlichen Urteilens führte. Man wollte nicht mehr konstatieren, statistisch nachprüfen oder positivistisch belegen, sondern selbst Stellung nehmen, das heißt, alte, abgelebte Postulate verwerfen und an ihre Stelle neue, zukunftsträchtige Ideale setzen, woraus man eine hochgespannte „Philosophie der Werte" abzuleiten versuchte. Anstatt jedoch bei diesem Gründungsversuch von bestimmten Gegebenheiten auszugehen, griff man meist über die gesellschaftliche Realität einfach hinweg und entnahm die neuen Tafeln und Gesetze, von denen man sich eine Gesundung und Vereinheitlichung des gesamten völkischen Lebens erhoffte, dem unerschöpflichen Reservoir der geschichtlichen Tradition, wodurch sich die geplante „revolutio" schon im Ansatz in eine „reactio" verwandelte. Darüber täuschen auch Begriffe wie „fortschrittliche Reaktion" oder „konservative Revolution" nicht hinweg, da hinter dem Ideal der zeitlosen Gemeinschaftsformen immer wieder die bisherigen Besitzvorstellungen von Oben und Unten, von Führer und Gefolge zum Vorschein kommen und sich dadurch die scheinbar „antikapitalistische" Einkleidung dieser Gegenentwürfe schon in statu nascendi widerlegt.

Trotz dieser gemeinsamen Grundtendenz muß man sorgfältig zwischen den einzelnen Spielarten dieser Bewegung unterscheiden, um keiner vulgärsoziologischen Verallgemeinerung zu verfallen. Der ausgesprochen reaktionäre

Flügel läßt sich am besten mit dem Adjektiv „romantisch-utopisch" charakterisieren, da seine menschlichen und gesellschaftlichen Leitbilder meist einer literarisch überhöhten Vergangenheit entnommen sind. So schwärmten weite Kreise des kleinstädtischen Bürgertums für einen edlen Primitivismus und stellten das Bebauen der eigenen Scholle als die einzige Lebensform hin, die dem modernen Menschen die nötige Ruhe und Beschaulichkeit garantiere. Aus Protest gegen die steigende Industrialisierung und Verstädterung des gesamten landschaftlichen Gefüges idealisierte man dabei in spezifisch deutscher Rückständigkeit die alten Formen des Patriarchalismus, in denen sich die menschliche Persönlichkeit noch in Arbeit, Wille und Besitz ausgedrückt habe. Eng verwandt mit diesem bäuerlichen Lebensideal ist der Biedermeierkult der Jahrhundertwende, der sich in einer auffälligen Vorliebe für das idyllische Landhausleben und die Geborgenheit des bürgerlichen Wohnzimmers äußert. Man berief sich dabei vor allem auf die liebevolle Stilisierung und den seelischen Affektationswert der biedermeierlichen Einrichtungsgegenstände. Ebenso vorbildlich empfand man die „Gemütlichkeit", das Naturgefühl und den Heimatsinn dieser bewußt harmonisch gesehenen Epoche, die man gegen die unpersönliche Welt der modernen Großstädte auszuspielen versuchte, in denen sich das gesamte Dasein inmitten seelenloser Industrieprodukte vollziehe. Wesentlich vergeistigter wirken dagegen jene Leitbildkonstruktionen, die sich an den „Hochkulturen" der Menschheit orientierten. Beispielhaft dafür ist der allgemeine Kult der Antike, da hier der einzelne Mensch noch als ein Symbol des Vornehmen und Heroischen aufgefaßt wurde, das sich nicht als Endprodukt eines bestimmten Milieus relativieren läßt. Aus diesem Grunde galt es nach Jahren einer naturalistisch-impressionistischen Bohemiengesinnung selbst in literarischen Zirkeln wieder als erstrebenswert, die „edle Geste" zu pflegen, das heißt, nichts zu tun, sondern nur zu repräsentieren. Dem entspricht der Personenkult des George-Kreises, wo diese aristokratische Gesinnung bis zur Mythisierung, ja Vergottung bestimmter genialer Persönlichkeiten gesteigert wurde. George schrieb daher im „Teppich des Lebens" (1900), in dem sich eine deutliche Wendung vom Subjektiv-Ästhetischen seiner Frühzeit zum überindividuellen Pathos seiner späteren Führerrolle verrät (V, 18):

> „Eine kleine schar zieht stille bahnen
> Stolz entfernt vom wirkenden getriebe
> Und als losung steht auf ihren fahnen:
> Hellas ewig unsre liebe."

Eine ebenso aristokratische Note hat die halb nazarenische, halb präraffaelitische „Neo-Gotik" dieser Jahre, die auf den Idealen des mittelalterlichen Marienkults und der Heiligenverehrung beruht. Wiederum sei an George erinnert, der in romantischer Verliebtheit in alles Vergangene behauptete:

„Die geister kehren stets mit vollen segeln/ Zurück ins land des traums und der legende", um den „zauber heimischer madonnen" auf sich wirken zu lassen (V, 56). Ebenso sakral zelebrierte man den ritterlichen Feudalismus, der als die höchste Form einer wahrhaft vornehmen Menschlichkeit galt, da er neben den antiken Vorstellungen des Ruhms und der persönlichen Ehre zugleich das Religiöse in sich einschließt. Gerade hier, wo sich das Bürgerliche in eine Welt des feudalen Heroismus aufzuschwingen versuchte, ist die reaktionäre Zielsetzung unverkennbar. Das beweist vor allem das angemaßte Führerbewußtsein, mit dem schon George das Prinzip der absoluten Gefolgschaftstreue verband (V, 34):

> „Was uns entzückt verherrlicht und befreit
> Empfangen wir aus seiner hand zum lehn
> Und winkt er: sind wir stark und stolz bereit
> Für seinen ruhm in nacht und tod zu gehn."

Die Problematik dieser restaurativen Leitbildversuche, die sich selbst nicht als traditionalistisch, sondern als „reaktionären Fortschritt" verstanden und daher eine ganz andere Schärfe und aktivistische Gesinnung entwickelten als die romantische Bewegung zu Beginn des 19. Jahrhunderts, ist schon oft behandelt worden. So fragte man sich immer wieder, ob eine Rückkehr zu alten, vergangenen Formen des politischen, religiösen und kulturellen Lebens nicht von vornherein zur Unproduktivität verurteilt sei, da sie keine Rücksicht auf die veränderten gesellschaftlichen Grundlagen nimmt und aus diesem Grunde notwendigerweise ins Nichts führen muß. Ebenso wichtig ist die Erwägung, inwieweit eine solche Belebung älterer Gesellschaftsformen das Zeitgemäße wirklich umgestalten kann, zumal in allen diesen Ideologiekomplexen ein literarisches Cliquenbewußtsein zum Ausdruck kommt, das sich in ein soziales Niemandsland zu flüchten versucht und damit seine Allgemeingültigkeit verliert. Man kann daher schon jetzt die Frage stellen, ob die kulturelle Betriebsamkeit dieser Schichten — bei aller Anerkennung des guten Willens und der edlen Geste — nicht einen tiefgreifenden Verrat an der eigenen Zeit und ihren Problemen bedeutet. Anstatt das „Zeitgemäße" zum Ziel ihrer kulturellen Umgestaltung zu machen und daraus einen neuen Sinn zu entwickeln, da sich Leben nur durch Leben erwecken läßt, liebäugelte man in diesen Kreisen nur zu gern mit dem äußeren Glanz längst vergangener Herrschaftsformen, aus denen man sich ein goldüberladenes Prunkgewand oder eine theatralische Draperie zu schneidern versuchte, um so der allgemeinen „Vermassung" zu entgehen. Es überwiegt daher bei vielen Äußerungen dieses übersteigerten Kulturwillens trotz mancher „idealistischen" Elemente das Reaktionäre, zumal der Drang nach Einheit, überindividuellen Normen und neuen Gesellschaftsformen meist in der Form subjektiver Anmaßung erscheint. So propagierte man zwar das Bindende und Einende innerhalb des mittelalterlichen Papstkirchentums, die höfische Geselligkeit von Renaissance und Rokoko oder das Gefolgschaftswesen im Rahmen der germanischen Staatsverbände, aber es blieb bei einer ästhetischen Schwärmerei für diese Ideale, da man bei aller Bindung und Unterordnung nur in den seltensten Fällen das subjektiv Genialische der eigenen Person verleugnete. Auf diese Weise entstanden eine Päpstlichkeit ohne Papst, gesellige Formen ohne höfische Feste, Personenkult ohne Personen, denen er dargebracht wird, Körperkultur ohne echtes Athleten- oder Rittertum. Überall spürt man das Konstruierte, Formale und Inhaltslose dieser Bemühungen, die einem hektischen Ideologientaumel gleichen, der rein vom Faszinans einer romantisch gesehenen Vergangenheit zehrt. Formen, die früher einen Sinn innerhalb einer festgefügten Lebensordnung hatten, verblaßten daher zu bloßen Stilfiguren, zu ästhetischen Ornamenten, mit denen sich gewisse Schichten über ihre eigene Bedeutungslosigkeit hinwegzutäuschen versuchten. So schwärmte man für sakrale Kulte, griechische Feste oder ritterliche Herrschaftsformen, trug jedoch in Wirklichkeit eine Künstlermähne, kleidete sich mit weißen Hosen, einer Samtjacke und einem kunstgewerblichen Schlips und schloß die Fenstervorhänge, wenn man durch Arbeiterviertel oder Industriebezirke fuhr, worin nicht nur das offenkundige Ressentiment, sondern auch der Fluchtcharakter dieser Bewegung zum Ausdruck kommen.

Neben diesem reaktionären Flügel, der vorwiegend aus anspruchsvollen Außenseitern bestand und sich zur Festigung der eigenen Machtposition um eine halb religiöse, halb ästhetische Beseelung älterer Herrschafts- und Gemeinschaftsformen bemühte, gab es jedoch innerhalb dieser mittelständischen „Wertbewegung" auch eine Gruppe, deren Idealismus mehr ins Fortschrittliche tendierte. Anstatt den alten Personenkult, das Prinzip von „Herrschaft und Dienst", zu restaurieren, spürt man hier ein aufrichtiges Ringen um neue, zeitgemäßere Formen des menschlichen Zusammenlebens. Im Rahmen dieser Kreise wollte man nicht in die „gute, alte Zeit" zurück, die sich mehr und mehr in eine reaktionäre Legende verwandelte, sondern ging in entschiedener Weise von der Beseitigung der älteren Rangformen aus, um so eine Zweckgemeinschaft zu ermöglichen, die auf dem Prinzip der absoluten Gleichrangigkeit beruht. Als Endziel faßte man dabei eine Humanisierung alles rein Mechanischen ins Auge, die auch den Arbeiter wieder in seinem Menschsein bestätigt und ihn zugleich zum Herrn der Maschine erhebt. Das Schlagwort dieser Richtung, deren sozialpolitisches Einheitsdenken sämtliche Schichten der Bevölkerung umfaßt, war daher der Begriff der „sachlichen Humanität". Während man auf reaktionärer Seite das einzige gesellschaftliche Heilmittel in einer konsequenten Restaurierung des personalen Denkens erblickte und die kapitalistische Eliminierung des „Gemüthaften" durch eine konservative Vertiefung spezifisch „organischer" Gemeinschaftsformen wie Familie, Männerbund, Stamm, Volk oder Kultverband zu überwinden hoffte, pro-

pagierte der progressive Flügel dieser Bewegung neuzeitliche Organisations-
prinzipien wie Gartenstadt, Siedlung oder Werkgemeinschaft, in denen alle
„Schaffenden" den gleichen Rang repräsentieren und in einem bescheidenen
Maße am Gewinn beteiligt werden. Nicht Kirchen oder Paläste, sondern
Fabriken, Warenhäuser und Bahnhöfe standen hier im Vordergrund, das heißt
Selbstwerte, die sich bereits so stark von einem bestimmten Besitzer abgelöst
haben, daß sie von jedem Schaffenden als Allgemeinbesitz empfunden werden
können. Das beweisen Theoretiker wie Walther Rathenau, Willy Hellpach
oder Friedrich Naumann, Publizisten wie Alfred Lichtwark und Karl Scheffler,
Architekten wie Fritz Schumacher, Peter Behrens, Hermann Muthesius,
Heinrich Tessenow und Richard Riemerschmid oder die „Jahrbücher des
deutschen Werkbundes" (ab 1910), die sich von Anfang an zu einer weitreichenden „Durchgeistigung der deutschen Arbeit" bekannten. Man sollte
daher neben den machtbesessenen Reaktionären nicht diese „fortschrittlichen"
Idealisten vergessen, deren sachlicher Planungswille und aktivistisches Ge-
sinnungsethos zu den bleibenden Dokumenten dieser widerspruchsvollen
Epoche gehören und deren höchstes Ziel darin bestand, ganz Deutschland
in einen produktiven Werkbund umzugestalten, in dem nicht mehr der Adel
des Geldes, sondern der Adel des Geistes regiert.

Die innere Problematik dieser idealistischen Wertbewegung, und zwar in
ihrer konservativen und ihrer fortschrittlichen Ausprägung, besteht weitgehend in der mangelnden Einsicht in die bestehenden Machtverhältnisse,
die man als etwas Inferiores oder Akzidentielles empfand. So standen die
meisten Intellektuellen dieser Zeit zwar in einer offenen Frontstellung gegen
die wilhelminische Führungsschicht, deren Politik sich nach ihrer Meinung
in einem unwürdigen Dilettantismus erschöpfte, traten jedoch in idealistischer
Verblendung für ein „Deutschland der Seele" oder ein „Weltreich des deutschen Geistes" ein, das bereits als Schlagwort eine bedenkliche Nähe zur
imperialistischen Propaganda der chauvinistisch-großbürgerlichen Kreise verrät. Wie stark sich diese geheime Identität ausgewirkt hat, beweist die Tatsache, daß es in dem ganzen Zeitraum vor 1914 weder zu aktiven noch zu
parlamentarischen Auseinandersetzungen zwischen dem mittleren Bürgertum
und der großbürgerlich-aristokratischen Führungsspitze gekommen ist, deren
innere Konsolidierung seit den Besuchen Kaiser Wilhelms auf Villa Hügel
immer offensichtlicher wurde. Aus diesem Grunde war es den herrschenden
Kreisen, denen diese ideologische Übereinstimmung sofort ins Auge fiel, ohne
weiteres möglich, den kulturellen Führungsanspruch der bürgerlichen Kreise
schamlos für ihre eigenen Zwecke auszunutzen. Durch dieses Manöver
wurde der „Idealismus" weiter Schichten, die sich nach einer neuen Beseelung
und Vertiefung des menschlichen Lebens sehnten, von der wirtschafts-
orientierten Propaganda einfach korrumpiert und selbst politisch ahnungslose
Gestalten zu Steigbügelhaltern der imperialistischen Eroberungsgelüste de-

gradiert. Nur so ist es zu erklären, daß von seiten der Großindustrie gerade der romantisch-revoltierende Antikapitalismus des mittleren Bürgertums eine lebhafte, vor allem finanzielle Unterstützung erfuhr, da sich die in ihm enthaltenen reaktionären Elemente nur zu gut als imperialistische Stimmungsmache verwenden ließen, was zu einer fortschreitenden Vergiftung der gesamten weltanschaulichen Situation innerhalb der bürgerlichen Schichten beigetragen hat. Man denke an die vielen nationalen Strömungen, die sich als „Rechtsopposition", „konservative Gegenbewegung", „Deutschlandbund", „geheimes Deutschland", „kristgermanisch" oder „deutschgläubig" bezeichneten, um nur einige Namen aus der Fülle der „völkischen" Richtungen herauszugreifen. Alle diese Gruppen traten wie der „Alldeutsche Verband" für eine Beseitigung der kapitalistischen Fremdherrschaft, der „goldenen Internationale", ein und ließen daher keine Gelegenheit aus, die bestehende Ordnung als eine absolute Verfremdung des deutschen Wesens hinzustellen. Und doch wurden gerade sie, die gegen den Strom zu schwimmen glaubten, von den Imperialisten ohne weiteres vor deren eigenen Propagandawagen gespannt, und zwar ungeachtet der Tatsache, daß sie sich in ihren Proklamationen stets für die Errichtung eines germanischen Bauernstaates ausgesprochen hatten und das Industrie- und Großstadtwesen einfach liquidieren wollten. Denn trotz dieser scheinbaren Drohungen erkannten die ideologischen Drahtzieher dieser Jahre sehr wohl, daß der großangelegte Versuch einer „fortschrittlichen Reaktion" mit all seinen weltanschaulichen Verschollenheiten letzten Endes nur zu einer militanten Deutschheit führen würde. Auf Grund dieser inneren Identität läßt sich vor allem in den Jahren zwischen 1910 und 1914 beobachten, wie eine „antikapitalistische" Strömung nach der anderen in den Sog des Blutsmäßig-Irrationalen und damit Expansiv-Imperialistischen gerät, und zwar die idealistischen so gut wie die völkischen Spielarten dieser Bewegung. Überall spürt man das Gefühl der wachsenden Stärke, den Stolz auf die wirtschaftliche und militärische Machtposition des Deutschen Reiches, das sich in dieser Ära mit der Vehemenz eines Zuspätgekommenen in die Weltpolitik einzumischen versuchte. Was konnte es zur Stabilisierung der inneren Front Besseres geben als diese Wendung nach außen? Hatte nicht schon Cecil Rhodes gesagt: „Wenn sie den Bürgerkrieg nicht wollen, müssen sie Imperialisten werden!" Was daher an ideologischen Unterschieden übriggeblieben war, verblaßte zusehends vor der gemeinsamen Frontstellung gegen die undeutsche Zivilisation des Westens, die „graue Internationale", die selbst so widerstrebende Elemente wie den „Bund der Landwirte", das „Zentrum" und die „Nationalliberalen" zu einer Einheitspartei zusammenschweißte, bei der die weltanschaulichen Gegensätze nur noch eine taktische Rolle spielten. Auf diese Weise entstand eine Hochflut an nationalistischen Gefühlen, die selbst den Sozialdemokraten gefährlich wurde, geschweige denn der „freischwebenden Intelligenz" im fortschrittlich-idealistischen Lager, die 1914 vor der Übermacht des ideologischen Druckes einfach zusammenbrach oder ihre Ideen an die Vertreter der jungen „expressionistischen" Generation weitergab, denen die spätwilhelminische Ära von vornherein wie ein weltgeschichtlicher Anachronismus erschien.

Man hat diesen Vorgang, der hier nur skizzenweise angedeutet werden kann, manchmal lakonisch „Wege zu Hitler" genannt, zumal die Nationalsozialisten gerade die Jahre vor dem ersten Weltkrieg als die „Inkubationszeit des völkischen Gedankens" hinzustellen versuchten. Andere Beurteiler, die in ihren Anfängen selbst Teilnehmer dieser Bewegung waren, haben später von einer „Tragödie des deutschen Idealismus" gesprochen und die faschistische Machtergreifung als eine plumpe Vergröberung der um die Jahrhundertwende ausgesprochenen Ideen bezeichnet. Eine eindeutige Antwort auf diese Frage, die so viele Bereiche des gesellschaftlichen Lebens in sich einschließt, ist weder in dieser noch in jener Richtung zu erreichen. Alle kulturpolitischen Autoren dieser Jahre als Wegbereiter des Nationalsozialismus zu charakterisieren, täte Hitler zuviel Ehre an. Jedoch andererseits nur von einer „Tragödie des bürgerlichen Idealismus" zu sprechen, würde eine gewisse Verharmlosung des zutiefst Irrationalen und Herrschsüchtigen dieser Kreise bedeuten. Die Fragestellung muß daher von Fall zu Fall wesentlich tiefer angesetzt werden und stets das Gesamtverhältnis der ökonomisch-sozialen Situation in seiner Beziehung zur geschichtlichen Entwicklungsphase der jeweiligen Gesellschaftsschicht und zu ihrem derzeitigen Bewußtseinszustand umfassen, um so das gerechte Verlangen nach einer Vertiefung des Lebens und zugleich die ideologische Verzerrung dieses Gedankens im Auge zu behalten, die sich nur aus der verspäteten industriellen Entwicklung und dem mangelhaft ausgeprägten Selbstbewußtsein des spätwilhelminischen Bürgertums erklären läßt.

Daß dabei im vorliegenden Band mancher bedeutende Außenseiter zugunsten der Majorität etwas in den Hintergrund tritt oder überhaupt ausgeschlossen wird, hängt mit der Gesamtanlage dieser Reihe zusammen. Wie in den voraufgehenden Bänden, in „Gründerzeit", „Naturalismus" und „Impressionismus", geht es auch in diesem Buch weniger um das geistig oder ästhetisch „Bleibende" als um die Darstellung einer historisch integrierten Zeitsynthese, in der sich die innere Gesetzmäßigkeit der kulturellen Entwicklung manifestiert. Leider können bei einem solchen Versuch die individuellen Abweichungen nicht in dem Maße berücksichtigt werden wie die durchgehenden Ähnlichkeiten. Daher wird ein aufmerksamer Leser so manches vermissen, was ihm an dieser Zeit besonders wert und wichtig erschien: das Positive und Vorwärtsweisende, die mehr ins Liberale tendierenden Elemente bei Dichtern wie Thomas Mann, Hermann Hesse oder Gerhart Hauptmann, Maler und Graphiker wie Corinth, Liebermann, Slevogt und Käthe Kollwitz oder das Auftreten der jungen expressionistischen Generation. Daß dadurch einige Verzerrungen entstehen, muß leider in Kauf genommen werden. Denn trotz dieser Nachteile schien es bei der Fülle des bekannten und unbekannten Materials erst einmal geboten, das herauszuarbeiten, was sich in den Jahren vor 1914 an einer spezifisch „mittelständischen" Welt- und Kunstanschauung entwickelt hat, und die expressionistischen Tendenzen ebenso auszuschließen wie die Vertreter älterer Richtungen. Das hat nichts mit Unterschätzung oder Mißachtung dieser Künstler zu tun, sondern liegt im Methodischen begründet. Was in diesem Bande herausgestellt werden soll, ist weder die künstlerische Qualität noch die historische Vollständigkeit, sondern lediglich das „Stilbestimmende". Wohl die beste Definition für dieses bescheidene und zugleich sehr hochgespannte Unterfangen findet sich in Karl Lamprechts Studien „Zur jüngsten Vergangenheit" (1912): „Dieses Buch hat keinen statistischen Charakter, sondern einen entwicklungsgeschichtlichen, und darum interessiert nicht alles und jedes an unserer Zeit, selbst nicht einmal alles Bedeutende, sondern nur der Inbegriff derjenigen Momente, die in entscheidender Weise den jüngsten Vorgang der Entwicklung kennzeichnen" (I, 137).

Was ist jedoch das „Stilbestimmende"? An sich ein rein formalistischer Begriff, der sich nur durch eine strenge Bindung an den Gesamtverlauf der geistigen, künstlerischen, gesellschaftlichen und politischen Entwicklung mit konkreten Bewußtseinsinhalten erfüllen läßt. Um eine solche Aufgabe verwirklichen zu können, muß man notwendigerweise aus der Fülle des Überlieferten bestimmte Einheitskomplexe herausgreifen, in denen sich das prägende Element der jeweils behandelten Epoche oder Zeitphase am reinsten manifestiert. Anstatt einer sinnlosen Annalistik zu huldigen, die „alles und jedes" erfaßt und es auf einen bestimmten Grundnenner zu bringen versucht, oder lediglich von Außenseitern her zu argumentieren, werden daher in diesem Band nur solche Phänomene behandelt, die sich ohne besonderen Zwang in eine gewisse Kultursystematik einordnen lassen. Unter einer solchen Perspektive ist der wichtigste Einheitskomplex dieser Jahre nicht der weiterwirkende und schon teilweise verwandelte Impressionismus und Ästhetizismus der neunziger Jahre oder die erst keimhaft vorhandenen Ansätze des Expressionismus, sondern der Gedankenkreis der sogenannten „fortschrittlichen Reaktion", der seine größte Wirksamkeit in der Zeit zwischen 1900 und 1914 entfaltete. Daß es sich dabei trotz der cliquenhaften Aufsplitterung in Hunderte von Gruppen und Sekten um eine ideologische Einheit handelt, diesen Beweis versucht der erste Teil zu erbringen. Welche Kunst dieser Haltung entspricht, wird im zweiten Teil verfolgt, und zwar unter Berücksichtigung aller vorbereitenden Tendenzen, wie sie in den Abschnitten über Neoimpressionismus, Jugendstil, Stimmungslyrismus, Symbolismus, Wiener Sezession und Dekorativismus zum Ausdruck kommen, in denen das ästhetisch Unverbindliche des Impressionismus allmählich von stilisierenden Tendenzen überwuchert wird. Den eigentlichen Höhepunkt bildet daher erst die monumentale Phase, wo Geist und Stil dieser Epoche plötzlich zur Deckung gelangen und so eine Kunst entsteht, die zwar eine inhaltliche Bedeutsamkeit hat, jedoch häufig ins Chauvinistische, Weltanschaulich-Problematische oder Irrational-Überspannte entgleist.

Eine solche Betrachtungsweise muß notwendig auf eine differenzierte Analyse einzelner Werke oder besonders hervortretender Künstler verzichten und sich auf solche Phänomene konzentrieren, bei denen man das Gefühl des Stiltypischen hat. Aus diesem Grunde werden Kunstwerke oder Ideologien selten als Ganzheiten gewürdigt, sondern stets unter gewissen Teilaspekten betrachtet. Daß sie dadurch manchmal zu bloßen Zitatlieferanten herabsinken, ist bedauerlich, aber leider unerläßlich. Um diesen Mangel etwas auszugleichen, werden besonders wichtige Thesen oft mit einer ganzen Reihe von Zitaten belegt, zumal das hier ausgebreitete Material nicht so bekannt sein dürfte wie das der voraufgehenden Bände. Vieles ist dabei zum erstenmal wieder ans Licht geholt worden, selbst wenn es eindeutig in den Bereich des Unterwertigen oder zumindest Fragwürdigen gehört. Damit soll keinem Stilbegriff das Wort geredet werden, der so einzwängend ist, daß er sich nur auf die kleineren Talente, auf die „Grundsuppe" einer bestimmten Epoche, anwenden ließe, was zu einer berechtigten Kritik an der bisherigen Verwendung von Epochenbegriffen geführt hat. Um dieser Gefahr zu entgehen, wird in dieser Reihe unter „Stil" weniger ein formales als ein typologisches Bauelement einer weitergreifenden kulturgeschichtlichen Systematik verstanden, die auch die Vergangenheit als einen Bestandteil der Gegenwart betrachtet und sich in ein produktives Verhältnis zu ihr zu setzen versucht. Bei einer solchen halb stilphilosophischen, halb kulturpolitischen Anschauungsweise muß der Hauptakzent selbstverständlich auf dem Historisch-Typischen und nicht dem rein Ästhetischen liegen, das weitgehend dem Wechsel der persönlichen oder gesellschaftlichen Standpunkte unterworfen ist. Es geht im folgenden daher fast ausschließlich um das rein historische Anliegen, den Legendenbildungen der unmittelbaren Vergangenheit das objektive Selbstverständnis der behandelten Epoche entgegenzuhalten, solange man noch über so reichhaltig fließende Quellen verfügt wie zu dieser Ära. Eine solche Haltung läßt sich nur erreichen, wenn man sich aus der spezialistischen Verengung seines Fachgebietes, die notwendig zu verzerrten Gesichtspunkten führen muß, zu einer Betrachtungsweise erhebt, die alle künstlerischen Ausdrucksformen unter einem einheitlichen Gesichtspunkt betrachtet. Genaugenommen, ist selbst das nicht genug, da man auch der Kunst keine Sonderstellung innerhalb der menschlichen Daseinsverflechtungen einräumen kann, sondern stets ihren spiegelbildlichen Charakter im Auge behalten muß, ohne den man im rein Subjektiven befangen bleibt. Damit ist selbstverständlich weder eine vulgärmaterialistische Vereinfachung noch eine soziologistische Identifizierung gemeint, sondern jene mühsam zu entziffernde dialektische Bezogenheit, die oft im Zeichen eigenartiger Brechungsfaktoren oder subjektiver Sublimierungen steht.

Für die Gründerzeit, den Naturalismus und Impressionismus war es relativ leicht, diese inneren Entsprechungen herauszufinden und in typenhaften Modellsituationen zusammenzufassen. Die Ära um und nach der Jahrhundertwende setzt jedoch solchen Versuchen einen gewissen Widerstand entgegen. Hier ist ein Stadium erreicht, wo die künstlerische und ideologische Entwicklung auf Grund eines ungeheuren Überdrucks nach allen Seiten auszubrechen versucht und doch einen einheitlichen „Stil" erstrebt, was zu seltsamen Manieriertheiten führt. Die Frage nach dem Gemeinsamen und Stilbestimmenden scheint daher auf den ersten Blick völlig aussichtslos zu sein. Bereits die Schwierigkeit, diese Jahre unter einem gemeinsamen Epochenbegriff zusammenzufassen, spricht für die Kompliziertheit der Situation. Beim Impressionismus konnte man noch ohne Gewaltsamkeit von impressionistischer Kunst, impressionistischer Wissenschaft und impressionistischem Lebensgefühl sprechen, woraus sich eine typenhaft vereinfachte Zeitsynthese ableiten ließ. Eine solche Eindeutigkeit sucht man in dieser Zeit vergebens. Um überhaupt einen Epochenbegriff zu haben, verwenden viele den Ausdruck „Symbolismus", der ohne Zweifel manches für sich hat. Nicht nur die Kunst, auch die Ideologien dieser Jahre enthalten eine Reihe von mysteriösen Elementen, die sich auf ein überindividuelles Sollen beziehen, das meist in ein synkretistisch-angereichertes Symbol eingekleidet ist. Soweit wirkt dieser Vorschlag relativ einleuchtend. Was jedoch fehlt, ist der Zwang zur Form, denn gerade Symbole können wegen ihrer Vieldeutigkeit oft sehr verschwommen sein. Ebenso häufig begegnet man dem Begriff „Neuromantik", vor allem in älteren Literaturgeschichten. Hiergegen zu polemisieren, ist heute wohl kaum noch nötig. Bezeichnungen wie „Jugendstil" oder „Jugendstilzeit" klingen schon überzeugender, gehen jedoch allzu sehr vom Kunsthistorischen aus und kennzeichnen auch dort nur ein Teilgebiet der allgemeinen Entwicklung. Das gleiche gilt für Modewörter wie „Stilwende", „Aufbruch der Jugend um 1900" oder „Die erste Phase der Moderne", die einen viel zu qualitätsversprechenden Eindruck erwecken. Man sollte sich daher überlegen, ob nicht ein bewußt neutraler Begriff wie „Stilkunst um 1900" denselben Zweck erfüllen würde.

Damit wäre ein Terminus gewonnen, der so weit gefaßt ist, daß man nicht auf die ungewöhnliche Variationsbreite der hier behandelten Phänomene zu verzichten braucht. Schließlich handelt es sich gerade in diesen Jahren um eine Zeit der verschiedensten „Ismen", die wie feindliche Brüder miteinander im Streite liegen und doch manches Gemeinsame haben. Wohl das wichtigste Bindeglied ist die gemeinsame Frontstellung gegen den Impressionismus, gegen das Abgleiten in ein bindungsloses Genießertum und anarchistisches Freiheitsverlangen, denen man eine „Erneuung aus dem Fernsten" entgegensetzt. Die Schlagworte dieser Bewegung sind deshalb ebenso aggressiv wie vielgestaltig, angefangen mit Begriffen wie Jugend, Ver sacrum, Jahrhundertwende bis hin zu völkischer Wiedergeburt, Baldurzeit oder aryanischem Neubeginn. So laufen neben der rein kunstgewerblichen Bewegung, die sich auf das Motto „Vom Sophakissen zum Städtebau" beruft, eine rassisch-völkische, eine national-religiöse, eine idealistisch-formalistische und eine romantisch-antikapitalistische Strömung einher, die zwar nicht alle auf einen Grundnenner zu bringen sind, sich jedoch häufig überschneiden. Simple Identifikationen wären hier ebenso unangebracht wie ein ästhetenhaftes Leugnen der zeitbestimmenden Faktoren, die sich bis in die obersten Spitzen einer Kultur verfolgen lassen.

Das Resultat einer solchen Integration mag manchem zu düster erscheinen. Doch wie sollen Geist und Kunst human und umfassend sein, wenn sie aus einer Zeit hervorwachsen, die im Zeichen eines gewaltsam überspannten Nationalismus und Imperialismus steht. Selbstverständlich gibt es Ausnahmen, sehr rühmliche sogar, doch sie stammen entweder aus älteren Bewegungen oder sind hoffnungslos vereinzelte Außenseiter. Eine Untersuchung, die sich mit Teilaspekten dieser Ära beschäftigt, müßte daher wesentlich differenzierter verfahren und die verschiedenen Richtungen etwas eingehender behandeln, anstatt sich mit einem kennzeichnenden Etikett zu begnügen. Zu einer solchen Arbeit konnte hier nur das Fundament gelegt werden. Gerade die vielverästelte völkisch-nationale Richtung verdiente noch manche Sonderstudien, um mehr Licht in diesen Dschungel an präfaschistischen Vorstellungen zu bringen. Das gleiche gilt für die idealistisch-formalistische Strömung, die im rein Impressionistisch-Ästhetischen beginnt, dann ins reaktionäre Fahrwasser gerät, die übernommenen „Werte" jedoch so stilisiert, daß sich die aggressiven Zielsetzungen weitgehend in entseelte Ornamente verwandeln, mit denen man einen neuidealistischen Gedankentempel verzieren könnte. Eine ähnliche Kompliziertheit kommt bei den gutgläubigen Utopisten zum Ausdruck, die trotz ihrer betont „antimaterialistischen" Einstellung meist bei einer Oberflächenkritik stehenbleiben, die nach außen hin einen zutiefst empörten Eindruck erweckt, jedoch, objektiv gesehen, eine ungewollte Apologetik der bestehenden Zustände darstellt, da sie das Übel nicht bei der Wurzel erfaßt, sondern sich mit einem gutgemeinten theoretischen Appell begnügt. Doch solche Verflechtungen, unterschwelligen Identifikationen und geheimen Sympathien lassen sich nur von Fall zu Fall interpretieren. Stilerkenntnis, wie sie hier geübt wird, ist notwendig auf vereinfachende Begriffe, ja Schlagworte angewiesen. Wer überhaupt eine Zeitsynthese wie diese darzustellen versucht, muß sich oft mit knappen Hinweisen begnügen, so sehr sein eigenes Gewissen auch dagegen rebelliert. Mit der Angst vor dem „Ismus" käme man hier kaum von der Stelle. Dazu gehört selbstverständlich ein gewisser Mut zur Unvollkommenheit, wie er vielleicht nur der Jugend und dem hohen Alter zu eigen ist.

Wie dieser Mut entstand und wie er beide Autoren zu einer gemeinsamen Leistung verband, das möge man im Vorwort zum ersten Band dieser Reihe nachlesen. Damals schien alles auf ein schnelles und glückliches Gelingen hinzudeuten. Um so schmerzlicher ist, daß der Initiator des Ganzen nur noch die Vollendung des zweiten und dritten Bandes erlebte. Diesen Verlust mit Worten ermessen zu wollen verbietet sich fast von selbst, vor allem bei einem Menschen wie Richard Hamann, für den sich die Persönlichkeit stets im Werk manifestierte. In seinem Sinne weiterzuarbeiten ist daher höchste Ehre und höchste Verpflichtung zugleich. Möge deshalb dieser Band seinen Namen nicht nur auf dem Titelblatt tragen, sondern zugleich seinem Andenken gewidmet sein.

VORWORT ZUR 2. AUFLAGE

Daß in diesem Band die Kunst der letzten Jahrhundertwende in aller Nacktheit vor den ideologischen Hintergrund des spätwilhelminischen Imperialismus gerückt wird, hat beim ersten Erscheinen dieses Werks manche Leser leicht verschreckt. Nach herkömmlichem Brauch hatte man in einem solchen Buch eher Kapitelüberschriften wie „Stilwende" oder „Der Aufbruch in die Moderne" als „Der Gedankenkreis der ‚fortschrittlichen Reaktion'" oder „Die volkhaft-monumentale Phase" erwartet. Daß auf solche Beweihräucherungen und avantgardistischen Akzente verzichtet wurde, verstimmte. Um so dankbarer bin ich Rezensenten wie Helmut Kreuzer und Werner Ross, in ihren Besprechungen gerade die Neuheit der ideologischen Aspekte hervorgehoben und begrüßt zu haben. Seither sind eine Reihe von „Jahrhundertwende"-Studien herausgekommen, in denen Vokabeln wie „mittelständischer Kulturkonservativismus", „Präfaschismus", „bürgerliche Fluchtbewegung" und „unterschwelliger Imperialismus" im Hinblick auf die Kunst um 1900 immer geläufiger werden — so daß sich die bloßen Kunstschmuser mit ihren rein ästhetischen Anschauungen allmählich in die Defensive gedrängt sehen. Hoffen wir, daß es bei dieser Entwicklung bleibt. Was ich selbst an weiteren Arbeiten zu dieser Richtung beigesteuert habe, ist inzwischen in folgenden Publikationen erschienen: die Untersuchung „Gralsmotive um die Jahrhundertwende" in meinem Sammelband „Von Mainz nach Weimar. 1793—1919" (1969) und die Aufsätze „Germania germanicissima. Zum präfaschistischen Arierkult um 1900" und „Meister Fidus. Vom Jugendstil-Hippie zum Germanenschwärmer" in meinem Sammelband „Der Schein des schönen Lebens. Studien zur Jahrhundertwende" (1972).

Doch nicht nur der starke Akzent auf dem Ideologischen, auch der Begriff „Stilkunst um 1900", für den ich mich bereits Anfang der sechziger Jahre entschied, wirkte auf manche etwas befremdlich. Nachdem diese Ära jahrzehntelang unter dem problematischen Schlagwort „Neuromantik" rangiert hatte, fing man damals gerade an, sie unter dem ebenso fragwürdigen Begriff „Jugendstil-Epoche" zu klassifizieren, der fast noch enger und harmloser ist. Daß ich diesem Trend von Anfang an entgegenzutreten versuchte, beweisen mein „Jugendstil"-Forschungsbericht (1964 in der „Deutschen Vierteljahrsschrift für Literaturwissenschaft und Geistesgeschichte", 1965 als Broschüre), meine betont einschränkende Anthologie „Lyrik des Jugendstils" (1964, ²1969) und eine Reihe von Aufsätzen zum Undinen-Motiv im Jugendstil und zu Jugendstil-Elementen in den Werken von Thomas Mann, Holz, Rilke, Mombert, Stadler und Trakl, die 1972 im „Schein des schönen Lebens" bei Athenäum erschienen. Im gleichen Bande findet sich der Essay „Der Aufbruch in die falsche Moderne. Theorien zur deutschen Literatur der Jahrhundertwende", der sich nochmals kritisch mit allen Versuchen auseinandersetzt, diese höchst problematische und stilpluralistische Ära unter einseitig verharmlosenden Epochenbezeichnungen wie „Die erste Phase der Moderne" oder die „Belle époque des Jugendstils" zu rubrizieren. Anstatt sich lediglich an die formalen Glanzleistungen des Jugendstils, des Dekorativismus oder der Wiener Sezession zu halten, sollte man in Zukunft auch jene volkhaft-heimatkünstlerischen und neudeutsch-monumentalen Tendenzen ins Auge fassen, ohne die jede ernsthafte Betrachtung dieses Zeitraums notwendig vordergründig bleibt. Eine Bestätigung dafür scheint mir die Ausstellung „Stilkunst um 1900" zu sein, welche die Berliner Nationalgalerie im Herbst 1972 veranstaltete, wo der von mir vorgeschlagene Epochenbegriff erstmals an einem breiten kunsthistorischen Material exemplifiziert wurde.

Madison (Wisconsin), im November 1972   Jost Hermand

DER GEDANKENKREIS DER

„FORTSCHRITTLICHEN REAKTION"

DIE ZWEITE PHASE DES IMPERIALISMUS

Die wirtschaftliche Entwicklung in Deutschland zeigte nach der krisenhaften Situation zu Anfang der neunziger Jahre in dem Zeitraum zwischen der Jahrhundertwende und dem ersten Weltkrieg eine ungewöhnliche Steiltendenz. In allen Wirtschaftsbranchen spürt man eine konjunkturbedingte Prosperität, die zu einer Konzentration des Kapitals in wenigen Händen führte. Aus Deutschland, das sich bisher in ökonomischer Hinsicht mit einer zweitrangigen Position begnügen mußte, wurde so eine industrielle Großmacht, die aus dem Stadium der freien Konkurrenz allmählich in eine monopolkapitalistische und damit imperialistische Phase hinüberwechselte. So erfolgte 1904 die Monopolisierung der Schwerindustrie durch die Gründung des sogenannten „Stahlwerkverbandes". Im selben Jahr schloß sich die chemische Industrie zu einer konzernartigen „Interessengemeinschaft" zusammen, aus der später der IG-Farben-Konzern hervorgegangen ist. 1907 teilten sich die AEG und die General Electric Company den Weltmarkt an elektrotechnischen Artikeln, um nur drei der wichtigsten Ereignisse in dieser Richtung zu erwähnen. Während die politische Entwicklung auf Grund der allgemeinen Rückständigkeit noch mit vielen monarchisch-legitimistischen Anachronismen belastet war, wirkte sich diese Verspätung auf industriellem Gebiet eher positiv aus, da die wirtschaftlichen Produktionsstätten auf diese Weise wesentlich moderner, rationeller und automatisierter ausgerüstet waren als in anderen westeuropäischen Staaten, deren industrielle Entwicklung bereits zu Beginn des 19. Jahrhunderts eingesetzt hatte. „Made in Germany" — einst von englischen Exporteuren zur Verächtlichmachung deutscher Industrieprodukte eingeführt — wurde daher auf vielen Gebieten schnell zu einem Symbol der technischen Überlegenheit der deutschen Industrie, was dem Selbstbewußtsein der bürgerlichen Führungsschichten einen ungewöhnlichen Auftrieb gab und zu einer fortschreitenden Konsolidierung der gesellschaftlichen Machtverhältnisse beigetragen hat.

Durch diesen Wandel verlor die innenpolitische Krisensituation der achtziger und neunziger Jahre, deren schärfster Ausdruck die 1878 erlassenen „Sozialistengesetze" waren, mit den Jahren manche ihrer explosiven Spannungsgegensätze. Überall läßt sich beobachten, wie das konjunkturfreudige Bürgertum versucht, die ständig wachsenden Arbeitermassen von der „nationalen Bedeutung" der industriellen Zuwachsrate zu überzeugen und damit auf einen revisionistischen Kurs zu bringen. Selbst die sozialdemokratischen Führungskreise, die bisher einem proletarischen Internationalismus gehuldigt hatten, gaben sich plötzlich mit höchst relativen Gewinnanteilen zufrieden. Daß sie damit insgeheim den Imperialismus unterstützten, wurde vielen gar nicht bewußt. Was sie bekämpften, war immer noch der monarchisch-feudalistische Obrigkeitsstaat der Bismarck-Ära, nicht der moderne der Konzernpolitik, der — oberflächlich betrachtet — den Arbeitern manche Erleichterungen brachte. Auf diese Weise entstand innerhalb der sozialdemokratischen Führungsspitze eine „Arbeiteraristokratie", die immer stärker zum Bürgerlich-Nationalen tendierte, was sich an Sozialchauvinisten wie Lensch, Heine und Südekum nachweisen läßt, bei denen man fast von einer Rechtskurve sprechen kann. Durch den Einfluß dieser Richtung verwandelte sich die Sozialdemokratie allmählich in eine legale Parlamentspartei, die es durchaus billigte, daß der Genosse Scheidemann 1912 für kurze Zeit das Amt des Vizepräsidenten des Reichstages übernahm. Doch solche Anpassungsversuche blieben selbstverständlich nicht unbeantwortet. Dafür sprechen die erbitterten Auseinandersetzungen zwischen den revisionistischen Kreisen, die sich wie Schippel, Heine, David und Noske um die „Sozialistischen Monatshefte" scharten, und den Vertretern des linken Flügels wie Liebknecht, Hilferding, Mehring und Rosa Luxemburg, deren Aufsätze in der „Neven Zeit" erschienen. Aber trotz aller grundsätzlichen Gegensätze wurde dieser innerparteiliche Streit bis zum Ende des ersten Weltkrieges nie richtig ausgetragen, sondern von Fall zu Fall mit Kompromißformeln überdeckt, da sich Männer wie Bebel, Kautsky und Singer unablässig bemühten, die auseinanderstrebenden Schichten wieder an einen Tisch zu bringen und so die Einheit der Partei aufrechtzuerhalten. Nach außen hin wahrte man daher die „marxistische" Fassade, während man sich in der Praxis meist für eine lassalleanische oder revisionistische Lösung entschied, um so beiden Seiten gerecht zu werden. Vor allem Bebel, das gemeinsam verehrte Haupt der Partei, setzte sich bei aller Grundsatztreue wiederholt für ein vorsichtiges Lavieren ein, um nicht wie in den achtziger Jahren ein offizielles Verbot der Partei herauszufordern. Besonders die sogenannten „Hottentottenwahlen" (1907), bei denen die Sozialdemokraten nur 43 statt der bisherigen 82 Mandate erhielten, da die bürgerlichen Parteien diesmal eine Flut von „nationalen Hochgefühlen" entfesselt hatten, wurden von der Partei als ein deutliches Warnsignal aufgefaßt. Man änderte daher die Taktik und gebärdete sich in den folgenden Jahren nicht mehr so staatsfeindlich wie bisher, sondern schwenkte auf einen nationaleren Kurs um. So wich Bebel auf dem großen „Internationalen Sozialistenkongreß" in Stuttgart vor allen aggressiven Kampfmitteln, wie sie Hervé, Lenin und Jaurès forderten, zurück und versuchte, zwischen Nationalität und Internationalität einen Mittelweg zu finden, ohne dabei dem Sozialchauvinismus der Revisionisten zu verfallen. Die Jahre von 1907 bis 1915 sind daher von dem Wunsch bestimmt, trotz der Beibehaltung des fortschrittlichen „Erfurter Programms" von 1891 in der Legalität zu arbeiten, was zu vielen halben Maßnahmen führte, die zwar einen Modus vivendi schufen, aber die Schlagkraft der Partei wesentlich beeinträchtigten. Selbst die Revolutionäre der alten Garde glaubten plötzlich an ein kontinuierliches Weiterwachsen und eine legale Übernahme der Staatsgewalt, wobei man sich auf den Erfolg dieses gemäßigten Kurses bei den Wahlen von 1912 berief, der den Sozialdemokraten 110 Mandate einbrachte.

Aus einer revolutionären Kampfgruppe gegen Kapitalismus, Militarismus und Imperialismus wurde so eine staatsverbundene Reformpartei, die die wirtschaftliche und politische Initiative weitgehend den großbürgerlichen Kreisen überließ. So verteidigte der Delegierte Max Schippel schon 1899 auf dem Parteitag zu Hannover die Notwendigkeit einer nationalen Flotten- und Kolonialpolitik und machte sich damit zum Sprachrohr der wilhelminischen Führungsschicht. Ähnliche Thesen vertrat Noske während der China-Krise, als er sich trotz der Proteste Kautskys für eine gewisse Vormundschaft der „Kulturvölker" über die Nichtkulturvölker einsetzte und darin von den Autoren der „Sozialistischen Monatshefte" unterstützt wurde. Noch wichtiger für die Herausbildung des Revisionismus war das Auftreten Eduard Bernsteins, der sich in seinen Schriften wiederholt bemühte, das Gedankengebäude des dialektischen Materialismus aus dem Revolutionären ins Evolutionäre zu verschieben. Auf Grund dieser Ansichten trat man in den Führungsgremien der Partei immer offener für den Gedanken der nationalen Vaterlandsverteidigung ein, was dazu führte, daß die Sozialdemokratie schon 1913 für den Wehrbeitrag stimmte. Ihren ersten vollen Triumph errangen die Revisionisten auf dem Essener Parteitag von 1907, wo sie sich gegen die Anwendung des Generalstreiks als politischer Waffe entschieden und der Sozialdemokratie damit ihr wichtigstes Kampfmittel nahmen. Der zähe Guerillakampf der kleinen Genossen wie der Streik der Textilarbeiter in Sachsen (1903—1904) und der Streik der Bergarbeiter im Ruhrgebiet (1905) führten daher trotz der erbitterten Einsatzbereitschaft mancher Arbeitergruppen zu keinen greifbaren Ergebnissen, da die meisten dieser Aktionen im Widerspruch zur Politik der rechten Parteiführung standen und deshalb vorzeitig abgebrochen wurden. Selbst das mutige Auftreten von Rosa Luxemburg und Karl Liebknecht konnte die sozialdemokratische Parteilinie nicht aus ihren bereits festgefahrenen Gleisen bringen, was sich in besonders deutlicher Form beim Ausbruch des ersten Weltkrieges zeigte, dem die Mehrzahl der sozialdemokratischen Funktionäre völlig ratlos gegenüberstand, zumal auch die „Internationale" weitgehend versagte. So ließ sich in Belgien der Sozialistenführer Vandervelde zum Kriegsminister ernennen, während die französischen Sozialisten durch die Ermordung von Jean Jaurès am 31. Juli 1914 einfach an die Wand gespielt wurden. Lediglich in Rußland brach der Generalstreik aus, was zu rücksichtslosen Gegenmaßnahmen der Regierung führte. Es wirkt daher fast übertrieben, daß der Reichskanzler von Bethmann Hollweg den Kaiser zu einer beschleunigten Kriegserklärung an das Zarenreich veranlaßte, um auch die deutschen Sozialdemokraten, die sich immer wieder gegen den zaristischen Despotismus ausgesprochen hatten, auf seine Seite zu bekommen. Nur so läßt sich der scheinbare Widerspruch erklären, daß aus führenden Sozialdemokraten wie August Winnig und Ludwig Frank plötzlich fanatische Patrioten wurden, die sich völlig von der nationalistischen Begeisterungswelle hinreißen ließen. Zur gleichen Zeit trat der Revisionist Südekum der „Deutschen Gesellschaft von 1914" bei, der auch Albert Ballin und August Thyssen angehörten, während die sozialdemokratische Reichstagsfraktion fast einstimmig für die Bewilligung der Kriegskredite stimmte. Zwei Jahre später stellte der Sozialchauvinist Wolfgang Heine in seinem Buch „Zu Deutschlands Erneuerung" (1916) die These auf, daß das „Ende des deutschen Reiches" auch das „Ende des Sozialismus" bedeuten würde (S. 16). Um nicht mit „Verrätern" wie Liebknecht verwechselt zu werden, wandte er sich in dieser Schrift gegen das „Märchen, daß der sozialistische Arbeiter und Gewerkschafter vaterlandsfeindlich sei" (S. 18), und behauptete voller Stolz auf die nationale Machtstellung, daß man den Deutschen nicht ihr Recht streitig machen dürfe, sich als die „stärkste kontinentale Macht Europas" zu fühlen (S. 69).

Auf Grund dieser „revisionistischen" Einstellung der sozialdemokratischen Führungsspitze und der zunehmenden Prosperität auf wirtschaftlichem Gebiet mußte bei den bürgerlichen Schichten dieser Jahre trotz der uneingestandenen Angst vor der zahlenmäßigen Überlegenheit der Arbeiterschaft fast zwangsläufig das Gefühl einer politischen Superiorität entstehen. An die Stelle des relativ liberalen Bürgertums der achtziger und neunziger Jahre, das sich nach außen hin scheinbar unpolitisch verhalten hatte, wenn man das kurze „naturalistische" Zwischenspiel einmal unberücksichtigt läßt, trat daher in steigendem Maße eine Nationalbourgeoisie, die in mehr oder minder offener Form für die Weltmachtpläne der wilhelminischen Führungskreise Partei ergriff. Die seltsame Gespaltenheit in Imperialismus und Innerlichkeit, wie sie für die neunziger Jahre typisch ist, wurde auf diese Weise von einem immer aggressiver werdenden Selbstbewußtsein abgelöst, das sich nicht mehr mit der Bismarckschen „Saturiertheit" begnügt, sondern sich einen eindrucksvollen „Platz an der Sonne" erobern will. Bezeichnend dafür ist die hektische Betriebsamkeit der vielen „nationalen" Gruppen dieser Ära wie des „Nordmarken-Vereins", des „Vereins für das Deutschtum im Ausland", des „Nationalen Kolonialvereins", der „Deutschen Kolonialgesellschaft", des „Deutschen Flottenvereins", des „Alldeutschen Verbandes", des „Deutschen Kriegerbundes", des „Vaterländischen Schriften-Verbandes", des „Jungdeutschlandbundes", des „Werdandi-Bundes", des „Deutschbundes", des „Volkserzieherbundes", der „Gobineau-Gesellschaft", des „Germanen-Ordens", des „Mittgart-Bundes" oder des „Reichsverbandes gegen die Sozialdemokratie", in denen die nationale Begeisterung, wie sie schon einmal in den Jahren nach 1871 aufgeflammt war, zusehends imperialistische Züge bekommt. Derselbe Ungeist herrscht in Schriften wie „Deutschland in der Welt voran?" (1905) von Ernst Graf Reventlow, „Deutsche Politik" (1905–1906) von Ernst Hasse, „Groß-Deutschland, die Arbeit des 20. Jahrhunderts" (1911) von Otto Richard Tannenberg, „Deutschland und der nächste Krieg" (1912) von Friedrich von Bernhardi oder „Das Recht der jungen Völker" (1919) von Arthur Moeller van den Bruck, deren handgreifliche Annexionsbestrebungen auch durch noch so idealistisch klingende Zukunftsvisionen nicht überdeckt werden können. Wohl den besten Einblick in die Breite dieser Bewegung vermittelt das „Deutsche Wehrbuch" (1912) von Philipp Stauff, das dem Gründer des „Deutschen Wehrvereins", dem Generalmajor Keim, und dem antisemitischen Rassenforscher Guido von List gewidmet ist und sich zum „Aufbau unseres völkischen Willens zur Wehrhaftigkeit" bekennt (S. III). Daß es bei einer solchen Zielsetzung weder an Ausfällen gegen die „verwaschene Menschlichkeit" der Liberalen noch gegen den sozialdemokratischen Pazifismus fehlt, versteht sich fast von selbst.

Eine ähnliche Engagiertheit läßt sich auf literarischem Gebiet beobachten. Auch hier kam es zu einem Machtbewußtsein, das sich aus dem rein Ästhetischen immer stärker ins Chauvinistische verschob. So bekannte sich Carl Busse in seiner vielgelesenen „Geschichte der deutschen Dichtung im 19. Jahrhundert" (1901) zum aufsteigenden Germanentum und bezeichnete die „Kolonial- und Weltpolitik" der herrschenden Kreise als etwas Begeisterndes, wovon auch die Dichter „profitieren" sollten (S. 159). Andere beriefen sich auf das Schlagwort „Navigare necesse est" und schwärmten für die welterobernden Züge der Vandalen, Wikinger oder Waräger. Am deutlichsten drückte sich Friedrich Lienhard aus, der in seiner Broschüre „Literaturjugend von heute" (1901) behauptete: „Unser Kaiser weist, beinahe programmatisch, unablässig auf den Salzhauch des frischen Nordmeers hin. Er ruft aufrüttelnd seinem Volke zu: ‚Mein Volk, zur See!' Niemand von diesen kraftlosen Spöttlern, die da wegen dumpfer Majestätsbeleidigung dumpfe Festungen besuchen, hat ein Gefühl dafür, welcher erzieherische und welcher dichterische Wert in diesem… Rufe liegt. Da denn doch einstweilen die soziale Frage nicht ohne weiteres zu zerhauen oder zu lösen ist, da ferner nicht wir, die Dichter, berufen sind, sozialpolitisch mitzuräsonnieren: so laßt uns die soziale Verdrossenheit bezwingen, … wir Dichter, wir Lichtsöhne!" (S. 15). Die meisten solcher Äußerungen, die in ihrer Abwendung vom Naturalismus zugleich eine antisozialistische Spitze enthalten, finden sich auf heimatkünstlerischer Ebene, wo sich streitbare Stammeskünstler mit „geisterwählten" Ariosophen zu ordenshaften Bünden zusammenschlossen, aus denen sich im Laufe der Jahre immer breitere Bewegungen entwickelten. Manche waren dabei von den lautersten Absichten beseelt und pochten lediglich auf die jugendlich „reine" Gesinnung des deutschen Volkes, ohne zu merken, daß sie sich in ihrem nationalistischen Bekehrungseifer schnell zu Feldwebeln des deutschen Gedankens verwandelten.

Was man im Bereich des Literarischen teilweise als utopische Verblendung entschuldigen kann, da sich neben solchen grobschlächtigen Anschauungen auch wesentlich differenziertere Äußerungen finden, läßt sich in den von der Großindustrie finanzierten Presseorganen nur als kriegerische Stimmungsmache bezeichnen. Während die feudalen Agrarierkreise der Bismarck-Ära noch weitgehend kontinentale Kabinettspolitik getrieben hatten, schob sich jetzt eine imperialistisch orientierte Rüstungspartei in den Vordergrund, die es auf das geschickteste verstand, ihr eigenes Gewinnstreben als eine nationale Angelegenheit hinzustellen und auf dem Wege über die Presse weite Kreise des Bürgertums mit ihren Ideen zu infizieren. So dirigierte Krupp die „Berliner neuesten Nachrichten", Stumm die „Post", während es einem anderen kapitalistischen Konsortium gelang, sogar die altfeudale „Kreuz-Zeitung" in seinen Besitz zu bringen. Wohl das beste Beispiel für das ideologische Ineinander von Wirtschaft und Imperialismus bietet die 1912 erfolgte Gründung des „Deutschen Wehrvereins", der sich mit finanzieller Unterstützung der Industrie für eine verstärkte Wehrbereitschaft des deutschen Volkes einsetzte und sich dabei auf die primitive Formel „deutsch gleich kriegerisch" berief. Das Bewußtsein der persönlichen Machtposition innerhalb der großbürgerlichen Schichten wurde durch diese Entwicklung so gestärkt, daß die Industriekönige. dieser Jahre mit scheinbarer Selbstverständlichkeit auch den außenpolitischen Kommandostab an sich rissen. So versorgte Albert Ballin, der Vorstand der Hapag, ohne sich vorher mit dem deutschen Außenministerium in Verbindung zu setzen, die russische Ostseeflotte auf ihrer Fahrt nach Japan (1904) mit den nötigen Kohlenvorräten, obwohl er Deutschland damit fast an den Rand eines Krieges mit England brachte. Ein Jahr später zwangen die Marokko-Interessen des Mannesmann-Konzerns Wilhelm II. zu seiner Landung in Tanger und später zu dem sogenannten „Panthersprung" nach Agadir (1911). Die Reichspolitik geriet durch diese kapitalistischen Expansionsbestrebungen immer wieder ins Schlepptau der großen Konzerne und mußte deren wirtschaftspolitischen Manöver nachträglich als „fait accompli" anerkennen. Am stärksten drängte man von seiten der Großindustrie auf eine neue Besitzverteilung in Afrika und Asien, um sich auf diese Weise neue Absatzmärkte und Rohstoffgebiete zu sichern. Der Thyssen-Konzern schickte dabei den Zentrums-Abgeordneten Matthias Erzberger vor, der den Plan eines deutschen Mittelafrikas entwarf, und zwar einschließlich von Kenia, Angola, Nigeria, Madagaskar und dem Kongo. Karl Helfferich, der Direktor der Deutschen Bank, sprach sich für eine wirtschaftliche Angliederung des Balkans und der Ukraine aus. Andere warfen begierige Blicke nach dem Baltikum, Luxemburg oder dem Erzbecken von Longwy-Briey. Man renommierte dabei mit der potentiellen Überlegenheit der deutschen Industrie, rasselte mit dem Säbel und ließ die neugebauten Panzerkreuzer auffahren, um auch Deutschland, das als Weltmacht weit hinter England und Frankreich lag, in den Rang eines Kolonialimperiums zu erheben. Aber trotz einiger Teilerfolge im Pazifik und in China war das faktische Ergebnis dieser außenpolitischen Experimente gleich Null, und zwar scheiterte man nicht nur am energischen Gegendruck der Entente, die sich in der gleichen imperialistischen Phase befand und daher jeden Absatzmarkt eifersüchtig überwachte, sondern auch an der unklugen Haltung des deutschen Kaisers, der selbst echte „Chancen" durch seinen politischen Dilettantismus wieder zunichte machte.

Die notwendige Folge dieses außenpolitischen Scheiterns war ein ideologischer Überdruck, der im Verlauf der Jahre fast den Charakter einer Neurose annahm, zumal selbst die kleinen Wünsche, wie beim Marokko-Problem, unbefriedigt blieben und immer wieder mit geistigen Machtträuschen kompensiert werden mußten. Um diese Schlappe wieder wettzumachen, bewiesen viele Mittelstandstheoretiker nicht nur die wirtschaftliche, sondern auch die rassische, religiöse, weltanschauliche und kulturelle Überlegenheit des deutschen Volkes über alle anderen Nationen der Erde. Man ging dabei von der These aus, daß sich die seelische Substanz in Deutschland wesentlich „reiner" erhalten habe als in den Ländern des Westens, die bereits einer „materialistischen" Überfremdung verfallen seien. Das Motto „Am deutschen Wesen soll die Welt genesen" wurde deshalb meist mit „romantisch-utopischem" Akzent verwendet, während man die wirtschaftliche Komponente dieses steigenden Selbstbewußtseins einfach unterschlug. Die schärfsten Angriffe dieser Jahre galten daher dem Liberalismus, Parlamentarismus und Demokratismus, deren Ziel eine weltweite „Nivellierung" sei. Um dieser „materialistisch" eingestellten Massengesellschaft zu entgehen, rief man alle spezifisch neukantianischen, neufichteanischen oder schlichtweg idealgesonnenen Weltanschauungskomplexe zu Hilfe, wobei man durch den Griff in die Geschichte oft einer reaktionären Kehrtwendung verfiel. Deutsch sein galt in diesen Kreisen soviel wie „Charakter haben", um eine Weltanschauung zu ringen, neue Leitbilder aufzustellen oder sich zum Präzeptor einer geistigen und seelischen Höherführung aller Völker aufzuschwingen. Dafür sprechen Bücher wie „Der deutsche Gedanke in der Welt" (1912) von Paul Rohrbach, „Deutschlands europäische Sendung" (1914) von Friedrich Lienhard, „Die weltgeschichtliche Bedeutung des deutschen Geistes" (1914) von Rudolf Eucken, „Vom Weltreich des deutschen Geistes" (1913) von Eugen Kühnemann, „Deutschland als Welterzieher" (1915) von Joseph August Lux oder „Deutscher Weltberuf" (1918) von Paul Natorp, in denen das Denken Schillers und Fichtes in einen Imperialismus des Geistes umgefälscht wird. So schwärmte Lienhard von einem europäischen Großgebilde, das ganz im Zeichen des deutschen Kulturwillens steht. Kühnemann wollte bereits die ganze Welt in ein „Weltreich deutscher Kultur" umwandeln (S. 235). Auch Rohrbach ging von dem sittlichen „Idealgehalt des Deutschtums" aus, den er als die wichtigste „Kraft im gegenwärtigen wie im zukünftigen Weltgeschehen" bezeichnete (S. 6), während er allen „Untermenschen", wie den Negern, den „Anspruch aufs Dasein" einfach entzog (S. 143). Ähnliche Gedanken finden sich bei Eugen Diederichs, der 1913 in der „Tat" erklärte, daß Deutschlands „Sieg in der Welt" durch die überzeugende Kraft seines idealistischen „Menschentums" erfolgen werde (V, 38). Wilhelm Ostwald schrieb im selben Jahre in der „Brücken-Zeitung", daß die Deutschen von Gott zu den „Verwaltern der geistigen Güter der Menschheit" berufen seien (V, 20). Joseph August Lux kleidete seinen Traum vom deutschen Weltberuf in die Worte: „Nichts steht dem Deutschen so schön, nichts macht ihn so unüberwindlich, als dieser Idealismus, der ihn zum Machthaber der Gesittung bestimmt, zum Führer unter den Völkern, zum Kulturerzieher" (3. Aufl., S. 24). Um sich den politischen Gesinnungswandel innerhalb dieses bürgerlichen „Idealismus" zu veranschaulichen, denke man an den humanistischen Kosmopolitismus der Goethe-Zeit zurück. Was dort einen abstrakt-menschheitlichen Charakter hatte, dem die Idee des aufgeklärten Weltbürgers zugrunde lag, läßt sich hier bloß noch als geistiges und politisches Besitzergreifen, als „Wille zur Macht", interpretieren. Dafür spricht das häufig verwendete Motto „Des Deutschen Heimat ist die Welt!", in dem ein imperialistischer Führungsanspruch zum Ausdruck kommt, dessen antihumane Tendenz seine noble Herkunft fast vergessen macht.

Als 1914 der erste Weltkrieg ausbrach, war diese Gesinnung bereits so allmächtig geworden, daß sich die meisten in einen idealistischen Taumel hineinreißen ließen, der sie blind für alle tatsächlichen Ursachen dieses Krieges machte. Fast alle waren „ergriffen von dem welthaft hohen schauer", wie sich George in seinem Gedichtzyklus „Der Krieg" ausdrückte (IX, 28). Man denke an Dichter wie Walter Flex, Gerhart Hauptmann oder Richard Dehmel, die hier als Beispiel für viele stehen mögen. Anstatt in dem Ganzen eine imperialistische Angelegenheit zu sehen, zog man mit dem Gefühl einer idealistischen Kulturmission ins Feld, die sich auf die Anschauung stützt, daß die Vernichtung Deutschlands zu einem Untergang der ganzen Menschheit führen würde, und zwar „ohne Hoffnung einer einseitigen Wiederherstellung", wie es in den oft zitierten „Reden an die deutsche Nation" von Fichte heißt. Manche dieser „geistmissionarischen" Idealisten hatten fast das Gefühl, an einem Kreuzzug gegen die „materialistische Zivilisation" des Westens teilzunehmen, um England und Frankreich, die „Seuchenherde des Kapitalismus", wieder in Pflanzstätten einer „organischen" Kultur umzuwandeln. Der sinnlos menschenfressende Krieg wurde daher immer wieder als ein Kampf der deutschen „Geistnaturen" gegen das kommerzielle Gewinnstreben der westlichen Tschandala-Völker hingestellt. So sprach Gertrud Prellwitz in ihrer Schrift „Durch welche Kräfte wird Deutschland siegen?" (1914) von einem

„Kampf der deutschen Innerlichkeit gegen den fremden, kalten, erstarrenden Geist der Veräußerlichung in jeder Gestalt" (S. II), der sich dem Anbruch des „deutschen Weltentages" entgegenzustellen versuche (S. X). Ähnliche Tendenzen finden sich in Büchern oder Broschüren wie der „Mobilmachung der Seelen" (1915) von Ernst Schultze, „Warum es der deutsche Krieg ist" (1914) von Paul Rohrbach oder „Der große Krieg und die deutsche Seele" (1917) von Else Hasse, wo es wiederum wie bei Fichte heißt, daß durch Deutschlands Vernichtung alle Völker der Erde an innerem Leben verarmen würden. Auch sie sahen im Krieg keine imperialistische Auseinandersetzung hochkapitalistischer Staaten, sondern einen „Geistkampf", einen Kreuzzug gegen „Handelsgeist" und „Machtgier", zu dem Deutschland als „Werkzeug der Weltverbesserung" auserkoren sei. Man berief sich dabei ständig auf den idealistischen Geist der Befreiungskriege, deren hundertjährige Wiederkehr 1913 mit großem Gepränge gefeiert wurde. Eins der besten Beispiele dieser Glaubensinbrunst ist die Schrift „Der Krieg und die Jugend" (1914) von Gustav Wyneken, worin der erste Weltkrieg als ein rein „ethisches" Erlebnis hingestellt wird (S. 20). Auch Joseph August Lux sah in den mörderischen Materialschlachten und stumpfsinnigen Stellungskriegen lediglich eine „Auferstehung des deutschen Idealismus" und stellte die These auf: „Diese Wehrkraft und das Dichten und Denken hat eine gemeinsame Wurzel im Bereich des Ideals, und darum kann man buchstäblich sagen, daß bei uns auch der einfachste Soldat ein Kämpfer für Kultur und Bildung und mithin ein Verteidiger der höchsten idealen Menschheitsgüter ist" (S. 12). Andere betonten mehr die „germanische" Komponente dieses „Weltgerichts" und bezeichneten den Einmarsch in Frankreich als ein Erwachen der bisher unterdrückten Rassenkräfte des deutschen Volkes, wie es in den „Kriegsaufsätzen" (1915) von Houston Stewart Chamberlain heißt. Das gleiche gilt für die Werdandi-Schrift „Zwischen 14 und 18" (1910) von Richard Nordhausen, wo das Phänomen des Krieges als ein „Stahlbad" hingestellt wird, das die „vom Industrialismus zerfressenen Leiber" wieder in ihrer germanischen Rassentüchtigkeit stärkt (I, 11). Auch die religiöse Auffassung des Krieges ist nicht frei von diesen völkisch-präfaschistischen Elementen. So versuchte Leopold Ziegler in seinem Buch „Der deutsche Mensch" (1915) das Massensterben an der Front als ein „großes Mysterium" zu verschleiern, in dem sich die Umwandlung Deutschlands aus einem kapitalistischen Zweckverband in ein „sacrum imperium" vollziehe (S. 10). Karl Wolfskehl sprach im gleichen Sinne von einem „Gotteskampf", während Walter Flex die deutsche Armee als das „auserwählte Volk" der Bibel bezeichnete, das sich mit Hilfe Gottes den Thron der Völker erobere (I, 149).

Bei der Intensität der chauvinistischen Propaganda ist es kaum verwunderlich, daß sich dieser Ungeist nicht nur im Dichterisch-Emotionalen, sondern auch auf theoretisch-philosophischer Ebene findet. Selbst hier gab man sich alle

Mühe, den ersten Weltkrieg in einen Kampf zwischen organisch-deutscher „Kultur" und mechanisch-westlicher „Zivilisation" umzuinterpretieren. So stellte Werner Sombart in seinem Buch „Händler und Helden" (1915) die nationale Begeisterung der ersten Augusttage des Jahres 1914 als eine das ganze Volk entflammende Rückbesinnung auf das „Heldische" hin. Sogar er, der Volkswirtschaftler, erblickte in dem Ganzen nur eine Auseinandersetzung zwischen Krämern und Kriegern, zwischen Kapitalismus und Militarismus, bei der die „unvergleichliche Überlegenheit des deutschen Geistes" notwendigerweise den Sieg davontragen müsse (S. 6). Auf Grund dieser Prämisse konnte er nicht umhin, selbst die Winterschlachten in Galizien und das Trommelfeuer vor Verdun in einen ideologischen Kampf verkrämerter Darwinisten mit geborenen Führernaturen umzudeuten. Die gleiche Überzeugtheit von der Größe der „deutschen Mission" herrscht in dem Buch „Der Genius des Krieges und der Deutsche Krieg" (1915) von Max Scheler. Auch er wandte sich schärfstens gegen die „englische Krämermoral", die den Helden zum „Diener des Kaufmanns und Technikers" erniedrige (3. Aufl., S. 60). Wie Sombart sah er das einzige Heilmittel gegen die Vertrustung und Kommerzialisierung aller Lebenswerte in der „großen Sprache der Waffen" (S. III), eine These, in der eine gefährliche Nähe zu den chauvinistischen Gott-strafe-England-Parolen dieser Jahre zum Ausdruck kommt. Er setzte sich daher mit seiner ganzen Beredsamkeit für eine „metaphysische" Rückbesinnung auf die Quellen des Deutschtums ein, wobei sich seine Kritik an den kapitalistischen „Zersetzungserscheinungen" immer wieder in einem romantisch-utopischen Antikapitalismus überschlägt, der sich auf reaktionäre Wertvorstellungen wie germanisches Mutethos oder christliche Opferwilligkeit stützt. Daß er dabei einem „Imperialismus der Seele" verfiel, der von den aggressiven Tendenzen der wilhelminischen Führungskreise kaum zu unterscheiden ist, gehört zu den vielen Paradoxien dieser „mittleren" Ideologie, die in ihrem gerechten Protest gegen die wachsende Entfremdung des Lebens ständig ins Irrationale tendiert und daher in eine direkte oder indirekte Apologie des Imperialismus mündet.

VOLK STATT MASSE

Zu den wichtigsten Propagandathesen dieser „idealistischen" Bewegung, die sich eine konsequente Beseitigung aller liberalen Resterscheinungen zur Aufgabe setzte, gehört die Mobilisierung des „Völkischen". Während weite Kreise des Bürgertums bis zum Jahrhundertende an Begriffen wie „Freiheit, Gleichheit, Brüderlichkeit" festgehalten hatten, und sei es nur aus Staffage-gründen, berief man sich jetzt in steigendem Maße auf den romantischenTraum von der „wahren Volksgemeinschaft". Obwohl dieses Leitbild auf den ersten Blick wesentlich demokratischer wirkt als das vielberufene Motto von der „uneingeschränkten Privatinitiative", brach gerade auf diesem Gebiet eine ungewöhnlich massive Tendenz ins Archaische durch, die in Begriffen wie „Führer", „Volk" und „Reich" kulminierte. Der Protest gegen den liberalisti-schen Scheinidealismus, der trotz aller Gleichheitsphrasen am Dreiklassen-wahlrecht festzuhalten versuchte, kam daher nicht nur von sozialdemokrati-scher, sondern auch von bürgerlicher Seite. Trotz ihrer politischen Unbildung erkannten diese Schichten sehr wohl, daß das parlamentarische Kräftespiel, das „rouge et noir", wie es im Reichstag durchexerziert wurde, ein bloßes Scheingefecht war, da bei wirklich entscheidenden Fragen doch die wirtschaft-lich Stärkeren das letzte Wort behielten, deren Macht bereits jenseits aller parlamentarischen Mehrheitsbeschlüsse stand. Der Kampf gegen den Zweck-liberalismus der gründerzeitlichen Ära und ihrer Nachfolgezeit hat daher gerade dort, wo er sich gegen das Prinzip des vordergründig Demokratischen wendet, eine spezifisch antikapitalistische Tendenz, indem er zugleich die Kehrseite dieses „liberalen" Subjektivismus, nämlich den kommerziellen Macht- und Bereicherungstrieb, einer strengen Kritik unterzieht. Anstatt jedoch von dieser Erkenntnis aus zu einer echten Humanität vorzudringen, sah man den einzigen Ausweg aus dem gegenwärtigen Dilemma in einer irrationalen Wendung ins „Völkische", ohne zu merken, daß man damit einer spürbaren Regression ins Kollektiv-Unbewußte verfiel. So sprach man zwar von einem „organischen" Wechselverhältnis zwischen Gemeinschaft und Einzelwesen, das beiden Seiten gerecht zu werden versucht, betonte jedoch zugleich eine notwendige Rückbindung an die überindividuellen Mächte der Vergangen-heit, von denen man sich eine Wiederbelebung des „Ewig-Deutschen" er-hoffte. Auf Grund dieser Wendung wurde alles, was bisher als „fortschritt-lich" gegolten hatte, als eine gefährliche Auflösung der Volkssubstanz ins Kommerziell-Zivilisatorische angesehen, woraus sich ein Weltanschauungs-

komplex entwickelte, der wie alle diese „mittleren" Ideologien sowohl antikapitalistische als auch antisozialistische Elemente enthält.

Die eigentliche Ursache dieser ideologischen Fehlentwicklung liegt auch hier
in der allgemeinen Rückständigkeit des gesellschaftlichen Bewußtseins und
damit der Traditionslosigkeit des wilhelminischen Bürgertums, das sich in
seiner Neigung zu historischer Rechtfertigung selbst für die reaktionärsten
Ideen erwärmte. So sah man auf mittelständischer Ebene in Deutschland trotz
aller industriellen Wandlungen noch immer das Land der unverbrauchten
„Substanz", der romantischen Seelentiefe und des idealistischen Geistes, in
dem sich eine bruchlose Regeneration ins Volkhafte vollziehen lasse, während
die „alternden" Industrieländer des Westens, die „Zylinder-Republiken" und
„Kalabreser-Demokratien", bereits einem unabwendbaren Niedergang ausgeliefert seien. Um Deutschland vor dieser Gefahr zu bewahren, wandte man
sich erbittert gegen alle inneren Aufsplitterungstendenzen, worunter man vor
allem die materielle Gewinnsucht der großbürgerlichen Kreise und die politischen Ambitionen der Sozialdemokratie verstand, deren Ziel es sei, die
„organische" Einheit des deutschen Volkes in ein Konglomerat sich wider-
streitender Interessenschichten aufzulösen. Wie Treitschke wollte man keine
Trennung von Staat und Gesellschaft anerkennen, sondern betrachtete das
eigene Volk als eine unzerstörbare Einheit, in der jeder Einzelne seine „naturgegebene" Funktion zu erfüllen habe. Ob Bauer, Bürger oder Arbeiter: Alle
sollten sich wieder als Volksgenossen fühlen, und zwar im vollen Bewußtsein
ihrer nationalen Verantwortlichkeit. Die Widersprüchlichkeit dieser These, die
von einer Gemeinschaft Leistungen fordert, deren Gewinn höchst ungleich-
mäßig zur Verteilung gelangt, wurde meist mit der ideologischen Vorspiege-
lung beschwichtigt, daß der Kampf gegen den „demokratisierenden, nivellierenden und atomisierenden Geist" der modernen Wirtschaftswelt schließlich
doch allen zugute komme, da auch der Niedrigste ein Deutscher sei, wie es in
Langbehns „Rembrandt als Erzieher" (1891) heißt (S. 1).

Das Ergebnis dieser Entwicklung war eine Opposition von rechts, die sich
trotz aller ideologischen Winkelzüge weniger gegen den schrankenlosen
Liberalismus als gegen den „mangelhaften Eigentumsbegriff" der Sozialdemokraten wandte. Während die Freisinnigen und die Fortschrittspartei
noch bis in die achtziger Jahre von Liberté und Fraternité gesprochen hatten,
herrscht jetzt fast allgemein die romantische Vision eines völkischen Einheits-
staates. Um diesem Wunschbild den nötigen Überzeugungscharakter zu geben,
bemühte man sich, alle „demokratischen" Staatsgebilde als pöbelhafte Amei-
senhaufen zu diffamieren, deren höchstes Ziel eine fragwürdige Allgemein-
nützlichkeit sei. Man hört daher selten eine Stimme, die sich für rationale
Zweckverbände, Volksaufklärung oder republikanische Freiheiten einzusetzen versucht. Immer wieder ist lediglich von einem religiös-sakralen Volks-
verband die Rede, über dem ein „schlechthin irrationales Schicksal" waltet,

wie sich Hans Blüher in seinem Manifest „Familie und Männerbund" (1918) ausdrückte (S. 9). Ähnliche Behauptungen finden sich in dem Buch „Der Idealstaat" (1904) von Eugen Heinrich Schmitt, dem die These zugrunde liegt, daß alle sozialistischen Staatsbildungen gescheitert seien, während sich Reiche auf religiös-völkischer Basis oft durch die Jahrtausende erhalten hätten. So betrachtet, hat die Vertiefung des „völkischen" Gedankens, mit der man sowohl vom kosmopolitischen Gedankengut der Goethe-Zeit als auch von den liberalen Traditionen der Achtundvierziger Revolution Abschied nahm, eine höchst gefährliche Tendenz ins Faschistische, da auf diese Weise an die Stelle des oberflächlichen Hurrapatriotismus, dessen weltanschaulicher Horizont mit den Liedern „Die Wacht am Rhein" und „Heil dir im Siegerkranz" umschrieben ist, ein religiös verbrämter Chauvinismus trat, wie er sich in besonders extremer Form bei den „Alldeutschen" beobachten läßt. Für diese Kreise war das nationale Einheitsdenken, der Traum von einem geistigen Deutschland, bloß ein Mittel zum Zweck, möglichst weite Schichten des mittleren Bürgertums mit den eigenen völkischen Umgliederungsplänen und Annexionsgelüsten vertraut zu machen. Was man hier unter einer „wahren Volksgemeinschaft" verstand, läßt sich am besten mit der heuchlerischen Phrase „Ich kenne keine Parteien mehr, ich kenne nur noch Deutsche" vergleichen, mit der Kaiser Wilhelm II. zu Beginn des ersten Weltkrieges die Sozialdemokraten zu ködern versuchte. Gerade der Krieg, dessen imperialistische Ziele unverkennbar waren, wurde daher von allen „völkischen" Gruppen als ein „Dienst am Ganzen" gefeiert, bei dem sich die „kleinen Egoitäten" dem nationalen „Gesamtwillen" unterordnen müssen, wie Max Scheler in seinem Buch „Der Genius des Krieges" (1915) schrieb (S. 119). Man wird bei diesen Äußerungen fast an Hitler erinnert, der das „Fronterlebnis" und den damit verbundenen Begriff der „Volksgemeinschaft" mit geradezu demagogischer Geste zu zelebrieren verstand.

Diese Wendung ins Volkhaft-Irrationale führte zwangsläufig zu einer Renaissance aller bewußt „nationalen" Autoren, selbst wenn deren politische Gedankenwelt noch nicht völkisch, sondern republikanisch ausgerichtet war. So wurde Fichte, der „streitbare Idealist", einseitig als der Verfasser der „Reden an die deutsche Nation" hingestellt, in denen ein Aufstand der deutschidealistischen Gesinnungsethik gegen den demokratischen Ungeist der Französischen Revolution zum Ausdruck komme. Fast noch folgenreicher war die Neuauflage der Werke von Paul de Lagarde, der schon in den siebziger Jahren Blut und Boden als die eigentlichen Quellen der deutschen Volkskraft bezeichnet hatte. Was ihn den imperialistischen Kreisen der Jahrhundertwende so sympathisch machte, war seine offene Stellungnahme gegen die „Saturiertheit" des Bismarckschen Reiches. Wie viele der gründerzeitlichen Germanomanen faßte er schon 1878 in seinen „Deutschen Schriften" ein teutonisches Stammesreich ins Auge, und zwar von der Maas bis zum alten

„Gotenlande" am Schwarzen Meer, von Nordschleswig bis nach Südtirol. In diesem „Großdeutschland" sollte es weder semitisch-infiltrierte Städte noch westlich-zivilisatorische Industriegebiete geben. Sein besonderer Haß galt daher der großstädtischen Bourgeoisie und dem sozialdemokratisch „verseuchten" Proletariat, die er als parasitäre Schädlinge am deutschen Volkskörper anzuprangern versuchte. Ebenso ressentimentgeladen wandte er sich gegen die bestehende Parteienwirtschaft, wie er überhaupt den Parlamentarismus als etwas Undeutsches empfand, das in einem offenen Widerspruch zum aristokratischen Wesen des echten Germanentums stehe. Auch Julius Langbehn, der mit seinem Buch „Rembrandt als Erzieher" (1891) eine wahre Sturmflut an chauvinistischen Gefühlen erregte, gehört zu den Propheten dieser Richtung, da er wie Lagarde die einzige Rettung vor dem „westlichen" Ungeist des Kapitalismus in einer Verbauerung Deutschlands sah und aus dieser weltanschaulichen Konzeption einen imperialistischen Herrschaftsanspruch ableitete, der eindeutig ins „Großdeutsche" zielt.

Einer der ersten und zugleich wichtigsten Propagandisten dieser Ideen war Houston Stewart Chamberlain, dessen Buch „Die Grundlagen des 19. Jahrhunderts" (1899) schnell zu einem Brevier aller völkisch interessierten Kreise wurde. Auch bei ihm ertönt der Ruf „Deutschland erwache", das heißt, befreie dich aus den Fesseln des Internationalismus, um so zum Vorbild einer allgemeinen „regeneratio" zu werden. Als die Hauptfeinde des deutschen Wesens erschienen ihm der Judensozialismus, das Großstadtwesen und die Hierarchie der katholischen Kirche, die er in der Formel „die rote, graue und schwarze Internationale" zusammenfaßte, womit er der chauvinistischen Propaganda eins ihrer Hauptschlagworte lieferte. Während Lagarde noch kontinentaleuropäisch dachte, neigte Chamberlain bereits zu einem imperialistischen Großraumdenken, das alle Völker der Erde zu Satelliten des deutschen Volkes erniedrigt. So unterhielt er einen lebhaften Briefwechsel mit Wilhelm II., dessen imperialistische Absichten er aktiv unterstützte, und zugleich mit „völkischen" Autoren wie Artur Dinter, Hans von Wolzogen, Ludwig Woltmann, Wilhelm Schwaner, ja sogar mit Adolf Hitler, den er in einem Brief vom 7. Oktober 1923 als den zukünftigen „Retter" bezeichnete, der ihm nach der Schmach von Versailles den „Glauben an das Deutschtum" zurückgegeben habe.

Neben Chamberlain und seinen Anhängern wurde der „völkische" Gedanke besonders eifrig von den „Alldeutschen" gepflegt. Auch diese Gruppe knüpfte an Lagarde und Langbehn an, obwohl ihre Vertreter wie Chamberlain meist Bürgerliche waren, die gar nicht daran dachten, die Großstadt zu verlassen und wieder zur „Scholle" zurückzukehren. Man denke an ein Buch wie „Die Bedeutung des Bauernstandes für den Staat und die Gesellschaft" (1906) von Otto Ammon, in dem das Bäuerliche als der unerschöpfliche Jungborn des völkischen Lebens gepriesen wird, während er die zunehmende Industrialisierung als „schleichenden Volkstod" bezeichnete. Wie verlogen diese anti-kapitalistischen Thesen sind, läßt sich schon durch die Tatsache beweisen, daß sich auch hier die Geldgeber weitgehend aus dem Bereich der Schwerindustrie rekrutierten. Die alldeutsche Propaganda verwandelte sich daher trotz ihres scheinbaren Bauernkultes immer stärker in eine imperialistische Stimmungsmache, mit der Leute wie Kirdorf oder Hugenberg ihre Absichten durchzusetzen versuchten. So wandte man sich mit höhnischen Worten gegen die humanistische „Gefühlsduselei" der pazifistischen Kreise, vor allem der Sozialdemokratie, und trat mit überschwenglichem Elan für die kriegerischen Elemente des deutschen Wesens ein, das im heldischen Akt der „Landnahme" seine reinste Verwirklichung erfahre. Adolf Bartels schrieb dazu 1916: „Weg mit der fremden Beeinflussung und den falschen Kulturidealen! Der vom Auslande genährte Industriestaat ist eine Gefahr. Ein Volk soll seinen Boden selbst bebauen und in der Hauptsache durch eigene Kraft hervorbringen, was es zu seinem Leben bedarf. Also schafft mehr deutsche Bauern — geht es nicht auf eigenem Boden so nehmt euch fremden, der Krieg gibt ja die Gelegenheit" (GA, S. 233). Doch neben diesen Agrartheoretikern findet sich auch bei den „Alldeutschen" eine Reihe von Mittelstandsideologen, deren Leitbild nicht der Bauer, sondern das „gesunde Bürgertum" ist. Dafür spricht ein Buch wie das großangelegte Werk „Deutsche Politik" (1905—1906) von Ernst Hasse, dem ersten Vorsitzenden des „Alldeutschen Verbandes", der sich die Aufgabe setzte, den deutschen Mittelstand von seinen „weltbürgerlichen Kinderkrankheiten" zu heilen und ihm eine Weltanschauung zu geben, die ausschließlich auf der „Gedankenwelt des Nationalismus" beruht (III, 190). Ähnliche Gedanken vertraten Albrecht Wirth in seinem Buch „Volkstum und Weltmacht in der Geschichte" (1901) und Joseph Ludwig Reimer in seinem Manifest „Grundzüge deutscher Wiedergeburt!" (1906), in denen Deutschland auf Grund seiner mittelständischen Rassenkraft zur politischen Vormacht Europas und damit der Welt erhoben wird.

Eng mit den „Alldeutschen" liiert waren der „Werdandi-Bund" und die von ihm herausgegebene Zeitschrift „Wertung". Auch hier wandte man sich mit scheinbar antikapitalistischer Akzentsetzung gegen den auf „internationale Zersetzung gehenden Handels- und Geschäftsgeist", wie es 1913 im „Werdandi-Jahrbuch" heißt (S. 40), und betonte eine Einheit von Kaiser und Volk, die in ihrer reaktionären Zielsetzung wiederum den imperialistischen Interessen der großindustriellen Kreise zugute kommen mußte. Fast die gleichen Anschauungen finden sich in der Zeitschrift „Der Hammer", dem Organ der „Deutschen Erneuerungsgemeinde", die sich ebenfalls auf präfaschistischer Mittelstandsbasis bewegte und mit „idealistischem" Eifer gegen die parlamentarische Parteienwirtschaft und die um sich greifende Industrialisierung anzukämpfen versuchte. Besonders ihr Herausgeber, der fanatische Judenhasser Theodor Fritsch, wandte sich in seinen Hammer-Aufsätzen „Neue Wege"

(1922) in mühsam getarnten Scheingefechten sowohl gegen die sozialdemokratische „Verhetzung" der Arbeiterschaft als auch gegen das liberalistische „Freibeutertum" der Großindustriellen (S. 144), wobei sich sein antimaterialistischer Affekt weitgehend ins Antisemitische verschiebt und damit seine reale Bedeutung verliert. Anstatt aus der kapitalistischen Umwandlung des Liberalismus ins Plutokratische die Konsequenz einer echten Demokratie zu ziehen, wich auch er ständig ins „Völkische" aus und versuchte, den deutschen Imperialismus als einen Verzweiflungsakt der germanischen Rasse gegen die drohende Gefahr einer zionistischen Weltherrschaft zu rechtfertigen. Ebenso präfaschistisch wirken die „Deutschbundblätter" von Friedrich Lange, deren Autoren sich unter dem Motto „Heil Alldeutschland" zu einem Kampfbund gegen Sozialdemokratie, Ultramontanismus und Judentum bekannten. Die gleiche Richtung vertraten die Mitglieder des deutschen „Schaffer-Bundes", die „Völkischen" um Artur Dinter und der Kreis um die Zeitschrift „Prana", die sich aus theosophischen Anfängen allmählich in präfaschistisch orientierte Hakenkreuz-Bewegungen verwandelten und später, wie viele andere obskure Quellen dieser Zeit, in den Nationalsozialismus einmündeten.

Neben diesen alldeutschen oder germanisch-okkultistischen Gruppen, deren Gedankengut meist aus dem Bereich der kleinbürgerlichen Halbbildung stammt, gab es in denselben Jahren auch eine Reihe von utopisch begeisterten Einzelgängern oder kleineren Bewegungen, bei denen sich das „völkische" Denken mehr mit der Idee eines „nationalen Sozialismus" verband. Wohl der bezeichnendste Ideologiekomplex dieser Richtung war der Gedanke eines „sozialen Volksstaates", den man gegen die Interessengemeinschaft der großbürgerlichen Industriemagnaten, ostelbischen Landjunker und wilhelminischen Karriereritter auszuspielen versuchte. So trat selbst der Alldeutsche Ludwig Kuhlenbeck in seinem Buch „Rasse und Volkstum" (1905) für einen „nationalen, rassenbewußten Sozialismus" ein, den er als die einzige Rettung aus dem allgemeinen Embourgeoisement bezeichnete. Andere, wie der Graf Ernst Reventlow, der sich anfänglich zum monarchischen Gedanken bekannte, huldigten nach dem Zusammenbruch der wilhelminischen Ära einer deutschsozialen Volksgemeinschaft, einer „Civitas Dei Germanica", wie es in seinem Buch „Deutscher Sozialismus" (1930) heißt, in dem er mit ausgesprochen faschistischer Akzentsetzung gegen die „jüdischen Volksfeinde" im kapitalistischen und proletarischen Lager zu Felde zieht. Etwas anders liegt der Fall bei Moeller van den Bruck, der schon 1911 in seinem Buch „Erziehung zur Nation" für eine konsequente Eindeutung des Volksbewußtseins eingetreten war. Auch er wandte sich scharf gegen die bestehende Parteienwirtschaft und forderte einen Zusammenschluß aller „deutschgesonnenen" Deutschen, und zwar im Sinne eines extremen Nationalkommunismus, um so dem erstrebten Sozialstaat eine spezifisch „deutsche" Ausprägung zu geben. „Jedes Volk hat seinen eigenen Sozialismus", heißt es in seinem Buch „Das dritte Reich" (1923),

wo er sowohl den proletarischen Kommunismus als auch den bürgerlichen
Liberalismus als „undeutsch" verwirft, da sich beide zum Prinzip des technischen Fortschritts bekennen, anstatt sich an den Mächten der Tradition zu
orientieren (3. Aufl., S. 35). Eng damit verwandt sind die Ansichten von
Eugen Diederichs in der von ihm herausgegebenen Sozial-religiösen Monats-
schrift für deutsche Kultur „Die Tat". Gerade Diederichs hat in seinen Briefen,
Schriften und Manifesten immer wieder gegen die „nationale Phrase" der
wilhelminischen Kreise protestiert und statt dessen eine Volkstumsbewegung
gefordert, die sich auf ein „durch das ganze Volk gehendes gemeinsames
Empfinden" stützt, wie es in seinen Aufzeichnungen aus dem Jahre 1911 heißt
(LW, S. 190). Aus diesem Grunde trat er wiederholt für eine „Herrschaft der
Besten", einen sogenannten organischen Sozialismus ein, der sich nicht auf
eine bestimmte Klasse, sondern auf die Deutschen unter den Deutschen
stützt, wie er am 2. Juni 1919 an einen Maler schrieb. An anderen Stellen
rief er alle „schöpferisch handelnden Kräfte" auf, aus eigener Ermächti-
gung zu einem „Deutschen Volksrat" zusammenzutreten, um durch diesen
beispielgebenden Akt einen neuen „Idealismus" in die Politik zu bringen.
Doch auch bei ihm verwandelte sich der Traum vom „Deutschen Sozialismus" mit den Jahren immer stärker in eine Theologie des Nationalismus,
wodurch der demokratische Ansatz seiner Anschauungen weitgehend ins
Sozialfaschistische umgebogen wurde.
Auf einer ähnlichen Linie liegen die kleineren, heute bereits vergessenen
Autoren der „Tat". So trat Heinz Potthoff 1915 für einen „sozialen Volksstaat" ein, der sich an Fichtes Idee eines geschlossenen Handelsstaates orientiert (VII, 113), während Gerhard Hildebrand zwei Jahre vorher einen
„Sozialismus der Gebildeten" gefordert hatte. Im gleichen Sinne äußerten
sich Ernst Horneffer, Paul Schulze-Berghof und Ernst Lissauer, die sich für
eine Beseitigung der feudal-plutokratischen Oberschicht einsetzten und
statt dessen das Ideal einer „geistigen" Demokratie propagierten. Weder bei
den Fürsten noch bei der Masse dürfe die Herrschaft liegen, schrieb Lissauer,
sondern bei den „Besten" des Volkes, den bürgerlichen Intellektuellen (V, 93.)
Er forderte daher alle deutschempfindenden Kreise auf, sich aus der gegenwärtigen Parteienwirtschaft herauszuhalten und einem „geistigen" Kampfbund
beizutreten, der sich sowohl vom „barbarischen Sozialempfinden" der großbürgerlichen Schichten als auch vom „Klassenegoismus" des Proletariats
distanziert. Der gleichen romantisch-utopischen Frontstellung gegen oben und
unten begegnet man bei Schulze-Berghof, der 1909 in der „Tat" behauptete:
„Die Besitzenden sollen ihren Besitz ideell als Gemeingut betrachten ... und
die moralische Verpflichtung empfinden, von ihrem Reichtum den Besitz-
losen im staatlichen Haushalt zu opfern. Aber auch der kleine Mann, der
Arbeiter, der keine Güter besitzt, soll sich zum Sozialmenschen heraufbilden
und sich dessen bewußt werden, daß auch er durch seine Kräfte der mensch-

lichen Gesellschaft als dienendes Glied angehört. Wir sollen eben die Gemeinschaft, in der wir leben, nicht nur als eine politische und wirtschaftliche, sondern vor allem als eine sittliche betrachten" (I, 125). Etwas konkreter äußerte sich Edgar Jaffé in seinem „Tat"-Aufsatz „Deutschlands Wirtschaftsleben der Zukunft" (1915) zu diesen Problemen. Anstatt sich mit einem theoretischen Appell an das gute Gewissen zu begnügen, setzte er sich unter Hinweis auf bereits verstaatlichte Unternehmen wie Eisenbahn und Post für einen Aufbau aller großen Gewerbszweige auf „gemeinwirtschaftlicher Basis" ein, und zwar im Sinne des germanischen Genossenschaftswesens, da auch er sich die Überwindung des Kapitalismus nur von einer Wiederbelebung der „völkischen" Grundstrukturen versprach (VII, 440). Ähnliche Gedanken finden sich in der Vierteljahrsschrift für Gesellschaftswissenschaften und soziale Kultur „Das Leben" (ab 1897), deren Hauptanliegen die Beseitigung des schrankenlosen Liberalismus war. Auch sie wandte sich an alle „Idealisten", eine „Vereinigung freier Menschen zur Erreichung gemeinschaftlicher Ziele" zu gründen, der eine national-humanistische Ideologie zugrunde liegt (I, 5).

Das gleiche gilt für die Schriften von Friedrich Naumann, der schon 1896 eine „National-soziale Partei" ins Leben rief, die sich zum Gedanken eines idealen „Volksstaates" bekannte. Obwohl sich Naumann nie völlig vom liberalen Wirtschaftsdenken des späten 19. Jahrhunderts lösen konnte, hat er immer wieder das Verantwortungsbewußtsein dem sozialen Gefüge gegenüber betont, was in Kompromißformeln wie „Neudeutsches Wirtschaftsdenken" oder „Soziales Kaisertum" zum Ausdruck kommt, mit denen er die auseinanderstrebenden Kräfte seiner Zeit zusammenzuhalten versuchte. Sein höchstes Ziel war eine Verschmelzung von Demokratie und nationalem Empfinden, von Sozialismus und Liberalismus, eine „deutsche Linke", die entfernt an Moeller van den Bruck erinnert. So sprach er wiederholt von einer Beseitigung der konservativ-klerikalen Führungsschicht, wandte sich gegen Kastengeist, ostelbische Junker und Konfessionalismus, blieb jedoch in seiner Blickrichtung im wilhelminischen Denken befangen. Anstatt die geplante Reorganisation des Wirtschaftslebens mit einem Umbau der Basis zu beginnen, setzte er seine Hoffnungen auf eine monopolartige Vertrustung, durch die Kapitalisierung und Sozialisierung zu austauschbaren Begriffen werden. Das Ganze mündet daher in ein organisiertes Deutschtum, eine Nationalisierung der Masse zum Volk, die immer stärker ins Sozialchauvinistische abgleitet. Verwandte Anschauungen finden sich bei Walther Rathenau, der in seinen zahllosen Schriften einen „Staatssozialismus" vertrat, den man auch als Staatskapitalismus interpretieren kann, da auch er nicht von der Eigentumsfrage, sondern von bloßen Organisationsproblemen ausging, die sich fast auf jede Gesellschaftsform anwenden lassen.

Aus allen diesen Äußerungen geht klar hervor, daß man sich bei der beabsichtigten Umbildung der Masse zum Volk fast ausschließlich von volkhaft-irrationalen oder sozialfaschistischen Gedankengängen lenken ließ. Überall faßte man eine genossenschaftliche Wirtschaftsform ins Auge, bei der jeder Volksgenosse eine dem Ganzen dienende Funktion erfüllt. Daß man dabei oft die Formel „Gemeinnutz geht vor Eigennutz" verwandte, die später zu einer Lieblingsvokabel der Reichsarbeitsfront wurde, ist in seiner ideologischen Zielsetzung deutlich genug. Das Wort „Gemeinschaft" hat daher selten einen demokratischen Sinn, sondern deckt sich weitgehend mit dem Herrschaftsanspruch des mittleren und niederen Bürgertums, das gerade im Gedanken des „Völkischen" ein gutes Instrument des gesellschaftlichen Aufstiegs erblickte. Wie weit man sich dabei nach rechts bewegte, beweist die Tatsache, daß man die sozialistischen Forderungen der Sozialdemokraten als unverschämten Klassenegoismus diffamierte, da sie gegen das „naturgegebene" Gemeinschaftsgefühl des deutschen Volkes verstießen, während die imperialistischen Absichten des Großbürgertums, trotz aller vordergründigen Kritik, als ein „idealistisches" Ringen um die deutsche Volksseele hingestellt wurden.

Noch reaktionärer als diese sozialfaschistischen Vorstellungen, die wenigstens zum Teil mit liberalen oder demokratischen Elementen vermischt sind, wirkt der „Führerkult" dieser Jahre. Seine Vertreter waren meist ehrgeizige Einzelgänger, deren Ideologie in dem Ruf nach einem neuen Nietzsche, einem „Starken von oben" oder Fichtes „Zwingherren zum Deutschtum" kulminierte. So setzte sich Hans Blüher, einer der fanatischsten „Geistadligen" nach 1900, für eine Neuordnung des deutschen Volkes nach dem „charismatischen" Führerprinzip ein, das auf der Formel beruht: „Die Menge wird erst Volk, wenn sie folgt", wie es in seiner Schrift „Führer und Volk in der Jugendbewegung" (1918) heißt (S. 3). Das „Volk" war für ihn kein soziales Phänomen, sondern ein menschlicher Zusammenschluß, dem das religiöse Gefühl der Hingabe zugrunde liegt. Er wandte sich daher mit verbissener Schärfe gegen das „Schwindelunternehmen" der Industrie, den bürgerlichen Liberalismus und die sozialistischen Ziele der Arbeiterbewegung und predigte statt dessen ein Staatsideal, bei dem die bürgerliche und die proletarische „Masse" dem heroischen Willen der großen Einzelnen unterworfen werden. Als seine obersten Leitbilder bezeichnete er dabei seine eigene Person, deren Führerrolle er mit der Zugehörigkeit zu einer irrationalen „primären Rasse" und seinem „geistigen Adel" zu legitimieren suchte, und den von ihm zutiefst verehrten Begründer und „geborenen" Führer des ersten Wandervogels Karl Fischer, dessen „königliche" Art er immer wieder gegen den demokratisch-anarchischen Ungeist der späteren Wandervögel ausgespielt hat. Ebenso bewundernd äußerte er sich über Gustav Wyneken, den Gründer der „Freien Schulgemeinde", der auf die Frage, wer im Staate herrschen solle: der König, der Adel oder das Volk, unverdrossen mit „Ich!" geantwortet hatte, und zwar aus dem Gefühl einer charismatischen Erwähltheit heraus, wie Blüher in „Werke und Tage" (1920) schreibt (2. Aufl., S. 148). Mit ähnlicher Deutlichkeit bekannte sich Ernst

Horneffer zu einem geistigen Führerprinzip. Auch er verwarf das liberalistische Staatsdenken, das in den obrigkeitlichen Organen nur ein notwendiges Übel erblickt, und forderte die Bereitschaft, einer überragenden Persönlichkeit bedingungslos verfallen zu können. Wie Blüher erschien ihm die Einheit von Herrscher und Beherrschten als etwas Urdeutsches, als eine seelische Auszeichnung der germanischen Rasse, die sich in diesem Punkt weit über das rationale Mehrheitsprinzip anderer Völker erhebe. So schrieb er 1909 in der „Tat": „Der Deutsche haßt es, sich Kollegien, beschließenden Körperschaften, Parteien zu unterwerfen, weil er deutlich fühlt oder weiß, daß dies meist der Sieg der Masse, der Dummheit über den begabten Einzelnen ist! Aber gerne folgt er einer überragenden Persönlichkeit, die sein Vertrauen besitzt" (I, 287). Ein ebenso streitbarer Vertreter dieser heroischen Auffassung des „völkischen" Gedankens war Hermann Burte, der sich vor allem in seinem Bekenntnisroman „Wiltfeber" (1912) für eine Erneuerung des germanischen Führerprinzips einzusetzen versuchte. Und zwar handelt es sich hier um einen Zarathustra-Deutschen, der in idealistischer Verblendung gegen den herrschenden Materialismus zu Felde zieht, um so die bürgerlich-proletarische Masse wieder zu einer „organischen" Einheit zusammenzuschweißen. Welche Emphase in diesem Buche herrscht, beweist die Sentenz: „Vernichtet die Menge um des Volkes willen, so meine ich es. Der großartige Zweck heiligt immer das blutige Mittel" (S. 71). Wiltfeber gefällt sich daher ständig in der Pose, von der Vorsehung zum Führer seines Volkes berufen zu sein, der mit unerbittlicher Hand die nordischen Herrenmenschen von den verpöbelten „Viel zu vielen" trennt. „Die Geistigen müssen herrschen, und das Volk muß gehorchen", heißt es mit idealistischer Akzentsetzung, ohne daß Burte erkennt, daß er sich damit zum Sprachrohr der imperialistischen Kreise erniedrigt, denen eine solche kostenlose Propaganda natürlich sehr gelegen kam (S. 181).

Einen ähnlichen Charakter hat das Führer-Prinzip des George-Kreises, obwohl man sich hier weniger am germanischen Gefolgschaftsdenken als am mittelalterlichen Feudalismus orientierte. „Nicht die allgemeine gleichheit sondern der natürliche unterschied soll wieder zum menschenrechte werden", schrieb Friedrich Wolters 1912 im „Jahrbuch für die geistige Bewegung" (S. 148). An anderen Stellen heißt es geradezu imperial: „Darum nehmen wir nicht von der menschheit sondern vom manne gebot und bild! Der herrscher tut not" (S. 144), um die „feigen knechte der humanität" wieder durch wahre Meister und Führer zu ersetzen (S. 148). Dieselbe Anschauung liegt seinem Buch „Herrschaft und Dienst" (1910) zugrunde, das sich wie ein Missale des Feudalismus liest. Herrschaft ist hier ein Gnadenakt, ohne den das „führerlose volk" für immer im „schmutz der tümpel" versinken würde (S. 14). Ebenso entschieden klingt sein mit Gundolf verfaßtes Grundsatzprogramm für das 3. Jahrbuch, in dem die „verschwächung und verkrüppelung des ganzen menschtums" als eine „ausgeburt" des „hemmungslosen fortschritts" hingestellt wird, die nur „durch feuer und gift geheilt werden" kann (S. V). Die Ursachen dieser „fressenden wucherung" sahen sie vor allem in der un-kriegerischen Einstellung der Sozialdemokratie und den „flach rationalisti-schen" Tendenzen der modernen Frauenemanzipation, deren Ergebnis eine allgemeine „artverschlechterung" sei (S. VI). Um dieser Gefahr für die deut-sche Tüchtigkeit und Wehrbereitschaft wirksam entgegenzutreten, scheute man selbst vor den radikalsten Mitteln nicht zurück. So schrieb George mit einer an Nietzsche erinnernden Härte im „Stern des Bundes" (1914), wo diese antidemokratische Tendenz besonders deutlich zum Ausdruck kommt (VIII, 31):

> „Zehntausend muß der heilige wahnsinn schlagen
> Zehntausend muß die heilige seuche raffen
> Zehntausende der heilige krieg."

Das utopische Fernziel dieser geistaristokratischen Umwandlung der Masse zum Volk war meist die Errichtung eines „Neuen Reiches", in dem die völki-sche Wiedergeburt ihre höchste Bekrönung erleben sollte. Das wilhelminische Reich erschien allen diesen Autoren nur wie eine Übergangslösung. Wonach sie strebten, war nicht die verlogene „Hohenzollernherrlichkeit", sondern ein wesentlich umfassenderes, deutscheres, im Religiösen verankertes „Im-perium". So sprach Reventlow von einer „Civitas Dei germanica", Moeller van den Bruck von einem „Dritten Reich", Ernst Horneffer von den „Voraus-gesandten der künftigen Menschheit", die sich ein „neues, heiliges Reich" erbauen werden, wie es in einem seiner „Tat"-Aufsätze heißt (1909 I, 488). Leopold Ziegler träumte in seinem „Heiligen Reich der Deutschen" (1925) von einem Land germanischer „Wanderer", das inmitten „eines seit langem seßhaft gewordenen Kontinents" nach Ausdehnung und damit völkischer Erfüllung strebe (I, 13). Mehr im Idealistischen angesiedelt war die von Alexan-der von Bernus herausgegebene Zeitschrift „Das Reich" (ab 1916), die ein Sammelpunkt aller „Geist-Lebendigen" sein sollte (I, 1). Doch auch hier kommt der völkisch-imperialistische Pferdefuß zum Vorschein, und zwar in der Behauptung, daß allein dem „germanischen Volkstum die Führerschaft im Gesamtbereiche der menschlichen Geisteskultur" zustehe (I, 1). Völlig überspannt wirkt dagegen ein Buch wie „Das kommende Reich" (1916) von F. Schrönghamer-Heimdal, das in der verschrobenen These gipfelt, dem „materialistischen Warenhausgeist" durch die Errichtung völkisch-religiöser „Walddörfer" entgegenzutreten.

Aus diesen und ähnlichen Strömungen, die in ihrer Fülle kaum zu übersehen sind, erwuchs im Laufe der Jahre der Gedanke eines „imperium sacrum", eines „heiligen Reiches deutscher Nation", der zum festen Repertoire aller völkischen Erwähltheitsfanatiker gehörte. Anstatt sich in den Dienst einer durchgreifenden Demokratisierung zu stellen, die auch in der Welt der

Technik den Gedanken der freiheitlichen Humanität aufrechtzuerhalten trachtet, hoffte man auf ein „Corpus mysticum germanicum", ein nordisches oder utopisch-idealistisches „Gottesreich", um so allen Völkern ein Beispiel wahrer Größe und innerer Geschlossenheit zu geben. Auch hier findet sich die erhabenste und zugleich gefährlichste Vision eines solchen Zukunftsstaates bei George, der sich immer wieder gegen den herrschenden „schwatz von wolfahrt" und „menschlichkeit" ausgesprochen hat (IX, 31). So heißt es in seinem Gedicht „Der Dichter in Zeiten der Wirren", in dem dieser antiliberale Protest — trotz aller „Geistigkeit" — eine deutliche Verzerrung ins Völkisch-Irrationale erfährt (IX, 39):

„Ein jung geschlecht das wieder mensch und ding
Mit echten maßen mißt, das schön und ernst
Froh seiner einzigkeit, vor Fremden stolz,
Sich gleich entfernt von klippen dreisten dünkels
Wie seichtem sumpf erlogner brüderei
Das von sich spie was mürb und feig und lau
Das aus geweihtem träumen tun und dulden
Den einzigen der hilft den Mann gebiert...
Der sprengt die ketten fegt auf trümmerstätten
Die ordnung, geißelt die verlaufnen heim
Ins ewige recht wo großes wiederum groß ist
Herr wiederum herr, zucht wiederum zucht, er heftet
Das wahre sinnbild auf das völkische banner
Er führt durch sturm und grausige signale
Des frührots seine treue schar zum werk
Des wachen tags und pflanzt das Neue Reich."

RASSE STATT VÖLKERCHAOS

Neben der vielzitierten Phrase von der „völkischen Gesundung" stößt man in den ideologischen Auseinandersetzungen der Jahrhundertwende ständig auf den Begriff des „Rassischen", der sich in seiner irrationalen Verschwommenheit noch besser zu propagandistischen Zwecken mißbrauchen ließ. Ein „völkisches" Sendungsbewußtsein gab es bei vielen Nationen, meist in religiöser oder chauvinistischer Ausprägung, sich jedoch auf die „rassische" Erwähltheit eines Volkes zu berufen wirkte weit aufpeitschender und stimulierender, da man hier auch die instinkthaften Triebe des Menschen in den Dienst der nationalen Sache einbeziehen konnte. Die Rassenpriester dieser Jahre scheuten daher keine Mühe, das „nordische Blut" als den wichtigsten Bestandteil der völkischen Substanz, als den „Urgrund aller Dinge" hinzustellen, wo sich das deutsche Wesen unmittelbar mit den Mächten der Vorsehung berühre. So behauptete Albrecht Wirth in seiner Schrift „Volk und Rasse" (1914), daß ein echtes Rassebewußtsein „in der Tat etwas Göttliches" sei (S. 7). Ähnliches findet man bei Adolf Bartels, der „Nationalstolz" immer wieder mit „Rassenstolz" identifizierte (GA, S. 29). Andere brachen in den Ruf aus: „Zurück zu den Quellen unseres Ariertums, zum germanischen Wesen unserer Altvordern", um auf dem Wege über die „Rassenpflege" zugleich eine „völkische Wiedergeburt" herbeizuführen. Wie schnell man dabei das „Evangelium der Rasse", das anfangs einen rein „völkischen" Charakter hatte, auf die Ebene der Weltpolitik projizierte und somit ins Imperialistische erweiterte, beweisen die Schriften von Houston Stewart Chamberlain, in denen die Angehörigkeit zur deutsch-germanischen Rasse als eine Auszeichnung hingestellt wird, durch die sich Deutschland über alle anderen Völker der Erde erhebe. Das rassische Leitbild weiter Kreise war daher der „deutsche Ario-Heroiker", der voller Ungeduld darauf wartet, den germanischen Führungsanspruch endlich in die Tat umsetzen zu können. Aus diesem Grunde wurde alles Gute, Edle und Heldische im deutschen Wesen plötzlich auf das „Arische" zurückgeführt, auf den „idealistischen" Geist der nordischen Rasse, in der man eine von Gott eingesetzte „Herrenmenschheit" sah, während man alle anderen Rassen als „Untermenschen" oder „Sodomsäfflinge" anzuprangern suchte. Als die schlimmste Bedrohung des Deutschtums galt deshalb die allmähliche Rassenvermischung, die notwendig zu einem unschöpferischen und damit kulturlosen „Völkerchaos" führen müsse. Um dieser fortschreitenden Degeneration und Blut-

verschlechterung entgegenzutreten, wandte man sich sowohl gegen die zunehmende „Verjudung" des deutschen Geisteslebens als auch gegen die
„bedrohlich" anwachsende Unterwanderung der deutschen Ostgebiete durch
die sich rasch vermehrenden Slawen, denen man einen planmäßigen Zer-
setzungstrieb nachsagte. Ebenso demagogisch wirkt die ständige Berufung
auf das Schreckgespenst der „Gelben Gefahr", das nach den Boxeraufständen
(1900) und dem Russisch-Japanischen Krieg (1904) ins Diabolisch-Dämoni-
sche gesteigert wurde, da man in diesen Ereignissen einen willkommenen
Anlaß sah, Deutschland als den wichtigsten Vorkämpfer der weißen Rasse
hinzustellen und daraus einen weltpolitischen Führungsanspruch abzuleiten.
Die primitive Formel „Pardon wird nicht gegeben", die Wilhelm II. in seiner
berüchtigten „Hunnenrede" gebrauchte, machte daher schnell die Runde, und
zwar nicht nur bei den annexionslüsternen „Alldeutschen", sondern in allen
„patriotischen" Kreisen. Überall sprach man von der Gefahr eines fortschreitenden „Völkerchaos", was sich schnell zu einem ideologischen Pro-
pagandatrick ersten Ranges entwickelte, und stellte die Rückbesinnung
auf die „nordischen" Bestandteile des deutschen Blutes als die einzige Rettung
vor einer allgemeinen Kulturlosigkeit hin. Die wirksamsten Mittel einer solchen
Artverbesserung der germanischen Rasse sah man in einer Arisierung des
Ostens, möglichst bis zum alten „Gotenlande" am Schwarzen Meer, einer
allmählichen Liquidierung der jüdisch-semitischen Elemente und einer bewußten Rassenhygiene, die sich auf die bevölkerungspolitischen Erkenntnisse
der modernen Eugenik stützt, um so aus Deutschland wieder ein Land „rassen-
stolzer" Germanen zu machen, denen sich alle fremdrassigen Völker als Kulis
unterordnen müssen. Man sammelte sich daher schon in diesen Jahren unter
der Swastika, dem Symbol des „aufsteigenden Lebens", und faßte eine neue
„Führungsmenschheit" ins Auge, die mit unbarmherziger Strenge der fortschreitenden Bastardisierung ein Ende setzt und einen Staat des „reinen
Blutes" errichtet.
Ebenso aufschlußreich wie diese außenpolitischen Propagandamanöver ist
die Heranziehung „rassischer" Motive zur Verstärkung der innenpolitischen
Machtpositionen. So sahen die führenden Schichten dieser Ära im Germanenmythos nicht nur einen imperialistischen Stimmungsfaktor, der sich ausgezeichnet zur Aktivierung des Heroischen und Kriegerischen verwenden
ließ, sondern auch eine rassische Qualifizierung ihrer eigenen Klasse. Die
Rassenpropaganda war daher fast verbreiteter als der „völkische" Gedanke.
Alle: die junkerlich-feudalen Kreise, die agrarisch-orientierten Alldeutschen,
die ressentimentgeladenen Mittelstandsideologen und kleinbürgerlichen Sektierer versuchten ihren „Willen zur Macht", mehr oder minder geschickt, in
die Formel des „rassischen" Aufstiegs zu kleiden. Man stützte sich dabei
meist auf Nietzsches Unterscheidung zwischen Herren- und Sklavenmoral
oder versuchte, den Begriff der „blonden Bestie" immer stärker ins „Ario-

Heroische" umzuinterpretieren. Auf diese Weise kam bei allen diesen Gruppen, so verschieden sie nach außen hin auch wirken, eine entschiedene Frontstellung gegen das Proletariat zustande, das von vielen aristokratischen oder bürgerlichen Autoren als eine rassisch minderwertige Schicht hingestellt wurde, um es von vornherein vom parlamentarischen Kräftespiel auszuschließen.

In Adelskreisen berief man sich bei solchen Behauptungen häufig auf das Buch „Die Ungleichheit der Menschenrassen" (1853—1855) des Grafen Gobineau, dessen innere Einstellung zur sozialen Frage einen ausgesprochen feudal-reaktionären Charakter verrät. Schon er, der sich selbst als einen Nachfahren der alten Franken bezeichnete, sah in den Germanen die einzige „Kulturrasse" der Welt, da nur bei ihnen eine aristokratisch-schöpferische Geisteshaltung zum Ausdruck komme. Anstatt wie Hippolyte Taine von den wechselseitigen Beziehungen von „race, temps et milieu" auszugehen, betrachtete er alle Kulturschöpfungen der Menschheit als Produkte des germanischen Rassegeistes, der sich in diesem Punkte weit über das schicksallose Dahinvegetieren der „Sklavenvölker" und „Herdenmenschen" erhebe. Aus diesem Grunde war ihm alles Fortschrittliche, Demokratische oder Liberale, das zu einer Emanzipation der bisher Unterdrückten führen könnte, zutiefst verhaßt. Selbst in der sozialen Schichtung der weißen Völker sah er lediglich Rassenüberlagerungen, was er in die Formel kleidete: Adel gleich reine Rasse, Bürgertum gleich Mischrasse, Proletariat gleich niedere Rasse, wobei das Wort Rassenmischung zugleich Artverschlechterung bedeutet. Da sich diese Schichtung immer stärker zugunsten der „Herdenmenschen" verschiebe und dadurch die in aristokratischer Inzucht entstandene „germanische" Rasse allmählich ausgerottet werde, hat sein Ausblick in die Geschichte ein recht düsteres Gepräge, der bloß durch die vereinzelt herausragenden Kulturleistungen der unaufhaltsam aussterbenden Arier etwas aufgehellt wird.

In dieser Form war Gobineaus feudaler Rassenmystizismus für die deutschen Junkerkreise nach 1871 natürlich nur bedingt akzeptabel. Man bemühte sich daher, die pessimistischen Schlußfolgerungen einfach zu übersehen und das Ganze in eine Ideologie feudal-aristokratischer Herrschaftsansprüche umzuinterpretieren, indem man das Schwergewicht auf die „rassische Erwähltheit" der adligen Schichten legte und die düsteren Partien als eine persönliche Anschauung Gobineaus abzutun versuchte. Auf diese Weise entstand ein Adelsrassismus, der etwas ausgesprochen Nordorientiertes hat. So schwärmte man für Siegfried, den strahlendsten „germanischen" Adelssproß, sah in sich selber legitime „Nibelungenenkel" und verfiel schließlich einem teutonischen Größenwahn, der sich an weltanschaulichen Leitbildern wie der germanischen Reckenhaftigkeit oder dem mittelalterlichen Rittertum orientiert. Auch die Glorifizierung Bismarcks zum deutschen Eckart oder schwertgewaltigen

Roland kam der Vorstellungswelt dieser Schichten sehr entgegen und führte zu jenen grotesken Kolossalheroen, wie sie auch in der bildenden Kunst dieser Jahre erscheinen. Das ideologisch Gewaltsame dieser „nordischen" Bildkomplexe hängt weitgehend damit zusammen, daß man durch den wachsenden Einfluß der großbürgerlich-kapitalistischen Kreise allmählich in eine politische Abseitslage geriet und deshalb zu immer gröberen Mitteln greifen mußte, um dieser Entwicklung entgegenzuwirken. Samuel Lublinski nannte daher diesen Adelsrassismus in seiner „Bilanz der Moderne" (1904) mit Recht den „vollkommensten Ausdruck des konservativen Seelenzustandes", der sich als „Protest des Feudalherren gegen den Geschäftsmann" bloß aus dem Widerstreit der junkerlich-reaktionären Reichsgründung von 1871 und der gleichzeitigen Liberalisierung des Wirtschaftslebens erklären lasse (S. 23).

Um wenigstens einen Schildträger dieser Gesinnung zu erwähnen, sei auf Guido von List verwiesen, der in seinem Buch „Die Armanenschaft der Ario-Germanen" (1908) den deutschen Adel auf einen altgermanischen Armanenbund zurückzuführen versuchte. Wie Gobineau sah er im Adel den eigentlichen Träger des nordischen Rassegedankens, während er alle anderen Schichten als artvergessene Bastarde bezeichnete. So sprach er vom „Verfall des Bauernstandes", von der „Verrottung der Stadtbevölkerung" oder von den nichtarischen „Tschandala-Rassen" der Proletarier (II, 36—40), um auf diese Weise die führende Rolle der „armanischen" Großgrundbesitzer herauszustreichen, die ihm durch ihre finanzielle Unterstützung dazu verhalfen, eine sektiererische „Guido-von-List-Gesellschaft" aufzuziehen. Als ideologische Gegenleistung teilte er die gesamte Menschheit in zwei Schichten ein: eine „ariogermanisch-deutsche Edelrasse", die sich auf eine kraftbewußte „Sippengliederung" stützt und von einem nordischen Führer-Kaiser angeführt wird, und eine „untergeordnete Herdenmenschheit", deren Dasein sich in der bloßen Befehlserfüllung erschöpft (II, 83). Alles, was gegen diese Ordnung verstößt, wurde von List als modernistische Entartung zurückgewiesen. So wandte er sich in seinem Buch „Die Bilderschrift der Ario-Germanen" (1910) gegen die „aufkommende Plutokratie", die sich die „erdenklichste Mühe" gebe, die „aristokratische" Haltung des Adels zu kopieren, ohne über ein peinliches Nachäffen hinauszukommen (S. 8). Mit ähnlicher Schärfe kritisierte er das herrschende Parteienwesen, den Liberalismus, die molochartigen Großstädte, den kapitalistischen Geldhunger und die aus ihm resultierende „materialistische" Weltanschauung, aus denen sich die Gefahr einer rassischen Nivellierung der „armanischen" Substanz ergebe. Im Gegensatz zu Gobineau hoffte er jedoch weiterhin auf die „staatenbildende und staatenerhaltende Kraft der Arier", wie es in seinem Buch „Die Namen der Völkerstämme Germaniens" (1908) heißt (S. 12). Er wandte sich daher mehrfach an den deutschen Adel, sich wieder zum „armanischen Führer des Volkes" aufzuschwingen, um so das Ungeziefer der Plutokratie auszurotten und Deutschland in einen reinen

Rassenstaat zurückzuverwandeln, was vor allem in seiner Studie über „Die Bilderschrift der Ario-Germanen" (1910) zum Ausdruck kommt, in der er alle deutschen Adelswappen als Symbole ariosophischer Weisheit interpretiert (S. 9). Soweit klingt manches wie die skurrile Weltanschauung eines neurotischen Sektierers, der sich an seinen eigenen Ideologiekomplexen berauscht. Dahinter steht jedoch eine unverblümt „antidemokratische" Tendenz, da mit den Mischlings- und Tschandala-Rassen stets die Sozialdemokraten gemeint sind. Das beweist seine Schrift „Die Armanenschaft der Ario-Germanen" (1908), wo es unter anderem heißt: „Die Ario-Germanen werden erst dann wieder glücklich sein, wenn diese Eine Große Internationale Partei zertrümmert und in alle Winde zerstreut sein wird" (II, 81). Er trat daher wie die großbürgerlichen Kriegshetzer für einen aggressiven Imperialismus ein, um neue Siedlungsräume zu gewinnen und zugleich die Untermenscheninstinkte des sozialdemokratisch „verseuchten" Pöbels aus der Welt zu schaffen. „Donars Schlachtenblitze" müssen wieder aus den „Kolossalkanonen unserer Dreadnoughts züngeln", heißt es an anderer Stelle, wo er plötzlich den Vorhang vor dem ideologischen Hintergrund seiner rassischen Schwärmereien niederreißt, die sich trotz ihrer feudal-aristokratischen Verbrämung doch auf die „kanonenschaffende" Schwerindustrie stützen (II, 107). Aus diesem Grunde nannte er das Jahr 1914 ein „Wuotansjahr", einen Auftakt zu „sonnenglänzender ariogermanischer Zukunft", wobei er auf den „Starken von Oben" vertraute, der seiner „stolzen Braut Ariogermania den glühenden Vermählungskuß auf die göttlich strahlende Stirn" drücken werde, um mit ihr ein „ewiges" Reich zu gründen, wie es in seinem Buch „Die Ursprache der Ario-Germanen" (1915) heißt (S. 428).

Eng verwandt mit diesem Adelsrassismus war die Propaganda der „Alldeutschen", die anfangs ebenfalls rein „agrarische" Interessen vertraten, sich jedoch wie List nach der Jahrhundertwende zu Vertretern einer aristokratisch-großbürgerlichen Kartellpolitik entwickelten. Wie Langbehn wandten sie sich wiederholt gegen eine Angliederung fremdrassiger Gebiete, wodurch sie in einen scheinbaren Widerspruch zum wilhelminischen Imperialismus gerieten, und forderten statt dessen ein deutsches Stammesreich, das alle Völker „germanischen" Blutes, also Österreich, die Schweiz, die Niederlande, Skandinavien und den Bismarckschen Rumpfstaat unter die deutsche Oberhoheit stellt. Besonders scharf verurteilten sie die ziellose Auswanderung nach Brasilien und den Vereinigten Staaten und setzten diesem „völkischen" Aderlaß die Forderung einer planmäßigen Ostkolonisation entgegen, was vor allem für Otto Ammon und Ludwig Wilser gilt, die der Guido-von-List-Gesellschaft nahestanden und deren rassisches Denken vornehmlich einer Stärkung des Bauernstandes galt. Ebenso bezeichnend für die alldeutschen Theorien sind die Schriften von Joseph Ludwig Reimer, der in seinem Buch „Ein pangermanisches Deutschland" (1905) ein Weltreich aller germanischen

Stämme unter Führung des deutschen Volkes ins Auge faßte, zu dem auch Rußland und Frankreich gehören sollten, und zwar um genug Siedelboden zu haben, um aus Deutschland wieder ein autarkes „Pangermanien" zu machen. Im Gegensatz zu allen „universalstaatlichen" Theorien, die zu einer „artfremden" Industrialisierung und einem rassischen „Völkerchaos" führen, erhoffte auch er sich das alleinige Heil von einem an die Scholle gebundenen „Stammesreich", in dem eine konsequente „Aufnordung" getrieben wird. So sprach er von einer „Civitas Germanica", wo die politische Befehlsgewalt ausschließlich bei der arischen Herrenkaste liegt. Seine völkische Phrase: „Germanische Proletarier aller Länder vereinigt Euch, vereinigt Euch im pangermanischen Weltreich deutscher Nation" (S. 345), mit der er auch die niederen Schichten zu ködern versuchte, ist daher ebenso ideologisch zu verstehen wie die germanophilen Äußerungen von Guido von List, da den Proletariern bei dieser Perspektive höchstens die Rolle von Sklaven zufallen kann. Derselbe Präfaschismus herrscht in seinem Buch „Grundzüge deutscher Wiedergeburt" (1906), in dem er von einem heroischen „Großdeutschland" träumt, dessen religiöse Erwähltheit im Adel seiner „germanischen" Rassentüchtigkeit zum Ausdruck komme (S. 31). Auf Grund dieser Qualifikation sei die aufstrebende „deutsch-germanische Menschheit" (S. 2) völlig berechtigt, die „entvölkerten" und „verwahrlosten" Länder des Ostens in das eigene Stammesreich einzuverleiben, um so ein Abströmen der „gesunden" und „kernigen" Landbevölkerung in die „artvergessenen" Sümpfe der Großstädte zu verhindern. Er trat daher für einen Nationalismus ein, der auf der „Blutsverwandtschaft aller germanischen Stämme" beruht und seine expansive Kraft rein auf die bäuerliche Landnahme beschränkt (S. 36). Ähnliche Gedanken finden sich in dem Buch „Volkstum und Weltmacht in der Geschichte" (1901) von Albrecht Wirth, das sich ebenfalls zu einer kriegerischen Ostkolonisation bekennt, um dem germanischen „Wandertrieb" neue Räume zu eröffnen und zugleich die fortschreitende Dezimierung des deutschen Volkskörpers durch Großstadt und Industrie aufzuhalten (S. 235). Etwas „bürgerlicher" wirken dagegen die Schriften von Ludwig Kuhlenbeck, wo der Mittelstand als das alldeutsche „Reservoir des Rassenwertes" bezeichnet wird, wie es in seiner Schrift „Rasse und Volkstum" (1905) heißt (S. 24). Er setzte sich daher energisch für eine Umwandlung des „semitischen" Kapitalismus ins Germanische ein, um die wirtschaftliche Macht, die auf dem Wege des Liberalismus in die Hände „volksfremder" Elemente gelangt sei, wieder der Kontrolle der arischen Herrenrasse zu unterstellen und zugleich der drohenden „Verwirklichung eines kommunistischen Zukunftsstaates" entgegenzuarbeiten, der eine „völlige Aufsaugung der germanischen Rassenelemente durch minderwertige Rassen" herbeiführen würde (S. 27). Außenpolitisch faßte er wie alle „Alldeutschen" eine planmäßige Ostkolonisation ins Auge, die im Interesse der nationalen Sache „organisiert und geleitet" werden müsse, um jeden Tropfen germani-

schen Blutes in den Dienst einer „höheren" Idee zu stellen (S. 19). Kein Wunder, daß er sich mit besonderer Wut gegen die Friedensträume der liberalen
und sozialdemokratischen Pazifisten wandte, denen er ein mangelhaftes Verständnis für das „ nordische" Mutethos zum Vorwurf machte. Um solchen weltbürgerlichen Verirrungen entgegenzutreten, schwärmte er emphatisch für
die „Alldeutschen Reden an die deutsche Nation" von Fichte, pries die Schriften von Ernst Moritz Arndt und geriet dadurch in den Bannkreis eines sektiererisch monopolisierten Nationalismus, wie er in ähnlicher Form in den
Büchern „Deutsche Politik" (1905–1906) und „Weltpolitik, Imperialismus
und Kolonialpolitik" (1908) seines Verbandskollegen Ernst Hasse zum Ausdruck kommt. Dagegen stützten sich andere Autoren dieser Richtung ideologisch sowohl auf die „rassebewußten" Schollebauern als auch auf den „gesunden" Mittelstand. Wie im Reichstag bahnte sich dadurch im Verlauf der
Jahre selbst im Rahmen der „Alldeutschen" ein Bund zwischen Junkern und
Industriellen an, der zu einer immer aggressiveren Kartellpolitik führte. Um
es schwarz auf weiß zu haben, lese man das Erinnerungsbuch „Wider den
Strom" (1932) von Heinrich Claß, in dem vor allem auf die vermittelnde Rolle
von Alfred Hugenberg hingewiesen wird, der gegen Ende der zwanziger
Jahre zwischen den Nationalsozialisten und der Schwerindustrie die berühm-
ten „goldenen Brücken" baute.

Einen wesentlich „großbürgerlicheren" Eindruck erwecken die Schriften
von Houston Stewart Chamberlain, denen ein viel größerer Erfolg beschieden
war, da das Rassische hier nicht in die romantische Utopie eines bäuerlichen
Stammesreiches eingekleidet ist, sondern als nackter Imperialismus erscheint.
Der Gedanke einer germanischen Edelrasse, wie ihn Chamberlain von Gobineau übernahm, wird dabei ganz offen mit Lagardes nationalreligiösen Gedanken und Nietzsches „Willen zur Macht" zu einem dilettantischen, aber
höchst stimulierenden Gemisch rassischer und imperialistischer Phrasen ver-
mengt, das im „Arischen" das entscheidende Ferment der gesamten mensch-
heitlichen Kulturentwicklung erblickt. Nichts ist bei ihm ohne einen Tropfen
nordischen Blutes gesalbt, da er den Gobineauschen Feudaladel durch einen
irrationalen Blutsadel ersetzt, der sich auf alle kulturellen Phänomene anwenden läßt. Ob Geschichte, Religion, Kultur oder Staatengründungen: In
allem sah er ein Werk der Arier, während er bei anderen Rassen lediglich die
Neigung zum nivellierenden „Völkerchaos" und damit zur Kulturlosigkeit
konstatiert. Auf Grund dieser Rassenlehre entwickelte Chamberlain eine
Ideologie, nach der die Germanen, als der letzte legitime Sproß der Arier, von
der Vorsehung zur Weltherrschaft berufen seien, um die menschheitliche Entwicklung vor der völligen Bastardisierung zu retten. Breit ausgeführt wird
diese Erwähltheitsmystifikation der nordischen Rasse in seinen „Grundlagen
des 19. Jahrhunderts" (1899) und seiner „Arischen Weltanschauung" (1905),
wo Chamberlain den aristokratischen Rassenstolz Gobineaus in einen aggres-

siven Germanenmythos umwandelt, der trotz seiner „geistidealistischen" Verbrämung etwas höchst Fadenscheiniges hat und lediglich der Phrase „Deutschland in der Welt voran" neuen Auftrieb gab. Im Anschluß an diese Thesen schwärmte man allenthalben für ein neues Ariertum, träumte von der Erhaltung der „reinen Rasse" und bezeichnete den Krieg als Triumph unverbrauchter Rassenkräfte, woraus sich eine Ideologie entwickelte, die in ihrer kulturphilosophischen Einkleidung immer weitere Kreise ergriff. Selbst Kaiser Wilhelm II., der sich sonst von „Intellektuellen" gern distanzierte, witterte in diesen Ideen eine wirksame Unterstützung seines politischen Kurses und nannte Chamberlain voller Genugtuung in einem Brief vom 31. Dezember 1901 einen „Streitkumpan und Bundesgenossen im Kampf für Germanien gegen Rom, Jerusalem usw". Ebenso bestätigt in ihren hybriden Plänen fühlte sich natürlich die Großbourgeoisie, die ihren Chamberlain zum kapitalistischen Hausphilosophen erhob, da bei ihm die imperialistischen Tendenzen wesentlich schärfer zum Ausdruck kommen als bei den sektiererisch verschrobenen „Alldeutschen", die sich nie ganz aus ihren „agrarischen" Eierschalen befreien konnten.

Zu den wichtigsten Nachbetern der Chamberlainschen Ideen gehörte Willy Pastor, der in seinem Buch „Die Erde in der Zeit des Menschen" (1904) die gesamte Weltgeschichte in einen Kampf der germanischen Sonnensöhne gegen die schicksalslos dahinvegetierenden Höhlenbewohner des Südens uminterpretierte. Wie Chamberlain stellte er alle kulturellen Leistungen der menschheitlichen Entwicklung als „arische" Errungenschaften hin, selbst bei den Chinesen, Ägyptern und Assyrern, wo sich überall eine „nordische Oberschicht" nachweisen lasse. Sobald die germanische Herrenkaste aufgesogen sei, folgt bei ihm mit unerbittlicher Konsequenz das „Völkerchaos" und damit die kulturelle Stagnation. In den letzten hundert Jahren habe sich einzig Deutschland aus dieser unheilvollen Entwicklung heraushalten können und durch seinen schöpferischen Geist die ganze Welt mit Erfindungen und technischen Neuerungen überschüttet. Germanischer Geistglaube und wirtschaftlicher Imperialismus werden deshalb fast als Synonyme verwendet. Aus Deutschland wird so ein Land der Wikinger-Imperialisten, deren politischer Führungsanspruch zugleich eine „Kulturtat" ist. Doch auf der anderen Seite spricht er ganz offen davon, daß bloß ein Krieg „uns das große Deutschland geben" kann, wobei er sich auf Kaiser Wilhelm II. und die germanischen „Rasseinstinkte" des deutschen Volkes beruft (S. 279—282). Zu ähnlichen Folgerungen kam Ludwig Wilser in seiner Schrift „Die Überlegenheit der germanischen Rasse" (1915), die wie das Buch „Altgermanische Meeresherrschaft" (1914) von Conrad Müller in der These gipfelt, daß die „Weltherrschaft" allein der germanischen Rasse zustehe. Ein weiteres Schulwerk der Chamberlainschen Richtung ist das Buch „Die Geschichte des Untergangs der antiken Welt" (1910) von Otto Seeck, in dem der Verfall der griechischrömischen Kultur aus dem „Rassenchaos" der Spätantike abgeleitet wird, da hier die kulturstiftende Rolle der Kaste, wie man sie schon bei den arischen Indern finde, einer allmählichen Demokratisierung und damit Nivellierung verfallen sei. Auf der gleichen Linie liegt die Untersuchung „Die Germanen und die Renaissance in Italien" (1905) von Ludwig Woltmann, in der alle „schöpferischen" Elemente der italienischen Kunst auf Einflüsse aus dem Norden zurückgeführt werden. Wie bei Chamberlain begegnet man hier der These, daß sich der Niedergang von „höheren Kulturen" bloß durch das „Aussterben der Blonden" erklären lasse (S. 16). Es gibt daher kaum einen bekannten italienischen Künstler, bei dem Woltmann keine nordische Schädelweite oder blonde Haarfarbe aufzuspüren versucht, um damit seine Theorie zu erhärten, daß erst das Einströmen der germanischen Riesen Italien aus dem spätantiken Völkerchaos gerettet habe. Im Anschluß an solche Untersuchungen kam es überall zu grotesken Arierschnüffeleien. Michelangelo und Raffael galten als versprengte Langobardenenkel, die spanischen Künstler als Abkömmlinge der Westgoten. Willibald Hentschel behauptete in seinem Buch „Vom aufsteigenden Leben" (1910), daß man Leonardo da Vinci „auf gut deutsch Leonhard von Vincke" aussprechen müsse (S. 10). Guido von List bemühte sich in seiner Untersuchung über „Die Namen der Völkerstämme Germaniens" (1908), sogar bei Buddha und Osiris eine „sächsische" Herkunft nachzuweisen (S. 5). Ja, selbst Christus wurde zu einem unehelichen Germanensproß abgestempelt, um seine „nordische" Gottentstammtheit klarzustellen.

In enge Nachbarschaft zu diesen Theorien gehört der „soziale Darwinismus", der aus der Soziologie der neunziger Jahre hervorgegangen ist und sich um 1900 in einen reaktionären Rassismus verwandelte. Obwohl man die gesellschaftliche Orientierung weitgehend beibehielt, verschob sich dadurch das Ganze aus dem Sozialen immer stärker ins Biologisch-Irrationale. Was man im soziologischen Denken bisher als Klassen definiert hatte, wurde hier einfach als Rassen hingestellt, die sich in ihrem politischen Handeln von bestimmten Urinstinkten leiten lassen. Auf Grund dieser Theorie galten Adel und Bürgertum als die Nachkommen der germanischen Rasse, während man das Proletariat als eine Schicht von minderwertigen Bastarden bezeichnete. So schrieb Ludwig Woltmann, der sich aus einem Sozialdemokraten zu einem fanatischen Prediger des deutschen Sendungsbewußtseins mauserte, in seiner „Politischen Anthropologie" (1903), daß der gesamte Geschichtsverlauf auf „latenten Rassengegensätzen" beruhe (S. 192). Besonders in der Französischen Revolution von 1789 sah er einen Aufstand rassisch Minderwertiger gegen die aristokratisch-arische Oberschicht, in deren Adern noch das Blut der alten Franken floß. Einer ähnlichen Arroganz begegnet man in den Äußerungen der „sozialen Darwinisten" der damaligen Arbeiterbewegung gegenüber, jener verkommenen „Hinterhofrasse", die durch den Lichtmangel und den schädigenden Einfluß des Alkohols immer stärker ins „Untermenschliche" absinke. Anstatt nach den eigentlichen Ursachen dieser Zustände zu fragen, über-schüttete man jene, die man zu diesen unwürdigen Lebensumständen ver-urteilt hatte, obendrein noch mit höhnischer Verachtung und billigte ihnen nur den Rang von Parias zu. Auch Ludwig Kuhlenbeck sah in seinem Buch „Rasse und Volkstum" (1905) in der „Klassenfrage" hauptsächlich ein biologisches Problem, das sich bloß auf eugenischem Wege lösen lasse (S. 24). Wie bei allen Vertretern dieser Richtung vermischten sich dabei Nietzsches Wut auf die „Viel zu vielen", der Haß gegen die Sozialdemokratie und das von Le Bon errichtete Schreckbild vom „Zeitalter der Massen" mit einer ungeheuchelten Verteidigung der bürgerlichen Machtpositionen. So berief man sich mit Vor-liebe auf die darwinistische Kampf-ums-Dasein-Theorie und bezeichnete jede Form der sozialen Fürsorge, selbst die Bismarckschen „Sozialgesetze", als „rasseverschlechternd", weil sie den Minderrassigen, die eigentlich zum Aussterben verurteilt seien, immer wieder auf die Beine helfe. Dagegen er-schien der Kapitalismus, sonst ein scheinbarer Erzfeind aller ultrareaktionären Bewegungen, dieser Gruppe als ein idealer Zuchtfaktor, da er den gesellschaft-lich Schwachen unbarmherzig ausmerze und nur den rassisch Stärkeren, der von „Natur" aus zum Herrschen bestimmt sei, am Leben lasse. Die Losung dieser Kreise war daher „Freie Bahn dem rassisch Tüchtigsten", zumal man selbst da einen „Kampf ums Dasein" sah, wo nicht die vitale Energie des Menschen, sondern die ökonomische Situiertheit den Ausschlag gibt. So schrieb Alfred Ploetz in seinem Buch „Die Tüchtigkeit unserer Rasse" (1895), daß er mit Sorge jene „Gefahren" verfolge, mit „denen der wachsende Schutz der Schwachen ... unsere Rasse bedroht" (S. V), während Wilhelm Schall-meyer in seiner Schrift „Vererbung und Auslese in ihrer soziologischen und politischen Bedeutung" (1910) die reinigende Kraft der „Selektion" als die einzige Rettung vor den blutsaugerischen Tendenzen der anwachsenden Demo-kratisierung bezeichnete. Eine ähnliche Haltung herrscht bei den „sozialen Darwinisten" in außenpolitischen Fragen. Beispielhaft dafür ist die „Politische Geographie" (1897) von Friedrich Ratzel, in der das „natürliche" Ausdeh-nungsstreben der Völker als ein Zeichen von Kraft und Gesundheit gedeutet wird. Der Begriff „Selektion" muß daher im Rahmen dieser Bewegung rein machtpolitisch verstanden werden, und zwar als Aufruf zur Weltherrschaft, der sich auf die rassisch-evolutionistische Überlegenheit des deutschen Volkes stützt. Auf Grund solcher Theorien stellte Ludwig Woltmann die ganze Welt als ein Wirtschafts- und Sklavenreservoir der „germanischen-deutschen" Stämme hin, da sich bloß die „nordischen" Menschen im Kampf ums Dasein als eine geborene „Herrenrasse" ausgewiesen hätten, während Mongolen, Neger und Indianer nie über ihr steinzeitliches Untermenschentum hinaus-gekommen seien. Wie alle Germanenschwärmer zog er daraus die Folgerung, in den „Ariern" eine gesamtmenschheitliche „Herrenrasse" zu sehen, wodurch sich auch diese Theorie in eine primitive Sklavenhalterideologie verwandelte.

Neben diesen geschlossenen Gruppen: den feudalen Agrariern mit ihrem germanischen Junkerbewußtsein, den national-überhitzten „Alldeutschen", den großbürgerlichen Chamberlain-Anhängern und den „sozialen Darwinisten" gab es in denselben Jahren auch eine Reihe von bürgerlichen Einzelgängern und Sektierern, die sich zwar ebenfalls zum „arischen" Rassegedanken und damit zur germanischen Weltherrschaft bekannten, ihrer Weltanschauung jedoch eine ausgesprochen „geistige" Ausrichtung gaben, der lediglich die Auserwähltheit der eigenen Person zugrunde lag. Zu den bezeichnendsten Werken dieser Richtung gehört Burtes „Wiltfeber" (1912), in dem ein „germanischer Selbstaufopferer" beschrieben wird, dessen Führerbewußtsein sich in der apodiktischen Phrase äußert: „Du bist ein Mann aus deutschem Blute, aber deutsch heißt völkisch, und arisch heißt herrisch, und so bist du von den Deutschen der oberen Rasse, welche herrscht oder stirbt" (S. 73). Das gleiche gilt für das Buch „Der aristokratische Imperativ" (1913) von Franz Haiser, wo der Mensch von Rasse, der „Edelmensch", gegen den „Menschenkehricht der Großstädte" ausgespielt wird, da der „demokratische" Ungeist notwendig zu einem allgemeinen Relativismus führen müsse. Ähnliche Äußerungen finden sich bei Eugen Diederichs, zum Teil sogar bei Rathenau, der im Aufstieg des Proletariats eine gefährliche „Entgermanisierung" der rassisch höherstehenden Oberschichten erblickte. Selbst in den Werken Georges begegnet man solchen „rassischen" Einsprengseln. Man denke an die verräterischen Zeilen „Apollo lehnt geheim/ An Baldur" (IX, 34) oder „Blut-schmach! Stämme/ Die sie begehn sind wahllos auszurotten" (IX, 30). 1933 kursierte daher unter seinen Anhängern das Wort vom „nordischen Gott, der den Selbstzerstörungswillen in sich trägt und zur Götterdämmerung drängt", wie Karl Kerenyi in einem Brief an Thomas Mann behauptet. Noch glühender und fanatischer zeigt sich dieser Geistesrassismus bei Hans Blüher, der sich nicht entblödete, seine eigene Person als ein „Musterbeispiel für den germanischen Schlag" hinzustellen, wie es in seinem Bekenntnisbuch „Werke und Tage" (1920) heißt (I, 65). Die beiden Leitideen seines Denkens waren darum das Führerprinzip und die arische Gefolgschaftstreue, nach denen er die Menschheit in eine „primäre" und eine „sekundäre" Rasse einzuteilen versuchte. Obwohl er ständig das Geistige, die charismatische Erwähltheit, in den Vordergrund stellte, die von allen „Tieferstehenden" bedingungslos anerkannt werden muß, spielt auch bei ihm das biologisch Germanische, das Blonde und Blauäugige, eine entscheidende Rolle. So schreibt er in seinem Buch „Die Aristie des Jesus von Nazareth" (1921), daß es kein „gleiches Recht für alle" geben könne, da eine solche Normsetzung gegen die grundsätzliche Verschiedenheit der einzelnen Rassen verstoßen würde (S. 46). Die „vornehmen Menschen der primären Rasse", die eine „Moral der Substanz" vertreten (S. 46), waren in seinen Augen völlig berechtigt, ohne Rücksicht auf Sitte und Gesetz nur ihrem eigenen Stern zu folgen. Die „sekundäre" Rasse, die Rasse der Geduckten, Gehemmten und

Ressentimentgeladenen, hat sich dagegen mit der Erfüllung ihrer Gefolgschaftspflicht zu begnügen. Wenn sie sich durch liberale Einflüsterungen auf
den „Irrweg" der Freiheit verleiten läßt, wird ihr sofort die Peitsche entgegengehalten. Plebejer können nach seiner Meinung nur „ruinieren (oder, wie es
in der Pöbelsprache heißt, sozialisieren)" (S. 60). Er pries daher das indische
Kastenwesen, das am „aristokratischen" Gedanken der „primären" Rasse
festzuhalten versuche, und schmähte die „verruchte sekundäre Rassenlehre
des Sozialismus", welche sich bemühe, die in „Fabriken arbeitenden Tschandalas auf ihre Menschenwürde aufmerksam zu machen und sie zum Kampf
gegen die ausbeuterischen Herren aufzurufen" (S. 62). Sein eigenes Ideal einer
gesellschaftlichen Gliederung, die nicht auf Vernunft und Recht, sondern auf
dem charismatischen Faktor einer „geistigen" Führerrasse aufgebaut ist,
hört sich folgendermaßen an: „Eine dünne Schicht der primären Rasse
führt das Leben der Ereignisse, und das riesenhafte Gros der sekundären
‚arm, Sklave und glücklich', niemals auf den Gedanken kommend, es könne
auch etwa einmal von goldenen Tellern speisen, genießt das Glück der Bedeutungslosigkeit" (S. 62).

Andere germanophile Splittergruppen oder „Geisterwählte" stützten sich
bei ihrem Sendungsbewußtsein direkt auf die „urgermanische" Vergangenheit. Dafür spricht eine Gestalt wie Georg Hauerstein, der in seinem Buch „Die
Sippensiedlung" (1914) die Wiederseßhaftmachung altarischer Familien propagierte, um so eine „Landkultur" zu gründen, die auf der Pflege deutscher
Religion (Wihinei), deutschen Rechtes (Ararita) und deutscher Wissenschaft
(Armanrita) beruht. Ähnliche Gedanken vertrat Philipp Stauff, was seine
breitangelegte Studie „Runenhäuser" (1913) beweist, in der er die Anordnung
des Fachwerks bei alten Bauernhäusern als verschlüsselte „Armanenweisheiten" zu interpretieren versucht. Einen regelrechten Gründungsversuch
unternahm Wilhelm Schwaner, der Autor der „Germanenbibel" (1904) und
Leiter des „Bundes deutscher Volkserzieher", der in Rattlar im Upland eine
altgermanische Halle mit Kaminen, Bänken und einem Wuotansaltar errichten
ließ, wo man sich mit christ-germanischen Festgebräuchen „Unterm Hakenkreuz" (1913) versammelte, wie der Titel seines Bundesbuches lautet. Fast
die gleiche Tendenz findet sich in den Schriften von Ernst Wachler, einem pro-
minenten Mitglied der Guido-von-List-Gesellschaft, der wiederholt zu germanischen Kultspielen aufforderte und in seinem Harzer Bergtheater in Thale,
und zwar ebenfalls an einem Wuotansaltar, „stimmungsvolle" Edda-Abende
veranstaltete. Wohl den besten Einblick in diese „neugermanischen" Grün-
dungsversuche vermittelt sein Roman „Osning" (1914), in dem er den Teutoburger Wald mit der Grotenburg, den Externsteinen, dem Hermannsdenkmal
und den Paderquellen im Sinne von Guido von List als ein „deutsch-mytho-
logisches Landschaftsbild" beschreibt, das er mit allen Attributen eines germanischen Olymps auszustatten versucht. Das Ganze gipfelt in der Forderung,

Deutschland ein zweites Mal von „Rom" zu befreien, diesmal vom Rom der Katholiken und der „westlichen" Überfremdung, unter denen das germanische Wesen zu ersticken drohe. Eine solche „Wiedergeburt" kann nach seiner Meinung nur durch einen „Führer", einen „Starken von Oben" erfolgen, den er in der Gestalt des jungen Asbrant zu schildern versucht, der einen Orden der Deutschgesinnten gründet und sich die Vormacht der „Nordländer" über alle anderen Völker der Erde zur Aufgabe setzt. In Anlehnung an solche Werke, die sich gegen den „Pesthauch" der demokratischen „Zivilisation" wenden, erschien eine lange Reihe von „Siegfriedsrufen", die für die Gründung einer germanischen Rassensekte eintraten. Man setzte dabei seine Hoffnungen vor allem auf das alte Land der Niedersachsen, aus dem schon Armin und Widukind hervorgegangen seien. So wurden Bücher veröffentlicht, in denen die Landschaft zwischen Weser und Rhein, das alte Tuisco-Land, als die „Urzelle der Menschheit" verherrlicht wird. Wohl das beste Beispiel dafür ist das Buch „Asgart und Mittgart" (1902) von Friedrich Fischbach, das auf mythologischem Gebiet ebenso dilettantisch wirkt wie die Schriften von Guido von List. Im Gegensatz zu Wachler wird hier nicht der Teutoburger Wald, sondern das Siebengebirge als germanischer Olymp und damit Ursprungsort aller indoarischen Mythen bezeichnet, wobei Fischbach das goldene Vlies mit dem Rheingold, Medea mit Brunhild, Scylla und Charybdis mit dem Binger Loch vergleicht, wie er überhaupt die ganze Odyssee auf dem Rhein spielen läßt, was in modifizierter Form von Ernst Krause und später von Hermann Wirth aufgegriffen wurde.

Das gleiche rassische Erwähltheitsgefühl herrscht bei Willibald Hentschel, dem Gründer des „Mittgart-Bundes", der in seinem Buch „Varuna. Eine Welt- und Geschichtsbetrachtung vom Standpunkt des Ariers" (1901) die „alldeutsche" Forderung nach einem germanischen Stammesreich aus dem arischen „Gesetz des steigenden und sinkenden Lebens" abzuleiten versuchte. Wie bei Chamberlain werden hier alle Hochkulturen der Erde auf nordische Einflüsse zurückgeführt, um so den Germanen das Ansehen einer gottbegnadeten „Edelrasse" zu geben. Ohne einen solchen „werteschaffenden" Impuls wäre die Welt nach seiner Meinung schon längst in einem barbarischen Völkerchaos untergegangen. Um dieser Gefahr zu entgehen, wandte er sich immer wieder gegen den nivellierenden Ungeist des modernen Kapitalismus, den er als den letzten und entscheidenden Angriff der „semitischen Untermenschen" gegen den rassischen „Edelsinn" der germanischen Völker bezeichnete. Ob Großstadt, Liberalismus, Industrie oder Parteienwesen — überall sah er lediglich den Weg zum Untergang, zur absoluten Katastrophe. Nur eine solche Entwicklung habe es möglich gemacht, daß an die Stelle der „heroischen" Bevölkerungsschichten, des Adels und des Offiziersstandes, in steigendem Maße jüdische „Schächer und Wucherer" getreten seien. Anstatt eine planmäßige Ostkolonisation zu treiben, sehe der Staat ruhig zu, wie das Land zwischen Elbe und Weichsel von germanischen Elementen langsam entblößt werde. Überall herrsche Landflucht, bildeten sich Städte, in denen der moderne „Bank- und Judenapparat" den Ton angebe, wodurch der Kampf ums Dasein zu einem Siegeszug der „nackten Selbstsucht" geworden sei (2. Aufl., S. 548). Den Ahnherrn dieses „Schächter- und Razziantentums" sah er in dem Juden Ricardo (S. 549), da nur ein semitischer „Untermensch" diese teuflische Versklavung der germanischen Rasse geplant haben könne, aus der sich im Laufe der Jahrhunderte eine völkermordende, „materialistische" Zivilisation entwickelt habe, die notwendig zu einem erschlaffenden Pazifismus und damit zur Wehruntüchtigkeit der nordischen Bauernvölker führen müsse. Hentschel wandte sich daher mit präfaschistischer Demagogie sowohl gegen die „jüdisch-durchseuchte" Sozialdemokratie als auch gegen die „artvergessenen" großbürgerlichen Schichten. Eine durchgreifende Änderung der gegenwärtigen Situation versprach er sich nur von einem völkischen Sozialismus mit genossenschaftlicher Wirtschaftsstruktur, wie sie einst bei den „Urgermanen" bestanden habe. Aus diesem Grunde war sein politisches Ideal ein bäuerlicher Raubstaat mit „heroischen Kulturabsichten" (S. 12), der sich wieder auf das „ritagemäße" Leben der nordischen Völker besinnt. Er berief sich dabei ständig auf den „hohen Mut" der „alten Sachsen", dieser Edelsten aller Edelarier, deren seelische Substanz eine geheimnisvolle Koinzidenz mit dem „uranischen" Weltsinn verrate. Alle anderen Rassen erschienen ihm höchst minderwertig. Die Chinesen nannte er „alberne Gestalten" (S. 61), während er bei der ostischen Rasse lediglich das „platte Behagen" konstatierte (S. 63). Um die Welt vor solchen Elementen zu „retten", setzte er sich für einen „pangermanischen Völkerbund" ein, wo an die Stelle des finanziell Stärkeren wieder der vom arischen Rassengeist beseelte und von „Gott gerechtfertigte" Kriegertyp trete, für den nicht das Geld, sondern das Schwert das Entscheidende sei (S. 34). Daß er dabei einen „germanischen Lykurgos" zu Hilfe rief, der mit unerbittlicher Hand die Spreu vom Weizen trennt, wirkt nachträglich fast wie eine magische Beschwörung Adolf Hitlers.

Wohl die seltsamste Ausprägung erfuhr dieser Rassenwahn in den Schriften von Adolf Lanz oder Jörg Lanz von Liebenfels, wie er sich zeitweilig nannte. Es handelt sich hier um einen Rasseprophten, bei dem der Führungsanspruch der „nordischen" Menschen wie bei Guido von List eine spezifisch „ariosophische" Einkleidung erhält und sich in seiner religiösen Zuspitzung oft ins Groteske überschlägt. So gab er ab 1905 eine Zeitschrift heraus, die „Ostara", die in „Wort und Bild den Nachweis erbringt, daß der blonde, heldische Mensch, der schöne, sittliche, adelige, idealistische, geniale und religiöse Mensch der Schöpfer und Erhalter aller Wissenschaft, Kunst und Kultur und Hauptträger der Gottheit" sei, wie es auf den Werbeprospekten dieser „Bücherei der Blonden und Mannesrechtler" heißt, die in manchen Nummern eine Auflage von 100000 Exemplaren erreichte. Wie Hentschel sah

Lanz die größte Gefahr des deutschen Volkes im Kapitalismus, den er als die Gesellschaftsform der semitischen Händlerrasse bezeichnete, deren einziges Ziel eine konsequente Rassenvermischung und damit „Versklavung" der germanischen Edelinge sei. Besonders gehässig äußerte er sich über die modernen Großstädte, wo man sich dem „Feminismus" und „Pazifismus" verschrieben habe. Seine „Ostara" sollte darum in einer Zeit, die das Weibische und Minderrassige staatlich unterstützt, während sie die blonde, heldische Menschenart rücksichtslos ausrottet, ein Sammelpunkt aller „vornehmen, Schönheit, Wahrheit, Lebenszweck und Gott suchenden Idealisten" und nordisch orientierten „Mannesrechtler" werden, in denen noch der kriegerische Geist der alten Germanen lebendig sei. Wie Blüher teilte er daher die gesamte Menschheit in zwei Rassen ein: die „lichten Asen", die Blonden, Asinge, Heldlinge, Ario-Heroiker oder Ario-Germanen, die mit dem Charisma göttlicher Geisterwähltheit ausgezeichnet sind, und die „dunklen Wanen", die Dunkelrassigen, Tschandalen, Äfflinge oder Schrättlinge, die nur ihrem sexuellen Trieb und damit der sinnlosen Vermischung aller Rassen huldigen. Bei einer solchen Verbohrtheit nimmt es nicht wunder, daß sämtliche weltgeschichtlichen Ereignisse aus rassischen Auseinandersetzungen abgeleitet werden. Schon die vorgeschichtlichen Götterkämpfe sind nach seiner Meinung „urzeitliche Rassenkämpfe" gewesen, wie es in den „Anthropogonika" seines 10. Ostara-Heftes heißt (S. 1), was selbst für die Bibel gelte, die er als Urkunde des „siegreichen Kampfes des blonden arischen Menschen gegen die dunklen Vor- und Urmenschen" interpretiert. Die Tschandalen werden deshalb stets als verbuhlte Untermenschen hingestellt, deren einziges Ziel darin bestehe, ihr eigenes Blut mit dem der „nordischen Edelinge" zu vermischen, um so ein „Völkerchaos" herbeizuführen, in dem nicht die geistverpflichteten Asen, sondern die triebhaften Tiermenschen die Oberschicht bilden. Breit ausgeführt wird diese Geschichtsspekulation in seinem Buch „Theozoologie oder die Kunde von den Sodoms-Äfflingen und dem Götterelektron" (1905), wo sich Lanz wie ein Heiliger Georg gebärdet, der die nordische Menschheit vor ihrem endgültigen Niedergang zu retten versucht. Die Minderrassigen werden hier durchgehend als „Sodoms-Äfflinge" bezeichnet, die von tierähnlichen Urmenschen abstammten und daher geil wie die Paviane seien. Diese ungeistige Tschandalabrut sei es, die heute die Großstädte bevölkere und alle „nordischen" Weiber verführe, um damit ihren teuflischen Plan einer allgemeinen Herabzüchtung der Menschheit ins Werk zu setzen. Um sich gegen diese „Blutpanscherei" zu wehren, rief Lanz alle „nordischen Sonnensöhne" und geisterleuchteten Bewahrer des „Götterelektrons" auf, sich zu einer theosophisch-armanischen Sekte zusammenzuschließen, die sich dem Gedanken der „arischen Durchgeistigung" widmet, anstatt ihr kostbares Blut weiterhin mit dem „roten Staub" der Erde zu vermischen und damit zu Sklaven ihrer Triebe abzusinken. Bloß durch einen solchen Männerbund, eine „weiße arisch-aristo-

kratische Internationale", wie es in seinem 71. Ostara-Heft heißt (S. 1), lasse sich das aus „physiologischen Gründen" wesentlich „verbuhltere" Weib wieder aus den Händen der pavianischen Untermenschen befreien, denen es sich nur allzu willig ergebe. Er bezeichnete daher in maßloser Selbstüberhebung seine „Ostara" als den Sammelplatz der letzten Ario-Heroiker und Mannesrechtler, der Männlichsten der Männlichen, in denen noch ein göttlicher Rassenfunke schlummere. Mit besonderer Schärfe zog er gegen den „antiquierten" Humanismus, das christliche Mitleid und das „unreife" Gerede der Pazifisten zu Felde und predigte statt dessen eine klare Trennung zwischen „Asen" und „Wanen", um jede weitere Blutvermischung unmöglich zu machen. Er ging dabei von der blasphemischen Voraussetzung aus, daß in mythischer Vorzeit außerhalb der deutschen Grenzen nur „Affen- und Tiermenschen" gewohnt hätten, wie er in seiner „Theozoologie" behauptet (S. 145). Um diesen „artgegebenen" Zustand wiederherzustellen, verlangte er von allen germanischen Stämmen eine kriegerische Entschlossenheit, die selbst vor der Ausrottung ganzer Völker nicht zurückschrecke. „Weh der Sodomsbrut, wenn wir mit ihr abrechnen werden!", heißt es einmal triumphierend (S. 146), wobei er allen, die nicht liquidiert werden, die Gnade der „Zwangsarbeit zugunsten der Höherrassigen" zugesteht, wie er im 22. Ostara-Heft schreibt (S. 8). Wie unmaskiert er sich gerade in dieser Nummer zeigt, beweist folgende Stelle, die in ihrer Offenheit kaum zu überbieten ist: „Gewiß, es muß auch die niederen Rassen geben, auch sie haben ihren Zweck im Haushalte der Natur zu erfüllen. Dieser Zweck ist eben: dem asischen Menschen zu dienen, ihm die groben Handwerkerarbeiten abzunehmen ... Die soziale Frage, die doch mehr oder weniger die Frage ist: Wer soll oben, wer soll unten sein?, wird dadurch mit einem Schlage in gerechter und unanfechtbarer Weise gelöst. Ja, es ist eine Schmach und eine Schande, wenn ein Asing (Ario-Germane, Deutscher) ein ‚Hundeleben' — wie Manu sagt — im Lohndienste führen soll, während er doch zum Herrn geboren ist" (S. 8). Aus diesem Grunde forderte er eine radikale Trennung der gesamten Menschheit in „Herren und Sklaven", anstatt sich weiterhin von der „faulen, gesinnungslosen und verseuchten Bestienhorde" der heutigen Arbeiter und ihrer „sozialdemokratischen Schwarmgeisterei" tyrannisieren zu lassen. Der asischen Rasse werden dabei die mongoliden Völker, der mediterranen Rasse die negroiden Völker als Sklavenheere zugeteilt, während die europäische Mischlingsbrut, das Tschandalen-Proletariat, einfach liquidiert werden soll. Auf eine Formel gebracht, lautet das in seiner eigenen Terminologie: „Freiheit aus dem ‚Savravritti', aus dem ‚Hundeleben der Lohnarbeit' für den Asing (Arier, Deutschen, Germanen usw.), und den alten Affenmenschen wieder verknechten und ihm das Joch der Kultur anlegen, das er störrisch abgeworfen hat!"
Neben diesen halb wahnwitzigen, halb religiös umnebelten Sektierern gab es noch eine Unzahl anderer Germanophilen, Vulgärgermanen oder

Kleinarier, meist mittelständischer Provenienz, die ihre eigene Machtlosigkeit mit rassischen Überlegenheitsgefühlen zu kompensieren versuchten. Man denke an einen Rassentheoretiker wie Adolf Bartels, der wie alle diese scheinbaren „Idealisten" energisch gegen den artfremden Industrialismus zu Felde zog und sich mit alldeutscher Engagiertheit für eine planmäßige Ostkolonisation einsetzte, um so den „Deutschen unter den Deutschen" wieder zur Herrschaft zu verhelfen. Der Germane war für ihn ein „geborener" Ackerbürger: traditionsbewußt, rassisch in der Scholle verankert, allen Neuerungen abgeneigt und daher von Natur aus zu einer „konservativen" Weltanschauung bestimmt. „Nur die geborenen Radikalen, die heimatlosen Juden und die von ihnen abhängigen Elemente" schienen ihm für jenen „Radikalismus" verantwortlich zu sein, der „als ‚Aufklärung', ‚Liberalismus', ‚Industrialismus' und ‚Sozialdemokratie' die Geschichte des letzten Jahrhunderts erfüllt" (GA, S. 10). Um sich gegen diese „zersetzenden" Weltanschauungen zu wappnen, forderte er eine militante Führerschaft aller rassisch bewußten Einzelgänger, „idealistischen" Sektierer und Volkstumsschwärmer, für die das Wort „germanisch" das gleiche wie „kriegerisch" bedeute (S. 190). Innenpolitisch trat er für einen „geschlossenen Handelsstaat" ein, der an die Stelle der nivellierenden Tendenzen der modernen Großstadtzivilisation und der usurpierten Macht der jüdischen „Zinsherren" ein idealistisch-genossenschaftliches Denken setzt, bei dem sich die Frage des Eigentums von selbst regeln werde. Auf der gleichen Linie liegt das Buch „Rassenlehre und Rassenpflege" (1913) von Max Gerstenhauer, das sich ebenfalls mit präfaschistischer Akzentsetzung gegen den Mammonismus der großbürgerlichen Kreise und den stumpfsinnigen „Massengeist" des Proletariats wendet und eine „idealistische" Gesinnungsethik predigt, die auf dem „völkischen" Gemeinsinn und der „Rassengüte" des nordischen Blutes beruht. Auch Albrecht Wirth sei hier noch einmal genannt, der in seinem Buch „Rasse und Volk" (1914) die „Tschandalas der Großstadt", die in „dumpfen Hinterhausdachkammern" und „feuchten Kellern" hausen, als eine ständige Gefahr für den Fortbestand der nordischen Rasse bezeichnete (S. 1). Ähnliches findet sich bei Artur Dinter, der die „jüdischen Irrlehren" des Marxismus immer wieder als „Volkstod" hingestellt hat und sich statt dessen für eine „heilige große Werkgemeinschaft" begeisterte.

Zu diesen „Kleinariern", deren meinungsbildende Funktion nicht zu unterschätzen ist, gesellte sich mit der Zeit eine Fülle von Zeitschriften und Vereinsorganen, bei denen das Völkisch-Germanische mehr und mehr ins obskur Theosophische oder Ariosophische abzugleiten beginnt. So heißt es im „Wegweiser zum höheren Leben" (ab 1915), dessen Autoren sich weitgehend auf einer theosophisch-alldeutschen Basis bewegen, daß sich erst im Kriege die „herrlichen Germanentugenden" des deutschen Volkes voll entfaltet hätten (I, 4). Ähnliche Äußerungen finden sich in der „Prana" (ab 1910), der „Monatsschrift für die okkultistische Bewegung", wo es ebenfalls zu einer innigen Synthese zwischen Theosophie und Imperialismus kam. Die geistige Erwähltheit beruht hier auf einem rassischen Dünkel, der in der „unio mystica" mit dem „Sonnegeist" den strahlendsten Triumph des „nordischen" Gedankens erblickt. Es heißt daher wie bei Lanz: „Die artreinen Deutschen (bzw. Ario-Germanen) werden — das erweist der Weltkrieg zur Genüge — der Welt die Erlösung von der charakter- und wurzellosen, niemals bodenständigen Mischlings- und Gauner-Pseudo-Kultur bringen", die sich nur auf der Basis der allgemeinen „Rassenverköterung" entwickeln konnte (VI, 567). Die okkultistischen Ideen der Madame Blavatsky, deren Kenntnis man Franz Hartmann verdankte, wurden dabei meist zur Ideologie eines fünften Weltzeitalters, einer Epoche der „aryanischen Rasse" ausgeweitet, bei der den „Sachsen", den „Seßhaften", den theosophischen Lichtbringern und Bewahrern des Götterelektrons, die „Weltherrschaft" zufallen werde. Auf diese Weise nahm die völkische Phraseologie einen immer ressentimentgeladeneren Charakter an, was schließlich zu einer germanisch-theosophischen Traktätchenliteratur überleitete, die in ihrer kleinbürgerlichen Philiströsität kaum zu unterbieten ist. Man denke an Zeitschriften wie die „Wertung" (ab 1909), das Organ des „Werdandi-Bundes", das die „Strömungen des Gegenwartslebens im Spiegel des Bornes der Wurd" zu werten versucht (VI, 3), an die „Flugschriften der Fichte-Gesellschaft von 1914", in denen der erste Weltkrieg als eine Auseinandersetzung des germanischen „Idealismus" mit der modernen „Hohlkultur" hingestellt wird, oder an die „Flugschriften des Vaterländischen Schriften-Verbandes", die einem unverblümten Arierchauvinismus huldigten. Einer der aggressivsten Autoren dieser Richtung war Philipp Stauff, der in seinem Aufsatz „Der Krieg und die Friedensbewegung" (1912) den Sozialismus, die Frauenemanzipation und den Pazifismus als Humanitätsduseleien artvergessener Untermenschen bezeichnete, denen man mit einer Aktivierung des „Heldenhaften" entgegentreten müsse (XXI, 7). Besonders scharf reagierte er gegen die internationalen Weltfriedens- und Weltrassenkongresse, „wo der hochstehende Arier mit dem Neger und Buschmann, mit Menschenarten, die sich an Artung und Wert kaum über den Stand der Affen erheben, auf gleichem Fuß" verhandele und Brüderschaft mit ihnen mache (S. 8). Er verdammte daher alle „Niedermenschen" und „Mischmaschtypen" (S. 9) und berief sich auf die Opferbereitschaft der germanischen Rasse, zu siegen oder unterzugehen, ohne nach dem materiellen Nutzen der eigenen Handlungen zu fragen. Ebenso fanatisch gebärdete sich der patriotisch-entflammte „Deutschbund" (ab 1899), der jährliche Hermannsfeste abhielt und in seinen Veröffentlichungen für eine arische Leibwache des Deutschtums warb, um nicht der sozialdemokratischen „Pöbelherrschaft" zu verfallen. Das gleiche gilt für Hermann Popert und seinen „Vortrupp" (ab 1912), dessen Ziel ein germanischer Rassenbund auf vegetarisch-alkoholfreier Basis war. Dafür spricht sein

Roman „Helmut Harringa" (1910), in dem er die seelische „Gradheit" friesischer Menschen in ihrer „nordischen Jugendkraft" beschreibt (22. Aufl., S. 24) und zugleich im Sinne Langbehns und der „Alldeutschen" für ein germanisches Stammesreich wirbt. Ein ähnliches Ragout an völkischen und rassischen Ideen findet sich in der Zeitschrift „Der Hammer" (ab 1902), dem von Theodor Fritsch herausgegebenen Organ der „Deutschen Erneuerungs-Gemeinde". Auch hier wird eine scharfe Trennungslinie zwischen dem germanischen Bauerntum und dem semitisch-kapitalistischen Händlergeist gezogen. Eine Rettung aus dem gegenwärtigen Zustand, einer Zeit, wo alles mit Riesenschritten dem rassischen Verfall zueile, versprach sich Fritsch nur von einem „gesunden" Mittelstand, in dem sich die „nordische Rasse" noch relativ rein erhalten habe, während die Arbeiter und die oberen Zehntausend durch ihre Jagd nach dem Gelde bereits einem degenerierenden Mammonismus verfallen seien. Wie bei Bartels kommt darin eine ressentimentgeladene Kleinbürgerlichkeit zum Ausdruck, die immer wieder mit geistiger und rassischer Überheblichkeit kompensiert werden muß.

Fast bei allen diesen Kreisen handelt es sich um eine Generation in Vatermördern, aber in Reckenpose, die um den nordischen Lichtkern der Menschenseele kreist und dabei voller Hochmut auf die „Vielzuvielen" herabblickt, die im Schlamm des „Materialismus" waten. Man spürt hier jenes Klima, in dem sich die geistige Entwicklung des jungen Hitler vollzog, der alle diese Tendenzen gierig in sich aufsog, zumal dieser „Arierkult" in Wien, der rassisch „bedrohten" Hauptstadt eines Vielvölkerstaates, besonders üppig blühte. Hier wirkten nicht nur Guido von List, Jörg Lanz von Liebenfels und Joseph Ludwig Reimer, neben Willibald Hentschel wohl die fanatischsten Rassentheoretiker dieser Jahre, sondern auch die „Alldeutsche Partei" von Georg von Schönerer, die sich unter dem Motto „Ohne Juda, ohne Rom/ wird erbaut Germanias Dom" für den politischen Zusammenschluß sämtlicher deutschvölkischen Stämme einsetzte. Alle diese Gruppen hatten das Gefühl, Vorboten eines „germanischen Jahrhunderts" zu sein, in dem das „nordische" Blut über die allgemeine „Bastardisierung" triumphieren werde. So schwärmte der junge Hitler in seinem Bekenntnisbuch „Mein Kampf" (1925) vom „Arier" als dem alleinigen „Träger der menschlichen Kulturentwicklung" (4. Aufl., S. 322), setzte sich für eine Verwendung niederer Menschen" im Dienste der höherstehenden Germanen ein (S. 323) und bezeichnete die „Blutvermischung" als die entscheidende „Ursache des Absterbens alter Kulturen" (S. 324), wobei er sich neben seinen Wiener Gewährsleuten vor allem auf Chamberlain stützte. Mit derselben Schärfe bekannte er sich zum „mannesrechtlichen" Gefolgschaftsprinzip und maßte sich an, der „geborene" Herrscher der „guten Rasse" zu sein. Daß er dabei völlig auf den Schultern aller in diesem Kapitel beschriebenen präfaschistischen Rassenschwärmer steht, braucht kaum erläutert zu werden und läßt sich obendrein durch ein Zitat aus dem Kapitel

„Wiener Lehr- und Wanderjahre" belegen, das die Jahre vor dem ersten Weltkrieg umfaßt: „In dieser Zeit bildete sich mir ein Weltbild und eine Weltanschauung, die zum granitenen Fundament meines derzeitigen Handelns
wurden. Ich habe zu dem, was ich mir so einst schuf, nur weniges hinzulernen
müssen, zu ändern brauchte ich nichts" (S. 21). Es war daher nur konsequent,
daß er Leute wie Lanz von Liebenfels, der sich 1933 als Chefideologe des
„Dritten Reiches" anbot, aus innerer Unsicherheit mit Schreibverbot be-
legte.

Zu den primitivsten Formen dieses „arischen" Herrschaftsbewußtseins gehört
der fanatische Antisemitismus dieser Ära, mit dem man an die niedrigsten
Instinkte der „Volksseele" zu appellieren versuchte. Während man den deutsch-
jüdischen Gegensatz bisher nach alter Tradition rein konfessionell gesehen
hatte, das heißt als eine Glaubensfrage, die sich durch die Taufe aufheben läßt,
wurde das Ganze plötzlich zu einem Blut- und Nasenproblem. An die Stelle
des „Veitel-Itzig-Juden" des Popularbewußtseins, wie ihn selbst liberale
Dichter wie Freytag und Raabe geschildert hatten, trat daher in der Propaganda
dieser Jahre eine sinnlich-geifernde, blutgierige Zerrfigur, die ausgesprochen
„untermenschliche" Züge trägt. Verglichen mit dieser halb chauvinistischen,
halb wahnwitzigen Pseudoideologie wirkt selbst der Judenhaß eines Stöcker
oder Dühring, der beiden berühmtesten Antisemiten der Gründerjahre, relativ
harmlos. Bereits ins „Völkische" tendieren dagegen die Schriften von Hermann
Ahlwardt, der 1890 in seinem Buch „Der Verzweiflungskampf der arischen
Völker mit dem Judentum" behauptete: „Dasjenige Volk, welches sich zuerst
und am gründlichsten seiner Juden entledigt und dadurch die Bahn für
seine naturgemäße Kulturentwicklung frei macht, ist zum Kulturträger und
folgerichtig auch zum Beherrscher der Welt berufen" (S. 239). Auf Grund
solcher Äußerungen ging man in „deutschbewußten" Kreisen mehr und mehr
dazu über, die Juden als Trichinen, als „Mitesser" am deutschen Volkskörper
zu diffamieren, wodurch der antikapitalistische Affekt des mittleren Bürgertums in Kanäle geleitet wurde, die später den Nationalsozialisten zugute
kamen. Obwohl ein Mann wie Franz Oppenheimer diesen Antisemitismus
als „das nach innen gewandte Gesicht des aggressiven chauvinistischen
Nationalismus" brandmarkte und Franz Mehring 1892 in der „Neuen Zeit"
das Ganze als ein „historisches Symptom dauernder sozialer Not" hinstellte
(XI, 2, 548), gelang es der völkischen Propagandamaschinerie, immer breitere
Schichten von der Unaufhebbarkeit des deutsch-jüdischen Gegensatzes zu
überzeugen. Anstatt in den Juden im Sinne der eigenen Theorien ein seltenes
Beispiel einer „reinen Rasse" zu sehen, prangerte man sie als eine „charakter-
lose Gegenrasse" an, deren einziges Ziel es sei, den deutschen Idealismus von
innen her zu zersetzen. Parteien wie die „Alldeutschen", die „Deutsche Reformpartei", der „Deutschbund", die „Deutsch-Soziale Partei" oder Autoren
wie Chamberlain, Bartels, Dinter, Hentschel, Stauff und Fritsch entfesselten

daher eine Stimmungsmache gegen die „jüdische Überfremdung" des deutschen Wesens, die alle bisherigen antisemitischen Äußerungen in den Schatten stellte. Es war die Überzeugung dieser Kreise, daß man wenigstens Deutschland, den geweihten Boden der arischen Gesinnungsethik, von den „gemeinen Machenschaften" der jüdisch-kapitalistischen Kreise retten müsse, um nicht die ganze Welt dem „nivellierenden Völkerchaos" auszuliefern. „Deutsch" galt daher als „idealistisch", während man in den Juden raffgierige Molochwesen sah, deren rastloser Geschäftsgeist etwas Vampirhaftes habe. So bezeichnete Artur Dinter in seinem Romanpamphlet „Die Sünde wider den Geist" (1921) die Juden als eine „gewinnsüchtige Schieber- und Gaunerbande, die weder Vaterland noch Pflicht noch Ehre" kenne (S. 22). Auch Theodor Fritsch charakterisierte das Wesen des Semitismus als eine „Verleugnung aller idealen Lebensziele", dessen einziges Streben die „Gewinnung materieller Güter" sei (NW, S. 288). Ähnliches findet sich bei Hentschel oder Stauff, deren überdimensionaler Judenhaß fast etwas Groteskes hat.

Dank dieser trivialarischen Propaganda hatten die ideologischen Drahtzieher dieser Jahre endlich einen geeigneten Sündenbock für die „bedrohlich umsichgreifende Entgermanisierung" des deutschen Wesens gefunden und wälzten alle antikapitalistischen Proteste auf die „semitischen Untermenschen" ab, die man für den Ungeist der Großstädte und die „verseuchende" Wirkung der Fabriken verantwortlich machte. Anstatt das materielle Gewinnstreben auf die liberalistische Wirtschaftsordnung zurückzuführen, schob man die Schuld einfach einem „jüdisch-gefärbten" Rechtsbewußtsein in die Schuhe, das nicht dem Germanen, sondern dem Semiten zur „Herrschaft" verhelfe, wie es in Hentschels „Varuna" heißt (S. 523). Um die ideologische Situation völlig zu verwirren, wurde auch der Sozialismus als eine „jüdische" Ausgeburt bezeichnet: ausgebrütet von den Juden Marx und Lassalle und ins Volk getragen durch jüdische Demagogen wie Bernstein, Liebknecht und Rosa Luxemburg. Beides diente selbstverständlich einer bewußten Verschleierung der gesellschaftlich-ökonomischen Situation und wurde deshalb von der imperialistischen Propaganda weidlich ausgeschlachtet. Besonders große Erfolge hatte diese Demagogie bei den bürgerlichen Mittelschichten, deren Ressentiment gegen oben und unten durch diese antisemitische Welle eine ungewöhnliche Unterstützung erfuhr. Wie es später die Nationalsozialisten taten, bezeichnete man Marx und Rothschild, die „rote und die goldene Internationale", als die schlimmsten Feinde des Mittelstandes, die auf dem Wege über Proletariat und Großbourgeoisie Deutschland in die Zange zu nehmen versuchten, um ihm eine materialistische, großstädtische, geschäftsmäßig-liberale, das heißt „antiarische" Gesinnung aufzuzwingen. Oben beuteten sie aus, unten verhetzten sie die Arbeiter mit sozialistischen Parolen, um so dem mittleren Bürgertum nach alter Schächtermethode das Messer an die Kehle zu setzen. Für jeden politischen, ökonomischen oder kulturellen Mißerfolg wurden daher die Juden verantwortlich gemacht, selbst für den verlorenen Krieg, den der streitbare Vulgärgermane Bartels auf den jüdischen Prozentsatz im Blut der Hohenzollern zurückzuführen versuchte (GA, S. 316).

Das Ergebnis dieser antisemitischen Propaganda war eine Judenhetze, bei der die einst so grausam unterdrückten Ghettobewohner als Blitzableiter für alles herhalten mußten. Überall sah man eine „Jüdische Internationale" am Werk, ein drohendes „Zion", hinter dem sich eine planmäßige Verschwörung sämtlicher Juden zur Erreichung der Weltherrschaft verberge. So sprach man von einer „Alliance Israélite Universelle", einem „geheimen anarchistisch dunklen Weltbund" der Alljuden, wie es 1915 in der „Prana" heißt, dessen Ziel die Ausrottung aller nationalen Unterschiede sei (VI, 567). Hentschel glaubte in seiner „Varuna" hinter diesem Streben einen „jerusalemitischen Priesterbund" entdeckt zu haben (S. 551). Fritsch deutete auf einen geheimen Weltbund hin, der sich um eine völlige „Zerrüttung der arischen Gesellschaft" bemühe (NW, S. 276). Den ersten Schritt auf diesem Wege sah man in der „planmäßigen" Schändung aller nordisch-blonden Frauen durch die reichen jüdischen Kommerzienräte, die zu einer fortschreitenden „Entmutterung" und „Verhunzung" des deutschen Volkes führe. Andere behaupteten, daß gerade die Juden mit Vorliebe rassisch hochstehende Mädchen in Bordelle verschleppten, um auf diese Weise alle arischen Völker in ein hoffnungslos „verbastertes" Rassenchaos zu stürzen. Die gehässigsten Anschuldigungen dieser Art finden sich in dem Roman „Die Sünde wider das Blut" (1918) von Artur Dinter, in dem die Juden als eine rassenschänderische Clique dargestellt werden, die mit geifernder Sinnlichkeit über alle Blondinen herfallen, um auch in ihnen den Stachel der Wollust zu wecken und so die gesamte Menschheit auf die Ebene ihrer niederen Instinkte herabzuziehen.

Auf diese Weise entstand auf allen Gebieten des völkischen, kulturellen und religiösen Lebens ein ausgesprochener Judenhaß, der sich von hinterhältig versteckten Andeutungen bis zu offenen Drohungen steigerte. Man denke an die antisemitische Bewegung im Rahmen des deutschen Protestantismus, deren Ziel es war, den Jahwe-Kult des Alten Testamentes durch eine weitgehend „germanisierte" Gottesvorstellung zu ersetzen. Ebenso scharf wandte man sich gegen das „Jüdische" innerhalb der Geisteswissenschaften, das man in seiner „zersetzenden" Analytik als einen schroffen Gegensatz zum „organischen" Denken der Germanen empfand. So nannte Chamberlain in seinem Buch „Arische Weltanschauung" (1905) den „jüdischen" Intellektualismus, wie er in Spinozas „Principiorum philosophiae demonstratio more geometrico" zum Ausdruck komme, einen oberflächlichen Rationalismus, der sich mit abstrakten Konstruktionen begnüge, während alles „indoarische" Denken aus der Intuition entspringe (S. 58). Besonders zynisch äußerte man sich über Philosophen wie Georg Simmel, Germanisten wie Oskar Walzel, Psychologen wie Otto Weininger oder Psychiater wie Sigmund Freud, deren Schriften auf völkischer Seite als „jüdische Schweinereien" hingestellt wurden. Nicht anders verfuhr man mit der Presse, vor allem mit dem „Berliner Tageblatt" von Rudolf Mosse, oder Kritikern wie Alfred Kerr, Egon Friedell, Max Osborn, Maximilian Harden oder Oscar Bie, die man schon darum so erbittert bekämpfte, weil man ihnen stilistisch unterlegen war. Derselbe Antisemitismus findet sich im Bereich der Kunst. Wogegen man hier zu Felde zog, war jener „entgötternde" Großstadtgeist, der jeden Respekt vor den nationalen Kulturtraditionen verloren habe. Die gesamte „moderne" Kunst, und zwar die impressionistisch-französelnde und die expressionistisch-revolutionäre, galt daher in völkischen Kreisen als „verjudet" oder „entartet", wie man später sagte. Überall witterte man semitische Einflüsse, deren Endziel eine systematische Kulturzersetzung sei. Aus diesem Grunde führte man den Mangel an bewußt nationalen Künstlern nicht auf die Talentlosigkeit der deutschtümelnden Cliquen, sondern auf die Vorherrschaft der jüdischen Agenturen und Kritikerbünde zurück, die sich bemühten, nur „inhaltslose" Virtuosen in den Vordergrund zu schieben. Das gilt vor allem für die erbitterten Angriffe gegen die „international-jüdische Bewegung" in der Musik, worunter man Gustav Mahler, Paul Bekker, Arnold Schönberg und Franz Schreker verstand, die keinerlei Verständnis für die „romantische" Tiefe der deutschen Seele aufbrächten. Andere wetterten gegen die allmächtige Konzertdirektion Hermann Wolff in Berlin oder verdächtigten „Impressionisten" wie Richard Strauß der offenen Judensympathie. In der Malerei richtete sich diese Kritik hauptsächlich gegen den einflußreichen Sezessionspräsidenten Max Liebermann, den aufreizenden Simplicissimus-Zeichner Th. Th. Heine und gegen „inhaltslos-impressionistische" Talente wie Lesser Ury oder Max Slevogt. Corinth griff man an, weil er sich „jüdisch" verheiratet hatte. Ebenso deutlich äußerte sich dieser Haß auf literarischem Gebiet, wo fast alle großbürgerlich-impressionistischen Dichter von „völkischer" Seite als jüdische Genüßlinge oder Volksverderber abgeschlachtet wurden. So veröffentlichte man hämische Pasquille gegen Hofmannsthal, Beer-Hofmann, Schnitzler, Salus, Hermann Bahr, Felix Dörmann, Jakob Wassermann, Georg Hirschfeld, Ludwig Jacobowski, Stefan Zweig, Georg Hermann, Ludwig Fulda, Alfred Mombert, Emil Ludwig, Peter Altenberg, Rudolf Borchardt, Peter Baum, Oskar H. Schmitz oder Walter Calé, deren Werke man als „jüdisch-zersetzend" empfand. Am weitesten ging dabei Adolf Bartels, der sogar bei Thomas Mann nach einem jüdischen Großvater schnüffelte, um einen Anhaltspunkt für das Raffinierte und Dekadente seiner „Buddenbrooks" zu finden. Ähnliche Anpöbeleien mußten sich Intendanten und Schauspieler wie Otto Brahm, Max Reinhardt und Ernst von Possart gefallen lassen, die man wie den S. Fischer Verlag einer jüdischen Tyrannei über das deutsche Geistesleben bezichtigte. Eine besondere Zuspitzung erfuhr dieser Konflikt anläßlich des geplanten Heine-Denkmals, das bei allen „Völkischen" auf heftigen Widerstand stieß.

So versuchte Bartels in seiner Schrift „Judentum und Literatur" (1912) Heine als einen üblen „Revolverjournalisten" abzustempeln. Chamberlain stellte ihn als einen pornographischen Witzbold hin, der sich mit dem „Behagen eines Schweines in trivialsten, Brechlust erregenden Obszönitäten" herumwälze, wie es in seinem Sammelband „Rasse und Persönlichkeit" (1925) heißt (S. 88/89). Um dem deutschen Volk vor solchen „Gefahren" die Augen zu öffnen, erschienen in denselben Jahren ein „Semi-Gotha" (1913), ein Buch über „Semi-Alliancen" (1914) und ein umfangreiches „Handbuch zur Judenfrage" (1906), die schnell zu den maßgeblichen Brevieren aller völkisch interessierten Kreise wurden. Eine ähnliche Bedeutung erlangten die von Philipp Stauff herausgegebenen „Sigilla veri" (1913), eine Art Semi-Kürschner, der in den zwanziger Jahren in einer wesentlich erweiterten Neuauflage erschien und schon manches von der Judenstern-Methode des „Dritten Reiches" an sich hat, zumal in allen diesen Büchern eine konsequente „Ausscheidung des Judentums" aus dem deutschen Volkskörper gefordert wird, wie sich Theodor Fritsch ausdrückte (NW, S. 279).

Die logische Konsequenz dieses Antisemitismus war die Idee einer blutsmäßigen Reinigung und arischen Höherzüchtung des deutschen Volkes, um alle „Mischmasch-Menschen" oder „Tschandala-Rassen" wieder unter die Knute einer germanischen Herrenschicht zu bringen. Was bei Nietzsche noch als Züchtung genialer Einzelner gedacht war, wurde dabei zusehends ins Feudalaristokratische, Großbürgerliche oder Mittelständische konkretisiert, selbst wenn man sich aus taktischen Gründen meist einer „völkischen" Verbrämung bediente und die rassische „Gesundung" des ganzen Volkes in den Vordergrund stellte. An die Stelle der schwelgerischen Untergangsstimmungen der neuro-mantischen Dekadenzanbeter und Fin-de-siècle-Ästheten schob sich dadurch ein „Lebenswille", der sich an hochtrabenden Worten wie „Aufstieg", „Wiedergeburt" oder „Erweckung nordischen Blutbewußtseins" berauschte. Wie irrational man dabei empfand, beweist die Tatsache, daß man selbst den Neubeginn des Jahrhunderts, der zufällig in diesen Zeitraum fiel, ins Symbolische erhob. Die Führerrolle bei dieser rassischen Reinkarnation, die man mit dem Schreckgespenst der „gelben Gefahr" zu dramatisieren versuchte, sollte selbstverständlich den deutschstämmigen Germanen zufallen, da Frankreich, die bisherige Vormacht auf dem Kontinent, wegen seiner verderbten Sitten und seines ständigen Geburtenrückgangs für eine solche Beschützerrolle nicht mehr in Frage komme. Die imperialistischen Absichten, die hinter diesen Züchtungsgedanken standen, traten daher meist in der Form eines naiven biologischen Selbstbewußtseins auf. Immer wieder berief man sich auf die Gebärtüchtigkeit der deutschen Frauen, denen die Vielkinderehe etwas Selbstverständliches sei, während man in Frankreich das stagnierende Zweikindersystem bevorzuge. Um diese rassische Bewußtheit noch zu verstärken und zugleich für einen arischen Bevölkerungsüberschuß zu sorgen, trat man allenthalben für die Schaffung von Eheattesten und staatlichen Sonderprämien für „nordische Ehen" ein. Mit derselben Entschiedenheit wandte man sich gegen das Zölibat der weiblichen Beamten und die staatliche Duldung der Mischehen. So verlangte Artur Dinter in seinem Buch „Die Sünde wider das Blut" (1918) die Schaffung strenger Rassengesetze, um endlich die jüdischen Verführer blonder Mädchen mit Zuchthaus bestrafen zu können. Er und andere stützten sich dabei auf den Begriff „Eugenik", der schnell zu einer magischen Formel wurde, ja das Ansehen eines Allheilmittels bekam. Während Gobineau die Zukunft der Menschheit noch recht fatalistisch gesehen hatte, meldet sich hier ein züchterischer Elan, eine Begeisterung für den Gedanken der Rassenhygiene, der alles Bisherige weit in den Schatten stellt. Wohl die treffendsten Schlagworte dieser Richtung sind Begriffe wie „eugenische Neubildung" oder „Eukratie", wie sie Willy Schlüter 1914 in der „Tat" verwandte (VI, 319). Es ist daher nicht verwunderlich, daß es gerade auf diesem Sektor zu besonders kriegerischen Parolen kam, zumal man die „eugenische" Entmischung und Veredelung ständig mit dem sogenannten „Recht der jungen Völker" gleichsetzte, aus dem sich später die expansive Volk-ohne-Raum-Theorie entwickelt hat.

Soziologisch gesehen, lassen sich dabei die gleichen Gruppen herauspräparieren wie in der allgemeinen Rassentheorie. So empfahl Guido von List, der Vertreter der feudal-aristokratischen Kreise, in seinem Buch „Die Armanenschaft der Ario-Germanen" (1908) eine konsequente „Reinzucht" aller übriggebliebenen Blond-Heroiker, um der Menschheit wieder eine „arische" Elite zurückzugeben (II, 70). Ähnliche Gedanken finden sich in seinem „Geheimnis der Runen" (1907), wo er den germanischen Wuotanismus als eine rassenzüchterische Sexualreligion interpretiert, die in der „gottähnlichen Schöpfungstat der Zeugung" gegipfelt hätte (S. 57). Schon damals habe man lediglich die „Zucht einer Edelrasse" im Auge gehabt, aus der später der deutsche Adel, der wichtigste Träger aller kulturellen Leistungen der Menschheitsentwicklung, hervorgegangen sei (S. 31). Daß er dabei von einem künftigen Führer, einem „Starken von oben", faselt, der Deutschland wieder das „Armanenrecht" bringt, wirkt ebenso präfaschistisch wie seine Vorliebe für Begriffsbildungen wie Sippenforschung, Ehebefähigung, Gefolgschaftspflicht, Gauverfassung, Thingprinzip oder Untermenschentum, die später in den Wortschatz der nationalsozialistischen Rassenideologen übergegangen sind.

Die gleichen „züchterischen" Ambitionen finden sich in den Programmen der „Alldeutschen". Vor allem Otto Ammon und Ernst Hasse wiesen ständig auf die rassische Gefahr der polnischen Unterwanderung der deutschen Ostgebiete hin, der man mit einer germanischen Bauernkolonisation entgegentreten müsse. Ludwig Kuhlenbeck schlug dagegen vor, die deutsche Landwirtschaft mit chinesischen Kulis aufrechtzuerhalten und die rassisch „höherstehenden" Arier nur mit Herrschaftsfunktionen zu betrauen. Besonders scharf wandte er sich gegen die fortschreitende „Rassenverköterung" in den Städten und Industriegebieten, wo nicht mehr die nordischen Geistaristokraten, sondern die semitischen Händlertypen regierten. Um dieser allgemeinen Blutvermischung einen Riegel vorzuschieben, setzte er sich für eine staatlich überwachte Rassentrennung ein, wie es in seinem Buch „Rasse und Volkstum" (1905) heißt, damit sich neben den Krämern und Genüßlingen wieder eine Schicht wehrhafter Heroiker herausbilde. Noch selbstbewußter und zugleich imperialistischer wirkt das Rassenmanifest „Ein pangermanisches Deutschland" (1905) von Joseph Ludwig Reimer, in dem die These vertreten wird, daß der jährliche Bevölkerungszuwachs des deutschen Volkes völlig ausreichend sei, um „die halbe Welt dauernd unserer Rasse und unserem Volke zu erwerben" (S. 155). Nichtarische Elemente sollten in diesem „Germanischen Weltreich deutscher Nation" aus rassenpolitischen Gründen kinderlos bleiben und ihre erotischen Bedürfnisse in offiziell zugelassenen Bordellen befriedigen, was Reimer höchst sarkastisch als eine „schmerzlose", ja „lustvolle" Ausrottung bezeichnete, während er die Germanen selbstverständlich zu einer fleißigen Fortpflanzungstätigkeit ermunterte.

Auch Ludwig Woltmann, der Vertreter des „sozialen Darwinismus", schlug in seiner „Politischen Anthropologie" (1903) eine verstärkte Anwendung „rassenhygienischer oder rassenpolitischer Maßnahmen" vor, um den „edlen Bestand des gegenwärtigen Geschlechts" nicht einer weiteren Herabzüchtung auszuliefern (S. 324). Im Gegensatz zu den „Alldeutschen" stellte er dabei den Kapitalismus als den idealsten aller Zuchtfaktoren hin, der durch seine „natürliche Selektion" zu einer allmählichen Entmischung der deutschen Blutsbestandteile führen würde. Doch seine Theorien stießen bei den „Völkischen" auf wenig Gegenliebe. Was man hier als rassisches Leitbild empfand, war nicht die kapitalistische, sondern die bäuerliche Struktur des deutschen Volkes, die man als eine germanische „Uranlage" hinzustellen versuchte. Zu den wichtigsten Autoren dieser Richtung zählt Heinrich Driesmans, der sich in seinen „Wahlverwandtschaften der deutschen Blutmischung" (1901) als erster für eine völkisch betonte Eugenik einsetzte und das Heraufkommen eines vitaleren, robusteren Rassetyps als den einzigen Weg zu einer nationalen Gesundung des deutschen Volkes bezeichnete. Am deutlichsten zeigt sich diese Tendenz in seinem Buch „Eugenik. Wege zur Wiedergeburt und Neuzeugung ungebrochener Rassenkraft im deutschen Volke" (1912), wo er für das auffällige Überhandnehmen stark entwickelter Unterkiefer und flacher, ungeistiger Stirnen den herrschenden „Materialismus" verantwortlich macht, der zu einer völligen „Verdumpfung" der nordischen Rasse geführt habe. Eine ähnliche Zielsetzung findet sich in dem Buch „Rasse und Volk" (1914) von Albrecht Wirth, in dem der kapitalistisch-materialistische Großstadtgeist als ein teuflischer „Feuerofen" hingestellt wird, der die bäuerliche Substanz des deutschen

Volkes allmählich verzehre und so zu einer Schwächung der allgemeinen Wehrkraft beigetragen habe (S. 350). Dasselbe gilt für die Schrift „Rassenlehre und Rassenpflege" (1913) von Max Gerstenhauer oder das chauvinistische Manifest „Der völkische Gehalt der Rassenhygiene" (1917) von Friedrich Siebert, das in der Reihe „Bücherei deutscher Erneuerung" erschien und das „Papsttum" und die „gleichmacherische Demokratie" für die rassischen Dekadenzerscheinungen verantwortlich macht (S. 214). Eng verwandt damit ist Gustav Frenssens Bekenntnisschrift „Möwen und Mäuse" (1928), in der er eine „Zuchtwahl" empfahl, die nur der irrationalen Stimme des Blutes gehorcht (S. 60). Wie alle Autoren dieser Richtung trat auch Frenssen mit faschistischer Offenheit für eine unbarmherzige Sterilisation der Kranken, Minderwertigen und politisch Radikalen ein und behauptete prophetisch: „Es wird die Zeit kommen, wo man im Namen der Religion und Sittlichkeit die mit schlechtem Erbe Behafteten entmannen und von einem Mann wie Goethe viele Kinder fordern wird" (S. 248). Ebenso nationaleugenisch orientiert wirkt das Buch „Vererbung und Auslese in ihrer soziologischen und politischen Bedeutung" (1910) von Wilhelm Schallmeyer, das sich im Sinne der sozial-darwinistischen Theorien zu einer „rassendienstlichen Ethik" bekennt, deren Ehegesetzgebung bereits an den Nürnberger „Sittenkodex" gemahnt (S. 444). Auf der gleichen Linie liegen die „Hammer-Aufsätze" (1922) von Theodor Fritsch, in denen alle modernen Großstädte als Lasterparadiese und Rassenhöllen bezeichnet werden, die an sich selbst zugrunde gehen sollen. Wie Langbehn und die frühen „Alldeutschen" sah er das alleinige Heil der nordischen Rasse in einer konsequenten „Verbauerung". Aus diesem Grunde entwarf er schon 1904 Pläne zu einer „Deutschen Erneuerungs-Gemeinde", die sich in ländlicher Abgeschlossenheit, „naturgemäßer" Lebensweise und getreuer Anlehnung an die „altgermanische Agrar- und Gemeindeverfassung" auf die Herausbildung einer neuen arischen Rassenschicht konzentriert, um so das deutsche Volk vor der fortschreitenden „Blutpanscherei" zu retten (S. 171). Wie handfest seine Pläne waren, geht aus der Äußerung hervor, daß er als „Rohmaterial" dieser Züchtungsabsichten an die „gesunden deutschen Ochsenknechte und Kuhmägde" dachte, die noch keiner städtischen Verweichlichung verfallen seien (S. 236). Demselben Haß gegen die „mattherzigen Entartungsmenschen" der modernen „Handels- und Verkehrszivilisation", wie es bei Fritsch immer wieder heißt (S. 344), begegnet man in Ernst Wachlers „Osning" (1914), wo an einer Stelle vorgeschlagen wird, alle „blonden, blauäugigen Knaben" von „lichter Hautfarbe" und „nordischem Geblüt" in geschlossenen Siedlungsgemeinschaften unterzubringen und von jung auf in den „Künsten der Waffen und des Geistes" unterweisen zu lassen (S. 110). Noch radikaler äußerte sich Jörg Lanz von Liebenfels zu diesen Problemen. Sein Ziel war eine rücksichtslose Liquidierung aller „minderrassigen" Elemente, aller „Buhlschrättlinge" und „Sodomsäfflinge", wie es in seinem Vokabular heißt, wobei er wie Reimer eine kinderlose Prostitution empfahl und jedem mit dem Kastrationsmesser drohte, der sich dieser „lustvollen Ausrottung" zu entziehen versuche. Wie Fritsch und Wachler wollte er alle nordischen „Heldlinge" in arischen Reinzuchtkolonien zusammenfassen, und zwar ebenfalls auf dem Lande, um ihnen eine junkerlich-aristokratische Gesinnung zu geben. Er ging dabei recht „praktisch" vor und propagierte unter anderem: Prämien für Blondehen, klösterlich abgeschlossene Zuchtmütter, Rassenschönheitspreise, die Anwendung der Euthanasie und das Zeugungsvorrecht gewisser Ario-Heroiker, die mit dem Charisma der „göttlichen" Erwähltheit ausgestattet sind. Die „führerische" Leitung dieser Reinzucht sollte selbstverständlich dem Manne zufallen, wie es in seiner „Theozoologie" (1905) heißt, da sich das Weib, sogar die nordische Frau, immer wieder durch die dunkelhaarigen Tschandalas in die „Buhlschrattenhaine" locken lasse, um dort ihrer „pavianischen" Lust zu huldigen (S. 148). Erst ein „asischer" Männerbund, der mit dem armanischen Götterelektron ausgezeichnet sei, könne diesem Treiben Einhalt gebieten. Groteskerweise berief er sich dabei meist auf den Ausspruch Christi „Liebe deinen Nächsten", den er in den eugenischen Kampfruf „Liebe deinen rassisch Nächsten und töte alle teuflischen Untermenschen" korrumpierte.

Ebenso größenwahnsinnig wirken die arischen Zuchtgedanken von Willibald Hentschel, dem Gründer des „Mittgart-Bundes zur Erneuerung der germanischen Rasse". Auch er ging von ländlichen Siedlungen aus, während die entartete Stadtbevölkerung an sich selbst zugrunde gehen sollte. So schlug er in seiner „Varuna" (1901) Mittgart-Siedlungen vor, in denen 100 Männer, die nach streng „ario-heroischen" Gesichtspunkten ausgesucht sind, mit 1000 nordischen Frauen zusammengeführt werden, um mit ihnen eine neue Rasse zu zeugen. Er dachte dabei an Arierbünde, deren Mitglieder auf jeden persönlichen Besitz verzichten, die sich in genossenschaftlichen Verbänden zusammenschließen, in landwirtschaftlicher Autarkie leben, nur selbstgewirkte Kleider tragen, die alten germanischen Feste feiern und sich sonst ausschließlich der Aufzucht rassenstarker Nachkommen widmen, und zwar am besten auf den ostelbischen Rittergütern, wo sich noch eine „altgermanische" Substanz bewahrt hätte. Hentschel erhoffte sich von diesen eugenischen Pflanzstätten einen jährlichen Zufluß von 100000 Edelariern, aus denen sich mit der Zeit „stillschweigend eine neue völkische Oberschicht" bilden werde (S. 610). Daß man im Laufe des 19. Jahrhunderts von der „seelischen Höhenlinie" des deutschen Volkes abgewichen sei (S. 11), führte er wie alle Eugeniker dieser Jahre auf die verhängnisvolle „Demokratisierung" des modernen Lebens zurück, nach der eine Schneiderseele das gleiche Recht auf Fortpflanzung habe wie ein göttlich erwählter Heros. Im Gegensatz zu dieser bürgerlichen Einehevorstellung forderte er wie Christian von Ehrenfels in seiner „Sexualethik" (1907) eine erneute Einführung der Polygamie, um nur rassisch ausgezeichnete Männer zur Zeugung zuzulassen, was er mit einem Hinweis auf die germanische „Vielehe" zu stützen versuchte, deren „uranischer" Sinn die Heldenzeugung gewesen sei. Blüher nannte es noch unverblümter die zeugerische „Autarkie" der „Herrschaftskaste", wobei ihm eine Schicht von „sacerdotes amoris et humanitatis" vorschwebte, denen das „ius primae noctis" verliehen wird, um auf dem Leib aller Jungfrauen ein unversiegbares „Leuchten" einzugraben, wie es in seinen „Merkworten für den Freideutschen Stand" (1919) heißt (S. 39). Verführt durch solche Gedanken, fühlte sich Hentschel mehr und mehr zum „getreuen Eckart" seines Volkes berufen und schwärmte in seiner Schrift „Vom aufsteigenden Leben. Ziele der Rassenhygiene" (1910) von einem „neuen Gott" der Rasse, der von seinen Jüngern und Propheten eine Verkündigung der arischen Weltmission verlangt. Er wandte sich deshalb an alle germanischen Bullennaturen, sich auf Walburgen oder Tanzbergen zu versammeln, um durch sexuelle Kampfauslese dafür zu sorgen, daß alle Kinder „Helden zu Vätern" haben (S. 27). Erst dann werde Odin, der nordische Wandergott, wieder deutschen Boden betreten und sich an der Edelzucht der germanischen Rasse erfreuen: „Er achtet jegliches Manneswerk. Sein Auge ruht sinnend auf den Spielen blondgelockter Kinder, den Vorspielen ihrer künftigen Werke. Er liebt die hochgewachsenen breithüftigen Frauen mehr als Menschen sie lieben. Er raunt ihnen vom Helden. Sanft leitet er, die gebären wollen ..." (S. 32).

IDEALISMUS STATT MATERIALISMUS

Eine weitere Unterstützung erfuhren diese nationalen und rassischen Überlegenheitsgefühle durch die ständige Berufung auf den philosophischen „Idealismus", den man als ein geistiges Monopol des deutschen Volkes empfand. Während man in den achtziger und neunziger Jahren auf wissenschaftlichem Gebiet weitgehend einem materialistischen Positivismus gehuldigt hatte, berief man sich jetzt wieder auf die idealistisch klingende Phrase vom „Land der Dichter und Denker", um so an die Stelle des stoffgebundenen Spezialistentums eine intuitiv-erfühlte „Wesensschau" zu setzen. Auf diese Weise kam auch hier jener romantisch-utopische Antiliberalismus zum Durchbruch, der in den mechanisierenden Tendenzen der modernen Industriegesellschaft einen Sieg des materialistischen Zeitgeistes erblickt, dessen „entmenschende" Tendenz sich nur durch eine Regression in vorkapitalistische Phasen der Menschheitsgeschichte rückgängig machen läßt. Anstatt sich zu bemühen, die gegebene Situation von innen her zu überwinden, das heißt, die „mechanistischen Umklammerungen" des scheinbar allgewaltigen Industrialismus auseinanderzusprengen und der Technik einen rein instrumentalen Charakter zu geben, schwangen sich fast alle Kulturpolitiker und Philosophen dieser Ära mit überlegener Pose ins „Hochland der Gedankenwelt" auf, wie der Titel eines 1903 erschienenen Buches von Ludwig Kuhlenbeck heißt. Das Ergebnis dieser Schwenkung war meist ein geistiger Aristokratismus, der sich im Sinne Nietzsches zu einer idealistischen „Umwertung aller Werte" bekennt und dabei das Bild der „neuen Tafeln" verwendet, das bereits im „Zarathustra" eine entscheidende Rolle spielt. So verurteilte man in aller Schärfe sowohl das naturalistische als auch das impressionistische Weltbild, deren Skeptizismus und Relativismus man völkerpsychologisch aus dem französischen Espritbegriff abzuleiten versuchte, und forderte statt dessen eine deutsche Geistauffassung, die auf einer adligen Gesinnungstreue und unumstößlichen Wertvorstellungen beruht. Um dieser These die nötige Durchschlagskraft zu geben, stellte man in besonders „deutschbewußten" Kreisen gern den Zirkel auf: germanisch gleich idealistisch, idealistisch gleich deutsch, deutsch gleich germanisch, wobei man den rassenbewußt-konservativen Menschen zu einem „Geistkämpfer" erhob, dessen Idealismus allen anderen Weltanschauungen überlegen sei. Die besten Beispiele dafür finden sich bei Chamberlain, Lanz oder List, bei denen diese Idealismusthese, wonach gerade der nordische Mensch über eine intuitive Wesensschau verfügt, während alle anderen Rassen nur mit einem mechanischen „Wissen" ausgestattet sind, einen unverhüllt ideologischen Charakter annimmt.

Etwas anders liegt der Fall bei den sogenannten „Geistaristokraten" wie Blüher, Horneffer oder den Anhängern des George-Kreises, wo das Bekenntnis zum Idealismus, das heißt zu einer Dualität von empirischer und transzendenter Welt, meist zu einem „Tatmenschentum" gesteigert wird, das auf dem Prinzip der veredelnden Selbstbestimmung beruht und daher ins rein Spirituelle zu zielen scheint. Man ging dabei häufig von einer polemisch überspitzten Gegenüberstellung von Philosophie und Naturwissenschaft aus. So zog Berthold Vallentin im „Jahrbuch für die geistige Bewegung" (1910) in aller Schärfe gegen das „zersplitterte Weltbild" der strengen Objektivisten zu Felde und verlangte statt dessen eine von Leib und Seele inspirierte „überschau", um wieder zu einem organischen Lebensempfinden zurückzukehren (I, 49). Mit ähnlichen Worten behauptete Ernst Horneffer 1909 in der „Tat": „Das Wissen als solches zerstückelt den Menschen, führt ihn aber nicht wieder zur Einheit" (I, 32). Leider blieb jedoch auch diese Perspektive oft im Rassischen oder Irrationalen befangen, anstatt zu einer echten Überwindung der allgemeinen Orientierungslosigkeit beizutragen. Man denke an Blüher, der den intuitiven „Einblick in die platonische Idee der Dinge" wiederholt als ein Merkmal der „primären Rasse" bezeichnete, während er der „sekundären Rasse" lediglich eine nichtssagende Verstandeserkenntnis zubilligte, wodurch der gerechtfertigte Protest gegen den positivistischen Vulgärmaterialismus sogar auf der Ebene des „philosophischen" Denkens eine Tendenz ins schicksalshaft Existentielle oder Blutsmäßige erhielt.

Solche Äußerungen haben wesentlich dazu beigetragen, in den realen Naturgegebenheiten, die auf dem Prinzip von Ursache und Wirkung beruhen, etwas geistig Minderwertiges zu erblicken, und damit zum Triumph der „Geisteswissenschaften" über jede Form des historisch-soziologischen Denkens geführt. Anstatt von vorgegebenen Fakten auszugehen, wollte man wieder „synthetisch" denken, um so die rationale Bewältigung einer bestimmten Materie in einen schöpferischen Vorgang zu verwandeln, der sich über die engen Grenzen der naturwissenschaftlichen Gesetzmäßigkeit erhebt. An die Stelle des materialistischen Monismus der Haeckel-Schule trat daher ein geistiger Dualismus, der zu dramatischen Konfrontationen drängt, obwohl er meist auf geheimen Identitäten beruht. So setzte sich Karl Hoffmann in seinem „Tat"-Aufsatz „Die Wiederauferstehung des Geistes" (1909) für einen Idealismus ein, der sich als aktive „Lebensmacht" bewährt, um aus der bisherigen Kathederphilosophie wieder ein Organon aller Wissenschaften zu machen, das mit dem Anspruch des Gesetzgeberischen ausgestattet ist. Das gleiche gilt für das Buch „Philosophie" (1911) von Paul Natorp. Auch er versuchte, dem positivistischen Additionsprinzip, das sich mit der „Außenseite der Dinge, dem, was sich zählen, messen, wägen läßt", begnügt, ein konsequentes Einheitsstreben aller Wissenschaften entgegenzusetzen, für das es nur noch das „Absolute" oder das „All-Eine" gibt (S. 2). Auf diese Weise entstand ein Kult des „Wesensmäßigen" und „Philosophischen", den Ernst Horneffer 1919 in folgenden Worten zusammenfaßte: „Philosophie" ist die „Bekrönung alles Geistigen", ist die „Einheit alles inneren Lebens, gleichsam das verkörperte Selbstbewußtsein des Menschen. Deshalb ist sie zur Führerin der gesamten Kultur berufen" (Tat I, 47).

Dieser Zug zur Vereinheitlichung der menschlichen Erkenntnis hatte notwendigerweise eine ganz neue Einstellung zur „Wahrheit" im Gefolge. Wahr ist plötzlich nicht mehr das, was mit der Natur übereinstimmt, also empirisch nachzuprüfen ist, sondern was einem idealistischen Sollen entspringt und damit einen normativen und gesetzgebenden Charakter hat, wodurch selbst die reine Erkenntnis eine merkliche Wendung ins Ethische erfährt. Ebenso verwerflich empfand man die impressionistische Maxime: „Wahr ist, was gefällt", der lediglich das psychologische Prinzip von Lust oder Unlust zugrunde liegt. Anstatt weiterhin mit dem farbigen Abglanz, mit der „Lüge", zu kokettieren, wie es in den neunziger Jahren Mode war, stellte man jetzt nur noch das als verpflichtend oder anerkennenswert hin, was im Moment der Erkenntnis zugleich eine ethische Wertung enthält. Mit fast mathematischer Klarheit läßt sich diese Verdrängung des einzelmenschlichen „Wollens" durch ein überindividuelles „Sollen" bei Heinrich Rickert verfolgen, der in den ersten Auflagen seines Buches „Der Gegenstand der Erkenntnis" (1892) noch dem impressionistischen Psychologismus verpflichtet ist, während er sich später zu einer erkenntnistheoretischen Ethisierung bekennt, die immer stärker in den Bereich der „absoluten" Werte vorzudringen versucht. Und doch stellt dieser Vorgang trotz aller scheinbaren Einschnitte nur eine Weiterbildung des impressionistischen Standpunktes „Wahr ist, was gefällt" dar, da selbst in dieser anspruchsvoll auftretenden „Wertphilosophie" nicht die Einzeldinge oder die Erfahrung das Entscheidende sind, sondern wiederum das Subjekt, wenn auch ein idealistisch-gesetztes Subjekt, nämlich das „Sollen". Damit tritt zwar an die Stelle der höchst persönlichen Lustempfindung ein allgemeingültiger Wert, der die Wahrheit dem Zugriff der momentanen Laune entzieht und sie statt dessen einer gesetzmäßig regulierten Beurteilung, Bewertung oder Verwerfung gesetzter Werte unterwirft, jedoch das Prinzip der persönlichen Willkür nicht völlig auszuschalten versteht. Richtig ist, daß hinter allen Urteilen wieder ein allgemeines Sollen stehen soll, das sich auf ein bestimmtes Telos bezieht und damit für alle gilt, also jedem Urteilenden pragmatische oder sozial-verpflichtende Momente auferlegt. Verkehrt ist dagegen, daß man diese Wertbegriffe ins Idealistische verabsolutiert, sie aus einer transempirischen Wertskala abzuleiten versucht, anstatt die als „Wahrheit" proklamierten Urteile durch Vergleichen und Beziehen auf frühere Erkenntnisse zu realen Erfahrungssymbolen zu machen, zumal die unumgängliche Kategorie der Gegebenheit, die den wirklichkeitsbezogenen Sektor aller Erkenntnisse umschließt, dadurch allzu stark in den Hintergrund tritt. Von den meisten Wertphilosophen dieser Jahre wurde daher nur das hervorgehoben, was für das Erkennen vom theoretischen Standpunkt der Zwecksetzung notwendig ist und in diesem das Überindividuelle und Allgemeingültige enthält. Auf diese Weise landeten sie entweder bei einem sinnentleerten Formalismus, der die Frage „Was zu tun?" völlig übergeht, oder gerieten in den Sog einer „idealistischen" Ethisierung, die sie zu immer kühneren, immer gefährlicheren Wertsetzungen verführte.

Die spezifisch „formalistischen" Bestrebungen zeigen sich am deutlichsten im Marburger Neukantianismus, wo man den an sich inhaltslosen Begriff der „Reinheit" zum obersten philosophischen Prinzip erhob. Während der Impressionismus bewußt unsystematisch, das heißt im logischen Sinne „unrein" zu philosophieren versuchte, was sowohl in Ernst Machs „Analyse der Empfindungen" (1886) als auch in der „Philosophie des Geldes" (1900) von Georg Simmel zum Ausdruck kommt, bemüht man sich jetzt um eine philosophische Beweisführung, die fast den Charakter einer durchgehenden Mathematisierung erweckt. Überall tritt mit einem Male wieder die Deduktion in ihre Rechte ein, verfährt man mit der Wirklichkeit nicht mehr unmittelbar, das heißt als kategorielle Gegebenheit, wie es Heinrich Rickert formulierte, sondern leitet sie aus Begriffen ab, die etwas Supraempirisches haben, da man sich von vornherein auf den platonisch-systematischen Zusammenhang aller Dinge beschränkte. Die Grundlage dieser deduktiven Beweisführung war eine Vorliebe für das Konstruktive, die zu einer auffälligen Bevorzugung des Zeichnerischen und Linearen führte, während man die farbigen Schattierungen des Denkens, in denen sich das Individuelle zu erkennen gibt, weitgehend übersah. Eine solche Gesinnung, die keinen Blick für das empirisch Besondere hat, mußte notwendig ins Formalistische entarten. Immer wieder bewegte man sich lediglich im Rahmen bereits anerkannter Begriffe, die man im Sinne einer ungegenständlichen Mathematisierung in dekorative Denkfiguren umwandelte. Wohl am schärfsten zeigt sich dieser Vorgang in der Logik, die einen rein „instrumentalen" Charakter erhielt. So wurden alle psychologischen, empirischen oder relativistischen Elemente, mit denen Theodor Ziehen und Theodor Lipps die ältere Logik „modernisiert" hatten, durch einen Phänomenologen wie Ernst Husserl wieder aus dem philosophischen Denken ausgeschieden. Gerade bei ihm zeigt sich besonders deutlich, wie sehr man sich bemühte, den gesamten Komplex der philosophischen Begrifflichkeit auf eine abstrakt-logische Ebene zu transponieren, um sich nicht der Gefahr „subjektiver" Fehlerquellen auszusetzen. Das denkerische Motto dieser Richtung war daher „Logik statt Psychologie", da man im Gegensatz zum impressionistischen Relativismus nur solche „Erkenntnisse" heranzog, denen ein genau zu definierender Ewigkeitswert zugrunde liegt. Aus dem Phänomen des Logischen wurde so ein Formprinzip, das über das Philosophisch-Abstrakte hinaus etwas „Wesenhaftes" enthält, da es wie die „Wahrheit" auf einem gesetzten Sollen beruht und deshalb jenseits aller spezifisch subjektiven Erkenntnismöglichkeiten steht. Während sich Lipps noch darauf beschränkt hatte, die jeweils auftauchenden Begriffe aus rein psychischen Prozessen zu erklären, die sich nicht aus einem normativen Sollen, sondern nur aus einem einzelpersönlichen Wollen ableiten lassen, geht man jetzt rein apriorisch vor, das heißt bemüht sich stets um das Grundsätzliche, Allgemeine, von der Psychologie Unabhängige, was groß in den Absichten, aber leer im Endeffekt wirkt, da sich durch diese abstrakte Methodik das Logische allmählich verabsolutiert und in einen Panmethodismus entartet, der in seiner verknüpfenden Motivation fast etwas Kunstgewerbliches hat.

Doch neben diesem abstrakten Logismus, der in seiner Definierlust das philosophisch Durchdachte oft zu inhaltslosen Denkornamenten verwandelt, drängte nach 1900 auch die „aktivistische" Richtung dieses wertesetzenden Neuidealismus in den Vordergrund, die in ihrer ethischen Grundhaltung deutlich zum Pädagogischen tendierte. Das entscheidende Element dieser Richtung bestand darin, daß die Ideen nicht als wirklich existent vorgestellt werden, sondern als eine überindividuelle Verpflichtung erscheinen. Wie so oft in diesen Jahren verfiel man dabei aus einem Extrem ins andere, indem man die Enge der Empirie mit der dünnen Luft der Spekulation vertauschte. So schrieb Paul Natorp in seinem Buch „Platos Ideenlehre" (1903): „Es ist das Verständnis des Idealismus, welches unserem Zeitalter, man muß es sagen, so gut wie abhanden gekommen ist, und welches ihm wiederzuerringen, wie ich mit wenigen glaube, eine absolute Notwendigkeit ist" (S. IV). Wie alle diese Idealisten betonte er dabei ausdrücklich, daß schon bei Plato ihm die Ideen nicht als Dinge, sondern als Gesetze erscheinen, also einem bestimmten Sollen entsprechen. Fast noch wichtiger als dieser Plato-Kult, obwohl indirekt mit ihm verbunden, war der Neukantianismus dieser Jahre, dessen innere Ausrichtung bereits in der gründerzeitlichen Kant-Renaissance zum Ausdruck kommt. Man denke an die Schriften von Hermann Cohen, der 1871 mit dem Buch „Kants Theorie der Erfahrung" begann und 1904 eine „Ethik des reinen Willens" veröffentlichte. Was sich bei ihm noch auf rein abstrakter Ebene bewegte, erfuhr bei Paul Natorp, dem Jüngeren und Aktiveren, bereits eine deutliche Wendung ins Erzieherische und Nationalpädagogische. Hier ertönte zum ersten Mal jenes „Empor zu Kant", das schnell zu einem Schlagwort des vulgären Antimaterialismus wurde. So stellte Karl Vorländer in seinem Buch „Kant als Deutscher" (1919) den Königsberger Philosophen als den großen Erzieher zum Deutschtum hin, betonte sein „blondes Haar" und seine „germanische Schädelbildung" (S. 5) und rühmte als Haupteigenschaften seines Wesens „Wahrhaftigkeit", „Sittlichkeit" und „Männlichkeit", um ein möglichst „ehernes" Standbild eines deutschen Idealisten aufzurichten. Andere versuchten, Kant mit dem „glutvollen Atem" Nietzsches zu durchglühen, um selbst seinen abstrakten Spekulationen eine Wendung ins Aggressive und raubtierhaft Imperialistische zu geben. Als einer der streitbarsten Kantianer erwies sich dabei Friedrich Paulsen, der in seiner „Philosophia militans" (1900) den Kantschen Idealismus sowohl gegen klerikale als auch gegen monistisch-materialistische Angriffe verteidigte. Konsequenterweise entwickelte sich aus diesem Neukantianismus auch ein Neuhegelianismus, was Bücher wie „Die Erneuerung des Hegelianismus" (1910) von Wilhelm Windelband, „Die Jugendgeschichte Hegels" (1905) von Wilhelm Dilthey oder „Relativer und absoluter Idealismus" (1910) von Julius Ebbinghaus beweisen, in denen Hegel entweder rein „lebensphilosophisch" oder in einem abstrakten Sinne als Vollender Kants gedeutet wird. In dieselbe Richtung weisen die Studien „Hinauf zum Idealismus" (1908) von Otto Braun, der sich für eine Schelling-Renaissance einzusetzen versuchte, um auch dem „romantischen" Aspekt des deutschen Idealismus einen neuen Kurswert zu geben.

Noch erfolgreicher als diese Erneuerungsbestrebungen war jedoch der Neufichteanismus, da sich hier das Nationalpädagogische in einem ganz anderen Sinne „aktivieren" ließ als bei Kant oder Hegel. Vor allem seine „Reden an die deutsche Nation" traten in diesen Jahren einen Siegeszug an, der sich nur mit den Triumphen von Lagarde, Langbehn und ähnlichen „völkischen" Autoren vergleichen läßt. In ihm hatte man endlich einen „Mann der Tat" gefunden, der als streitbarer Idealist in das nationale Schicksal eingegriffen hatte, anstatt sich mit einer gelehrten Kat[h]ederphilosophie zu begnügen. Seine Biographie verwandelte sich daher bald in eine nationale Heldenlegende, durch die Fichte zum idealen Vertreter deutscher Männlichkeit und geistigen Widerpart der „westlichen" Krämergesinnung erhoben wurde. So kam es bei Ausbruch des Krieges bezeichnenderweise zur Gründung einer „Fichte-Gesellschaft von 1914", die ihn als den entscheidenden Vorkämpfer gegen den internationalen Liberalismus, als Streiter für eine weltweite Kulturmission des deutschen Volkes zu popularisieren versuchte. Am fanatischsten gebärdete sich dabei die Gruppe um die Zeitschrift „Die Tat", die Eugen Diederichs 1912 von den Gebrüdern Horneffer übernommen hatte, in der Fichte allen weltbürgerlich-pazifistischen „Schwärmern" als der heroische Tatmensch entgegengehalten wurde, der siegt oder untergeht, wobei man den Geist der Befreiungskriege ohne weiteres mit dem Kriegsidealismus von 1914 identifizierte, um den imperialistischen Streit um wirtschaftliche Interessengebiete in einen Aufstand des deutschen Volksgeistes gegen den „westlich-demokratischen Materialismus" umzuinterpretieren. Kein Wunder, daß man gerade Jena, die Stadt Schillers und Fichtes, der deutschen Romantik, der Burschenschaftsbewegung, der neuidealistischen Wertphilosophie eines Eucken und des Eugen Diederichs Verlages, zur Hochburg des völkischen Gedankens erhob. So pries Eugen Diederichs in seinen Aufsätzen, Briefen und Verlagsprospekten

Fichte als den „Deutschesten aller Deutschen", der es verstanden habe, sich von den Wirkungsfaktoren des sinnlichen Lebens in eine Welt der Ideen empor-zuschwingen, um dem empirischen Leben mit einem geistig-reformierenden Anspruch entgegenzutreten. Wie er müsse man die Welt nicht in der Perspek-tive eines „ästhetisierenden Besserwissens", sondern von der Idee aus be-trachten, wie er in einem seiner „Tat"-Aufsätze schreibt (1914 V, 987).

Einer der wichtigsten Philosophen im Gefolge dieses Neufichteanismus war Hugo Münsterberg, der sich im Vorwort seiner „Philosophie der Werte" (1908) ausdrücklich auf den Fichteschen Idealismus als die alleinige Basis einer neuen Gesinnungsethik berief. Dem Siegeszug der Naturwissenschaften, das heißt dem Triumph der mechanischen Kausalität, wird hier eine „Weltanschau-ung" entgegengesetzt, die weniger in den empirischen Gegebenheiten als in Begriffen wie „Einheit", „Sinn" und „Bedeutung" die entscheidenden Fak-toren des menschlichen Daseins erblickt (S. V). Er schrieb daher apodiktisch: „Das, was unserem Philosophieren heute fehlt, ist ein in sich geschlossenes System der reinen Werte; erst dann kann die Philosophie auch wieder aufs neue zur wirklichen Lebensmacht werden, wie es zu lange ausschließlich die Naturwissenschaft gewesen ist" (S. V). Unter einem solchen „System" stellte er sich eine Durchdringung des gesamten menschlichen Denkens mit ethischen Postulaten vor, um so die Natur, das heißt den Bereich der „grundsätzlich wertfreien Dinge", aus der Philosophie zu verbannen (S. 9). Dafür sprechen folgende Sätze: „Zweifache Einsicht haben wir gewonnen: erstens, das Kau-salsystem der Natur kennt keine absoluten Werte ... zweitens, das Zweck-system der Individuen kennt keine absoluten Werte, weil die Beziehung auf individuelle Persönlichkeiten stets nur zu bedingten Werten führen kann. Die unbedingten allgemeingültigen Werte der Welt sind somit weder physi-kalisch-psychologische Inhalte noch historisch entstandene Satzungen; sie müssen zum überkausalen und zum überindividuellen tiefsten Wesen der Welt gehören" (S. 39). Münsterberg huldigte daher wie alle Wertphilosophen der Überzeugung, daß der Begriff des Seins stets auf den Begriff des Sollens zu-rückgeführt werden müsse, um im philosophischen Sinne „rein" zu bleiben: „Der Wille, der das Wirklichkeitsurteil bejaht, ist nicht durch ein Seiendes bestimmt, sondern durch ein Sollen, das über Wert und Unwert entscheidet. Das gesollte Urteil ist das wertvolle, und das bedeutet: das wahre Urteil. Solch Sollen haftet nicht an einem seienden Subjekt, sondern gehört als tiefste, die Erfahrung erst ermöglichende Wesenheit zum wollenden Subjekt. Wer seinen Eigenwillen dem absoluten Sollen unterordnet, indem er bejaht, was sich mit dem Gefühl der Urteilsnotwendigkeit darbietet, nur der nimmt an der Er-kenntnis der Wirklichkeit teil" (S. 48). Aus diesem Grunde faßte er ein umfas-sendes System aller „reinen", das heißt „absoluten" Werte ins Auge, um so „Leistungswerte" zu schaffen, an denen sich jeder sittlich-ringende Mensch in seinen ethischen Entscheidungen orientieren kann. Das „aufblitzende Einzelerlebnis, das als solches nicht überindividuellen, nicht einmal übermomentanen Erkenntniswert" besitzt (S. 32), wird deshalb durch Wertvorstellungen verdrängt, die sich weder psychologisch noch solipsistisch relativieren lassen. Denn auf diese Weise tritt an die Stelle der amorphen Beeindruckbarkeit, wie sie für den Impressionismus maßgeblich war, eine Willensethik, deren Satzungen und Gebote in ihrer absoluten Verbindlichkeit fast einen religiösen Charakter haben. Nicht Wissenschaftlichkeit ist hier das Entscheidende, sondern Weisheit, Offenbarung und Intuition, das heißt „Wertprinzipien", in denen jeder Gleichgesinnte einen geistigen Halt finden kann. Eine ähnliche Einstellung herrscht in den Schriften des späten Heinrich Rickert, vor allem in seiner „Philosophie des Lebens" (1920), in der er die impressionistische Empfindungsphilosophie der absoluten Prinzipienlosigkeit bezichtigt, da sie keinerlei „systematische" Züge enthalte. Um nicht bei einem relativistischen Psychologismus zu landen, der alles auf das momentan-empfindende Subjekt bezieht, forderte auch er eine konsequente „Weiterbildung des in der Philosophie des deutschen Idealismus Begonnenen" (S. 34). Die gleiche Wendung ins Idealistische zeigt sich in den letzten Auflagen seines Buches „Der Gegenstand der Erkenntnis", wo er das psychologische Prinzip von Lust und Unlust, dem er anfänglich selbst gehuldigt hatte, durch eine Transzendenz des Wollens ersetzt, um so wie Münsterberg zu einer „Philosophie der Werte" vorzudringen, der ein entschlußfreudiger Tatidealismus zugrunde liegt. Eng verwandt damit sind die „Grundlinien einer neuen Weltanschauung" (1907) des Jenenser Philosophen Rudolf Eucken, deren Gesinnungsethik auf einer Wertskala beruht, die sich ganz deutlich an den Fichteschen Idealismus anzuschließen versucht.

Zu den wichtigsten Veränderungen, die mit dieser Wendung zu einem „Aktivismus der Werte" verbunden sind, gehört die völlig neue Einstellung dem Philosophen gegenüber. Hatte man bisher den entsagungsbereiten Positivisten als vorbildlich empfunden, so begeistert man sich jetzt für den anspruchsvollen Erzieher oder nationalen Streiter, den herrscherlichen, ja königlichen Philosophen, der sich Gestalten wie Fichte oder Nietzsche zum Vorbild nimmt. Das geistige Leitbild dieser Generation war daher nicht der Lehrer, sondern der Führer, der Meister oder Selbstdenker, der im Sinne der indischen Guru außerhalb der staatlichen oder kirchlichen Beamtung steht und rein durch das Faszinans seiner Persönlichkeit zu wirken versucht. Auf Grund dieser Vorstellung bildete sich das Motto vom „Adel des Geistes", bei der das Wort „geistig" weniger den Charakter des Intellektuellen als des „charismatisch Begnadeten" hat. Den feudalistischen Junkerkreisen und der Hochfinanz wurde deshalb ständig der vom Logos spermatikos besessene „geistige Adelsmensch" entgegengestellt, der sich von den wilhelminischen Führungsschichten schärfstens distanziert und lediglich in zarathustrischen Höhenregionen zu schweben scheint. Auch hier finden sich die besten Beispiele bei den „Tat"-Autoren. So schrieb Ernst Horneffer in seinem Aufsatz „Der Kaiser und die Nation" (1909): „Es geht ein lebensdurstiger Zug durch die heutige Philosophie. Sie ist des trockenen Tones satt. ‚Wenn nicht die Philosophen Könige werden, oder die Könige sich aufrichtig der Philosophie ergeben, dann wird des Elendes im menschlichen Geschlecht kein Ende sein' — dies Wort Platons liegt ihren anspruchsvolleren Jüngern wieder in den Ohren" (I, 48). An anderer Stelle behauptete er mit einem Hinweis auf Nietzsche: „‚Werte schaffen!' gab er als Losung und Aufgabe der künftigen Philosophie aus. Für uns Nachfahren versteht sich diese Auffassung der Philosophie von selbst. Wir können sie uns gar nicht mehr anders denken als wirksam, als richtunggebend, als erziehend" (S. 48). Ähnliche Worte fallen in dem Aufsatz „Das alte Königtum und der neue Adel" (1909) von Paul Schulze-Berghof, in dem die „bürgerliche Intelligenz Jung-Deutschlands", die „neuzeitlichen Edelmenschen", weit höher eingestuft werden als die Vertreter der aristokratischen Tradition (I, 121). Nicht der feudale „Schwertadel", sondern die „Hüter und Pfleger des Weistums" müßten nach seiner Meinung die tonangebenden Schichten im Staate sein (S. 121). Dieselbe Zielsetzung findet sich in dem Aufsatz „Sozialaristokratie" (1912) von Friedrich Alafberg, der zu einer „Organisation der Intelligenz" gegen die „organisierten Massen und die kapitalistischen Trusts" aufruft (IV, 174). Es heißt dort: „Nicht die Reichen und nicht die Vielen sollten das Wohl der Gesamtheit in den Händen haben, sondern die sich aus eigener Kraft zu den Ersten im Reiche des Geistes gemacht" (S. 173). Man liest daher überall von Vorschlägen, ein erlesenes Philosophengremium mit der Führung des Staates zu beauftragen, eine philosophische Akademie oder einen „Rat der Dreißig" zu gründen, um Deutschland aus den Klauen des „liberalen" Parlamentarismus zu reißen. So veröffentlichte Hans Blüher eine Schrift über die „Wiedergeburt der platonischen Akademie" (1920), um allen wahrhaft „Geistigen", die auf den bürgerlich-philisterhaften Universitäten notwendig verkümmerten, einen neuen Wirkungsraum zu schaffen. Was er verlangte, waren keine „geistigen Warenhäuser, in denen man für gutes Geld eine entsprechend gute Ware" kaufen könne (S. 22), sondern Zuchtstätten des Geistes, beherrscht von Philosophen mit angeborener Überlegenheit und aristokratischem Führungsanspruch. Aus diesem Grunde lobte er Erziehergestalten wie Gustav Wyneken, die sich in allen geistigen Dingen um „Entscheidungen von möglichster Härte" bemühten, wie es in seinen „Gesammelten Aufsätzen" (1919) heißt (S. 30). Noch deutlicher kommt dieser Gedanke in Blühers Schrift „Die Intellektuellen und die Geistigen" (1916) zum Ausdruck, wo er den herrschenden Kathederphilosophen, die „die aufregendsten Fragen des Menschentums kühl und regungslos, ohne Berufsstörung und ohne schädliche Nebenwirkungen" behandelten (S. 12), das Bild des „Geistigen" entgegenstellte, der sich aus dem „Schutt der Zivilisation" zu den Höhen der Ideenwelt erhebt und dort einer visionären „Bilderschau" huldigt. Ähnlich lapidar äußerte sich Hermann Burte in seinem „Wiltfeber" (1912) zu diesem Problem: „Die Geistigen müssen herrschen und das Volk muß gehorchen" (S. 181), wobei ihm als Endziel eine „Partei des deutschen Geistes" vorschwebte, die auf einer idealistisch-gesetzten Mittelstandsbasis beruht. Auf Grund dieser Thesen kämpften alle diese „Geistaristokraten" für Gemeinschaftsideale, die von Anfang an einem diktatorischen Subjektivismus unterworfen sind. Georges Zeilen „Neuen adel den ihr suchet / Führt nicht her von schild und krone!" (VIII, 85) wurden daher von diesen Schichten rein führerhaft oder herrscherlich verstanden. Das gleiche gilt für die berühmte Maxime im „Teppich des Lebens" (1900): „Ich will! ihr sollt!" (V, 22), worin dieser cäsarische Führungsanspruch, der sich am Leitbild des zur Herrschaft berufenen „Geistesmenschen" orientiert, in die knappste Formel zusammengefaßt wird.

Wohl die unmittelbarste Auswirkung dieser „Sollensethik" ist das steigende Interesse an pädagogischen Fragen, das um die Jahrhundertwende zu einer Sturmflut von annähernd 400 pädagogischen Zeitschriften und Zeitungen führte. Der entscheidende Impuls ging auch hier von der Frontstellung gegen einen vulgär aufgefaßten „Materialismus" aus. Anstatt weiterhin an der Determiniertheit des Menschen durch Masse und Milieu festzuhalten oder die Verschiedenartigkeit der menschlichen Verhaltensweisen psychologisch zu relativieren, wie es im positivistisch-machistischen Denken der achtziger Jahre üblich war, glaubte man wieder an die sittliche Entscheidungsfreiheit und damit Erziehbarkeit des Einzelmenschen. An die Stelle der bloßen Belehrung oder Wissensvermittlung trat daher auch auf pädagogischem Gebiet ein Idealismus des Sollens, der unter Erziehung lediglich die Bindung an eine leitende Idee versteht. Wie in allen Richtungen dieser idealistischen Wertbewegung versuchte man sich selbst in diesem Punkt über die gegebene Situation einfach hinwegzusetzen und die auftretenden Mißstände durch einen Appell an den „guten Willen" zu überwinden. Die meisten gingen dabei von dem verlockenden Zugeständnis aus, den Vorzug der Bildung nicht mehr als bürgerliches Klassenprivileg zu betrachten, das bloß der persönlichen Vervollkommnung der wohlhabenden Schichten dient, sondern bemühten sich, auch die ungebildeten Schichten wieder in den Rahmen eines idealistisch-postulierten „Wertgefüges" zu stellen. Auf diese Weise entwickelte sich eine „Sozialpädagogik", die gerade in ihren Bemühungen um eine Vertiefung des nationalen Empfindens zu einer weitgehenden Verschleierung der gesellschaftlichen Gegensätze führte. So gab es viele „Volkserzieher", die sich mit bürgerlichem Geltungsdrang gegen die Sonderstellung der aristokratischen und großindustriellen Kreise wandten und statt dessen eine Nationalerziehung forderten, die das ganze Volk als eine untrennbare Einheit umgreift und so zu einer geistigen Gleichberechtigung beiträgt. Doch in Wirklichkeit hat auch diese Richtung trotz mancher noblen Absichten einen leicht präfaschistischen Akzent, da sie die Aufhebung der Klassengegensätze meist in einem „völkischen" und nicht in einem freiheitlich-demokratischen Sinne versteht. Das zeigt sich besonders in der Haltung den Arbeitern gegenüber, wo man immer wieder der demagogischen Phrase begegnet, daß sich auch die „Werktätigen" in das Volksganze einzuordnen hätten, was an die gleisnerischen Worte Wilhelms II. erinnert: „Ich kenne keine Parteien mehr, ich kenne nur noch Deutsche!" Neben die sozialdemokratischen Arbeiterbildungsvereine, in denen eine wichtige Aufklärungsarbeit geleistet wurde, trat daher in verstärktem Maße eine Volksbildung mit staatsbürgerlich-völkischer Tendenz, die der innenpolitischen Gespaltenheit durch die Erweckung eines nationalen Zusammengehörigkeitsgefühls entgegenzuarbeiten versuchte. Besonders aktiv in dieser Hinsicht war der Kreis um die „Tat", der sich mit allen Mitteln dafür einsetzte, dem Arbeiter völkische Ideale einzuimpfen, um ihn aus dem politischen Tageskampf zu ziehen. So schrieb Else Hildebrandt in ihrem Aufsatz „Arbeiterbildungsfragen im zukünftigen Deutschland" (1916): „Wahre Bildung, die wir vermitteln wollen, muß über der Politik stehen. Besonders die Arbeiterbevölkerung muß dies begreifen lernen. Sie ist es gewöhnt, vom politischen Gesichtspunkt alle Dinge zu betrachten, und muß lernen, den Menschen über den Parteipolitiker zu stellen" (S. 5). Das gleiche gilt für Aufsätze wie „Der Arbeiter und die Antike" (1914) von August Marx und „Nationale staatsbürgerliche Erziehung" (1910) von Karl Hesse oder Bücher wie „Die neue Erziehung" (1902) von Heinrich Pudor und „Schule und soziale Erziehung" (1912) von Karl Muthesius, in denen unter Erziehung lediglich eine Stärkung des nationalen Selbstbewußtseins mit leicht „alldeutscher" Akzentsetzung verstanden wird.

Neben dieser sozialpädagogischen Bewegung entwickelte sich in denselben Jahren eine „humanistische" Richtung, die zwar auch zum Volkhaft-Irrationalen tendiert, sich jedoch in ihrem Wortschatz mehr im Rahmen des „Allgemein-Menschlichen" bewegt. Man denke an Pädagogen wie Paul Natorp, Herman Nohl oder Eduard Spranger, die sich in der Zeit vor dem ersten Weltkrieg zu einer „neudeutschen" Weiterentwicklung des goethezeitlichen Idealismus bekannten. So stellte Natorp bereits 1899 in seiner „Sozialpädagogik" eine „Theorie der Willenserziehung auf gemeinschaftlicher Grundlage" auf, bei der die Bildung rein als überpersönliches Sollen aufgefaßt wird. Er berief sich dabei auf die sozialphilosophische Grundlage der Pestalozzischen Erziehungslehren, wonach die Entfremdung der Menschen untereinander nur in einem „Reich verwirklichter Ideen" aufgehoben werden könne. Aus der Fülle seiner Schriften seien hier lediglich „Volkskultur und Persönlichkeitskultur" (1911), „Philosophie und Pädagogik" (1909), „Der Idealismus Pestalozzis" (1919) und „Sozialidealismus" (1920) erwähnt, in denen ein lebensstarker Idealismus gepredigt wird, der die nationalen Erziehungsprobleme im Sinne Fichtes „sozialidealistisch" zu lösen versucht. Auch die „Pädagogischen und politischen Aufsätze" (1919) von Herman Nohl stehen ganz im

Zeichen Fichtes und Pestalozzis. Immer wieder betonte er die Absicht, den zu erziehenden Menschen zu einer geistigen Autonomie anzuregen und ihn zugleich mit einer überindividuellen Sollensethik vertraut zu machen. Eduard Spranger orientierte sich dagegen mehr an Wilhelm von Humboldt. Doch auch bei ihm läßt sich mit den Jahren eine Verschiebung ins Nationalpädagogische beobachten. Während er in seinem „Humboldt" (1909) noch für eine ästhetische Vollendung im Sinne Schillers und des hellenischen Ideals der Kalokagathie eintrat, die er mit einem aristokratisch gefärbten Persönlichkeitsgefühl verband, zeigt sich in seinem Buch „Das humanistische und politische Bildungsideal im heutigen Deutschland" (1916) eine deutliche Wendung ins Vaterländische. Hier wird nicht mehr das „Ethos der Freiheit", sondern das „Ethos der Kollektivverantwortlichkeit" als höchster Wert proklamiert (S. 19), da sich der „hellenische" Geist auch unter Waffen bewähren müsse, was an die „weltmissionarischen" Tendenzen in Büchern wie „Deutschland als Welterzieher" (1915) von Joseph August Lux gemahnt.

Zu den wichtigsten Konsequenzen dieser pädagogischen Neubesinnung gehört der Gedanke einer allgemeinen Schul- und Universitätsreform, die sich den „stolzen" Geist der Griechen zum Vorbild nimmt, wie es in dem Buch „Das klassische Ideal" (1906) von Ernst und August Horneffer heißt (S. 238). Überall sehnt man sich nach „Geisteshelden", denen es mehr um das Erziehen als um das Forschen geht. So schrieb Eduard Wechßler in seinem Buch „Esprit und Geist" (1927): „Der Professor sollte wieder ein Bekenner werden", in dessen Worten ein furor paedagogicus glüht (S. IX). Ähnliche Äußerungen finden sich in den „Tat"-Aufsätzen „Aufgaben der Universitätsphilosophie" (1909) von Johannes Maria Verweyen und „Universitätsreform" (1914) von Ludwig Curtius, die dem „individualistischen Eudämonismus" der neunziger Jahre eine neue Gesinnungsethik entgegenstellten (VI, 126). Um endlich den Theoretiker durch den Praktiker, den Kleinlichkeitskrämer durch den Erzieher zu ersetzen, forderte man in diesen Kreisen eine konsequente Abwendung vom historischen Ballast der Vergangenheit. Hatte bisher das Interpretieren als das Höchste gegolten, so ist jetzt viel vom „Verändern" oder „Umgestalten" die Rede. Doch auch dieses Programm führte bloß zu einem theoretischen Appell, der nicht nur an der massiven Einheitsfront der Tradition, sondern auch an der mangelnden Ausreifung und Unklarheit dieses Idealismus scheiterte.

Fast noch wichtiger als der Gedanke der Universitätsreform war die Idee einer allgemeinen deutschen Einheitsschule. Dafür sprechen der „Tat"-Aufsatz „Die Einheitsschule" (1914) von Aloys Fischer oder Bücher wie „Die nationale Einheitsschule" (1913) von Wilhelm Rein und „Ein Volk, eine Schule" (1919) von Johannes Tews, die sich scharf gegen die bisherigen Bildungsprivilegien richten und sich von der gemeinsamen Erziehung aller Kinder eine wesentliche Vertiefung des nationalen Kulturbewußtseins erhoffen. Bereits ins

Völkische tendiert das Buch „Die deutsche Schule der Zukunft" (1917) von Artur Buchenau, wo unter Berufung auf Fichte und Humboldt eine „National-humanität" beschworen wird, die auf einer planmäßigen Durchorganisierung des gesamten Volkskörpers beruht (S. 8). Wohl der bekannteste Theoretiker dieser pädagogischen Reformbewegung war Georg Kerschensteiner, der in seinem Buch „Das einheitliche deutsche Schulsystem" (1916) eine völlige Um-gestaltung des bestehenden Schulwesens forderte. Auch er trat für den Fort-fall aller bisherigen Bildungsprivilegien in Form von Sonderschulen oder Mädchenpensionaten ein und propagierte eine nationale Gemeinschafts-erziehung, deren Ziel nicht das bürgerliche Individuum, sondern der verant-wortungsbewußte „Staatsbürger" ist. Er schlug daher vor, alle Volks- und Oberschulen aus „Stätten individuellen Ehrgeizes" in „Stätten sozialer Hin-gabe" zu verwandeln (2. Aufl., S. VIII), da sich ein „nationaler Gemeingeist" bloß auf der Basis der absoluten Gleichberechtigung erreichen lasse (S. 123). Eine solche Umerziehung des gesamten Volkes sei nur dann möglich, wenn man die bisherige Buch- und Lernschule durch eine Arbeitsschule ersetze, in der die zukünftigen „Volksgenossen" auf dem Weg über die „gemeinsame praktische Arbeit" zu einer „ethisch-sozialen Gesinnung" erzogen werden (S. 214). Wie alle Vertreter dieser neuidealistischen Wertbewegung legte er deshalb den Hauptnachdruck nicht auf das bloße Sachwissen, die sogenannten Realien, sondern auf bestimmte Wertvorstellungen, die im sittlich Absoluten verankert sind. Pädagogik war für ihn ein „Weckruf des Sollens" (S. 193), dessen oberstes Ziel eine fortschreitende Ethisierung der gesamten Staats-gemeinschaft ist. Die ersten Hinweise zu diesem Programm finden sich in seinem Buch „Der Begriff der Arbeitsschule" (1912), in dem er für eine „Selbst-tätigkeitsschule" eintritt, bei der weniger die Schulung des Intellekts als das produktive „Nutzbarmachen" im Vordergrund steht. Sein pädagogisches Ideal waren daher „Arbeitsgemeinschaften", bei denen sich jeder einem „allge-mein anerkannten Zweck" unterordnen muß (4. Aufl., S. 9), um bereits auf der Schule die sittliche Verpflichtung seiner späteren Berufsarbeit zu erkennen. Aus diesem Grunde setzte er sich wiederholt für die Errichtung von Werk-stätten, Gärten, Schulküchen, Nähstuben und Laboratorien ein, wo man mit einem „Minimum von Wissenschaft ein Maximum von Fertigkeiten" im „Dienste staatsbürgerlicher Gesinnung" erlernt (S. 94). Was man bisher unter Schule verstand, wird so zu einer staatlich reglementierten Erziehungsanstalt, bei der das Schlagwort „Humanismus" nur noch eine ideologische Verbrä-mung ist. Man findet daher in seinen Schriften neben dem aktivistischen Elan, für eine „Idee" zu arbeiten (S. 51), auch ein „Einheitsstreben", das mehr an die faschistische Parole „Gemeinnutz geht vor Eigennutz" erinnert und später von den Nationalsozialisten in diesem Sinne ausgenutzt wurde.
Während Kerschensteiner weitgehend Theoretiker blieb, versuchte Hermann Lietz, ein Sohn niedersächsischer Bauern und zugleich begeisterter Fichte-

Schwärmer, wenigstens einen Teil dieser Ideen in die Praxis zu übertragen. Nachdem er in Jena bei Eucken promoviert hatte, gründete er 1898 mit idealistischem Enthusiasmus, aber kärglichen Mitteln auf dem Gutshof Ilsenburg im Harz das erste deutsche „Landerziehungsheim", dem 1901 der Gutshof Haubinda im Thüringer Wald für die Mittelstufe und 1904 als Krönung des Ganzen die Burg Bieberstein in der Rhön für die Oberstufe folgten. Wie bei Natorp und Kerschensteiner stand auch bei ihm der Gedanke der „Nationalpädagogik" im Vordergrund. Statt Kenntnisse zu vermitteln, wollte er seine Schüler zu einem sozial-ethischen Verhalten anleiten, dem eine verantwortungsbewußte „staatsbürgerliche" Gesinnung zugrunde liegt. Er schrieb daher in seinem Buch „Die deutsche Nationalschule" (1911): „Der Hauptzweck der Schule ist Charakterbildung, Erziehung und Entwicklung der religiös-sittlichen Anlagen, der körperlichen und geistigen Kräfte, Vorbereitung auf den Beruf eines deutschen Staatsbürgers, Arbeit an der Weiterentwicklung wertvoller nationaler Kultur, nicht aber Einprägung von Kenntnissen und Beibringung von Fertigkeiten" (2. Aufl., S. 88). Aus diesem Grunde versuchte er, das „erschlaffende" Buchwissen der städtischen Gymnasien durch eine leib-seelische „Ertüchtigung" zu ersetzen, die auch das Sportliche und Bäuerliche nicht verschmäht. Als pädagogisches Fernziel schwebte ihm dabei eine Verbindung von Goethes „pädagogischer Provinz" und Fichtes „geschlossenem Handelsstaat" vor, wie er in seiner Schrift „Deutsche Landerziehungsheime" (1910) behauptet. Doch wie viele dieser „Geistidealisten" geriet auch Lietz im Laufe der Jahre immer stärker ins Fahrwasser der „Völkischen", wodurch sein pädagogisches Einheitsstreben in steigendem Maße präfaschistische Züge bekam. So heißt es in seinen „Lebenserinnerungen" (1920), daß er wie sein Vorbild Lagarde stets danach gestrebt habe, „die Arbeitermassen im Sinn des freien Christentums, im Geist des ethischen Idealismus eines Fichte zu beeinflussen, sie aus der atheistisch-materialistischen sowie antinationalen Richtung herauszureißen" (S. 85), um sie als sinnvollen, aber dienenden Bestandteil in die „völkische" Pyramide einzugliedern.

Fast noch wichtiger für den pädagogischen „Idealismus" dieser Jahre war die „Freie Schulgemeinde" in Wickersdorf unter Gustav Wyneken. Was man hier im Auge hatte, war die Herausbildung einer neuen Elite geistiger Adelsmenschen, um dem menschlichen Dasein wieder einen Zug ins Große, einen echten „Stil" zu geben, wie Wyneken 1914 in der „Tat" behauptete (V, 1233). Wickersdorf sollte kein kräftesteigerndes Landschulheim, keine bäuerlich-nationale Erziehungsanstalt, sondern eine „Stätte der Menschheitsverjüngung" sein, wo die Führer und Heroen der Zukunft ihre ersten Weihen empfangen (S. 1233). Im Mittelpunkt stand daher das Philosophieren, und zwar im Sinne einer forciert aktivistischen Durchdringung der Welt mit einem Wert. Der empirisch-gegebenen Welt wurde hier ganz entschieden das Seinsollende entgegengestellt, um so den relativistischen Individualismus der spätbürgerlichliberalen Ära durch einen Dienst am „objektiven Geist" zu überwinden. Alles hatte nur einen Aspekt: Weltanschauung zu erzeugen, das heißt, das gesamte Dasein überindividuellen Werten unterzuordnen und damit dem subjektiven Wollen eine ethische Ausrichtung zu geben. Wohl ihre klarste Ausprägung erfuhren diese Gedanken in seinem Buch „Schule und Jugendkultur" (1913), in dem sich Wyneken zu einem „Kulturstaat" bekennt, der eine rein „geistige" Ausprägung hat (2. Aufl., S. 12). Um dieses Ziel zu erreichen, forderte er eine Aufhebung der bisherigen Familienerziehung, die ihm viel zu gemüthaft-privat erschien, und trat energisch für eine Verstärkung objektiver Normen ein, was sich nur in „herber Frische", in ländlich-karger Umgebung und unter Leitung charaktervoller Pädagogen verwirklichen lasse (S. 15). Diese „Vergeistigung" der Erziehung ist selbstverständlich rein aristokratisch gemeint, und zwar im Sinne von „Herrschaft und Dienst", wobei den Akt der Unterwerfung wie bei Blüher und George als „freie Hingabe an selbstgewählte Führer" verschleiert wird (S. 27), um auch dem „Gehorchen und Zuhören" einen „edlen" Zug zu geben. Selbst Wyneken verfiel darum im Laufe der Jahre einem idealistisch gemeinten, aber völkisch mißzuverstehenden Führerkult, der die unbarmherzige Mechanisierung, wie sie sich im Zeitalter des industriellen Liberalismus entwickelt hatte, durch einen Appell an das ethische Gemeinschaftsbewußtsein zu überwinden hofft. Wohl kaum ein Pädagoge hat dabei so enthusiastisch auf den „Idealismus" der heranwachsenden Generation vertraut wie er, der sich zeitweilig zum Sprecher der gesamten deutschen Jugend berufen fühlte. Immer wieder träumte er von einer „Jugendkultur", deren Ziel weniger ein glückliches als ein erhabenes Dasein sei, das sich an Werten wie Volk, Heldentum und Menschheit orientiere, anstatt Luxus und Dividenden nachzujagen und dabei in den Brackwässern des modernen Materialismus zu versinken. Aus diesem Grunde sah er wie Kerschensteiner die einzige richtige Erziehung in der „sinnvollen Eingliederung des Einzelwillens in den Sozialwillen" (S. 57). Da diese Formel sowohl progressive als auch reaktionäre Züge enthält, sprach er einmal von geistigen „Arbeitern" (S. 127), die sich dem Fortschritt der gesamten Menschheit widmen, ein anderes Mal von einem „adligen Geschlecht von Rittern des Geistes" (S. 64), das mehr an einen religiösen Orden erinnert, wodurch die „wertesetzende" Komponente dieses „pädagogischen furor teutonicus" einen höchst zwiespältigen Eindruck hinterläßt.

Derselbe „idealistische" Impuls äußerte sich im Bereich des wissenschaftlichen Denkens. Auch hier spürt man seit der Jahrhundertwende einen zunehmenden Affekt gegen die positivistische Verengung und Systematisierung des geisteswissenschaftlichen Denkens, das heißt gegen alle soziologischen, milieubedingten oder statistischen Verfahrensweisen, die auf Grund ihrer „materialistischen" Grundstruktur als etwas Inferiores abgetan werden. Anstatt sich weiterhin mit einer mühseligen „Kleinforschung" abzuplagen, die in ihrer lexigraphischen Detailliertheit ins Uferlose zu verschwimmen droht, bemühte man sich jetzt, zum „Wesenhaften" der jeweiligen Phänomene vorzudringen. Nicht „Vollständigkeit des Stoffs", sondern „Vollständigkeit der Ideen" ist es, was wir erstreben, schrieb Eduard Wechßler in seinem Buch „Esprit und Geist" (1927), das trotz seines späten Erscheinungsdatums noch ganz in den Geist dieser Jahre gehört (S. VI). Mit derselben Verachtung blickte man auf die impressionistische „Kategorie der Gegebenheit" herab, die man für den allgemeinen Relativismus verantwortlich machte. Man liest daher immer wieder energische Angriffe gegen das bloße „Verlebendigen", das Raffinierte, Genießerische und Farbige im Stil der impressionistischen Causeure wie Bie, Muther, Joël oder Simmel, deren wissenschaftliche Methodik sich weitgehend auf geistreiche Paradoxien oder feuilletonistische Extravaganzen stützt. So schrieb Richard Hamann in seinem Buch „Impressionismus in Leben und Kunst" (1907), das sich gegen das lebensphilosophische Allesverstehen und laxe Sichhineinversetzen wendet: „Heute, wo man überall spürt, daß wir einer neuen philosophischen Epoche entgegengehen, atmet man auf in dem Gefühl, eine gänzlich unphilosophische Zeit hinter sich zu haben, eine Zeit des Stoffsammelns und der Einzelwissenschaft, der überlegenen Skepsis und der mystischen Schwärmerei, nur nicht des Denkens" (S. 111).

Die interessanten Feuilletons und unterhaltsamen Abhandlungen der neunziger Jahre wurden daher durch philosophisch formulierte Bekenntnisse verdrängt, die sich mit idealtypischen Lebensformen, stilistischen Gemeinsamkeiten oder gesetzmäßig wiederkehrenden Kulturstadien befassen. Auf diese Weise entstand eine wissenschaftliche Gesinnung, die mehr und mehr ins „geistig Produktive" tendierte, sich jedoch in ihrer idealistischen Abstraktheit meist ins phänomenologisch Wesenlose überschlägt. Wie sehr man diese Wendung ins Aktivistische begrüßte, kommt in einem Brief von Morgenstern an Karl Scheffler zum Ausdruck, wo es unter anderem heißt: „Sie sind nicht nur Kunsthistoriker, Ästhetiker usw., sondern auch ein Stück Ethiker, das heißt ein Mensch, der neben dem, daß er sehr viel weiß und versteht, auch etwas will" (24. August 1905). Im selben Sinne nannte Georg Lukács in seinem Buch „Die Seele und die Formen" (1911) jeden Kunstbetrachtenden einen „Platoniker", dessen höchstes Ziel die geistige Erkenntnis ideeller Grundformen sein müßte (S. 46). Die impressionistische Nonchalance mit ihrer scheinbar unbegrenzten Aufnahme- und Wiedergabefähigkeit wich daher zusehends einem angestrengten Bemühen, auch in der Wissenschaft „neue Tafeln" aufzustellen, zu erziehen, an der Gesamtheit des völkischen Lebens mitzugestalten, um dem forscherlichen Drang wieder einen lebenzeugenden Charakter zu verleihen. Aus diesem Grunde distanzierte man sich sowohl vom Leitbild des unermüdlichen Spezialisten, der nur den Turmbau der eigenen Disziplin vor Augen hat, als auch vom amüsanten Unterhalter, für den Wahrheit bloß eine Kußhand ist, und bekannte sich zum Ideal des Weltanschauungssuchers, für den lediglich das Allgemeinmenschliche den Ausschlag gibt. Hinter den vielfältig aufgesplitterten Disziplinen und ihrer emsigen Fächerbetriebsamkeit tauchte daher in steigendem Maße ein philosophisches Einheitsstreben auf, das sich weniger um das Individuelle und historisch Einmalige als um das Grundsätzliche und Weltanschauliche bemüht, wobei man in echt „idealistischer" Vermessenheit die eigenen Wertvorstellungen zu seinsollenden Idealen erhob. Derselbe Aktivismus kommt in der Sprache dieser Bücher zum Ausdruck. Statt farbig schmückender Adjektive, ausgefallener Fremdwörter oder skeptischer Gedankenblitze findet man weitgehend kurze, einprägsame Sätze, die in ihren zielbewußten Formulierungen einen männlich-apodiktischen Charakter verraten sollen. Während die impressionistischen Autoren ihre Behauptungen meist in die Form eigener Erlebnisse eingekleidet hatten, versuchte man jetzt, den geäußerten Anschauungen eine überindividuelle Bedeutsamkeit oder typologische Gesetzmäßigkeit zu geben. Die Frage nach dem Wert bestimmter menschlicher Leistungen verschob sich dadurch immer stärker aus dem Psychologisch-Biographischen ins Philosophisch-Kategoriale, um von vornherein auf das „Zeitlose" innerhalb der geschichtlich bedingten Besonderheiten hinzuweisen.

Das Ergebnis dieser Bemühungen war eine Geistes- oder Seelenwissenschaft, die sich im Sinne Diltheys nur noch mit den „typischen" Verhaltensweisen des Menschen beschäftigt. So betonte Eduard Spranger in seinem Buch „Lebensformen" (1914), daß sich hinter der verwirrenden Vielfalt des individuellen Lebens stets eine Anzahl gesetzlicher Typen nachweisen lasse, durch die nach seiner Meinung das „Anschaulich-Konkrete" überhaupt erst verständlich wird (S. 9). Wieviel bei dieser abstrahierenden Betrachtungsweise durch die Maschen fällt, spürt man in folgender Bemerkung: „Wer gewöhnt ist, sich mit lebendiger Seele und einem Anflug von ästhetischer Freude in den Reichtum menschlicher Naturen zu versenken, dem wird diese Arbeit wie eine trostlose Entseelung erscheinen" (S. 16). Doch trotz dieser Einschränkung wandte er sich scharf gegen jede sogenannte „nichtdenkende Geschichtsschreibung", die sich im Deskriptiven oder Biographischen erschöpfe, und erhob statt dessen die Herausarbeitung des „Idealtypischen" zum obersten wissenschaftlichen Prinzip (S. 9). Er ging dabei von sechs „Grundkategorien" aus: Wissenschaft, Wirtschaft, Gesellschaft, Staat, Kunst und Religion, denen er ein Erkenntnissystem, Erwerbssystem, Zweckgemeinschaftssystem, Machtsystem, Phantasiesystem und Erlösungssystem anzugliedern versuchte. Wie alle Idealisten sah er in diesen „Lebensformen" keine „subjektiven Denkbehelfe", sondern notwendige Anschauungsformen a priori, das heißt konstitutive Voraussetzungen der menschlichen Erkenntnis überhaupt (S. 12.) Auch die daraus resultierenden Menschentypen: den theoretischen, wirtschaftlichen und sozialen Menschen, den Machtmenschen, Phantasiemenschen und den religiösen Menschen betrachtete er rein „kategorial", ohne sich nach der inhaltlichen Bedeutsamkeit einer solchen Einteilung zu fragen. Nach einer Zeit impressionistischer Systemfeindschaft, in der lediglich die momentane Augenblickserkenntnis im Vordergrund stand, herrscht hier eine Prinzipien-freudigkeit, die sich hinter einer unangreifbaren Allgemeinheit verschanzt. Immer wieder hat man den Eindruck, als interessiere Spranger nur das, was sich im Bereich des Typischen vollzieht und sich in seiner überindividuellen Objektivität fast geometrisch nachzeichnen läßt, während er allen empirischen Konkretisierungen sorgfältig aus dem Wege geht. Er nannte daher seine Methode die „Herstellung eines Zusammenhanges von Begriffen und Sätzen, die unab-hängig von der besonderen individuellen Beschaffenheit und zeitlichen Bedingt-heit des Subjekts für eine objektive Welt gelten" (S. 24), worin sich ein Forma-lismus verbirgt, der ständig der Gefahr bloßer Begriffsskelette ausgesetzt ist.

Wohl am klarsten läßt sich diese methodische Wendung innerhalb der Litera-tur- und Kunstwissenschaften verfolgen. Gerade auf diesem Gebiet beschäf-tigte man sich fast ausschließlich mit der ästhetischen Ergründung bestimm-ter Einheitsformen, um so im Sinne Diltheys zu einer „Philosophie der Kultur" vorzudringen, die auf der Zusammenfassung aller geistesgeschichtlichen Disziplinen unter einem einheitlich-philosophischen Gesichtspunkt beruht. Man wollte nicht mehr genießen, nachdichten, Reichtum und Fülle verbreiten wie Muther oder Bie, sondern werten, Forderungen stellen und damit selbst die bloße Stilbetrachtung ins Vorbildliche erheben. Wie weit diese Abwertung aller historisch-psychologistischen Betrachtungsweisen ging, beweisen Bücher wie „Die Weltanschauungen der Malerei" (1908) oder „Typische Kunststile in Dichtung und Musik" (1915) von Herman Nohl, in denen wie bei Dil-they und Spranger „zeitlose" Grundhaltungen des künstlerischen Menschen herauspräpariert werden. So spricht Nohl von einem naiven Typ, der sich in die sinnliche Fülle seiner Gestaltenwelt verliebt, einem energischen Typ, der geradewegs auf sein Ziel zusteuert, und einem sentimentalischen Typ, der dieses Ziel nur auf dem Umweg über die Ratio erreichen kann. Auch seine drei „kategorialen" Weltanschauungen: Idealismus, Naturalismus und Pan-theismus, denen künstlerisch jeweils eine bestimmte Stilhaltung entspricht, bewegen sich auf einer rein abstrakten Ebene, ohne sich in die dialektische Verflochtenheit der realen Welt einzulassen. Ebenso typologisch wirkt das Buch „Formprobleme der Gotik" (1911) von Wilhelm Worringer, hinter dem sich nichts weniger als eine neue Grundlegung der Ästhetik verbirgt. Wie bei Nohl wird hier das künstlerische Ausdrucksverlangen des Menschen auf be-stimmte „Urtypen" zurückgeführt: den primitiven, klassischen, gotischen und orientalischen Menschen, um so dem Relativismus der bisherigen Ästhetik, der sich ins absolut Individualistische zersplittert hatte, mit einem festen System entgegentreten zu können.

Neben diesen „typologischen" Untersuchungen herrscht das Kategoriale vor allem da, wo es sich um Fragen des „Stils" handelt. Nach einer Zeit positivistischer Zertrümmerung aller größeren Zusammenhänge in molekulare Einzelfakten, die sich nur noch statistisch erfassen lassen, bekam man plötzlich wieder ein Gefühl für die prägende Kraft bestimmter Zeitstile oder geistiger Haltungen, die vom Interpreten eine schöpferische Kombinatorik verlangen. Man denke an ein Buch wie „Zwei Jahrhunderte deutscher Malerei" (1916) von Curt Glaser, wo die Zeit zwischen dem ausgehenden 14. und dem beginnenden 16. Jahrhundert als eine „einheitliche und in sich geschlossene Stilphase" behandelt wird (S. 1), da sich gerade in dieser Epoche das spezifisch „Deutsche" am reinsten manifestiere. Glaser beschränkte sich deshalb ganz bewußt auf die wichtigsten Trägerfiguren, um nur die „großen Linien der Entwicklung" herauszuarbeiten, anstatt alles „Erreichbare und Wissenswerte zusammenzutragen" und so dem Ganzen den Charakter eines „Handbuches" oder „Nachschlagewerkes" zu geben (S. I). Einen ähnlichen Eindruck erwecken die Bücher „Die altdeutsche Malerei" (1909) von Ernst Heidrich oder „Deutsche Sondergotik" (1913) von Kurt Gerstenberg, in denen die deutsche Spätgotik nicht als allmählicher Verfall, sondern als eine „national bedingte Stileinheit" aufgefaßt wird, wobei rein formale Elemente wie das Verlassen des Vertikalismus zugunsten einer neuen „Räumlichkeit" zum Teil mit völkerpsychologischen Gesichtspunkten verbunden werden. So spricht Gerstenberg einerseits von einem Wandel des Sehens, der an sich in den Bereich der abstrakten Formgeschichte gehört, hebt aber zugleich das andersgeartete „Kunstwollen" der germanischen Rasse hervor. Das gleiche gilt für ein Buch wie „Der preußische Stil" (1916) von Arthur Moeller van den Bruck, das sich um die Definition des spezifisch „Preußischen" bemüht und dabei mit reaktionärer Emphase die klassizistische Monumentalität eines Gilly, Schinkel oder Langhans zum Leitbild einer „neudeutschen" Gesinnung erhebt. Wohl das entscheidendste Werk dieser Richtung war Wölfflins „Klassische Kunst" (1899), wo ein bestimmter Stil zum erstenmal als ein überindividuelles Subjekt, das heißt rein antihistorisch behandelt wird, und zwar als etwas spezifisch „Künstlerisches", das „unbekümmert um allen Zeitenwechsel seinen inneren Gesetzen folgt" (S. VIII). Das Schwergewicht dieses Buches liegt daher weniger auf dem biographischen als auf dem systematischen Teil, in dem der Stoff nicht nach „Persönlichkeiten, sondern nach Begriffen geordnet" ist (S. IX), da nach seiner Meinung jede „kunstgeschichtliche Monographie" zugleich ein Stück „Ästhetik" enthalten müsse. Wirkungsgeschichtlich noch übertroffen wurde dieses Buch durch seine „Kunstgeschichtlichen Grundbegriffe" (1915), in dem Wölfflin die einmal aufgegriffene Idee in aller Strenge und Reinheit zu Ende führt und das Phänomen des „Stils", als der kategorialen Grundform der jeweiligen Epoche, zum obersten Begriff aller kunsthistorischen Erkenntnismöglichkeiten überhaupt erhebt. Anstatt sich wie Muther mit romanhaften Seelenschilderungen oder anekdotisch-biographischen Sensatiönchen zu begnügen, forderte er in diesem Werk die logische Zusammenfassung aller

Stilmerkmale einer bestimmten Epoche zu einem synthetischen Begriffs-komplex, der sich auf rein formale Vorstellungen wie das bloße „Sehen" stützt. Auch hier ging es ihm weniger um das Individuelle als um die „reinen" Anschauungsformen, wobei er für das 16. und 17. Jahrhundert die Gegen-satzpaare: linear und malerisch, Fläche und Tiefe, geschlossene und offene Form, Vielheit und Einheit, Klarheit und Unklarheit aufstellte, die auf ger-manistischer Seite später von Oskar Walzel und Fritz Strich aufgegriffen wurden. Eng damit verwandt ist die typologische Herausarbeitung bestimmter nationaler Gegensätze, wie sie Eduard Wechßler in seinem Buch „Esprit und Geist" (1927) versuchte, das sich im Untertitel eine „Wesenskunde des Deut-schen und des Franzosen" nennt. Die Franzosen werden hier nach altem Klischee als reizbar, nervös, sinnlich, feminin, impressionistisch, die Deut-schen als empfindsam, ideell, gemütvoll, innerlich und ungesellschaftlich hingestellt. Und zwar kam er bei dieser Konfrontation zu folgenden Gegen-satzpaaren: La galanterie — Heiligung der reinen Weiblichkeit, La curiosité pour les nouveautés — Unsere Treue zum Alten, L'horreur de l'infini — Unser Drang ins Unendliche, La raison — Vernunft als Vermögen der Ideen, L'intelligence — Intuition, L'esprit — Synthetisches Denken, um so die „idealistische" Qualifizierung des deutschen „Geistes" herauszustreichen, der dem französischen „Esprit" geradezu diametral entgegengesetzt sei. Einen ähnlichen und doch ganz anderen Typ dieses „kategorialen" Denkens vertritt das rein kulturphilosophisch angelegte Buch „Impressionismus in Leben und Kunst" (1907) von Richard Hamann. Auch hier geht es nicht um Einzel-analysen, um bestimmte Künstler oder bestimmte Werke, sondern um ein gesetzmäßig auftretendes Stilphänomen, in diesem Falle den Impressionismus, der immer dann vorherrschend wird, wenn eine bisherige Hochkultur in ihre Altersphase übergeht. Hamann deutet daher von jedem Punkt dieses Werkes auf die gesetzmäßige Entwicklung der einzelnen Stile oder Stilfolgen hin, ohne dabei das dialektische Verhältnis zur jeweiligen Sozialstruktur aus dem Auge zu lassen. So liest man ständig Begriffe wie Kultursubstanz, Systematik, Stilfolge oder Kulturkausalität, in denen eine philosophische Durchdringung der geschichtlichen Erkenntnisse zum Ausdruck kommt. Dafür sprechen Behauptungen wie „Nicht den Geschmack einer verwöhnten Zunge, wohl aber eine baumeisterliche Gesinnung setzten wir voraus", die auf den synthetisch-progressiven Charakter dieser Untersuchungen verweisen (S. 20). Das Ganze, mehr ein Baustein zu einer „Systematik der Kultur" als eine bloße Beschreibung, schließt deshalb sinnvollerweise mit dem lakonisch aufmunternden Ruf „Mehr Hegel!"

Neben dieser geistesgeschichtlichen Erkenntnis nationaler Einheiten oder zusammenfassender Stilstrukturen entwickelte sich in denselben Jahren eine ausgesprochen personenkultische Tendenz, die zu einer sakralen Verehrung „großer Gestalten" drängte. Auch dieses Mittel der Vereinheit-

lichung muß als Gegenschlag gegen die positivistische Individualitäts-
auflösung verstanden werden. Während man sich in den achtziger und neunziger Jahren vor allem mit milieutheoretischen oder sinnespsychologischen
Untersuchungen beschäftigt hatte, trat jetzt wie bei Treitschke und Herman
Grimm wieder die Herausmeißelung des großen Einzelnen in den Vordergrund, der die „misera plebs" wie ein antiker Halbgott überragt. Anstatt sich
weiterhin mit einer relativistischen Verlebendigung des Gewesenen zu begnügen, bemühte man sich in steigendem Maße um eine übermenschliche
Monumentalität, der eine Mythisierung des Geschichtlichen ins Zeitlose
und Gesetzgeberische zugrunde liegt. Nicht das Biographische interessierte,
sondern das gestalthaft Personale, das Kultische einer bestimmten Person.
Auf diese Weise trat an die Stelle der suggestiven Veranschaulichung eine
deutlich spürbare Entwirklichung der konkreten Faktizität, aus der sich eine
ausgesprochen „mythologische" Geschichtsbetrachtung entwickelte. Das Ergebnis dieser Richtung war wie in der Gründerzeit ein auffälliger Heroenkult,
der sich nicht unter das Gesetz von Ursache und Wirkung beugt, sondern
gerade das Tyrannische, Eigenschöpferische und Antiliberale der großen
Einzelnen, der „Leuchttürme der Menschheit", betont. So schrieb Hans Blüher
in „Werke und Tage" (1920): „Die entscheidenden Ereignisse der Menschheit
spielen sich aber nur durch die obersten und gelungensten Exemplare ab, als
welche daher der eigentliche Sinn und das Thema der Menschheit sind, während der Rest, die Masse, völlig belanglos ist und am besten im Sklaven-
zustande gehalten wird. Daher gibt es nur heroistische Geschichtsschreibung,
das heißt einseitig auf das Schicksal der Großen sich tendenziös einstellende,
während man das Schicksal der Kleinen, welches persönlichkeitslos ist, durch
die Mittel der Wissenschaft darstellen kann (Statistik, Massenpsychologie,
Physiologie der Ernährung)" (S. 101). Das geheime Ziel aller Biographen
dieser Jahre war daher nicht die romanhafte Interessantheit, sondern die
legendäre „Geistbiographie", bei der alles Menschlich-Persönliche zu einer
mythisch-religiösen oder philosophischen Chiffre erstarrt. Das beweist eine
Äußerung von Ernst Uehli, die 1916 unter dem anspruchsvollen Titel „Die
Geburt der Individualität aus dem Mythos" in der Zeitschrift „Das Reich"
erschien: „Da, wo das Jenseits des geisterhöhten Menschen beginnt, da beginnt
auch seine andere Biographie, seine Geistbiographie, die nicht den Gang seines
äußeren Lebens, sondern den Gang seines ewigen Lebens in der Zeit zum
Gegenstand hat" (I, 189).
Wohl das sensationellste, wenn auch nicht bedeutendste Werk dieser Richtung war Emil Ludwigs „Bismarck" (1912), das sich in aller Entschiedenheit
gegen den bürgerlich-liberalen Zeitgeist wendet und in kurzen, prägnanten
Zügen ein „heroisches" Dasein nachzuzeichnen versucht. Anstatt die Tradition der impressionistischen Bilderreihen oder Anekdotensammlungen fortzusetzen, wo auch die Details einen gewissen Eigenwert für sich beanspruchen

können, stellt Ludwig in sprachlich gedrängter, oft pathetischer Weise nur die großen Momente dieses „übermenschlichen" Schicksals dar. Das Ganze ist daher keine nacherlebbare Biographie, sondern ein Schnitt durch die geistige Struktur seines Helden, der die geheimen Triebkräfte dieses Phänomens bloßlegen soll. Aus Bismarck wird so eine geborene Herrschernatur, ein Mann mit übermenschlichem Selbstbewußtsein, der sich nur als zeitloses Standbild darstellen läßt, was vor allem in der Vorliebe für mythische oder symbolische Wendungen zum Ausdruck kommt, in denen Ludwig das Schicksal dieses gründerzeitlichen „Heroen" in kurze, beschwörende Formeln zu pressen versucht. Einen ähnlichen Charakter haben Bücher wie „Die Deutschen" (1904—1910) von Arthur Moeller van den Bruck, „Die dreizehn Bücher der deutschen Seele" (1922) von Wilhelm Schäfer oder „Helden" (1908) von Friedrich Lienhard, die den Eindruck blockhaft-aufgetürmter Monumente erwecken, denen sich der Leser mit bewundernder Ehrfurcht oder religiöser Ergriffenheit nähern soll.

Ihren Höhepunkt erlebte diese Richtung in den Werken des George-Kreises, wo an die Stelle des Völkischen oder Publizistisch-Sensationellen die „leibhafte Vergottung" des Gestalthaft-Personalen tritt, die fast einer kultischen Sakralisierung gleicht. So erhob Friedrich Gundolf in seinem Aufsatz „Vorbilder", der 1912 im „Jahrbuch für die geistige Bewegung" erschien, nicht das „schauen und hinnehmen", das heißt das impressionistische Verstehenkönnen, sondern das „wählerische umschaffen" zum höchsten Prinzip des wissenschaftlichen Bemühens (S. 1). Anstatt alles zu erforschen, solle man sich nur um das kümmern, „was fruchtbar macht, kräfte weckt, das lebensgefühl steigert" (S. 1). Er wandte sich daher scharf gegen jene Schilderer und Eindrucksjäger, die sich bloß an „originalitäten, eigenarten, nuancen" ergötzten (S. 3) und den „sonderling dem strengen forderer, den mysteriösen gaukler dem dichter, den abenteurer dem helden, den plauderer dem sager, den riecher dem seher" vorzögen (S. 4). Wie weit seine Verdammung der impressionistischen Ära und ihrer Freude am Glitzernden, Geistreichen und Paradoxen ging, beweist folgendes Zitat: „Die heutigen symptome für diese zersetzung sind: die sucht nach exotischen, exhibitionistischen, theosophischen nerven- und seelenspeisen, die neugier nach bekenntnisorgien und impressionistisch aufgehöhten reisebeschreibungen, das schnuppern nach unentdeckten reizen draußen und drinnen, die lust an allem hautlichen, am glitzernd skizzenhaften, spannend vorläufigen, prickelnd andeutenden...insbesondere die weichliche und schwatzhafte eitelkeit mit der die ichlein ihre paradoxen und liebhabereien hegen" (S. 4). Im Gegensatz zu dieser impressionistischen Verheutigung alles Großen und Überzeitlichen strebte er wieder nach der Darstellung des Unerreichbaren und göttlich Begnadeten. Er schrieb darum unter anderem: „Die verehrung der großen menschen ist entweder religiös oder sie ist wertlos. Große menschen als genußmittel verwenden ist ärger als alle großheit leugnen" (S. 5). An anderer

Stelle heißt es noch deutlicher: „Die vorbilder sind gesetz und anwendung zugleich. Ihr tun und wirken ist kult, ihr leben und wesen ist mythos" (S. 6). Aus diesem Grunde huldigte er einem Personenkult, der sich nur mit antiker Genievergötterung vergleichen läßt. So sah er in Dante einen religiösen Heros mit „architektonischem Lebensgefühl", in dem sich ein ganzes Zeitalter spiegele. Die gleiche Verehrung brachte er Shakespeare entgegen, der sich nach seiner Meinung im Gegensatz zu anderen „Realisten" nie zu einem „wahllosen sammeleifer" oder „seelenlosen schilderungsfanatismus" hinreißen ließ, sondern in „überlegener, adliger, unbeirrter" Weise seine Sternenbahn durchlief (S. 15). Wohl ihre bekannteste Verwirklichung erfuhren diese Ideen in seinem „Goethe" (1916), bei dem weniger das Biographische als die überzeitliche „Gestalt" im Vordergrund steht (S. 1). Während man sich in den achtziger und neunziger Jahren mehr mit dem kranken Goethe (Möbius) oder dem impressionistischen Goethe (Hartleben, Bahr) beschäftigt hatte, stellt er Goethe als einen Tatmenschen dar, der Ideal und Wirklichkeit zu imponierender Einheit verschmolz und dadurch seinem Leben „Stil" zu geben verstand. Goethe ist für ihn der Unnahbare, der Mythische, der sich mit dämonischer Sicherheit über das Alltägliche erhob und deshalb in den Bereich der „zeitlosen" Genien gehört. Anstatt sein Leben und seine Werke kritisch zu analysieren, versucht er, sie synthetisch nachzuschaffen oder auf bestimmte „Urerlebnisse" zurückzuführen, während er das Historische und Gesellschaftliche als etwas Sekundäres behandelt. Nur bei „gewöhnlichen" Menschen müsse man sich auch mit den Eigenschaften, Meinungen und Beschäftigungen auseinandersetzen, bei Goethe hingegen sei alles von „innen erbildet" (S. 4). Aus dem „Menschen" Goethe wird so ein lebensphilosophisches Urphänomen, das nur dem eigenen Dämon gehorcht. So betont Gundolf immer wieder das Religiöse, Titanische und Erotische, die eigentlichen „Urerlebnisse", und geht den historischen Faktoren so weit wie möglich aus dem Wege. Ein gutes Beispiel dafür bietet seine Interpretation des „Tasso", wo er die konkrete Auseinandersetzung mit der Gesellschaft und die bildungsmäßige Übernahme der klassischen französischen Tragödie weitgehend unterschlägt. Ebenso auffällig ist die starke Hervorhebung des Zyklischen, die Charakterisierung von Goethes Werken als „Jahresringen" einer bestimmten „Entwicklungskugel" (S. 15), die einem deutlichen Affekt gegen alles Progressive entspringt. Noch klarer ausgesprochen wird diese Gesinnung in seinem Aufsatz „Das Bild Georges" (1910), der wie die „Vorbilder" im „Jahrbuch für die geistige Bewegung" erschien. George gleicht hier einem verehrungheischenden Standbild, in dem Gundolf die einzige symbolische Verkörperung sieht, die nicht vom „liberalen" Zeitgeist angekränkelt ist. Eine „Gestalt" wie ihn könne man nur exemplarisch darstellen, und zwar in einer „sprache der gewißheit" (S. 22), die etwas Befehlendes und Führerisches habe. Er lobte daher die George-Bücher der Kreisangehörigen Wolters und Klages, in denen das Prinzip von „Herrschaft und

Dienst" verherrlicht wird, während er die „einfühlsame" Art von Rudolf Borchardt schärfstens verdammte.

Auch die anderen Bücher des „Kreises" haben diese Tendenz ins Gestalthaft-Monumentale. Man denke an den „Napoleon" (1923) von Berthold Vallentin, der sich voller Ressentiment gegen die sogenannten „sozialen Menschheitsideale" zum Prinzip des Cäsarischen bekennt (S. 3). Anstatt eine biographisch belegbare Charakterbeschreibung zu geben, geht es hier vornehmlich um das „Gesamtbild" eines „ungeteilten" Menschen (S. 4). Napoleon wird daher nicht nacheinander als Liebhaber, Feldherr und Staatsmann geschildert, sondern stets als „heroische Gestalt", die wie ein Halbgott von einem Schlachtfeld zum anderen eilt (S. 7). Eine ähnliche Gesinnung herrscht in dem Buch „Kaiser Friedrich der Zweite" (1927) von Ernst Kantorowicz, in dem sich Kaiser und Papst, Staufer und Welfen wie bei Treitschke in monumental gesehenen Konfrontationen gegenüberstehen. Friedrich selbst tritt als der strahlende Jüngling aus Apulien auf, der in heroischer Einsamkeit zu einem weltballbeherrschenden Imperator heranwächst. Auch im „Raffael" (1923) von Wilhelm Stein wird echt georgisch das Leben eines jugendlichen Genius beschrieben, dessen Werke eine „göttliche" Erwähltheit ahnen lassen. Statt sich wie Muther fast ausschließlich mit dem erotisch Pikanten zu beschäftigen oder wie Carl Neumann in seinem „Rembrandt" (1902) lange Milieubeschreibungen einzuschalten, konzentriert sich Stein völlig auf die künstlerische Einmaligkeit und damit Zeitlosigkeit des von ihm behandelten Meisters. Dasselbe gilt für seinen „Holbein" (1929), wo er einen künstlerischen Heros beschreibt, der sich im Sinne Georges um einen klassisch-linearen Stil bemühte und in seinen Werken eine Galerie bedeutender Köpfe hinterließ. Ihren Höhepunkt erlebte diese Tendenz in Bertrams Nietzsche-Buch (1918), dem „Versuch einer Mythologie", wie er es selber nennt. Im Gegensatz zu Elisabeth Förster-Nietzsche wird hier Nietzsche nicht aus seinem Privatleben, sondern rein unter dem Gesichtspunkt seiner „überzeitlichen" Wirkung betrachtet. Das Programm dazu findet sich bereits auf der ersten Seite: „Wir vergegenwärtigen uns ein vergangenes Leben nicht, wir entgegenwärtigen es, indem wir es historisch betrachten. Wir retten es nicht in unsere Zeit hinüber, wir machen es zeitlos. Indem wir es uns verdeutlichen, deuten wir es schon. Was von ihm bleibt ... ist nie das Leben, sondern immer seine Legende." Bertram interessiert sich daher weniger für das Psychologische als für das Gestalthaft-Personale seines Helden, den er aus seiner historischen Einmaligkeit ins Mythische erhebt und dort wie einen Fixstern der menschlichen Erkenntnis verehrt. Wie stark diese Legendenbildung ins Religiöse tendiert, beweist folgende Stelle: „Nur als Bild, als Gestalt, nur als Mythos lebt sie, nicht als Kenntnis oder Erkenntnis eines Gewesenen. Keine Philologie, keine analytische Methode vermag das Bild zu formen ... Es steigt langsam am Sternenhimmel der menschlichen Erinnerung hinan; es scheint in jedem der mythischen

Tierkreisbilder, der zwölf großen ‚Häuser des Himmels‘ einmal zu verweilen, als sei es gerade in diesem Zeichen geboren, und eigentlich zu Hause; und es kreist, ist seine innere Umlaufkraft so stark, daß sie unter Menschen ewig heißt, allmählich so hoch gegen den Pol, daß es, gleich einem Gestirn des Nordens, niemals wieder unter die Horizontgrenze unseres Gedächtnisses hinuntergeht" (S. 2). Während man bisher in einer Biographie eine „bewußt künstlerische Zusammenfassung" oder den „Niederschlag eines jeweiligen Standes exakter Forschung" gesehen habe (S. 2), womit Bertram sowohl den positivistischen als auch den impressionistischen Standpunkt charakterisiert, stellte er die herrische Forderung auf, die ins Auge gefaßte Gestalt von allen historischen Schlacken zu reinigen und in einen wirkungskräftigen Mythos zu verwandeln. Er beschränkte sich daher ausdrücklich auf die verschiedenen „Umkreise seines Denkens", und zwar nicht als ideengeschichtliche Kompendien, die in bestimmten Relationen zu anderen Denkern stehen, sondern als geistige Herrschaftsbezirke. Auf diese Weise verwandelte sich sogar die Geschichtsschreibung aus einer Wirklichkeitswissenschaft in eine Wertphilosophie, die der Welt der Objekte völlig gleichgültig gegenübersteht und sich bloß mit den „Leuchttürmen" der Menschheit beschäftigt. Daß selbst eine solche Haltung, so edel sie ursprünglich gewesen sein mag, ideologisch nicht unbedenklich ist, zeigt sich im Bereich des „Völkischen", wo sich aus diesem Heroenkult eine antidemokratische Führergesinnung entwickelte, die alle positiven Leistungen der Menschheit als Ergebnisse einer forcierten Herrenmoral hinzustellen versuchte und dadurch sogar die Rolle des Genialen ins Antihumanistische verfälschte.

KULTUR STATT ZIVILISATION

Mit ähnlicher Schärfe verliefen die ideologischen Auseinandersetzungen auf kulturellem Gebiet. Auch hier bemühte sich das mittlere Bürgertum, dem wachsenden Druck der wilhelminischen Führungskreise und der numerischen Überlegenheit der Arbeiterschaft durch einen Salto mortale in die Vergangenheit auszuweichen. Besonders die Kulturtheoretiker im „völkischen" Lager wandten sich mit erbittertem Haß gegen die „schädigenden" Einflüsse von oben und unten, die man für die zunehmende „Entfremdung" von den überlieferten Gemütswerten der deutschen Volksseele verantwortlich machte, und stellten sich selbst als die alleinigen Bewahrer der bisherigen kulturellen Traditionen hin. Wie auf politischem oder rassischem Gebiet war das Ergebnis dieser ressentimentgeladenen Spekulationen ein romantisch-utopischer Antikapitalismus und Antisozialismus, der unter Umgehung des Politisch-Ökonomischen ins rein Idealistische zu zielen schien. Dem entspricht, daß man die Ursache dieser allgemein beklagten „Entfremdung" nicht in der Zügellosigkeit des liberalistischen Gewinnstrebens sah, sondern die gesamte Schuld einem irrationalen Fortschrittskult in die Schuhe schob, dessen Ergebnis eine unaufhaltsame Verflachung und Vermassung der bisherigen Wertvorstellungen sei. Um auch ein Schlagwort zur Hand zu haben, stützte man sich dabei auf den rein negativ verwendeten Begriff „Zivilisation", der schnell zu einem Äquivalent für oberflächlich, liberalistisch, undeutsch, großstädtisch, jüdisch, international, mechanisch und sinnentleert wurde, während man das Heile, Gesunde, Traditionsbewußte, Nationale, Organische mit dem Terminus „Kultur" auszeichnete.

Der Begriff „Zivilisation" umfaßt daher alle durch die fortschreitende Industrialisierung hervorgerufenen politischen, gesellschaftlichen und ökonomischen Veränderungen, in denen man einen Triumph des „Materialismus" über die religiösen, geistigen und rassischen Substanzen sah. Die innenpolitische Konsequenz dieses Wandels wurde meist als „Verpöbelung" hingestellt, die auf Grund ihrer allmählichen Verwischung aller nationalen Eigenarten zu keiner weiteren kulturellen Leistung mehr fähig sei und mit Riesenschritten einer allgemeinen Stagnation entgegeneile. Um Deutschland vor dieser Gefahr zu bewahren, gab man sich die erdenklichste Mühe, die geistige und politische Rückständigkeit des mittleren Bürgertums, das sich seit dem Scheitern der Achtundvierziger Revolution weitgehend von seiner humanistisch-liberalen Vergangenheit losgesagt hatte, ins Idealistische und damit

Wertbeständige zu verklären. Das beweisen die ständigen Vergleiche, die man zwischen der deutschen „Kultur" und der französischen „Zivilisation" anstellte. Man gebrauchte dabei meist Gegensatzpaare wie romantisch und rationalistisch, innerlich und oberflächlich, schöpferisch und formalistisch, was sich von Langbehns „Rembrandt als Erzieher" (1891) bis zu Wechßlers „Esprit und Geist" (1927) verfolgen läßt, in denen das Deutschtum als ein Hort der kulturellen Überlieferung gepriesen wird, während man Frankreich als „zivilisatorisch ausgehöhlt" zu diffamieren versuchte.

Auf Grund dieser Anschauungen entstand bei vielen ein „Wille zur Kultur", der in seiner Intensität fast etwas Beängstigendes hatte. Denn im Gegensatz zu den Impressionisten, die solchen Problemen sorgsam aus dem Wege gegangen waren, um sich nicht in ihrer Genußempfänglichkeit stören zu lassen, traten jetzt Theoretiker auf, die allen verwöhnten Snobs einen radikalen „Reinigungsprozeß" in Aussicht stellten. Wie in den Tagen der Romantik faßte man dabei weniger das Gesellschaftliche als das „Geistige" dieser Reform ins Auge, wodurch das echt erkannte Problem der fortschreitenden Beziehungslosigkeit des Einzelmenschen im Rahmen des liberalistischen Wirtschaftsgefüges eine weitgehende Entschärfung erfuhr. Anstatt sich nach den realen Ursachen dieser Veränderungen zu fragen, wich man auch hier in einen lebensphilosophisch gefärbten Irrationalismus aus, der sich auf die Phrase vom ewigen „Jungborn" der völkischen Substanzen stützte. Das Ergebnis dieser Entwicklung war eine ideologische Kehrtwendung, die alles in die Zukunft Gerichtete zugunsten eines „zyklischen" Denkens verwirft, das auf der Wiederkehr des Ewiggleichen beruht. Die Linie, als das Symbol des Fortschrittlichen, wurde daher in immer stärkerem Maße durch die Kugel oder den Kreis verdrängt, die man, bewußt oder unbewußt, als Mahnmale des Substantiellen verehrte. Nicht die Zukunft, sondern die Vergangenheit war plötzlich das Ziel der ewigen Sehnsucht, was zu vielen ideologischen Krebsgängen führte. Dafür spricht die These, die „westlichen" Demokratien auf Grund ihrer ständigen Neuerungen und Revolutionen als veraltet, ja „vorgestrig" hinzustellen. In Deutschland sah man dagegen das Land der „fortschrittlichen Reaktion", wo man unter „re-volutio" weniger einen Umsturz als eine „Rückwälzung" verstehe. Wie stolz man auf diesen Kulturkonservativismus war, der bereits auf die Ideologie der „konservativen Revolution" vorausweist, beweist ein Zitat aus Blühers „Werke und Tage" (1920): „Ich, der ich ein durchaus revolutionärer Mensch von jeher war, und nur revolutionär denke, verehrte nur das Alte, wollte immer nur zu den ältesten Göttern der Menschheit zurück und maß den Wert alles dessen, was unsere Zeit Neues gebar, lediglich daran, ob es auch zugleich das Alte ist" (I, 63). Derselben Mischung aus Fortschritt und Reaktion begegnet man bei Moeller van den Bruck, der in seinem Buch „Das dritte Reich" (1923) das einseitig Reaktionäre als rückschrittlich verdammte, während er das Konservative als das Quellenhaft-Anfängliche, das, „was in uns ewig ist", zu definieren versuchte, um sich vom sinnentleerten Traditionalismus der feudal-aristokratischen Kreise zu distanzieren (3. Aufl., S. 178). Einen ähnlichen Standpunkt hatte schon Bartels in seinem Aufsatz „Konservativ, nicht reaktionär!" (1900) vertreten, der in der These gipfelt, daß nur das deutsche Volk befähigt sei, wieder „konservativ zu werden", und zwar nicht in einem „Parteisinne, sondern ganz allgemein in dem Sinne der Erhaltung und Zusammenfassung der Volkskraft" (GA, S. 9). Fast die gleichen Ideen finden sich bei den „Edelariern" dieser Jahre, die sich bemühten, das „Konservative" als eine spezifische Eigenart der germanischen Rasse hinzustellen. So nannte Willibald Hentschel in seiner Schrift „Vom aufsteigenden Leben" (1910) die Sucht nach dem Revolutionären etwas krankhaft „Semitisches" (S. 35), das man aus dem deutschen „Wesen" entfernen müsse. Chamberlain pries in seiner „Arischen Weltanschauung" (1905) das Germanische als das „organisch und kontinuierlich Gewachsene" (S. 44), dem jede Neuerung als etwas „Pöbelhaftes" erscheine. Aus diesem Grunde bedeutete die These von der „Überwindung der Zivilisation" zugleich eine aggressive Reaktivierung des völkisch „Artbewußten". Anstatt eine durchgreifende Demokratisierung in die Wege zu leiten, um so zu einer wahren „Volkskultur" zu gelangen, versuchte man in diesen Kreisen, dem brachliegenden Kulturleben lediglich durch eine Rückbesinnung auf die nationale Substanz neue Impulse zu geben. Gerade der Protest gegen das Kommerzielle führte daher — paradoxerweise — zu einer wesentlichen Stärkung der industriellen Machtposition, da sich der „völkische Aktivismus", der in diesen Forderungen zum Ausdruck kommt, von der chauvinistischen Propagandamaschinerie ohne große Mühe im Kampf gegen die „Vermassungsabsichten" der „roten und goldenen Internationale" verwenden ließ.

Einer der ersten, der den Gegensatz von Kultur und Zivilisation in aller Schärfe herauszustellen versuchte, war Ferdinand Tönnies, und zwar in seinem Buch „Gemeinschaft und Gesellschaft" (1887), auf das sich fast alle konservativen Kulturkritiker berufen. Schon bei Tönnies werden die „mechanischen", das heißt nivellierenden und damit „lebensfeindlichen" Tendenzen der kapitalistischen Wirtschaftswelt unter dem Begriff „Gesellschaft" zusammengefaßt und so als Ausdruck einer sinnentleerten „Zivilisation" gebrandmarkt, während er unter „Gemeinschaft" ein schöpferisch-organisches Ineinander aller wahrhaft „kulturellen" Faktoren wie Religion, Familie und Naturverbundenheit verstand, das noch nicht vom Makel der „Entfremdung" gezeichnet sei. Eine ähnliche Einstellung herrscht in Langbehns „Rembrandt als Erzieher" (1891), wo der Ungeist der „Zivilisation" bereits als etwas Artfremdes, als ein Affront gegen die deutsche Innerlichkeit hingestellt wird. Deutschland war für Langbehn das letzte Land der Kultur und der Seelenhaftigkeit, dessen Stärke gerade in seiner Abneigung gegen alle „modernistischen" Tendenzen bestehe, die er meist mit dem „pöbelhaften" Freiheits-

verlangen der unteren Volksschichten gleichsetzte. Eine solche Schrift kam dem Machtverlangen der herrschenden Kreise natürlich sehr gelegen und trug wesentlich dazu bei, in Deutschland ein durch und durch „unpolitisches" Land zu sehen, dessen geistige Errungenschaften auf einem aristokratischen Traditionsbewußtsein beruhen. Sich mit demokratisch-liberalen Ideen einzulassen wurde von diesen Schichten geradezu als „Kulturtod" hingestellt. Das Unbehagen an der fortschreitenden Technisierung und Mechanisierung geriet daher in steigendem Maße in den Sog eines überspannten Nationalismus. Man denke an mediokre Geister wie Lienhard, Wachler oder Bartels, bei denen die Langbehnsche Idee der „Reichsbeseelung" eine deutliche Wendung ins Imperialistische erfuhr. Was sich in ihren Schriften findet, ist nicht die relativ harmlose Phrase vom „Land der Dichter und Denker", sondern das arrogante Gefühl von der absoluten Überlegenheit des deutschen Wesens, das sich in den ersten Augusttagen des Jahres 1914 zu einem wahren Missionsbewußtsein steigerte. Doch auch die anderen wurden von diesen „nationalen Hochgefühlen" einfach mitgerissen. Paul Ernst zum Beispiel entblödete sich nicht, den „höheren Sinn" des Krieges in einer „Annäherung der europäischen Völker unter der kulturellen Führung von Deutschland" zu sehen (Ergbd. I, 8). Paul Natorp charakterisierte in seinem Buch „Deutscher Weltberuf" (1918) selbst das Trommelfeuer an der Somme als einen Aufstand der „eigengearteten, unterschiedlichen Kultur" gegen die „gleichmachende, erdballumspannende Zivilisation" (S. 2). Es nimmt daher nicht wunder, daß man sogar auf höchster Ebene an den „kulturfördernden" Absichten des deutschen Imperialismus festzuhalten versuchte. So schrieb Wilhelm II. am 15. Januar 1917 an Chamberlain: „Der Krieg ist ein Kampf zwischen zwei Weltanschauungen: der germanisch-deutschen für Sitte, Recht, Treue und Glauben, wahre Humanität, Wahrheit und echte Freiheit, gegen ... Mammonsdienst, Geldmacht, Genuß, Landgier, Lüge, Verrat, Trug und nicht zuletzt Meuchelmord!" Chamberlain faßte diese Anschauung in seinem Antwortschreiben vom 20. Januar desselben Jahres in die Formel zusammen: „Es ist der Krieg der modernen mechanischen ‚Zivilisation' gegen die uralte, heilige, ewig in Neugeburt befindliche ‚Kultur' auserlesener Menschenrassen."
Wesentlich „idealistischer" als dieser notdürftig verbrämte Imperialismus wirkt der kulturelle Kurs der Eugen-Diederichs-Autoren und der Männer um die „Tat", die man trotz ihrer Vorliebe für Langbehn und Lagarde nicht mit den „Völkischen" in einen Topf werfen darf. So wandten sich fast alle Vertreter dieser Richtung gegen den seelenlosen Hurrapatriotismus der wilhelminischen Führungsschicht und setzten der nationalen Phrase eine „volkhafte" Gesinnung entgegen, die auf einem romantisch-lebensphilosophischen Idealismus beruht. Man lese eine Äußerung von Eugen Diederichs in der „Tat": „Was ist Bildung und Kultur? Nicht das Endergebnis eines schrankenlosen Individualismus, sondern einer Bindung mit dem Ganzen. Es gibt für den

Liberalismus keine Möglichkeit, sich neben dem Sozialismus zu halten, wenn er nicht ein ver sacrum volklichen Empfindens hervorrufen kann" (1914 VI, 77). Er schlug daher vor, aus allen Schichten des Volkes einen „deutschen Volksrat" zu bilden, um das Gemeinsame aller gegenwärtigen „Reformbestrebungen" zu fördern und so einen neuen Lebensstil zu schaffen, der nicht die „materielle Zivilisation", sondern das „Leben im Geiste" zum Endziel hat, wobei er als Tagungsort den Dalcroze-Tempel in Hellerau oder die Wartburg ins Auge faßte (1913 V, 42). Wie klar er sich über seine Ziele war, geht schon aus einem Brief vom 13. Februar 1906 an Rudolf Kaßner hervor, in dem er mit dem Gedanken einer Zeitschriftengründung spielt und dabei ausdrücklich betont, daß er im Gegensatz zur „Neuen Rundschau" das „Ästhetisierende" durchaus vermeiden wolle, um sich ausschließlich dem „Ethischen, oder sagen wir, dem ‚Kulturwillen'" widmen zu können. Ähnliche Äußerungen finden sich bei Ernst Horneffer, der 1908 das Programm einer „Deutschen Kulturpartei" veröffentlichte, das sich wie alle diese Schriften sowohl gegen den sozialistischen Materialismus als auch gegen den kapitalistischen Mammonismus wendet und statt dessen eine „fortschrittliche Reaktion" propagiert. Auf derselben Linie bewegt sich das an Schelling orientierte Buch „Das Wesen der Kultur" (1903) von Leopold Ziegler. Wie alle Diederichs-Autoren sah Ziegler in der um sich greifenden „Zivilisation" einen Beweis für die Allmacht des rationalen Bewußtseins in der modernen Welt, während er das Spezifikum der Kultur in einer kosmisch-allheitlichen Verbundenheit des Menschen mit dem Absoluten erblickte. Auch er kam daher zu der antithetischen Gegenüberstellung: Kultur gleich organisch, instinktsicher, intuitiv, schöpferisch-substantiell; Zivilisation gleich verfremdet, rationalistisch, widernatürlich, mechanistisch, das heißt die „schrankenlose Verherrlichung des zum Prinzip erhobenen Egoismus" (S. 34). Die liberalistischen Restelemente, wie sie noch in der lebensphilosophischen Antithese von „mechanistisch" und „organisch" zu finden sind, sanken auf diese Weise immer stärker ins Irrationale und Volkhaft-Mythische ab und wichen schließlich in letzter Konsequenz einer Verherrlichung der tierischen Instinktsicherheit, die für den aufgeklärten Humanismus nur noch Spott übrig hat.

Ähnliche Tendenzen finden sich im Rahmen des George-Kreises, wo man die Ausschaltung des Leibhaft-Göttlichen für den allgemeinen „Kulturtod" verantwortlich machte. Zum Unterschied von Eugen Diederichs und den „Tat"-Autoren verzichtete man dabei auf jede tagespolitische Engagiertheit und begnügte sich mit der Hoffnung, die „ewigen Werte" der Vergangenheit in ordensritterlicher Abgeschlossenheit in die Zukunft hinüberzuretten. Die eigene Gegenwart überließ man mitleidslos dem „fürst des geziefers" und damit dem Verfall. In den neunziger Jahren, als sich George noch dem Leitbild des Dandys anzupassen versuchte, war von diesen Absichten noch wenig zu spüren. Doch seit der Jahrhundertwende meldet sich auch bei ihm eine deutliche Wendung zum Heimatlichen und Kulturbewußten, die sich von den Reizen des Exotischen und Dekadenten bewußt distanziert. So heißt es im „Teppich des Lebens" (V, 16):

> „Du wirst nicht mehr die lauten fahrten preisen
> Wo falsche flut gefährlich dich umstürmt
> Und wo der abgrund schroffe felsen türmt
> Um deren spitzen himmels adler kreisen.
>
> In diesen einfachen gefilden lern
> Den hauch der den zu kühlen frühling lindert
> Und den begreifen der die schwüle mindert
> Und ihrem kindesstammeln horche gern!
>
> Du findest das geheimnis ewiger runen
> In dieser halden strenger linienkunst
> Nicht nur in mauermeeres zauberdunst.
> ‚Schon lockt nicht mehr das Wunder der lagunen
>
> Das allumworbene trümmergroße Rom
> Wie herber eichen duft und rebenblüten
> Wie sie die Deines volkes hort behüten —
> Wie Deine wogen — lebengrüner Strom!'"

Am deutlichsten zeigt sich diese neue Einstellung in den „Jahrbüchern für die geistige Bewegung", in denen das ästhetische Außenseitertum der „Blätter für die Kunst" von einem kulturpolitischen Anspruch abgelöst wird, der sich immer stärker auf das Prinzip der „Bewahrung" versteift. Selbst Georges Leitbild eines „Neuen Reiches" hat daher im Gegensatz zu allen Fortschrittsideologien keine progressive, sondern eine rein „zyklische" Tendenz, die auf dem Schlagwort der schöpferischen Regression beruht. Anstatt wie die „platten" Humanisten für ein „pfeilhaftes" Denken einzutreten, setzte er sich stets für das „Kugelhaft-Organische" ein und behauptete im „Stern des Bundes" (VIII, 25):

> „Ich komme nicht ein neues Einmal künden:
> Aus einer ewe pfeilgeradem willen
> Führ ich zum reigen reiß ich in den ring."

Mit derselben Bestimmtheit verkündete er in seinen „merksprüchen": „Daß der deutsche endlich einmal eine geste: die deutsche geste bekomme — das ist ihm wichtiger als zehn eroberte provinzen", um sich wie Eugen Diederichs zum Deutschtum, aber nicht zur nationalen Phrase zu bekennen. Friedrich Gundolf schrieb daher im „Jahrbuch" (1910), daß die „erneuung nur aus dem fernsten" kommen könne (S. 48). Auch wenn er den Begriff „Kultur" verwandte, dann meist im Sinne von „Wesen" oder „Bewahrung", während ihm die „Zivilisation" als ein beziehungsloser Relativismus erschien, durch den alles „göttlich leibhafte" der endgültigen Vernichtung anheimfalle (II, 18). Man lese dazu folgendes Manifest, das in manchem fast an die Blühersche Unterscheidung zwischen „primärer" und „sekundärer" Rasse erinnert: „Nach weiteren fünfzig jahren fortgesetzten fortschritts werden auch diese letzten reste alter substanzen verschwunden sein ... wenn durch verkehr, zeitung, schule, fabrik und kaserne die städtisch fortschrittliche verseuchung bis in die fernste weltecke gedrungen und die satanisch verkehrte, die Amerika-Welt, die ameisenwelt sich endgültig eingerichtet hat. Wir glauben daß es jetzt weniger darauf ankommt ob ein geschlecht das andere unterdrückt, eine klasse die andere niederzwingt, ein kulturvolk das andere zusammenschlägt, sondern daß ein ganz anderer kampf hervorgerufen werden muß, der kampf von Ormuzd gegen Ahriman, von Gott gegen Satan, von Welt gegen Welt" (III, VIII). Ähnliche Äußerungen finden sich bei Karl Wolfskehl, der gegen das sinnlose Treiben der „tagesblätter, rechtshöfe, groß-kaufhäuser und mechanischen anstalten" zu Felde zog (I, 12) und statt dessen das „geheime deutschland", den George-Kreis, pries, der sich allmählich unter dem „wüsten oberflächenschorf" bemerkbar mache (I, 14). Nur hier spüre man das Verlangen, dem „deutschen wesen den eingeborenen ausdruck zu verleihen der ihm bisher versagt geblieben sei" (I, 16). Er schrieb daher ganz im Sinne der „fortschrittlichen Reaktion": „Wir deutsche sind von gestern, denn darum werden wir von morgen sein" (I, 17).

Fast den gleichen Thesen begegnet man in den Schriften von Rudolf Borchardt. Auch er wollte keine einfache „Reaktion", sondern eine „restitutio in integrum des ideellen deutschen Volksganzen durch Rückbelebung", und zwar durch Ausschaltung aller romanisch-zivilisatorischen Elemente, die sich seit der Renaissance im deutschen Kulturleben eingenistet hätten (Reden, S. 339). Das zeigt sich besonders deutlich in seinem Essay „Revolution und Tradition in der deutschen Literatur", in der von einer aktiven „Rückwälzung" die Rede ist, ohne die sich eine Kulturnation nicht erhalten könne. Er berief sich dabei auf das Mittelalter, jene „organisch aus der deutschen Antike" erwachsene Blütezeit von Kunst und Stil, deren höchste Leistung das Sakrale gewesen sei (S. 250). Um zu einer solchen Kultur zurückzugelangen, forderte er anstelle der modernen Literaten, jenes „Freigelassenen-Geschmeißes" ohne Geschmack und Verstand (S. 384), eine „geheiligte Auslese über dem Pöbel", deren Kunst von einer Urverbundenheit mit dem Religiösen zeuge (S. 396). Wie Wolfskehl nannte er diese „bewegung aus der tiefe" eine „Wiederumstürzung des Umsturzes" oder eine „Revolution gegen die Revolution", der eine Negierung alles „Negativen" zugrunde liege (S. 428).

Noch stärker ins Irrationale tendiert dieses „Kulturbewußtsein" bei Alfred Schuler. Seine weltanschaulichen Ziele lassen sich leider nur aus seinen „Nachlaßfragmenten" (1940) rekonstruieren, da er das geschriebene Wort als Ausdruck der „Zivilisation" zutiefst verachtete. Der Kampf zwischen Ormuzd und Ahriman, Gott und Satan, von dem Gundolf spricht, spielt sich bei ihm zwischen dem „offenen" und dem „geschlossenen" Dasein ab, worunter er den Gegensatz von archaischer Vorexistenz und rationalistischer Verheutigung verstand. Er setzte daher das „offene" Leben, als der Mensch noch zyklisch empfand und sich von telesmatischen Kräften durchdrungen fühlte, meist mit dem Paradies oder der Ur-Zeit gleich, während er das „geschlossene" Leben, das im Zeichen der „Lügentrias von Freiheit, Gleichheit, Brüderlichkeit" stehe, als „entfremdet" bezeichnete (S. 239). Habe man sich damals zum Hakenkreuz, zur rotierenden Kreisbewegung, bekannt, so beuge man sich heute unter das Marterkreuz, in dem Schuler lediglich eine kastrierte Swastika sah. Um dieser fortschreitenden Entleerung des „Essentiellen" wenigstens mit den Mitteln des Wortes entgegenzutreten, veranstaltete er 1915 eine Reihe von Vortragsabenden, was ihm die finanzielle Unterstützung von seiten einiger Rittergutsbesitzer einbrachte, denen er den Blüherschen Begriff der „primären Rasse" und die Lanzsche Vorstellung vom „Götterelektron" predigte. Wenn es überhaupt etwas Verbindendes in seinen Theorien gibt, dann die These von der Wiedererweckung des „Biotischen", des Telesma, des Pneuma, der Aura, um wieder hinter die judenchristliche Fassade des „Rationalismus" vorzustoßen, durch den die menschliche Kultur aus ihrer ursprünglichen Bahn geraten sei und sich den Idealen des Fortschritts und der „völkerverderbenden" Humanität verschrieben habe. Aus diesem Grunde unterschied er streng zwischen den „Wissenden" und den „Intellektuellen", das heißt den „Esoterikern", die vom Erlebnis ausgehen, und den „Exoterikern", die bloß Material sammeln. In sich selbst sah er natürlich einen „Wissenden", indem er seine Bildungserlebnisse — wie die Lektüre Nietzsches und Bachofens — als „Urerlebnisse" ausgab. Das Groteske dabei ist, daß er sogar seine „esoterischsten" Gedanken ständig in klischeeartige Vorstellungen preßt, deren Herkunft aus der Lebensphilosophie oder aus dem völkischen Schrifttum sogar ein Uneingeweihter erkennen würde. Daher schließt fast jede Gedankenkette mit einem geknebelten Wutschrei gegen den „Marder Juda", der mit seinem molochitischen Rationalismus die ganze Welt zu vergiften drohe. Man spürt hier schon jenen Ungeist, wie er wenige Jahre später in den „Protokollen der Weisen von Zion" (1923) von Alfred Rosenberg zum Ausdruck kommt, und dem sich dann auch Klages, der Herausgeber der Schulerschen „Fragmente", angeschlossen hat.

Ebenso entschieden, wenn auch nicht ganz so verbohrt, äußert sich dieser Kulturkonservativismus bei Max Scheler, der in seinen frühen Schriften einen ausgesprochen antiliberalen Standpunkt vertrat. Immer wieder setzte er der fortschreitenden „Nivellierung" und „Veramelsung", die nur noch das Mechanische anerkenne, eine Aristokratie des Geistes entgegen, deren kulturelle Ambitionen deutlich ins Herrscherliche tendieren. Verwandten Gedankengängen begegnet man beim frühen Thomas Mann, vor allem in seinen „Betrachtungen eines Unpolitischen" (1918), in denen er sich unter scharfer Ablehnung der westlichen „Zivilisation" zu einem deutschen Kulturkonservativismus bekannte, der seine wichtigsten Maximen aus den Werken von Wagner, Nietzsche, Lagarde, Langbehn, George und Pfitzner bezieht. Wie bei Gundolf liest man hier Sätze wie: „Fort also mit dem landfremden und abstoßenden Schlagwort ‚demokratisch'! Nie wird der mechanisch-demokratische Staat des Westens Heimatrecht bei uns erlangen" (S. 265). Auch er beschwor dabei die „deutsche Innerlichkeit", das Musikalische und Romantische, die man nicht den westlichen Vorstellungen von Rationalismus, Industrie und Großstadtwesen opfern dürfe. Ähnliches gilt für die „Kritik der Zeit" (1911) von Walther Rathenau, in der dieser sich mit dem kulturfeindlichen Geist der mechanisierten Produktionsweise auseinandersetzte, der nach seiner Meinung zu einer allgemeinen „Verdrängung der Seele" geführt habe. Da sich ein solcher Zustand weder durch soziologische noch durch ökonomische Operationen verändern lasse, kritisierte er sowohl die kapitalistische Bankokratie als auch die revolutionären Tendenzen der Sozialdemokratie, die sich beide dem Prinzip der industriellen „Mechanisierung" verschrieben hätten. Fast den gleichen Gedanken begegnet man in seinen Büchern „Zur Mechanik des Geistes oder vom Reich der Seele" (1913) und „Von kommenden Dingen" (1917), die sich mit noch eindringlicheren Worten gegen den herrschenden „Formalismus des Geistes" wenden. Einen Ausweg aus dieser Situation sah Rathenau nur in einem „Gottesstaat", einem „Reich der Liebe", in dem die seelische Kultur über den bloßen Zweck triumphiere, wodurch selbst die fortschrittlichen Ideen dieser Richtung von einer verschwommenen Gefühligkeit überflutet werden, deren kulturelle Ambitionen etwas höchst Problematisches behalten.

In Anlehnung an solche Ideen huldigten weite Kreise des Bürgertums der Überzeugung, daß sich eine umwälzende „Reichsbeseelung" nur durch eine Beseitigung aller „zivilisatorischen" Elemente und eine damit verbundene Reaktivierung der nationalen Tradition erreichen lasse. Der Haß gegen die schädigenden Einflüsse der modernen Industriegesellschaft führte darum auch auf diesem Sektor des ideologischen Kräftespiels zu einer entschiedenen Frontstellung gegen den Internationalismus, worunter man vor allem die sozialistisch-naturalistische und ästhetisch-impressionistische Richtung verstand. Besonders aggressiv gebärdeten sich in dieser Hinsicht die ressentimentgeladenen Germanophilen, Rassenschwärmer und Kleinarier, die mit den unflätigsten Ausdrücken gegen den „Zolaismus" der achtziger Jahre zu Felde zogen, den man als eine Herabwürdigung des Menschen ins „Animalische" empfand. So schrieb Adolf Bartels, einer der unerbittlichsten Sozialistenhasser, in seinem Aufsatz „Deutsche Kultur und Sozialdemokratie" (1903), daß der Industriearbeiter von Natur aus ein Herdentier sei, das sich bloß für

die Notdurft des Tages interessiere, da es keine „schöpferischen" Substanzen aufzuweisen habe. Dasselbe gelte für die Kunst dieser Schichten, den soge- nannten „Naturalismus", den er als ein Abfallprodukt bezeichnete, das sich nur in einer Zeit entwickeln konnte, die keine Ehrfurcht mehr vor dem „Ge- wordenen" und „Traditionsbewußten" besaß. Ebenso scharf wandte man sich gegen die „bunte" Internationale, den Impressionismus, der als seelenlose Ausländerei angeprangert wurde, da man sich durch die Erfolge dieser „fran- zösischen Filialerscheinung" in seinem nationalen Ehrgeiz beleidigt sah. So behauptete Momme Nissen im „Kunstwart" (1905): „Berlin W jagt Paris nach" (S. 608), was er als eine Sünde gegen die „majestas populi germanici" em- pfand (S. 603). Fritz Bley stellte in der „Wertung" (1910) den Impressionis- mus als eine „französelnde Kunstentartung" oder „Afterkunst" hin, von der sich nur Juden wie Liebermann und Konsorten anstecken ließen (VI, 13). Auch im „Hochland" (1903) wurden die Impressionisten als „Vertreter des spezifischen Judengeistes von Berlin W" angegriffen und ihre Malerei als eine Kunst in „Kassierer-Händen" bezeichnet, die einem „großstädtischen Internationalismus" und spätbürgerlichen Liberalismus huldige (S. 253/54). Ähnliche Äußerungen finden sich bei Leopold Ziegler, der in seinem Buch „Der deutsche Mensch" (1915) die Meinung vertrat, daß die impressionistische „Oberflächlichkeit" der germanischen Art zu sehen diametral widerspräche (S. 81). Derselben Einstellung begegnet man in dem Kulturmanifest „Der Weg der Kunst" (1904) von Albert Dresdner, in dem die Überwindung des Ästhe- tizismus als ein nationales Problem ersten Ranges hingestellt wird, da bei einer solchen Geschmackskunst stets der Modeheld den Ton angebe, der sich am internationalen Nouveauté-Wesen orientiere. Noch schärfer äußerte sich Friedrich Seeßelberg in der „Wertung" (1909) gegen das verbreitete „Meier- Graefetum", das „Französeln, Japanern und Jüdeln", das mit einem „völ- kisch-menschlichen" Empfinden unvereinbar sei (X, 6—10).
Neben diesen kritischen Stimmen, die sich bis ins Uferlose fortsetzen ließen, erschienen in denselben Jahren die ersten Proklamationen einer „wahrhaft deutschen Kultur", bei der nicht die internationalen Moden oder die Sonderinteressen bestimmter Cliquen im Vordergrund stehen. Man wollte endlich einen „Stil", der etwas rein Deutsches hat, um so eine Kultur zu grün- den, die man mit innerer Überzeugung neben die Reichsgründung von 1871 stellen konnte. Statt einer impressionistischen „Oberflächenkultur" zu huldigen, an der sich nur die Creme der Gesellschaft ergötze, wie es bei Ferdi- nand Avenarius heißt, faßte man jetzt eine „Inhaltskultur" oder „Reichsbe- seelung" ins Auge, die von allen Schichten des Volkes getragen wird. An die Stelle des traurigen „Nebeneinander von Arbeitskultur und Genußkultur" müsse endlich wieder das Prinzip der „Volkstümlichkeit" treten, schrieb Rudolf Eucken 1917 in seinem Buch „Die geistigen Forderungen der Gegen- wart" (S. 12). Ein ähnlicher Tenor herrscht in der Schrift „Die neue Erziehung"

(1902) von Heinrich Pudor, wo eine Volkskultur gefordert wird, die sowohl den „Landmann und Arbeiter" als auch den „Fürsten und Herrn" umfaßt, anstatt sich der Cliquenwirtschaft des „internationalen Kapitalismus" und seiner Vorliebe für entartete Erotik und Dekadenz auszuliefern (S. 131). Alles, was einen Zug ins „Modernistische" verriet, wurde darum als „völkische Entartung", „blutlose Ästheterei" oder „Neigung für Angefaultes, Krankhaftes und Perverses" angeprangert, um ein paar besonders hervorstechende Kriterien herauszugreifen. Das Ergebnis dieser Gesinnung war ein nationaler „Kulturkonservativismus", der sich ständig auf die „überzeitlichen" Traditionen des eigenen Volkes berief, um so den Intellektuellen wieder den unbewußt ersehnten „Weg nach rechts" zu eröffnen, wie es in einem „Tat"-Aufsatz (1911) von Adolf Grabowsky heißt (IV, 374). Das gleiche gilt für Moeller van den Bruck, der in seinem Buch „Nationalkunst für Deutschland" (1909) behauptete, daß es nie etwas anderes als eine nationale Kultur gegeben habe (S. 4), woraus Rudolf von Delius in seinen „Eigenarten des deutschen Geistes" (1915) die Folgerung zog, endlich eine Dichtung zu schaffen, die von der Wurzel bis zum Gipfel eine „urdeutsche" Gesinnung verrate (S. 10).

Was allen diesen Äußerungen zugrunde liegt, ist der verbreitete Wunsch, an der Herausbildung eines „neudeutschen Stils", vielleicht sogar einer „völkischen Klassik" mitzuwirken. Aus diesem Grunde trat man zum Unterschied von den impressionistischen Ästheten, die sich in ihren Träumen eher in Paris als in Berlin zu Hause fühlten, für eine konsequente Rückbesinnung auf die spezifisch deutschen Traditionen ein. So wurde selbst der Jugendstil, eine der frühsten Spielarten dieser Richtung, als eine „wahrhaft echte deutsche Kunst- und Formensprache in neuzeitlicher Auffassung" begrüßt, da er an die Linienkünste der altgermanischen Ornamentik erinnere (DKuD 1897 S. 1). Noch deutlicher zeigt sich diese Tendenz zum Nationalen im Bereich der Heimatkunst, die man gegen die volksvergessene „Asphaltkunst" der Großstädte auszuspielen versuchte, um nicht in den Sog des Impressionismus oder der internationalen Art-Nouveau-Tendenzen zu geraten. Man denke an Kulturpolitiker wie Paul Schultze-Naumburg mit seinen Heimatschutzideen, Ferdinand Avenarius mit seinem Dürer-Bund und seinen Kunstwart-Bestrebungen, an Schriften wie „Die Läuterung deutscher Dichtung im Volksgeiste" (1902) von Ernst Wachler, die „Grünen Blätter für Kunst und Volkstum" (ab 1901) von Friedrich Lienhard oder die Zeitschrift „Die Rheinlande. Eine Monatsschrift für deutsche Art und Kunst" (ab 1900) von Wilhelm Schäfer, in denen eine Kunst der deutschen Landschaften und Stämme angepriesen wird, die sich aus dem unerschöpflichen Born der völkischen Überlieferung verjüngt. Neben diesem Leitbild des „Heimatlichen" herrschte eine ebenso verbreitete Neigung zum überzeitlich „Monumentalen", deren Endziel eine Steigerung des Völkischen ins Neogotisch-Sakrale oder Antik-Heroische war. Bezeichnenderweise ging auch diese Sehnsucht nach einer neuen Kunst und Kultur nicht von den gesellschaftlichen Gegebenheiten aus, sondern nahm sich bereits kanonisch gewordene Epochen zum Vorbild. Während man zur Zeit des liberalen Subjektivismus von Kunstmode zu Kunstmode gejagt war, suchte man jetzt nach den „ewigen Werten", den zeitlosen Urbildern aller Kulturen. Der Hohlheit der modernen „Zivilisation", den Geistreicheleien der impressionistisch-dekadenten „Kunsthysteriker" und dem kommerziellen Prinzip der bloßen Sensation wurde deshalb die „markige Künstlerkraft" der „deutsch-genialen Linie" entgegengesetzt, wie sich Momme Nissen 1905 im „Kunst-wart" ausdrückte (S. 602). So hing man 1906 auf der „Kölner Kunstausstellung" Thoma neben Aldegrever, Hodler neben den Meister von Meßkirch, um auf die „zeitlose" Zusammengehörigkeit aller großen Künstler hinzuweisen. „Einem zentralkünstlerischen Fühlen", heißt es bei Nissen, „sind Homer und Phidias genau so nahe wie Beethoven und Böcklin" (S. 602). Eduard Wechßler behauptete später in seinem Buch „Esprit und Geist" (1927): „Auch von dem Reiche des Geistes gilt der Satz, daß große Staaten nur durch dasselbe, was sie groß gemacht, erhalten werden. Die tiefen Quellen, aus denen Eckehart und Fichte, Bach und Beethoven, Dürer und Grünewald sich nährten, sind noch unausgeschöpft und unerschöpflich. Einfalt und Seelengröße im festen Bunde werden diese Quellen immer aufs neue fließen machen" (S. 21).

Als die wichtigsten Bausteine dieser „ewigdeutschen" Kultur, die erst durch die moderne Wirtschaftswelt in Gefahr geraten sei, bezeichnete man die Antike, die germanische Vorzeit und das Mittelalter. Wie bei allen Ideologie-komplexen dieser Jahre setzte dabei eine auffällige Nationalisierung ein, die zu synkretistischen Leitbildern wie „Graeco-Germanien" oder „nordische Gotik" führte. So meinte man mit dem Stichwort „Antike" weniger die Dekadenzerscheinung des Hellenismus und der spätrömischen Kaiserzeit, für die man sich im Spätimpressionismus begeistert hatte, als den tatkräftigen Geist der spartanischen Männerbünde oder der attischen Klassik, das heißt das Germanische, Helle, Blonde innerhalb der griechischen Kultur. Aus diesem Grunde wandte sich der George-Kreis scharf gegen die psychologisch-modernistischen Interpretationen von Ulrich von Wilamowitz-Moellendorff, der sich nicht gescheut hatte, Euripides mit Ibsen zu vergleichen. Wie schon Hölderlin, der in diesen Jahren durch die Bemühungen von Norbert von Hellingrath seine erste Renaissance erlebte, sprach man wieder von „Hellas in Germanien", wobei man den Dichter des „Hyperion" aus dem abstrakt Mensch-heitlichen ins prophetisch Herrscherliche verfälschte und damit zum Sprach-rohr der eigenen Ideen machte. Ähnliche Tendenzen finden sich bei Otto Kiefer, der sich 1904 im Katalog des Eugen Diederichs Verlages für eine nationale „Wiedergeburt" der hellenischen Welt einzusetzen versuchte. Auch die Brüder Ernst und August Horneffer traten in ihrem Buch „Das klassische Ideal" (1906) mit beredten Worten für eine Erneuerung der deutschen Bildung aus hellenischem Geiste ein und bezeichneten die Reaktivierung des

Vergangenen als das entscheidende „Hilfsmittel" zu einer echten Hochkultur (S. 3). Noch aktivistischer äußerte sich Gustav Roethe, der in seiner Schrift „Humanistische und nationale Bildung" (1910) folgende These aufstellte: „Ich bin außer Sorge: diese Hellenen, die uns so oft mittelbar durch Rom, schöner unmittelbar durch sich selbst vorwärts gebracht haben, sie werden uns auch weiterführen. Und zumal vor der sozialistischen und materialistischen Barbarei, die uns heranschwillt und vor der uns alle Triumphe der Technik nicht retten werden, vor diesen kulturfeindlichen Wettern sollen und werden uns die Hellenen immer wieder schützen" (2. Aufl., S. 30).

Den gleichen Enthusiasmus brachte man dem „klassischen" Doppelgestirn von Weimar, Goethe und Schiller, entgegen, mit denen der Naturalismus in seiner Geniefeindlichkeit nicht gerade glimpflich umgesprungen war. Auch sie wurden weitgehend als ein Bollwerk gegen den „Materialismus" mißbraucht, wie die Bücher „Wege nach Weimar" (1909) von Lienhard, „Mehr Goethe" (1899) von Rudolf Huch oder „Das Verlangen nach einer neuen deutschen Kunst" (1901) von Theodor Volbehr beweisen, in denen die Kunsttheorien der „deutschen Klassik" als die zeitlosen Exempel einer kommenden Hochkultur hingestellt werden. Besonders Schiller, der in den achtziger Jahren in der literarischen Wertung des Bürgertums zu einem „Backfischpoeten" herabgesunken war, stieg dadurch wieder zu einem nationalen Heros auf, wobei man sich vor allem auf seine „Briefe über die ästhetische Erziehung des Menschen" (1795) berief, denen man trotz ihrer kosmopolitischen Grundeinstellung eine volkhaft-imperiale Tendenz unterzuschieben versuchte.

Fast noch folgenreicher als die Glorifizierung des Klassischen erwies sich das Leitbild des Germanischen. Während man das Phänomen des „Nordischen" bisher nur sporadisch verherrlicht hatte, entwickelte sich plötzlich ein Blondheitsmythos und Edel-Nationalismus, den Thomas Mann einmal im Hinblick auf Ernst Bertram als das „politische Virulentwerden eines Germanisten-Romantismus" bezeichnet hat. „Germanisch" wurde dabei meist mit Kultur, „semitisch" oder „romanisch" mit Zivilisation gleichgesetzt. Aus diesem Grunde tauchen in den kulturellen Auseinandersetzungen dieser Jahre eine Unmenge „nordischer" oder „indoarischer" Begriffe auf, von denen man bisher kaum etwas gehört hatte. Man denke an die Zeitschrift „Wertung" (ab 1909) des Werdandi-Bundes, die sich zur Aufgabe setzte, die Strömungen des Gegenwartslebens im „Spiegelbild des Bornes der Wurd" zu werten (1910 VI, 3), den Mittgart-Bund zur Aufnordung des deutschen Volkes, Hentschels „Varuna" (1901), das Folkwang-Museum (1900), womit der Palast der Freyja in Walhall gemeint ist, die Sammlung „Thule" (ab 1911) beim Eugen Diederichs · Verlag, Wilhelm Schwaners „Germanen-Bibel" (1904), Artur Dinters „Richt-Runen" (1923), die „Mannus-Bibliothek" (ab 1909) von Gustav Kossina und vieles andere, in denen das „Germanische" mehr oder weniger bewußt gegen die zunehmende „Entnordung" des deutschen Volkes ausgespielt wird. Dieselbe Fülle an Germanen-Büchern findet sich auf wissenschaftlichem Gebiet. So wandte sich der Prähistoriker Kossina in seiner Schrift „Die deutsche Vorgeschichte, eine hervorragend nationale Wissenschaft" (1912) gegen die Überbewertung der klassischen und orientalischen Archäologie und wies auf die völkische Bedeutung der germanischen Kulturrelikte hin, aus denen klar hervorgehe, daß man es hier mit dem kultiviertesten Volk der Bronzezeit zu tun habe. Auf Grund solcher Thesen erscheinen die Germanen in steigendem Maße als eine charismatisch begnadete „Edelrasse", wodurch man die notwendige Korrektur, die auf diesem Gebiet fraglos vollzogen werden mußte, weitgehend ins „Völkische" verzerrte. Dafür sprechen Bücher wie „Die Grundlagen des 19. Jahrhunderts" (1899) von Chamberlain, „Germanenkunst" (1913) von Hermann Popp oder „Die Überlegenheit der germanischen Rasse" (1915) von Ludwig Wilser, in denen das „nordische" Element als die alleinige Grundlage der deutschen Kultur bezeichnet wird. Ähnliches findet sich bei Friedrich Siebert, der schon 1899 seinen Weihnachtsbaum mit einer Swastika dekorierte, um sich damit zum Gedanken der „arischen Weltwende" zu bekennen, wie er in seinem Buch „Das Hakenkreuz" (1932) behauptet. Während Gustav Kossina noch vorsichtig und gemäßigt an die gestellte Aufgabe herangegangen war, verwandten andere Germanenschwärmer selbst die geringsten Anhaltspunkte als Grundlage für gewagte Spekulationen. Dafür sprechen Veröffentlichungen von Guido von List oder Georg Biedenkapp, in denen das Geschichtliche den Charakter grotesker Wunschtraumphantasien annimmt. Ebenso überspannt wirken die Theorien von Willy Pastor, der in seinem Buch „Altgermanische Monumentalkunst" (1910) eine „germano-zentrische" Geschichtsauffassung forderte, die sich in völkischer Einseitigkeit auf den Kampf der germanischen Sonnensöhne mit den Schattenvölkern des Südens konzentriert. Das gleiche gilt für seine Schrift „Die Geburt der Musik" (1908), wo er den musikalischen Ausdruck der südlichen Hirtenvölker als monoton-horizontal charakterisiert, während er die „nordische" Musik als etwas Vertikal-Entwicklungsträchtiges hinstellt, das selbst durch den mittelalterlichen „Verdunklungsversuch" der katholischen Kirche mit ihrer „asiatischen" Unterweltsgesinnung nicht zerstört worden sei. Nach seiner Meinung hat erst der „nordische" Bach die Musik wieder aus dem „Gemurmel der Litaneien" erlöst und zu strahlendem Sonnenglanz emporgehoben, worin Pastor eine Befreiung der deutschen Seele sah (S. 145), der in allen Künsten eine konsequente Rückbesinnung auf den germanischen Rassengeist folgen müsse. Mit der gleichen Akzentsetzung nannte Harald Grävell van Jostenoode 1899 die „Idee des Germanischen" den einzigen „strahlenden Stern" innerhalb der allgemeinen Dekadenz (DKuD III; 176) und erklärte emphatisch: „Dem germanischen Volke eine germanische Kunst! Dieser Satz sollte mit Goldenen Buchstaben auf jeder germanischen Kunstschule stehen." Ähnliche Sätze finden sich bei Adolf Bartels, der die „Nibelungen" von Hebbel als die erste

„deutsche Rassendichtung" bezeichnete, während er die Weimarer eines artvergessenen Kosmopolitismus beschuldigte. Er veröffentlichte daher 1917
ein „Deutschvölkisches Dichterbuch", das wie ein literarisches Gegenstück
zu Schwaners „Germanenbibel" (1904) wirkt und sich die hohe Aufgabe
setzt, den „Söhnen Teuts" wieder ein „gemeinsames Volksgefühl" zu geben
(S. XIV). Ähnlich programmatisch äußerte sich Paul Schultze-Naumburg in
seinen Büchern „Kunst und Rasse" (1928) und „Kunst aus Blut und Boden"
(1934), in denen alle „modernistischen" Kunsterscheinungen als rassischer
Verfall angeprangert werden, was sich mit den Veröffentlichungen des „all-
nordischen" Theoretikers Hans F. K. Günther vergleichen läßt, der in seinem
Buch „Rasse und Stil" (1927) die entscheidenden Grundlagen zu einer spezifisch „faschistischen" Ästhetik lieferte.

Auf wesentlich höherem Niveau vollzog sich die Aneignung des Mittelalters. Obwohl es auch hier zu manchen kulturpolitischen Entgleisungen kam,
wurde doch in diesen Jahren ein Großteil der romanischen und gotischen
Kunst, die bisher zu Unrecht im Schatten der „klassischen" Leitbilder gestanden hatte, wieder ins rechte Licht gerückt. Überall begegnet man plötzlich
Veröffentlichungen, in denen auch der mittelalterlichen Kunst ein genuines
„Schöpfertum" zugestanden wird. Auf Grund dieser Prämisse erwuchs bei
manchen die Tendenz, sie als „abendländische" Klassik gleichrangig neben die
künstlerischen Hochleistungen der Antike zu stellen. Besonders meinungs-
bildend erwiesen sich dabei die vielen Publikationsreihen des Eugen Diederichs Verlages wie die „Mystiker des Mittelalters", die „Monographien
zur deutschen Kulturgeschichte", die „Volksmärchen", die „Altdeutschen
Legenden" oder die „Blauen Bücher" bei Langewiesche, die unter den Titeln
„Deutsche Dome", „Deutsche Burgen", „Deutsche Plastik des Mittelalters",
„Der runde Bogen", „Tore, Türme und Brunnen deutscher Vergangenheit"
und „Deutsche Bürgerhäuser" erschienen. Das Ziel dieser Bücher war, das
deutsche Kulturbewußtsein wieder auf seine „angestammten" Vorbilder zu
lenken. Dafür spricht die Einleitung zu den „Deutschen Domen" (1910)
von Wilhelm Pinder oder die Schrift „Nationalkunst für Deutschland" (1909)
von Moeller van den Bruck, in denen die Romanik als die „deutscheste" aller
Epochen bezeichnet wird, was vor allem in der religiös-militanten Gemeinschaftsidee der ottonischen Kirchenburgen zum Ausdruck komme. Andere
bemühten sich, die Gotik als den „deutschesten" aller Stile hinzustellen und
damit zum Leitbild einer kulturellen Neubesinnung zu erheben. Die ursäch-
lichen Beeinflussungen von seiten der französischen Kunst wurden dabei
bewußt unterschlagen, um das einmal postulierte Ideal einer „deutschen Gotik",
der ein germanischer Jenseitsdrang zugrunde liege, nicht in den Sog der „internationalen Nivellierung" geraten zu lassen. Den Beweis dafür liefert das Buch
„Formprobleme der Gotik" (1911) von Wilhelm Worringer, das rein auf der
These vom „nordischen" Transzendentalismus basiert. Das gleiche gilt für

den Aufsatz „Die Gotik als deutsche Kunst" (1901) von Carl Limprecht in der Zeitschrift „Die Rheinlande", in dem die dreitausend Statuen an der Kathedrale zu Reims als eine Gipfelleistung deutscher Bildhauerkunst angepriesen werden, da hier im Gegensatz zum „romanischen" Formsinn „urgermanisches" Wesen zum Ausdruck komme (I, V, 25). Paul Ernst behauptete mit derselben nationalen Verbohrtheit, daß man in der gesamten französischen Kunst nicht ein einziges Werk von der Qualität der Naumburger Stifterfiguren finden könne (II, 2, 183).

Geistig wohl der lauterste Vertreter dieser Mittelalterschwärmerei war Richard Benz, der sich zutiefst um eine Neubegründung „deutschen Wesens" bemühte. Er begann diese Tätigkeit mit der Herausgabe der „Altdeutschen Legenden" und spätmittelalterlichen „Volksbücher", übersetzte dann die „Legenda aurea" und trat zugleich wie Friedrich von der Leyen für eine Wiederbelebung der älteren Märchendichtung ein, um so die auseinanderstrebenden Pole des Geistigen und des Volkstümlichen wieder in eine fruchtbare Beziehung zueinander zu setzen. Am deutlichsten kommen diese Tendenzen in seiner Schriftenreihe „Blätter für deutsche Art und Kunst" (ab 1915) zum Ausdruck, in der er den „modernistischen" Verirrungen ein Nationalbewußtsein entgegenzustellen versuchte, dessen Wurzeln in der „Seelentiefe" des germanisch-deutschen Wesens verankert seien. Trotz dieser bewußt nationalistischen Note hat die kultische Verehrung des Mittelalters bei ihm keinen völkischarischen Aspekt, sondern entspricht eher einer Urverwandtschaft mit dem Geist eines Novalis oder Wackenroder. Was er wollte, war weniger ein rassenbewußtes Pangermanien als ein Reich der mystischen Innerlichkeit, das sich in aller Schärfe von der „utilitaristischen Zwecksetzung" der westlichen Zivilisationen abhebt (III, 14). Daß die ursprüngliche Einheit von Kultur und Religion auseinandergefallen sei, führte er auf den „verhängnisvollen" Einfluß der Renaissance zurück, der zu einer Spaltung in Gebildete und Ungebildete beigetragen habe. Er stellte daher dem subjektiven Rationalismus und dem rein formalen Schönheitskult aller klassizistisch orientierten Epochen die seelische Erlebnisfülle des „gotischen Menschen" entgegen, für den die Kunst noch ein religiöses Anliegen gewesen sei, während sie heute den Charakter eines Luxusartikels der „oberen Gesellschaftsschichten" angenommen habe („Tat" VII, 526). Dieser Zustand lasse sich nur ändern, wenn man die lernende Jugend wieder auf die Sprache Meister Eckeharts, auf Martin Luther, die germanische Mythologie und die heroische Welt der Heldensage hinzuweisen versuche, anstatt sie weiterhin mit philosophischen Begriffen, kirchlichen Lehrsätzen und romanischen Formansprüchen zu plagen. Einen ersten Ansatz zu dieser „Wiedergeburt der alten deutschen Kunst und Kultur" sah er in den Bemühungen der Romantik, deren Flucht ins Poetische er als einen Protest gegen den „angewandten, materiellen Intellekt" bezeichnete, wie es in seinem Buch „Märchendichtung der Romantiker" (1908) heißt (S. 1). Er und andere erhoben daher Gestalten wie Fichte, Novalis und Schleiermacher zu Propheten einer Kultur, die auf einer deutschgesinnten, irrationalen „Ganzheitlichkeit" beruht und dadurch ins mystisch Absolute vorstößt, während sie den positivistischen Wissenschaftskult, den humanistischen Rationalismus und den impressionistischen Sensualismus als etwas spezifisch „Undeutsches" ablehnten.

In enge Nachbarschaft zu dieser Vorliebe für die germanische Innerlichkeit und das gotische Mittelalter gehört die ungewöhnliche Hochschätzung der Musik, dieser „deutschesten" und zugleich „romantischsten" aller Künste, die man wie eine Insel des Gefühls gegen die Mechanisierungstendenzen der modernen Industriegesellschaft auszuspielen versuchte. So bezeichnete Herman Nohl in seinem „Tat"-Aufsatz „Die Stellung der Musik im deutschen Geistesleben" (1912) die Kompositionen der klassisch-romantischen Ära als die größte künstlerische Leistung des deutschen Volkes überhaupt und setzte sich energisch für eine stärkere Berücksichtigung der Musik im kulturellen Leben ein, da man nur auf dem Weg über die Welt der Töne die „letzte Tiefe des metaphysischen und religiösen Lebens" erreichen könne (VI, 464). Ähnliche Äußerungen finden sich in dem Buch „Die Eigenarten des deutschen Geistes" (1915) von Rudolf von Delius, in dem die deutsche Musik wie bei Richard Benz, Kurt Breysig und Ernst Michel als eine Rückbesinnung auf das „Urgermanische" hingestellt wird (S. 11). Andere nannten die Musik ein letztes Reservat der „Innerlichkeit", das man wie einen Kirchenraum von allen weltlichen Zutaten frei halten müsse. Diese Sakralisierungstendenzen, bei denen das Verhältnis von Ausführenden zu Hörenden meist mit Begriffen wie „Andacht" oder „Hingabe" umschrieben wird, führten zwangsläufig zu einer scharfen Kritik an allen modernistischen „Entartungserscheinungen" wie dem impressionistischen Virtuosentum oder der allmählichen Auflösung der überlieferten Tonalität. Vor allem Richard Strauß wurde wiederholt als „Modeimpressionist", als Französling oder Verräter angeprangert, da er die seelenvollen Tiefen der deutschen Romantik einer sensualistisch-raffinierten Kolorierkunst geopfert habe. Karl Storck ging so weit, seine symphonischen Dichtungen als ausgeklügelte Bravourstücke hinzustellen (Türmer XIII, 1). Georg Göhler warf ihm in der „Neuen Revue" einen spürbaren Mangel an kompositorischem „Ernst" vor (I, 195). Der impressionistische Farbvirtuose wurde daher immer stärker durch das Leitbild des „betenden Tonmeisters" verdrängt, was zu hymnischen Tiraden über den „Gotiker" Bach, den Titanen Beethoven, den Mythenschöpfer Wagner und das „Gotteskind" Bruckner führte.

Als einer der fanatischsten Kämpfer in dieser Hinsicht erwies sich Hans Pfitzner, der den „modischen" Klangschwelgereien der neunziger Jahre die keusche Seelenhaftigkeit der deutschen Frühromantik entgegenzusetzen versuchte. Statt sinnlich vibrierender Reizdissonanzen verlangte er eine strenge

Klangaskese, wie sie in seinem „Armen Heinrich" (1895), dem „Palestrina" (1917) und der Kantate „Von deutscher Seele" (1921) zum Ausdruck kommt, bei denen schon die Titel ein Bekenntnis zur romantischen Tradition ablegen. „Was die Kunst im Leben ist, ist die Romantik in der Kunst" (I, 79), heißt es einmal in seinen „Gesammelten Schriften" (1926). Er trat daher immer wieder für eine Neubelebung des deutschen Nationalgeistes innerhalb des zeitgenössischen Musikbetriebes ein, um so das „Tiefste, die Seele, die Innerlichkeit der Kunst" zu retten, da er die Musik für das künstlerische „Ansich eines Volkes" hielt (I, 88). Aus diesem Grunde wandte er sich wie die meisten Musikkritiker um 1900 erbittert gegen den herrschenden „Internationalismus" und bekannte sich leidenschaftlich zur Überlegenheit des deutschen „Gemüts", das sich auf Grund seiner eigenschöpferischen Genialität über das musikalische Ausdrucksverlangen aller anderen Völker erhebe. Paul Bekker, der sich für Schönberg und Schreker einzusetzen wagte, war für ihn lediglich ein Vertreter der „jüdischen" Internationale (II, 250). Mit ähnlicher Schärfe äußerte er sich über Ferruccio Busoni, dem er wegen seiner Angriffe gegen die herkömmlichen Tonalitätsschranken eine „undeutsche" Gesinnung vorwarf. „Ich will deutsche Art in Deutschland positiv behandelt, geliebt und vorgezogen sehen", heißt es in einem seiner Aufsätze (II, 111). An anderer Stelle ließ er sich dazu hinreißen, mit präfaschistischer Verbissenheit gegen die „internationale bolschewistische Umsturzarbeit" der „Alljuden" vom Leder zu ziehen (II, 109), da er jeden Angriff gegen das „Romantische" sofort als eine Beleidigung des deutschen Nationalgeistes empfand.

Der gleiche reaktionäre Ton herrscht in einer Reihe von musikwissenschaftlichen Untersuchungen dieser Jahre. Hier war es Rudolf Louis, der in seinem Buch „Die deutsche Musik der Gegenwart" (1909) im Hinblick auf Pfitzner und Reger den Begriff „Reaktion als Fortschritt" prägte, der von vielen als das programmatische Schlagwort der gesamten Stilbewegung um 1900 aufgefaßt wurde. Derselbe Kulturkonservativismus kommt in dem Buch „Deutsche Musik" (1917) von Hermann von der Pfordten zum Ausdruck, in dem das Deutschtum als das „höchste Edelgut" innerhalb der musikalischen Tradition hingestellt wird (S. 1). Immer dann, wenn von den schädigenden Einflüssen der „Zivilisation" die Rede ist, fallen hier Ausdrücke wie undeutsches Raffinement, billige Effekthascherei oder westliches Virtuosentum, um so das „Gemüthafte" vom rein Technischen zu trennen. Den höchsten Rang — neben Beethoven, Wagner und Bruckner — verlieh er daher der deutschen Volksmusik, da sich eine kulturelle Blütezeit bloß auf „völkischer" Grundlage entwickeln könne. Einer ähnlichen Akzentsetzung begegnet man in der „Geschichte der Musik" (1904) von Karl Storck, in der die Worte „deutsch" und „musikalisch" fast als Synonyme verwendet werden. Das gleiche gilt für Walter Niemann, der sich in seinem Buch „Die deutsche Musik seit Richard Wagner" (1913) für eine konsequente Ausscheidung aller technisch-zivili-

satorischen Elemente aus der deutschen Musik einsetzte, um so der deutschesten aller Künste wieder ihre romantische Seelenhaftigkeit zurückzugeben und
zugleich einen weiteren Ansatzpunkt zu einer „organischen" Kultur zu gewinnen.

Auch die Reaktivierung des Religiösen, die man häufig als einen seelischen „Verinnerlichungsprozeß" hingestellt hat, hängt mit diesem verbreiteten Affekt gegen den „Materialismus" zusammen. Nur so läßt sich verstehen, daß sich nach Jahrzehnten einer weitgehenden religiösen Indifferenz, in denen das Christliche auf die Ebene des rein Konventionellen abgesunken war, um 1900 plötzlich eine auffällige Wende ins Metaphysische vollzieht, die sich im Zeichen einer neuen Urverbundenheit mit dem Absoluten gegen den positivistischen Determinismus aufzulehnen versucht, um so der zunehmenden „Verflachung" der menschlichen Substanz wenigstens im Bereich des Religiösen ein ideologisches Bollwerk entgegenzusetzen. Wie in den Tagen der Romantik öffnete man sich wieder dem Ruf des Irrationalen, und zwar selbst dann, wenn dieser zu einer Regression ins Archaische führen sollte. Was man dabei im Auge hatte, war eine Flucht vor allen sozialistisch-kapitalistischen „Vermassungsabsichten", die man für die entwürdigende und entseelende Mechanisierung des Lebens verantwortlich machte. Der zukunftsgläubige Liberalismus der Gründerzeit, der sich auf das Motto „Laissez faire, laissez aller!" berufen hatte, wurde daher in steigendem Maße durch eine „Re-ligio" abgelöst, die in jeder Form des Modernismus einen Verrat an den „Urwerten" des Menschlichen erblickte. Auf diese Weise geriet selbst der einzelne wieder in den Sog eines überindividuellen Sollens, das seine „Liberatio" erst im Jenseits wirksam werden läßt. Daß es überhaupt zu einer solchen „transzendentalen" Wende kam, hängt von einer ganzen Reihe von Faktoren ab, die sich jedoch alle nicht mit den eigentlichen Ursachen der technischen und sozialen Seite dieser „Entfremdung" auseinandersetzen, sondern den Gang der Entwicklung auf eine Dekadenz der Rasse, einen seelischen Substanzverlust, ein Überhandnehmen des rationalistischen „Materialismus" und ähnlicher Schicksalsmächte zurückzuführen versuchen. Der Kampf gegen die konformistischen Tendenzen der modernen Industriegesellschaft, wie er schon einmal in der naturalistischen Revolte der achtziger Jahre aufgeflackert war, verschob sich dadurch immer stärker ins Gefühlsmäßige und Übergesellschaftliche und lief schließlich auf eine ideologische Spiegelfechterei hinaus. Während man sich damals wenigstens für ein paar Jahre für eine soziale Engagiertheit eingesetzt hatte, zog man sich jetzt in einen Raum zurück, der scheinbar außerhalb des gesellschaftlichen Lebens lag und nur einer kleinen Schar von Erwählten zugänglich war, wodurch sich der „antikapitalistische" Affekt innerhalb der bürgerlichen

Ideologiekomplexe in steigendem Maße aus dem Sozialen ins Religiöse verlagerte und schließlich zu einem theoretischen Appell verflachte, der jede echte Zeitbezogenheit vermissen ließ.

Die erste Phase dieser „metaphysischen" Wende trug noch ausgesprochen impressionistisch-dekadente Züge, das heißt ging von der „Kategorie des Gegebenen" aus, was in diesem Falle die Beschäftigung mit den letzten Reizen müder und absterbender Religionen bedeutete. Das Ergebnis dieser Haltung war meist eine mimosenhafte Innerlichkeit, woraus sich ein genießerischer, allesverschlingender Seelenton entwickelte, der sich von der Vertrautheit der Dinge zu mysteriösen Abstrakta wie „Weltseele" oder „Weltgeheimnis" emporzuschwingen suchte. Vor allem die Romanliteratur dieser Jahre ist voll von solchen pseudoreligiösen Surrogaten. So berauschte man sich an den katholisierenden Tendenzen der „Müden Seelen" (1891) von Arne Garborg oder den Romanen „Là-bas" (1891) und „En route" (1895) von Joris Karl Huysmans, die man wie die dekadent-verfeinerten Heiligenbilder von Fernand Khnopff schon damals als Produkte von Fin-de-siècle-Konvertiten bezeichnete. Auch den Roman „Bruges-la-Morte" (1892) von Georges Rodenbach, in dem der mystische Zauber des alten verfallenen Brügge mit seinen vielen Klöstern und Kirchen beschrieben wird, faßte man weitgehend als ein neureligiöses Brevier auf. Der Held dieses Buches ist ein müder Lebemann, der sich in Brügge niederläßt, um dort mit gierigen Sinnen feierliche Prozessionen zu genießen, sich in alten Kapellen mystischen Anwandlungen hinzugeben oder in seinen eigenen Räumen einen gespenstischen Totenkult zu zelebrieren. Auf diese Weise entsteht ein lyrischer Satanismus, eine Dracula-Stimmung, die man als erregendes Stimulans zu einer spezifisch dekadenten „Neurose-Religion" empfand. In Deutschland wurden solche Schilderungen meist mit Tristan-Gefühlen oder Schopenhauer-Elementen vermischt, was ein schwülstiger Stimmungsroman wie „Das dritte Reich" (1900) von Johannes Schlaf beweist, in dem sich ein junger, nervenleidender Philosoph in träumerische Spekulationen über mystische Neurosen verliert und schließlich in einem Anfall von religiöser Hysterie Selbstmord begeht.

Etwa gleichzeitig mit dieser neurotisch-dekadenten Strömung machte sich die erste „theosophische" Welle bemerkbar, bei der sich trivialste Gruselmotive mit indisch-angelsächsischer Geheimniskrämerei und spiritistisch-okkultistischen Halluzinationen verbinden. Wie auf Verabredung flackerte gegen Ende der neunziger Jahre überall ein reges Interesse an parapsychischen Vorgängen auf, das sogar die „hohen" Wissenschaften ergriff und in Max Dessoir, dem späteren Philosophen und Ästhetiker, einen begeisterten Fürsprecher fand. Strenge Rationalisten, die sich über alles Religiöse längst erhaben fühlten, interessierten sich plötzlich wieder für Séancen, Hypnoseversuche und Medienerscheinungen und hielten selbst den abgefeimtesten Betrug für eine mystische Offenbarung. Am Anfang dieser Bewegung überwog daher ein skurriler Altweiberglaube, der sich auf magnetisch-telepathische Fernwirkungen oder die Heilkraft des „Gesundbetens" stützt. Das beweisen Zeitschriften wie „Isis", „Lotosblüten", „Prana", „Zentralblatt für Okkultismus", „Weg zum Licht", „Theosophie" oder „Metaphysische Rundschau", die sich wie viele sektiererische Bewegungen untereinander erbittert befehdeten und bloß den von ihnen eingeschlagenen Pfad als den alleinigen Weg zum Heil bezeichneten, obwohl die Unterschiede oft nur die verschiedene Auffassung des vegetarischen Prinzips betrafen. Die angelsächsische Komponente dieser Richtung drang am stärksten in den „Deutschen Monatsheften der christlich-wissenschaftlichen oder metaphysischen Heilmethode" (ab 1900) durch, in denen die Gedankengänge von Mary Baker Eddy im Vordergrund standen. Ähnliches gilt für Blätter wie „Theosophisches Leben" (ab 1898) oder „Wahres Leben" (ab 1899), die sich mit der Wiedererweckung antiker Mysterienreligionen, spiritistischen Geistererscheinungen, theosophischen Kreuzzugsgedanken und allgemeinen Bruderschaftsideen befaßten. Man berief sich dabei häufig auf das Buch „The secret doctrine" (1888) von Helene Blavatsky, deren Ideen vor allem von Franz Hartmann nach Deutschland übertragen wurden. Eine gewisse Läuterung erfuhr diese Bewegung, der von Anfang an viele synkretistische Elemente anhafteten, in der „Anthroposophischen Gesellschaft" von Rudolf Steiner, wo die okkultistischen Wunderpraktiken durch die leitbildliche Orientierung an Goethes Naturphilosophie eine solche Sublimierung ins „Geistige" erlebten, daß sie selbst ernstzunehmenden Menschen als der einzige Weg zu einer echten „Weltanschauung" erschien. Eine ähnliche Tendenz hatte die Mazdaznan-Bewegung, deren „Zeitschrift für zarathustrische Philosophie und Körperpflege" (ab 1908) sich für eine Stärkung der Seelenkräfte durch eine „natürliche" Lebensweise einsetzte, jedoch wie die „Prana" (ab 1909) mit den Jahren immer stärker zum Germanischen tendierte.

Ebenfalls in die Frühzeit dieser neureligiösen Strömung gehört der Monismus. Seine Anhänger waren zum größten Teil ehemalige Naturalisten, die sich nach den atheistischen Tendenzen ihrer sozialdemokratischen Sturm-und-Drang-Jahre einem pantheistischen Naturglauben zuwandten, um so dem starren Materialismus der achtziger Jahre „neues Leben" einzuhauchen. Die meisten beriefen sich dabei auf Haeckels „Welträtsel" (1899), das allgemein als die entscheidende Widerlegung aller dualistisch-transzendentalen Weltanschauungen aufgefaßt wurde. Man denke an die „Offenbarungen des Wacholderbaums" (1901) oder den „Faustischen Monismus" (1907) von Bruno Wille, in denen die Natur als die „Mutter aller Geheimnisse" gefeiert wird. Ähnliches gilt für „Das Liebesleben in der Natur" (1898–1902) von Wilhelm Bölsche oder die lyrisch-monistischen Bekenntnisbücher von Waldemar Bonsels, die zu wahren Sensationserfolgen wurden. Auch Romane wie der „Peter Camenzind" (1904) von Hermann Hesse oder „Einhart, der Lächler" (1907) von Carl Hauptmann mit ihren romantischen Naturschwärmern und Seelen-vagabunden weisen diese monistisch-pantheistische Verbrämung auf. Auf philosophischem Gebiet äußerte sich diese Bewegung in einer auffälligen Renaissance der Naturphilosophie. Dafür sprechen die vielen pantheistisch-gefärbten Schelling-Studien dieser Jahre oder Bücher wie „Der Ursprung der Naturphilosophie aus dem Geiste der Mystik" (1906) von Karl Joël, in denen Sein und Denken wie bei Parmenides als, unauflösliche Einheit behandelt werden und so ein romantisches Ineinander von Gefühl und Materie entsteht, das sich nicht mehr philosophisch-abstrakt, sondern nur noch lyrisch-poetisch ausdrücken läßt. Derselbe Affekt gegen die moderne Naturwissenschaft herrscht in den „Flugschriften des Giordano-Bruno-Bundes" (ab 1904), die in ihren Anfängen von Wille, Bölsche und Steiner herausgegeben wurden und sich schnell zum führenden Organ der monistischen Naturreligion entwickel-ten. Der Giordano-Bruno-Kult spielte in diesen Jahren überhaupt eine ge-wisse Rolle, was die Bruno-Monographie von Ludwig Kuhlenbeck und die monistisch-antiklerikalen Bruno-Dramen von Erwin Guido Kolbenheyer und Carl Hilm beweisen. Auch Gertrud Prellwitz ging in ihrem Buch „Der religiöse Mensch und die moderne Geistesentwicklung" (1905) von dem Gedanken Brunos aus, daß das Weltall kein atomistischer Mechanismus, sondern ein beseelter Organismus sei, der sich nach dem Plan eines Allgeistes oder All-gottes bewege. Ähnliche Ziele verfolgte Wolfgang Kirchbach in seiner Studie „Ziele und Gedanken des Giordano-Bruno-Bundes" (1905) oder Bruno Wille in seinem Buch „Auferstehung" (1904), wo sogar die Christus-mythe in die monistische Weltanschauung einbezogen wird. Andere Monisten interessierten sich mehr für die Naturphilosophie Goethes oder den Pantheis-mus Spinozas, um von dort her zu einer neureligiösen Gesinnung vorzustoßen, die sich in völligem Einklang mit den Erkenntnissen der modernen Natur-wissenschaft befindet. Eng verwandt mit dieser Bewegung ist der weit-verbreitete Sonnenkult der Jahrhundertwende, wie er in Hauptmanns „Ver-sunkener Glocke" (1896), „Dehmels Sonnengesängen", den Bildern von Fidus oder dem völkischen Motto vom Kampf der nordischen „Sonnensöhne" gegen die klerikalen oder semitischen „Dunkelmänner" zum Ausdruck kommt. Als Symbol dieser Gesinnung zog man wie Schuler und George häufig die Swastika heran, die als ein Zeichen des „aufsteigenden Lebens" galt. In der Praxis führte dieser sektiererische Monismus meist zu einer Naturschwärmerei, deren romantischer Reiz selbst naturalistische Bohemiens und impressionisti-sche Dandys zu Aposteln der göttlichen Allmacht bekehrte. So hielt man Sonnenwendfeiern ab, baute Monistentempel oder zelebrierte bukolische Pansfeste mit leicht nudistischen Einschlägen, um sich zum „schöpferischen" Erneuerungsdrang der Natur zu bekennen. Statt christlich-dogmatischer Predigten wurden dabei Fragmente aus den „Geheimnissen" Goethes oder andere naturreligiöse Schriften vorgetragen, was weltanschaulich zu einem lyrischen Mystizismus beitrug, der mit seinen literarischen Vorbildern nur den Namen gemeinsam hat.

Alle diese Strömungen, die in Wirklichkeit oft ineinander übergingen und lediglich aus Gründen der Übersicht modellartig herauspräpariert sind, enthalten als Produkte einer spätimpressionistischen Geistesphase noch so viel subjektivistische oder stimmungshafte Elemente, daß die „religiösen" Bestandteile immer wieder ins „Neuro-Mantische" oder Pseudomystische verflachen. Die „Religio" an ein höheres Wesen, wie sie Schleiermacher verstand, wird hier selten im Sinne einer kultischen Verbindlichkeit aufgefaßt, sondern weitgehend als lyrischer Stimmungsreiz genossen und damit ins Wesenlose verflüchtigt. Die geistige Haltung, die dahintersteht, entspringt daher weniger einer existentiellen Bedrohtheit als dem Müßiggang „edler Seelen", die dem lähmenden „ennui" durch eine irrationale Lebenssteigerung zu entgehen versuchen. Eine „Vertiefung" dieser Ansätze läßt sich erst in den Jahren nach der Jahrhundertwende beobachten, wo das religiöse Sehnen allmählich in den Sog der allgemeinen „Wertbewegung" gerät und dadurch sowohl die „sakralen" als auch die „reaktionären" Elemente eine ganz andere Intensität erhalten. Während sich die Wendung zum Religiösen, Mystischen, Kosmischen, Irrationalen oder Symbolischen bisher auf bestimmte Sondergebiete beschränkte, greift sie plötzlich auf alle Bereiche des bürgerlichen Lebens über und führt so zu einer „Remythisierung", die der technischen Arbeitswelt ein ebenbürtiges „Reich der Seele" entgegenzusetzen versucht. Anstatt das Übersinnliche wie im späten 19. Jahrhundert als einen absoluten Gegensatz zum wissenschaftlichen Denken zu empfinden, läßt sich auf allen Gebieten eine auffällige Neigung ins Transzendente beobachten, die sich in der Philosophie als Restaurierung der Metaphysik, in den Geisteswissenschaften als Mythisierung großer Gestalten und in der Kunst als eine Übersteigerung des Sakralen ausgewirkt hat. Selbst abstrakte Termini wie Bindung oder Einheitsstreben erhielten dadurch wieder einen spezifisch religiösen Akzent, dem ein „scholastisches" Systemdenken zugrunde liegt. So lieferte Hermann Cohen, der sich in den neunziger Jahren weitgehend mit Problemen der Logik beschäftigt hatte, 1915 einen Nachtrag über den „Begriff der Religion im System der Philosophie", da sich selbst Wilhelm Windelband und Heinrich Rickert verleiten ließen, das „Heilige" als ein besonderes Wertmoment im System der Kultur anzuerkennen. Ebenso deutlich zeigt sich diese religiöse Neuorientierung in den Schriften von Georg Simmel, der sich um die Jahrhundertwende aus einem impressionistischen Skeptiker zu einem überzeugten Religionsphilosophen wandelte, was vor allem in seinem Büchlein über das Wesen der Religion und in seinen Rembrandt-Studien zum Ausdruck kommt. Die gleichen Beobachtungen lassen sich bei Rudolf Otto machen, der sich ausdrücklich dagegen verwahrte, die religiöse Ergriffenheit als ein sekundäres Kulturelement zu behandeln, das sich psychologisch oder historisch relativieren läßt. Er schrieb daher in seinem Buch „Das Heilige" (1917) mit apodiktischer Sicherheit: „Das Heilige ist — das ist allem Sensualismus und allem Evolutionismus gegenüber in aller Strenge zu behaupten — eine Kategorie rein a priori" (14. Aufl., S. 147).

Auch in der zweiten Phase dieser „religiösen" Erneuerungsbewegung lassen sich mehrere Etappen unterscheiden. Den Auftakt bildet eine Rückbesinnung auf den Formenschatz der christlichen Überlieferung, die auf den ersten Blick wie eine Anlehnung an neogotisch-nazarenische Tendenzen wirkt, sich jedoch bei näherem Zusehen als eine durchgreifende Veränderung des christlichen Ideengutes erweist. Einen relativ biederen Eindruck erweckt die Zeitschrift „Der Türmer" (ab 1897), in der mit protestantischem Idealismus von einer „Rückkehr zum Glauben an eine sittliche Weltordnung" (XIII, 1, 9) und einer „Vereinfachung im Sinne des Reinmenschlichen und Edelnatürlichen" die Rede ist (S. 278). Neokatholische Tendenzen finden sich in Zeitschriften wie „Hochland" (ab 1903), „Der Gral" (ab 1906) oder „Summa" (ab 1917), die sich gegen die „widersittlichen" Auswüchse der ästhetischen Beziehungslosigkeit wenden und eine Dichtung auf „geweihtem" Boden fordern. Die literarischen Erzeugnisse dieser konfessionellen Neuorientierung, die selbstverständlich weit über den bloßen Zeitschriftenklüngel hinausgehen, lassen sich in ihrer Fülle nur andeutungsweise umschreiben. In der Lyrik begegnet man solchen Anlehnungsversuchen besonders bei Rudolf Alexander Schröder, der sich in seinen geistlichen Gedichten am Gesangbuchstil von Paul Gerhardt, Johann Rist und Simon Dach orientierte, oder bei Ernst Stadler, dessen gereimte Langzeilen an die „Gebete der Demut" von Francis Jammes erinnern. Wesentlich problematischer wirkt diese neureligiöse Wendung beim mittleren George, der sich seit dem „Teppich des Lebens" (1900) zu einer leicht katholisierenden Weltanschauung bekannte, was vor allem in der langen Zwiesprache mit dem Engel zum Ausdruck kommt, die sich im Vorspiel dieses Bandes findet (V, 14):

> „In meinem leben rannen schlimme tage
> Und manche töne hallten rauh und schrill.
> Nun hält ein guter geist die rechte wage
> Nun tu ich alles was der engel will.
>
> Gebietend schlichtet ER der wellen hader
> Die wolken weichen reiner bläue dort. .
> Bald zieht auf glatten wassern dein geschwader
> Zur stillen insel zum gelobten port."

Zu diesem scheinbaren Demutsbekenntnis gesellen sich Hinweise auf das „geweihte streben" von Fra Angelico oder den „keuschen zauber heimischer madonnen" (S. 55—56), die noch eindeutiger in diese Richtung zielen. Den ideologischen Beweis dafür liefert ein Aufsatz von Gundolf und Wolters im „Jahrbuch für die geistige Bewegung" (1912), in dem die Schuld an der „liberalen, bürgerlichen, utilitaristischen entwicklung", die sich heute über die ganze Welt verbreite, lediglich den Protestanten in die Schuhe geschoben wird, deren öder Rationalismus zu einer Aushöhlung aller alten Werte beigetragen habe (S. VIII). In ihrem Geiste würden heute die Völker „kapitalisiert, industrialisiert, modernisiert", das heißt mit den „segnungen der zivilisation" überschüttet (S. VII) und damit ihrer vitalen Substanzen beraubt, während sich auf katholischer Seite wenigstens Restbestände der alten Lebensordnung erhalten hätten. Sogar die Hochschätzung des Leibes, die später zum Maximin-Kult führte, wird hier im Gegensatz zur „Entäußerung des protestantischen Fortschritts" als ein spezifisch katholisches Element verstanden, wie es in dem George-Buch (1920) von Gundolf heißt (S. 45). Es gab daher eine Reihe von Kreismitgliedern, die in der katholischen Kirche die höchste europäische Einheitsmacht erblickten und sich dabei auf Georges Gedicht „Leo XIII." beriefen, das zu den wichtigsten Bausteinen seines Gedichtwerkes „Der siebente Ring" (1907) gehört (VI—VII, 20):

> „Heut da sich schranzen auf den thronen brüsten
> Mit wechslerminen und unedlem klirren:
> Dreht unser Geist begierig nach verehrung
> Und schauernd vor der wahren majestät
> Zum ernsten väterlichen angesicht
> Des Dreigekrönten wirklichen Gesalbten
> Der hundertjährig von der ewigen burg
> Hinabsieht: schatten schön erfüllten daseins.
>
> Nach seinem sorgenwerk für alle welten
> Freut ihn sein rebengarten: freundlich greifen
> In volle trauben seine weißen hände,
> Sein mahl ist brot und wein und leichte malve
> Und seine schlummerlosen nächte füllt
> Kein wahn der ehrsucht, denn er sinnt auf hymnen
> An die holdselige Frau, der schöpfung wonne,
> Und an ihr strahlend allmächtiges kind.
>
> ‚Komm heiliger knabe! hilf der welt die birst
> Daß sie nicht elend falle! einziger retter!
> In deinem schutze blühe mildre zeit
> Die rein aus diesen freveln sich erhebe. .
> Es kehre lang erwünschter friede heim
> Und brüderliche bande schlinge liebe!'
> So singt der dichter und der seher weiß:
> Das neue heil kommt nur aus neuer liebe.

> Wenn angetan mit allen würdezeichen
> Getragen mit dem baldachin — ein vorbild
> Erhabnen prunks und göttlicher verwaltung —
> Er eingehüllt von weihrauch und von lichtern
> Dem ganzen erdball seinen segen spendet:
> So sinken wir als gläubige zu boden
> Verschmolzen mit der tausendköpfigen menge
> Die schön wird wenn das wunder sie ergreift."

Im Bereich der Erzählung finden sich solche Anlehnungsversuche vor allem in der „Evangelienharmonie" (1909) von Hans Benzmann, den „Christuslegenden" (1914) von Karl Röttger oder den „Geschichten vom lieben Gott" (1900) von Rilke. Die gleiche christianisierende Welle läßt sich im Drama verfolgen. So veröffentlichte Friedrich Lienhard 1904 seine „Heilige Elisabeth", die in einem altdeutschen Legendenstil gehalten ist, während sich der Gralbund-Dichter Richard von Kralik bemühte, in seinem „Osterspiel in drei Tagewerken" oder dem „Mysterium vom Leben und Sterben des Heilands" die alte Form des christlichen Mysterienspiels wieder zu neuem Leben zu erwecken. Ähnliches versuchte Hofmannsthal in seinem „Jedermann" (1911) und seinem „Großen Welttheater" (1922), die an die spanische Barocktradition oder das spätmittelalterliche Miracle-Play erinnern. Ebenso katholisierend wirkt der „Gawân" (1902) von Eduard Stucken, ein ritterliches Legendenspiel aus dem Bereich der Artus-Runde, dessen Dialoge sich immer wieder zu hymnischen Lobpreisungen des christlichen Heilsgeschehens steigern, wie in folgendem Hinweis auf die Jungfrau Maria (I, 357):

> „Dein Festtag, Weihnachten, ist heut! Dein Magdtum schaffte,
> Daß die Christenheit sich freut, du mädchenhafte.
> Wie der Schnee draußen Saatkorn und Anger vor Frost schützt und
> Wind,
> So gingst du mit Weltglück schwanger, du selbst ein Kind.
> Im Gotteshaus beugten wir stumm anbetend das Knie
> Vor diesem Mysterium, Jungfrau Marie."

In enge Nachbarschaft dazu gehört die Pantomime „Mirakel" (1912) von Karl Vollmoeller, die Max Reinhardt unzählige Male mit großem Gepränge im Zirkus Schumann aufführen ließ, da sich das Berliner Publikum an dieser Folge von Kultbildern und katholischen Riten gar nicht satt sehen konnte.

Im Bereich der bildenden Kunst hat diese Rechristianisierung meist ein nazarenisches oder präraffaelitisches Gepräge. Nach einer Zeit flüchtig hingepinselter Augenblicksimpressionen macht sich auch hier ein Hang zum Feierlichen, Mythischen oder Heiligen bemerkbar. Nicht das formlose Pleinair, sondern die hierarchische Strenge wird plötzlich tonangebend. Man denke an den fast mathematisch strengen „Christus" von Schmid-Reutte, der neben den Jesusgestalten von Uhde wie ein übermenschlicher Heros neben einem wandernden Naturapostel wirkt. Einen ähnlichen Charakter haben die religiösen Motive bei Hodler und Thorn-Prikker, wo sich die „gotische" Eckigkeit mit den schwingenden Linienreizen des Jugendstils verbindet. Wohl der beispielhafteste Vertreter dieser Richtung ist Melchior Lechter, der sich stilistisch nie aus dem Bannkreis Dante Gabriel Rossettis und Fra Angelicos befreien konnte. So stattete er Maeterlincks „Schatz der Armen" im Stile einer „Biblia pauperum" aus, das heißt mit streng geschlossenem Satzkörper und mächtigen Initialen, bei denen man sich an Votivtafeln erinnert fühlt. Georges „Teppich des Lebens" wurde unter seiner Hand zu einem feierlichen Quartanten, der eines gotischen Chorpultes würdig wäre. Der kostbare Pergamenteinband ist hier wie bei den Präraffaeliten mit einer Fensterrose aus Granatäpfeln verziert, während der hieratische Aufbau der einzelnen Seiten an mittelalterliche Kathedralfenster gemahnt. Ebenso sakral wirkt sein Emblem für die „Blätter für die Kunst": ein brunnenartiges Sakramentshäuschen mit gotischem Maßwerk, das Georges Bildvorstellung so entsprach, daß er es für alle seine Veröffentlichungen übernahm. Neben dieser neogotischen und zugleich symbolistischen Manier entwickelte sich eine Richtung, deren Stilisierungstendenzen mehr an Giotto oder die Werke der Beuroner Kunstschule erinnern, die jedoch in ihrer öden Gleichförmigkeit eher kultische als künstlerische Interessen befriedigte.

In der Musik machte sich diese Verstärkung der christlichen Überlieferungen vor allem in der mächtig anschwellenden Bach-Pflege bemerkbar, die zu einer weitgehenden Ausschaltung der romantisch-gefühlsmäßigen Kirchenmusik führte. So gab es Vertreter der liturgischen Bewegung, die in Bach den „fünften Evangelisten" sahen, um das „Zeitlos-Ewige" seiner Schöpfernatur zu betonen. Eine andere, schon zum Expressionismus neigende Gruppe erblickte in ihm das Urbild des „gotischen Menschen", der sich in frommer Ausschließlichkeit seinen christlichen Pflichten ergeben habe, ohne auf persönlichen Reichtum oder weltlichen Ruhm bedacht zu sein. Nur so ist es zu verstehen, daß geistliche Werke wie der „100. Psalm" (1909) und die Orgelkompositionen von Reger ein solches Aufsehen erregten, die man in den neunziger Jahren, als man noch für die symphonische Dichtung schwärmte, wohl kaum beachtet hätte. Auch Pfitzners „Palestrina" (1917), in dem die künstlerische Inspiration als eine „göttliche Begnadung" hingestellt wird, gehört in den Umkreis dieser neureligiösen „Besinnung", deren oberstes Leitbild nicht das weltliche Orchesterwerk, sondern die Messe oder das Oratorium ist.

Eine weitere Etappe dieser stufenweisen Remythisierung bildet das Auftreten neureligiöser „Suchernaturen", die sich in ihrem Streben nach dem Absoluten weniger auf die dogmatisch-konfessionellen als auf die mystischen

Überlieferungen beriefen. Selbst Ketzer und Herätiker wie die Albigenser, Rosenkreuzer oder Freimaurer kamen dadurch wieder zu Ehren, deren esoterische Geheimlehren als „Urformen" des Religiösen ausgegeben wurden. Ebenso stark war das Interesse an Mystikern wie Meister Eckehart und Böhme, die nach Jahrzehnten völliger Indifferenz plötzlich zu religiösen Gestalten ersten Ranges emporstiegen. Auch Martin Bubers „Ekstatische Konfessionen" (1909), eine Sammlung mystischer Texte aus allen Religionen der Welt, trugen wesentlich zu einer „Vertiefung" der bereits vorhandenen religiösen Ansätze bei, zumal sich Buber im Vorwort dieses Buches gegen jede psychologische, physiologische oder pathologische Erklärungsart des Religiösen wehrt, wie sie in den Tagen des Naturalismus und Impressionismus Mode war. Das mystische Erlebnis wird von ihm als eine unanfechtbare „Urtatsache" hingestellt und der Leser geradezu aufgefordert, sich aus der Vielfältigkeit des modernen Lebens wieder ins Mystisch-Absolute aufzuschwingen. Eine ähnliche Unterstützung erfuhr dieses neureligiöse Suchertum durch das Buch „Das Heilige" (1917) von Rudolf Otto, das sich fast ausschließlich mit dem „Numinosen" beschäftigt und gerade das Okkulte und Schauervolle als die Charakteristika eines echt religiösen Erlebens bezeichnet, da sich das eigentliche „fascinans" aller übersinnlichen Erfahrungen nur im „mysterium tremendum" offenbare.

In der Literatur dieser Jahre äußerte sich dieses mystische Streben vorwiegend in der Gattung der „Sucherromane", die für kurze Zeit eine dominierende Stellung behaupten konnten. Das gilt vor allem für Romane wie „Amor dei" (1908), „Meister Joachim Pausewang" (1910) oder „Montsalvasch" (1912) von Kolbenheyer, in denen mystisches, monistisches und pantheistisches Gedankengut in die überlieferte Form des historischen Romans hineingepreßt wird. Auf derselben Linie bewegen sich seine späteren Paracelsus-Romane (1917—1925), wo er das Mystische in völkischer Absicht immer stärker mit dem „ingenium teutonicum" verbindet. Ebenso mystisch durchsetzt wirken die Dorfromane von Hermann Stehr wie seine „Leonore Griebel" (1900), sein „Peter Brindeisener" (1924) und sein „Heiligenhof" (1918), in denen sich dumpfe, ungeschlachte Gestalten, die ständig mit der Macht ihres Blutes zu kämpfen haben, nach bedrückenden Seelenqualen in seltsam versponnene Mystiker verwandeln. Das gleiche gilt für Bruno Willes „Abendburg" (1911), wo es sich um einen Goldsucher handelt, der sich nach einem langen und ereignisreichen Leben von der Welt abwendet und wie in Barockromanen zum Klausner wird. Ihre höchste Steigerung erlebte dieses mystische Streben in „Tycho Brahes Weg zu Gott" (1916) von Max Brod, in dem die wechselnden Schicksale eines „faustischen" Astronomen beschrieben werden, der schließlich, von religiösen Schauern geschüttelt, vor dem Angesicht Gottes zusammenbricht: „Und die Himmel öffneten sich tiefer, die Milchstraße entfaltete sich, blähte sich auf wie ein riesiges weißes Tuch im Winde, ganz ungeahnte

Welten rückten schnell heran. Noch eine Drehung des Ganzen, noch ein leises Beben durch das Weltall hin: da war alle Mannigfaltigkeit verschwunden, der ganze Standpunkt gleichsam hatte gewechselt und nun umkreisen alle Gestirne, unsagbar einfach hingestellt, in einem einzigen glühenden Ringe die demantene Weltachse. — So war Tycho begnadet, mit bloßen Augen das zu sehen, was er mit seinen kunstreichsten Instrumenten nicht hatte erzwingen können: die Wirklichkeit, die unsterbliche Vollendung seines Systems, das wahrhafte Theatrum astronomicum. Und indem auch noch die letzte Materie, Ring und Weltachse, hinschmolz, war er schon in eine Aureole von Göttlichkeit entrafft und mit dem Wesen, das er erkannt hatte, von Angesicht zu Angesicht vereinigt. Eine gewaltige Stimme erscholl durch die posaunenden Akkorde der Sphären: ‚Tycho — mein Knecht.' Da breitete er die Arme aus: ‚Hier bin ich', und stürzte bewußtlos nieder" (9. Tausend, S. 418).

In der Lyrik begegnet man diesem mystischen Gottsuchertum vor allem beim frühen Rilke, dessen „Stunden-Buch" (1905) von vielen wie ein neu-religiöses Brevier gelesen wurde. Das mystische Ergriffensein wird hier mit scheinbar schlichten und doch unglaublich manierierten Metaphern umspielt. So ist Gott der „raunende Verrußte", der „Bittende und Bange", der „Leiseste von Allen", der „Mittellose", der „Nachbar Gott", den man in seiner formlosen Dinglichkeit immer wieder umkneten kann. Die Sehnsucht nach Bindung und Gemeinschaft löst sich dadurch völlig ins Subjektiv-Stimmungshafte auf und geht schließlich in einen Ästhetizismus über, der sich nur noch um die schöne Form des Gesagten, aber nicht mehr um das Inhaltliche bemüht. Rilke vergleicht deshalb die von Gott singenden Dichter höchst verräterisch mit einer Gruppe von Werkleuten, deren religiöse Sehnsucht rein auf die Kunst gerichtet ist (I, 268):

> „Werkleute sind wir: Knappen, Jünger, Meister,
> und bauen dich, du hohes Mittelschiff.
> Und manchmal kommt ein ernster Hergereister,
> geht wie ein Glanz durch unsere hundert Geister
> und zeigt uns zitternd einen neuen Griff.
>
> Wir steigen in die wiegenden Gerüste,
> in unseren Händen hängt der Hammer schwer,
> bis eine Stunde uns die Stirnen küßte,
> die strahlend und als ob sie Alles wüßte
> von dir kommt, wie der Wind vom Meer.
>
> Dann ist ein Hallen von dem vielen Hämmern
> und durch die Berge geht es Stoß um Stoß
> Erst wenn es dunkelt lassen wir dich los:
> Und deine kommenden Konturen dämmern.
> Gott, du bist groß."

Ähnliches findet sich in den Gedichten „Wenn deine Seele einfach wird" (1909) und den „Liedern von Gott und Tod" (1912) von Karl Röttger, in denen die Allgegenwart Gottes bereits den Charakter des wolkig Existentiellen erhält und sich daher im Sinne eines mystischen Monismus ins Alleine oder Absolute aufzulösen beginnt.

Um wenigstens etwas Licht in dieses mystische Dunkel zu bringen, hält man sich am besten an eine bestimmte Leitfigur. Als solche bietet sich nach einigen Überlegungen die Gestalt des „Gralssuchers" an, bei dem die christliche Grundsubstanz ins Allheitliche umgewandelt wird. In dieser Figur scheinen fast alle hier besprochenen Zeittendenzen zusammenzulaufen: sie ist synkretistisch-verschwommen, undogmatisch, mit der Patina des Alten und Ehrwürdigen versehen und ließ sich darum ausgezeichnet als ein religiöses Substrat verwenden. So erscheint Parzival meist als der große Einzelne, der sich auf der Suche nach einem unbestimmten Gott befindet und am Ende seines Ringens damit begnadet wird, ein „neues Reich" zu gründen. Wenn man seinen Namen aussprach, meinte man nicht nur Wolframs oder Wagners Parzival-Gestalten, sondern auch Dürers „Ritter", der sich durch Tod und Teufel seinen Weg bahnt, oder Martin Luther, der gegen eine Welt von Teufeln anzukämpfen versuchte, um das „arische" Religionsempfinden der nordischen Völker von Rom und Juda zu befreien, wie es in der Terminologie der „völkischen" Kreise heißt. Parzival wurde so zum Leitbild des heroischen Menschen schlechthin, zum Ario-Heroiker, zum großen Unzeitgemäßen, der mit der Gesinnung eines reinen Toren gegen die moderne Wirtschaftswelt zu Felde zieht. Man sah in ihm den Urdeutschen, den Zarathustradeutschen, den streitbaren Idealisten, der die Welt aus dem „materialistischen Sumpf" des 19. Jahrhunderts zu retten versucht. Um dieses Ziel zu erreichen, wandelte man auf den „Schleichwegen der Seele", wie Nietzsche diesen Vorgang bezeichnet hätte, und bemühte sich mit allen Mitteln, ein gralshafter „Innenmensch" zu werden. So ist für Friedrich Lienhard der wahre Mensch nicht der, der in Klingsors Gärten hängenbleibt, das heißt der sinnlich reizbare Ästhet, sondern der Pilger, der Wallfahrer, der ständig auf der Suche nach dem innerweltlichen Gralsberg ist. Weltanschaulich gesehen bahnt sich dabei eine deutliche Vermischung humanistisch-idealistischer, national-religiöser und lebensphilosophisch-theosophischer Gedankengänge an, die zu einem absoluten Glaubenschaos führte. Das beweisen seine „Neuen Ideale" (1901), wo er von dem Bemühen spricht, „Kreuz und Rose, Golgatha und Akropolis in neuen Formen zu vereinigen" (2. Aufl., S. 127), während er sich in späteren Jahren mehr auf die Trias „Wartburg, Weimar, Wittenberg" konzentrierte. Dennoch huldigte er auch weiterhin einer unklaren Rosenkreuzersymbolik, verglich das Kreuz Christi mit dem Hakenkreuz, Christus selbst mit Baldur und Apollo, die Natursonne mit der Seelensonne und was sonst an „synkretistischen" Manipulationen möglich ist. Eine ähnliche, ins Phantastische gesteigerte Simultaneität herrscht in den Werken des Charon-Kreises, vor allem bei Pannwitz, in den Aeon-Dichtungen Momberts oder auf Gemälden wie dem „Christus im Olymp" (1897) von Max Klinger. Auch Däublers „Nordlicht" (1910), in dem sich Gestalten wie Perseus, St. Georg, Roland und Parzival zu einem religiös gemeinten Sonnenpilgertum vereinigen, trägt noch Züge dieser Richtung, die dann in die expressionistische Aeonalienpoesie übergeht.

Typologisch kann man bei diesen „Gralssuchernaturen" zwischen drei Gruppen unterscheiden. Die erste hat einen ausgesprochen „lebensphilosophischen" Charakter. Der Gral erscheint hier noch nicht als sakrales Kleinod, das einen mythischen Raum um sich bildet, sondern als „Krone des Lebens" oder als „Kelch der Freude", ohne daß damit ein religiöser oder kultstiftender Anspruch verbunden wäre. So sprach man ständig von einer Sei-Du-Gesinnung, die wohl monistische und vitalistische, aber keine spezifisch mystischen Elemente enthält. Die literarischen Exponenten dieser Gruppe, Dehmel und Mombert, sahen daher im Gral lediglich die Quintessenz alles Lebendigen, was nicht selten in ein überschwengliches Genießertum umschlägt und damit seine spätimpressionistische Herkunft verrät. Das Trinken aus den „Quellen des Lebens" war für sie keine sakrale Handlung, die einen sorgfältig drapierten Faltenwurf verlangt, sondern erschöpfte sich meist im Überantworten an das „Strömende". Doch im Verlauf der Jahre meldet sich auch bei diesen Dichtern ein Hang zum Kosmischen, durch den sich der ganze Weltraum in eine Folie des mythisch überhöhten Ich verwandelt. Beispielhaft dafür ist eine Gestalt wie Momberts „himmlischer Zecher", bei dem sich dieses vitalistische Berauschtsein zu einer „Religion des Lebens" steigert.

Die zweite Gruppe dieser Gralsbewegung läßt sich am besten mit dem Attribut „stilkünstlerisch" charakterisieren, da hier das Religiöse meist zu einem festspielartigen Reigen erstarrt, der lediglich die Funktion des Dekorativen oder Prunkvollen hat. Den Auftakt dazu bildet die Gedichtfolge „Parcival" (1897 bis 1900) von Karl Vollmoeller, in der die Fabelwelt der mittelalterlichen Epen ins rein Kunstgewerbliche abgewandelt wird. Auch in Stuckens dramatischem Epos in acht Dramen „Der Gral" (ab 1901) stehen nicht die Gralsmotive, sondern die sprachlichen Erlesenheiten im Vordergrund. Das Ganze wirkt daher beim Lesen wie ein unüberschaubares Mosaik von Sagenmotiven, die so preziös verschlungen sind, daß es sinnlos wäre, sie alle verstehen zu wollen. Lediglich im „Gawân", den er „Ein Mysterium" nennt, hat das ständige Ringen und Suchen einen relativ religiösen Charakter. Das beweist vor allem der Schluß, wo sich Maria über den knieenden Gawân neigt:

> „Du hast das Leben besiegt und den Tod überwunden;
> Dein seliger Glaube schmiegt sich an Christi Wunden.
> Wer durch Sünde und Todesgrauen hindurchgegangen,
> Ist wert, den Gral zu schauen und den Kelch zu empfangen.

Aus dem Hintergrund der Kapelle nähert sich ein in Weiß gekleideter Mädchen-Engel, der mit beiden Händen den verhüllten Gralskelch trägt. Der Engel kniet vor der Mutter Gottes nieder. Diese nimmt das hüllende Seidentuch vom Gral. Der Gral erstrahlt. Dann reicht das Madonnenbild dem noch immer knieenden Gawân den Gral. Gawân küßt den Kelch und trinkt vom Gral. Leise Musik. Engelsgesang aus der Höhe. Der Vorhang fällt" (I, 403).

Ähnliche Tendenzen finden sich in dem Drama „Der Gral" (1915) von Emanuel von Bodman, in dem die Gralsmotive im Rahmen einer fünfaktigen Jambentragödie vorgeführt werden. Der tragische Konflikt entwickelt sich hier aus der bilderbuchhaft stilisierten Konfrontation von Gralsburg (Ort der Reinheit) und Schloß Salvaterre (Ort des Lasters), wodurch sich wie in allen Dramen des Paul-Ernst-Kreises ein geradlinig-mathematisches Handlungsschema ergibt, das mit unausweichlicher Konsequenz auf die Ermordung der schönen Ivonne von Salvaterre durch den Gralsritter Walwan zusteuert. Auch dieses Werk hat keine religiöse Verbindlichkeit, sondern mündet in einen Glauben an das „Lebendige in unserem Leben", das sich auf keinen bestimmten Kult festlegen läßt (V, 266). Als letztes Beispiel dieser Reihe sei auf den „Parzival" (1922) von Albrecht Schaeffer hingewiesen, der trotz aller hochgespannten Ambitionen wie ein kunstgewerblich gearbeitetes Thema mit Variationen wirkt.

Die dritte Gruppe dieser Bewegung stand von vornherein unter völkisch-idealistischen Aspekten. Die literarische Trägerfigur ist hier ein anspruchsvoller Einzelgänger, der stets nach höchster Erkenntnis oder leidenschaftlicher Verzückung trachtet. Gattungsmäßig gehört diese Richtung in den Bereich des Romans, da das Ringen um eine bestimmte Weltanschauung nach Breite und Geschehnisfülle verlangt, während sich das lebensphilosophisch Punktuelle eher in der Lyrik und das stilkünstlerisch Monumentale am besten im Drama oder Epos ausdrücken läßt. Historisch bevorzugte man dabei die Zeit des Spätmittelalters und der Renaissance, da in dieser Epoche, vor allem in der Welt der Astronomen, Alchemisten und Naturforscher, ein dem Parzival-Stoff verwandtes Faust-Klima herrscht. Zu den instruktivsten Beispielen dieser Richtung gehören die Romane von Kolbenheyer, in denen mit national-religiösen Affekten eine mystische Verinnerlichung des deutschen Wesens angestrebt wird. Doch auch im Bereich der Gegenwartsromane trifft man häufig auf einen neuidealistischen Gründungsversuch inmitten einer materialistisch-verkommenen Welt, der an die Gralsmotivik erinnert. Man denke an Burtes „Wiltfeber" (1912), einen Gralssucher und zugleich urdeutschen „Für-Sich-Mann", dessen ganzes Leben dem Kampf gegen den Ungeist der „westlichen Zivilisation" gewidmet ist. Ebenso überspannt wirkt der „Spielmann" (1913) von Lienhard, der als impressionistischer Globetrotter beginnt, mit dem Leben „spielt", bis er zur Einsicht reift und sich im Sinne der Lienhardschen „Reichsbeseelung" in einen deutschen Seelenreformer verwandelt. Auch er hat kein konkretes Ziel, sondern schwärmt für eine religiöse Wende im allgemeinen. Da alle seine Bemühungen scheitern, zieht er sich am Schluß als erbitterter Gralsritter auf die Wartburg zurück, wirkt jedoch in seiner lächerlichen Vereinzelung wie ein Utopist, dessen Versagen eher einer Farce als einer Tragödie gleicht.

Neben diesen mystisch-synkretistischen Suchernaturen, die sich mit der Maske Parzivals drapierten und von neuen Gralsreichen schwärmten, traten in denselben Jahren auch höchst streitbare Vorkämpfer moderner und zeitgemäßer Religionsformen auf. In den meisten Fällen handelte es sich dabei um ehemalige Pfarrer, deren Kampf hauptsächlich dem lutherisch-orthodoxen Staatschristentum galt, da die oft mißbrauchte Phrase von „Thron und Altar" gegen ihr steigendes Selbstbewußtsein und ihren Drang nach „Vertiefung" des Lebens verstieß. Im Gegensatz zu den überlieferten Lehren des Katechismus setzten sie sich für eine Weiterentwicklung der christlichen Dogmen im Sinne des neudeutschen Idealismus ein, um so eine „Geistreligion" zu begründen, der das Eckehartsche Motto „Gott stirbt und vergeht, nur die Gottheit besteht" zugrunde liegt. Zu den bekanntesten dieser abtrünnigen Pastoren gehörten Jatho, Bonhoff und Traub, die sich vom Traditionalismus ihrer Amtskollegen lossagten, auf ihre Pfarrstellen verzichteten und für eine schöpferische Umwandlung der christlichen Heilslehre im Rahmen freireligiöser Bekenntnisse eintraten. Einer ähnlichen Einstellung begegnet man in dem Buch „Die Christusmythe" (1909) von Arthur Drews, wo der Jesuanismus der historischen Theologie als ein entscheidendes Hindernis auf dem Wege zu einem religiösen Fortschritt bezeichnet wird. Anstatt weiterhin an der „historischen" Glaubwürdigkeit der Evangelien festzuhalten, in denen lediglich eine nachträgliche Rechtfertigung der paulinischen Erlösungsmetaphysik zum Ausdruck komme, trat er für eine weitgehende Eliminierung des historischen Jesus ein, um so die christliche Heilslehre aus ihrer antiquierten Verstaubtheit zu befreien und den Bedürfnissen der modernen Seele anzupassen. Wie weit sich Drews später vom orthodoxen Christentum entfernt hat, beweist sein Buch „Freie Religion" (1917), das in eine „Religion der Freiheit" mündet, in der Gott nur noch als „absoluter Geist" erscheint (S. 6). Ebenso „fortschrittlich" wirken die Thesen von Albert Kalthoff, der sich wie Drews gegen die Leben-Jesu-Forschung wandte, um sich nicht den „Blick in die Zukunft" zu verstellen. Der Jesus der Harnack-Schule sei nichts weiter als ein „rationalisierter Jude" (S. 20), heißt es in seinem Buch „Das Christus-Problem" (1903), das sich gegen die Machenschaften der „großpreußischen Staatstheologie" wendet (S. 23) und statt dessen eine Gottesvorstellung fordert, die aufs innigste mit den „treibenden Kräften unsrer gesellschaftlichen Kultur" verbunden ist (S. 94). Gleiche Angriffe gegen die liberale Theologie finden sich in dem Buch „Das Christusproblem und die Zukunft des Protestantismus" (1909) von

Friedrich Steudel, der sich wie Kalthoff zu einer „Religion des tatenlustigen Kulturwillens" bekannte, da sich ein machtvolles Deutschland nicht auf einem „asketischen Heiligkeitsideal", sondern nur auf einer missionarischen Weltzugewandtheit aufbauen lasse (S. 43).

Ihre aktivste Unterstützung erfuhren diese Ideen durch den Eugen Diederichs Verlag, der sich ab 1900 unter dem Schlagwort „Religiöse Kultur" um eine „schöpferische Umwandlung" der christlichen Dogmen bemühte. So schrieb Diederichs am 31. Oktober 1901 an Arthur Bonus, daß er als „führender Verlag der Neuromantik" sein oberstes Ziel in einer „vertieften, dogmenlosen Religion" erblicke, um damit einer geistigen Wiedergeburt des urdeutschen Wesens die Wege zu ebnen. Aus diesem Grunde gab er neben den Schriften von Drews, Kalthoff und Steudel Bücher heraus wie „Der urchristliche Erdkreis und sein Mythos" (1910) von Samuel Lublinski, „Die Gnosis" (1903) von Eugen Heinrich Schmitt oder „Schule und Jugendkultur" (1913) von Gustav Wyneken, in dem eine konfessionslose „Religion der Aktivität" gefordert wird (S. 67). Wohl ihren prägnantesten Ausdruck erfuhren diese Tendenzen in den Büchern von Arthur Bonus, den Diederichs als seinen eigentlichen Hausphilosophen empfand. Schon die Titelgebung hat hier etwas eindeutig Programmatisches. Man denke an Werke wie „Die Religion als Schöpfung" (1902), „Zur Germanisierung des Christentums" (1911) oder „Die Religion als Wille" (1915), in denen von einer unabhängigen „Geistreligion" die Rede ist, die sich allen begrifflichen Formulierungen entzieht. Wie alle Geistidealisten dieser Jahre setzte er dabei dem „Materialismus des Wissens" einen „Idealismus des Sollens" entgegen, der weder die Begriffe Schuld und Sühne noch Gnade und Erlösung kennt, sondern sich in einer irrationalen Wertwelt bewegt, deren höchster Maßstab das „gesteigerte Leben" ist. Aus diesem Grunde wandte er sich in seiner „Germanisierung des Christentums" (1911) gegen die synkretistischen „Retortenreligionen" der spätimpressionistischen „Ästheten" (S. 191), die sich aus dem religiösen Repertoire eine eklektische Privatreligion zusammenstückten, und stellte wie Drews die „aktivistische" These auf: „Die Gottheit will geschaffen, nicht für wahr gehalten werden" (S. 3).

Ähnliche Gedanken finden sich bei den Gebrüdern Horneffer, die ab 1909 die Zeitschrift „Die Tat" herausgaben und sie mit dem religiös gemeinten Untertitel „Wege zu freiem Menschentum" versahen. Auch sie begannen mit Programmen und Manifesten, gingen jedoch bald zu konkreten Taten über. So gründete Ernst Horneffer 1909 das „Münchener Kartell", indem er den schon bestehenden „Jungdeutschen Kulturbund" mit der „Gesellschaft für ethische Kultur", dem örtlichen „Monistenbund" und der „Freireligiösen Gemeinde" zu einer neuen religiösen Organisation zusammenschloß. Wie Drews und Bonus wandte er sich dabei sowohl gegen die orthodoxe als auch die liberale Theologie und propagierte statt dessen einen religiösen Aktivismus, der sich auf das „Eigenschöpferische" im Menschen stütze. Nicht Dogmen, sondern seelische Potenzen sollten nach seiner Meinung die Eckpfeiler einer echten religiösen Gesinnung sein. Er hielt daher alle vierzehn Tage mit der von ihm geschaffenen Gemeinde freireligiöse Morgenandachten ab, erteilte nebenher konfessionslosen Religionsunterricht und versuchte einen regelrechten Missionsbetrieb aufzuziehen. Bei seinen sonntäglichen Morgenfeiern sprach er meist über Themen wie „Der Stil des Lebens", „Vom Werte des Glaubens" oder „Die Religion des Stolzes", in denen er sich im Zeichen Nietzsches gegen die christliche Demutslehre wandte. Eine „ganzheitliche" Regeneration des Menschen erhoffte er sich wie Zarathustra nur von einem „harten, rauhen Weg", den lediglich ein auf alle Romantik verzichtender, dem Leben zugewandter Geistesmensch beschreiten könne (1909 I, 301). Er verstand daher unter dem Phänomen des Religiösen einen „ewigen Kampf", ein ständiges Ringen und Suchen, dessen Ziel nicht in der Gegenwart, sondern in der Zukunft liege. Nur so könne jeder Mensch wieder sein „eigener Religionsstifter" werden (S. 248), wie es in seinem Buch „Das klassische Ideal" (1906) heißt, wo er der „orientalischen Fessel des Christentums" (S. 238) einen philosophisch-dogmenlosen Geistglauben entgegensetzt, für den alles menschliche Wollen ein „Bilden, Gestalten, Adeln, Verschönern" sei (S. 317). Bei einer solchen Subjektivität, die auf einer einseitigen Betonung der persönlichen Willenskraft basiert, blieb ihm schließlich nichts anderes übrig, als von seinen Anhängern einen schöpferischen „Sprung ins Ungewisse" zu verlangen, was auch hier zu einer „Religion des Lebens" führte, die trotz ihrer Zukunftshoffnungen auf einer Regression ins Urtümliche beruhte. Um seiner eigenen religiösen Stiftung, dem „Münchener Kartell", dennoch eine kultische Form zu verleihen, hielt er neben seinen Predigten auch Sonnenwendfeiern und Jugendweihen ab, deren Ziel „neue Formeln des religiösen Gemeinschaftsgeistes" waren (1912 IV, 257). Wie stark er sich dabei an der Tradition orientierte, beweisen seine Jugendweihen, bei denen er sich eng an die protestantische Konfirmation anschloß und lediglich das Allzudogmatische ins Menschheitlich-Idealistische übersetzte. Als musikalische Begleitung dieser Feierstunden verwandte er meist jubilierende Orgelklänge, da er die Musik als die „formalste, abstrakteste aller Künste" empfand, in die man „jede Stimmung und jeden Gedanken hineindeuten" könne (1909 I, 368). Aber trotz aller kultstiftenden Bemühungen blieb das Ganze ein Experiment und wuchs nicht in dem Maße, wie Horneffer anfänglich gehofft hatte. Er schwankte daher in seinen Predigten ständig zwischen dem Gefühl der Aussichtslosigkeit und der Hoffnung auf einen neuen Propheten hin und her, was sich schließlich zu dem absurden Verlangen nach einer neuen „Offenbarung" steigerte, um so der harrenden Geistgemeinde das „lang entbehrte, tiefe, heilige Leben" wiederzugeben (1911 III, 311). Als sich auch dieser Wunsch nicht erfüllte, traten die Gebrüder Horneffer später der Freimaurerbewegung bei und gaben anstelle der „Tat", die ab 1912 bei Eugen Diederichs erschien, die Zeitschrift „Der unsichtbare Tempel" (ab 1916) heraus, in der sie sich für eine Wiederbelebung des goethezeitlichen Idealismus auf religiöser Grundlage einsetzten, und zwar in dem hoffnungsvollen Gefühl, bei den Freimaurern endlich die ersehnte „Gemeinde", das Nebeneinander von religiöser Erbauung und festlicher Zusammenkünfte, gefunden zu haben.

Eng verwandt mit diesen geistidealistischen Stiftungsversuchen war die „Anthroposophische Gesellschaft" (ab 1913) von Rudolf Steiner, die sich aus der theosophischen Bewegung entwickelte, jedoch durch die Übernahme goethezeitlicher Ideen allmählich einen idealistisch-naturphilosophischen Charakter annahm. Im Gegensatz zu den angelsächsisch-neuindischen Spiritisten stand bei Steiner nicht das Göttliche, sondern der Mensch im Mittelpunkt seiner religiösen Bemühungen. Wie Bonus, Kalthoff und die Gebrüder Horneffer konzentrierte er sich vornehmlich auf die Erweckung der inneren Seelenkräfte, die sich nach seiner Meinung bis zur unmittelbaren Schau „geistiger Welten" aktivieren lassen. Leib, Seele und Geist erschienen ihm dabei wie die Manifestationen einer irdischen, persönlichen und transzendentalen Welt, die der Mensch auf seinem Stufenweg zum Göttlichen nacheinander durchschreiten müsse. „Anthroposophie" bedeutet daher „Einführung in die Erkenntnis übersinnlicher Welten", was meist als Weg in die Unsterblichkeit hingestellt wird, bei dem sich die Seele nach einem Läuterungsfeuer aus ihrer irdischen Hülle befreit, um am Ende ihrer Bahn in das Land des Astralen, ins „Visionäre" hinüberzuschweben. Als literarischer Repräsentant dieser Richtung sei lediglich Christian Morgenstern genannt, der in seinem lyrischen Bekenntnisbuch „Stufen" (1918) die Gottheit als das ewige Ziel des Weltalls bezeichnete, dem sich die Menschen als vereinzelte Gottestriebe in unendlicher Mühe zu nähern versuchten. Er schrieb daher am 7. November 1909 an seine Seelenschwester Marie Goettling: „Alles ist Subjektivismus, bevor man in dieses breite Meer der Sicherheit mündet", um sich zu einer Glaubenshaltung zu bekennen, die jenseits aller liberalistischen Vereinzelung steht.

Ebenso monistisch-theosophisch durchtränkt wirken die Stiftungsversuche von Johannes Müller, der ab 1898 eine Schriftenreihe unter dem Titel „Blätter zur Pflege persönlichen Lebens" veröffentlichte, in der er gegen den herrschenden Materialismus polemisierte und Aufrufe zur religiösen Sammlung erließ. Anstatt sich auf eine bestimmte Weltanschauung festzulegen, predigte er in diesen Blättern das „lebendige Leben", das auf einer „Gleichheit aller Anschauungen" beruhe, wobei er sich im einzelnen auf ein verwässertes Christentum, einen abgestandenen Idealismus und einen trivialen Lebenskult berief. So liest man wie bei Lienhard ständig Phrasen wie „Erlösung durch Allbeseelung", „vertiefte Persönlichkeitskultur" oder „dem Licht entgegen", die in ihrer Seichtheit kaum zu unterbieten sind. Um dem Ganzen eine äußere Form zu geben, gründete er nach der Jahrhundertwende in Elmau ein „Er-

holungshaus für Suchende jeder Richtung", wo er „unbefriedigten" Frauen-
herzen „wolkige Gefühle" vorgaukelte, wie sich August Horneffer 1910 in der
„Tat" ausdrückte (II, 115). Für solche, deren Seele auch durch Lektüre zu
„heilen" war, gab er seine Erbauungsbücher „Von den Quellen des Lebens"
(1905) und „Bausteine für persönliche Kultur" (1908) heraus, in denen er
sich an die „Suchenden von heute" wandte und ihnen eine Wiedergeburt
aus dem „unerschöpflichen Lebensbronnen" prophezeite.

Die gleichen neureligiösen Stiftungsversuche finden sich auf literarischem
Gebiet: angefangen mit den Gedichtzyklen „Hohe Lieder" (1896) und „Das
große Leben" (1900) von Franz Evers über die militant-sakralen „Proklamationen" (1904) von Ludwig Derleth bis zu dem Dramenzyklus „Der wachsende Gott" (1919) von Ferdinand Avenarius, wo in phantastisch aufgedon-
nerten Visionen von der Heraufkunft „neuer Welten" die Rede ist. Ähnliches
gilt für Paul Ernst, der in seinem „Credo" behauptete, daß sich das „lebendige
Bild von Gott" nur bei den Dichtern erhalten hätte (II, 1, 449). Noch anspruchsvoller gebärdeten sich die „Kosmiker" dieser Epoche, allen voran Mombert,
Däubler und Otto zur Linde, deren Werke ständig zum religiös Ergriffenen
oder Prophetischen tendieren. Während bei Mombert das Mythische noch
stark mit persönlichen Zügen durchsetzt ist, trat Däubler von Anfang an als
„gottentstammter" Religionsstifter auf. Wie viele seiner Zeitgenossen huldigte
er einem überspannten Sonnenmythos, der auf der Simultaneität aller Religionen beruht. So heißt es im Vorwort zum „Nordlicht" (1910), dem Hauptwerk dieser vorexpressionistischen Aeonaliendichtung: „Eigentlich heißt
Dasein: Rückkehr zur Sonne", wobei er die wesentlichsten Impulse dieses
„Sonnenpilgertums" auf das Nordlicht zurückführt, das dem irrenden Menschen einen Weg zu einer neuen Heiligung und Göttlichkeit unseres Planeten
weise. Ebenso verschwommen wirkt diese Neigung zum Mythischen bei
Otto zur Linde, dem es im Gegensatz zu Däubler gelang, einen Kreis er-
gebener Jünger um sich zu scharen. Deutsch-nationale Tendenzen, die in das
Traumland „Thule" hinüberweisen, verbinden sich hier mit der Cusanischen
Identitätstheorie, mystischen Einsprengseln und einer Symbolphantasie, die
an Nietzsches „Zarathustra" erinnert. Das gleiche gilt in modifizierter Form für
die Werke von Karl Röttger, Rudolf Pannwitz und Rudolf Paulsen, um nur
einige seiner Anhänger zu nennen, die sich über das Niveau von bloßen Schülern erheben.

Wesentlich folgenreicher als diese „kosmischen" Gruppenbildungen war
jedoch der religiöse Stiftungsversuch des George-Kreises, der bis in die dreißiger Jahre hinein eine Anzahl hochbegabter Intellektueller in seinen Bannkreis
zog. Während George vor der Jahrhundertwende jede „zutat des sinnes"
bewußt abgelehnt hatte, um die makellose Reinheit seiner Gedichte nicht durch
außerkünstlerische Elemente zu beeinträchtigen, spürt man seit dem „Teppich
des Lebens" (1900) einen auffälligen Hang zum Ethisch-Religiösen, der neben

katholisierenden und neogotischen Zügen auch eine Reihe eigenschöpferischer Elemente enthält. Die steigende Feierlichkeit und Sakralisierung der dichterischen Form drängte plötzlich nach einem religiösen Inhalt, der jenseits der bisherigen Konventionen steht. Als solcher bot sich ihm das Maximin-Erlebnis an, das heißt die Mythologisierung oder Heiligdichtung eines Erwählten des eigenen Kreises, die seiner Idee der leiblichen Vergottung am weitesten entgegenkam. Während Maximin noch lebte, war er selbst für George nur ein Mensch. Nach seinem frühen Tode jedoch transponierte er seine Gestalt immer stärker ins Heilige. „Wir können nun gierig nach leidenschaftlichen verehrungen in unseren weiheräumen seine säule aufstellen uns vor ihm niederwerfen und ihm huldigen woran die menschliche scheu uns gehindert hatte als er noch unter uns war", heißt es in „Tage und Taten" (S. 82). George wollte auf diese Weise dem von ihm propagierten Gemeinschaftsdienst endlich einen Zug ins Sakrale geben, der jedes Kreismitglied auf eine religiöse Mitte verpflichtet und damit seines eigenpersönlichen Willens beraubt. Dienst, Opfer, Zucht: alles verwandelte sich plötzlich ins Rituelle, wurde zu einer mythischen Feier von Führer und Gefolge, bei der das autokratische Prinzip von „Herrschaft und Dienst" im Vordergrund steht. Literarisch vollzog sich diese Heiligsprechung im „Siebenten Ring" (1907), und zwar im Herzstück des Ganzen, der Gedichtreihe „Maximin", in der das Wunder der Offenbarung wie eine göttliche Errettung aus dekadentem Siechtum und nächtlicher Verlorenheit gepriesen wird (VI—VII, 96):

> „Dem bist du kind, dem freund.
> Ich seh in dir den Gott
> Den schauernd ich erkannt
> Dem meine andacht gilt.
>
> Du kamst am lezten tag
> Da ich von harren siech
> Da ich des betens müd
> Mich in die nacht verlor:
>
> Du an dem strahl mir kund
> Der durch mein dunkel floß,
> Am tritte der die saat
> Sogleich erblühen ließ."

Eine ähnliche Mythisierung, ja Vergottung findet sich in den Gedichten „Einführung", „Verkennung", „Einverleibung", „Entrückung" und „Litanei", in denen George die Formen der überkommenen Christologie ins Persönlich-Poetische abzuwandeln versuchte, und zwar in Anlehnung an Hölderlin, den er in „Tage und Taten" als den „eckstein der nächsten deutschen zukunft und den rufer des Neuen Gottes" bezeichnete (S. 71). Auf diese Weise wurde aus dem Dichter George immer stärker der Seher, der Religionsstifter George, der Dichter-Stifter, dessen weltanschaulicher Anspruch für die ihm verpflichtete Gemeinde etwas Bindendes hat und daher widerspruchslos hingenommen werden muß. Sein nächster Gedichtband heißt deshalb „Der Stern des Bundes" (1914), in dem er Maximin, wenn auch ungenannt, zum Leitstern des neuen Bundes erhebt (VIII, 8):

> „DU STETS NOCH ANFANG UNS UND END UND MITTE
> Auf eine bahn hienieden, Herr der Wende,
> Dringt unser preis hinan zu deinem sterne.
> Damals lag weites dunkel überm land
> Der tempel wankte und des Innern flamme
> Schlug nicht mehr hoch uns noch von andrem fiebern
> Erschlafft als dem der väter: nach der Heitren
> Der Starken Leichten unerreichten thronen
> Wo bestes blut uns sog die sucht der ferne ..
> Da kamst du sproß aus unsrem eignen stamm
> Schön wie kein bild und greifbar wie kein traum
> Im nackten glanz des gottes uns entgegen:
> Da troff erfüllung aus geweihten händen
> Da ward es licht und alles sehnen schwieg."

Fast in allen Gedichten dieses Bandes wird neben dem Erscheinen des neuen Gottes auf das neue Gemeinschaftsbewußtsein hingewiesen. Nicht das dichterische „Ich" steht im Vordergrund wie in den bisherigen Bänden, sondern die göttliche Weihe des Bundes, das „Wir" und „Uns", das den einzelnen in den Reigen gleichgestimmter Seelen stellt. Den Abschluß bildet daher konsequenterweise ein feierlicher Schlußchor, der wie ein religiöses Bundeslied wirkt (S. 114):

> „GOTTES PFAD IST UNS GEWEITET
> Gottes land ist uns bestimmt
> Gottes krieg ist uns entzündet
> Gottes kranz ist uns erkannt.
> Gottes ruh in unsren herzen
> Gottes kraft in unsrer brust
> Gottes zorn auf unsren stirnen
> Gottes brunst auf unsrem mund.
> Gottes band hat uns umschlossen
> Gottes blitz hat uns durchglüht
> Gottes heil ist uns ergossen
> Gottes glück ist uns erblüht."

Neben diesen sektiererischen und dichterischen Stiftungsversuchen, die stets nur eine geringe Anzahl von Menschen erfaßten, entwickelte sich in denselben Jahren ein breiter Strom an „völkischen" Religionsbewegungen, deren Wirkungen sich bis in die Trivialliteratur dieser Ära verfolgen lassen. Den Ansatzpunkt zu dieser „Eindeutschung" der neureligiösen Bewegung bildete auch hier die steigende Unzufriedenheit mit dem Rationalismus. Wie die mystischen Einzelgänger, die Gralssucher und Dichter-Stifter, opponierte man sowohl gegen die Orthodoxie der bestehenden Staatskirche als auch gegen den Historismus der liberalen Theologie, erstrebte jedoch keine Persönlichkeitskultur, die sich auf eine bestimmte Sekte beschränkt, sondern trat für eine Wiedergeburt des Religiösen auf gesamtvölkischer Basis ein. Selbst reine Gefühlswerte erfuhren dadurch eine gefährliche Wendung ins aggressiv Imperialistische. Was man in diesen Kreisen wollte, war weniger eine Rückverbindung mit Gott als mit dem genuin Germanischen, das erst in den letzten Jahrzehnten in die Gefahr geraten sei, von der modernen Zivilisationskruste überlagert und damit erstickt zu werden. Es gab daher Legionen von Autoren, die für einen „deutschen Gott" oder ein „deutsches Christentum" eintraten, um auch diesen Sektor des „völkischen Kulturlebens" aus den Klauen des unschöpferischen Internationalismus zu befreien. So sprach Paul Ernst in seinem „Credo" vom „deutschen Gott", Hermann Burte in seinem „Wiltfeber" (1912) vom „Reinen Krist", Ricarda Huch in ihrem Buch „Luthers Glaube" (1916) vom protestantisch-deutschen Tatmenschen, Rudolf G. Binding von einer „Religion der Wehrhaftigkeit" (V, 282) und August Horneffer in seiner Schrift „Religiöse Volksbildung" (1920) von einer „deutschen Volkskirche". Was alle diese Äußerungen verbindet, ist die Idee einer „Religion deutsch", wie ein „Tat"-Aufsatz (1916) von Reinhold Buchwald heißt, in dem die religiöse „Tiefe des Gemüts" und der „Idealismus des Willens" als die entscheidenden „Grundeigentümlichkeiten des deutschen Wesens" hingestellt werden (VII, 1005). Besonders engagierte Geister ließen sich dadurch verführen, das Phänomen des Religiösen als etwas spezifisch Nordisches zu bezeichnen, und vertraten die These, daß sich die schöpferische Substanz der menschheitlichen Entwicklung nur „germanisch-deutsch" interpretieren lasse. Dafür spricht ein Buch wie „Der deutsche Gott" (1923) von Wilhelm Schäfer, in dem bereits der Ausdruck „deutsche Christen" fällt, der später zu einem wichtigen Bestandteil der faschistischen Ideologie wurde.

Im Mittelpunkt dieser Entwicklung stand auch hier der Eugen Diederichs Verlag, bei dem sich der Gedanke einer neuen Religion im Verlauf der Jahre immer stärker ins Volkhaft-Deutsche verschob, was zu einer steigenden Reaktivierung aller germanisch-mittelalterlichen und romantisch-antifranzösischen Traditionen des deutschen Geisteslebens führte, in denen man den entscheidenden Gegenpol zur „westlichen" Wissenschaftsgläubigkeit sah. Ein guter Beweis dafür ist die auffällige Vorliebe für Meister Eckehart, die

„Deutsche Theologie", den „Frankfurter", Tauler, Suso, Böhme und Angelus Silesius, die man als Manifestationen einer latenten Deutschgläubigkeit gegen den hieratischen Dogmatismus der kirchlichen Institutionen auszuspielen versuchte, um so den Grundstein zu einer „völkisch" gefärbten Religion der Zukunft zu legen. Man wandte sich daher ausdrücklich gegen den internationalen Ungeist der Theosophie oder das modische Kokettieren mit dem Buddhismus, den Eugen Diederichs in einer Verlagsanzeige als ein „schlangenhaarichtes Scheusal" bezeichnete, und forderte eine konsequente Eindeutschung aller indoarischen Vorstellungswelten. Aus diesem Grunde begegnet man ständig dem Postulat, sich nicht der passiven Meditation zu ergeben, sondern ein kämpferischer Pilger nach dem Absoluten zu bleiben, der sich um die schöpferische Umwandlung aller realen Gegebenheiten in eine Welt überpersönlicher Ideen bemüht. Im Gegensatz zu den bereits erwähnten Mystikern betonte man jedoch, daß sich dieser Vorgang nicht nur in der Einzelseele abspielen dürfe, sondern von der ganzen Nation nachvollzogen werden müsse, um dem Prinzip der „Religio" wieder eine allgemeine Verbindlichkeit zu geben. Romantiker wie Richard Benz träumten daher von der Wiederkehr einer „gotischen Volkskultur", die auf der schöpferischen „Innenschau" des „germanischen Geistes" beruhe, wie es in seinen „Blättern für deutsche Art und Kunst" (1916) heißt (III, 29). Welche Folgen diese Theorien hatten, beweisen der „Bund für deutsche Kirche" (ab 1921) oder die „Deutsche Glaubensbewegung" (ab 1933), die sich unter der Leitung von Friedrich Rittelmeyer, Ernst Graf Reventlow und Wilhelm Hauer zu einem „artgemäßen" Glauben bekannten, dem der idealistische Impuls der ständigen Erneuerung und der Triumph des „werdenden Gottes" über die christliche Ergebenheit in das Schicksal zugrunde liegen. Man denke an das Buch „Deutsche Gottschau" (1934) von Hauer, in dem das Christentum als eine qualvolle Episode in der tausendjährigen Auseinandersetzung zwischen dem Germanischen und dem Orientalischen hingestellt wird, die man endlich überwinden müsse, um wieder zum Ursprung aller echten Religiosität, zum Volksbewußten, zurückzufinden. Was hier noch den Charakter des „Romantisch-Utopischen" hat, verschob sich bei anderen Gruppen immer stärker ins Imperialistische. Besonders nachhaltig wirkten dabei die Neuauflagen der „Deutschen Schriften" von Lagarde, in denen die Nationalisierung des Christentums als die höchste „völkische" Aufgabe bezeichnet wird. Anstatt weiterhin einem „antiquierten" Humanismus nachzulaufen, wandte sich Lagarde mehrfach an die Theologie, wieder zur religiösen „Pfadfinderin" zu werden, die sich aus der orientalisch-dogmatischen Gebundenheit des bisherigen Kirchenwesens befreit und damit jeden „Reichsgenossen" in der Hoffnung beflügelt, in seinem Tun und Handeln wie ein fleischgewordenes Evangelium von der Kraft seines Volkes zu zeugen. Ebenso verblasen äußerte sich Chamberlain zu diesen Problemen, indem er aus Jesus einen Edelarier machte, dessen Lehre erst durch den Halbjuden

Paulus und das Rassenchaos des spätrömischen Reiches ins Anti-Arische verfälscht worden sei. Aus diesem Grunde trat er wie Lagarde sowohl gegen die jüdische als auch gegen die römisch-katholische Überfremdung der ursprünglich christ-germanischen „Geistreligion" auf, die erst ir. Luther und Kant, den höchsten Vertretern des „arischen Idealismus", wieder zu ihren nordischen Quellen zurückgefunden habe, und rief alle „artbewußten" Deutschen auf, an der Schaffung einer genuin-germanischen Religion mitzuwirken, um so den jahrtausendealten Kampf der nordischen Sonnensöhne gegen den materialistischen Geschäftsgeist der semitischen Händlerrassen zu einem siegreichen Ende zu führen. Ein besonders treuer Anhänger dieser Thesen war Wilhelm II., der in seinen Briefen an Chamberlain wiederholt behauptete, daß er es ebenfalls als seine höchste Aufgabe empfände, der christlichen Kirche wieder eine deutsch-germanische Prägung zu geben. Wie schnell sich dieser Gedanke einer „völkischen Religion" verbreitete, beweisen der Schlachtruf der Schönerer-Leute „Ohne Juda, ohne Rom/ Wird erbaut Germanias Dom", das Buch „Der falsche Gott. Beweismaterial gegen Jahwe" (1911) von Theodor Fritsch, die „Germanenbibel" (1904) von Wilhelm Schwaner, die „Grundzüge deutscher Wiedergeburt" (1906) von Joseph Ludwig Reimer, die „Germanisierung des Christentums" (1911) von Arthur Bonus, der Wertung-Aufsatz „Deutscher Glaube" (1909) von Hans von Wolzogen, die Essaysammlung „Rasse und Volkstum" (1920) von Adolf Bartels und das Buch „Über die Zukunft des deutschen Glaubens" (1901) von Ernst Wachler, die sich alle auf das Schlagwort beriefen: „Bevor wir Christen wurden, waren wir Deutsche", wie es in dem Buch „Der deutsche Gott" (1923) von Wilhelm Schäfer heißt (S. 167). Immer wieder wird in diesen Werken die rücksichtslose Tilgung aller „semitischen" Elemente innerhalb des Christentums gefordert, um sich nicht länger der Knechtschaft eines jüdischen „Wüstengötzen" zu unterwerfen. So schrieb Georg Biedenkapp ein vielbeachtetes Buch unter dem Titel „Babylonien und Indogermanien" (1903), das in den Sätzen gipfelt: „Nach Babylonien schleift man unsere Seele und will sie dort zum Anbeten zwingen, während sie in Indogermanien zu Hause ist" (S. 53). In Anlehnung an solche Thesen bezeichnete man das Alte Testament als etwas „Volksfremdes", stellte Armin den Cherusker wertmäßig weit über Christus und sah in Karl dem Großen lediglich den „Sachsenschlächter", dessen Zwangschristianisierung das deutsche Volk um ein Jahrtausend zurückgeworfen habe. Es gab daher eine Reihe von deutschbewußten Sektierern, die sich allen Ernstes um eine Neubegründung des germanischen „Wuotanismus" bemühten. Die besten Beispiele dafür liefern Guido von List, Willibald Hentschel, Ernst Wachler und Willy Pastor, für die es nichts Höheres gab als eine nordische Sonnenwendfeier. Andere versuchten, Christliches und Germanisches im Sinne Chamberlains zu einer untrennbaren Einheit zu verschmelzen, was sich in unzähligen Etappen bis zu Büchern wie „Der Glaube der Nordmark" (1936) von Gustav

Frenssen verfolgen läßt, wo an die Stelle des überalterten Christentums ein „junger, blutvoller und zukunftsträchtiger Glaube" an die christ-germanischen Elemente des deutschen Wesens tritt. So sprach schon Hermann Burte in seinem „Wiltfeber" (1912) von den „blonden Haaren des Galiläers" (S. 157) und behauptete lapidar: der „Krist, das ist der Gott der deutschen Leute" (S. 130). Ähnliche Tendenzen finden sich in dem Buch „Der deutsche Heiland" (1921) von Friedrich Andersen, in dem Christus und die germanische Seele weitgehend zu austauschbaren Begriffen werden. Ihren Höhepunkt erlebte diese Richtung bei Artur Dinter, der in seinem „Völkisch-sozialen Programm" von 1924 die „Lehre des Heilands" als eine „tief ario-germanische, heroische Lehre" bezeichnete und die Gestalt des „Krist" mit Siegfried verglich. Wie präfaschistisch diese Parolen sind, beweist folgendes Zitat: „Der Herzog Heiland selber, flammend von heiligstem Zorn, trägt uns die schwarz-weiß-rote Hakenkreuzfahne voran gegen Juda und Rom" (S. 26). An anderen Stellen entblödete er sich nicht, den „Heilandszorn" mit dem „furor teutonicus" gleichzusetzen. Zur Unterstützung dieser Thesen gab er eine Neuübersetzung der Evangelien heraus, in der er wie Ludwig Albert in seiner „Urbibel der Ario-Germanen" (1921) alle „anti-arischen" Bestandteile eliminierte oder in ihr Gegenteil verkehrte. Ebenso blasphemisch wirkt das Buch „Das Urevangelium Jesu, der deutsche Glaube" (1933) von Dietrich Klagges, wo die vier Evangelien zu einer „arischen" Urbotschaft zusammengezogen werden, um damit dem deutschen Volk wieder einen „artgemäßen" Glauben zurückzugeben (3. Aufl., S. 8). Was Klagges wollte, war eine germanische „Jesuskirche", eine „Gemeinde des deutsch-arischen Heilands" (S. 30), deren höchster Wert nicht die christliche Demut, sondern der arische „Kampfesmut" sei (S. 136). Wie stark diese Vermischung religiöser und imperialistischer Tendenzen einer nationalen Wehrertüchtigung diente, zeigte sich bereits 1913, dem Jubiläumsjahr der „Befreiungskriege", das völlig im Zeichen chauvinistischer Feiern stand und von Ernst Lissauer in der „Tat" als ein „Jahr der Religio" gefeiert wurde (V, 97). Kein Wunder, daß derselbe Lissauer zwei Jahre später einen leidenschaftlichen „Haßgesang gegen England" veröffentlichte, in dem der deutsche Staat zum obersten Kultobjekt erhoben wird und dadurch religiöse Ergriffenheit und völkisches Gemeinschaftsgefühl fast zu Synonymen werden.

Wohl die seltsamste Gruppe dieser „völkischen" Richtung bildeten jene Autoren, bei denen das Germanische untrennbar mit dem Theosophisch-Okkulten verbunden ist. Vor allem der Gedanke der „arischen Pranasophia" hat immer wieder zu skurrilen Ideologiekomplexen Anlaß gegeben. So standen viele Germanenschwärmer der Jahrhundertwende in enger Fühlungnahme mit den Vertretern des angelsächsisch-neuindischen Spiritismus, den man als eine ariosophische „Geheimreligion" empfand. Guido von List zum Beispiel versuchte in seinem Buch „Die Armanenschaft der Ario-Germanen" (1908), den nordischen Armanismus in direkter Anlehnung an die Theosophie aus der mystischen Esoterik des „Wuotanismus" abzuleiten, um so auf den aristokratischen und zugleich naturmagischen Charakter der germanischen Urreligion hinzuweisen. Nach seiner Meinung hätten sich bereits die arischen Altvordern zu geheimen Sekten zusammengeschlossen und spiritistische Séancen abgehalten, in deren Zentrum die sogenannten „Heilsrätinnen" standen. Von dieser arischen Rassenkultreligion, die sich in strenger Exklusivität zu einmaliger Blüte entwickelt habe, seien heute leider nur noch kümmerliche Reste vorhanden. Lediglich in der Sprache der Runen, Wappen und Ortsnamen verberge sich noch eine armanische Esoterik, die sich jedoch bloß dem Kundigen, dem ariosophisch „Wissenden", erschließe. Wie gewagt seine eigenen Deutungsversuche dieser alten Armanenweisheiten sind, beweisen folgende Beispiele. So schreibt er in seinem Buch „Die Namen der Völkerstämme Germaniens" (1909), daß man den Ortsnamen „Köln" nicht aus dem lateinischen „Colonia Agrippina", sondern aus dem germanischen „Kolna", das heißt „Geburtsquelle des Volkes", ableiten müsse (S. 44). Die heiligen drei Könige sind bei ihm Wuotan, Donar und Loki, während er Weihrauch, Myrrhe und Gold als „Empfängnis, Mehrung und Nachkommen" interpretiert, um so das „Zeugerische" des germanischen Wesens hervorzuheben (S. 45). Ähnlichen Gedanken begegnet man in der Zeitschrift „Prana" (ab 1909), die sich ebenfalls auf einer imperialistisch-ariosophischen Ebene bewegt. Der Begriff „Prana" meint hier synkretistisch das „Ga-Llama" der iranischen Lebensweisheit, das „nepesh" der Genesis, den „Logos" der Evangelien, den „spiritus vitae" des Paracelsus, das „Wasser des Lebens" des Omar Khajjam und den „élan vital" der modernen Lebensphilosophie. Außerdem wird auf den arischen Sonnenchristus, die Rosenkreuzer, die Edda, den Okkultismus und die symbolische Kraft des Hakenkreuzes hingewiesen, wodurch sich das Ganze immer stärker in ein germanisches Tatsymbol verwandelt, in dem die weltballumspannende Kraft der „arischen" Sonnenreligion zum Ausdruck kommt (1915 S. 567). Fast dieselben Ideen finden sich in der Zeitschrift „Wissen und Wollen" (ab 1911), dem Organ des deutschen „Schaffer-Bundes" zur „Freiwerdung des Idealmenschen" auf biosophisch-ariosophischer Grundlage (I, 3). Auch hier verwandte man das Hakenkreuz, das als rotierende Sonnenscheibe dem germanischen „Tatgeist" voranleuchten sollte. So schrieb der Mitarbeiter „Kamerad Balder Treu": „Werdet Lichtträger der Menschheit!" (II, 18), und zwar durch Reformkraft, Neupsychologie, Heilmagnetismus und Rassenhygiene, um wieder das „heilige Feuer" des arischen Geistes anzuzünden. Nicht ganz so überspannt, wenn auch mit derselben Zielsetzung gebärdete sich die Mazdaznan-Bewegung (ab 1907), die ebenfalls für eine Rückkehr zu den „heiligen Lebenslehren" der Indoarier plädierte. Das gleiche gilt für den St. Georgsbund in Woltersdorf bei Berlin, wo man einer von Fidus inspirierten Nacktkultur huldigte, deren ariogermanische Weltanschauung an die abstrusen Theorien des theosophiegläubigen Kolonialpolitikers Hübbe-Schleiden erinnert. Daher stellen fast alle Fidusschen Bilder „lichtgläubige" nordische Menschen dar, die sich inmitten wuchernder Lotosblüten oder symbolischer Herzformen bewegen, um auf den theosophisch-ariosophischen Hintersinn dieser seltsam emblematischen Schöpfungen hinzuweisen. Ähnlich ariosophisch wirkt die neue Deutung des überlieferten christlichen „Geist"-Begriffs, der sich aus dem „Logos" immer stärker in eine irrationale Wirkungskraft verwandelte, deren esoterischer Doppelsinn sich nur dem Arisch-„Wissenden" erschließt. So behauptete Artur Dinter in seinem Roman „Die Sünde wider das Blut" (1918): „Dem Geist den Sieg zu bringen über den Stoff und die ganze ringende Menschheit ihrer göttlichen Bestimmung entgegenzuführen war das Ziel, was Gott sich setzte, als er die Germanen schuf" (S. 370). Der Held seines nächsten Romans „Die Sünde wider den Geist" (1921) ist daher ein blonder, strahlender Edelmensch, der einem spiritistisch-theosophischen Zirkel beitritt und sich schließlich zu einem fidushaften Idealhelden entwickelt, dessen höchstes Ziel die radikale Liquidierung des „semitischen" Materialismus ist.

Auch in dieser Richtung spielen wiederum die Gralsmotive eine entscheidende Rolle. So schrieb Hans von Wolzogen, der Herausgeber der „Bayreuther Blätter", ein Buch über die „Germanisierung der Religion" (1911), in dem er sich ausdrücklich zur Leitfigur des „Parsifal" bekannte. Andere, wie Lienhard, begeisterten sich mehr für die Idee neuer Ritterschaften und schmückten ihre Werke mit Hakenkreuzen oder arischen Reinheitssymbolen, um auf diese Weise ihre Zugehörigkeit zur völkisch-ariosophischen Bewegung zu betonen. Besonders grotesk wirkt dieser gralshafte Germanenfimmel im Bereich der pranasophischen Christologie, was Wortungetüme wie „Frauja-Christus" oder „Christus-Asing" beweisen. Selbst ein relativ rational denkender Rassenforscher wie Heinrich Driesmans stellte 1913 im „Werdandi-Jahrbuch" Christus als germanischen „Eugeneten" direkt neben „Siegfried den Sonnenhelden" und „Parzival den Gralssucher" (S. 100). Ähnliche Tendenzen finden sich bei Guido von List, der schon 1891 auf den „deutsch-mythologischen Ursprung" der Gralssage hingewiesen hatte. Aus dem Gral entwickelte sich dadurch ein arischer Nationalmythos, der immer dann herangezogen wurde, wenn man sich auf die „religiöse" Erwähltheit des deutschen Volkes berief. So sah eine Reihe von germanengläubigen Trivialautoren in den Hütern des Grals nicht mehr die christlichen Ordensritter, sondern die Gesamtheit aller „nordischen" Menschen, während man das Blut Christi mit dem arischen Blut gleichzusetzen versuchte. Diese gewaltsame Umdeutung führte schließlich zu der These, daß der arische Gral erst dann wieder zu leuchten beginne, wenn die nordische Rasse ihre ursprüngliche „Reinheit" zurückerlangt habe. Ernst Wachler träumte daher schon in seinem Büchlein „Über die Zukunft des deutschen Glaubens" (1901) von dem Zeitpunkt, an dem sich die „angestammte

Kraft unseres Volkes" in gralshafter Verklärung „über den ganzen Erdball ergießen werde" (S. 17).

Wohl den besten Einblick in den vielverästelten Dschungel dieser präfaschistischen Gedankenwelt erhält man bei Jörg Lanz von Liebenfels, der als Herausgeber der „Ostara" bei den völkischen Kreisen ein solches Ansehen besaß, daß er von List als der „armanische Ulfila der Zukunft" gefeiert wurde. Interessanterweise war er ursprünglich Ordensbruder, trat jedoch aus Abneigung gegen den „jüdischen Jesuitismus" aus dem Kloster aus und gründete einen Bund ariosophischer Mannesrechtler, den er als „Templeisen-Orden", als „Orden des neuen Tempels" (ONT), bezeichnete, wobei er sich sowohl auf christliche als auch auf nordische Religionsvorstellungen stützte. Er gab daher neben seinem „Templeisen-Brevier" (1915), das sich im Untertitel ein „Andachtsbuch für wissende und innere Ariochristen" nennt, auch eine Reihe aggressiv politischer Schriften heraus, in denen die „Reinigung" Deutschlands von allen rassisch Minderwertigen, den sogenannten Tschandalas, gefordert wird. Auf diese Weise verwandelte sich sein christlicher Templeisen-Orden immer stärker in ein ariosophisches Institut für sakral-heroische Rassenzucht, wo man sich im Zeichen des Grals zu einer „arisch-christlichen Rassenkultreligion" bekannte, wie es 1913 im 69. Ostara-Heft heißt. Um dem Ganzen ein sichtbares Zentrum zu geben, erwarb er 1908 die Burg Werffenstein und hißte dort im Bewußtsein seiner Sendung die erste Hakenkreuzfahne, um damit auf den Gott des „aufsteigenden Lebens" und die magische Kraft des nordischen „Götterelektrons" hinzuweisen. Er wurde daher von seinen Anhängern wie ein zweiter Christus, ein zweiter weltgeschichtlicher Reformator, verehrt, in dessen Templeisenburgen sich die letzten Arioheroiker zum Endkampf um die Weltherrschaft versammeln. Durch diese rassische Überspanntheit blieb von dem christlichen Heilsschema wenig erhalten. Vor allem das Jüngste Gericht nahm in seinen Augen mehr und mehr die Vision eines wahnwitzigen Blutbades an, das in der unbarmherzigen Liquidation sämtlicher Tschandalas und Rassenpanscher gipfeln sollte. Lanz ließ sich daher in seiner „Theozoologie" (1905) zu folgendem rassisch betonten „Vaterunser" hinreißen, das wie ein militärischer Appell an alle „asischen Heldlinge" wirkt: „Vater unser ... der du leibhaftig wohnst im Fleische, im Blute, im Gehirn, im Samen der besseren, edleren, schöneren Menschen, der Gottmenschen, deiner Söhne. Geheiligt werde dein ‚Name' das ist dein Same ... Dein Reich komme. Laß endlich die Gottmenschen über die Affenmenschen siegen ... Gib uns das ewige ‚Brot'. Gib uns den himmlischen Gralsbecher ... gib uns die stolzen, treuen Weiber, gib uns Gottesmütter, Gottesgebärerinnen, gib uns jenes Geschlechtsbrot zu essen, das ein ewiges, göttliches, glückliches, schönes Menschengeschlecht nährt" (S. 155). Wie zu erwarten, mündet das Ganze schließlich in eine grotesk-überspannte Apotheose des arisch-deutschen Imperialismus: „Wir wollen unser Schwert

geschliffen und unsere Kriegsleier gestimmt halten, wenns los geht zur Wieder-
eroberung der Welt ... Der Erdball war und ist Germaniens Kolonie! Jedem
wackeren deutschen Soldaten einen Bauernhof, jedem Offizier ein Rittergut! ...
Unter dem Jubel der befreiten Gottmenschen wurden wir den ganzen Erdball
erobern ... Noch einmal über die Alpen, noch einmal nach Ost und West,
auf uralten Väter-Kriegspfaden und Ordnung gemacht unter der zänkischen
Udumubande ... ,Komme Frauja, Liebesgott, Jesus!' Das sind die letzten
Worte deines unvergleichlichen Buches, der hl. Schrift! ... Zieh uns voraus,
sieghafter Affenbezwinger, und erlöse uns von den Sodomsschratten, denn dein
ist das Weltreich und die Kraft und die Herrlichkeit in Ewigkeit. Amen"
(S. 159/160).

Seine bei weitem fanatischste Ausprägung erlebte dieser gralshaft-imperia-
listische Germanenkult vor 1914 in Wien, der „rassisch-bedrohten" Metropole
eines Vielvölkerstaats, wie es im Jargon der „Völkischen" hieß, wo neben Lanz
von Liebenfels auch Guido von List und Georg von Schönerer wirkten. Es
nimmt daher nicht wunder, daß der junge Hitler, der sich in diesen Jahren
fast ausschließlich in Wien aufgehalten hat, einen wesentlichen Teil seiner
ideologischen Anschauungen von diesen Autoren übernahm. Ja, er betont
in seinem Bekenntnisbuch „Mein Kampf" (1925) unter dem Titel „Wiener
Lehr- und Leidensjahre" ausdrücklich, daß er sich in jener Zeit eine „Weltanschauung" erworben habe, die später zum „granitenen Fundament" seines
politischen Handelns geworden sei (4. Aufl., S. 21). Auch Hermann Rausch-
ning schreibt in seinen „Gesprächen mit Hitler" (1940), daß Hitler einmal von
einer „Brüderschaft der Templeisen um den Gral des reinen Blutes" gesprochen
habe (S. 216). Wenn man diese Äußerungen mit den Gedichten eines Schumann, Baumann und anderer nationalsozialistischer Lyriker vergleicht, in
denen Hitler als der neue Christus, der neue Gralskönig hingestellt wird, dem
sich das deutsche Volk wie eine von religiösen Schauern ergriffene Gemeinschaft „österlich Auferstehender" anvertraut, gerät man zwangsläufig in den
Gedankenkreis der faschistischen „Ordensburgen" und ihrer überspannten
Blutsmystik, die ganz im Zeichen des ariosophischen Elitegedankens standen.
Hier hört man jene Schritte dröhnen, in denen das Blutgericht hallt, während
in der Seele der Reinen, der völkisch-pfingstlich Geweihten, wieder der Gral
zu leuchten beginnt, jene magische „Blutleuchte", die schon Alfred Schuler in
seinen nachgelassenen „Fragmenten" (1940) mit dem Zeitalter des „erscheinenden Grals" gleichgesetzt hatte (S. 174). Damit wird ein Weltanschauungs-
komplex heraufbeschworen, zu dem die christ-germanischen Gralsmotive
der Jahrhundertwende selbstverständlich nur eine, wenn auch ideologisch
bedeutsame Triebfeder waren.

DAS NEUE LEBENSGEFÜHL

Parallel zu diesen religiösen „Erneuerungsversuchen" läßt sich um 1900 auch auf dem rein menschlichen Sektor, wo es sich um das scheinbar Private handelt, eine deutliche Absage an das impressionistische Lebensgefühl der absoluten Unverbindlichkeit beobachten. Anstatt weiterhin mit „spätbürgerlicher" Reizsamkeit für das Dekadente, Raffinierte und Interessante zu schwärmen oder mit einer herbstlichen Verlorenheit zu kokettieren, setzte man sich in steigendem Maße für das Gesunde, Starke und Energiegeladene ein, um auch auf seelischem Gebiet zu einer „stilvollen" Koordinierung aller von der „Zivilisation" angekränkelten Empfindungen vorzudringen. Während man in den neunziger Jahren „bis in die Fingerspitzen nervös" sein wollte, wie Hermann Bahr in seiner „Kritik der Moderne" (1890) schreibt (S. 17), liest man jetzt viel von Ruhe, Gefaßtheit und Charakterstärke. Die ästhetenhafte Verliebtheit ins Neurasthenische, in der man den Höhepunkt aller menschlichen Reizmöglichkeiten gesehen hatte, sank auf diese Weise immer stärker ins Klinische herab und wurde schließlich von Nervenärzten wie Oppenheimer und Binswanger als krankhafte „Hysterie der Nerven" hingestellt. Ebenso entschieden wandte sich Willy Hellpach in seinem Buch „Nervosität und Kultur" (1902) gegen den kritiklosen Kult der „Entartung" und „Degeneration", für den er die hochkapitalistische „Modesucht" (S. 81) und die aufreibende „Frivolität" im Liebesleben (S. 161) verantwortlich machte. Die Ursache dieser Entwicklung sah er in der impressionistischen Tendenz, die „einströmenden Reize durch eigenes Handeln möglichst wenig zu unterbrechen" (S. 18), was sich nur durch eine umfassende „Tektonisierung" aller menschlichen Willensäußerungen überwinden lasse, wie Hellpach behauptete. Besonders deutlich zeigt sich dieser Wille zur „Gesundung" im Kampf gegen das Prickelnde und Aufreibende des modernen Großstadtlebens, das man in seinem liberalistischen Anarchismus als etwas Endzeitliches und Entartetes empfand. Daher ist das seelische Leitbild dieser Jahre nicht mehr das Differenzierte, sondern das Reine und zugleich Unmittelbare, wobei man die Tendenz zur „Vereinfachung" oft mit asketisch-idealistischen Motiven verbrämte, in denen ein philisterhaftes Ressentiment gegen die Freiheit an sich zum Ausdruck kommt. So forderte beispielsweise J. Marcinowski in seinem Buch „Nervosität und Weltanschauung" (1910) alle vom Modernismus angekränkelten Neurastheniker auf, sich um eine auf „ideellen" Werten beruhende Askese zu bemühen, anstatt sich weiterhin mit impressionistischer Willenlosigkeit den eigenen Launen zu überlassen und dadurch einer blasierten Übersättigung anheimzufallen.

Ähnliche Forderungen finden sich in Zeitschriften wie „Die Tat", „Der Kunstwart", „Neues Leben", „Ethische Kultur", „Jungborn", „Der Türmer", „Der Gral" oder „Hochland", deren Autoren fast alle erbittert gegen die „impressionistische" Überschätzung der Sinne zu Felde zogen und statt dessen einen neuen Idealismus propagierten. Einer der lautesten Streiter im Kampfe war dabei Ferdinand Avenarius, der Herausgeber des „Kunstwart", der den Impressionismus als eine „Oberflächenkultur", eine Kunst der schwachen Nerven und entarteten Triebe bezeichnete, die nur von geschmäcklerischen Ästheten oder haltlosen Bohemiens genossen werden könne. Friedrich Lienhard sprach in seinen „Grünen Blättern für Kunst und Volkstum" (1901) von den „Literatur-Jünglingen mit der fein ziselierten Hand, den schlechten Nerven und dem unfrischen Herzen" (I, 6), bei denen man den Eindruck einer allmählichen Auszehrung habe. August Horneffer gebrauchte in der „Tat" (1909) Vokabeln wie „mangelnde Selbstbeherrschung", „Instinkterkrankung", „Unentschiedenheit" und verderbliche „Allseitigkeit des Geschmacks" (I, 136). Andere warfen das Schlagwort „Tod dem Ästheten" in die Debatte und verlangten auch von der Literatur wieder eine ethische und kulturfördernde Absicht. Dem entspricht eine Reihe von Abkehr- und Entwicklungsromanen wie „Der Weg des Thomas Truck" (1902) von Felix Holländer, „Der schmale Weg zum Glück" (1904) von Paul Ernst oder „Der Spielmann" (1913) von Lienhard, wo es sich meist um willenlose Literaten handelt, die sich nach einem „verspielten" Anfang für eine bewußt willensmäßige Lebensgestaltung entscheiden. Auf derselben Linie liegt ein Roman wie „Montsalvasch" (1912) von Kolbenheyer, der sich mit scharfen Worten gegen die spätimpressionistische „Begierdenromantik" wendet (S. 94). Das gleiche gilt für die Romanfolge „Das dritte Reich" (1900), „Peter Boies Freite" (1903) und „Am toten Punkt" (1909) von Johannes Schlaf, die in den Niederungen eines dekadent erschlafften Trieblebens beginnt und sich allmählich in ethische „Höhenluftregionen" erhebt. Doch auch sonst läßt sich beobachten, wie man sich wieder für starke und gesunde Gefühle begeistert. Immer häufiger trifft man auf Romane oder Novellen, in denen der Surrogatcharakter des rein Ästhetischen durch eine zunehmende „Aufrichtigkeit" durchbrochen wird. Leider verfiel man dabei meist aus einem Extrem in das andere, indem man die genießerische Enervierung weniger durch eine seelische Vertiefung als durch ein energisches „Stahlbad" zu kurieren versuchte. Man denke an die vielen Zarathustra-Nachahmungen, den trotzigen Geist der Burteschen Helden, die germanischen Reckenmotive bei Paul Ernst oder die übersteigerte Lebensfülle in Dehmels „Zwei Menschen" (1903), in denen der impressionistischen Weichheit und mimosenhaften Verinnerlichung ein Bekenntnis zur Stärke und Tatgesinnung entgegengesetzt wird, das oft in bloße Kraftmeierei auszuarten droht. Die gleiche Entwicklung läßt sich bei Stefan George beobachten, wo schon im „Teppich des Lebens" (1900) an die Stelle herbstlicher Resignation eine Sollensethik tritt, die sich in aller Schärfe vom schwermütigen Ästhetizismus der Wiener Dekadenzpoeten distanziert (V, 77):

> „Wir — wie ihr — zeigten glücklichern barbaren
> Daß höchster stolz ein schönes sterben sei . .
> Bis wir bemerkt wie sehr wir lebend waren
> Da schlossen wir uns stärkern trieben bei."

Edgar Steiger schrieb daher triumphierend in seinem Buch „Von Hauptmann bis Maeterlinck" (1898), das sich mit der Überwindung des „halben Helden" beschäftigt: „Seht ihr ihn herniedersteigen über die Berge, den Bringer der neuen Werte, an denen wir alle unsere Taten messen können? Nennt ihn, wie ihr wollt! Aber freuet euch, daß er wieder da ist — der ‚Tatmensch', auf den ihr alle gewartet habt!" (S. 345).

Wohl das wichtigste Ergebnis dieser Wende ins Männliche, Aktivistische und Tatkräftige war eine deutliche Aufwertung aller „personalen" Bezüge. Statt den Menschen weiterhin als ein Objekt des psychophysischen Parallelismus oder der impressionistischen Suggestibilität zu betrachten, dessen Willensäußerungen einer naturgesetzlichen Kausalität unterliegen, stellte man ihn wieder als ein aktiv handelndes Wesen hin, das ringt, neue Werte setzt und gerade in dieser Mächtigkeit über sich selbst seinen inneren Adel offenbart. An die Stelle des willenlosen Impressionisten trat daher in steigendem Maße der Sucher- oder Kämpfertyp, der sich nicht mit dem skeptischen Solipsismus der neunziger Jahre zufriedengibt, sondern hinter die schillernde Fassade der sinnlichen Eindrücke vorzudringen sucht. Man wollte kein „unpersönliches Geschehen", kein „Elementenbündel" mehr sein, wie es den atomistisch-machistischen Vorstellungen des Impressionismus entsprochen hatte, sondern hielt sich an ein Menschenbild, das jenseits aller „materialistischen" Bedingtheiten zu stehen scheint und seine sittlichen Direktiven direkt aus dem Absoluten bezieht. Der Proteus, der Mensch mit den tausend Masken, wurde daher mehr und mehr durch den Unerschütterlichen, den Beharrlichen, den Allesüberwinder verdrängt, der sich aus eigenem Entschluß in den Dienst eines „idealistischen Sollens" stellt. Einen guten Beweis dafür liefert das Buch „Die Erziehung zur Mannhaftigkeit" (1906) von Ludwig Gurlitt, das ganz im Zeichen eines neuidealistischen Aktivismus steht. Ähnliche Tendenzen zeigen sich bei Adelbert Ernst, der 1909 in der „Wertung" von einer „männlichen Weltanschauung" phantasierte (I, 9), die auf einer „Wehrhaftigkeit des Geistes" beruhe. Noch entschiedener äußerte sich Heinrich Pudor, der sein Buch „Neues Leben" (1902) mit dem stolzen Motto versah: „Schwäche ist Laster; Stärke ist Tugend". Durch diesen Umschwung ins Aktivistische trat an die Stelle des impressionistischen Feminismus, der sich an der Zartheit der weiblichen Psyche orientiert hatte, eine bewußt maskuline Wertwelt, deren höchste Werte kämpferische Selbstbehauptung und bedingungsloses Mutethos sind. Wohl der schärfste Ausdruck dieser neuen Weltanschauung findet sich wiederum bei George, der diese Neigung zum Heroischen im „Stern des Bundes" (1914) in den blasphemischen Zeilen „Ich bin gekommen/ Des weibes werke aufzulösen" zusammenfaßte (VIII, 96). Doch auch Blüher bezeichnete in „Werke und Tage" (1920) den „heldischen Menschen" als die „einzige Rechtfertigung des menschlichen Daseins" überhaupt (I, 58). Man wird hier unwillkürlich an das Leitbild jener heroisch-gestählten Athleten erinnert, die sich mit siegfriedhafter Stärke das Schwert ihrer zukünftigen Taten schmieden, wie man sie in der Malerei bei Fritz Erler oder Franz Stassen findet. Das labile Schwanken der impressionistischen Ära, die allen weltanschaulichen Entscheidungen aus dem Wege gegangen war, wurde auf diese Weise durch ein kämpferisches Ringen abgelöst, das sich sogar zu den Gefühlen des Hasses oder der Brutalität bekennt, um nicht als feminin zu gelten. Die Hinwendung zum „Tatmenschen" muß daher stets mit den Augen Nietzsches gesehen werden, bei dem sich das erträumte Heldenideal ebenfalls ins herrscherlich Monarchische oder Führerhafte überschlägt. Denn in Wirklichkeit steht hinter dieser Betonung des Eigenschöpferischen, mit der man der Sehnsucht nach menschlicher Größe neue Impulse zu geben versucht, meist ein mühsam getarnter Erwähltheitskult, der das Prinzip des Personalen rein aristokratisch versteht und voller Verachtung auf die „Vielzuvielen" heruntersieht, die sich nicht zu dieser heroischen Entscheidungsfreiheit aufraffen können.

Die entscheidende Voraussetzung dieses heldischen Aktivismus sah man in einer „Philosophie der Tat", wie sie vor allem von der Zeitschrift „Die Tat" (ab 1909) vertreten wurde, deren Autoren sich fast ausschließlich zum aristo-kratischen Eliteprinzip bekannten. So wandte sich Ernst Horneffer schon im ersten Heft gegen die „krankhafte Überschätzung der Individualität" im liberalistischen Sinne (I, 39) und setzte sich energisch dafür ein, daß der „Adel des Geistes" die politische Führung ergreife. Er berief sich dabei aus-drücklich auf den deutschen Idealismus und betonte das Selbstgesetzte und doch Überindividuelle der von ihm proklamierten geistigen Werte, um so ein Gegengewicht zum schrankenlosen Subjektivismus der impressionistischen Erkenntnistheorien zu schaffen. Anstatt sich weiterhin lediglich treiben zu lassen, tatenlos und dadurch relativistisch zu werden, stellte er die Forderung auf, sich zum Herrn seiner eigenen Kräfte aufzuschwingen, stark zu sein, Wissen in Können zu verwandeln und damit dem Leben einen Zug ins „Heldenhafte" zu geben (I, 39). Nur so könnten an die Stelle der impressionisti-schen Genußgier wieder Schöpferkraft und Willensstärke treten, die er als die höchsten menschlichen „Zielsetzungen" bezeichnete. Er schloß daher mit den Worten: „Tat werde! Tat sei!" (I, 41), mit denen er alle geistigen Adels-

menschen zum Entscheidungskampf um die letzten menschlichen Werte aufzurufen versuchte. Ähnliche Überlegungen finden sich in den „Gedanken zu
einer Philosophie des Schaffens" (1909) von Otto Braun. „Nur was wir schaffen, können wir erkennen", heißt es hier mit tatmenschlicher Akzentsetzung
(I, 332). Der „Enge der Empirie" wird darum die Identität von Wert und Tat
entgegengesetzt, wobei sich Braun auf Langbehn und Nietzsche berief, um
diesen neuidealistischen Aktivismus auf genuin deutsche Quellen zurückzuführen. Wie stark er sich dabei innerlich engagierte, beweist der ständige
Hinweis auf Fichtes Ausspruch „Charakter haben und deutsch sein ist ohne
Zweifel gleichbedeutend", den er mit dem angeborenen Tatcharakter des
deutschen Wesens in Beziehung brachte.

Der eigentliche Inhalt dieser Tatphilosophie bleibt in den meisten Fällen
recht unklar, da es sich auch hier, wie auf religiösem Gebiet, weitgehend um
bloße „Namenssucher" handelt, die sich der irrationalen Idee des „Werdenden"
verschreiben. Man wollte Aktivität an sich entwickeln, das heißt „Lebensformen a priori" schaffen, die nur im Bereich des Absoluten gelten. Auf diese
Weise entstand ein „Formalismus der Tat", der allen konkreten Fragen aus dem
Wege geht. Die einzige Kategorie dieser aktivistischen Sollensethik, die sich
einigermaßen klar erkennen läßt, ist die Kategorie der Intensität. Das beweisen Formulierungen wie „auf dem Wege sein", „sich etwas erkämpfen"
„Vollmensch werden", in denen ein Noch-nicht-Erkanntes durchschimmern
soll. Denn trotz ihrer klaren Ziele wollten alle diese Tatidealisten „Ringende"
bleiben, sich vor jeder Erstarrung bewahren und wieder im Strudel der „Urerlebnisse" untertauchen, und zwar im Sinne einer rhythmisch-ganzheitlichen
Erfassung des Lebens, der eine deutliche „Re-ligio" zugrunde liegt. Man denke
an die mystischen Obertöne in Büchern wie „Vom Wunder des Lebens" (1909)
von Gertrud Prellwitz oder „Menschwerdung. Wege zum lebendigen Leben"
(1910) von Walter Boelicke, in denen das Ringen um eine volle Lebens-
erfüllung und Lebensvertiefung fast einen kultischen Charakter annimmt.
Im Gegensatz zum Impressionismus, als man jeden Reiz noch einzeln genoß,
setzte man sich jetzt für eine leibseelische Ganzheitlichkeit ein, aus der sich eine
Lebensvorstellung entwickelte, die auf alle historischen und sozialen „Bei-
läufigkeiten" verzichtet und sich ausschließlich auf das Zeitlose, die „Urphänomene des Daseins", konzentriert. Man tat so, als habe es nie eine Geschichte der Seele gegeben, und verfiel daher dem Trugschluß, die eigene
Bedingtheit, in der sich eine bestimmte Stufe der menschlichen Entwicklung
spiegelt, zur absoluten Norm zu erheben. Besonders beliebt waren Formulierungen wie „sich ins All zu erweitern" oder „sich in den Geist der göttlichen
Schöpfung zu versetzen", um so zu einem Menschentum vorzudringen, das
jenseits aller rationalistischen Schranken oder materiellen Bedingtheiten steht.
Dafür sprechen Bücher wie „Seele und Welt" (1912) von Karl Joël oder
„Der Ablauf des Lebens" (1906) von Wilhelm Fließ, in denen die irrationale

Lebenssubstanz in geradezu hymnischer Weise gefeiert wird, während man die Vernunft als ein Symbol des Erstarrten und Mechanischen anzuprangern versucht. Ähnlichen Ideen begegnet man bei Alfred Schuler, Theodor Lessing und Rudolf Kaßner, die sich von einem Durchbruch des Irrationalen die einzige Rettung vor der „zivilisatorischen" Überfremdung versprachen. Klages faßte diese Richtung später in dem Motto „Der Geist als Widersacher der Seele" zusammen. Wie in den Gegensatzpaaren „Rasse statt Völkerchaos", „Volk statt Masse" oder „Kultur statt Zivilisation" vertritt dabei der Geist den starren, tötenden, mechanischen Pol, während das Seelische mit Adjektiven wie dynamisch oder schöpferisch ausgezeichnet wird, was viele zu der Folgerung verführte, wieder mit dem Körper zu denken und damit einer gefährlichen Glorifizierung des Instinkthaften die Wege zu ebnen.

Am deutlichsten zeigt sich diese Wendung ins Ganzheitliche auf erotischem Gebiet, da sich hier die Idee der leibseelischen Integration am unmittelbarsten auswirken konnte. Während man im Impressionismus unter Liebe meist eine kurzlebige „Hysterie der Nerven" verstanden hatte, betrachtete man sie jetzt als einen ganzheitlich-kosmogonischen Erlebnisakt, der sich jeder sensualistischen Interpretation entziehe. An die Stelle des liberalen „Laissez faire" trat daher selbst auf diesem Gebiet eine Sollensethik, bei der sich der einzelne einer rassisch-völkischen oder ethisch-idealistischen Zielsetzung unterzuordnen hat, um sogar der Beziehung der Geschlechter wieder den Charakter einer sittlichen Aufgabe, einer Schöpfungstat, einer innermenschlichen Verpflichtung zu geben, die sich sowohl von der prüden Salonmoral der gehobenen Bourgeoisie als auch von der Frivolität der impressionistischen Literatenkreise unterscheidet. Anstatt sich wie bisher für den Reiz des Versteckten, Raffinierten und Stimulierenden zu begeistern, huldigte man deshalb dem Ideal einer „gesunden, kraftvollen und auf Schönes gerichteten Sexualität, welche sich nur starken Emotionen hingibt und das schwächliche, frivole und laszive Spiel mit den sexuellen Vergnügungen verächtlich und mit Ekel von sich weist", wie Christian von Ehrenfels in seiner „Sexualethik" (1907) schrieb (S. 55). Mit ähnlicher Offenheit bekannten sich Auguste Forel und Grete Meisel-Heß zu einer Sexualreform, die dazu beitragen sollte, das bisherige „Verhältnis" zwischen Mann und Frau in eine echte Bindung zu verwandeln, bei der nicht die gesellschaftliche Konvention, sondern die innere Wahlverwandtschaft den Ausschlag gibt. Im Gegensatz zur impressionistischen Episodenliebe, die gerade den „Genuß ohne Reue" verherrlicht hatte, legte man daher den Schwerpunkt auf das Miteinanderleben, das gemeinsame Wachsen und Ringen. Auf diese Weise wurde das bloß Sinnliche, das sich in unzusammenhängenden Einzelreaktionen entlädt, immer stärker durch eine „geistig-schöpferische" Konsequenz verdrängt, die aus dem Elementaren allmählich ins Göttliche strebt, wie es in dem von Avenarius herausgegebenen

Hausbuch zur geschlechtlichen Erziehung „Am Lebensquell" (1909) heißt. Wohl die beste Illustration dazu sind Dehmels „Zwei Menschen" (1903), wo sich ein neuer Adam und eine neue Eva auf der Suche nach der tiefsten Erfüllung zu einer Volliebe verbinden, die sowohl das Seelische als auch das unmittelbar Vitale umfaßt und sich schließlich zu einer Weltliebe erweitert, bei der sogar der Akt der körperlichen Vereinigung im Zeichen des werdenden Gottes steht.

Besonders deutlich zeigt sich dieser Wandel in der typologischen Behandlung des Menschen selbst. So veränderte sich das literarische Leitbild des Mannes ganz eindeutig aus dem frivolen Verführer, Eroberer und Lebemann in den sittlich-handelnden, familiengründenden und hausbauenden Erhalter, der mit allen Attributen des Patriarchalischen ausgestattet wurde. Nicht der genüßliche Auskoster, der sich für seine Lustempfindungen zum gesinnungslosen Schmeichler erniedrigt, sondern der Charaktertyp, der Held, der mit männlicher Überlegenheit zu handeln versteht, bestimmt das Bild dieser Jahre, was oft zu peinlichen Entgleisungen ins Athletische und Muskelprotzige führte. Ebenso stark veränderte sich das Bild der Frau, das alle bürgerlich-salonhaften, naturalistisch-revolutionären oder impressionistisch-pikanten Züge verliert und dermaßen ins abstrakt Ideale übertragen wird, daß es wie eine „Urform" des Weiblichen wirkt. Während man bisher je nach weltanschaulicher Orientierung das Schwergewicht auf das süße Mädel, das dirnenhafte Genußwesen, die höhere Tochter, die Salonhyäne oder die kämpferische Suffragette gelegt hatte, betonte man jetzt lediglich die „Frau", die „Mutter", das heißt das weibliche Wesen als solches, was in völligem Einklang zu dem „allgemein-menschlichen" Formalismus dieser Jahre steht. Die impressionistischen Frauengestalten mit ihren opalisierenden Augen, flatternden Meerschaumkleidern oder eleganten Gesellschaftstoiletten wurden daher durch „lebensstarke" Weibwesen mit Mutterinstinkten verdrängt, die auf alles Äußerliche verzichten und mit weißen Leinenkleidern und aufgesteckten Zöpfen herumlaufen, da man sowohl das Emanzipierte als auch das Salonhafte als „undeutsch" empfand und einen Typ bevorzugte, der etwas Magdliches und zugleich Reifes hat. Anstatt weiterhin für schriftstellernde Lebedämchen zu schwärmen, liebte man plötzlich das Herbe, Keusche und Urgesunde: die Uta-Gestalten. Doch trotz aller hochtönenden Phrasen verbirgt sich hinter dieser scheinbaren Aufwertung des Weiblichen eine deutliche Geringschätzung der Frau an sich. Denn auf diese Weise wurde die weibliche Persönlichkeit zu einem anonymen „Kraftquell des Volkes" erniedrigt, dessen Funktion sich im rein Biologischen erschöpft. Was man an ihr schätzte, war weder ihre charakterliche noch ihre seelische Eigenart, sondern lediglich ihre Fähigkeit zur Mutterschaft, woraus sich auf völkischer Seite fast ein „Mythos des Weibes" entwickelte. Beispielhaft dafür sind Vokabeln wie „Stammmutter" oder „Hüterin der Art". Mit der gleichen Verblasenheit sprach Margart Hunkel von „deutscher Gottesmutterschaft", Heinrich Driesmans vom „deutschen Jungweib" und Willibald Hentschel von „ariosophischer Heldenzeugung". Hans Blüher behauptete in seiner Schrift „Der bürgerliche und der geistige Antifeminismus" (1916), daß die Frau von Natur aus ungeistig sei und nur in Liebe und Mutterschaft ihre Erfüllung finde. Noch krasser drückte sich George aus, der im „Stern des Bundes" proklamierte (VIII, 86):

> „Weckt den mädchen tote kunde:
> Weibes eigenstes geheimnis.
> Nach den urbestimmten bräuchen
> Eint sie euch den reifen schooßen
> Euren samen wert zu tragen."

Das ideologische Leitbild der Frau sank darum zu einem minderwertigen, wenn auch „heiligen" Gefäß des männlichen Samens herab. Falls man sich überhaupt für sie einsetzte, dann unter nationaleugenischer Perspektive. So bezeichnete Richard Nordhausen in der „Werdandi-Bücherei" (1910) jedes junge Weib als ein „Nationalheiligtum", das man nicht durch ein hemmungsloses Lustleben zerstören dürfe (I, 90). Er und andere Ehereformer dieser Jahre predigten daher das Prinzip der zeitweiligen Enthaltsamkeit, um die schöpferischen Potenzen des menschlichen Körpers nicht durch eine ziellose und unverbindliche Genußempfindung zu schwächen. Aus der sexuellen Vereinigung wurde so ein sakraler Akt, in dem ein überindividuelles Liebesschicksal zum Ausdruck kommt, das ganz im Zeichen einer charismatischen Erwähltheit steht. Durch diesen Gesinnungswandel trat an die Stelle der impressionistischen Pikanterie in steigendem Maße das „ethische Sollen", die Verpflichtung zum Kind, was literarisch zu jenen „blutvollen" Szenen führte, bei denen sich Mann und Frau wie zwei Odstrahler gegenüberstehen, bis sie von der Ananke, dem gewollten Zwang, schicksalhaft vereinigt werden. Man denke an die leidenschaftlich verhaltenen Liebespaare bei Frenssen oder Burte, die sich mit sicherem Instinkt für starke Geschlechtspartner entscheiden. Immer wieder handelt es sich um Vollnaturen, deren Küsse wie Schwüre wirken und die sich mit einer Gebärde umarmen, die für die Ewigkeit berechnet scheint. Selbst das Weib ist hier ganz der „Stimme des Blutes" unterworfen, anstatt sich hilflos „nehmen" zu lassen, wie es den Klischeevorstellungen der gängigen Salonromane entsprach. Der Mann erscheint daher meist in der Gestalt eines muskelstrotzenden Athleten, während die Frau als Vollweib mit langwallenden Haaren, gewaltigem Hüftschwung und mütterlich geschwellten Brüsten geschildert wird. Die angestrebte „Vertiefung" der germanisch-deutschen Geschlechterliebe führte auf diese Weise oft zu einem idealistisch verbrämten Kraftprotzentum, das sich schon in statu nascendi ins Bluthaft-Irrationale überschlägt und dadurch eher eine regressive als eine befreiende Wirkung hatte.

Eng verbunden mit dieser aktivistischen Tatgesinnung war die neue Bewertung des menschlichen Leibes, der plötzlich als ein Kulturfaktor ersten Ranges angesehen wurde. So wandten sich fast alle Autoren dieser Richtung gegen die zunehmende Verweichlichung und predigten statt dessen eine „Körperkultur", die auf dem Motto „Mens sana in corpore sano" beruht. Anstatt mit Vatermördern, Pincenez und obligatem Spazierstöckchen herumzulaufen, die in steigendem Maße als „geckenhaft" galten, erwartete man von jedem Deutschen wieder ein Gefühl für körperliche Größe und Würde, um auch in der äußeren Erscheinung den idealistischen Grundzug des deutschen Wesens zum Ausdruck zu bringen. An die Stelle „westlicher" Modefatzkerei und staubiger Geistesarbeit traten daher Ideale wie Wandern, Schwimmen und Bergsteigen, aus denen sich schnell eine Ästhetik des Leibes entwickelte, die mit Schlagworten wie „Völkerfrühling" oder „nationale Wiedergeburt" verbrämt wurde. Als „Intellektueller" angesehen zu werden, war in diesen Kreisen fast eine Schmach. Aus diesem Grunde traf man sich nicht mehr in literarischen Cafés, sondern stellte das Lagerfeuer als den idealen Sammelplatz der gebildeten Jugend hin. Das bisherige Leitbild des Ästheten oder eleganten Flaneurs wurde deshalb zusehends durch die vergeistigte Kraftnatur, den Vollmenschen, den „Homo teutonicus" verdrängt. Beispielhaft dafür ist ein Mann wie Blüher, der fünf Fußmärsche nach Italien unternahm, um seinen schwächlichen Körper zu stählen. Andere kauften sich einen Morgen Land, an dem sie ihre Kraft erprobten. Ähnliche Impulse gingen vom „Wandervogel", den Lietzschen „Landerziehungsheimen" und Wynekens „Freier Schulgemeinde" aus. Selbst Stefan George wurde von diesem Willen zur „deutschen geste" ergriffen und schrieb im ersten Auseleband der „Blätter für die Kunst" (1899): „Daß unsre jugend jetzt das leben nicht mehr niedrig sondern glühend anzusehen beginnt: daß sie im leiblichen und geistigen nach schönen maßen sucht: daß sie von der schwärmerei für seichte allgemeine bildung und beglückung sich ebenso gelöst hat als von verjährter lanzknechtischer barbarei: daß sie die steife gradheit sowie das geduckte lastentragende der umlebenden als häßlich vermeidet und freien hauptes schön durch das leben schreiten will: daß sie schließlich auch ihr volkstum groß und nicht in beschränktem sinne eines stammes auffaßt: darin finde man den umschwung des deutschen wesens bei der jahrhundertwende" (S. 27).

Es gab daher genug Stimmen, die der impressionistischen Reizsamkeit und Perversität mit der Forderung nach neuer Reinheit, Gesundheit, ja Askese entgegentraten, um so einen „Triumph des Willens" über das bloße Genießen herbeizuführen. Man denke an die verbreitete Abstinenzbewegung, die Vegetarier, die „Naturgemäßen", den „Vortrupp" oder den „Guttemplerorden", deren Kampf hauptsächlich der „Teufelstrias" von Alkoholismus, Nikotinismus und Sexualismus galt. Wohl das erfolgreichste Buch dieser Gruppe war Hermann Poperts Romanpamphlet „Helmut Harringa" (1910), in dem eine Vorherrschaft der „nordisch-friesischen Jugendkraft" über die entartete und zerfressene Großstadtbevölkerung gefordert wird (22. Aufl., S. 24). An die Stelle des blasierten Zynikers, der mit seiner interessanten Vergangenheit posiert, trat daher in steigendem Maße das menschliche Leitbild eines schwärmerisch entzückten Jünglings, der sich im Überschwang seiner Seele in den Dienst des angebrochenen Jahrhunderts stellt. Zur leibseelischen Aktivierung dieses Idealismus wurde vor allem der Sport herangezogen, und zwar nicht im Sinne einer turnerischen Ertüchtigung, sondern als Jungborn des völkischen Lebens, als rassische Abhärtung, die im Zeichen einer bewußten Nationaleugenik steht. Selbstverständlich gab es auch auf diesem Sektor eine Fülle miteinander konkurrierender Ideologiekomplexe. Wohl ihre reaktionärste Färbung erhielt der Gedanke einer neuen „Körperkultur" im Rahmen der verschiedenen „Wehrkraftvereine" und „Jungdeutschland-Bünde", die gegen den sozialdemokratischen Pazifismus zu Felde zogen und das Ideal des deutschen „Wehrkraftjungen" propagierten. Neben dieser körperlichen Ertüchtigung im militärischen Sinne entwickelte sich zu gleicher Zeit eine Reformbewegung, deren Erneuerungsstreben mehr auf einer Reaktivierung der „naturgemäßen" Lebensweise des Menschen beruht. Den besten Einblick in diese Richtung vermitteln Zeitschriften wie „Kraft und Schönheit", „Reformblätter", „Vegetarische Warte", „Prana", „Gute Gesundheit" oder „Körper und Geist", die neben der Alkohol- und Tabakabstinenz auch die theosophische Gesundbeterei in ihre sektiererischen Bemühungen einbezogen. Das gleiche gilt für die ersten Vegetarierbünde, alkoholfreien Gaststätten u. a. Reformhäuser, die sich der Unterstützung des „Dürer-Bundes" und des Lebensreformers Adolf Just erfreuten. Wie alle Bewegungen dieser Jahre war auch diese Gruppe stark mit lebensphilosophischem Gedankengut durchtränkt. Sie stellte nicht nur Gesundheitsregeln auf, sondern erhob zugleich den Anspruch auf eine seelische Totalerneuerung des Menschen. Als Beispiel dafür sei die Zeitschrift „Die Lebenskunst" (ab 1906) herausgegriffen, bei der man im Annoncenteil Hinweise auf Naturheilstätten, Luftbäder, Reformbetten, Kräuterkakao, Sanella-Butterersatz, Vollkornbrot, Fruchtsäfte, Obstnährsalze und Nußwürste findet, während man im Schriftteil philosophisch-theosophische Traktätchen vorgesetzt bekommt, die sogar den Akt der Nahrungsaufnahme oder die bloße Atemübung ins Religiöse erheben. Dem entsprechen Heiratsanzeigen wie „Junger Mann sucht edeldenkendes Fräulein theosophischer Richtung, welches der Fruchtdiät zuneigt" (I, 5), in denen sich der universale Anspruch, der dem Ganzen zugrunde liegt, in eine groteske Marotte verwandelt.

Zu den wichtigsten Programmpunkten dieser Befreiung des Leibes gehörte die vieldiskutierte Reform der menschlichen Kleidung. Anstatt sich wie bisher dem gesellschaftlichen Kanon von Frack und Zylinder, Dekolleté und Wespentaille zu unterwerfen, trat man jetzt für eine Kleidung ein, die den normalen Körperformen angepaßt ist, das heißt, diese nicht unnötig beengt, sondern ihnen genug Spielraum zu freien und edlen Bewegungen läßt. Besonders scharf kritisierte man die einschnürenden Leibchen und Mieder, deren Zweck es sei, das „Weibchen" in der Frau hervorzukehren. Die koketten Puppen und eleganten Salonengel der neunziger Jahre wurden daher durch einen Frauentyp verdrängt, der — leitbildlich gesehen — alle raffinierten Schneiderkünste entrüstet von sich weist. Dafür spricht ein Buch wie „Die Frauenkleidung" (1900) von Karl Heinrich Stratz, das sich mit der „natürlichen" Schönheit des weiblichen Körpers beschäftigt und für Schnürfurche, Spitzbauch und unschönen Busen lediglich das übermäßige Korsetttragen verantwortlich macht. Ähnliche Thesen finden sich im „Kunstwart". Auch hier setzte man sich für das korsettlose Reformkleid ein, und zwar aus nationalem Ressentiment gegen die Herrschaft der Pariser „Haute Couture". Man wollte damit endlich das erotische Raffinement durch eine „stilvolle" Ungezwungenheit ersetzen, bei der nicht die Mode, sondern der weibliche Körper der oberste Maßstab ist. „Gesund, zweckmäßig und persönlich, nur als Ausdruck dieser Dreiheit schön: so soll das neue Kleid sein" (S. 87), schrieb Elisabeth Toussaint im Jahrgang 1908. Fast die gleichen Anschauungen vertrat Paul Schultze-Naumburg in seinem Buch „Die Kultur des weiblichen Körpers als Grundlage der Frauenkleidung" (1903), in dem das ungesunde und unnatürliche Korsettwesen als eine alberne Modetorheit bezeichnet wird, die sich nicht mit dem deutschen Sinn für das Schlichte vereinbaren lasse. Edle und wohlgestaltete Körper können nach seiner Meinung nur dann entstehen, wenn man auf die „schädigenden" Einflüsse von Büstenhalter und Schnürleibchen verzichte und seinen Körper durch den freien Gebrauch aller Glieder gleichmäßig durchtrainiere. Nicht das Prickelnde, die Tyrannei des Frou-Frou, sondern die keusche Einfachheit müsse die Grundlage der weiblichen Kleidung sein, wie Schultze-Naumburg immer wieder behauptete. Der Stil dieser Reformkleider hat daher oft eine leicht antikisierende oder mittelalterliche Note. So schwärmte man für Kleider, die weder eine Taille noch einen Gürtel haben, sondern frei von den Schultern zur Erde herabfallen, um so den Eindruck des Würdigen und Hoheitsvollen hervorzurufen. In völkischen Kreisen hielt man sich dabei an das Uta-Ideal, während man auf theosophischer Seite weiße Leinenkleider mit schlicht herabfallenden Bahnen bevorzugte. Ein gutes Beispiel für die streng nationale Richtung ist der „Tat"-Aufsatz „Deutsche Kleidung" (1915) von Eugen Diederichs, in dem eine konsequente Uniformierung gefordert wird, die jedem Deutschen wieder den Anschein der „Monumentalität" verleiht (VII, 697). Ähnliches kommt in der Propagandaschrift „Neudeutsche Kleidung" (1914) der Reformgruppe „Haus Ecklöh" zum Ausdruck. Mehr ins Stilvolle tendiert die Broschüre „Die künstlerische Hebung der Frauentracht" (1900) von Henry van de Velde, in der er für eine Formenschönheit eintritt, die sich am linearen Denken des Jugendstils ent-

zündet und selbst den schlichten Reformkleidern eine elegante Note gibt.
Ein weiteres Ergebnis dieser steigenden Bedeutung des Leiblichen war die
neue Bewertung des Tanzes, der als die unmittelbarste Ausdrucksgeste des
menschlichen Körpers hingestellt wurde. Allenthalben ertönte plötzlich das Lob
der rhythmischen Bewegung, der edlen Geste, der Ganzheitlichkeit des Empfindens, das nach neuen Gebärden verlange. Aus diesem Grunde wandte man
sich schärfstens gegen die genau berechneten Schritte und Figuren des üblichen „Corps de ballett", denen eine wohlüberlegte Choreographie zugrunde
liegt, und forderte einen Tanz mit dem ganzen Körper, der auf alle ästhetischen Illusionen verzichtet und sich mit der organischen Harmonie der einzelnen Körperglieder begnügt. Während man bisher das turnerische Können
oder die elegante Beinarbeit als das Entscheidende empfunden hatte, verlegte
man sich jetzt mehr auf das Gymnastische, wodurch sich der traditionelle
Tanz immer stärker in eine linienselige Eurhythmie verwandelte. Überwältigt
von einem rhythmischen Körpergefühl, das man sich im Sinne des Kosmo-
gonischen mit den „Urgesetzen der Natur" in Übereinstimmung dachte, verzichtete man selbst auf das erotisch Prickelnde der kurzen Spitzenröcke, die
man als ein entwürdigendes Zugeständnis an den männlichen Reizhunger
empfand. Es gab sogar Gruppen, die wieder von der „kultischen Ursprünglichkeit" des Tanzes träumten, sich für das „Tänzerische" bei Nietzsche oder den
rassenzüchterischen Charakter der germanischen Tanzberge begeisterten, um
so zu einer „rhythmischen Erneuerung des gesamten Volkes" beizutragen.
Die erste Priesterin dieser rhythmischen Leiblichkeit war Isadora Duncan,
die „Professorin für Eurhythmie", wie sie von hämischen Impressionisten
genannt wurde. Anstatt den bisherigen Gruppentanz mit all seinen equili-
bristischen Raffinessen weiterzupflegen, ging es ihr nur um einzelne, „schön-
bewegte" Körper, die an die klassizistischen Ideale der „edlen Einfalt und
stillen Größe" erinnern. Sie war eine der ersten Tänzerinnen, die ohne Trikot
auf die Bühne kam und ihren nackten Körper lediglich in eine einfache Tunika
hüllte, um sich schon in der äußeren Erscheinung ein griechisches Gepräge
zu geben. Ihre tänzerischen Darbietungen wirkten daher weder artistisch
gekonnt noch besonders abwechslungsreich, sondern beschränkten sich auf das
bloße Gehen, Schreiten, Kommen, Sichwenden und Sichverbeugen. Mit
besonderer Vorliebe tanzte sie die „Primavera" von Botticelli, stellte griechische Statuen oder bewegte sich zu den Klängen der „Seligen Geister"
von Gluck, und zwar in freien Ausdruckstänzen, lediglich ihrer intuitiven Eingebung gehorchend. Im Gegensatz zu Tänzerinnen wie der Saharet sollte
ihr Tanz keine moderne Schaustellung sein, sondern ein Zurückgehen auf
alte, kultische Ausdrucksgebärden, ein Gottesdienst, eine „religiöse Empfindung für die Schönheit", wie es in ihrer Schrift „Der Tanz der Zukunft"
(1903) heißt (S. 27). Sie schrieb daher: „Er müßte ein Gebet sein, dieser Tanz!
Jede Bewegung müßte ihre Wellenschwingung bis zum Himmel senden und

ein Teil des ewigen Rhythmus der Sphären werden" (S. 33), obwohl sie bei ihren sakral gemeinten Bemühungen meist auf „sezessionistische" Theateraufführungen angewiesen blieb.

In größerem Rahmen wurden diese Ideale zum erstenmal in der Elisabeth-Duncan-Schule (ab 1904) in Darmstadt verwirklicht, deren pädagogisches Ziel eine „edelbewegte" Körperlichkeit auf gymnastischer Grundlage war. Im Gegensatz zu den üblichen Mädchenpensionaten, wo man Handarbeiten, Französisch und Klavierspielen lernte, setzte man sich hier die Aufgabe, ein gesundes, starkes Geschlecht heranzubilden, das bereits in seinen Gebärden den Eindruck charaktervoller Persönlichkeiten erweckt. Korsettpanzer und Stöckelschuhe waren daher ausdrücklich verboten. Anstatt den rührend-hilflosen Typ der „höheren Tochter" weiterzupflegen, wurden in dieser „Körper-Charakter-Schule" die jungen Mädchen vor allem mit einer kräftigen Muskulatur, einem schönen Nacken, wohlgebildeten Armen und vollentwickelten Brüsten ausgestattet. Man betrieb deshalb genau durchdachte Lauf- und Springübungen und rhythmisch bewegte Reigenspiele, die auf die spätere Gebärtüchtigkeit hinzielen. Selbst hier hatte man eine „Veredelung der Rasse" im Auge, wie es in der programmatischen Schrift „Die Elisabeth-Duncan-Schule" (1912) heißt (S. 9). Das vornehme Schreiten und die edlen Handbewegungen zielten daher ständig ins Eugenische, was man als „Stählung der Vitalität" bezeichnete (S. 12). Eine ähnliche Orientierung verraten die Reformversuche von Bess Mensendieck, die 1905 in Berlin eine „Schule für Körpererziehung" eröffnete, in der man sich zum Prinzip der „fließenden Schönheit" bekannte. Auch sie verurteilte jeden Drill und setzte sich für rhythmische Übungen ein, die einer „naturgegebenen" Linienführung entsprechen. Das gleiche gilt für die „Loheland-Schule" oder die „Züricher Schule für Eurhythmie" von Rudolf von Laban, beides anspruchsvolle „Körper-Charakter-Schulen", die vom Prinzip der „bewegten Leibesmitte" ausgingen und der geduckten Körperhaltung des Bürgertums eine fechterhaft schlanke Positur entgegenstellten, in der sich eine geistige Überlegenheit manifestieren sollte. Auch das von Emile Jaques-Dalcroze gegründete Tanzinstitut in Hellerau gehört in diesen Zusammenhang. Wie bei der Duncan tanzte man hier nicht in stereotypen Gazeröckchen, sondern in lang herabfallenden Leinengewändern, die nur ein Echo des Körpers bilden. Das Ganze sollte kein Fest der Sinne sein, wie der Impressionist Oscar Bie in seinem Buch „Der Tanz" (1906) lebhaft bedauerte, sondern eine rhythmisch bewegte Gymnastik, in der sich eine „ganzheitliche" Körperkultur offenbart. Bie sprach daher von einem „Kloster des Körpers", wo man sich bemühe, die „Frömmigkeit des Nüchternen und die Religion der Hygiene" zu einer Synthese „sozialer Modernität" zu vereinigen (2. Aufl., S. 369). Statt sich mit Gebrauchsmusik zu begnügen, trat Dalcroze bei seinen „Hellerauer Schulfesten" stets mit höchstem Anspruch auf und legte seinen Aufführungen Werke von Bach, Gluck oder

Beethoven zugrunde, um dem Ganzen einen hoheitsvollen Charakter zu geben. Der Stil dieser Aufführungen läßt sich daher am besten mit den Künstlerfesten Ludwig von Hofmanns oder den Weiheprogrammen von Peter Behrens vergleichen, deren Veranstalter sich ebenfalls eine tänzerische „Rhythmisierung unseres leiblichen Seins" zur Aufgabe setzten, wie August Horneffer in der „Tat" behauptete (1912 IV, 129).

Eine weitere Folge dieser Befreiung des Leiblichen aus den Fesseln von Prüderie und Muffigkeit war die Verherrlichung des Nackten, die in Deutschland bezeichnenderweise nicht zu einem sportlichen Nudismus, sondern einer weltanschaulich ausgerichteten Freikörperkulturbewegung führte, bei der eine auffällige Neigung zum Religiösen und Rassenhygienischen im Vordergrund steht. Wohin man auch blickt, überall begegnet man in diesen Jahren übersteigerten Hymnen auf das Gesunde, Kraftstrotzende und vitalistisch Begeisternde des nackten Leibes. Manche gingen dabei so weit, den Zustand des Entkleidetseins als eine Aufhebung aller historischen oder gesellschaftlichen Bedingtheiten aufzufassen und sich von dieser „Rückbindung" des Menschen an das Ursprüngliche und Organische eine Umwandlung des gesamten staatlichen Gefüges zu versprechen. Man denke an Bücher wie „Die Rassenschönheit des Weibes" (1902) von Karl Heinrich Stratz oder „Nackt-Kultur" (1906) von Heinrich Pudor, in denen wie auf den Bildern von Fidus ein rousseauistisch-utopischer Protest gegen den bürgerlichen „Kleidermenschen" zum Durchbruch kommt, der in seinem Kampf gegen Schmerbauch und Schnürfurche oft in eine Lynchjustiz auszuarten droht. So forderte Pudor allen Ernstes, jedes korsetttragende Frauenzimmer an den Pranger zu stellen und Unkeuschheit wie bei den Germanen mit dem Moortod zu bestrafen. Eins der wichtigsten Sammelbecken dieser „neuidealistischen" Nacktkultur war die Zeitschrift „Die Schönheit" (ab 1903), in der sich Aufsätze über Isadora Duncan, das unbekleidete Mensendiecken oder das gemeinsame Nacktbaden finden. Zu den bekanntesten Vertretern dieser Richtung gehörte Magnus Weidemann, der sich von einem Pfarrer zu einem schwärmerischen Aktphotographen entwickelte. Bei manchen seiner Bilder wird man unwillkürlich an Dehmels „Zwei Menschen" (1903) erinnert, die stellenweise geradezu einen Kult mit ihren nackten Leibern treiben (S. 119):

> „Er läßt sie thronen auf seinen Knien;
> und sie, mitlachend, schaukelt ihn,
> die Brüste zum Triumph gestrafft.
> Zwei Menschen schwelgen in ihrer Kraft."

Das gleiche „sonnetrunkene" Glücksgefühl kommt in den Schönheitstänzen dieser Jahre zum Ausdruck. So berief sich Olga Desmond bei ihren Darbietungen stets auf das Motto der Duncan: „Nur die Bewegungen des unbekleideten Körpers können natürlich sein" (S. 29), während sie jede Verhüllung als einen Mißbrauch der „gottentstammten" Schönheit empfand. Neben solchen monistischen und lebensphilosophischen Tendenzen läßt sich auch auf diesem Gebiet eine deutliche Wendung ins Nationaleugenische beobachten. Gerade das Nackte wurde daher immer wieder mit dem „Arischen" identifiziert und die moderne Freikörperkultur als ein nordischer Sonnenkult hingestellt, in dem sich der Anbruch eines „germanischen Jahrhunderts" ankündige. Dafür spricht ein Buch wie „Nacktheit und Aufstieg. Ziele zur Erneuerung des deutschen Volkes" (1920) von Richard Ungewitter, wo die theosophische Reformidee der regelmäßigen Sonnenbäder eine merkliche Zuspitzung ins Arisch-Heldische erfährt. Wie bei Fidus werden hier Luft und Sonne mit universalistischem Anspruch als Mittel im Kampf der arischen Rasse gegen semitische Dunkelmänner und klerikale Prüderie ausgespielt. Noch überspannter gebärdeten sich in dieser Hinsicht die „Ostara" oder der „Migart-Bund", bei denen der Gedanke des „arischen Lichtkleides" fast ins Wahnwitzige übersteigert wird.

Obwohl sich diese Freikörperkulturbewegung auf beide Geschlechter erstreckte, spürt man das meiste Engagement, wenn es sich um das Leitbild des nackten Jünglings handelt. Vor allem Gustav Wyneken wandte sich in seinem Buch „Schule und Jugendkultur" (1913) gegen den bürgerlichen Referendartyp mit Brille und Zigarette und setzte an seine Stelle das Ideal des „griechischen Epheben", der die körperliche Scham als etwas Subalternes empfindet (S. 36). Erfaßt von einem tiefgehenden „menschenbildnerischen Eros", behauptete er, daß nichts anspornender sei als der erhabene und überwältigende Anblick nackter Jünglingskörper, in denen sich der Genius eines Volkes offenbare. Ähnlich enthusiastisch äußerte sich Hans Blüher in seinem Buch „Werke und Tage" (1920), das sich gegen den impressionistischen „Feminismus" wendet und den Eros paidikos als das Zentralerlebnis der Jünglingszeit bezeichnet. Auch in den Werken des mittleren George finden sich diese jünglingskultischen Elemente. „Nicht nur am haupt: am ganzen leibe strahlend", heißt es im „Stern des Bundes" (1914), wo sich der zum Gott erhobene Maximin seinen Jüngern in „strahlender" Nacktheit darbietet (S. 88). Immer wieder erscheint er als der „schleierlose" (S. 15), als der „geist der heiligen jugend unsres volks", als der „gott der frühe", der sich „blank und aller hüllen ledig" an einen Birkenstamm lehnt. Ja, George schwärmt geradezu zärtlich von seinen „starken ballen" und von des „hirten brust und kniee" (S. 71). Dem Vorwurf des Homosexuellen, der bis heute nicht verstummt ist, traten schon Gundolf und Wolters im „Jahrbuch für die geistige Bewegung" (1912) entgegen, indem sie sich auf Posa und Carlos, auf Ferdinand und Egmont beriefen und diese Form der „heroisierten liebe" (S. VII) als höchste Manifestation des menschenbildnerischen Eros bezeichneten. Andere versuchten, diesen Jünglingskult aus dem Prinzip der „männlichen Gesellschaft" abzuleiten und verstrickten sich dabei in Konsequenzen, deren reaktionäre

Zielsetzung auch durch die häufigen Hinweise auf Griechisches oder Goethe-zeitliches nicht überdeckt werden kann.

Als Lebensraum dieser neuen Körpergesinnung kam selbstverständlich nur die „freie Natur" und nicht die bereits „entfremdete" Großstadt in Frage, was auch hier zu einer unterschwelligen Romantik führte, die sich im Kampf gegen das Mechanisierte auf das Schlagwort des „Organischen" berief. Während die impressionistischen Literatencliquen gerade die Großstadt als ein unerschöpfliches Reservoir an Genüssen und Anregungen gefeiert hatten, bezeichnete man sie jetzt als eine „Steinwüste" oder Brutstätte des Internationalismus, in der alle volkhaften Impulse verkümmern, da hier der Mensch zu einem Industriesklaven herabgewürdigt werde und so jede Beziehung zum Urgrund des Lebens verliere. Schon Langbehn forderte daher in seinem „Rembrandt als Erzieher" (1890) eine konsequente „Verbauerung" des deutschen Volkes, um wenigstens die germanische Rasse vor der um sich greifenden Nivellierung und Internationalisierung zu bewahren. Ähnliche Tendenzen finden sich bei den „Alldeutschen". Auch sie sahen in den Städten lediglich das Negative: den impressionistischen Amüsierbetrieb, die „Hohlkultur", den semitischen Moloch des Kapitalismus, durch den das arische Rassenelement einer fortschreitenden Dezimierung verfalle. Anstatt sich für Ideale zu begeistern oder um eine religiöse Vertiefung zu kämpfen, befriedige der Mensch in diesen „Lasterhöllen" seine geistigen Ansprüche mit Nick-Carter-Literatur, werde von einer raffgierigen, materialistischen Gesinnung erfüllt und verschwende seine zeugerische Vitalität in Destillen und Bordellen. Joseph Ludwig Reimer propagierte daher in seinen „Grundzügen deutscher Wiedergeburt" (1906) eine konsequente „Großstadtflucht", um nicht durch „potenzierten Genuß, Zierpupperei und Modefaxentum" einer allmählichen Degeneration anheimzufallen (S. 68). Auch Eugen Diederichs bezeichnete die Städte als eine „Erkrankung an der Volkspsyche", wie es in einem Brief vom 16. Januar 1919 an Oppeln-Bronikowski heißt. Hans Blüher gebrauchte in seinem Buch „Werke und Tage" (1920) sogar das Wort „Kloaken", um auf den völligen „Mangel an Ehre und Wohlgeratenheit" im Leben der Großstadtmenschen hinzuweisen (I, 51). Ähnliche Äußerungen finden sich in den Schriften der Heimatkunst-Bewegung. So wandte sich Lienhard in seinem Büchlein „Die Vorherrschaft Berlins" (1900) gegen die Raffgier und Sinnlichkeit der herrschenden Großstadtkultur und pries den Zauber der deutschen Landschaft, die noch nicht vom Pesthauch der „Zivilisation" vergiftet sei. Nach einer Zeit überschwenglischer Großstadtbegeisterung ist daher wieder viel von den Reizen des „einfachen Lebens" die Rede. Man denke an den Erfolg des „Peter Camenzind" (1904) von Hermann Hesse mit seiner Verherrlichung der Bäuerlichkeit und seinen Angriffen gegen die „Lächerlichkeit der modernen Kultur" (S. 109). Ebenso ressentimentgeladen wirken die „Offenbarungen des Wacholderbaums" (1901) von Bruno Wille, in denen die

Großstadt, in diesem Falle Berlin, als ein Ort der artvergessenen Herdenmenschen angeprangert wird. Der Held dieses Buches flieht darum aufs Land, tauscht die großstädtische „Entheimatung" gegen eine monistische Geborgenheit in der „Allseele" ein und lebt schließlich ein naturgemäßes Rentnerdasein, worin die innere Widersprüchlichkeit dieser Reaktion zum Ausdruck kommt. Auch in Burtes „Wiltfeber" (1912) wird die Großstadt als eine „zementene Menschenschlingmaschine" bezeichnet, in der sich nichts „Organisches" entwickeln könne (S. 50). Statt sich der nationalen Höherzüchtung zu widmen, sinke hier selbst das deutsche Volk zum „europäischen Pöbel" herab (S. 51). Er schrieb daher erbittert: „In der Stadt, in der steinernen Wüste, wo die Blonden verwesen und die Langbeinigen siechen, wo alles asphalten und backsteinen und eisern ist, wo man keinen unverschalten Boden mehr tritt, da lohnt es sich nicht zu leben; und was man zugunsten der Städte sagt, ist alles Trost von Sklaven für Kranke" (S. 65).

Die ersten Auswirkungen dieser Ideen zeigten sich im Landhausbau. Während die arrivierte Bourgeoisie bisher den Typ der herrschaftlichen Stadtvilla bevorzugt hatte, wollte man jetzt im „Grünen" wohnen, um so dem Großstadtbetrieb und seinen ungesunden Begleiterscheinungen zu entgehen. Im Gegensatz zur Gründerzeit, als man sich die abendlichen Diners durch einen Hotelwirt liefern ließ und sich mit Dienern in Galalivrée umgab, trat dadurch auch im Wohnungsstil das Bemühen um ein einfaches, „naturgemäßes" Leben. Die ersten Anregungen dazu empfing man vom englischen Cottage-Prinzip, das von Hermann Muthesius in Deutschland eingeführt wurde. Dazu kamen die Einflüsse der heimischen Bauernhäuser (Lichtwark) und der Rückgriff auf die Bürgerhäuser des ausgehenden 18. und frühen 19. Jahrhunderts (Mebes, Schultze-Naumburg), woraus sich in wenigen Jahren ein ganz neuer Bautyp, das „Landhaus", in den Vororten der Städte entwickelte. Die auf Repräsentation bedachte „Villa" wurde auf diese Weise durch das scheinbar anspruchslose Einfamilienhaus verdrängt, das in seinen schlichten Formen eine neue Lebenssicherheit ausdrücken soll. Daher erschienen an der Frontseite dieser Häuser oft die Namen der Besitzer oder ein auf Beständigkeit hinweisender Spruch, in denen das Vertrauen auf die bestehenden Machtverhältnisse zum Ausdruck kommt. Doch trotz aller Schlichtheit verzichtete man selten auf eine aristokratische Note. Selbst wenn man sich an den Bauernhaustyp anlehnte, wurde nie ein Musikraum oder eine Bibliothek vergessen, um neben dem „Gediegenen" auch das Vornehme zur Geltung zu bringen. Manche dieser Häuser sehen daher wie Adelssitze oder Herrenhäuser aus, was vor allem für die Bauten von Bruno Paul und Richard Riemerschmid gilt, die man bald vornehmer fand als die in der Gründerzeit gebauten Tiergartenvillen. Bei den kleineren Landhäusern fühlt man sich mehr an Carl Larssons „Haus in der Sonne" (1899) erinnert, das trotz seiner unvermeidlichen Jugendstilornamente ein deutliches Streben nach dem Hellen, Gesunden und Schlichten verrät, dessen Ziel eine biedermeierlich getönte Einfachheit ist. Ähnliches kommt in der weitverbreiteten Gartenstadtbewegung zum Ausdruck. Anstatt sich wie bisher mit dem trostlosen Nebeneinander von gefängnishaften Mietskasernen und parzellenartig aufgeteilten Schrebergärten zu begnügen, gab man auch den Arbeitersiedlungen wieder einen ländlichen Charakter, teils aus sozialem Verantwortungsbewußtsein, teils aus dem Bestreben, der sozialdemokratischen Propaganda den Wind aus den Segeln zu nehmen. Das gilt vor allem für die Margarethen-Höhe bei Essen, die von den Krupps angelegt wurde, oder für die Gartenstadt Hellerau bei Dresden, die bald zum Vorbild für unzählige Siedlungsanlagen in allen Stadtrandgebieten wurden, da die hieran beteiligten Architekten wie Tessenow, Muthesius und Metzendorf in der schlichten Reihung der Häuser und zugleich weitgehenden Typisierung der einzelnen Bauteile sofort den entscheidenden Grundtyp für das moderne Siedlungswesen fanden.

Neben diesen Gartenstadt- und Landhausidealen kam es in denselben Jahren zur Gründung der ersten „Landerziehungsheime", um auch den Unterricht aus dem Bereich des gesundheitsschädlichen Großstadtlebens in den „organischen" Zusammenhang der Natur zu verlegen. So bemühte sich Hermann Lietz, aus verbildeten Städtern wieder praktische Tatmenschen zu machen, und zwar in ländlicher Abgeschlossenheit und absoluter Übereinstimmung mit den Regeln der Natur, worunter er eine strenge Abstinenz von allen Reizmitteln verstand. In bewußter Ablehnung des modernen Komforts mußten sich seine Schüler täglich mit eiskaltem Wasser abreiben, Frühsport treiben, ihre Möbel selbst anfertigen oder an der Ausgestaltung des Heims mitarbeiten, um so ein unmittelbares Verhältnis zu den „Ursituationen" des Lebens zu gewinnen. Zu den Mahlzeiten gab es hauptsächlich Haferflocken, Schwarzbrot und Gemüse, der Sonntag gehörte dem Wandern, gebadet wurde nackt: alles „Tugenden", wie sie gleichzeitig vom „Wandervogel" gepflegt wurden, der ebenfalls aus einem Affekt gegen die verweichlichende Großstadtkultur entstanden war. Viele dieser Prinzipien galten als so vorbildlich, daß sie auch von anderen Landschulheimen übernommen wurden. Wie stark sich daraus in den zwanziger Jahren ein kryptofaschistischer Geist entwickelte, beweist das Programm der „Schule am Meer" (1927), in dem es unter anderem heißt: „Die Meeresküste ist unabänderlich die Heimat des nordisch-germanischen Wesens: der Gedanke der Ursprünglichkeit und des In-Fahrt-Kommens am Ursprunge. Die nordisch-germanische Geistigkeit will in rhythmisch gegliederten Lebensformen wachsen."

Das Ergebnis dieser neuen Tatgesinnung und Körperkultur war ein immer stärkeres Anwachsen neuer Gemeinschaftsideale, durch die man alle menschlichen Handlungen wieder einem ethischen Sollen unterwerfen wollte. Nicht das Untertauchen in der Anonymität, sondern eine Lebensgestaltung mit stark persönlichen Bindungen und Verpflichtungen galt plötzlich als das

erstrebenswerte Ideal. Man wandte sich daher sowohl gegen den hemmungslosen Liberalismus als auch gegen die steigende Mechanisierung im Rahmen
der kapitalistischen Arbeitsteilung, durch die der einzelne zu einer kalku-
lierbaren Nummer abgesunken sei, die keinerlei Gemütswerte mehr besitze.
Aus diesem Grunde verwarf man wie alle utopisch-idealistischen Maschinen-
stürmer vor allem die Fließbandmethoden der modernen Arbeitsweise, das
Fabrikwesen und die daraus resultierende „Vermassung" und setzte sich für
Gemeinschaftsformen ein, bei denen die zwischenmenschlichen Beziehungen
nicht vom produzierten Objekt, sondern von seelisch-charakterlichen Elementen abhängig sind. Man griff dabei leitbildmäßig immer stärker auf jene
Epochen zurück, die noch mit dem Schimmer der „guten alten Zeit" ausgestattet sind. Einer der eindringlichsten Schilderer dieser vorindustriellen Gesellschaftsformen war Alexander von Gleichen-Rußwurm, der in manchen
Kreisen wie ein Großmeister der feineren Geselligkeit verehrt wurde. So
beschreibt er in seinem Buch „Der Ritterspiegel" (1918) die Jagden, Feste,
Turniere und den Minnedienst des 12. und 13. Jahrhunderts, wobei sich diese
historische Rückerinnerung mehr und mehr in eine Sehnsucht nach „Stil"
verwandelt. Einen ähnlichen Charakter haben seine Bücher „Das galante
Europa. Geselligkeit der großen Welt von 1600—1789" (1911) oder „Geselligkeit, Sitten und Gebräuche der europäischen Welt von 1789—1900" (1909),
die sich gegen die Kulturlosigkeit des aufkommenden Liberalismus wenden
und nur den „Geist vornehmer Geselligkeit", der sich an bestimmte Regeln
gebunden weiß, anerkennen (S. VII). Er schließt daher mit dem idealistischen
Appell, statt individuellen Genüssen nachzujagen, wieder gemeinschaftliche
Feste zu feiern: „Sammelt euch in harmlosem Frohsinn und reicht euch die
Hände! Schließt den Reigen, um das Leben wieder festen Mutes zu bejahen
und würdig seine Freuden immer wieder in edler Gemeinschaft zu genießen!"
(S. 455).
Auf Grund dieses utopischen Einheitsstrebens entstanden um die Jahrhundert-
wende eine Unzahl neuer Bünde, Orden und Kreise, deren Ziel eine durch-
greifende Umgestaltung des gesellschaftlichen Lebens war. Auf Schritt und
Tritt begegnet man neuen Gemeinschaftsidealen, die der Erstarrtheit der
bürgerlichen Salonkultur und der wachsenden Bedeutung der Sozialdemokratie eine „dritte Macht" entgegenzustellen versuchten. Man denke an das
Buch „Über den Luxus" (1906) von Wilhelm Bode, das gegen den hartherzigen
Egoismus der herrschenden Highlife-Society protestiert und sich mit spartanischen Schlichtheitsidealen zu „Brüderschaften vom einfachen Leben"
bekennt (S. 181). Ähnliches gilt für den Kreis um die „Tat", wo man einen
deutlichen Willen zu kultischen Festen und neuen Geselligkeitsformen ver-
spürt. Auch die von Julius Hart gegründete „Neue Gemeinschaft", eine Kolonie mit schwärmerischen Morgenandachten und pantheistisch-ästhetischer
Naturverehrung, und der von Fidus gegründete St.-Georg-Bund gehören

in diesen Zusammenhang. Überall bemerkt man die Absicht, die bürgerlichen Konventionen durch sakrale Feste zu ersetzen, die sich die Tänze der Duncan-Schule oder des Hellerauer Tanzinstituts zum Vorbild nehmen. Auf diese Weise entstanden kultische Gemeinschaftsfeiern, deren rhythmische Gymnastik ganz im Dienst der Formerziehung steht und den Menschen zum Auftreten in der Gemeinschaft ertüchtigen soll. Zu ähnlichen Kreisgedanken kam es auf künstlerischem Gebiet, was die Darmstädter Künstlerkolonie auf der Mathildenhöhe, die Malerkolonien Dachau, Worpswede und Willingshausen oder der Charon-Kreis um Otto zur Linde beweist. Doch das beste Beispiel liefert auch hier der George-Kreis. Fast alle Dichtungen dieser Ordensgruppe setzen ein Gemeinschaftsleben voraus, das einem priesterlich-zeremoniellen Ritus unterworfen ist. Nur in den seltensten Fällen handelt es sich um Erlebnisgedichte, in denen die Gefühlswelt einer Einzelseele im Vordergrund steht. Meist sind es überpersönliche Hymnen, Ordensregeln oder Lobpreisungen, also nicht Gedichte von, sondern an jemanden. Auf diese Weise entstanden lyrische Breviere, die man in Stunden der Verzagtheit zur Hand nehmen soll, um aus ihnen neue Lebenskraft zu schöpfen. Dazu gehört, daß an die Stelle individueller Stimmungen der Ausdruck eines gemeinsamen, zyklischen Lebensgefühls tritt, das sich von allen liberalen Extravaganzen distanziert. „Wenn er den Individualismus verwirft, so weiß er, daß der menschentyp durch die vereinzelung verkümmert", schrieb Gundolf 1910 im „Jahrbuch für die geistige Bewegung" über George (I, 26). Um sich und andere vom Fluch dieser „vereinzelung" zu befreien, schuf er eine neue „mitte", indem er selber „mitte" wurde, wie es an derselben Stelle heißt (I, 47). Als zentrierende Kraft dieser Kreistendenz wählte George das Maximin-Erlebnis, das er in kulthafter Form im „Siebenten Ring" (1907) darzustellen versuchte, um seinen Anhängern ein religiöses Gedächtnisbuch, ein „Neues Testament", zu geben, das sich eine gemeinschaftsstiftende und erzieherische Funktion zur Aufgabe setzt. In feudalistischer Gesinnung wird hier eine Reichsvorstellung verherrlicht, bei der das Verhältnis von Herrschaft und Dienst fast einen klösterlichen Charakter annimmt. Das Ganze hat daher wie Rilkes „Stunden-Buch" (1905) die Form eines alten Gebetbuches und will als begleitende Wortmusik zu religiösen Erhebungen oder bestimmten Ursituationen verstanden werden, wie sie im Laufe der Stunden, Tage und Jahreszeiten immer wiederkehren. Welches Lebensgefühl dahintersteht, zeigt sich schon in dem Gedicht „Das Kloster", wo das Universale und zugleich Sektiererische dieser Kreisbildung seine deutlichste Ausprägung erlebt (V, 55):

> „Mit wenig brüdern flieht die lauten horden
> Eh eure kraft verwelkt im kalten gift
> Erbaut nach jungem wunsch das friedensstift
> In einem stillen tal für euren orden.

Gewiegt von gleicher stunden mildem klang
Ist euch der keuschen erde arbeit heilig
Der tag verrinnt im wirken siebenteilig
Euch und der reinen schar die ich euch dang."

Stärker zum „Romantischen" tendierte der Sera-Kreis um Eugen Diederichs:
ein Bund junger Menschen, der fröhliche Vagantenfahrten unternahm, alte
Volkstänze neu belebte, Hans-Sachs-Spiele aufführte und den germanischen
Brauch der Sonnwendfeier wieder einzuführen versuchte. Statt mit Vatermördern herumzulaufen oder ein elegantes Spazierstöckchen zur Hand zu
nehmen, bemühte man sich hier um eine romantische Festkultur im Grünen,
und zwar mit einem „frischen Lied" auf den Lippen und einem „leuchtenden
Kranz" im Haar. Ähnliche Tendenzen finden sich bei Hermann Lietz. Lehrer
und Schüler lebten bei ihm in sogenannten „Kameradschaften" zusammen,
unternahmen gemeinsame Fahrten und wanderten miteinander, um so in allen
Schülern einen verantwortungsbewußten Gemeinschaftssinn zu wecken. Das
gleiche gilt für die Gottesdienste, die mit deutschbewußten Liedern unter
alten Eichen abgehalten wurden. Etwas strenger und vergeistigter wirkt dagegen Wynekens „Freie Schulgemeinde", die in herben, schiefergepanzerten
Häusern im Thüringer Wald untergebracht war und eher einer Ordensburg
als einer Schule glich. Bei ihm waren alle Schüler uniformiert, mußten sich
zu bestimmten Tat-Gruppen zusammenschließen und aßen in einem einfachen
Speisesaal mit romanischen Rundbogenfenstern, um stets den Eindruck
schlichter Würde vor Augen zu haben.
Wohl ihre breiteste Verwirklichung erlebte diese national-romantische
Richtung im „Wandervogel" und der späteren „Jugendbewegung", die sich
nach einer spezifisch deutschen Gemeinschaftsform sehnten. Der ursprüngliche Impuls war auch hier ein Protest gegen die bürgerliche Salonkultur,
das Karrieremachen, den primitiven Hurrapatriotismus, den mechanischen
Lernbetrieb der Schulen und den liberalen Amüsierbetrieb der Großstädte.
Um diese „zivilisatorische" Entfremdung wieder rückgängig zu machen,
faßte man eine Gesamtlebensform ins Auge, bei der das Wandern nur eine
auflockernde und vorbereitende Aufgabe erfüllen sollte. Besonders scharf
wandte man sich gegen das verlogene Gesellschaftsleben dieser Jahre: das
Philisterhafte, die Geckenfatzkerei, den Backfischkult, das Corpswesen,
die Tanzstunden, die Salonabende, den obligaten Bummel, das Renommieren
mit der Trinkfestigkeit und den regelmäßigen Bordellbesuch, die als bloße
Konventionen oder Unsitten „entnervter" Großstadtjünglinge angeprangert
wurden. Man wollte kein Bohemien, kein Lebemann, kein Intellektueller
mehr sein, sondern ein gradgesinnter Jüngling, der allen großstädtischen
Verführungen mit sittlicher Entschiedenheit aus dem Wege geht. Man verließ
daher die Städte, jene „Steinwüsten der Zivilisation", in denen bloß „Herden-

menschen" gedeihen, und erwanderte sich die Natur, die „Heimat", um wieder mit den völkischen Substanzen in Berührung zu kommen, zu denen man vor allem die alten Lieder, Tänze und Festgebräuche rechnete. Selbstverständlich wanderte man nicht als einzelner, sondern in kleineren oder größeren Gruppen, und zwar Buben und Maiden gemeinsam, um das Verhältnis der Geschlechter wieder auf eine „natürliche" Grundlage zu stellen. Der Sinn dieser Wanderungen war, wenigstens für die Dauer einiger Tage oder Wochen im Rahmen einer ursprünglichen Gemeinschaft zu leben, sich zu stählen, seine Kräfte zu messen und wieder Mensch in freier, unverfälschter Natur zu sein. Man trug daher ostentativ kurze Hosen, eine Windjoppe oder einen Lodenmantel, setzte sich abends ans Lagerfeuer, schwärmte für alte Burgen und Kirchen, die nicht im „Baedeker" stehen, führte überall den „Fahrenden Schuler im Paradeis" auf und verbreitete so eine „völkische" Stimmung, die trotz ihrer romantischen Verbrämung bereits zum Präfaschistischen tendierte. Denn man sah in der Landschaft ja nicht nur das Ursprüngliche und Gesunde, sondern zugleich das germanisch Volkhafte. Allenthalben entdeckte man Hünengräber oder Donareichen, was zu nordisch inspirierten Thingversammlungen führte, die weit über die Grundidee hinausgingen, lediglich das Verständnis für die Heimat neu zu beleben. Man bediente sich dabei ausgesprochen kultischer Formen: ließ die neu aufgenommenen „Purschen" einen Scholareneid ablegen, begrüßte sich mit „Heil" und feierte pantheistisch-germanische Frühlingsfeste, bei denen man Brandreden gegen den Ungeist der kapitalistischen Wirtschaftswelt und ihrer rein materialistischen Genußkultur hielt. Aus demselben Grunde wurde viel musiziert, und zwar mit Mandolinen, Fiedeln und Blockflöten, die sich nur für eine „rhythmisch-gesunde" Musik eignen, während man den gesamten modernen Musikbetrieb wegen seiner individualistischen Note als „entartet" empfand. Mit gleicher Inbrunst widmete man sich der Volksliedpflege, wobei man im Sinne des „Zupfgeigenhansl" (1909) weniger das Sentimentale als das Schlichte und Innige bevorzugte. Mit besonderer Vorliebe sang man Balladen, Soldatenlieder oder einfache Liebeslieder, in denen lediglich vom Mai oder vom Abschied die Rede ist. Man wollte keinen kurzlebigen Allerweltskram, keine Schlager oder Moritaten, sondern Echtes, „Unvergängliches", das in „deutscher Art" wurzelt. Begleitet wurden diese Lieder meist auf der Klampfe, die sich leicht erlernen läßt und zugleich gemeinschaftsstiftend wirkt. Neben den „Zupfgeigenhansl" traten daher bald der „Wandervogelliederborn" (1910) von Werkmeister und das „Wandervogel-Liederbuch" (1912) von Frank Fischer, woraus sich später die Erneuerungsbewegungen von Fritz Jöde, Wilhelm Ehmann und Wilhelm Kamlah entwickelten, deren Vorstellung vom „deutschen Musikanten" ebenfalls auf dem „Urerlebnis" des Gemeinschaftlichen beruhte.

Weltanschaulich huldigten die meisten Wandervögel, wie fast alle „romantischen Antikapitalisten" dieser Ära, dem Gedanken der „fortschrittlichen

Reaktion". Auch sie lasen den „Kunstwart", Schwindrazheim, Wachler, Schultze-Naumburg, schwärmten für die germanisch-theosophischen Illustrationen von Fidus und begeisterten sich zugleich für das deutsche Mittelalter, wobei die „Erziehung zum Deutschtum" im Laufe der Jahre immer aggressivere Züge annahm. Während man um 1900 mehr einem „romantischen" Idealismus gehuldigt hatte, predigte man in den Jahren vor dem ersten Weltkrieg immer stärker das Ideal der Wehrhaftigkeit. So schrieb Hans Breuer 1913 im „Wandervogel": „Das ist ein neuer Erdentypus: in der Jugend von der Nährmutter Heimat gezogen, als Pursche gekräftigt im Deutschtum, als Männer willig zu Taten, zu deutscher Arbeit, zur Prägung deutscher Gesinnung, der Wandervogeldeutsche" (S. 284). Noch deutlicher drückte sich Frank Fischer aus, der im Novemberheft der Zeitschrift „Ziele" (1913) das Deutschtum als den „Sauerteig" der ganzen Welt bezeichnete. Aus dem „idealistischen" Protest wurde daher in steigendem Maße ein Rückschlag ins Archaische, der zu einer Negierung alles Komplizierten und Höherstehenden führte. Denn nur zu häufig entstand so ein Askesewille, der in seinem Haß gegen die „Faulbetten der Reichen" und das „geistreiche Gehabe" der Großstadtliteraten lediglich die eigenen Verdrängungen verrät. Man kann daher deutlich verfolgen, wie sich viele Vertreter dieser Richtung im Laufe der Jahre immer stärker an Langbehn, Lagarde, Schwaners „Germanenbibel" oder Chamberlain orientierten und dadurch in das Fahrwasser der germanischalldeutschen oder völkisch-antisemitischen Bewegungen gerieten. Daß eine solche Einstellung vom Staat geduldet, ja unterstützt wurde, ist bei der reaktionären Grundströmung dieser Jahre nicht verwunderlich. Nur so läßt sich erklären, daß man den „Wandervogel" aus juristischer Sicht als „unpolitisch" empfand, während man den Arbeiterjugendvereinen mit dem neuen „Reichsvereinsgesetz" von 1908 entgegentrat, da man ihren Protest gegen den unbarmherzigen Drill der Militärdienstjahre als einen Affront gegen die „Wehrhaftigkeit" des deutschen Volkes empfand.

Neben diesen „völkischen" Richtungen gab es jedoch auch im „Wandervogel" eine kleine Gruppe von Idealisten, die ständig auf die echten Werte dieser Bewegung hinzuweisen versuchten. Das gilt vor allem für Herman Nohl, der in seinem „Tat"-Aufsatz „Vom deutschen Ideal der Geselligkeit" (1915) das neue Gemeinschaftsdenken zu einer überindividuellen Wertwelt in Beziehung setzte, in der lediglich das Prinzip der sozial bezogenen Leistung regiere. Er schrieb darum mit ehrlicher Begeisterung: „Diese neue Geselligkeit kennt nur Tätige, und diese Selbsttätigkeit wird das Prinzip der Lebensführung überhaupt" (VII, 55). Für ihn war der „Wandervogel" kein „völkisches", sondern ein pädagogisches Phänomen, in dem sich das allgemeine Verlangen nach einer festeren Bindung manifestiert. Ähnlichen Gedanken begegnet man bei Gustav Wyneken oder Hans Blüher, die sich beide gegen den regressivaltertümelnden Geist mancher Wandervogelgruppen wandten und statt dessen ein „idealistisches" Gruppenbewußtsein forderten, wie es im Kreis um Karl Fischer, den Gründer des ersten Wandervogels, bestanden hätte. Aus diesem Grunde bezeichnete Wyneken in seiner Schrift „Der Gedankenkreis der freien Schulgemeinde" (1914) seine Wickersdorfer Schule als die „Stilachse" der gesamten Jugendbewegung (S. 24), da hier nicht das romantische Fernweh, sondern eine gegenwartsbetonte Tatgesinnung im Vordergrund stehe. Statt die Jugend weiterhin unreifen Gruppenführern auszuliefern, wollte er sie lediglich echten „Dienern des Geistes" unterstellen (S. 12). Er schrieb daher im „Jungwandervogel" (1913) im Hinblick auf den harmlosen Mandolinengeist mancher Gruppen: „Ich finde ihn durchaus gerichtet auf den bloßen Stimmungsgenuß, und zwar auf einen ziemlich bequemen und billigen" (S. 37). Das Volkslied galt in seinen Augen nur als „Vorkunst". Wie August Halm sah er die „Großmeister" einer neuen Gesinnung mehr in Bach, Beethoven und Bruckner. Wyneken wandte sich daher beim Oktobertreffen 1913 auf dem Hohen Meißner energisch gegen den romantisch-germanisierenden Zug innerhalb der Jugendbewegung, konnte sich aber mit seinen idealistisch überspannten Ideen nicht durchsetzen. Ähnlich erging es Blüher, der ebenfalls gegen die „völkische" Aktivierung der ursprünglichen Wandervogelideen protestierte, aber auf wenig Gegenliebe stieß. Schon sein 1912 erschienenes Buch über den „Wandervogel" trägt daher den provozierenden Untertitel „Geschichte einer Jugendbewegung", um das bereits Abgeschlossene und damit Historische dieser Bewegung hervorzuheben. Um wenigstens ein Element dieser Richtung zu retten, übertrug er den jugendlichen Eros paidikos später auf einen utopischen Zukunftsstaat, dem die Idee eines „heroischen Männerbundes" zugrunde liegt. Vor allem in seinen Schriften „Familie und Männerbund" (1919) und „Die Rolle der Erotik in der männlichen Gesellschaft" (1917—1919) trat er für eine Weltanschauung ein, deren männlich pervertierten Idealismus er in allen Hochkulturen der Erde nachzuweisen versuchte. Aus demselben Grunde stellte er den „Mann" Spitteler viel höher als den „Feministen" Goethe und bezeichnete die moderne Frauenemanzipation als das Ende der abendländischen Kultur. Immer wieder betonte er, daß nur ein zum letzten entschlossener Männerbund Deutschland vor dem drohenden Völkerchaos und der hereinbrechenden Weltzivilisation bewahren könne. Selbst Blüher, der „romantische Rebell", wie er sich gern nannte, geriet dadurch zusehends in die Nachbarschaft ariophiler Sektengründer oder geistbesessener Führertypen. So sprach er wie George häufig von einem aristokratischen „Orden", dem sich die Masse bedingungslos unterzuordnen habe. Er war der festen Überzeugung, daß alle Menschen, „die nicht zum Herrschen befugt sind, dienen sollen", wie es in „Werke und Tage" (1920) heißt (S. 9). Es nimmt daher nicht wunder, daß er schließlich bei einer Männerbund-Ideologie landete, die wie in Wolters Reichsmissale „Herrschaft und Dienst" auf dem selbsterwählten Prinzip von „Führer und Gefolge" beruht. Von diesem grotesk überspannten „Idealismus", der ständig ins Archaische umzukippen droht, ist nur noch ein kleiner Schritt zu jenen Germanomanen, deren Führerkult bereits zum Faschistischen tendiert. Man erinnere sich an die „Ostara" (ab 1905) oder Hentschels „Varuna" (1901), in denen die Geschichte aller arischen Völker als eine Geschichte von „Männerbünden" dargestellt wird. Vor allem Hentschel ließ sich keine Möglichkeit entgehen, den „germanischen Völker- und Kämpferbund" als das höchste Ziel der deutschen Kulturentwicklung anzupreisen (S. 595), wodurch der ursprüngliche Gedanke einer „Herrschaft des Geistes" eine kaum zu überbietende Wendung ins völkisch Imperialistische erfuhr.

Doch neben diesen rein reaktionären Zielsetzungen bildete sich zu gleicher Zeit auch eine Reihe halbwegs demokratischer Gemeinschaftsideale heraus, die zwar ebenfalls auf einer „idealistischen" Basis beruhen, jedoch die Begriffe Bindung und Vereinheitlichung nicht im Sinne von „Herrschaft und Dienst", sondern eines humanistischen „Miteinanders" verstehen. Eins der besten Beispiele für diese Richtung ist das Leitbild eines gerechten Staatskapitalismus, wie es in den Schriften von Friedrich Naumann und Walther Rathenau erscheint, in denen statt kapitalistischer Anarchie und Verschwendungssucht eine einheitliche Ausnutzung aller vorhandenen Industrieanlagen unter dem Gesichtspunkt des gemeinwirtschaftlichen Interesses gefordert wird. Einen ersten Schritt auf diesem Wege sah man in der Gründung des „Deutschen Werkbundes", der allgemein als organisatorischer Ausdruck einer industriellen Gemeinschaftsidee aufgefaßt wurde, bei der das materielle Verdienstprinzip nicht so kraß zum Ausdruck kommt wie bei den bestehenden Aktiengesellschaften oder Familienbetrieben. Zur gleichen Richtung gehört das allmählich erwachende Interesse an Gemeinschaftsbauten, an Siedlungen und Gartenstädten, die plötzlich als organisatorische Einheit aufgefaßt wurden und die führenden Architekten dieser Jahre wie Muthesius, Behrens, Tessenow und Gropius an sich zogen. Daß man dabei die bisherige Intimität, das heißt die Berücksichtigung des Individuellen, weitgehend aufgeben mußte, wurde von vielen eher begrüßt als bedauert. So schrieb Heinrich Tessenow in seinem Buch „Hausbau und dergleichen" (1916), in dem er für eine konsequente Typisierung und Uniformierung des Gemeinschaftslebens eintritt: „Wir sind heute auf Schritt und Tritt genötigt, an ein größeres Ganzes oder an das Allgemeine zu denken ... Das Zusammenhalten, die Hochschätzung des Gemeinschaftlichen bildet notwendig das Großbetriebliche und heute besonders die Fabriken, soweit das dann auf Kosten der kleinen Werkstätten geschieht, so schadet das gar nichts" (S. 12).

Im Gegensatz zu allen geistidealistischen oder völkischen Gemeinschaftsidealen wird hier die Einheitlichkeit des Lebens als ein rein sachliches Prinzip verstanden, die sich nur auf dem Wege über die industrielle Zweckmäßigkeit erreichen läßt. Eine solche Forderung klingt schon wesentlich konkreter

als das Meister-Jünger-Verhältnis bei George oder der Führerwahn der ideologisch umnebelten Germanophilen, unterliegt jedoch leicht der Gefahr, im rein Formalen steckenzubleiben. Denn schließlich läßt sich der mangelnde Zusammenhang der Menschen untereinander nicht allein durch eine Reform des architektonischen Rahmens überwinden. Doch gerade dies ist der Punkt, auf den man die meisten Hoffnungen setzte. Das gilt vor allem für den Wohnungsbau, wo man sich in steigendem Maße um eine Typisierung bemühte, die auf alle originellen Formerfindungen verzichtet, um den Menschen schon durch seine Umgebung auf seine Rolle als Gemeinschaftswesen aufmerksam zu machen. Ein gutes Beispiel dieser Gesinnung bildet das Buch „Die Architektur der Großstadt" (1913) von Karl Scheffler. Während man in den neunziger Jahren in Fragen des Geschmacks einer absoluten Anarchie gehuldigt hatte, wurde hier für die Lösung aller größeren Bauaufgaben die öffentliche Hand verantwortlich gemacht. Scheffler stellte dabei drei Forderungen als besonders vordringlich hin: die säuberliche Trennung von Industrie- und Wohngebieten, die sinnvolle Konzentration aller öffentlichen Gebäude zu einem gemeinschaftsstiftenden Mittelpunkt und ein genau überlegter Plan für die Wohnbezirke, am besten in den Vororten, in denen sich noch eine landschaftliche Verbundenheit realisieren läßt. Als die idealste Lösung der modernen Wohnprobleme empfand er große Häuserblocks inmitten gepflegter Grünanlagen, mit Gemeinschaftssälen und Einheitsküchen, wo sich jeder in den Rahmen einer monumentalen Architektonik einzuordnen hat. Um dem Ganzen auch eine ideologische Basis zu geben, wird dabei ständig der Ausdruck „gemeinsames Verantwortungsbewußtsein" gebraucht. Sich auch mit der Frage des Eigentums zu beschäftigen, hielt Scheffler für relativ unerheblich. Es bleibt daher wie in den Schriften von Tessenow bei Begriffen wie Konzentration, Bindung oder Gemeinschaftsgefühl, die gegen den schrankenlosen Liberalismus des späten 19. Jahrhunderts ausgespielt werden, ohne daß sich daraus eine gesellschaftliche Neubesinnung ergibt. Anstatt das ganze Problem vom Gesichtspunkt der leistungsbedingten Gleichrangigkeit anzupacken, sah selbst er, der bürgerliche Demokrat, den einzigen Ausweg aus dem herrschenden Dilemma in einer konsequenten Einschränkung der persönlichen Freiheit. Aus diesem Grunde forderte er in seinem Buch „Moderne Baukunst" (1907) die Zusammenfassung bestimmter Mietergruppen zu sogenannten „Wirtschaftsgemeinschaften" mit öffentlichen Waschküchen, zentraler Heizung und gemeinsamem Einkauf der Lebensmittel, um so ein wohlorganisiertes „Blocksystem" zu errichten, das jedem einzelnen wieder das Gefühl einer gesellschaftlichen Geborgenheit gibt (S. 36).
Konkrete Ansätze zu einer solchen sozial-wirtschaftlichen Vereinigung finden sich vor allem in der Gartenstadt Hellerau, der Siedlung der „Deutschen Werkstätten" bei Dresden, wo das Lebensgefühl dieser idealistischen Richtung mit leicht sozialisierenden Tendenzen wohl seine reinste Verwirklichung

erfuhr, und zwar mit alkoholfreien Reformgaststätten, gewerblicher Qualitätsarbeit, ländlicher Umgebung und festlicher Überhöhung durch das Dalcrozesche Tanzinstitut und die damit verbundenen „Hellerauer Schulfeste". Man hoffte, durch eine solche „Tektonisierung" des Lebens an die Stelle der impressionistischen „Reizsamkeit" ein Gemeinschaftsleben zu setzen, das nicht mehr auf den persönlichen Genuß zugeschnitten ist, sondern sich im schöpferischen Arbeitswillen aller Beteiligten manifestiert. Willy Hellpach sprach daher im Hinblick auf solche Projekte in seinem Buch „Nervosität und Kultur" (1902) von einer wachsenden Integration aller Lebensgebiete, deren Hauptantriebskräfte die psychischen Wirkungen der „architektonischen Kultur" und die vergeistigenden Tendenzen der sich allmählich „sozialisierenden Wirtschaft" seien, aus denen sich notwendig ein neuer „Stil" entwickeln werde (S. 238). Um diese menschliche und künstlerische Gesundung weiter voranzutreiben, setzte er sich energisch für eine stärkere Berücksichtigung aller gemeinschaftsstiftenden Faktoren ein. Daß er sich dabei wie Scheffler in eine Ideologie verstrickte, die trotz aller noblen Absichten nur das Kollektive und nicht den daraus resultierenden Freiheitsbegriff im Auge behält, macht jedoch selbst ihn zu einem Vertreter der „fortschrittlichen Reaktion", deren Hauptbestreben die Überwindung des „anarchistischen" Liberalismus durch ein reaktionäres oder idealistisches Prinzip der „Bindung" war.

ABBILDUNGEN

Hugo Lederer: Bismarck (1906). Hamburg

Bruno Schmitz und Franz Metzner: Völkerschlachtsdenkmal (1913). Leipzig

Ferdinand Hodler: Auszug der Jenaer Studenten zum Freiheitskampf
von 1813 (1908). Jena, Universität

Albin Egger-Lienz: Den Namenlosen (1914)

Peter Behrens: Deutsche Botschaft (1912). St. Petersburg

Ferdinand Hodler: Rückzug bei Marignano (1900).
Zürich, Schweizer Landesmuseum

Franz Metzner: Krieger (1913). Leipzig, Völkerschlachtsdenkmal

Georg Kolbe: Krieger und Genius (1905). Berlin, Nationalgalerie

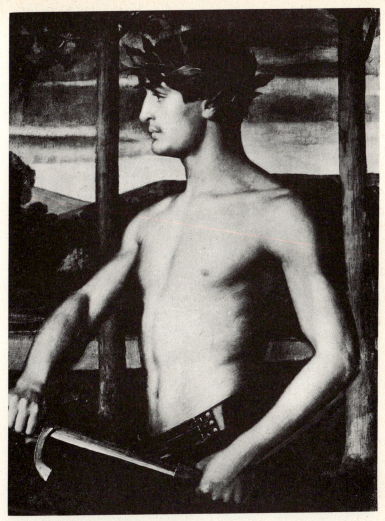

Ottilie Roederstein: Der Sieger (um 1900).
Frankfurt, Städelsches Kunstinstitut

Otto Greiner: Prometheus (1909)

Ferdinand Hodler: Tell (1897). Solothurn, Museum

Fritz Erler: Aus germanischer Vorzeit (1913). Hannover, Neues Rathaus

Fidus: Postkarte des Verlags für Lebensreform (um 1910)

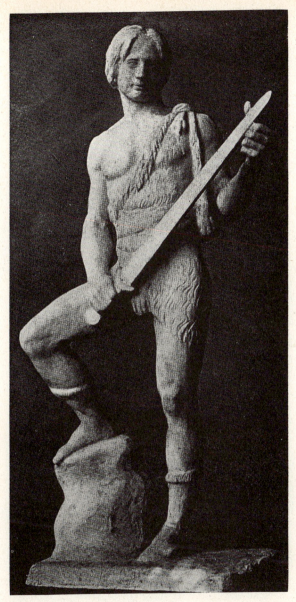

Hermann Hahn: Siegfried (um 1910)

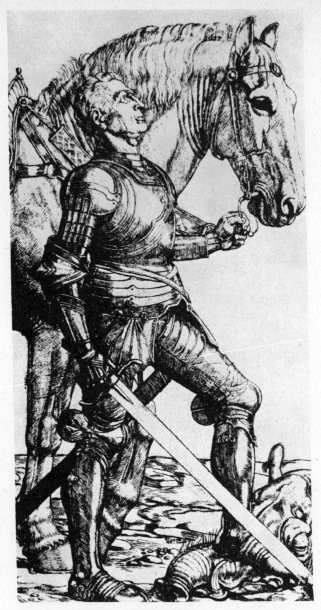

Fritz Boehle: St. Georg (1906)

Fidus: Der deutsche Sieg (1919)

Fritz Erler: Ferne Küsten (1913)

Louis Tuaillon: Kaiser Friedrich III. (1906)

Fritz Mackensen: Mutter und Kind (1892). Bremen, Kunsthalle

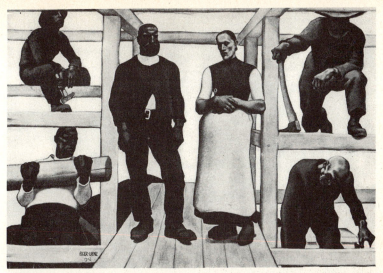

Albin Egger-Lienz: Das Leben (1912)

Albin Egger-Lienz: Totentanz (1909). Lienz, Osttiroler Heimatmuseum

Fritz Boehle: Selbstbildnis (1901). Frankfurt, Städelsches Kunstinstitut

Ernst Barlach: Schäfer im Sturm (1908)

Fritz Schumacher: Feuerbestattungsanlage (1904). Dresden-Tolkewitz

Fidus: Der Tempel der Erde (1895)

Ferdinand Hodler: Einmütigkeit (1913). Hannover, Neues Rathaus

Melchior Lechter: Titelblatt (1898)

Ferdinand Hodler: Der Erwählte (1903). Hagen, Karl-Ernst-Osthaus-Museum

Fidus: Sonnenwanderer (1908)

Ferdinand Hodler: Blick ins Unendliche (1916). Zürich, Kunsthaus

Ludwig Schmid-Reutte: Consumatum est (1904).
Karlsruhe, Staatliche Kunsthalle

Albin Egger-Lienz: Der Mensch (1914)

Fritz Klimsch: Jüngling (um 1910)

Ferdinand Hodler: Selbstbildnis (1900). Stuttgart, Staatsgalerie

Hermann Hahn: Der junge Reiter (1908). Bremen, Kunsthalle

Ludwig von Hofmann: Frühlingssturm (1899)

Ferdinand Hodler: Frühling (1901). Essen, Folkwang-Museum

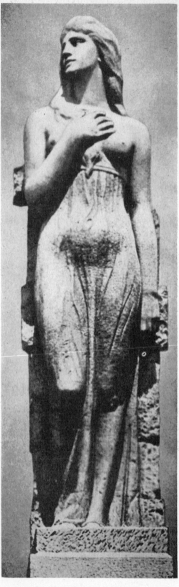

Ludwig Habich: Mann und Weib (1901). Darmstadt, Ernst-Ludwig-Haus

Ferdinand Hodler: Das Lied aus der Ferne (1906). St. Gallen, Kunstmuseum

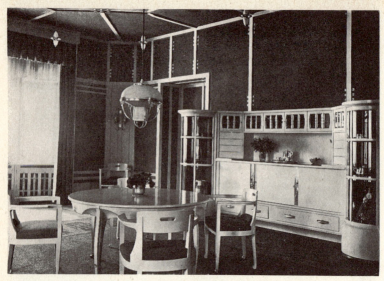

Henry van de Velde: Haus Esche, Speisezimmer (1908). Lauterbach

Peter Behrens: Reformgaststätte Jungbrunnen (1904).
Düsseldorf, Gartenbauausstellung

DER KAMPF UM DEN STIL

ÜBERSCHAU

Das künstlerische Pendant zu den Ideologiekomplexen der Jahrhundertwende, die fast alle dem Gedankenkreis der „fortschrittlichen Reaktion"
angehören, läßt sich am besten mit dem Begriff „Stilkunst" umschreiben,
der sowohl das Anspruchsvolle als auch das rein Formale dieser Richtung
zum Ausdruck bringt. Hier wie dort handelt es sich um das Bemühen, durch
eine „Erneuung aus dem Fernsten" wieder jene mythische „Geschlossenheit"
zu erreichen, die seit der Romantik zum Repertoire aller rückwärts ge-
wandten Kulturpolitiker gehört. Was jedoch im theoretischen Schrifttum
oft sehr aggressive Formen annimmt, kommt in der Kunst nur indirekt zum
Ausdruck, da sich hier das Inhaltliche oft so stark ins abstrakt Idealistische
verflüchtigt, daß bloß der „Stil" oder die „reine Form" übrigbleibt. Chronologisch gesehen, beginnt diese „Stilwende" etwa in der zweiten Hälfte der
neunziger Jahre, wo die letzten Ausläufer des bürgerlichen Realismus des
19. Jahrhunderts allmählich eine ästhetische Stilisierung erfahren. Noch deutlicher wird diese Situation in den Jahren nach 1900. Wie auf Verabredung
erschien plötzlich eine Anzahl von Büchern wie „Zur jüngsten deutschen Vergangenheit" (1902) von Karl Lamprecht, „Nervosität und Kultur" (1902)
von Willy Hellpach, „Bilanz der Moderne" (1904) von Samuel Lublinski oder
„Der Weg der Kunst" (1904) von Albert Dresdner, in denen die Kunst der
neunziger Jahre, vor allem die impressionistische „Reizsamkeit", zum erstenmal als eine Gefahr für die allgemeine Kulturentwicklung hingestellt wird.
Eine solche Reaktion gegen den herrschenden Sensualismus und seine solipsistischen Begleiterscheinungen war sicherlich notwendig, blieb jedoch in den
meisten Fällen in einer „sezessionistischen" Oberflächenkritik stecken. Anstatt das Ganze zum Anlaß zu nehmen, sich für eine vertiefte Erfassung der
Wirklichkeit einzusetzen, verfiel man lediglich aus einem Extrem in das andere
und predigte jetzt statt impressionistischer Formlosigkeit das Evangelium der
„reinen Form". So schrieb Georg Lukács, damals noch begeisterter Paul-
Ernst-Anhänger, in seinem Buch „Die Seele und die Formen" (1911): „Die Form
ist die höchste Richterin des Lebens ... Jede Art der Gestaltung, jede Form der
Literatur ist eine Stufe in der Hierarchie der Lebensmöglichkeiten: über einen
Menschen und sein Schicksal ist das alles entscheidende Wort ausgesprochen,
wenn bestimmt ist, welche Form seine Lebensäußerungen ertragen" (S. 370).
Alle diese Bücher, die von einer Flut programmatischer Aufsätze begleitet
wurden, umkreisen eigentlich dasselbe Problem: den „Stil". Man sah plötzlich

ein, daß ein Stil nicht nur eine ästhetische Angelegenheit ist, die sich auf rein künstlerischem Wege regeln läßt, sondern daß dazu eine Weltanschauung gehört, die alle Bereiche des Lebens in sich einzuschließen versucht. Aus diesem Grunde galt der Impressionismus, dem nur eine relativ kleine Schicht gehuldigt hatte, mit einem Male nicht mehr als „Stil", sondern nur noch als „Mode", da er allen politischen oder religiösen Belangen sorgfältig aus dem Wege gegangen war, um sich mit genießerischer Ausschließlichkeit dem Stimulans sinnlich-animierender Reizzustände hinzugeben. Im Gegensatz dazu faßte man jetzt einen Einheitsstil ins Auge, der sowohl den einzelnen als auch die Gesamtheit des Volkes wieder einer allgemein verpflichtenden Idee unterstellt. Arthur Bonus schrieb daher im „Kunstwart": „Los von der Mode, hin zum Stil!", um so das Postulat einer neuen Kunstgesinnung aufzustellen, bei der nicht die geniale Einzelleistung, sondern das Überindividuelle, der „Stil", das Entscheidende ist. Während man sich auf impressionistischer Seite über die erschreckende Stillosigkeit des großstädtischen Lebens arrogant hinweggesetzt hatte, bekam man jetzt einen regelrechten Ekel vor der fortschreitenden Verhäßlichung der modernen Wirtschaftswelt. Man wollte endlich einen genuin „bürgerlichen" Stil herausbilden, um so über dem „Trümmerfeld literarischer Moden" eine ins Großgeistige tendierende Kultur zu errichten, wie es bei Hellpach heißt (S. 239). Und zwar steht hinter dieser plötzlichen Umorientierung weitgehend das steigende Selbstbewußtsein des mittleren Bürgertums, das sich von der imperialistischen Propaganda zu völkischen oder geistaristokratischen Überlegenheitsgefühlen hinreißen ließ, die auch kulturell nach einem kongenialen Ausdruck verlangten. So forderte Moeller van den Bruck in seinem Buch „Nationalkunst für Deutschland" (1909) einen „Stil des Reiches", an dem man uns „in der Welt und unter den Völkern erkennt" (S. 14). Kunst und Leben wurden daher wieder unter einem „universalen" Aspekt betrachtet, der auch das Gesellschaftliche, Religiöse und Allgemein-Menschliche in die Voraussetzungen eines echten „Stils" einzubeziehen versucht. Man wollte nicht mehr „sezessionistisch" experimentieren oder sich in seine privaten „paradis artificiels" zurückziehen, sondern fühlte sich für das kulturelle Gesamtbefinden verantwortlich, das nur durch ein allgemein anerkanntes Sollen eine stilbildende Funktion erhalten könne. Die Gebrüder Horneffer definierten dieses Streben in ihrem Buch „Das klassische Ideal" (1906) folgendermaßen: „Die Einheit im Vielfachen, das unsichtbare Band, das ... sich um einen Kreis vieler getrennter Dinge schlingt, das ist Stil" (S. 187), wobei sie ausdrücklich betonten, daß nur ein religiös gebundener Mensch „stilvolle Werke" hervorbringen könne. Noch deutlicher äußerte sich Peter Behrens in seinem Manifest „Feste des Lebens und der Kunst" (1900): „Der Stil einer Zeit bedeutet nicht besondere Formen an irgendeiner besonderen Kunst... jede Kunst hat nur Teil am Stil. Der Stil aber ist das Symbol des Gesamtbefindens, der ganzen Lebensauffassung einer Zeit, und zeigt sich im

Universum aller Künste" (S. 10). Wie wichtig man diese Anschauung empfand, bestätigen die Leitsätze Benno Rüttenauers in der Zeitschrift „Die Rheinlande": „Die ganze Lebensgestaltung muß der oberste Wertmesser sein für die Kunst eines Volkes und einer Zeit. Dann wird die Kunst nicht mehr hauptsächlich im einzelnen Werke gesucht werden, sondern in der schönen Harmonie alles Geschaffenen. Dann wird die Zeit und in ihr die Kunst wieder ‚Stil' haben" (1901, I, 4).

Aus diesem Grunde setzte fast gleichzeitig auf allen künstlerischen Gebieten ein ausgesprochenes „Stilwollen" ein. Auf seiten der bildenden Kunst berief man sich dabei auf Alois Riegl, der schon in seinen „Stilfragen" (1893) dem Semperschen „Kunstmaterialismus", nach dem die äußere Erscheinungsform eines Kunstwerks lediglich von Gebrauchszweck, Rohstoff und Technik abhängig sei, einen Stilbegriff entgegengesetzt hatte, dessen oberste Kategorie das idealistische Sollen ist. Verwandten Äußerungen begegnet man in Schriften wie „Das Problem der Form in der bildenden Kunst" (1893) von Adolf Hildebrand oder „Das Kunstwerk als Organismus" (1905) von Wilhelm Waetzoldt, wo der Begriff des „Stilisierten" aus der formalen Übereinstimmung der Teile mit dem Ganzen abgeleitet wird und sich dadurch der Hauptakzent des künstlerischen Schaffens von der „Wahrnehmung" zur idealistischen „Vorstellung" verschiebt. Zu ähnlichen Folgerungen kam Wilhelm Worringer in seinem Buch „Abstraktion und Einfühlung" (1908), das sich mit der Lippsschen Einfühlungstheorie auseinandersetzt, welche er vor allem deshalb verdammte, weil sie bei reinen „Stilprodukten" wie dem Ornament völlig versage. Auch er trat daher für ein absolutes „Kunstwollen" ein (S. 27), bei dem nicht das darzustellende Objekt, sondern das im Überindividuellen verankerte Formgefühl der entscheidende Faktor des künstlerischen Schaffensaktes sei.

Die „mechanischen" Kunstprinzipien des Naturalismus und Impressionismus, die beide von den „dinglichen Gegebenheiten" ausgehen, wurden daher durch Begriffe wie „Stilkunst" oder „Formkunst" verdrängt, mit denen man das allgemeine Verlangen nach einem neuen Stil auszudrücken versuchte, selbst wenn dieser noch keine inhaltliche Bestimmtheit hatte und erst einmal als äußerlicher Gestaltungswille erschien. Auf diese Weise entwickelte sich ein Kunstidealismus, der sich schnell in immer abstraktere Regionen verirrte und so eine weitgehende Verdrehung ins Formalistische erfuhr. Während ein Impressionist wie Oscar Bie noch mit ästhetischer Nonchalance von den „Wellen der Kunstgeschichte" gesprochen hatte, begegnet man jetzt Begriffen wie formaler Bindung oder zeitloser Gültigkeit, als könne man das Phänomen des „Stils" direkt aus dem Absoluten ableiten. Eng damit verbunden ist eine utopische Aufbruchsstimmung, die im Zeichen eines neuen Stilelans gegen das Individualistische und Historisch-Eklektizistische des 19. Jahrhunderts zu Felde zieht. So beschloß Berthold Daun sein Buch über „Die Kunst des 19. Jahrhunderts und der Gegenwart" (1909) mit den Sätzen: „Die Gegenwart hat wieder etwas Rühriges und Anspornendes bekommen ... Glücklich der, der die Kraft hat, im vollen Strome mitzuschwimmen" (S. 785). In der Zeitschrift „Deutsche Kunst und Dekoration" hieß es schon 1898, daß es seit hundert Jahren keinen eigentlichen Stil mehr gegeben habe. Alles sei „gedankenloses Nachahmen von Äußerlichkeiten" gewesen, was die immer noch grassierende Bahnhofsgotik, der Bankbarock und die Brückenromanik bewiesen (II, 300). Im Gegensatz dazu gebrauchte August Endell bereits im Jahre 1900 den Ausdruck „reine Formkunst", um sich zu einer neuen Architektonik zu bekennen (DKuD S. 144). Im gleichen Sinne wandte Franz Servaes 1905 auf die Bilder von Hodler den Begriff „Stilkunst" an (KuK S. 49). Andere bevorzugten Termini wie „neuer Monumentalismus", „Stilismus" oder „Stilwende". Auf Grund dieser Entwicklung konnte Wilhelm Hausenstein 1914 in seinem Buch „Die bildende Kunst der Gegenwart" die triumphierende Behauptung wagen: „Die Kunst unserer Tage ist die Katastrophe des Naturalismus und der Sieg des Stils" (S. 1).

Parallele Erscheinungen lassen sich in der Literatur verfolgen. So sprach Alfred Kerr 1900 im Hinblick auf die Allermodernsten ebenfalls von „Stilkunst" (NDR S. 664). Vier Jahre später setzte sich Samuel Lublinski in seiner „Bilanz der Moderne" in aller Entschiedenheit für die gegenwärtigen „Stilkünstler" ein, worunter er vor allem den Paul-Ernst-Kreis verstand (S. V). 1905 veröffentlichte Franz Servaes in der „Neuen Rundschau" einen Aufsatz unter dem Titel „Der Wille zum Stil", in dem er einen sachbezogenen Werkcharakter forderte, für den nicht die impressionistische Kategorie des Interessanten, sondern die Gattungserfülltheit das Entscheidende sei. Ähnliche Angriffe gegen die Überbewertung des Persönlichen finden sich in der Essaysammlung „Der Weg zur Form" (1906) von Paul Ernst, wo gleichfalls von einer „sachbezogenen" Stilkunst die Rede ist. Wohl die längste Auseinandersetzung mit dem Ästhetizismus der neunziger Jahre bildet das Buch „Das Stilgesetz der Poesie" (1901) von Theodor A. Meyer, in dem die bisherige Veranschaulichungstendenz, das bloße Malen und Beschreiben, als „materialistisch" angeprangert wird, da nach seiner Meinung eine „hohe Kunst" nur auf ideellen Vorstellungen oder sittlichen Konflikten beruhen könne. Ja, sogar in den Musikgeschichten und Konzertrezensionen dieser Jahre fällt manchmal das Wort „Stilkunst", vor allem dann, wenn man sich mit dem „formalistischen" Charakter der Werke von Max Reger beschäftigte, während man Komponisten wie Pfitzner mehr unter dem Begriff „Neuromantik" unterzubringen suchte.

Durch diese „Sehnsucht nach Stil", wie es in Lublinskis „Bilanz der Moderne" (1904) heißt (S. 350), kam es in allen Bereichen des künstlerischen Ausdrucksverlangens zu völlig neuen Stilkategorien. So trat an die Stelle der impressionistischen Differenzierung, die meist mit einer raffinierten Psychologisierungstendenz verbunden war, plötzlich das Ideal der „Vereinheitlichung", was zu einer weitgehenden Abschwächung der bisherigen Flüchtigkeit und

Der Kampf um den Stil

Rauhigkeit führte. Anstatt weiterhin der momentanen Laune oder originellen Interessantheit zu huldigen, setzte man sich wieder für eine künstlerische „Sinnform" ein, die sich an der edlen Simplizität klassisch-antiker, mittelalterlich-gotischer oder biedermeierlich-bukolischer Stilformen orientiert. Die gleiche Klärung läßt sich im Bereich der Gattungen, der Formen und Formate verfolgen. Während man im Impressionismus danach drängte, alle Großformen in eine Folge willkürlich aneinandergereihter Skizzen aufzulösen, das heißt, alles mit einem Wort, einem Motiv oder einem Pinselstrich auszudrücken, bevorzugte man jetzt weitausgreifende Zyklen, in denen der Mensch nicht als unbedeutender Eindrucksflecken, sondern als leibhaftige Persönlichkeit erscheint. Eine solche Tendenz führte notwendig zu einer zunehmenden „Vergeistigung" der künstlerischen Ausdrucksweise. Im Gegensatz zum Impressionismus, der sich auf das sinnliche Angemutetsein beschränkt hatte, traten daher in einem steigenden Maße logisierende, konstruktive und syntheseschaffende Elemente in den Vordergrund, durch die das Gestalthaft-Personale oft ins rein Formale abgleitet. Man vergleiche damit die Kunst der Gründerzeit, wo es sich geistig um ähnliche Tendenzen handelt, und doch der künstlerische Gestaltungsdrang durch die Nähe zum Realismus eine wesentlich stärkere Intensität auszustrahlen vermag. Was dort als nahbildlich gesehene Monumentalfigur erscheint, die sich dem Betrachter geradezu entgegenwölbt, wirkt im Bereich der „Stilkunst" um 1900 wesentlich konstruierter. Ihre Gestalten beziehen sich nicht auf die Wirklichkeit, sondern haben einen rein postulierten Charakter. Das Konstruktive artet daher oft zu einem bloßen Selbstzweck aus. Statt leibhafter Menschen sieht man hier lineare Flächengebilde, die eine merkliche Tendenz ins Kunstgewerbliche verraten. Künstlerisch gestaltet ist nicht das Religiöse, Seelenhafte oder Vergeistigte, wie es den Programmen dieser Jahre entspräche, sondern ein verrenkter, manieristisch-gespannter Linienreiz, dessen artistische Qualitäten dem Betrachter mehr ins Auge fallen als der kultische Charakter der dargestellten Personen. Durch dieses Übergewicht des Formalen werden die reaktionären Gehalte dieser Kunst manchmal so objektiviert, daß sich selbst bei dieser spezifisch restaurativen Strömung ein zunehmender Abstrahierungsprozeß verfolgen läßt. Auf seine Grundelemente zurückgeführt, zeigt sich hier die gleiche Realitätsentfremdung, die mit den streng „mechanistischen" Tendenzen des Naturalismus beginnt, in den elegant verwischten Strand- und Wolkenbildern des Impressionismus ihren ersten Höhepunkt erlebt und in künstlerischer Folgerichtigkeit später zum Expressionismus und zur Gegenstandslosigkeit überleitet, in denen eine völlige Auflösung des bisherigen Menschenbildes zum Ausdruck kommt, die auch durch die konservativen Tendenzen der Stilkunst nicht aufgehalten werden konnte. Stilistisch gesehen, kann man dabei eine Anzahl deutlich unterschiedener Spielarten beobachten, die sich nur mit einiger Gewagtheit unter einem gemeinsamen Epochenbegriff vereinigen lassen. Den ganzen Vorgang als „Stilwende" oder

„Jugendstil" zu bezeichnen, wie es manche Kunsthistoriker versuchten, läßt sich bei einer umfassenden Überschau, die auch die literarischen, politischen, weltanschaulichen und gesellschaftlich-ökonomischen Antriebskräfte dieser Zeit ins Auge faßt, kaum aufrechterhalten. Bei einer streng historisch ausgerichteten Betrachtungsweise, die das Ästhetische als Spiegelbild der allgemeinen Kultursituation begreift, kann man nicht umhin, von einer geometrisierenden „Stilkunst" zu sprechen, die sich in dialektischer Auseinandersetzung mit dem Impressionismus zu immer monumentaleren Ausdrucksformen entwickelte, ohne dabei ihre rein formale Ausgangsposition zu überwinden. Im großen gesehen, lassen sich dabei eine „ästhetisch-dekorative", eine „volkhaft-monumentale" und eine „werkbetont-sachliche" Phase unterscheiden, wobei in den ersten Etappen dieser Entwicklung mehr das Ausleben des Impressionismus im Vordergrund steht, während sich seit 1905 eine Aufspaltung in eine mehr reaktionäre und eine mehr sachliche Richtung beobachten läßt. Das wird noch klarer, wenn man an die gesellschaftlichen Schichten denkt, die an den betreffenden Stilrichtungen beteiligt sind. Zu Anfang sind es vorwiegend die Nachkommen des zu Macht und Reichtum gelangten Bürgertums der Gründerzeit. Später handelt es sich mehr um jene unkultivierten und bodenständigen Schichten, die dem Impressionismus von vornherein feindlich gegenüberstanden und daher politisch entweder zur extremen Rechten oder ins utopisch-idealistische Lager überschwenkten.

Die erste Phase könnte man ebensogut als „stilisierten Impressionismus" bezeichnen, da hier nur die Form eine stilisierende Note erhält, während die Inhalte weiterhin der ästhetischen Empfindungswelt des Impressionismus entnommen werden. Den Auftakt dazu bildete der „Neoimpressionismus", der sich zwar um bestimmte Gesetzmäßigkeiten bemühte, jedoch im rein Sensualistischen steckenblieb. Man denke an die Bilder von Curt Herrmann oder die Gedichtbände des frühen George, deren stilisiertes Gepräge lediglich in dem äußeren Arrangement der Farben und Vokale besteht. Fast gleichzeitig entwickelte sich der „Jugendstil", bei dem der Ansatz zur Stilisierung nicht von der Farbe, sondern von der Linie ausgeht. Ein durchschlagender Erfolg blieb dieser Bewegung ebenso versagt wie dem Neoimpressionismus, da man selbst bei den besseren Leistungen dieses Stils meist einer überspitzten Originalität zum Opfer fiel. In denselben Jahren meldete sich ein heimatkünstlerischer „Stimmungslyrismus", der zur Gründung von idyllischen Künstlerkolonien auf dem Lande führte, wo man einer pantheistisch-monistischen Vertiefung des Gefühlslebens huldigte. Doch auf den Landschaftsbildern dieser Richtung sind wie im Jugendstil oft nur die formalen Bildelemente zu erkennen, das heißt Linien, Farben und Flächen, wodurch das Inhaltliche wie bei den Bonselschen Seelenvagabunden in nichtssagende Schemen zerfließt. Auch der „Symbolismus" dieser ersten Phase enthält diese stilisierenden und zugleich entwirklichenden Elemente, vor allem in seiner allegorischgestalthaften Ausprägung, während er in seinen spukhaft-gespenstischen Werken ständig auf das Niveau der „neuro-mantischen" Stimmungskunst der neunziger Jahre abzuleiten droht. Das gleiche gilt für die „Wiener Sezession", bei der sich Jugendstil und Symbolismus zu einer Synthese vereinigen, die in ihrer überästhetischen Art eher an die internationalen Art-Nouveau-Tendenzen als an eine neue Tatgesinnung erinnert. Den Abschluß dieser spätimpressionistischen Phase bildete ein spielerischer „Dekorativismus", der seine stilisierende Absicht hinter historischen Masken verbirgt, was zu einem verbreiteten Tändeln mit Rokokoelementen, Biedermeiermotiven und einem graziösen Ostasienkult führte. Beispielhaft dafür sind Bierbaums „Irrgarten der Liebe" (1901), Zeitschriften wie „Die Insel" (ab 1899), die Regieexperimente des frühen Reinhardt oder der Straußsche „Rosenkavalier" (1911), deren Beliebtheit sich auf die gefällige Verbrämung der impressionistischen Grundsubstanz zurückführen läßt.

Die zweite Phase dieser prätentiösen „Stilbewegung" wurde durch eine „volkhafte Heimatkunst" eingeleitet, bei der weniger die geschmackvolle Einkleidung als der reaktionäre Gehalt im Vordergrund steht. Auch diese Strömung begann im Stimmungshaften, einer romantisch gefärbten Sehnsucht nach dem Einfachen und Volkstümlichen, verwandelte sich jedoch im Laufe der Jahre immer stärker in eine Blut-und-Boden-Kunst mit ausgesprochen präfaschistischen Akzenten. Wesentlich höhere Ziele setzte sich die „Monumentalkunst" dieser Jahre, wo sich der wachsende Formanspruch auch auf das Religiöse, Nationale und Personenkultische auszudehnen beginnt. Erst im Rahmen dieser Richtung erfuhr das künstlerische Ausdrucksverlangen einen wahrhaft „umfassenden" Charakter, wurde jedoch im selben Atemzug so übersteigert, daß es sich immer wieder ins Herrscherliche und Übermenschliche verzerrt, zumal hinter der „idealistischen" Verbrämung meist ein hochgespannter Machtanspruch steht, der sich ohne Mühe auf bestimmte reaktionäre Ideologiekomplexe zurückführen läßt.

Die einzige Spielart innerhalb dieser formkultischen Tendenzen, die keine regressiven Beimischungen enthält, stellt der sogenannte „Purismus" dar, der sich am Leitbild einer werkbetonten Sachlichkeit orientierte. Dafür sprechen die Bestrebungen des „Werkbundes", wo „Stil" weitgehend mit Qualitätsarbeit gleichgesetzt wurde, um auch den Künstler wieder unter die „Schaffenden" einzureihen. Anstatt ins Ästhetische auszuweichen oder sich dem allgemeinen Sog ins Imperialistische anzuschließen, bemühte man sich hier um einen „Idealismus der Arbeit", der jenseits aller hergebrachten Rangvorstellungen steht, was wenigstens in diesem Bereich zu einer teilweisen Ausschaltung der völkischen Legendenbildungen führte.

Das hier entwickelte Einteilungsprinzip, das zwischen drei verschiedenen Phasen unterscheidet, darf jedoch nicht absolut genommen werden, sondern dient lediglich dazu, bestimmte Modellsituationen herauszupräparieren.

Gerade bei den großen Künstlern dieser Epoche, wie Hodler oder George, lassen sich sowohl monumentale als auch dekorative Elemente nachweisen, da sie mehr wollten als manche der kleinen Stilspezialisten, die ihre künstlerische Domäne als eine einträgliche Erwerbsquelle auszunutzen verstanden. Dennoch bedeutet dieses Ineinandergleiten verschiedener Stilelemente keine Auflösung der festgesetzten Grenzen, sondern hat von Fall zu Fall eine ganz spezifische Bedeutung, die nicht zu einer generellen Verwischung der einzelnen Etappen beitragen sollte. Grob gesehen, kann man dabei eine Entwicklung vom Ornamentalen zum blockhaft Ausdrucksvollen beobachten, die in den späten neunziger Jahren beginnt und kurz vor dem ersten Weltkrieg ihren Höhepunkt erlebt. Die erste Phase vollzieht sich ungefähr zwischen 1895 und 1902, in der gleichzeitig der Impressionismus zu voller Blüte gelangt, während sich die volkhaft-monumentalen Tendenzen erst einige Jahre später entwickeln und so in die unmittelbare Nähe des Expressionismus geraten. Auf diese Weise läßt sich eine allmähliche Steigerung vom Leichtbeschwingten zum Feierlichen, vom preziösen Schnörkel zur imperialen Geste verfolgen, welche sich schließlich in einer Monumentalität entlädt, die in ihren schrillen Diagonalen und ihrer plakathaften Grobheit bereits an das leidenschaftliche Ausdrucksverlangen der expressionistischen Ekstatiker gemahnt. Hier gilt, was Moeller van den Bruck 1916 in seinem Buch „Der preußische Stil" behauptete: „Stil ist Zusammenfassung, Flächengefüge, Meißelschlag einer Zeit: Bindung des Ungebundenen für die Ewigkeit, die nach uns kommt: Stil ist Architektonik in jeglicher Kunst" (2. Aufl., S. 139).

Inhaltlich entspricht dieser fortschreitenden Monumentalisierung eine Entwicklung, die mit dem stilisierten Farbfleck und der stilisierten Linie beginnt und schließlich zur Gesamtplanung ganzer Städte führte, was Hermann Muthesius in dem Schlagwort „Vom Sophakissen zum Städtebau" zusammenfaßte, um damit die Richtung vom kunstgewerblich Vereinzelten zum architektonisch Umfassenden anzudeuten. Man muß daher, chronologisch gesehen, mit der Gründung des „Pan" (1895), der „Jugend" (1896) und der Münchener Kleinkunstausstellung von 1897 anfangen, auf der zum ersten Mal Vasen, Uhren, gestickte Vorhänge, Truhen und andere „künstlerisch" verzierte Gebrauchsgegenstände ausgestellt wurden. Ein Jahr später sah man ganze Wohnungseinrichtungen, in denen sich ein einheitliches Stilgefühl manifestierte. Wieder einen Schritt weiter bedeutete die Ausstellung „Ein Dokument deutscher Kunst", die 1900 auf der Darmstädter Mathildenhöhe zu sehen war, wo man ganze Häuser nach einem künstlerischen Gesamtplan entworfen hatte. Ihre Bekrönung erlebte diese Entwicklung dann in Siedlungsprojekten wie der Gartenstadt Hellerau, dem Buch „Die Architektur der Großstadt" (1913) von Karl Scheffler oder Mammutprojekten wie der Kölner Werkbund-Ausstellung (1914), bei denen man bereits die Planung ganzer Städte ins Auge faßte. Aus rein ästhetischen Anfängen erwuchs so eine halb monumentale, halb sachliche Architekturgesinnung, die sich von allen kunstgewerblichen Extravaganzen frei zu halten versuchte. Was bisher nur auf den verwöhnten Geschmack kleiner Cliquen zugeschnitten war, verwandelte sich dadurch in einen „Stilismus", der statt subjektiver Künstlerlaune eine ethische Verbindlichkeit forderte. Ob sich ein solches „idealistisches" Programm, das lediglich auf dem guten Willen beruht, im Rahmen einer hochliberalistischen Wirtschaftsordnung überhaupt verwirklichen läßt, wurde von einsichtsvollen Kritikern schon damals bezweifelt. Eins ist jedoch bei diesem künstlerischen Utopismus nicht zu übersehen, und zwar seine relative Harmlosigkeit, jedenfalls im Vergleich zu den aggressiven Weltanschauungskomplexen dieser Ära. Während sich im Bereich des Ideologischen ein pseudoromantischer Volkstumsbegriff in den Vordergrund schob, sagte man in der Kunst „Stil" und meinte damit eigentlich eine bürgerliche Villenkultur, die nicht mehr von feudalen Imitationen abhängig ist, sondern ihr Selbstbewußtsein in „neuen Formen" auszudrücken versucht. Daß man dabei weitgehend einem ästhetischen Formalismus verfiel, ist bei dem historischen Anachronismus dieser Bewegung nicht weiter verwunderlich. Karl Scheffler schrieb daher schon 1907 in seinem Essay „Das Ornamentale": „Hoffen wir vergebens auf einen großen Baustil der Zukunft, so haben wir viel Geschrei um eine Kleinigkeit erlebt. Unser Geschlecht wird der Kunstgeschichte dann eine Probe seiner Handschrift, ein Ornamentautogramm hinterlassen haben; — nichts weiter" (DNR S. 911). Ob sich diese Prophezeihung bewahrheitet hat, wird sich im folgenden zeigen.

DIE ÄSTHETISCH-DEKORATIVE PHASE

NEOIMPRESSIONISMUS

Den ersten Anstoß zu den stilkünstlerischen Bestrebungen der Jahrhundertwende gab eine Richtung, die man gemeinhin mit dem Begriff „Neoimpressionismus" bezeichnet, um damit sowohl das Festhalten am Sensualistisch-Eindruckshaften als auch das spezifisch Neue dieser zaghaften Stilisierungsversuche auszudrücken. Während bei den neuro-mantischen Stimmungskünstlern, den Dekadenzschwärmern und Fin-de-siècle-Konvertiten der neunziger Jahre alles ins Nervös-Religiöse oder Symbolistisch-Verschwommene zerfließt, bemühte man sich im Rahmen dieser Bewegung zum erstenmal um ein gewisses Ordnungsgefüge. Dennoch stellt das Ganze keinen eigentlichen Fortschritt dar, da man weder eine objektive Darstellung der gegebenen Realität noch eine vertiefte Interpretation der behandelten Konflikte ins Auge faßte, sondern seine Hauptaufgabe darin sah, die vom Impressionismus bloßgelegten Sinnesreize in ein formaldurchdachtes System zu bringen. Daher ist das Ergebnis dieser Tendenz lediglich eine „restitutio" der bisher verachteten Kompositionsgesetze. Wie auf vorherige Verabredung werden die Flächen wieder nach dem goldenen Schnitt geteilt, die Farben nach genau errechneten Komplementärwerten geordnet, die Verse mathematisch wirkenden Vokalgesetzen unterworfen und die Töne in ein System effektvoll kristallisierter Klangreize gebracht. Durch diese Bewußtmachung der werkimmanenten Formgesetze, über die man sich im Impressionismus elegant hinweggesetzt hatte, kam zwar eine neue Ethik des Produktiven zustande, die sich jedoch inhaltlich — paradoxerweise — meist mit preziös stilisierten Nichtigkeiten begnügte.

Die entscheidende Phalanx dieser künstlerischen Haltung war eine Gruppe französischer Maler, die auf der Suche nach neuen Gestaltungsmöglichkeiten auf die verführerische Präzision der physikalischen Farbgesetze stieß. Beispielhaft dafür ist das Bild „Un dimanche d'été à la grande jatte" (1886) von Georges Seurat, das einen Sturm der Entrüstung erregte, da man das mathematische Fleckengewirr dieser Methode als etwas aufreizend Manieristisches empfand. Doch Seurat und seine Freunde ließen sich durch diese Abweisung nicht beirren und bemühten sich auch weiterhin, an die Stelle der impressionistischen Nonchalance ein festes malerisches System zu setzen. Statt sich mit willkürlich herausgegriffenen Impressionen zufriedenzugeben, begründeten sie eine „peinture intellectuelle", die den jeweils behandelten Gegenstand in genau errechnete Farbakkorde aufzulösen versucht. Besonders deutlich kommt dieses Programm in den Schriften von Edmond Cross und Paul Signac zum Ausdruck, die sich bei ihren Farbanalysen auf Maxwell, Helmholtz und Chevreul beriefen, um sich mit dem Nimbus wissenschaftlicher Exaktheit zu umgeben. Auf Grund dieser Erkenntnisse verwandte man nur noch helle, reine, ungebrochene Farben, die ein Höchstmaß an malerischer Leuchtkraft enthalten. Da man jede Trübung ausschalten wollte, mischte man die Farben nicht mehr auf der Palette, sondern brachte sie so auf die Leinwand, wie man sie der Tube entnahm. Noch augenfälliger ist die sorgfältig angewandte Tupfenmanier, mit der man den Betrachter wieder zu einem eigenschöpferischen Gebrauch seines Sehvermögens erziehen wollte, das heißt, die Farbeffekte nicht nur genießerisch hinzunehmen, sondern sie auf der Linse zu einem strahlenden Lichtakkord zu verschmelzen. Genau betrachtet, hat sich diese „einleuchtende" Theorie nur zum Teil verwirklichen lassen, da die bewußte Farbverteilung zwar den dekorativen Wert dieser Bilder erhöht, jedoch durch die konsequente Tupfenmanier noch soviel unruhige Elemente enthält, daß man bloß von einer graduellen Stilisierung sprechen kann.

Im Bereich der deutschen Malerei begegnet man diesen Tendenzen erst um die Jahrhundertwende. Wie im Impressionismus läßt sich auch hier nur eine indirekte Beeinflussung durch die Franzosen feststellen, da die wichtigsten Vertreter dieses Stils, Curt Herrmann und Paul Baum, nie in unmittelbare Berührung mit den französischen Kunstzentren gekommen sind. Bei beiden wirkt der Pointillismus eher wie die letzte Konsequenz des impressionistischen Nuancenkults. Denn wie die Berliner Sezessionisten der neunziger Jahre liebten auch sie die luminaristischen Effekte wogender Kornfelder, spiegelnder Wasserflächen und glitzernder Schneeabhänge, und doch hat die Farbigkeit ihrer Bilder keinen „impressiven" Charakter, sondern erweckt eher den Eindruck eines reichen und ungewöhnlich differenzierten Farbmosaiks, hinter dem sich eine deutliche Gesetzmäßigkeit verbirgt. Egon Friedell schrieb daher mit Recht: „Dies ist scheinbar der Gipfel des Impressionismus, tatsächlich aber bereits dessen Auflösung; denn tritt man weit genug zurück, so erscheint die Kontur. Ja noch mehr: das Glasmosaik" (III, 477). Im Gegensatz zu Bildern von Liebermann oder Slevogt ist hier nicht der „erste Eindruck" entscheidend, sondern die allmähliche Ergründung der verborgenen Kompositionsgesetze. Anfänglich wirkt alles wie ein feines Geflimmer wechselnder Farbnuancen, wie ein farbiges Schneetreiben oder ein aufgewirbelter Konfettiregen. Aber schon nach wenigen Sekunden entdeckt man in dieser scheinbaren Dekomposition in den meisten Fällen ein geheimes Aufbauprinzip, das dem Ganzen eine harmonische und beruhigende Note gibt. Was man dabei im Sinne hatte, war eine steigende Aktivierung des „Geistigen" in der Kunst. Schon indem man die einzelnen Tupfen wie die Steinchen eines Mosaiks zu einem idealen Farbakkord verband, anstatt sie direkt der Natur zu entnehmen, wollte man den

Eindruck stilisierter Kunstprodukte erwecken, die in ihrer Substanz und in ihrem Aussehen dem Willen des jeweiligen Künstlers unterworfen sind. Leider griff jedoch diese Geistigkeit nicht auf das Thematische über, sondern erschöpfte sich vorwiegend in der Art des Produzierens. Man hat daher oft den Eindruck eines exquisiten Puzzlespiels, bei dem sich die tektonische Durchgestaltung wie bei Intarsienarbeiten oder eingelegten Edelsteinen rein auf die kunstgewerbliche Übereinstimmung des Einzelnen mit dem Ganzen beschränkt. Was dadurch entstand, waren „autonome Bilder", auf denen nicht mehr die Gegenstände, sondern die malerischen Mittel das Bestimmende sind, was direkt zu den Theorien der gegenstandslosen Malerei überleitete. So wandte sich Rudolf Kaßner in seinem Buch „Die Moral der Musik" (1905) gegen jede Form der „allegorischen Malerei", die auf einem verknüpfenden oder anekdotischen Bezug beruht, und pries einen malerischen Dekorativismus, „wo das Motiv ganz in den Linien und Farben aufgeht" (S. 181). Selbst bewegte Szenen wurden daher im Rahmen dieser Richtung in ein logisiertes Ordnungsschema gebracht, um nicht den Eindruck impressionistischer Leichtfertigkeit zu erwecken. Durch diese rein ästhetische Einstellung zum Gegenstand fielen schließlich sogar jene Zwischentöne und Trübungen fort, die sich selbst auf den Slevogtschen Wüstenlandschaften und Liebermannschen Strandszenen — den Höhepunkten des malerischen Luminarismus — finden. Erst jetzt werden alle Farbakzente wie auf einem Teppich ausschließlich nach dekorativen Gesichtspunkten angeordnet, wodurch sie den Charakter festlich arrangierter Blumensträuße oder sorgfältig gebatikter Wandbehänge erlangen.

Curt Herrmann gab daher seinem Bekenntnis zum Neoimpressionismus den anspruchsvollen Titel „Der Kampf um den Stil" (1911), um auf die geheime Architektonik dieser scheinbar rein ästhetischen Richtung hinzuweisen. Statt sich mit der „dilettantischen" Saloppheit des landläufigen Impressionismus zufriedenzugeben, setzte er sich in diesem Büchlein für eine konsequente Synthese von geistiger Durchdringung und handwerklichem Können ein. Aus diesem Grunde liest man ständig Worte wie „Wendepunkt" oder „Bedürfnis nach neuen Stilgesetzen", die in der spezifisch neoimpressionistischen Vorstellung der „reinen Harmonie" kulminieren (S. 29). Am Ende seiner Gedankengänge steht deshalb ein „Stil der Schöpfung", der sich der Realität durch eine Mutation ins Artifizielle zu entziehen sucht. Wie bei den Marburger Neukantianern liegt dabei der Hauptakzent auf dem Wort „Reinheit", das sich in allen formalistischen Epochen einer besonderen Beliebtheit erfreut. Ein Beispiel:

„Die Natur und die gesamte Geistesgeschichte aber weisen darauf hin, daß es einen von allen nebensächlichen, materiellen und persönlichen Momenten und vom Objekt unabhängigen, latenten Stilbegriff geben muß, der gewissermaßen das Endziel aller Kunst, die reine Harmonie, bedeuten würde" (S. 29).

Bei seinen eigenen Werken beschränkte sich Curt Herrmann weitgehend auf das Stilleben, was seinen Bildern trotz aller Unruhe der Farbverteilung den Eindruck einer harmonischen Ausgeglichenheit verleiht. Freunde erzählten, daß er die einzelnen Farbtupfen durch aufgelegte Gelatineplättchen so lange gegeneinander abwog, bis sie eine makellose Reinheit ergaben. Um auch das Lineare in die allgemeine Harmonie einzubeziehen, vollzog er die Aufteilung der Flächen meist nach dem goldenen Schnitt. Auf Grund dieser sorgfältigen Abstimmung haben manche seiner Nature-Morte-Darstellungen eine künstlerische Erlesenheit, die sich kaum überbieten läßt. Karl Scheffler schrieb daher 1910 voller Bewunderung, daß man solche Bilder in vornehmen Herrenzimmern in helle Holztäfelungen einlassen solle, um ihre unvergleichlich „dekorative" Note herauszustreichen (KuK S. 281).

Noch zarter wirken die Bilder von Paul Baum, deren Farbtupfen oft nur die Größe eines Stecknadelknopfes haben. Auch er wandte sich in seinen schriftlichen Äußerungen wiederholt gegen das „Handgelenk und Ungefähr" der impressionistischen Maler und verteidigte einen absoluten Pointillismus, der eine strenge methodische Schulung verlange. Während bei Herrmann die einzelnen Pinselhiebe noch den Charakter von Kommas oder kleinen Strichen haben, bevorzugte er eine gleichförmige Punktmanier, die unterschiedslos auf alle Motive angewandt wird. Ob holländische Pappeln oder türkische Hafenszenen: alles ist bei ihm mit einem feinen Getupfel raffiniert erlesener Farbkomplexe übersät, was seinen Bildern eine ungewöhnliche Leuchtkraft verleiht. Eine ähnliche Tupfenmanier findet sich beim frühen Kanoldt, dessen Erstlingswerke wie die Baumschen Toscanalandschaften den Eindruck zarter Aquarelle erwecken.

Bei den anderen Malern dieser Richtung wird das Pointillistische meist mit einem Liniensystem verbunden, das bereits zum Jugendstil überleitet. Beispielhaft dafür sind die Bilder von Carl Strathmann, auf denen jeder Quadratzentimeter mit kreis- oder sternförmigen Ornamenten angefüllt ist, wodurch bei einer summierenden Überschau, die lediglich das Teppichhafte der Bildgestaltung ins Auge faßt, ebenfalls ein neoimpressionistischer Eindruck entsteht. Die meisten dieser Ornamentflecke setzen sich aus sorgfältig gezeichneten Mustern zusammen, deren äußere Form an Edelsteine, Schneeflocken, stilisierte Blumen, Pfauenaugen oder die Maschen feiner Gewebe erinnert. Bei abstrakten Dekorationen, wie Schmuckstücken oder Gewändern, verwandte er mit Vorliebe kleine Knötchen oder perlartige Verdickungen, die in ihrer graphischen Minutiosität bewußt ans Groteske streifen sollen. So sieht man auf seiner „Salambo" (1894) keine impressionistisch aufgerauhte Flimmerschicht, sondern ein Ornamentgewühl, das aus mehreren Schichten raffiniert durchbrochener Schleier, Phantasieblumen und dekorativer Teppiche besteht, so daß von der Hauptperson, der nackten Salambo, nur die Nase übrigbleibt. Ebenso preziös wirken seine „Musikanten im Schnee" (1904), deren humoristisch gesehene Silhouetten sich mit den tanzenden Schneeflocken zu einem graphischen Ornamentgeriesel verbinden. Wohl den Höhepunkt dieser stilisierenden Übertreibung bildet sein „Heiliger Franz von Assisi" (1904), wo Strathmann durch die Vermischung und Verschlingung dekorativer Landschaftsmotive, zarter Blattornamente und pointillierter Pfauenschleppen die ganze Bildfläche in ein groteskes Eindrucksgewirr verwandelt und aus dem heiligen Franz ein Märtyrer des Kunstgewerbes wird.

Die gleichen ornamentalen Wirkungen finden sich auf den Bildern von Gustav Klimt. Auch wird hier der neoimpressionistische Pointillismus von vornherein mit dem Raffinement moderner Stilisierung und geheimnisvoller Symbolik verbunden, um dem Ganzen einen Stich ins Preziöse zu geben. Manche seiner Bilder wirken daher wie kostbare Teppiche, die aus lauter stereometrischen Mustern bestehen. Andere gleichen alten Mosaiken, die aus funkelnden Edelsteinen und bunten Glasplättchen zusammengesetzt sind. Wie auf den Werken von Strathmann ist jedes Detail bis ins letzte kunstgewerblich durchgebildet, nur daß der Akzent diesmal mehr auf dem Artifiziellen als auf dem Komischen liegt. Während man im Impressionismus das Flüchtige und scheinbar Gleichgültige bevorzugt hatte, bemühte sich Klimt in steigendem Maße, seiner Formgebung den Charakter des Emblematischen, ja Kultischen zu geben. Überall begegnet man einer menschlichen Starre und ornamentalen Farbigkeit, deren künstlerisches Erscheinungsbild an Christlich-Hieratisches oder Märchenhaft-Assyrisches gemahnt. Besonders deutlich zeigt sich diese antiimpressionistische Linienbetontheit bei seinen Damenporträts, in denen der Ästhetizismus dieser Richtung wohl seine reinste Verwirklichung erlebte, da hier sogar der menschliche Körper in ein verrenktes oder preziös-gewundenes Ornamentgebilde verwandelt wird. Die malerische Delikatesse dieser Bilder besteht vor allem in dem auffällig markierten Nebeneinander von exotisch-ornamentierten Geweben und scheinbar gegenstandslosen oder geheimnisvoll phosphoreszierenden Farbflächen, deren neoimpressionistisches Getupfe wie ein sternenübersäter Nachthimmel wirkt. Das Ergebnis dieser Malweise ist oft eine künstlerische Erlesenheit und Artifizialität, die sich in ihrem Formwillen mit den stilisiert-aparten Klangwirkungen in Georges „Algabal" vergleichen läßt. Wie beliebt dieses Farbglitzernde und Diamantübersäte war, das an byzantinische Mosaiken oder Bilder von Carlo Crivelli erinnert, beweist eine Beschreibung der „Salome" (1876) von Gustave Moreau in Huysmans „A rebours" (1884), einem der Lieblingsbücher dieser preziös-stilisierenden Richtung:

„Auf ihrer jungen Haut blitzen die Diamanten. Ihre Armbänder, ihre Gürtel, ihre Ringe werfen strahlende Funken über ihr prunkvolles, mit Perlen besätes, gold- und silberbesticktes Gewand. Es ist ein zarter Panzer aus feiner Goldarbeit, an den Maschen mit Edelsteinen verziert, deren

Feuer sich schlangenartig kreuzt über der matten teerosenfarbigen Haut: glänzende Insekten, gleichsam mit strahlenden Flügeldecken, die einen rot marmoriert, die anderen hochgelb punktiert, diese stahlblau gefleckt, jene pfauengrün getigert" (Berlin 1897, S. 96).

Wesentlich schlichter, jedoch genauso neoimpressionistisch wirken seine Landschaftsbilder, auf denen jedes Blatt, jeder Grashalm wie bei Herrmann oder Baum als besonderer Farbtupfen verzeichnet wird. Das künstlerisch Interessante ist auch hier das Nebeneinander deutlich konturierter Flächenkomplexe und nervöser Tupfenreize, indem Klimt gepunktete oder gestrichelte Laubmassen mit völlig glatten Häuserwänden konfrontiert, was dem Ganzen einen betont dekorativen Charakter verleiht.

Eine weitere Spielart der neoimpressionistischen Malerei bilden die Werke der Münchener Künstlervereinigung „Die Scholle" (ab 1899), die auf den ersten Blick einen viel robusteren Eindruck erwecken als die eines Strathmann oder Klimt. Die einzelnen Farbflecken wirken hier nicht wie delikat hingesetzte Tupfen, sondern haben etwas Schachbrettartiges, wodurch sich der Schwerpunkt vom Stilisierten zum Malerischen verschiebt. Während sich die anderen Vertreter dieser Richtung auf dekorative Stilleben oder elegante Damenporträts beschränkten, um auch thematisch im Bereich des rein Ästhetischen zu bleiben, hielten sich die Scholle-Maler selbst bei einer so stilisierenden Malweise wie der neoimpressionistischen Tupfenmanier meist ans Landschaftliche oder Genremäßige. So malte Walter Püttner bunt kostümierte Soldaten, Max Feldbauer und Walter Georgi stellten grobschlächtige Bauernmädchen dar, während Erich Erler-Samaden felsige Hochgebirgslandschaften bevorzugte. Eine neoimpressionistische Verhaltenheit und malerische Delikatesse findet sich eigentlich nur auf den Aktbildern von Leo Putz und den Damenporträts von Adolf Münzer. Aber selbst diese beiden Maler neigten häufig zu einer rechteckigen Fleckenmanier, die ins Plakathafte abzugleiten drohte. Der malerische Durchschnitt dieser Richtung wirkt daher weder so vergeistigt wie bei Herrmann noch so irisierend-raffiniert wie bei Klimt, sondern bewahrt in seiner Statik stets den Charakter des Kernigen und Bajuwarischen. Sogar im pikanten Boudoirbild mied man das Überraschende und Gewagte des „avant ou après" und beschränkte sich auf das bloße Liegen, Hocken oder Stehen, weshalb diese Bilder nach einer Zeit impressionistischer Bewegungsreize als ungewöhnlich „ruhig" galten. Man merkt, daß fast alle diese Maler zugleich Illustratoren für die Münchener „Jugend" (ab 1896) waren und daher eine vereinfachende Flächenwirkung im Auge hatten, die sich ohne große Schwierigkeiten auf den Druck übertragen ließ.

Auch in den Frühwerken von Nolde, Jawlensky und Rohlfs lassen sich solche neoimpressionistischen Elemente erkennen, obwohl hier die einzelnen Pinselhiebe allmählich ins Überhitzte und Forcierte gesteigert werden und so einen gewaltsam „expressiven" Charakter annehmen. An die Stelle harmonisch abgestimmter Farbakkorde oder kunstgewerblich durchstilisierter Ornamentkomplexe treten in ihren Werken lodernde Flammenbüschel, die an die Bilder des mittleren oder späten van Gogh erinnern. Das Delikate und Raffinierte, das die Tupfenmanier von Seurat, Signac, Cross, Curt Herrmann und Paul Baum auszeichnet, erliegt dadurch einer Monumentalisierung der Farbe, die schon nach wenigen Jahren alles Neoimpressionistische hinter sich läßt. Vor allem bei Nolde erhält dieser Vorgang fast eine brutale Note, während Rohlfs selbst bei seinen wildesten Farborgien stets einen Sinn für das Dekorative bewahrt. Auf einer ähnlichen Stilstufe stehen die Bilder von Theo von Brockhusen und des frühen Heinrich Nauen, wo sich ebenfalls eine deutliche Beeinflussung durch van Gogh und den Neoimpressionismus nachweisen läßt. Auch diese Künstler haben sich später trotz der ihnen eigentümlichen exzessiven Farbigkeit und ekstatischen Linienführung nie ganz vom Prinzip des Ornamentalen losgesagt, obwohl ihre malerische Heftigkeit wie eine offene Kampfansage gegen alles Ästhetische und Dekorative wirkt.

Ebenso auffällig sind die Wirkungen des Neoimpressionismus in der Kunstkritik dieser Jahre. Immer wieder begegnet man hier der These, daß diese Richtung nicht nur die „beste Technik", sondern auch die „besten Bilder" der Zeit um 1900 hervorgebracht habe, wie sich Julius Meier-Graefe in seinem Büchlein „Der moderne Impressionismus" (1903) ausdrückte (S. 17). Nach seiner Meinung hat ein Gemälde lediglich die Funktion, eine „leuchtende Fläche" darzustellen, worin er den Triumph der absoluten „Geistigkeit" sah. Er schwärmte daher von einer „Entmaterialisierung des Gegenständlichen", einer „schimmernden Auflösung aller Dinge in Licht und Luft", die der künstlerischen Phantasie einen weit größeren Spielraum gewähre als die naturalistisch-impressionistische Abbildtheorie, bei der man stets das Gefühl des Subalternen habe (S. 5). Kurz darauf verkündete Harry Graf Keßler, daß die wahre Kennerschaft eines kunstempfänglichen Menschen weniger im Verständnis für das Inhaltliche als im rein Formalen, im Genuß der „Farben, Formen und Flächen", bestehe (DNR 1906, S. 115). Ähnliche Äußerungen finden sich in der „Moral der Musik" (1905) von Rudolf Kaßner oder der „Ästhetik des Lichts" (1908) von Curt Bauer, in denen die einzelnen Farbwerte lediglich unter der Perspektive des Dekorativen behandelt werden. Auch Richard Muther hob in seinen verstreuten Bemerkungen über den Neoimpressionismus immer wieder das Erlesene und Schmückende dieser Kunst hervor, und zwar stets in ihrem Doppelcharakter: als Ende und als Neubeginn. So verglich er die neoimpressionistische Punkt- und Tupfenmanier mit den Mosaiken von Ravenna, um auf das Dekorative und doch Durchgeistigte dieser Kunst hinzuweisen. Hier wie dort habe sich der Stil einer greisenhaften Spätzeit mit den künstlerischen Anfängen einer neuen Epoche verbunden, was als Synthese einen „raffinierten Archaismus" ergebe. Ja, er stellt sogar die Behauptung auf, daß die Bilder der Neoimpressionisten neben den Mosaiken von San Apollinare nuovo wohl das „Großartigste" seien, was die Dekorationskunst aller Zeiten aufweisen könne (S. 489).

Im Bereich des Literarischen kommt diese Stilhaltung oder eine ihr verwandte Parallelerscheinung vor allem in den Werken des frühen George-Kreises zum Ausdruck, die wegen ihrer „stilisierenden" Komponente ein allgemeines Befremden hervorriefen. Im Gegensatz zu anspruchslosen Impressionisten wie Schnitzler, Schlaf oder Altenberg hat man es hier mit einer Clique zu tun, deren Kunstanschauung bereits im Zeichen der steigenden L'art-pour-l'art-Tendenzen steht. Fast alle Mitglieder dieses Kreises distanzierten sich daher mit betonter Arroganz von der bisher üblichen Formlosigkeit und Bohemiengesinnung und setzten an ihre Stelle einen exklusiven Stilisierungswillen, der jeder Bezogenheit zum Alltäglichen sorgfältig aus dem Wege geht. So nannte Karl Wolfskehl den jungen George in der Zeitschrift „Pan" (1898) den einzigen „Stilisten" in einer Zeit der „Skizze, des Unfertigen und Angedeuteten", deren Lieblingsform die lockere Impressionenfolge sei (S. 231). Während George nach 1900 hauptsächlich als Vorbild einer neuen ethisch-religiösen Gesinnung galt, wurde er in diesen Jahren noch ganz als Sachwalter geheimer Kompositionsgesetze verehrt, mit deren Hilfe man der Dichtung wieder den Charakter des „Geschaffenen" zu geben hoffte. Der gesamte George-Kreis ging daher vor der Jahrhundertwende allen weltanschaulichen Engagiertheiten aus dem Wege und verkündete einen Kunstbegriff, der jenseits aller antiästhetischen Zwecksetzungen steht. Anstatt sich in den Dienst einer bestimmten Klasse zu stellen oder „rücksicht auf die lesende menge" zu nehmen, schwärmte man von einer Dichtung, die sich auf rein formale Probleme konzentriert. So bezeichnete George die sozialen Tendenzen der achtziger Jahre als „weltverbesserungen und allbeglückungsträume", die „ja sehr schön sein mögen aber in ein andres gebiet gehören als das der dichtung", wie es in seinen „merksprüchen" heißt, die er 1899 in einem Sammelband der „Blätter für die Kunst" veröffentlichte (S. 13). Die sinnliche Gegebenheit, die stets einen unmittelbaren Bezug zum Leben verrät, wurde auf diese Weise durch einen Ästhetizismus verdrängt, der zu immer „reineren kunsthimmeln" strebte (S. 24). Sein Ziel war eine „kunst für die kunst", eine „GEISTIGE KUNST", die sich „auf grund der neuen fühlweise und mache" von jener „minderwertigen schule" distanziert, deren Hauptanliegen eine vordergründige Erfassung der „wirklichkeit" gewesen sei, worunter George selbstverständlich den Naturalismus verstand (S. 10). Den Ausdruck der höchsten Vollkommenheit sah er wie Nietzsche und Mallarmé im Azur des Himmels, dessen makellose Bläue ihm wie ein Widerschein der ewigen Schönheit vorkam. Er bemühte sich deshalb um eine „kunst aus anschauungsfreude aus rausch und klang und sonne", in der die „reinen" Sensationen ins Kunstgewerblich-Stilisierte erhoben würden (S. 16). Noch der Vergangenheit verpflichtet ist der Mangel an ethischen und religiösen Zielsetzungen. Auch die unendlich zarten und raffinierten Brechungen innerhalb der Wortmelodie weisen noch auf den Impressionismus zurück. Neu ist dagegen die „Kategorie der Seltenheit", die weniger das Genießerische als das Exklusive und Artistische betonte. Das Dichten galt plötzlich nicht mehr als ein unterhaltsamer Nebenberuf, der auch von Dilettanten ausgeübt werden kann, sondern als eine „Technik", in der sich nur ästhetisch und formal geschulte Spezialisten auskennen. Logischerweise entwickelte sich daraus eine „Künstlichkeit", die sich von der sinnlichen Fülle des Lebens immer weiter entfernte. Aus diesem Grunde blieben nur die kleineren Talente dem George-Kreis treu, während sich Dichter wie Hofmannsthal oder Dauthendey im Laufe der Jahre wieder auf ihre künstlerische Selbständigkeit besannen. Einen besonders dramatischen Akzent hatte dieser Ablösungsprozeß bei Hofmannsthal, den George nur ungern scheiden sah, da er sich gerade von ihm eine ungewöhnliche Bereicherung seines Kreises erhofft hatte. Vor allem seine Briefe beweisen, wie sehr er Hofmannsthal immer wieder mit persönlichen Einladungen bedrängte, um ihn enger an seine Absichten zu binden. Doch dieser wich zurück, weil ihm die Verflochtenheit mit seiner Heimat, ihrem Feuilleton und Theaterleben wichtiger war als die Gemeinschaft mit einem Kreis von Kunstspezialisten, der jede Berührung mit der Außenwelt sorgfältig vermied. Da jedoch George diese „Bedingtheiten" des Lebens nicht anerkennen wollte, kam es notwendigerweise zu einer scharfen Auseinandersetzung. So warf er ihm im Juli 1902 „lauliche reizbarkeit und weichtierhafte eindrucksfähigkeit" vor, um ihn als „Impressionisten" zu brandmarken, und wies auf das „BAULICHE" seiner eigenen Dichtungen hin, das er als etwas Absolutes empfand. Mit welcher Entschiedenheit sich später der gesamte George-Kreis von Hofmannsthal distanzierte, kommt in folgenden Worten von Friedrich Gundolf zum Ausdruck, die sicher der Meinung des allgewaltigen Meisters entsprachen:

„Niemals festgelegt, stets bereit zur wahl, zu ‚mischung und entmischung' Proteus der bildung, geschickt sich in alles zu verwandeln, ohne irgend etwas unentrinnbar zu sein, von jedem zu nehmen, ohne ihm schuldig zu werden, jedem zu geben, ohne zu opfern, sich allem und alles sich zuzueignen, an jede bezauberung glaubend und jeder entzauberung gewiß, macht er aus jeder augenblicklichen not eine dauernde tugend, saugt wurzellos aus allem nahrung, jeder schönheit und süße bedürftig und in der sehnsucht ihrer spiegelung fähig ... Darum pocht er an allen pforten, lauert an allen höhlen, zittert jedem schauer nach und flüchtet kainhaft unter dem fluch des horror vacui, und lechzt die ganze außenwelt zu sich heran, begierig nach immer andren stoffen, kleidern, leibern, betäubungen, entzückungen, um nur nicht allein sein zu müssen mit dem Ich oder zu entdecken daß da kein Ich ist" (JGB 1910, S. 36).

Nach dieser Trennung, durch die der George-Kreis seine wichtigste dichterische Potenz verlor, standen dem „Meister des Bundes" bloß noch kleinere Dichter wie Karl Wolfskehl, Richard Perls, Friedrich Wolters oder Berthold Vallentin zur Verfügung, die man nicht als Einzelkünstler, sondern nur als literarisches Gefolge werten kann. Das künstlerisch Entscheidende sind daher nicht die „Blätter für die Kunst", in denen alle Kreismitglieder vertreten sind, sondern die Werke von George selbst, der trotz seiner vielen Jünger doch ein literarischer Einzelgänger geblieben ist.

In den frühen neunziger Jahren hatte George seine Gedichtwerke nur an Freunde verteilt, da ihm das geistige Klima noch zu „unkünstlerisch" erschien. Den Schritt in die Öffentlichkeit vollzog er erst 1898, als ihn die neuen Stilansätze in Malerei und Kunstgewerbe in der Hoffnung beflügelten, daß man seine Gedichte in Zukunft mehr nach formalen als nach inhaltlichen Gesichtspunkten beurteilen werde. Er schrieb daher im Vorwort zur zweiten Auflage seiner Sammlung „Hymnen. Pilgerfahrten. Algabal":

> „Den ersten druck seiner dichtungen die vor einem jahrzehnt zu erscheinen begannen reichte der verfasser freunden und gönnern als geschenk, so blieb er bis in einzelheiten der rücksicht auf die lesende menge enthoben die damals besonders wenig willens oder fähig war ein dichtwerk als gebilde zu begrüßen oder zu genießen. Heute da mit dem freudigen aufschwunge von malerei und verzierung bei uns vielerorten ein neues schönheitsverlangen erwacht glaubt er den wachsenden wünschen nachgeben und auf den schutz seiner abgeschlossenheit verzichten zu dürfen."

Das spezifisch Neoimpressionistische dieser frühen Gedichtsammlungen zeigt sich schon in der äußeren Aufmachung, die sich genau in der Mitte zwischen bewußter Stilisierung und ebenso bewußter Nachlässigkeit hält. Auf einem rauhen und gerieften Papier, das an den Rändern büttenartig zerfasert, sieht man streng hieratische Schriftzeichen, die in ihrer linearen Rhythmik und ihrem Mangel an Großbuchstaben den paradoxen Eindruck einer artifiziellen Einfachheit erwecken. Auch im Einband wird eine raffinierte Zwischenlösung angestrebt, indem man sorgfältig gebleichtes, aber grobkörniges Leinen verwandte. Auf diese Weise entstand ein Stilprodukt, das sowohl mit dem impressionistischen Reichtum des Zarten und Nuancierten als auch mit sakraler Strenge ausgestattet ist. Was man dadurch erreichte, war ein „Stil", der trotz seiner esoterischen Geheimsprache rein optisch abgeschätzt werden kann, da er den Nachdruck weniger auf die inhaltliche Bedeutsamkeit als auf die formale Einkleidung legte.

Die gleichen Stilisierungstendenzen zeigen sich in der Wahl der Motive. Auch hier bevorzugte George das Raffinierte und Auserlesene, was zu einem Kunstethos führte, das sich nicht mehr auf die „Kategorie der Gegebenheit" stützte, sondern die sinnlichen Eindrücke schon in statu nascendi umzuformen versuchte. Aus dem impressionistischen Spiegelbild wurde so ein neoimpressionistisches „GEBILDE", das etwas bewußt Artifizielles hat. Man lese dazu das Gedicht „Die Spange" aus der Sammlung „Hymnen. Pilgerfahrten. Algabal" (II, 83):

> „Ich wollte sie aus kühlem eisen
> Und wie ein glatter fester streif,
> Doch war im schacht auf allen gleisen
> So kein metall zum gusse reif.
>
> Nun aber soll sie also sein:
> Wie eine große fremde dolde
> Geformt aus feuerrotem golde
> Und reichem blitzendem gestein."

Das geistige Verstehen und Aufnehmen wird hier nicht mehr als Anerkennung oder Verwerfung von Impressionen aufgefaßt wie bei Mach oder Rickert, wo selbst der menschliche Erkenntnisakt einer psychologischen Gebundenheit entspringt, sondern verwandelt sich in eine autonom-schöpferische Tätigkeit am Objekt. An die Stelle der sinnlichen Wahrnehmung tritt daher das Ideal einer „GEISTIGEN KUNST", die auf alle „kunsttötenden" Beimischungen der Wirklichkeit verzichtet. Durch diese Stilisierungstendenz sank das Thematische oft zu völliger Bedeutungslosigkeit herab oder wurde so verrätselt, daß man es nur noch als metaphorisches Substrat erfassen kann. An manchen Stellen, wie im Vorwort zum „Jahr der Seele", verbot George geradezu, nach dem „menschlichen oder landschaftlichen urbild" seiner Gedichte zu suchen, da es durch die Kunst eine solche „umformung" erfahren habe, „daß es dem schöpfer selber unbedeutend wurde" (S. 1). Er wollte sich auf diese Weise von allem Bekenntnishaften oder Erlebnismäßigen distanzieren und auf den rein ästhetischen Charakter seiner Kunst verweisen. Statt subjektiv-reflektierter Elemente herrscht daher in seinen frühen Gedichten eine stilisierte Bilderreihe, die zusehends zum Abstrakten tendiert. Immer wieder wird man in künstliche Paradiese geführt, in denen man seltsamen Fabelwesen, erlesenen Kostbarkeiten oder edelsteinprangenden Schlössern begegnet. Selbst die menschlichen Figuren, die vor dem Hintergrund dieser reichbebilderten Batik erscheinen, gleichen seelenlosen Marionetten. Ludwig Klages schrieb daher in seiner „Seelenlehre eines Künstlers", die 1898 im Ausleseband der „Blätter für die Kunst" erschien:

> „Vermöge gewaltiger vorstellungskraft gelingt es ihm erregt zu werden
> durch den gaukeltanz der dinge, die seine phantasie mit willkürlich
> erdichtetem gehalt belebt. In diesem bezirk erträumter sensationen ist er
> zugleich kämpfer triumphator und zuschauer. In der vorstellung bleibt

das bewußtsein daß seine geschöpfe nur von ihm ihre seele liehen, daß sie seinem zauberstab gehorchen und hinter der erregung steht leise aber vernehmlich lenkend der kaltherzig stilisierende verstand" (S. 138).

Das Ergebnis dieser „kaltherzigen" Stilisierungstendenz war eine reine „WORTKUNST", die nur den Prinzipien der Schönheit und Erlesenheit dient. George vermied daher in seinen Gedichten alle Worte, „auf denen der menge stempel fleckt", und bemühte sich um eine Ausdrucksform, die keinerlei umgangssprachliche Elemente enthält. So dichtete er anfangs in einer dem Spanischen angenäherten Individualsprache, die er „Lingua romana" nannte. Manche dieser Gedichte, wie die „Rosa galba", hat er erst später ins Deutsche rückübersetzt. Um sich auch im Deutschen eine höchstmögliche Individualität zu bewahren, bildete er im Verlauf der neunziger Jahre jene Eigensprache heraus, deren Schreibweise und Interpunktion sich eigentlich nur mit den von Melchior Lechter entworfenen Drucktypen wiedergeben läßt, um so das dichterische „WORT" aus dem „gemeinen alltäglichen kreis zu reißen und in eine leuchtende sphäre zu heben". Auf diese Weise wird selbst die Sprache zu einer Kunstform, die sich von allen realen Gegebenheiten entfernt. Sie hat nicht mehr die Aufgabe, dem „gemeinen tagesverkehr und seinem derben bedarf" zu genügen, sondern verwandelt sich in ein kunstgewerbliches Material, das vom Künstler beliebig umgeknetet werden kann. Statt „schwankenden Palast" heißt es bei ihm „schwanken palast", statt „freundlichen Farbenstrahlen" die „freunden farbenstrahlen", statt „heller Saal" „saal der blassen helle", statt „verdorrtes Laub" „dorrenden laubes geknister". Bis in das geringste Detail regiert hier die Kategorie der Seltenheit. Überall verwendet George plötzlich Neubildungen oder Archaismen wie das „sprocke holz", der „totgesagte park", der „wolken unverhofftes blau" oder der „saal des gelben gleißes", um so jedem Wort eine stilisierende Note zu geben. Das gleiche gilt für seine Abneigung gegen Flickwörter wie „und", „dann", „sogar".

Das beste Beispiel dafür ist sein „Rosenfest" aus dem „Algabal", wo sich das neoimpressionistische Wortgetupfel am Schluß zu einem Schwall niederregnender Blüten verdichtet, der an die kolibrihaftschillernden Farbsensationen bei Curt Herrmann erinnert (II, 104):

„Becher am boden,	Rosen regnen
Lose geschmeide,	Purpurne satte
Frauen dirnen	Die liebkosen?
Schlanke schenken	Weiße matte
Müde sich senken,	Euch zu laben?
Ledig die lende	Malvenrote
Busen und hüfte,	Gelbe tote:
Um die stirnen	Manen-küsse
Der kränze rest,	Euch zu segnen.

Schläfernder broden	Auf die schleusen!
Traufender düfte,	Und aus reusen
Weinkönig scheide!	Regnen rosen,
Aller ende	Güsse flüsse
Ende das Fest!	Die begraben."

Die gesteigerten Worte dienen hier nicht als Ausdruck eines überschwenglichen Gefühls oder einer berauschenden Ekstatik, sondern werden rein als Klangphänomene behandelt. Auf diese Weise entsteht eine Bilderwoge, ein musikalisches Gleiten von Klangeffekt zu Klangeffekt, das trotz seines Alogismus von seltener Geschlossenheit ist. Ein Reich der „reinen" Klänge tut sich auf, eine „kunst der farben- formen- und linienfreude", wie es in der „Seelenlehre eines Künstlers" von Klages heißt (S. 142). Der „Meister" selbst schrieb über diese Klangmalerei in den „Blättern für die Kunst": „Durch genau erwogene wahl und anhäufung von konsonanten und vokalen bekommen wir einen eindruck ohne zutat des sinnes ... Alles läuft auf eins hinaus: den großen zusammenklang, wobei wir durch worte erregt werden wie durch rauschmittel" (II, 48). Wie in der Malerei bediente er sich dabei einer ausgesprochenen pointillistischen Methode. So verwandte George keine syntaktischen Großformen mehr, sondern setzte Worte, Silben und Vokale wie selbständige Tupfen nebeneinander, wodurch jede Zeile in eine Unzahl von Einzelreizen aufgespalten wird. Man denke an die vielen Binnenreime, Assonanzen und Alliterationen wie „klagende-zagende", „werdet genießen-werdet genesen", „fließender freuden" und „hinab hinauf" aus den „Stimmen im Strom" (III, 122). Selbst die unscheinbarsten Verse werden auf diese Weise mit einem Reichtum an klanglichen Reizen überschüttet, der sich manchmal nur noch symphonisch verstehen läßt, da es an der nötigen „zutat des sinnes" fehlt. So sind mehrere Gedichte des frühen George auf einem A-E-I-Dreiklang aufgebaut, der an den Flockentanz aufgewirbelter Konfettischnitzel mancher neoimpressionistischen Bilder erinnert. Besonders delikat kommt das in dem Gedicht „Vogelschau" zum Ausdruck (II, 123):

> „Weiße schwalben sah ich fliegen,
> Schwalben schnee- und silberweiß
> Sah sie sich im winde wiegen,
> In dem winde hell und heiß.

> Bunte häher sah ich hüpfen,
> Papagei und Kolibri
> Durch die wunder-bäume schlüpfen
> In dem Wald der Tusferi ..."

Das Gegenständliche tritt hier so hinter der technischen Raffinesse zurück, daß man ihm nur noch eine ornamentale Bedeutung zumessen kann. Man sieht keine Schwalben, Häher oder Kolibri, sondern wird in einen musikalischen Bilderstrom hineingezogen, dessen vokalische Klangspielereien das Inhaltliche weitgehend vergessen machen. Ein ähnliches Übermaß an Vokalen findet sich in seinem „Lied des Zwergen", das wie ein feines I-Ei-Gezwitscher wirkt (III, 79):

> „Ganz kleine vögel singen,
> Ganz kleine blumen springen,
> Ihre glocken klingen.
>
> Auf hellblauen heiden
> Ganz kleine lämmer weiden,
> Ihr fließ ist weich und seiden.
>
> Ganz kleine kinder neigen
> Und drehn sich laut im reigen —
> Darf der Zwerg sich zeigen?"

Wohl den Höhepunkt dieser stilisierend-neoimpressionistischen Tendenz bildet Georges „Algabal". Im Gegensatz zu seinem Zwergenlied, bei dem die inhaltliche Entleerung schon so weit fortgeschritten ist, daß der Eindruck des Geplapperten und Geleierten entsteht, wird hier auch die Motivwelt ganz in den Bereich des Erlesenen hineingezogen. Man denke an jene Gedichte, in denen die hybriden Feste des knabenhaften Heliogabalus und zugleich die prunküberladenen Schlösser Ludwigs II. beschrieben werden, die sich mit den Kulissen einer extravaganten Oper vergleichen lassen. Manches wirkt dabei so gesucht, daß das gesamte Versgefüge zu sprachlichen Einlege- oder Mosaikarbeiten erstarrt. Der exotische Metaphernreichtum à la Baudelaire verwandelt sich dadurch in einen cäsarischen Prunkstil, der eine deutliche Neigung zum Kalten und Satanischen verrät. Selbst die ans Pathologische streifenden Exzesse sollen hier als kostbare Seltenheiten eines perversen, über Tod und Leben gebietenden Herrschers mit neronischen Zügen bewundert werden. So liest man von Szenen, wo Algabal seine Gäste unter Rosen erstickt oder die Namen der zum Tode verurteilten in die Becher des Abendtrunkes eingraben läßt, während er sich zur gleichen Zeit an seinen kunstgewerblich-überladenen Prunkgemächern erfreut, die sich auf die „Reinheit" einer einzigen Farbe beschränken (II, 94):

> „Daneben war der raum der blassen helle
> Der weißes licht und weißen glanz vereint,
> Das dach ist glas, die streu gebleichter felle
> Am boden schnee und oben wolke scheint.

Der wände matte täfelung aus zedern,
Die dreißig pfauen stehen dran im kreis,
Sie tragen daunen blank wie schwanenfedern
Und ihre schleppen schimmern wie das eis.

Für jede zier die freunden farbenstrahlen:
Aus blitzendem und blinderem metall,
Aus elfenbein und milchigen opalen,
Aus demant alabaster und kristall ..."

In diesem Gedicht ist alles ausgeschlossen, was an die Gegebenheiten des
Lebens erinnert. Nirgends findet sich Natur oder Menschlichkeit, die man in
einem Akt des Wiedererkennens als Spiegelung des eigenen Ich nachvoll-
ziehen könnte. Gewählte Bilder erscheinen in gewählter Form. Bierbaum sprach
daher von einem „Jonglieren mit bunten Glaskugeln", um auf das Inhaltslose dieser frühen „Stilversuche" hinzuweisen (VI, 316), bei denen sich das
„idealistische" Wollen noch ausschließlich auf die Veredelung des Kunstgewerblichen beschränkt.
Die auffälligsten Parallelen zu den Lyrikbänden Georges finden sich in den
Gedichten und Dramen des jungen Hofmannsthal, wo alles Bekenntnishafte
in vornehmer Distanz bestimmten Rollenträgern in den Mund gelegt wird.
Wohl das beste Beispiel für das sinnlich Bestrickende und zugleich eminent
Dekorative dieser Stilhaltung bietet folgender Monolog aus dem „Tod des
Tizian" (1892), den George in den ersten Band seiner „Blätter für die Kunst"
übernahm (I, 17):

„Da schwebte durch die nacht ein süßes tönen
Als hörte man die flöte leise stöhnen
Die in der hand aus marmor sinnend wiegt
Der faun, der da im schwarzen lorbeer steht ...
Und wie des dunkels leiser atemzug
Den duft des gartens um die stirn mir trug,
Da schien es mir wie das vorüberschweifen
Von einem weichen, wogenden gewand
Und die berührung einer warmen hand.
In weißen, seidig-weißen mondesstreifen
War liebestoller mücken dichter tanz,
Und auf dem teiche lag ein weicher glanz
Und plätscherte und blinkte auf und nieder.
Ich weiß es heut' nicht, ob's die schwäne waren.
Ob badender najaden weiße glieder,
Und wie ein süßer duft von frauenhaaren
Vermischte sich dem duft der aloe ...

Das rosenrote tönen wie von geigen,
Gewoben aus der sehnsucht und dem schweigen,
Der brunnen plätschern und der blüten schnee,
Den die akazien leise niedergossen,
Und das da war, ist mir in eins verflossen:
In eine überstarke schwere pracht,
Die sinne stumm und worte sinnlos macht."

Doch dieser stilisierte Metaphernreigen, der „sinne stumm und worte sinnlos macht", wie es in echt neoimpressionistischer Akzentsetzung heißt, wurde wegen seiner kunstgewerblichen Verbrämung ebenso kühl aufgenommen wie die Gedichte des frühen George. So bezeichnete Alfred Kerr den jungen Hofmannsthal als einen Artifex mit einer Bibelotseele, der sich bemühe, den Anschein einer „verinnerlichten Stilkunst" zu erwecken:

„Die zurückhaltende Kunst dieses bleichsüchtigen Prinzen, der von vergangenen Moden träumt, ist mittelbar. Liebhaberdichtung, Seltenheitspoesie ... Er ist kein platter Eklektiker; er ist ein Eklekt. Er dichtet mit feinem, kühlem, traurigem Behagen ,in der Art des ...' und ,in der der Art des ...' Ich seh' ihn, wie er auf die Welt kam: sein erster Schrei war stilisiert, seine erste Tat eine Arabeske. Vielleicht ist er ein Dichter aus einer Dichtung. Er sieht sich dichten" (NDR 1900, S. 664).

Bei Dichtern, die außerhalb des George-Kreises standen, begegnet man solchen neoimpressionistischen Klangmalereien relativ selten, da die meisten trotz mancher stimmungshaften und symbolistischen Züge bis zur Jahrhundertwende an der Gegebenheit des alltäglichen Lebens festzuhalten versuchten. Wo sich Ansätze zur Stilisierung finden, bleiben sie weitgehend im Äußerlichen befangen. Man denke an das Mittelachsenprinzip bei Holz oder die Druckstilisierungen bei Flaischlen, die lediglich die Funktion haben, den allzu formlosen Impressionen eine leichte Fessel anzulegen. Das gleiche gilt für Rilkes „Cornet" (1899), der stellenweise in ein ausgetüfteltes Geflecht von Alliterationen und Binnenreimen übergeht. Besonders auffällig sind diese Stileffekte in der Festszene, wo sich alles in eine vokalisierte Wortmelodie aufzulösen beginnt:

„Die Stimmen schwirrten, wirre Lieder klirrten aus Glas und Glanz, und endlich aus den reifgewordenen Takten: entsprang der Tanz. Und alle riß er hin. Das war ein Wellenschlagen in den Sälen, ein Sich-Begegnen und ein Sich-Erwählen, ein Abschiednehmen und ein Wiederfinden, ein Glanzgenießen und ein Lichterblinden und ein Sich-Wiegen in den Sommerwinden, die in den Kleidern warmer Frauen sind" (I, 242).

Ein weiteres Symptom dieser neoimpressionistischen Tendenzen ist die verbreitete Vorliebe für Synästhesien, das heißt für künstlerische Reize, die

nicht der unmittelbaren Impression entsprungen sind, sondern auf einer po-
etisch-stilisierenden Verknüpfung scheinbar unzusammenhängender Sinnesreize beruhen. So nannte Dauthendey einen Abschnitt seiner Sammlung
„Ultra Violett" (1893) mit programmatischer Deutlichkeit „Gesänge der Düfte,
Töne und Farben", um von vornherein auf den sinnlich berauschenden und
zugleich dekorativen Charakter dieser Gedichte hinzuweisen. Zum Unterschied
von der romantischen Universalpoesie wird dabei das Synästhetische rein
„suggestiv" verwandt. Was ihm vorschwebte, war eine Welt der „künstlichen"
Sensationen, wo rote Meere schmelzen, Erdgeruch in lauen Flocken durch die
Lüfte segelt und schmale Silberblüten den Gesang bleicher Glocken anstimmen.
„Les parfums, les couleurs et les sons se répondent", heißt es in der „Art
poétique" von Verlaine, die einen maßgeblichen Einfluß auf diese Art der
synästhetischen Dichtung ausgeübt hat. Wie weit diese Verschmelzungsten-
denzen manchmal gehen, für die Jean Baratoux 1887 den Begriff „Audition
colorée" prägte, beweist folgendes Gedicht (IV, 52):

> „Fliehende Kühle von jungen Syringen,
> Dämmernde Grotten cyanenblau,
> Wasser in klingenden Bogen,
> Wogen,
> Auf phosphornen Schwingen,
> Sehnende Wogen.
> Purpurne Inseln in schlummernden Fernen.
> Silberne Zweige auf mondgrüner Au.
> Goldene Lianen auf zu den Sternen.
> Von zitternden Welten
> Sinkt Feuertau."

Selbst die Prosa dieser Jahre ist von solchen Synästhesien durchzogen.
So schwärmte man für „Lichtschaum-Wellen", „dämmernde Blumen-Farben-
Visionen" oder „Duft-Orchester", deren „Traum-Akkorde" sich zu „unir-
disch-violetten Tonwogen" verdichten, wie es bei Melchior Lechter einmal
heißt (DKuD 1897 I, 167). Ähnliche Bildkomplexe finden sich in dem Roman
„Wurzellocker" (1902) von Wilhelm von Polenz, wo von einem Mädchen die
Rede ist, in dem sich das „Raffinement des fin de siècle" mit der „Urmystik
einer Eva" vereint, während ihn ihr Duft an „Heu und Patschuli" und zugleich
an eine „Rhapsodie von Liszt" erinnert, deren Töne aus dem „keuschesten
Rosa junger Apfelblüten" allmählich ins „Mattlila eines Spätabendhimmels"
übergehen (VI, 300).
Im Bereich des Musikalischen lassen sich neoimpressionistische Stilkategorien eigentlich nur in der französischen Musik nachweisen, bei der sich um
1900 eine allgemeine Wendung vom Sphärischen ins Artifizielle beobachten

läßt. Ein gutes Beispiel dafür ist der Unterschied zwischen den impressionistisch-verschwommenen „Nuages" (1897) von Claude Debussy und seinen „Reflets dans l'eau" (1905), die man häufig mit einem pointillistischen Gemälde von Signac verglichen hat. Auch die Rückwendung zum Arabeskenstil Rameaus gehört in diesen Zusammenhang, wodurch an die Stelle des organisch Durchwehten, das im Sinne Hauseggers wie eine Systole und Diastole wirkt, ein betont dekoratives Klanggefüge tritt. Wohl das früheste Beispiel dieser intellektuellen Verhärtung der impressionistischen Freude am Gleitenden und Bewegten sind die „Jeux d'eau" (1901) von Maurice Ravel, deren glitzernde Arabesken fast etwas Metallisches haben. Die einzelnen Klänge werden hier nicht mehr in ein sphärisch-schimmerndes Nuancengeflecht aufgelöst, sondern ungemischt nebeneinander gesetzt. Innerhalb der deutschen Musik finden sich solche artistischen Neigungen vor allem in der „Salome" (1905) von Richard Strauß. Alle impressionistischen Klangmittel sind hier bis zur äußersten Konsequenz gesteigert und obendrein mit einem Text verbunden, der in seiner stilisierten Künstlichkeit an die perverse Gefühlswelt des „Algabal" erinnert. So wird der Tod des weißgekalkten Jochanaan von geteilten Kontrabässen mit einem gespenstisch hohen Rutschton im hohen Griff dargestellt, während man an anderen Stellen raffinierte Tremoli, dissonierende Reizakkorde und hell aufklingende Trillerfiguren vernimmt. In dem Moment, wo Salome den Kopf des enthaupteten Jochanaan küßt, spielt die Orgel einen tiefen cis-moll Akkord, „von Sekunden durchschnitten, blutig betropft von einem roten Motiv, das an dem silbernen Faden der Violinen hängt", wie Oscar Bie 1913 in seinem Opernbuch schrieb (S. 540). Derselbe Bie nannte in seiner „Reise um die Kunst" (1904) die „Tonjuwelen" der „Salome" ein „Wunder der Phantasie und der Technik", das in berauschend „grünblauen Farben" leuchte und daher wie eine buntgetigerte „Pfauenschleppe" wirke (2. Aufl., S. 207). Wenige Seiten später heißt es (S. 212):

> „Phantastische harmonische Blumen wachsen aus diesem Orchester auf, groteske Tiere mit Menschenseelen, ein mysteriöses Aquarium vielfach geteilter, verschlungener, lebender Instrumente, Symbolismen zwischen Juwelen und Blut, Blut und Haar, Haar und Landschaft, Parfüms aus Pariser Flakons und Erdgerüche aus den Tagen der Schöpfung, Märtyrerköpfe, die durch den kalten Wind fliegen, teuflische Libellentriller und überlange Negerarme, Kurtisanenlüste und hieratische Stilisierungen"

Bei einer solchen Verliebtheit in das Prinzip der Vermischung ist es nicht verwunderlich, daß man den Gipfelpunkt des „Ästhetischen" im Ineinander aller Künste sah, um so dem Künstlerischen ein Höchstmaß an persönlicher Stimulierung abzugewinnen. Man höre, wie Max Nordau in seinem Buch „Entartung" (1892) ein modernes „Dufttheater" entwirft, bei dem sich alle Sinnesreize zu einer „überstarken, schweren pracht" verdichten:

„Im Theater wird eine Brause aufgestellt, welche Parfüms in den Zuschauerraum sprüht. Auf der Bühne wird eine Dichtung von annähernd
dramatischer Form gesprochen. In jedem einzelnen Aufzug … herrscht
ein anderer Vokal vor, bei dem wird das Theater von anders gefärbtem
Licht beleuchtet, zu jedem spielt das Orchester ein Musikstück aus einer
anderen Tonart und versendet die Brause einen anderen Duft" (S. 24).

Ähnliche Überlegungen finden sich bei Wilhelm Bölsche, der schon 1891
in seiner „Mittagsgöttin" einen Malerkomponisten erwähnt, der mittels verschiedener „Farbabstufungen" bestimmte Klänge hervorzuzaubern versteht
(2. Aufl., II, 34). Zu gleicher Zeit träumte Wilhelm Mauke von Liederabenden,
bei denen Duft und Beleuchtung auf die jeweilige Tonart abgestimmt werden.
Für Des-Dur erschienen ihm Heliotrop und Violett die geeignete Kombination,
was er als „farbigen Geruchsakkord" bezeichnete. Daß diese „Phantasieorgien",
wie sie Przybyszewski in seiner „Psychologie des Individuums" (1892) nennt,
auch auf die Realität übergegriffen haben, beweisen die Experimente von Skri-
abin, der sich jahrelang um die Herstellung von Farbklavieren bemühte.
Sogar im Denken dieser Zeit findet sich diese Neigung zu einer bewußten
Artifizialität, die sich nicht mit dem Zufall oder einer natürlichen Gegebenheit begnügt, sondern hinter allen Dingen geheime Symbole oder versteckte
Formbegriffe zu entschleiern sucht. Doch trotz aller erkenntnistheoretischen
Ambition blieb man auch hier meist im Bereich eines solipsistischen Relativis-
mus hängen, da man die jeweiligen Schlüsse oder Urteile stets wie momentane
Geistesreize behandelte, die sich jeder Systematisierung entziehen. So wird in
Simmels „Philosophie des Geldes" (1900) immer wieder das Kleinste und Un-
scheinbarste zur Erörterung großer und umfassender Probleme herangezogen,
nur um den Eindruck komplizierter Brechungen zu erwecken. Die zunehmende
„Geistigkeit" führte daher selbst auf denkerischem Gebiet nicht zu neuen oder
sinngebenden Gehalten, sondern beschränkte sich auf rein äußerliche Wort-
spiele oder Antithesen. Man wollte ein „reines", aber gegenstandsloses Denken
verwirklichen, das sich aus einer Reihe unendlicher Motivationen zusammensetzt, ohne zu einem sinnfälligen Abschluß zu kommen. Am deutlichsten zeigt
sich diese Tendenz in Rudolf Kaßners „Moral der Musik" (1905), in der ein
Musiker, der das Kompositorisch-Berechenbare mit dem Seelisch-Intuitiven zu
verbinden sucht, zu einer spezifisch neoimpressionistischen Denkfigur erhoben wird. Das ganze Buch besteht hier fast ausschließlich aus manierierten
Formulierungsversuchen, mit denen die scheinbar gegenstandslosen Inhalte
wie Edelsteine eingefaßt werden. Die einzelnen Worte wirken daher wie neben-
einandergesetzte Tupfen, deren Reize sich erst in der nachträglichen Zu-
sammenschau entfalten. Auf sprachlichem Gebiet äußert sich diese Stilisierungstendenz in einer auffälligen Vorliebe für Parenthesen, Absätze, Sperrun-
gen und Interpunktionen, also ebenfalls in einer Steigerung des Äußerlichen,

während das Gehaltliche weitgehend unberücksichtigt bleibt. So wird der Rhythmus der einzelnen Abschnitte meist von der Initialzündung des ersten Satzes bestimmt, wobei es dem Autor oft gleichgültig ist, ob sich daraus ein Sinn ergibt oder nicht. Daß man dennoch den Eindruck des Zusammenhängenden hat, wird durch geschickte Alliterationen oder Klanglogismen erreicht, denen meist das Prinzip der Variation zugrunde liegt. Das Ganze wirkt daher wie eine in Freiheit gesetzte Geistigkeit, die zwar „Stil", aber keine Verbindlichkeit hat. Man höre folgendes Zitat, das weniger logischen als musikalischen Gesetzen zu gehorchen scheint:

> „Saul, der Sohn des Kis, ging aus, eine Eselin zu suchen, und fand ein Königreich. Für die Juden, für den historischen, für den praktischen Menschen, liegt natürlich das Entscheidende darin, daß Saul ein Königreich fand, und vielleicht auch darin, daß er der Sohn des Kis war. Für uns ist nur Saul interessant. Saul ist die Hauptsache. Man muß Saul sein, dann kann man es auch ab und zu verantworten, ein Königreich gesucht und nur eine Eselin gefunden zu haben ... Oft ist einer kein Saul und findet ein Königreich, und es wird ihm später nicht einmal genommen. Oft aber findet Saul eben nur die Eselin und sucht weiter ... nach dem Königreich. Die Hauptsache bleibt Saul. Und Saul ging aus ... Das andere kommt noch lange nicht" (2. Aufl., S. XII).

Der gleiche Formalismus zeigt sich in seiner Typologie der menschlichen Lebensstadien. Die unterste Stufe nimmt bei ihm der „Dramatiker" ein, der alle Widersprüche des Daseins auf dem Wege des intellektuellen Aufbegehrens zu beseitigen sucht. Auf der zweiten Stufe steht der „Staunende", der weder rebelliert noch verzichtet, sondern ohne eigenes Zutun sieht und versteht. Die höchste menschliche Bewußtheit hat nach seiner Meinung der „Musiker" errungen, für den die wirkliche Existenz im Unbegreiflichen und Wunderbaren liegt, was ihn zu einer Freiheit befähigt, die alle empirischen Gegebenheiten hinter sich läßt und in ein Reich der „reinen" Sensationen flüchtet.

Es wurde daher zum literarischen Ideal dieser ersten nachimpressionistischen Phase, das Leben nicht mehr unmittelbar, das heißt als Reflex auf die jeweilige Impression, sondern in völliger Bewußtheit zu erleben, um jeden Reiz in einem doppelten Sinne auszukosten. Anstatt sich von seinen momentanen Launen einfach treiben zu lassen, schaltete man in alle sinnlichen Genüsse die planende Kontrolle des Geistes ein, was zu einer allmählichen Facettierung des bisherigen Weltbildes führte. So posieren viele Romanhelden dieser Zeit mit einem pikanten Doppelleben, das ihnen neben der unmittelbaren Befriedigung zugleich den Genuß der sezierenden Analyse bietet, und zwar von Wildes „Dorian Gray" bis zu Prousts „Recherche du temps perdu", wo sich die Realität wie bei Bergson in ein Spiel wechselnder Zeitempfindungen aufzulösen beginnt, das erst im erinnernden Betrachten, im Puzzlespiel der Gedanken, seinen vollen Reiz offenbart. Man genoß daher nicht mehr das Gegebene, sondern suchte sich aus der Fülle des Möglichen lediglich das Exquisite heraus. Aus dem impressionistischen Lebenskünstler wurde so ein „kaltherziger" Dandy, der sich und seine Genüsse in ein bestimmtes System zu bringen versucht. Wohl das beste Beispiel dafür bietet Oscar Wilde, der zeitweilig eine Frisur à la Nero trug, sich beim Schreiben wie Balzac in eine weiße Mönchskutte hüllte, seine Briefbogen im Stile Victor Hugos entwerfen ließ und sich den Schreibtisch Carlyles kaufte, um beim künstlerischen Schaffen stets von einer bewußt stilisierten Atmosphäre umgeben zu sein.

Die notwendige Folge dieses forcierten Kunstbewußtseins war eine weitgehende Diffamierung alles „Natürlichen". Ungebrochene Instinkte wurden von den neoimpressionistischen Dandys nur noch auf dem Wege der ironischen Distanz wahrgenommen. Anstatt ins Leben auszugreifen, zog man sich in geschmackvoll eingerichtete Interieurs zurück, in denen das Menschliche bloß noch eine Farbe in einem Stil-Leben ist. Was man früher „Wohnung" nannte, wurde jetzt als „Heimatklause" oder „paradis artificiel" hingestellt, die lediglich auf die gesteigerte Genußempfänglichkeit abgestimmt sind. So trugen manche dieser neoimpressionistischen Eklektiker auf sonnigen Veranden nur gelbe Krawatten oder aßen Flundern nur in niedrigen Zimmern, um stets in einem autistisch-ästhetischen Selbstgenuß schwelgen zu können. Selbst an die gleichgültigsten Gebrauchsgegenstände verschwendete man eine solche Mühe, daß sie zu einer ständigen Quelle erregender Sinnesgenüsse wurden, was später zur Theorie der „subtilen Stuhlbeine" und „ästhetischen Türgriffe" überleitete. Wohl das wichtigste Vorbild für diesen übersteigerten Ausstattungskult war Huysmans „A rebours" (1884), dessen Held, der Herzog Jean des Esseintes, in einem kleinen selbstentworfenen Schlößchen wohnt, das Muther als ein „Sanktuarium" des Ästhetizismus bezeichnete (S. 28). Fast jedes Detail dieser exzentrischen Behausung zeugt von dandyhafter Delikatesse. Die Wohnräume sind in Maisgelb, fahlem Lachsrosa und Perlgrau ausgemalt. Das Speisezimmer ist in der Art einer dunklen Schiffskabine angelegt, um dem Essenden stets den Eindruck einer Seereise vorzuspiegeln. Im Schlafzimmer herrscht eine übermäßige Helligkeit, die dem Herzog die Möglichkeit gibt, sich an dem farbigen Zusammenklang der blonden Hautfarbe seiner verschiedenen Geliebten mit dem japanischen Kampferholz und dem Rosa der indischen Atlasvorhänge zu erfreuen. Auch sein Arbeitsraum ist mit ästhetisch-exotischen Kostbarkeiten angefüllt, vor allem mit alten, seltenen Büchern, deren Einbände aus marmorierter Seide und oxydierten Silberbeschlägen bestehen. Besonders kostbar wirkt ein Prachtexemplar der Baudelairschen „Fleur du mal", das auf einem großen Chorpult liegt und im Stile mittelalterlicher Missale mit großen, steilen Buchstaben auf feines japanisches Filzpapier geschrieben ist. Die gleiche Exzentrik zeigt sich bei seinen

Festen, die à la „Algabal" oft in einer einzigen Farbe ausgestattet sind wie folgendes „Dîner in Schwarz":

> „Der Eßsaal war ganz schwarz ausgeschlagen. Die Alleen im Garten sind mit Kohlenstaub bestreut, die Bassins mit Tinte gefüllt. Die Mahlzeit wird auf schwarzen Tischtüchern serviert. Ein unsichtbares Orchester spielt Trauermärsche, und die Gäste werden von nackten Negerinnen bedient, die russisches Schwarzbrot, Kaviar und Schokoladenpudding servieren. Die Einladungen waren auf Papier mit breitem Trauerrand geschrieben" (S. 28).

An anderer Stelle wird erwähnt, daß der Hausherr Anzüge aus weißem Samt bevorzugte, „wie er auch Westen aus Goldbrokat trug, und statt der Krawatte einfach einen großen Veilchenstrauß in den weiten Ausschnitt seines Hemdes steckte" (S. 27). Um die Farbigkeit seiner Teppiche zu steigern, läßt er eine bronzierte Schildkröte herumlaufen, deren Panzer mit indischen Katzenaugen, Zymophanen und Chrysoberillen ausgelegt ist. Auch sein Duftkabinett, wo er Amber, Tonkin, Moschus und Patschuli mischt, hat einen spezifisch neoimpressionistischen Charakter. Den Höhepunkt dieser stilisierten Reizsteigerungen bildet jedoch seine Schnapsorgel, mit deren Hilfe er Zungen-Symphonien aufzuführen versucht. Jeder einzelne Likör wirkt auf ihn wie ein Instrument: die Süße und Schärfe des Pfefferminz empfindet er wie einen Flötenklang, Gin und Whisky erschrecken seinen Gaumen wie Klapphorn und Posaune, während er im Geschmack des Curaçao das Gedudel einer Klarinette wahrzunehmen glaubt. Zu den gelehrigsten Adepten dieser Lebenshaltung gehört Wildes „Dorian Gray" (1891), der sich ebenfalls eine Sammlung kirchlicher Gewänder, Stickereien und Gobelins anlegt, für spätmittelalterliche Autoren schwärmt, merkwürdige Instrumente sammelt und die Einwirkungen süß schmeckender Wurzeln, duftender vollsamiger Blüten, aromatischer Balsame und wohlriechender Hölzer zu einer „Psychologie der Parfüme" verarbeitet. Ein ähnliches Luxusdasein, das völlig auf die „Kategorie der Seltenheit" abgestimmt ist, wird in d'Annunzios „Il piacere" (1889) geschildert. Auch hier lebt der Hauptheld, der Graf Andreas Sperelli-Fieschi von Ugenta, in einer Wohnung, die an ein Museum erinnert. So ist das Schlafzimmer ganz im Stile des Quattrocento eingerichtet und erweckt durch die herumstehenden liturgischen Gegenstände fast den Eindruck eines Sanktuariums des Erotischen. In diesem Raum wird die Liebe nicht genossen, sondern ästhetisch zelebriert, wodurch sich der Graf Ugenta mehr und mehr in einen Histrione seiner eigenen Empfindungen verwandelt. Den Beweis dafür bietet die Bemerkung:

> „Alle diese Gegenstände, inmitten deren er so oft geliebt, genossen und gelitten hatte, hatten für ihn etwas von seiner eigenen Empfindung

angenommen ... In seiner Erinnerung verschmolz jede Form, jede Farbe mit der Vorstellung eines weiblichen Wesens, war sie eine Note in einem Akkord der Schönheit ... Und da er wie ein Ästhetiker mit Kunst prüfte, verdankte er einen großen Teil seines Rausches der Gesamtheit der ihn umgebenden Dinge" (Berlin 1909, II, 34).

Durch diese Erlesenheit der Atmosphäre gewinnt das Leben zwar „Stil", verliert jedoch den Charme des Natürlichen und Unmittelbaren. Es scheint, als wollte man in diesen Werken den sensualistischen Solipsismus des späten 19. Jahrhunderts durch eine noch raffiniertere L'art-pour-l'art-Gesinnung überwinden, was zu Stilexperimenten führte, die auf Grund ihrer peinlich beachteten Exklusivität notwendig ins Formalistische entarteten. Der Neo-impressionismus ist daher weder ein Stil noch eine Weltanschauung, da er selbst in seinen sogenannten „vergeistigenden" Tendenzen im Rahmen einer autistischen Geschmackskultur befangen bleibt, die sich in ihrer Esoterik nur mit Hilfslinien ins Gesamteuropäische rekonstruieren ließ. Es wäre deshalb etwas verfrüht, wie Curt Herrmann das Ganze einen „Kampf um den Stil" zu nennen. Schließlich ist das Ergebnis dieser ersten Phase innerhalb der allgemeinen Stilbewegung um 1900 doch nur ein fragwürdiges, wenn auch exquisites Ornamentautogramm, dem eine großbürgerlich-literarische Lebensform zugrunde liegt, die in ihrer Blasiertheit auf das Ausgesuchteste in Tracht und Behausung verfällt und dies als den Lebensstil der wenigen „Erlesenen" kreiert.

JUGENDSTIL

Während sich im Neoimpressionismus der über die Dinge gebreitete Farb-
schleier oder der reinfarbige Punkt als stilbestimmender Faktor erwies,
interessiert sich der Jugendstil nur für die Linie, die reine Linie, die sich so
weit vom Gegenständlichen entfernt, daß sie zum bloßen Sinneseindruck
wird. Die Künstlichkeit eines vom Geiste erzeugten Systems, für das es keinerlei reale Entsprechungen gibt, ist also die gleiche, nur daß diesmal weniger die
malerischen als die graphischen Mittel im Vordergrund stehen. Auf Schritt
und Tritt begegnet man in den Werken dieser Richtung züngelnden Arabesken
oder dynamisch erfüllten Kurven, die selbst im Detail die Ratio geometrischer
Muster vermissen lassen. Es ist ein Stil, bei dem alles gleitet, ausweicht, sich
windet, schlängelt oder verdreht, sich im Hin und Zurück der Linien manchmal
zu begegnen scheint, die Fläche mit einem krausen Liniengewirr überspült
oder sich, der Rauhigkeit und Vielfältigkeit des neoimpressionsistischen
Punktsystems entsprechend, in zahllosen Parallelen nebeneinander schiebt
und so im ständigen Wechsel der Linienführung einer klar erfaßbaren Form-
begrenzung auszuweichen versucht. Obwohl diese Betonung der Linie, die
eigentlich etwas Sonderndes, Grenzbezeichnendes und Klärendes hat, bereits
im Gegensatz zur impressionistischen Verschleierung aller Formen und Gegenstände steht, erweckt sie durch die Seltsamkeit der Windungen und unend-
lichen Begegnungen den Eindruck einer rastlosen Bewegung, die sich dem
Verstehenwollen ebenso entzieht wie die flüchtigen Andeutungen des Impressionismus, was in gleicher Weise spannend und reizend wirkt und damit
auf denselben geistigen und formalen Hintergrund verweist.
Da sich dieses Linienprinzip erst in einer langen Entwicklung zu archi-
tektonischer Klarheit durchgerungen hat, galt der Jugendstil jahrzehntelang
als der Inbegriff alles Verworrenen, Abgeschmackten und Verschrobenen,
der keiner ernsthaften Auseinandersetzung würdig sei. Eine Änderung dieser
Anschauung läßt sich erst seit 1930 beobachten, als man den Jugendstil trotz
seiner mangelnden künstlerischen Leistungen plötzlich als einen entwicklungsgeschichtlichen Faktor ersten Ranges entdeckte. Wie so oft verfiel man dabei
aus einem Extrem ins andere und sah selbst in den abstrusesten Gebilden den
Ansatz zu einer nicht näher definierten „Moderne", worunter man damals
weitgehend die „Bauhaus-Kultur" verstand. So behauptete Friedrich Ahlers-
Hestermann in seinem Stilwende-Buch (1941), daß sich schlechthin „alles
Heutige, was wir als gut und unserer Zeit Ausdruck gebend betrachten dürfen

in Gerät, Möbel, Druckwerk und wesentlichen Teilen der Baukunst, stammbaummäßig auf jene entscheidenden Jahre um 1900" zurückführen lasse (S. 5). Aus dem bisher als „dekadent" bezeichneten Jugendstil wurde so eine „Revolution", die immer weitere Kreise zog. Eine Abweichung von dieser Anschauung, der sich viele etwas bedenkenlos angeschlossen haben, macht sich erst in jüngster Zeit bemerkbar, wo man den Jugendstil wieder im älteren Sinne als „Sackgasse" empfindet, was dem geheimen Manierismus dieser Jahre viel näher kommt als eine Hervorhebung des Pionierhaften, das erst für den folgenden Purismus bezeichnend ist. Schließlich handelt es sich im Jugendstil wie schon im Neoimpressionismus um eine künstlerische Modeerscheinung einer recht begüterten Mäzenatenschicht, der es lediglich um eine ästhetischindividuelle Verbrämung ihrer gesellschaftlichen Exklusivität zu tun war, wodurch das programmatische „Erneuerungsbestreben" dieser Richtung selten über das Inselhafte hinausgekommen ist.

Rein chronologisch gesehen, begegnet man dem Prinzip der Linie zum erstenmal um das Jahr 1895, und zwar in München, der eigentlichen Keimzelle des deutschen Jugendstils. Die entscheidenden Impulse gingen dabei von jenen Künstlern aus, die in den Umkreis der „Jugend" oder des „Simplicissimus" gehörten und eher an eine harmlose Kunstrebellion als an eine grundsätzliche Stilwende dachten. Der frühe Münchener Jugendstil ist daher entwicklungsgeschichtlich betrachtet eine Parallele zum Berliner Impressionismus, das heißt eine innerbürgerliche Sezession, die sich gegen den historisierenden Philistergeschmack richtet und in ihrer bohemienhaften Art einen recht „modischen" Eindruck erweckt. Was diese Künstler interessierte, von denen sich manche mehr dem Trinken als dem Malen ergaben, war nicht die Aufrichtung einer neuen Wertwelt, sondern das Originelle um jeden Preis. Die meisten wollten nur ihren Ulk, ihre Faschingsrebellion. Darum steht in den ersten Jahrgängen der „Jugend" weniger das Naturhaft-Anfängliche als das Spritzige, Pikante, flott Hingestrichene im Vordergrund, das sich auch als stilisierter Impressionismus interpretieren läßt. Der Begriff „Jugend" bedeutet hier lediglich eine übermütige Revolte gegen das Verzopfte und Spießbürgerliche, was auf dem berühmten Titelblatt von Zumbusch zum Ausdruck kommt, wo zwei junge Mädchen mit einem verhutzelten Lebegreis über eine Wiese tollen (I, 12). Immer wieder spürt man die Lust am Ungewöhnlichen, Skandalösen und Brettlmäßigen. Man denke an die seltsamen, fast karikaturistisch aufgefaßten Szenen von Carl Strathmann oder Josef Rudolf Witzel, bei denen sich das Lineare ständig ins Groteske überschlägt. Den Hauptteil nimmt daher das Pikante ein: Chambre-separée-Stimmungen, Kußszenen oder kleine Entblößungen zu vorgerückter Stunde, die sich im Grenzgebiet von Frou-Frou und Tingel-Tangel bewegen. Trotz mancher schwülstigen Fidus-Bilder steht in diesen Jahren noch nicht die Körperkultur im Vordergrund wie in der Zeitschrift „Die Schönheit" (ab 1903), sondern der karnevalistische Rausch, die Maskenbälle und Sektgelage, was durch das zweifelhafte Nebeneinander arkadisch-schäferlicher Szenen und aufreizender Nacktphotos unterstrichen wird. Von Heft zu Heft steigert sich die einschmeichelnde Melodie: Freut euch des Lebens, solange noch die „Jugend" blüht. Während später auch im Jugendstil eine idealistische Tatgesinnung zum Durchbruch kommt, gilt hier als Norm des Lebens noch das bohemienhafte Schwabing dieser Jahre, die Welt des Cancan und des leichtsinnigen Mummenschanzes. Wie in romantischer Zeit mokierte man sich über den bürgerlichen Pedanten, der nur an sein Sparbuch denkt, und stellte das Leben als ein immerwährendes Amüsement, eine ewige Jugend hin, die man mit Gelächter und Liebeleien verbringt. Die künstlerischen Motive dieser frühen Jahrgänge haben daher oft einen Zug ins sportlich Genießerische, was vor allem in der Vorliebe für Schlittschuhlaufen, Rodeln, Radfahren, Tennisspielen, Ballonfahrten oder Szenen am Strande zum Ausdruck kommt, die man derselben ornamentalen Linienbehandlung unterwarf wie später die Welt des Floralen. Sogar das mythologische Dekor, die Putten und Amoretten, wurden in diesen Bewegungstaumel hineingerissen und wie die Ballszenen mit einem Stich ins Pikante und impressionistisch Laszive versehen. Der gleiche karnevalistische Geist griff im Verlauf der Jahre auch auf den „Simplicissimus" über, in dem neben die politischen Blätter immer mehr Cancan-Zeichnungen traten, was zu der sensationellen Beliebtheit von Franz von Reznicek führte, dessen Repertoire fast ausschließlich aus amüsanten Flirts und verliebten Hochzeitspärchen besteht. Einen ähnlichen Charakter hat die „Galerie berühmter Zeitgenossen" (1901) von Olaf Gulbransson, die in ihrer freischwingenden Linienführung, grotesken Übertreibung und doch konsequenten Flächigkeit zu den Musterbeispielen dieser Richtung des Jugendstils gehört.

Neben dieser rein illustrativen Richtung, die in ihren Anfängen noch viele impressionistische Elemente enthielt, entwickelte sich zur selben Zeit eine ähnliche und doch ganz andersgeartete Stilisierungstendenz, die man bisher die „florale" genannt hat. Auch diese Richtung war rein dekorativ eingestellt und fing ebenfalls beim Illustrativen an, drängte jedoch bald über das Zeitschriftenwesen hinaus und bemühte sich, auch die Dinge des täglichen Gebrauchs einem bestimmten Stilwillen zu unterwerfen. Im Gegensatz zu den siebziger und achtziger Jahren, als man noch „historisch" dachte, ging man dabei jetzt auf das Anfängliche und Unverbrauchte, auf die Natur, zurück, wodurch diese Richtung trotz ihrer ästhetisch-dekorativen Grundhaltung einen Zug ins Idealistische erhielt. So veröffentlichte Otto Eckmann, einer der wichtigsten Anreger dieser floralen Phase, 1897 eine Mustersammlung von Dekorationsmotiven für Treppenhäuser, Türfüllungen, Tapeten und Gesimse, die unter dem Titel „Neue Formen" erschien und wie ein Manifest begrüßt wurde. Inhaltlich handelt es sich meist um Pflanzenmotive wie Kressen, Tulpen, Alpenveilchen oder Ähren, deren stilisierte Formen an Herbarien oder Querschnitte aus botanischen Lehrbüchern erinnern. Daneben finden sich Pfaue, Kraniche, Flamingos und vor allem Schwäne, die durch Eckmann zu den Lieblingstieren des deutschen Jugendstils wurden, da sich ihr elegant geschwungener Hals nur allzu willig einer linearen Stilisierung unterwarf. Ebenso einflußreich erwies sich die mikroskopisch entdeckte Welt der Radiolarien, Protozoen, Infusorien und Diatomeen, die Ernst Haeckel in seinen „Kunstformen der Natur" (1899) als Vorbild einer „neuen Ornamentik" anzupreisen versuchte. Auf Grund dieser und ähnlicher Bücher entwickelte sich allenthalben ein fanatisches Naturstudium, das von manchen zu einer wahren Manie gesteigert wurde. So schrieb Arthur Weese über Eduard von Berlepsch:

> „Wenn man sein sommerliches Arbeitszimmer draußen auf dem Lande betritt, weiß man nicht, ob man in dem Atelier eines Künstlers oder im Laboratorium eines Naturforschers sich befindet; in Gläsern und Schalen Präparate und lebendiges Getier, Frösche, Unken, Schmetterlinge, Herbarien und Spannbretter — kurz, überall das Gerät und Studienmaterial eines Botanikers und Zoologen" (DKuD 1898/99 III, 19).

Eine ähnliche Wirkung hatte die Ausstellung „Die Pflanze in ihrer dekorativen Wirkung", die 1904 in Leipzig veranstaltet wurde und unter nationalen Aspekten eine lebhafte Propagandatätigkeit für die Verwendung „heimischer Pflanzen" als Grundlage einer neuen Dekorationskunst entfaltete, um endlich die Vorherrschaft der „undeutschen" Akanthusblätter zu brechen. Ein besonders begeisterter Verehrer dieser „unberührten" Naturmotive war Peter Altenberg, der 1899 in der „Jugend" behauptete:

> „Der moderne Künstler will Euch aber mit der Natur vereinigen und ihren tiefen Prächten. Er will Eure Augen liebevoll machen für den Glanz des Lebens selbst, nicht für die Truggestalten der Phantasie ...Käfer, Muscheln, Schmetterlinge, Steine, die wirklichen Formen der Blüten und Blätter fangen nun die ‚neuen Künstler' für Euch ein im Kunstgewerbe, stellen es in die Vitrinen, schenken Euch die wunderbare Natur" (S. 756).

Ebenso enthusiastisch äußerte sich Hermann Obrist über den neuen „Lebensborn" der Natur, der in seinem Buch „Neue Möglichkeiten in der bildenden Kunst" (1903) die These aufstellte:

> „Eine ungeahnte Fülle von Möglichkeiten tut sich vor dem Auge dessen auf, der plastische Formen in der Natur zu sehen gelernt hat, der die gedrungene Kraft der Knospen, die Rundung und Rippen der Samen aus ihrer mikroskopischen Kleinheit zu vergrößern gelernt hat zu

meterhohen Gebilden. Alle Formen der Tastempfindung, das Gefühl des Glatten, des Rauhen, des Harten, des Weichen, des Elastischen, des Starren, des Biegsamen, des Schwellenden, des Dürren, des Runden, des Kantigen, sind auslösbar durch die der Natur nachmodellierten Formen" (S. 158).

Eine besondere Neigung hegte man für Lilien, Lianen, Seerosen, Kastanienblätter, Frauenschuh, Mohn, Schlinggewächse oder Dornengeranke, das heißt für alles, was ein reiches Blätter- oder Rankenwerk hat und sich in seiner Rhythmik in eine schwingende Linearität verwandeln ließ. Neben dem Blumenhaften begegnet man vor allem Flamingos, Schwänen, Kranichen, aber auch Fischen wie Seeteufeln, Aalen und Rochen, die ihren Schabernack mit ornamental verhärteten Renaissance-Delphinen treiben. Am besten gelungen wirken dabei jene Motive, wo man alle diese Elemente miteinander verbinden konnte. Das beweisen die vielen Bach- und Uferszenen, bei denen sich die Wellenlinien, Schwäne und Seerosen zu einer durchgehenden Ornamentmelodie vereinigen. Was im Neoimpressionismus die Komplementärfarben waren, sind diesmal die Komplementärlinien, die sich wechselseitig anzusaugen scheinen, wodurch das Organische oft einer kunstgewerblichen Objektivierung verfällt. Trotz aller programmatischen Beteuerungen ist hier nicht die Natur das Entscheidende, sondern die eigenschöpferische Linienführung. Selbst die Menschenleiber werden in diesen Linientaumel verstrickt, anfänglich rein neckisch, als Knaben oder Mädchen, die Blumengirlanden tragen, später als Waldnymphen oder Faune, die bereits an mythische Bereiche rühren. An die Stelle der pikanten Nackedeis treten daher in steigendem Maße märchenhafte Nixen oder Seejungfrauen, deren geschmeidige Gliedmaßen und langwallende Haare im Strudel der allgemeinen Bewegungsrhythmik untertauchen. Man spürt, daß es sich hier um jene Jahre handelt, in denen man an den Frauen das Langgliedrige und Schmächtige liebte, den sogenannten „Sylphidentyp", für den sogar ein besonderes Korsett angepriesen wurde. Doch selbst dieser Typ konnte sich nicht vor der ornamentalen Überwucherung retten. Leiber verwandelten sich in Stengel, aus Köpfen wurden müde nickende Blüten, während die eng anliegenden Kleider wie zerfranste Kelchblätter wirken. Dazu kamen Bewegungen, die in ihrer Schönlinigkeit an Steiners Eurhythmie erinnern, wodurch sich das Blumenhafte mehr und mehr ins Ästhetisch-Astrale zu erheben beginnt. Überall spürt man einen Liniendrang, der sich trotz aller Ätherik gerade an den erotischen Rundungen entzündet und den Kurvenreichtum dieser Nymphen und Undinen mit schmeichlerischen Liniengespinsten umspült. Erst in der Schlußphase dieser Richtung treten an die Stelle des Feingliedrigen und Märchenhaft-Symbolischen wieder athletische Akte, die bereits den Einfluß der Körperkulturbewegung verraten. Doch selbst sie, die mit hoffnungsfrohen Gebärden der aufgehenden Sonne entgegeneilen, werden meist mit flammenartig emporzüngelnden Schwertlilien oder gewächsartig wuchernden Ranken eingerahmt, in die seltsame Vogelköpfe oder theosophische Symbole eingebettet sind. Sogar hier, wo sich bereits Monumentaltendenzen anzubahnen scheinen, wimmelt es von Daphnen und Wassernixen, die sich nicht aus dem ornamentalen Geschlinge befreien können. Das Gesunde und Schöne, das in diesen Bildern zum Durchbruch kommen will, gleitet daher ständig ins Frappierende und Ungewöhnliche ab. Nicht der Inhalt steht im Vordergrund, sondern ein von außen herangetragener Formbegriff, der auf Grund seiner rein ästhetischen Ausrichtung zu einer „manieristischen" Verkrampfung führt, durch die selbst das Ideologische im Ornamentalen steckenbleibt.

Das Ergebnis dieser „floralen" Phase war daher trotz aller Tendenzen ins Natürliche und Anfangshafte ein dekorativer Flächenstil, der sich nur auf den Bereich des Flachornamentes anwenden läßt. Nirgends spürt man eine dritte Dimension. Alles wird in der Form körperloser Schichten ausgedrückt, die weder Modellierung noch Raumperspektive kennen. Da ein solcher Stil im Prinzip unarchitektonisch ist, sank er schnell zu einem bloßen „Schmuck des Daseins" herab. Aus diesem Grunde fällt fast alles, was diese Richtung geleistet hat, in den Bereich des Kunstgewerblichen. Es ist ein Stil der kostbaren Einzelheiten, der Vasen und Wandbehänge für den verwöhnten Geschmack, der seine erste Manifestation auf der Münchener Kleinkunstausstellung von 1897 erlebte. Um der „seelenlosen" Maschinenarbeit zu entgehen, hatte man jeden Gegenstand mit der Hand hergestellt. So sah man ein Büfett von Riemerschmid mit dünnen Beschlägen, einen ornamentalen Wandspiegel von Pankok, Uhren von Th. Th. Heine, Truhen mit fransenartig aufgesplitterten Motiven von Obrist, Ziergläser mit geringeltem Rankenwerk, Vorhänge mit züngelnden Flammenlinien und zarte Gräserstickereien. Alles in allem: preziöse Kostbarkeiten, meist von Dilettanten oder ehemaligen Malern entworfen, die sich auch einmal im Kunsthandwerk versuchen wollten.

Im Anschluß an diese Ausstellung setzte plötzlich im gesamten Kunstgewerbe ein unruhiger Linientanz ein. Bucheinbände, Plakatentwürfe, Fliesen, Wandschirme, Tapeten, Zinnsachen, Schrifttypen, Initialen, Vorsatzblätter, Keramiken, Gläser, Möbel, Vasen, Töpfereien, elektrische Beleuchtungskörper, Tischdecken, Wandbehänge, Stickereien: alles wurde von einem Cancan der Linie ergriffen, der oft zum reinen Selbstzweck entartete. Zu den besten Leistungen dieser frühen Periode gehören die Wandteppische von Eckmann mit ihrem feierlichen Schwanenmotiv, das einen wahrhaft stilbildenden Charakter ausübte. Das gleiche gilt für seine Tapeten wie die „Wasserringe", „Kastanienblätter" oder „Narzissen", die in ihrer lockeren Pinselführung an Leistikow erinnern. Auf keramischem Gebiet hatten Max Läuger und Theo Schmuz-Baudiß den größten Erfolg, die sich bei ihren andeutungsvoll-irisierenden Pflanzenmotiven an ostasiatischen Vorbildern orientierten. Obrist war in dieser frühen

Phase vor allem durch seine Entwürfe zu elegant gerippten Stickereien be-
rühmt. Karl Köpping stellte anmutig geschwungene Ziergläser her, meist in
der Form von Tulpen, deren Kelche in matt verblühenden Farben schimmer-
ten. Ebenso bekannt waren die Kunstverglasungen von Hans Christiansen mit
ihren modischen Seerosen- oder Wassernixenmotiven. Auch seine leoparden-
haft gestreiften Damenstiefeletten zeugen von der allgemeinen Verliebtheit
in den künstlerischen Eigenwert der Linie. Noch exquisiter wirken die Vasen
dieser Jahre, von denen Peter Altenberg zärtlich behauptete: „Wenn man ins
Zimmer tritt, begrüßt man sie. Und wenn man geht, grüßt man sie wieder"
(Jugend 1899, S. 756).

Was alle diese Werke verbindet, ist die Sehnsucht nach einer betont „künstlerischen" Atmosphäre. Überall spürt man das Verlangen, sich eine kunstgewerbliche Enklave zu schaffen, deren ideologisches Leitbild der „raffinierte Müßig-
gänger" ist. Im Zentrum dieser Kunst steht daher das individuelle Interieur,
wo man kleine, aparte Kunstwerke in kostbaren Vitrinen bewundern kann, um
im ästhetischen Austausch mit geschmackvoll ausgesuchten Bibelots ein gesteigertes Dasein zu erfahren. Trotz aller Angriffe gegen die Parvenükultur der
Gründerzeit ist deshalb das Ganze nur ein Scheinprotest. Während dort mehr
die gesellschaftliche Repräsentation im Vordergrund stand, bemüht man sich
jetzt um die ästhetische Verbrämung der eroberten Position, was sich soziologisch auf das „Gesetz der Söhne" zurückführen läßt. So hatten die Neureichs
und Raffkes der siebziger und achtziger Jahre ihre Speisezimmer meist alt-
deutsch, ihre Wohnzimmer im Empiregeschmack und das Boudoir der Damen
im Rokokostil ausschmücken lassen, um durch die Vortäuschung von Kost-
barkeit und Reichtum den Eindruck ehrwürdiger Traditionen zu erwecken.
Überall strotzte es von Tanagrafigürchen, altdeutschen Landsknechten, ausge-
stopften Pfauen, verzierten Maßkrügen, Zinnsammlungen, Eisbärfellen, auf-
gestellten Büsten und Makart-Sträußen, was man in seinem sinnlosen Durcheinander als „Atelierstil" bezeichnete. Wie verlogen diese Dekorationssucht
war, beweist die Tatsache, daß man statt Alabasters Gips, statt Rosenholzes
Papiermaché, statt Originale billige Kopien verwandte, da man nur das gesellschaftliche Aushängeschild im Auge hatte. Im Gegensatz zu dieser Stilfexerei,
die auf einer geistlosen Schablonenarbeit beruht, ist der Jugendstil allerdings
ein Fortschritt, wenn auch nur in ästhetischer Hinsicht. Während dort die
Protzeneitelkeit den Ton angab, herrscht jetzt ein Kult des Seltenen und Erlesenen, in dem die allmählich umsichgreifende Ästhetisierung der wilhelminischen Großbourgeoisie zum Ausdruck kommt, die nur noch sich selbst und
ihre eigene Welt wahrzunehmen vermag. Was sich also ändert, ist nicht die
Gesinnung, sondern nur der Geschmack. Anstatt weiterhin von Gnaden des
Tapezierers zu leben, gab man sich alle Mühe, auch auf ästhetischer Ebene seine
Überlegenheit zu demonstrieren. Künstler schaffen daher für Kenner, die es
sich leisten können, ihre Extraprofite im Kunstgewerbe zu investieren. So

schrieb L. Hagen über einen prätentiösen Jugendstil-Snob, der zu einem weniger „modern" Eingerichteten sagt: „Ich möchte Sie gar nicht kennenlernen, denn ich habe ihre Wohnung gesehen. Daraus weiß ich, daß Ihr Leben keinen Zweck hat" (KuH 1897, S. 65). Man wollte also nicht nur „stilvoll", das heißt im Sinne einer gehobenen Konvention, sondern zugleich künstlerisch-einmalig wohnen, worin wiederum das Manierierte dieser frühen Phase zum Ausdruck kommt. Es wäre daher verfehlt, schon in dieser Richtung einen entscheidenden Durchbruch zu einer umfassenden Stilwende zu sehen. Fast alle Vertreter des floralen Prinzips haben sich zu einem ästhetischen Subjektivismus bekannt, der noch in den Umkreis des impressionistischen Solipsismus gehört. So schrieb Peter Altenberg 1899 in der „Jugend" über seine „Heimat-Klause": „Was auf meinem Tischchen steht, an meinen Wänden hängt, gehört zu mir, wie meine Haut und meine Haare. Es lebt mit mir, in mir, von mir. Ohne dasselbe wäre ich fast ein Rudimentärer, Verkümmerter, Ärmerer" (S. 756). Selbst Obrist, der sich später für das Architektonische einsetzte, vertrat in seinem Buch „Neue Möglichkeiten" (1903) noch das Prinzip des „Eigenartigen" und wandte sich an die wohlhabenden Kreise, nach Jahren öder Stilkopien endlich einen eigenen Geschmack zu entwickeln, der sich nicht an das Übliche hält, sondern das Gewagte und Außergewöhnliche bevorzugt. Wie allen Künstlern dieser frühen Phase ging es ihm weniger um das Sachliche als um die „Kategorie der Seltenheit". Anstatt sich für durchgreifende Reformen einzusetzen, schwärmte er für geschmackvoll eingerichtete Interieurs, in denen eine kleine Anzahl ästhetisch gebildeter Kenner mit verwöhnten Sinnen das Originelle der Formerfindung bewundert. Kein Wunder, daß er alle „Puristen" aufs schärfste verdammte, während er Pankoks groteske Schnörkeleien als „märchenhaft" empfand.
Bei einer solchen Unklarheit der ideologischen Situation darf man die Erwartungen auf die künstlerischen Leistungen dieser Richtung nicht allzu hoch ansetzen. Überall spürt man das Verlangen nach Lebenssurrogaten, nach etwas Kostbarem und Einmaligem, selbst auf die Gefahr des Überoriginellen hin. Manches wirkt daher trotz der eleganten Formgebung genauso sinnentfremdet wie die talmihaften Prunkstücke der Gründerzeit. So liebte man Tafelaufsätze oder Aschenbecher, auf denen sich nackte Frauenleiber winden, während man Tintenfässer mit Möwen bevölkerte oder Milchgießer in Pelikane umzuwandeln versuchte. Einen ähnlichen Charakter haben die Truhen mit den vielfältig verschnörkelten Eisenbeschlägen, die spanischen Wände mit ihrem fein zerfaserten Blumengeranke oder das überladene Blätterdekor der schmiedeeisernen Balkonbalustraden. Selbst die beliebten Fachwerkbauten mußten sich plötzlich seltsam verdrehte Türmchen oder bandwurmartige Stuckverzierungen gefallen lassen. Wie so mancher Missionar wurde dadurch der „florale" Jugendstil schon nach wenigen Jahren ein Opfer seiner eigenen Mission, und zwar nicht nur, weil ihn die Industrie schablonenhaft vergröberte, sondern weil auch in seinen besten Leistungen ein Keim zu

diesen Auswüchsen steckt. Vieles, was an sich als Buchschmuck gedacht war, wurde ohne große Umstände auf Gebrauchsgegenstände oder Häuserflächen übertragen, in den allgemeinen Nouveauté-Rummel eingespannt und damit modisch verbraucht, so daß Eckmann schon 1900 in der „Deutschen Kunst und Dekoration" eine Zeichnung veröffentlichte, auf der sich die bösen Raben des Kapitalismus mit den Federn eines elegant geschwungenen und blüten-weißen Schwanes schmücken, der hier zum Symbol des gesamten Jugendstils erhoben wird.

Um die Jahrhundertwende meldet sich daher bei vielen Jugendstilkünstlern ein auffälliger Hang zum Purismus, der sich von den rein ästhetischen Tendenzen der „floralen" Phase langsam entfernt. Während man bisher für die Luxusartikel der „Vereinigten Münchener Werkstätten für Kunst und Handwerk" (ab 1897) geschwärmt hatte, trat man jetzt in steigendem Maße für die „Dresdener Werkstätten für Handwerkskunst" (ab 1898) ein, die mehr zu einer abstrakten Formgebung neigten. Anstatt lediglich kunstgewerbliche Bijous zu produzieren, die man verehrend in Vitrinen stellt, wagte man sich in diesen Jahren zum erstenmal an größere Aufgaben heran: an die Durchgestaltung eines ganzen Zimmers, einer ganzen Wohnung, ja eines ganzen Hauses, um das gesamte Wohnmilieu einer gesetzmäßigen Stilisierung zu unterwerfen. Die poetische Naturvermittlung in Form von Tieren oder Pflanzen wurde durch diese stilistische Neuorientierung mehr und mehr durch die „reine" Linie verdrängt. So sprach Fritz Salzer 1898 in der „Jugend" von „Kurven dritten Grades", in denen sich das „Emporstrebende der Empfindung" verkörpert, die also Gefühlswerte auslösen, ohne an einen bestimmten Gegenstand gebunden zu sein (S. 284). Im Gefolge solcher Thesen setzte eine allgemeine Formsymbiose ein: Die Wände gehen in die Decke über, Einbauschränke vermeiden die Entstehung häßlicher Ecken, geschwungene Türfüllungen vermitteln zwischen dem Drinnen und dem Draußen, wodurch ein organisches Raumgebilde entsteht, das zwar von fern an bestimmte Naturformen erinnert, diese jedoch nicht direkt nachzuahmen versucht. Man denke an frühe Zimmereinrichtungen von Eduard von Berlepsch mit ihren geschweiften Ecksofas, grotesken Bücherschränken mit magisch drohenden Beschlägen, die sich wie Urtiere oder Fragezeichen krümmen, an Quallen oder Polypen erinnern und doch reine Formgebilde sind. Dazu kommen seltsam verzierte Wanduhren und ein Kamin, der wie ein Altar aussieht, auf dem eine geheimnisvolle Sonnenscheibe steht. Jedes Detail ist hier „künstlerisch" durchgestaltet und gleicht als Ensemble eher einem ästhetischen Wohntempel als einem zum Gebrauch bestimmten Herrenzimmer. Ebenso stilisiert wirkt der von Fritz Erler entworfene Musiksaal der Villa Neißer (1898) in Breslau, der in seiner dekorativen Überfülle eine Stimmung erzeugt, bei der man der Musik kaum noch bedarf. Auch Pankoks „Eheschließungszimmer" (1900), wo es sich um einen Raum mit rhythmisch verschobenen Wandflächen handelt, dessen Decke von grotesk ornamentierten Holzpfeilern getragen wird, verrät einen planmäßigen Gestaltungswillen, der selbst in den Bleiverglasungen, den versilberten Türbeschlägen und einem seltsam zugespitzten Pult zum Ausdruck kommt. Während er hier zum „Gotischen" neigt, wird man bei seinem Pariser „Herrenzimmer" (1900) in seiner abgerundeten Form eher an einen originellen Schiffserker erinnert. Eine ähnliche Gesamtwirkung hatte Bruno Paul mit seinem Turiner „Eßzimmer" (1902) im Auge, das bis ins Detail hinein mit den gleichen exquisiten Linienreizen ausgestattet ist. So wird das Büfett durch feine Sprossen, die auf die Anrichteplatte heruntertippen, in vertikale Abschnitte zergliedert. Die Türen des Schrankes sind mit kühn geschwungenem, sich irrational verkreuzendem Maßwerk nadeldünner Stäbe gefüllt. Selbst an der Decke sieht man feine, unlogisch verlaufende, sinnlose Kurven, die sich als Linienspiele zur Schau stellen, während sich über dem Buffet ein Fries mit einem heckenartigen Geranke befindet. Vor allem bei den Möbeln dieser Zimmer, soweit sie nicht statischen Gesetzen unterliegen, schwelgte der Jugendstil geradezu in unerwarteten Krümmungen und Verknorpelungen, die einem wahrhaft „wohnenden", das heißt sich anpassenden Menschen die Seele aus dem Leibe haspeln würden. Wie bedauerte man deshalb, als die erste Welle dieses Stils vorüber war, jene jungen Paare, denen die Möbelmode solche zerbrechlichen und umständlich verzierten Ausschweifungen beschert hatte. Besonders deutlich zeigt sich das bei den Stühlen und Sesseln dieser Richtung, die als ästhetisch selbständige Gebilde weniger die Sitzfläche als den geschmackvoll wählenden Geist ansprechen sollten. Das künstlerische Merkmal dieser frühabstrakten Phase ist daher nicht die zweckbestimmte Klarheit, von der manche Innenarchitekten und Formgestalter träumten, sondern das Verzwickte und Verdrehte raffinierter Linienreize. Bei vielen dieser Werke herrscht die gleiche Unruhe wie im Impressionismus, dort mit der Farbe, hier mit der Linie erzielt, wodurch die konstruktiven Tendenzen immer wieder dem Alogismus verfallen. Wichtig ist dieses abstrakte Linienspiel nur unter der Perspektive, daß es eine Erlösung vom rein repräsentativen Charakter der gründerzeitlichen Inneneinrichtungen bedeutete. Dennoch bleibt alles unarchitektonisch, in einem geistigen und künstlerischen Schwebezustand, da man sich trotz aller Windungen nicht zu einer Überwindung der gesellschaftlichen Exklusivität entscheiden konnte. Anstatt zu einer konsequenten Sachlichkeit vorzustoßen, begnügte man sich damit, die aufgesetzten Ornamente lediglich zu komplizierten, lebenerfüllten Gebilden durchzustilisieren, die trotz aller dekorativen Elemente etwas seltsam Verwirrendes behalten.

An entscheidende architektonische Aufgaben haben sich diese Künstler kaum herangewagt. Ein Bauwerk, das auf Grund statischer Gesetze gerade Linien, geschlossene Massen und lotrechte Schichtungen verlangt, läßt sich mit den Mitteln des Jugendstils nicht verwirklichen, da es dessen Neigungen zu irrationalen Kurven und wilden Verschlingungen diametral widerspricht. Der Jugendstil wirkt daher in der Architektur meist als Zutat, das heißt kommt nur in den Wanddekorationen, der Stabwerkgliederung oder den sich friesartig zusammenschließenden Bekränzungen zum Ausdruck. So war es beliebt, glatte Wände, vor die man früher Möbel stellte, mit dünnen, linienhaften Strebepfeilern zu schmücken oder die Fensteröffnungen mit einem fein ziselierten Maßwerk zu füllen. Wohl die originellste Schöpfung dieser Art ist das „Atelier Elvira" (1898) von August Endell, das sich in seiner Kleinheit eher mit einem Schmuckstück als mit einem architektonischen Raumgebilde vergleichen läßt. Über die Fläche der Vorderwand, die schon durch die absichtliche und keinem wohnlichen Zweck entsprechende Divergenz der Fenstergrößen und die flammende Sprossendekoration etwas spezifisch Unarchitektonisches hat, fliegt hier ein drachenähnliches Gebilde, das die ganze Wand für sich beansprucht: ein Phantasieornament, keine Gestalt eines möglichen Wesens, ein Schnörkel und doch voller Aktivität, ohne Beziehung zur Architektur mit Riesengräten in die leere Fläche hineinstoßend. Das Ganze wirkt stachlig, drahtig, hartkantig gerippt, an ein Muschelgehäuse erinnernd, während es sich an den Rändern zu Wellen verflüchtigt, also wie eine Landschaft, groß und dämonisch, und doch wieder klein wie eine Brosche, wie ein Capriccio, bei dem Raum und Linie, Gegenstand und Konstruktion, Phantasie und Berechnung keine echten Gegensätze bilden. Auch das Treppenhaus wird von einem phantastischen Linienreichtum beherrscht: den aller Regelmäßigkeit hohnsprechenden Wellenlinien des Geländers, dem wie Blitze zerflatternden Linienwerk der Feldfüllungen und dem seltsamen Aufgangspfosten mit seinen wie Radioantennen in den Raum ragenden Spießen. In Ornamenten wie diesen offenbart sich die innere Affinität des Jugendstils zum Metall als einem von der Statik unabhängigen, drehbaren und biegsamen Material, das sich selbst zu den sinnlosesten Verschlingungen mißbrauchen läßt. Man denke an die Türgriffe, die so geheimnisvoll ausgefasert sind, als wollten sie sagen: Bleib draußen und staune. Auch die Leuchtkörper wie die drahtig umrankten Birnen und die an feinen Kettengliedern hängenden Glühlampen, bei denen sich die Immaterialität der Linienreize mit einem impressionistischen Lichtgefunkel verbindet, sind stilistisch von seltener Geschlossenheit. Hier ist nichts mehr „floral" empfunden, sondern alles ins rein Linienmäßige abstrahiert. Endell schrieb daher in seinem Aufsatz „Möglichkeiten und Ziele einer neuen Architektur" (1900):

> „Wir haben noch sehr wenige Werke reiner Formkunst, das heißt formale Gebilde, die nichts sind und nichts bedeuten, die direkt ohne jede indirekte Vermittlung auf uns wirken, wie die Töne der Musik ... Formale Gebilde sind das Ziel aller dekorativen Kunst, nicht aber stilisierte Pflanzen und Tiere" (DKuD S. 144).

Doch wie so oft entspricht auch hier die künstlerische Verwirklichung nicht den kühn vorausgreifenden Programmen. Das beweist sein „Buntes Theater" (1901), wo er wiederum die gleichen raffiniert-verschnörkelten Drachenmotive verwandte, diesmal in Form hängender Lampen, während sich an den Wänden ein Liniengespinst verbreitet, das an Termitengänge oder Bienenwaben erinnert. Ebenso überoriginell wirken die seltsam verbogenen Logengitter und die schmetterlingshaft gemusterten Teppiche. Sogar die Programmverkäuferinnen mit ihren grün-violetten Kleidern und den spitz nach unten zulaufenden Schürzen waren dieser „stilisierten" Innenausstattung angepaßt, die teilweise ans modisch Snobistische grenzt. Etwa auf der gleichen Stilstufe befinden sich die Brunnen und Denkmalentwürfe von Hermann Obrist, der sich um die Jahrhundertwende von der floralen Flächendekoration abwandte und zu einer an Haeckels „Kunstformen der Natur" (1899) orientierten Plastik überging. Meist handelt es sich um radiolarienhafte „Gebilde", die wie Endells Drachenornament abstrakt und doch organisch wirken, wodurch der Eindruck des Tiefseeartigen oder korallenhaft Verknorpelten entsteht. Ähnliches gilt für manche Brunnenanlagen von Georg Wrba, die an eine Kreuzung aus Tintenfisch und Lebensbaum gemahnen. Selbst das kleinste Detail ist hier so verwirrend stilisiert, daß das Ringen um das Konstruktive in ein originelles Spiel entartet, bei dem sich Ernstes und Übermütiges, Formalistisches und Reales in einer eigenartigen Spannung gegenüberstehen.

Neben Endell und Obrist wandten sich um 1900 auch andere Jugendstil-Künstler dem Architektonischen zu und überschritten damit die Grenze des Kunstgewerbes, die für die Frühzeit dieses Stils bezeichnend ist. Eins der besten Beispiele dafür ist Riemerschmids Münchener Schauspielhaus (1901), wo sich seine Formphantasie, die im „Zimmer eines Kunstfreundes" (1900) zu den seltsamsten Auswüchsen geführt hatte, allmählich zu klären beginnt. Zwar finden sich auch hier noch vereinzelte Pflanzenornamentfriese, vor allem um die Bühne herum, doch die Gliederung der Logen und Wandelhallen verrät bereits eine klare Disposition, die selbst durch die gekurvten Deckenlinien nicht störend unterbrochen wird. Im selben Jahr entstand auf der Darmstädter Mathildenhöhe das „Dokument deutscher Kunst", eine Villenkolonie für die Künstler Christiansen, Behrens, Bosselt, Habich, Olbrich, Huber und Bürck, bei der auf den ersten Blick noch völlig das Prinzip des Einzigartigen herrscht. Jedes dieser Häuser, meist von Olbrich entworfen, scheint ein kunst-gewerbliches Juwel für sich zu sein, woraus sich ein Sammelsurium von auf die Spitze getriebenen Individualstilen, aber keine Kolonie ergibt. Es sind Villen, „aus denen Persönlichkeiten zu uns sprechen", wie sich Obrist in seinem Buch „Neue Möglichkeiten" (1903) ausdrückte (S. 114). Und doch meldet sich hier, wenn auch keimhaft versteckt, ein künstlerischer Planungswille, durch den die eigenwillige Linienseligkeit allmählich eine architektonische Note bekommt, die bereits über den Jugendstil im engeren Sinne hinausweist. Dafür spricht die Villa von Peter Behrens, die trotz mancher verschrobenen Einzelheiten zu einer geometrisierenden Versachlichung neigt, bei der weniger die phantasievolle Originalität als das Bewohnbare und Zweckbestimmte im Vordergrund stehen.

Eine ähnliche Übergangssituation zeigt sich in den Werken des frühen Henry van de Velde, der im Gegensatz zur deutsch-floralen Richtung von Anfang an eine abstrakt-lineare Ornamentik bevorzugte. Während bei Eckmann, Obrist und Endell immer wieder die Naturform durchzuschimmern scheint, meldet sich bei ihm eine steigende Tektonisierung, die sich von allen realen Erscheinungsformen distanziert und die rationale Klarheit zum obersten Formprinzip erhebt. Im Gegensatz zu den deutschen Jugendstil-Künstlern, die meist reine Ästheten waren, kam van de Velde weltanschaulich mehr von Ruskin und Morris her. Schon in den Jahren um 1895 wollte er nicht nur dekorative Luxusstücke schaffen, sondern sozialutopisch auf eine „größere Anzahl von Menschen wirken", wie es in seinen Schriften immer wieder heißt. Er fühlte sich daher in Belgien, im Rahmen der Künstlergruppe „Les Vingt", etwas im luftleeren Raum und reiste abwechselnd nach Paris oder Berlin, um sich neue Wirkungsfelder für sein kunstgewerbliches Schaffen zu erschließen. Während man in Frankreich seine abstrakte Linearität als zu glatt und ornamentlos empfand, zog er in Deutschland sofort ein allgemeines Interesse auf sich. Vor allem Karl Scheffler, Julius Meier-Graefe, Karl Ernst Osthaus, Harry Graf Keßler und Eberhard von Bodenhausen lobten seine klare „Gestaltungslogik" und versuchten ihn mit Aufträgen an sich zu binden. Statt wie die „Münchener Werkstätten" weiterhin am Prinzip der Handarbeit festzuhalten, bekannte sich van de Velde als erster zum Prinzip der industriellen Serienherstellung. So schrieb er 1897 im „Pan", daß sich die „reine Form" nur durch das Zusammenspiel von geistiger Klarheit und technischer Präzision erreichen lasse. Er trat daher bei allen Möbeln für eine klar erkennbare Zweckform ein, die aus einem logischen Organismus abgeleitet ist. „Jeder andere (Sinn) als der der Nützlichkeit und des Zweckes wird gefährlich" (S. 103), heißt es in seiner Schrift „Die Renaissance im modernen Kunstgewerbe" (1901), wo er sich gegen die „aufgeklebten, unorganischen Ornamente" der bisherigen Dekorateure und Tapezierer wendet (S. 82). Solche Thesen klingen bereits wie eine grundsätzliche Überwindung des Jugendstils. Doch die künstlerische Verwirklichung hinkt auch hier etwas nach. Viele seiner frühen Werke lassen sich daher noch im Rahmen des Jugendstils behandeln, während sein Programm schon auf den Purismus vorausweist. Man denke an seinen „Ruheraum" auf der Dresdener Ausstellung von 1897, wo nicht die sachlichen Konstruktionsprinzipien, sondern die ornamentalen Zutaten im Vordergrund stehen. Statt maschineller Glätte sieht man ein Ruhesofa mit einem reich dekorierten Baldachin, der wie bei einem Himmelbett von Seitenpfosten umschwungen wird, die das Ganze von unten griffig umklammern, nach oben doldenhaft auswachsen und so in ihrer elastisch-dynamischen Energie eine aller Ruhe hohnsprechende Bewegung entfalten. Über den Türen erscheint ein Fries mit quadratischen Feldern, die mit orchideenhaften Füllungen geschmückt sind, während die Stoffe der Polsterbezüge zu phantastischen Mustern Anlaß geben. Wohin man blickt, überall nimmt man neue Überraschungen wahr, die sich so unabhängig und unlogisch im Raum verteilen wie die Spritzer der einzelnen Ornamente. Auch seine kunstgewerblichen Arbeiten dieser Jahre weisen jene typisch jugendstilhaften Wölbungen und Verschlingungen auf, die man im Volksmund als „gereizte Regenwürmer" oder „Seelennudeln" bezeichnete. Meist handelt es sich um elliptisch-asymmetrische Gebilde, scheinbar willkürlich einer momentanen Laune entspringend und doch von geheimen Funktionslinien durchzogen, in denen sich eine keimende Tektonik verrät. Wohl die reinsten und kunstvollsten Produkte dieser Jahre sind seine Schmuckstücke, wie jene Gürtelschnalle, bei der die Metallstäbe und gerippten Blechstreifen wie Pflanzen aufwachsen, sich mit den Stielen verschlingen oder blattartige Kurven bilden, so daß man kaum weiß, wo Anfang und Ende ist. Das Ganze scheint eine ewig bewegte Kunstform zu sein, wodurch der Eindruck einer fleischfressenden Blüte entsteht, die sich gerade anschickt, ein edelsteinartig glitzerndes Insekt zu verschlingen. Die Linienseligkeit solcher Gebilde läßt noch nichts von seinen Zweckmäßigkeitsparolen ahnen, sondern erinnert eher an sein überschwengliches Amo-Bekenntnis (1910), in dem er den suggestiven und gebieterischen Linienreiz der Gläser, Keramiken und Bronzegefäße dieser Ära mit der geschmeidigen Anmut junger Tiere oder der Formvollendung weiblicher Hüften und Brüste vergleicht, was deutlich an die panerotischen Gefühle der floralen Phase gemahnt.

Doch zur gleichen Zeit entstanden auch Werke, bei denen van de Velde seine Formerfindung in den Dienst ausgesprochen moderner Aufgaben stellte. So schuf er 1898 in Berlin die Inneneinrichtung für den Friseursalon Haby, stattete einen Zigarrenladen der Habana-Kompanie aus und übernahm die graphische Gestaltung von Packungen und Reklamematerial der Tropon-Werke. Alle diese Werke wurden jedoch vom deutschen Jugendstil-Publikum als zu kahl und asketisch empfunden. Sie galten in weiten Kreisen als der Ausdruck eines „ästhetischen Rationalismus", der etwas spezifisch Undeutsches hat, wie Richard Graul in seinem Buch „Die Krisis im Kunstgewerbe" (1901) schrieb (S. 43). Trotz einiger Fürsprecher gewann daher van de Velde nur langsam an Boden und sah sich ständig zu Konzessionen an den Zeitgeschmack genötigt. Seinen ersten kongenialen Mäzen fand er in Karl Ernst Osthaus, der ihn 1900 mit der Fertigstellung des Folkwang-Museums beauftragte. Da der Rohbau bereits fertiggestellt war, handelte es sich hier um eine recht undankbare Aufgabe. Dennoch hat van de Velde gerade bei diesem Werk, vor allem in der Planung der Mittelhalle, bei den Deckenbeleuchtungen, Treppengeländern und Türklinken ein Höchstmaß an „stilreinen" Leistungen erreicht. Wirklich durchzusetzen begann er sich jedoch erst ab 1902, dem Todesjahr Eckmanns, das mit dem Absterben der floralen Richtung zusammenfiel. Er schrieb daher in der „Zeitschrift für Innendekoration" mit einem Gefühl des inneren Triumphes: „Mit Eckmann erlischt vielleicht endgültig die Sentimentalität in der Ornamentik" (1902 H. 8). Noch im selben Jahr wurde er nach Weimar berufen und gründete dort mit Unterstützung des Herzogs ein „Kunstgewerbliches Seminar", aus dem sich die spätere Kunstgewerbeschule entwickelte. Theoretisch strebte er in dieser Periode immer stärker ins Puristische. Was er jedoch verwirklichte, war wiederum nur das Exklusive, das heißt eine Kunst für „Aristokraten des Lebens", wie Friedrich Naumann 1906 in seinem Vortrag „Kunst und Industrie" behauptete. Man denke an elegante Villen oder Innenausstattungen wie den Hohenhof in Hagen, das Haus Esche in Lauterbach, das Haus Schulenburg in Gera oder die Wohnung des Grafen Keßler in Weimar, die ganz dem Geschmack und Lebensstil der einzelnen Bewohner angepaßt waren. Daneben entwarf er kostbare Kannen, bibliophile Einbände, Silbergegenstände, Vasen, Eßbestecke, Schmuckstücke und Tischleuchter, bei denen weniger das Logische und Zweckmäßige als das Erlesene und Originelle im Vordergrund stehen. Selbst seine Ausstellungsräume, wie die Dresdener „Museumshalle" von 1906, bleiben in dieser Sphäre befangen. Über einem allseitig geöffneten Untergeschoß erhebt sich hier ein polygonaler Kuppelraum, der aus den trennenden Zwischenpfeilern astartig verquollen hervorzuwachsen scheint, in seiner aktiven Vertikaltendenz betont durch nadeldünne Rippen, bei denen man sich an die Metallstäbe eines Koffers erinnert fühlt. Zwischen ihnen befinden sich einige in die Wand eingelassene Bilder von Ludwig von Hofmann, die trotz ihrer Farbenräusche und Schleiertänze kaum gegen die Vielfalt und Aktivität der spangenhaften Rahmen aufkommen können. Wie so oft im Jugendstil wird dadurch eine Spannung erregt, die sich nicht rational erklären läßt, da es sich bei diesen Rippenwulsten um abstrakte und doch organische Gebilde handelt, die ein seltsames Eigenleben führen. Wesentlich nüchterner nimmt sich hingegen seine Weimarer Kunstgewerbeschule (1905) aus, wo zum erstenmal der „Architekt" van de Velde zum Durchbruch kommt. Hier wird bereits eine innere Überwindung des Jugendstils erzielt, indem van de Velde das Dekorative völlig abstreift und zu einer Tektonik vordringt, deren Harmonie nicht mehr in der ornamentalen Verbrämung, sondern in der inneren Übereinstimmung der Teile zum Ganzen besteht. Wenn sich selbst in dieser Phase noch vereinzelte Schnörkel finden, dann nur noch als dekorativer Ausklang, womit sich — wenn auch verspätet — das bewahrheitet, was Karl Scheffler 1900 hoffnungsvoll in der Hardenschen „Zukunft" geschrieben hatte:

„Er hat sich … zum bewußten Künstler des Zeitalters der Eisenbahnen, Dampfschiffe und Dynamomaschinen gemacht, zum glänzendsten Vertreter der zweiten Etappe unserer sich mit der Langsamkeit historischer Rekonvaleszenz vollziehenden Entwicklung, die von der Linie über die angewandte Kunst zur Architektur strebt."

Trotz seiner kunstgewerblichen Grundhaltung blieb jedoch der Jugendstil nicht auf den Bereich der dekorativen Künste beschränkt, sondern griff schon bald nach seinem Entstehen auch auf die Malerei über und machte so den Unterschied zwischen freier und angewandter Kunst, wie er bisher bestanden hatte, allmählich hinfällig. Am deutlichsten läßt sich dieser Vorgang in München verfolgen, wo das Beschwingte und Tänzerische der „Jugend" zu einer flüssigen und schlängelnden Malweise führte, die selbst manche der älteren, traditionsbeschwerten Talente in ihren Bann gezogen hat. Dafür sprechen die Reiterbilder von Angelo Jank, auf denen die Fülle der vorbeigaloppierenden Pferde wie eine flutende Welle zu einem durchgehenden Rhythmus zusammengefaßt wird, dessen Schwung sich in jedem Pinselstrich zu wiederholen scheint. Alles löst sich hier in einen Tanz der Linien auf, gerät in Bewegung, dreht sich, schnellt empor und wird malerisch in einer zügigen und schaukelnden Technik wiedergegeben, die ganz unter dem Gesetz der Linie steht. Einen ähnlichen Charakter haben die Porträts von Leo Samberger, auf denen sogar die menschliche Figur einem bestimmten Kurvaturenstil unterworfen wird. Dasselbe gilt für Hugo von Habermann, der sich nur langsam aus dem älteren Salongeschmack zu immer stilisierteren Formen entwickelte. Als besonders „gewagt" galten damals seine geistreich-pikanten Damenporträts. Der gesamte Körper wird hier durch scharf pointierte Bewegungsmotive in nervöse Linienreize aufgelöst, was ihn zu einem Korkenzieher- oder Boa-Constrictor-Stil verleitet, der eine auffällige Nähe zu den buchkünstlerischen Tendenzen dieser Jahre verrät. Statt denkmalhafter Attitüden herrscht hier ein Linienüberschwang, den Habermann entweder durch kokett-gespreizte Hände, einen zuckenden Hals, gewundene Hüften oder einen locker aufsitzenden, fast tänzerischen Hut erreicht, der das Freche und Herausfordernde der ganzen Figur unterstreichen soll. Noch stärker zeigen sich diese schraubenartigen Kurven bei seinen Aktdarstellungen, wo er das auf und ab wogende Spiel der Körperformen oft zu regelrechten Gliedertänzen steigert. Auf diesen Bildern schwelgt er geradezu in raffinierten Verkürzungen, gewagten Posen und animierenden Gewandresten, die den sich windenden Körper wie Arabesken umspielen. Immer wieder begegnet man bacchantisch aufgelösten Weibern, Mänaden oder Bajaderen, die sich rauschhaft entzückt aus ihren Kleidern befreien und dabei dem Betrachter ein Höchstmaß an pikanten Einblicken gewähren. Der artistische Reiz liegt auch hier rein im Linearen, im Bewegungsrhythmus des dargestellten Körpers, der sich dem Oval der Umrahmung anzupassen versucht. Durch diese ornamentalen Schwingungen wird das Erlebnismäßige und Nachvollziehbare, das noch an den Impressionismus erinnert, mehr und mehr zu objektivierten Linienreizen entseelt. Daher sind diese Figuren weder reine Porträts noch reine Formenspiele, sondern enthalten beides: das Individuelle und das rein Formale. Besonders deutlich zeigt sich diese Ambivalenz in dem undefinierbar pikanten Lächeln der dargestellten Gesichter, das sentimental-träumerisch und zugleich zynisch-lüstern wirkt. Auch die Körperhaltung hat dieses Unbestimmte, ist abwehrend kühl und doch von einer hintergründigen Bereitwilligkeit, die tief in die Amo-Bereiche der Sylphiden und Seejungfrauen hinabreicht. Das gleiche gilt für den sparsamen Farbauftrag, der zu einer weitgehenden Entmaterialisierung dieser an sich so körperlichen Malerei beiträgt.

Noch intensiver kommen diese Linienreize zum Ausdruck, wenn sie sich mit dem Thema des Tanzes verbinden wie bei Franz von Stuck. Wie kaum ein Maler dieser Jahre liebte er schwärmerische Bacchantenzüge, wo sich aus dem Rhythmus der Bewegung ein dekorativer Linienreigen ergibt, der aus dem Realistischen ins mythologisch Märchenhafte hinüberspielt. Noch deutlicher wird diese Wendung ins Ornamentale bei den blütenartig sich verbreiternden Gewändern seiner „Tänzerinnen", die den Eindruck orchideenhafter Kelchblätter erwecken. Auch seine Kentaurenkämpfe mit ihrem lustigen Hüpfen und Springen haben diesen Zug ins Reigenhafte, zumal das Ganze meist so flächig gehalten ist, daß sich die einzelnen Gestalten zu wandelnden Silhouetten verbinden. Ein weiteres Symptom dieser Verliebtheit ins Lineare ist Stucks Vorliebe für Schlangen, die sich an üppigen Frauenleibern emporzuringeln versuchen, was meist mit Suggestivtiteln wie „Sünde" oder „Laster" versehen wird. Aber das Entscheidende sind nicht diese Symbolismen, sondern die Musik der Linien: die langwallenden Haare, der Schlangenleib und die elegant gekurvten Körperformen, deren scharfe Konturierung an die Bleiverglasungen eines Christiansen erinnert. Ebenso schwülstig-symbolisch wirken die Bilder von Rudolf Jettmar, Rudolf Jahn und einer Reihe kleinerer Maler, die sich wie Raffael Schuster-Woldan auf dem schlüpfrigen Mittelweg zwischen Pornographie und modischer Stilisierung bewegten. Wohl der beliebteste Maler dieser sich allmählich ins Triviale verlierenden Richtung war Fidus, der in gewissen Kreisen als das non plus ultra des gesamten Jugendstils galt. Während Stuck meist Furien oder Dämonen bevorzugt, wimmelt es bei ihm von „Glückssuchern" und „Sonnenwanderern", deren peinlich nackte Körper mit christlich-theosophischen Motiven eingerahmt werden. So sitzt auf seinem Bild „Weihnacht" eine anämische Wassernixe mit einem Knäblein im Schoß auf einer schwimmenden Seerose, die von wellig gerandeten Blättern umgeben ist. Dazu kommen Flammenmotive, eine Sonnenkugel und ein eiförmiger Rahmen, in denen er das aufsteigende Leben zu symbolisieren versucht. Auf Grund solcher Bilder wurde Fidus häufig mit den Vertretern des floralen Prinzips verglichen, da man seine theosophisch-vegetarische Nacktkultur als ein „Zurück zur Natur" empfand. Doch solche Vergleiche stimmen nur in formaler Hinsicht. Zieht man auch das Weltanschauliche heran, gerät man hier in eine pseudoreligiöse Strömung, die sich schon um 1900 mit vollen Segeln dem Präfaschismus angeschlossen hat.

Während Fidus mehr und mehr zu einem „germanischen" Liniendenken neigte, das seine Anhänger mit der nordischen Tierornamentik in Beziehung brachten, nimmt das Prinzip der reigenhaften Linearität bei einer anderen Gruppe eindeutig formalistische Züge an. Man denke an den frühen Behrens, der vor seiner Darmstädter Zeit eine Reihe japanisierender Farbholzschnitte entwarf, die eine auffällige Tendenz ins Abstrakte verraten. Noch am erträglichsten wirkt sein „Kuß" (1898), auf dem man lediglich zwei spiegelbildliche Silhouetten sieht, die von einem schlangenartigen Haarornament umgeben sind. Von solchen Werken ist es nicht weit zu einer völligen Verselbständigung der Linie, bei der sich das künstlerische Schaffen in eine Eurhythmie der Hand verwandelt, die jenseits aller realen Gegebenheiten steht. Dafür sprechen die Gebirgs- und Gletscherkompositionen von Hans Schmithals, bei denen die Unterschrift immer unwichtiger wird. Vieles könnte man hier schon als „Studie" im abstrakten Sinne bezeichnen. Das gleiche gilt für die Holzschnitte der jungen Brücke-Maler oder die Bilder des frühen Kandinsky, der vor allem in seiner Phalanx-Zeit (um 1901) eine Vorliebe für überlängte Frauengestalten und deformierte Baumsilhouetten entwickelte. Wie im Neoimpressionismus bahnte sich dadurch auch im Umkreis dieser Stilexperimente eine Reihe von Entwicklungstendenzen an, die sich später mit vehementer Kraft dem Expressionismus zugewandt haben.

Auch die Maler der „Scholle", die an sich Eklektiker waren und sich trotz ihrer heimatkünstlerischen Motive einer neoimpressionistischen Malweise bedienten, haben sich zeitweilig in den Jugendstil hineinziehen lassen. So findet man bei Leo Putz, der wie Habermann, Jank oder Samberger auch das leicht stilisierte Salongenre pflegte, immer wieder märchenhaft-symbolische Motive, bei denen man sich an Stuck erinnert fühlt. Seine besondere Neigung galt preziösen Schneckenjungfrauen, wollüstig ausgestreckten Bajaderen, nackten Mädchen mit Pfauenschwänzen oder maskierten Damen, also Themen, bei denen er in einem erotisch animierenden Kurvenreichtum schwelgen konnte. Was hier ins eindeutig Pikante oder Groteske abzugleiten droht, wird bei Fritz Erler mehr ins Monumentale abgewandelt. Schon seine Titelblätter zur „Jugend", meist frontal gesehene Mädchenköpfe mit einem Blütenkranz oder einer ornamental angeordneten Haarkrone, haben trotz ihrer Flächigkeit einen Zug ins Plakathafte. Das gleiche gilt für sein Bild „Die Tänzerin" (1900), auf dem eine weibliche Gestalt mit neoimpressionistisch gleißenden Gewändern, dekorativ aufgetürmten Haaren und korkenzieherartig gewundenen Bewegungen ins Rampenlicht einer Brettlbühne tritt. Wohl das beste Beispiel für diese Stilhaltung bildet sein Triptychon „Die Pest" (1899). Im Mittelpunkt steht hier ein bacchantisch schwärmender Rachedämon mit nackten Brüsten, wehenden Kleidern und steil auflodernden Haaren. Links davon sieht man eine ausgelassene Menge mit Lampions, Luftschlangen und Konfettiregen, die sich im Zeichen des „Après nous le déluge" zu vergnügen scheint. In pikantem Gegensatz dazu befindet sich rechts ein Bild der Sühne: ein Flagellantenzug, der sich mit erhobenen Peitschen eine masochistische Befriedigung verschafft. Der Gesamteindruck ist daher höchst zwiespältig, da auch die Farben etwas Flackernd-Unreines haben und in ihrer Unruhe die monumentale Thematik ins Kunstgewerbliche herunterziehen.

Die gleichen Linienreize finden sich auf den Bildern von Ludwig von Hofmann, der sich von den anspruchslosen Münchener Malern ebenso unterscheidet wie Henry van de Velde von den Vertretern der floralen Phase. Dennoch gehört auch er ganz in den Jugendstil, zumal er es nicht verschmähte, sogar die Rahmen seiner Bilder selbst zu entwerfen. Er bediente sich dabei mit Vorliebe eines asymmetrisch-verschlungenen Ast- oder Blätterwerks, das sich in unbestimmten Kurven rollt und windet, hier verschwindet, dort wieder auftaucht und so ständig im Fluß bleibt, als habe es weder Anfang noch Ende. Innerhalb dieser Rahmen, für die sich selbst im Rokoko kaum Vergleichbares findet, sieht man oft nur ein paar Blütenzweige, einige Pferde oder eine lichtdurchfunkelte Szene am Strande. Das Ganze wirkt daher von weitem wie ein großgeblümtes Teppichmuster, bei dem man sich an Morris erinnert fühlt. Die dargestellten Personen bleiben anfänglich bloße Ausdrucksträger, die sich in ihrer zaghaft besinnlichen Erotik mit klassizistischen Salonmotiven vergleichen lassen. Jedoch im Laufe der Jahre wird auch das Menschliche in den allgemeinen Linienreigen einbezogen. So sieht man nackte Jünglinge, die dem Frühlingswind entgegenschreiten, was die bewundernde Zustimmung Georges fand, oder halbbekleidete Mädchen, die ihre Arme zur Sonne erheben. Im Gegensatz zu Habermann und Stuck kommen diese Bewegungsreize weniger in der Malweise zum Ausdruck als in dem reigenhaften Arrangement des gesamten Bildaufbaus. Es fehlt daher das Spielerische, Flatternde und Unruhig-Zerstäubte, das sich in tausend feine Faltenstreifen aufzulösen droht. Stets ist eine gewisse Feierlichkeit gewahrt, selbst in bacchantisch-mänadischen Szenen. Er erreicht diesen Eindruck der Ruhe meist durch eine deutlich akzentuierte Mittelpunktskomposition, bei der die ornamentalen Elemente scheinbar übergangslos vom Bild in den Rahmen hinüberwachsen. Gewänder, Blätter, Bäume, Wolken: alles kann sich zu einem Binnenrahmen verdichten, der die ideale Leiblichkeit der Gestalten wie ein dekoratives Rankenwerk umgibt. Wie unverbindlich diese Bilder sind, beweisen Titel wie „Frauen im Schilf", „Daphnis und Chloe", „Frühling", „Idyll", „Paradies", „Blütenphantasie" oder „Notturno", die keinerlei Bezogenheit zu den Realitäten des menschlichen Lebens verraten, sondern ein Wunscharkadien heraufbeschwören, in dem eine ungestörte Harmonienseligkeit zu herrschen scheint. Fast alle seine Bilder ließen sich daher zu einem dekorativen Zyklus zusammenschließen, der

an die reigenhaften Stilexperimente der „Hellerauer Schulfeste" erinnert.
Der Tanz ist überhaupt ein Grundelement dieser Richtung, und zwar von
der Tanz-und-Taumel-Atmosphäre des Überbrettls bis zu den Schleiertänzen
der Loie Fuller. Den Auftakt dazu bilden die Faschingsnummern der Münchener „Jugend", wo die Überkunst des sich in Architektur und Kunstgewerbe
„schöpferisch" betätigenden Lebenswillens den leichtsinnigen und beschwing-
ten Rhythmen der Ballokale angepaßt wird. Man denke an den Faschings-
taumel auf den Bildern von Franz von Reznicek, wo lediglich das Flirten,
Tanzen und Charmieren im Mittelpunkt steht, als gebe es nichts anderes als
saloppe, amüsante Schwabingstreiche. Was jedoch bei Toulouse-Lautrec
und den anderen Malern der Moulin-rouge-Atmosphäre, die in diesen Jahren
ihren Höhepunkt erlebte, einen Stich ins Freche und Herausfordernde hat,
verflacht hier ins Harmlose, zu einer Redoute, bei der Wolzogen den Tanz-
meister und Bierbaum den Vortänzer spielten. Das gleiche gilt für den Operet-
tenkult dieser Jahre, der ebenfalls im Zeichen einer tänzerischen Ausgelassen-
heit steht. So schrieb Oscar Bie 1904 in der „Neuen Rundschau" über die
„Fledermaus": „Tanzet, Vernunft und Gerechtigkeit. Hüpfet, ihr Gefühle ...
Das Varieté des Lebens ist eröffnet. Der Karneval zündet dem dämmernden
Leben die Lichter an" (S. 1144), während er 1908 unter dem Titel „Operetten"
erklärte: „Kommt, Kinder, laßt das, gebt mir die Hände, Vivien du voran, die
anderen nach, kommt, tanzen wir, lachen wir, himpa, humpa, himpa, humpa.
Tous les deux, Amoureux ..." (S. 446). Im Gegensatz zu den weltanschaulichen Ambitionen einer Isadora Duncan wird hier das Tanzen noch nicht als
kosmogonisches Getragensein verstanden, sondern rein bohemienhaft-genie-
ßerisch aufgefaßt. Dafür spricht auch sein Buch „Der Tanz" (1912), das mehr
gehüpft und gesprungen als wissenschaftlich gegliedert ist. Trotz seiner Dick-
leibigkeit wirkt das Ganze wie ein amüsantes Brevier, das auf dem Nachttisch
einer gebildeten Dame liegen könnte, geschrieben in dem gewundenen Jugendstil eines Alten, der seine Weisheit im Rhythmus ertränkt.
Daß diese Tanz-und-Taumel-Atmosphäre der Operetten und des Überbrettls sogar auf die Opernbühne übergegriffen hat, beweist die Märchenoper
„Lobetanz" (1898) von Ludwig Thuille nach einem Text von Bierbaum, in der
ein verträumter Knabe eine Prinzessin befreit und sich am Ende alles zu
einem reigenartigen Schlußwalzer vereint, der an die Straußsche Vertonung
des „Ringelringelrosenkranz" erinnert. Ebenso märchenhaft tänzerisch wirken
manche Partien aus der „Rose vom Liebesgarten" (1901) von Hans Pfitzner,
vor allem das Vorspiel im Garten der Sternenjungfrau, dem die Blumenau-Szene
aus Wagners „Parsifal" zugrunde liegt. Es wimmelt hier nur so von Knaben
und Mädchen, die einen Reigen tanzen oder Sträuße binden, während im
Orchester sentimentale Modulationen und hüpfende Tanzmotive erklingen.
Ähnliche Stellen finden sich im ersten Akt, im Urwald vor dem Liebesgarten.
Diesmal sind es die Waldmänner und Moosweibchen, die sich in der „Jugend-

kraft des Lenzes" haschen und necken, bis sie von Minneleide, einem undinen-
haften Quellwesen, zum Rundtanz aufgefordert werden:

> „Minneleide ruft, sie ladet zur Lust,
> sie ladet zu brünstigem Reigen,
> zu schwebenden Kreisen,
> Brust gegen Brust,
> zum Küssen, zum Küssen
> und seligem Schweigen,
> lachend Erglüh'n
> und Haschen und Flieh'n."

Das Ganze artet dann in ein allgemeines „Tanz- und Laufspiel" aus, mit
„Wiegen und Wallen, so wonnig und bang", mit springenden und hüpfenden
Triolen, Staccato-Begleitung und ondulierenden Tonleitergirlanden, die sich
immer wieder zu einem tableauartigen Reigen verbinden.

Wohl ihre reinste Verwirklichung erfuhr diese Verliebtheit ins Taumelnde
und Wirblige in den gefeierten Solotänzerinnen dieser Epoche, vor allem in
Loie Fuller und Ruth St. Denis, die zu den Stars des Jugendstils gehörten.
Statt klassischen Drills oder turnerischer Disziplin sah man hier frei schwingende Körper, flatternde Mädchenhaare und arkadisch befreite Gebärde, wie man
sie von den Bildern eines Ludwig von Hofmann kannte. Den Auftakt bildete
die Fuller, „endlose Meter leichten Stoffes um sich schwingend, Korkenzieher
und Kreisel, im farbigen Licht wie eine Tiffanyvase erstrahlend", wie Ahlers-
Hestermann schrieb (S. 63). Meier-Graefe schilderte ihren Tanz, der auf dem
Paradoxon einer stilisierten Flüchtigkeit beruhte, mit folgenden Worten:

> „Langsam, in tiefer Nacht, ein fahler Streif, dünn wie eine Hutschnur,
> von Wasser umgeben, unglaublicherweise, fließendes Wasser, oder viel-
> mehr Schneeflocken, nein, Seidenfäden, Seide, so dünn wie Spinnen-
> gewebe, nein, Mondstrahlen, blendende Mondstrahlen, die durch Pur-
> pur scheinen, durch Meerestiefen, durch Smaragde, Rubinen, Opale.
> La danse des Perles" (Insel 1900, S. 101).

Bei Ruth St. Denis trat mehr das Exotisch-Erotische in den Vordergrund.
So schwärmte Ludwig Hevesi in seinem Buch „Altkunst-Neukunst" (1909)
von den atemberaubenden „Fähigkeiten ihrer Handgelenke", dem „tiefen
Gemüt ihrer Rückenfurche" und einem „Dekolleté", das von der siebenten
Rippe bis zum Hüftknochen reichte (S. 283). Selbst Hofmannsthal ließ sich
vom „rhythmischen Fluß" ihres Leibes zu einem panegyrisch-gestimmten
Essay hinreißen (II, 260). Doch die einschmeichelndsten Worte fand wiederum
Oscar Bie, der als verwöhnter Erotiker behauptete:

> „Sie ist eine Pariser Inderin, eine Königin der Bauchtänze. Die Beweg-
> lichkeit der Hüften ist die letzte Gelenklösung, die rhythmische Ver-

klärung der Erotik … Sie hat an den Fingern smaragdgrüne Ringe, die bei der Schlangenbewegung ihrer Arme wie sündige Augen leuchten. Ihre Arme sind die tänzerischsten, die je eine Tänzerin hatte. Sie ringeln und wellen sich wie exotische Tiere, die von unklaren Sehnsüchten gepackt sind. Ihr goldener Rock ist der musikalischste, den je eine Tänzerin hatte. Er umkreist ihre bloßen Beine in abgemessenen Wellen, deren Ende auf den Takt berechnet ist; die Wellen durchschneiden und glätten sich wieder, wenn sie am Boden kauert und wie eine Lotosblüte aus den Chiffons sich emporentwickelt, in jeder Sekunde der Bewegung ein organisches Gewächs" (DNR 1907, S. 122).

Ähnliche Äußerungen finden sich über Mata Hari und Maud Allan, die wie Ruth St. Denis exotische Bauchtänze vorführten, bei denen sich „Arme und Beine in unaufhörlichen Windungen" ergingen, wie Hevesi schreibt (S. 281). Wie „floral" man diese Tänze empfand, beweist eine Stelle aus den „Erinnerungen" (1952) von Heinrich Vogeler, wo er von einer Tänzerin spricht, deren Beine aus dem „Blütenblätterwald" der Volants wie die „Stengel traumhafter Blumen" hervorzuwachsen schienen (S. 77). Alfred Walter Heymel soll in einem ähnlichen Zusammenhang von den „Blumenfloskeln der Gelenkigkeit" gesprochen haben.

Sogar die Dichtung dieser Jahre wurde stellenweise von dieser tänzerisch-linearen Rhythmik ergriffen und geriet dadurch in einen Sog hüpfender und springender Bewegungsmotive, der das Gedankliche weitgehend überspült. Anstatt wie im Impressionismus einen Eindruck an den anderen zu reihen, liebte man jetzt das Überraschende, Ausweichende und Ungewöhnliche, was zu einem ständigen Wechsel der Sprachrhythmen führte. Man denke an die Brettllieder, den ganzen Kling-Klang des Varietés mit seinen Tanzrhythmen und seiner alles Versmaß sprengenden Akzentuierung, wo sich auch die Form dem tänzerisch gedachten Inhalt anzupassen versucht. Das Wesen dieser Dichtung wird zwar nicht ausschließlich durch den Begriff „Jugendstil" erklärt, und dennoch ist viel vom Geiste dieser Bewegung darin. Vor allem in den Sprüngen und Gegensprüngen, dem ständigen Hüpfen, Sich-Wiegen, dem Unverbindlichen der Worte, dem eine rein formalistische Gestaltungsweise entspricht. Der Rhythmus der einzelnen Verse ist oft so gewunden, daß man ihn als Linie aufzeichnen könnte, besonders in der Kling-Klang-, Dideldum-, Tsching-Tsching- und Laridah-Lyrik, wie man sie im Umkreis der Münchener „Jugend" pflegte. Wohl am deutlichsten huldigte Bierbaum dieser Tanz-und-Taumel-Atmosphäre. Bei ihm scheint alles zu hüpfen, zu tanzen, zu springen, sich dem impressionistischen Lebensgenuß hinzugeben. Aber trotz dieser scheinbaren Unmittelbarkeit triumphiert auch hier das Ornamentale. Das beweist sein „Irrgarten der Liebe" (1901), wo der genießerischen Offenheit die Faunsmaske vorgebunden wird, um das allzu Direkte ins Arkadische umzustilisieren. Was er dadurch erreicht, ist eine Pansmanier mit mythologischem Dekor, bei der die verschlungenen Wege des Herzens ins Schäferlich-Verspielte verharmlost werden. Aus dem Zueinanderfinden, dem Sichwiederverlieren und dem erneuten Sichbegegnen wird so ein Menuett der Liebe, das keine echten Gefühle, sondern nur noch linear stilisierte Sehnsüchte kennt. Wie in den Märchenopern dieser Jahre scheint alles auf den Kehrreim zu enden: „Es ist ein Reigen geschlungen, / Ein Reigen auf dem grünen Plan" (I, 42). Ähnliche Töne hört man bei Alfred Walter Heymel. Auch bei ihm handelt es sich um Gesellschaftslieder, die sich nicht an einen einzelnen, sondern an eine bestimmte Gruppe wenden und mit rhythmisch pointierten Suggestivzeilen zum Reigentanz auffordern. So heißt es in der „Insel" unter dem Motto „Komm! sei mein Tanzgenoß!" (1899 I, 33):

> „Faßt euch, faßt euch, dreht euch um,
> Springen, schweben, wiegen.
> Kleid und Jacke fliegen,
> Alles wird sich schmiegen,
> Faunus weiß, warum."

Ebenso stark dem Jugendstil verpflichtet sind die Mittelachsengedichte von Arno Holz und seinen Epigonen, die in ihrer floralen Verschlingung und dekorativen Aneinanderreihung oft bei einer völligen Sinnentleerung landen. Man lese das Gedicht „Liebe kleine Melodie" von Emil Alfred Herrmann, das 1898 im „Pan" erschien und sich in seiner ritornellartigen Blödelei kaum überbieten läßt (S. 6):

> „Ein kleines blondes Mädchen, das Blumen pflückt
> auf einer grünen Wiese ...
>
> Ein kleines blondes Mädchen in milchweißem Kleidchen;
> wilde Ringellocken und feuerrot Hütchen —
> Ein kleines blondes Mädchen, das Blumen pflückt
> auf einer grünen Wiese ...
>
> Ein kleines blondes Mädchen mit Pausbacken,
> Großguckaugen und Stumpfnäschen —
> Ein kleines blondes Mädchen, das Blumen pflückt
> auf einer grünen Wiese ...
>
> Blaue Blumen, weiße Blumen,
> Gelbe, rote Blüheblumen —
> Ein kleines blondes Mädchen, das Blumen pflückt
> auf einer grünen Wiese ..."

Was hier auf die Mittelachse zugeschnitten ist, löst sich bei anderen Lyrikern dieser Jahre in kunstgewerblich stilisierte Schlängellinien auf. So versuchte

Theodor Etzel in seinem Salome-Gedicht, das 1901 in den „Rheinlanden"
erschien (I, 5), den gleitenden Bewegungsrhythmus des Tanzes selbst in
der Zeilenanordnung zum Ausdruck zu bringen:

> „Tanz vor mir Kind! — da über die Felle.
> Ich will es nicht hören — will es nur sehn,
> wie vor den Augen mir Welle auf Welle
> an Formen und Farben vorübergehn. —
> Tanz vor mir! —
>   Hei!
>
> beugen sich Linien, schmelzen und schwellen —
> recken sich —
>   strecken sich —
>   reißen entzwei —
> fassen sich —
>   küssen sich —
>   lassen sich —
>   hei!
> Laß nur den Flor!
>   laß ihn nur fliegen
> über die flatternden Haare empor.
> Von deinem Nacken
>   bis unter die Lenden
> wollen die rasenden Kreise sich packen —
> biegen sich —
>   wiegen sich —
>   ohne zu enden —"

Die ersten Versuche, diese punktuellen Linienreize zu größeren Gebilden
zusammenzufassen, finden sich in den Tanzspielen von Bierbaum, wo das
kunstgewerblich Vereinzelte allmählich in eine architektonische Ordnung
gebracht wird. Wohl das beste Beispiel dafür ist seine Sing-Tanz-Pantomime
„Gugeline" (1899), die als erste Veröffentlichung der „Insel" erschien. Das
an sich Inhaltslose des Jugendstils wird hier zu choreographischen Ornamenten angeordnet, die eine ausgesprochen lineare Grundstruktur haben,
woraus ein marionettenhaftes Dekorationsdrama entsteht, bei dem die Ausstattung alles und der Gehalt nichts bedeutet. Um dem Ganzen wenigstens
äußerlich einen festen Halt zu geben, hält sich Bierbaum konsequent an den
Holzschen Mittelachsendruck. Genauso symmetrisch vollzieht sich die Handlung: Im ersten Akt erfährt der Prinz, was ein Weib ist, im zweiten schlägt
er die reiche, die gelehrte und die schöne Prinzessin aus, im dritten findet er
das Mädchen Gugeline, im vierten schlägt sie den reichen, den starken und

schlauen Bauern aus, im fünften werden beide glücklich vereint. Auf diese Weise gewinnt man den Eindruck, als habe Bierbaum das Ganze nur um der Symmetrie willen gedichtet, um inhaltlich und äußerlich ein konsequent durchstilisiertes Buch zu schaffen, bei dem auch der Einband, die Drucktype und das Vorsatzpapier wie bei den Wohnungen dieser Jahre ein anspruchsvolles Ensemble bilden.

Auch beim mittleren Dehmel zeigt sich diese innere Nähe zum Jugendstil, vor allem in den Gedichten seiner Brettlphase, wo er auffallend verzwickte, schlenkernde und schaukelnde Rhythmen bevorzugt. Man denke an sein „Trinklied" mit dem aufputschenden „Dagloni gleia glühlala" oder Gedichte wie „Radlers Seligkeit" mit Zeilen wie „Noch Joethe machte das zu Fuß/ und Schiller ritt den Pegasus,/ ick radle." Doch solche Kraftausdrücke werden allmählich seltener. Auf dem Weg von München nach Berlin setzt auch hier eine Wandlung ins stimmungshaft Symbolische ein. So schreibt Dehmel keine Tanzlieder, wie sie in der Münchener Faschingsatmosphäre beheimatet sind, sondern rauschhaft dionysische Dithyramben, die trotz ihrer Jugendstilembleme entfernt an Nietzsche erinnern (III, 33):

> „Ich warf eine Rose ins Meer,
> eine blühende Rose ins grüne Meer.
> Und weil die Sonne schien, die Sonne schien,
> sprang das Licht hinterher,
> mit hundert zitternden Zehen hinterher.
> Als die erste Welle kam,
> wollte die Rose, meine Rose ertrinken.
> Als die zweite sie sanft auf ihre Schultern nahm,
> mußte das Licht, das Licht ihr zu Füßen sinken.
> Da faßte die dritte sie am Saum,
> und das Licht sprang hoch, zitternd hoch, wie zur Wehr;
> aber hundert tanzende Blütenblätter
> wiegten sich rot, rot, rot um mich her,
> und es tanzte mein Boot,
> und mein Schatten auf dem Schaum,
> und das grüne Meer, das Meer — —."

Während der frühe Dehmel mehr zum Impressionismus neigte, steigert er sich jetzt in einen Lebenstaumel hinein, der sich aus dem Bacchantischen immer stärker ins Naturreligiöse entwickelt. So tauchen in seinem Vokabular neben Worten wie Windjoppe und Fahrrad, die noch an seine literarischen Anfänge erinnern, plötzlich Bilder wie Zaubergarten, Wolkenschlangen, Tochter der Sonne oder Todeskelch auf, mit denen er seine latente Prosa ins Poetische zu heben versucht. Anstatt wie bisher zu sagen „Nur in kurzen

Röcken kann man lieben", heißt es jetzt pathetisch-fidushaft: „Über die grüne
Wiese wollen wir rennen,/ in den Wald,/ Hand in Hand,/ nackt,/ unsere
brennenden Stirnen bekränzt" (II, 37). Zum Zyklus erweitert erscheint diese
neue Bildwelt dann in seinen „Verwandlungen der Venus" (1907), wo er sich
um einen allegorischen Reigen bemüht, der von der Venus primitiva über die
Venus natura bis zur Venus Fantasia reicht. Trotz mancher dekadenten Ein-
schläge und des stilunsicheren Nebeneinanders von Berlinismen und feierlich-
symbolischen Wendungen zeigt sich hier eine Neigung zu Parallelismen und
refrainartigen Schlüssen, deren Ziel eine Gesamtstilisierung der dargestellten
Wirklichkeit ist. Das gleiche gilt für seine „Lebensmesse" (1899), der wie bei
Bierbaum ein choreographischer Bewegungsplan zugrunde liegt, bei dem man
sich an die Steinersche Eurhythmie erinnert fühlt. Doch ihre reinste Verwirklichung erlebte diese dekorative Manier in seinen „Zwei Menschen" (1903),
einem „Roman in Romanzen", wie der Untertitel heißt, wo selbst die unscheinbarsten Details einem durchgehenden Strukturprinzip unterworfen werden.
Jeder Gesang besteht in diesem Zyklus aus 36 Zeilen, jeder Abschnitt aus
36 Gesängen. Die einzelnen Gedichte setzen sich aus einer Anfangssituation,
einer Rede des Mannes und einer Antwort des Weibes zusammen, während
in den Schlußzeilen regelmäßig die Worte „Zwei Menschen" wiederkehren.
Doch die innere Gesetzmäßigkeit geht noch weiter. Auf jeden Gesang, in
dem zuerst der Mann spricht und dann das Weib respondiert, folgt einer, wo
die Frau dieses scheinbar unendliche Zwiegespräch eröffnet. Im zweiten Teil
beginnen alle Gedichte mit „Und". Gegen Ende des dritten Teils wechseln die
Anfänge jeweils zwischen „Und" und „Doch". In der Mitte des Ganzen, das heißt
zwischen dem 18. und 19. Gesang des zweiten Teils, befinden sich zwei Gedichte,
in denen nur eine der beiden Personen spricht, und ähnliches mehr. Die gleiche
Stilisierung zeigt sich im Sprachlichen. Fast auf jeder Seite trifft man auf verschlungene Assonanzen und Binnenreime wie „von dir in mich, von mir in dich",
„Züngle, jüngle — Ringle, lauf", „bald sanft, bald sehr", „schäumen schon —
bäumen schon" oder „ich will, muß, willmuß fliegen". Dazu kommen die vielen
Tanzmotive wie „um den Drehpunkt kreisen", „wiege, wiege mich du" oder
„wirbeln im Tanz", zu denen sich Verben wie schlingen, winden, schwingen und
schweben gesellen. Auch die Bildgebung wächst immer stärker in die Jugend-
stil-Atmosphäre hinein. An die Stelle großstädtischer Ballokale tritt hier in steigendem Maße die „ursprüngliche" Natur, wo sich Mann und Weib wie Adam
und Eva in paradiesischer Schöpfungsfrühe begegnen, nackt am Strande liegen
oder mit fidushaften Gefühlen die Sonne anbeten. Manches grenzt dabei fast
ans Peinliche, da hinter der poetischen Verbrämung immer wieder die Urbilder
dieser autobiographischen Romanze zum Vorschein kommen, die auch durch die
monistische Einkleidung nur notdürftig verschleiert werden. So liest man etwa
die folgenden Zeilen, in denen sich das Rondo der Herzen direkt auf ihn und
Ida bezieht (S. 73):

> „Und es sprudelt ein Wasser durch tiefen, tiefen Tann;
> da sitzt ein nacktes Weib, das Kränze flicht,
> Kränze um einen glitzernden Mann.
> Der singsangt:
> Vor der Nixe vom Rhein kniet der Kobold vom Rhin
> und bringt schön bang seine Brautschätze dar:
> blaue Blumen, die nur im Freien blühn,
> Männertreu, Pferdefuß, Jungfer im Grün,
> und zur Hochzeit ein stumm Musikantenpaar:
> Unke, die munkelt nur,
> Glühwurm karfunkelt nur,
> Ellewelline, husch, tanze danach!
> Ein Herr Eidecks hatte einmal zwei Frauen,
> denen er sehr am Herzen lag:
> eine, der gab er sein tiefstes Vertrauen,
> darauf lief er der anderen nach.
> Ellewelline, tanz Serpentine:
> schwarz ist die Nacht, und bunt ist der Tag!“

Bei einer solchen arkadischen Simplizität ist es nicht verwunderlich, daß sich das Ganze immer wieder zu Szenen steigert, in denen sie dem Frühlingssturm entgegeneilen, sich in die Höhe recken, sich fassen, tanzen, Urlaute ausstoßen, um schließlich im Reigen des Weltalls unterzutauchen.

Neben Dehmel, dessen „Zwei Menschen“ bereits in den Bereich des Stimmungslyrismus hinüberleiten, haben auch andere norddeutsche Dichter dieser Jahre am Jugendstil teil. Dafür spricht die Lyrik des jungen Rilke, der sich nach „neuro-mantischen“ Gefühlsschwelgereien für kurze Zeit einer reigenhaften Stilisierungstendenz ergab. Man denke an seine pantomimischen „Spiele“ (1899) oder seine „Lieder der Mädchen“, die 1898 mit Illustrationen von Ludwig von Hofmann im „Pan“ erschienen. Statt blasser Kantilenen, die im Ungewissen und Namenlosen verhauchen, herrscht hier das Schwesterlich-Verbundene, der gemeinsame Tanz junger Mädchen, deren luftige Kleider im Winde flattern. Überall wird das Knospende, Pflanzenhafte dieser zarten Geschöpfe betont, die wie im Blütenregen daherzuwandeln scheinen. Auch die jungen Liebespaare werden in diesen floralen Reigen einbezogen und versinken an „heiligen Weihern“, auf denen stolze Schwäne schwimmen, in märchenhafte Melusinenstimmungen, bis sie wunschlos „ineinander münden“ (III, 623). Ähnliche Verse finden sich beim jungen Mombert, der schon 1896 in seiner Gedichtsammlung „Der Glühende“ von Liebespaaren schwärmte, die in weißen Birkenwäldchen sitzen und mit tränenden Augen die duftenden Blütenseelchen zu ihren Füßen betrachten. Dieselbe Verliebtheit ins Blumige und Reigenhafte findet sich in der Zeitschrift „Avalun“, zu deren Beiträgern

Lautensack, E. R. Weiß, Schaukal, Eßwein und Wilhelm von Scholz gehörten, die hier ihre modischen Erstlinge veröffentlichten. Auch die Sammlung „Aus den Tagen des Knaben" (1904) von Ernst Hardt, in der von Wunderblumen, Lilienstengeln, Wellendüften, Sehnsuchtsgluten und wallenden Seidenhaaren die Rede ist, schließt sich diesem floralen Reigen an.

Etwas sakraler wirken die „Praeludien" (1905) von Ernst Stadler, wo sich bereits eine neue Stilstufe anzukündigen scheint, obwohl man auch hier noch einer Fülle an blumigen Metaphern begegnet. Was verschwindet, ist lediglich der monistische Allreigen, der auf einer Verwandtschaft aller Wesen beruht. Statt dessen setzt Stadler eine Welt aus Zypressen, Granatbäumen und Edelsteinen zusammen, die an die „künstlichen Paradiese" Georges erinnert. Die neoimpressionistischen Tupfenreize des „Algabal" verwandeln sich dabei in züngelnde Linien und verschlungene Arabesken, wodurch alles Statische in ein schreitendes Bewegtsein aufgelöst wird. Immer wieder ersteht vor dem Auge des Lesers das Bild vom „Zug ins Leben", vom reigenhaften Trunkensein mit nackten Leibern und bekränzten Haaren, wie man es von den Bildern von Ludwig von Hofmann kennt. Die Topoi der floralen Phase werden auf diese Weise zusehends ins Symbolische erweitert. So liest man von Traumgewässern, Silberkähnen, lüstern zitternden Lianen, Zauberhaaren, die sich wie ein aufgelöstes Bündel wilder Blumen über den Schläfer verbreiten, Meergrundwundern in bläulichem Duft, schwebenden Schatten in smaragdenen Grüften, Märchenaugen, die sich wie Lilien zu dunklen Wassern neigen, oder einer Semiramis, die wie ein Vampir auf verwirrend gemusterten Teppichen ruht. Alle diese ziellosen Schwingungen und Seelenarabesken, bei denen das Pflanzliche nur noch ein modischer Vorwand zu stilisierten Bildkomplexen ist, scheinen einem magischen Zug zu gehorchen und willenlos ineinanderzugleiten. Auf diese Weise entsteht eine Ornamentmelodie, die alle Klippen der Realität sorgfältig vermeidet. Selbst die Liebe gleicht hier einem klanglosen Ineinandergleiten, einem Ertrinken inmitten duftender Blüten, wobei die Stimmung entweder frühlingshaft-zart oder schwül-ermattend ist. Während sich zu nächtlicher Stunde „fiebernde Hände" im „Geflecht traumdunkler Haare" verirren (II, 204), laufen bei Sonnenaufgang Daphnis-und-Chloe-Gestalten· in „weißen Frühlingskleidern" durch „knospenhelle Hecken, bekränzen sich mit „Blütenkronen" und geben sich „unter schwanker Birken Schatten" ihren ersten Kuß (II, 216). Die gleiche Ambivalenz kommt in seinem Spiel „Freundinnen" (1903) zum Ausdruck, in dem er das Sirenenhafte und Lesbisch-Lockende zweier Mädchen beschreibt. Auch hier steht ein dekorativer Metaphernreigen im Vordergrund, der zu einem panerotischen Kurvenreichtum führt. So werden die flaumenweichen Leiber mit zitternden Frühlingsbirken verglichen, während sich die Strähnen der Haare wie ein „wildes Gerank" von den Schultern über die Brüste ergießen. Noch bewegter und verschlungener wird das Ganze, wenn sich Silvia und Bianca nach kostbaren

Redefloskeln liebend aneinanderpressen, sich entflammen, taumeln, glühen, ineinander verschmelzen wie die Bacchantinnen im Fackeltanz einer perversen Liebesnacht. Doch auch das löst sich wieder, wie sich alles in dieser Atmosphäre in ein willenloses Ermatten aufzulösen scheint. Das Ergebnis dieser romantischen Zeitflucht ist daher trotz der wehenden Haare und lodernden Fackelbrände eine müde Melusinenstimmung, die den Leser mit märchenhaft einschläfernden Bildern zu umgaukeln versucht. Wie stark dieser vordergründige Glanz im Laufe der Zeit ins Kunstgewerbliche abgeblaßt ist, beweist ein Gedicht wie Georges „Stimmen im Strom", wo trotz der wellenhaft bewegten Rhythmen und sinnbetörenden Bilder der Eindruck des Leblosen entsteht, der an die preziös-manierierten Buchillustrationen dieser Jahre erinnert (III, 122):

> „Liebende klagende zagende Wesen
> Nehmt eure zuflucht in unser bereich
> Werdet genießen und werdet genesen,
> Arme und worte umwinden euch weich.
>
> Leiber wie muscheln, korallene lippen
> Schwimmen und tönen in schwankem palast,
> Haare verschlungen in ästige klippen
> Nahend und wieder vom strudel erfaßt.
>
> Bläuliche lampen die halb nur erhellen,
> Schwebende säulen auf kreisendem schuh —
> Geigend erzitternde ziehende wellen
> Schaukeln in selig beschauliche ruh.
>
> Müdet euch aber das sinnen das singen,
> Fließender freuden bedächtiger lauf,
> Trifft euch ein Kuß: und ihr löst euch in ringen
> Gleitet als wogen hinab und hinauf."

Damit wird ein Reigen geschlossen, der im Bereich des Faschingshaften begann, sich im Laufe der Jahre allmählich ins Monistische verklärte und schließlich beim Feierlichen und Symbolischen landete. Formal gesehen entsprechen dieser Entwicklung eine steigende Ausweitung ins Zyklische und zugleich eine wesentlich preziösere Sprachbehandlung. Wie in der bildenden Kunst wird die Beziehung zu den realen Gegebenheiten des Lebens immer stärker aufgegeben und eine Kunstwelt errichtet, deren Landschaft lediglich aus geheimnisvollen Inseln und magisch verwunschenen Hainen und Weihern besteht. Überall meldet sich eine bewußte Ausweichtendenz. Man will zwar eine neue „Mitte" schaffen, richtet sich aber in der Abseitslage ein, in einer Villenkultur mit geschmackvoll stilisierten Wohnzimmern, die jeden Bezug auf die Probleme der eigenen Zeit vermissen läßt. Die ursprüngliche Revolte gegen die Protzeneitelkeit der gründerzeitlichen Ära verflachte daher schnell zu einem Ästhetizismus, der kaum über das Cliquenhafte hinausgedrungen ist. Unter diesem Aspekt betrachtet, war der Jugendstil eine Insel der Ästheten, ein kunstgewerblicher Innenbereich, ja geradezü ein Verrat an einer wirklichen „Stilwende". Unter den Nichtästheten dieses Stils verbreitete sich daher schnell eine tiefgehende Enttäuschung. Man sah ein, daß es sich hier um eine überzüchtete Orchidee handelte, die nur in einem sorgfältig abgeschirmten Treibhausklima gedeihen kann. Schon um 1902 setzte deshalb eine allgemeine Abwendung von den Linienräuschen der späten neunziger Jahre ein, die man plötzlich als eine peinliche „Jugendsünde" empfand. Aus diesem Grunde findet man in allen Zeitschriften dieser Jahre in steigendem Maße Ausdrücke wie „hochgepfefferte Schmuckkunst", „sinnverwirrende Folterkammern" oder „Ornamenthölle", in denen sich eine Besinnung auf das Natürliche und Zweckbestimmte anzukündigen scheint. Ob jedoch jene Bewegungen, die auf den Jugendstil folgten oder sich in dialektischer Auseinandersetzung mit ihm entwickelten, wirklich einen Fortschritt in dieser Richtung darstellten, wird sich im weiteren zeigen.

STIMMUNGSLYRISMUS

Eine dieser künstlerischen Bewegungen, die sich parallel zum Jugendstil entfalteten, war ein heimatlich gefärbter Stimmungslyrismus, bei dem sich das ästhetisch Dekorative zum ersten Mal mit leicht reaktionären Elementen vermischte. Um dem herrschenden Solipsismus eine neue Seelenhaftigkeit entgegenzusetzen, berief man sich im Rahmen dieser Richtung auf die heilende Kraft der „unverfälschten" Natur, was zu einer verbreiteten Neuromantik führte. Man wollte kein versnobter Literat mehr sein, ständig in Cafés herumsitzen und über neue Kunstmoden diskutieren, sondern warf sich wie in den Tagen des Novalis wieder an den Busen der alliebenden „Mutter Natur". Durch diese pantheistisch anmutende Verschwommenheit verfiel man Schritt für Schritt einem inhaltslosen Stimmungsrausch, der weltanschaulich immer fragwürdigere Halbheiten nach sich zog und schließlich bei Ideologiekomplexen wie dem „faustischen Monismus" oder einem „naturmagischen Panpsychismus" landete. Das Ergebnis dieser steigenden Lyrisierung war daher eine Weltanschauung, bei der an die Stelle der atomistischen Seelenmechanik des Positivismus eine empfindsame Gefühligkeit tritt, der — erkenntnistheoretisch betrachtet — lediglich ein paar pseudoromantische Verwaschenheiten zugrunde liegen. So schwärmte man von einer Naturphilosophie, die mit poetischen Allgemeinbegriffen wie Gefühl oder Wesen operierte, und zwar im vollen Bewußtsein, daß man dabei einem dichterisch verschleierten Obskurantismus huldigte. Selbst die strengen Naturwissenschaften wurden von diesem vulgären Monismus überflutet, wie er in den Büchern von Bruno Wille und Wilhelm Bölsche zum Ausdruck kommt. Theoretisch gesehen, waren manche dieser Proteste von den lautersten Absichten beseelt, doch sie drangen selten zu den eigentlichen Problemen dieser Ära vor. Anstatt nach den wirklich Schuldigen der allgemeinen „Entfremdung" von der ursprünglichen Ganzheit des Menschen zu suchen, begnügte man sich mit der Heilung einiger Symptome. Daher blieb auch diese Bewegung wie der Neoimpressionismus und der Jugendstil im Cliquenhaften stecken und wurde bald als eine vorübergehende Kunstmode empfunden. Die meisten dieser Pseudoromantiker verkrochen sich schon nach wenigen Jahren in einem selbstgewählten Idyll und setzten der zunehmenden Objektivierung aller zwischenmenschlichen Beziehungen lediglich einen inhaltslosen Stimmungskult entgegen, der sich selten über das Niveau einer „sentimentalischen" Naturverehrung erhob.

Man spürt, daß es sich hier um dieselben Jahre handelt, in denen die ersten „Wandervögel" Deutschland durchstreiften, an entlegenen Seen oder auf Waldlichtungen ihre Zelte aufschlugen und am Lagerfeuer zur Zupfgeige ihre neuentdeckten Volkslieder sangen. Das gleiche gilt für die „Landhäuser" dieser Ära, wo sich wohlhabende Familien den Komfort eines „naturverbundenen" Lebens leisteten, während man in den Industriegebieten eine Mietskaserne nach der anderen baute. Auch die damals entstehenden „Landschulheime" mit ihrer innig gesuchten Nähe zu Wald und Heide deuten in diese Richtung. Überall entwickelte sich eine Fahrtenromantik, die in einem scharfen Gegensatz zu der großstädtischen Genußsucht des Impressionismus stand. Nur so ist es zu verstehen, daß sich auch Künstler, ja ganze Künstlergruppen aufs Land begaben, um nicht vom Räderwerk der gefürchteten „Zivilisation" erfaßt zu werden und zu seelenlosen Automaten abzusinken. Ein guter Beweis dafür sind die Malerkolonien in Worpswede, Dachau und Willingshausen, denen ein deutlicher Affekt gegen die zunehmende Entheimatung zugrunde liegt. Ebenso zeittypisch wirkt ein Naturapostel wie Karl Wilhelm Diefenbach, der sich in die Einsamkeit von Höllriegelreuthe zurückzog, um dort einem naturreligiösen Sonnenkult zu huldigen. Auch Fidus wollte Kunst und Leben wieder zu einer sinnvollen Einheit verbinden, als er in Woltersdorf seinen vegetarisch-ariosophischen St. Georgs-Bund gründete. Ähnliche Gedanken finden sich bei den theosophischen Reformgruppen, den Giordano-Bruno-Vereinen oder den Monisten-Bünden, die sich einer stimmungsvollen Naturreligion ergaben und an entlegenen Weihern gefühlvolle Pansfeste feierten. Auf diese Weise kam nach Jahren einer rein machistischen Naturauffassung, die nur den momentanen Sinnesreiz anerkannte, wieder eine pantheistisch anmutende Naturbeseelung zustande, deren lyrischer Einheitsdrang aus dem subjektiv Vereinzelten immer stärker zum Gemeinschaftlichen tendierte. Dafür spricht eine religiöse Siedlung wie die „Neue Gemeinschaft" von Heinrich und Julius Hart, wo das In-Eins-Sein mit der Natur allmählich gottesdienstliche Formen anzunehmen begann. Doch selbst diesem Versuch fehlte der weltanschauliche Ernst, die sittliche Verpflichtung, wie man sie später im Rahmen der volkhaften Heimatkunst oder der Monumentaltendenzen findet. Daher blieben die meisten dieser Naturschwärmereien Predigten ohne Kirche, von stimmungsvoller Poesie und Ästhetizismus getragen, die im Rausch der ersten Begeisterung wie eine neue Religion begrüßt wurden, jedoch schnell ihre innere Hohlheit offenbarten.

Im Bereich der Malerei äußerte sich dieser Stimmungslyrismus vornehmlich in einer neuen Blüte der Landschaftskunst, die im Impressionismus nur eine untergeordnete Rolle gespielt hatte. Man hat diese Richtung daher oft als „Heimatkunst" bezeichnet, um auf das Partikularistische und Antigroßstädtische hinzuweisen. In Wirklichkeit ist jedoch das Spezifikum dieser Malerei weniger das Topographisch-Erkennbare als der eminent stark hervortretende

Stimmungscharakter, der alles mit einem feinen Schleier überzieht und dadurch ins Unkenntliche verwandelt. Die Bäume, Wiesen und Berge sind zwar klarer erfaßt als im Impressionismus, und doch findet sich im Gegensatz zum Realismus oder zur Biedermeierzeit selten ein charakteristisch gemaltes Landschaftsporträt, das man auf den ersten Blick wiedererkennen würde. Meist begnügt man sich mit ein paar andeutenden Eindrucksfetzen und verwandelt diese im Sinne des Stimmungsvollen und Poetischen zu einem in sich geschlossenen Reizkomplex, bei dem die persönliche Erfindung viel stärker ist als der empfangene Sinneseindruck. Durch diese lyrische Anteilnahme an der Natur wird zwar manches individualisiert, was die konsequenten Impressionisten ausdrücklich vermieden hatten, jedoch so „eigenschöpferisch" behandelt, daß das geschilderte Motiv wie im Neoimpressionismus oder Jugendstil seine innere Verbindlichkeit verliert und daher willkürlich ins Ornamentale abgewandelt werden kann. Die Subjektivität steckt also nicht in der Landschaft, sondern in der Art des Sehens, was auch hier zu einer steigenden Entwirklichung führt. Obwohl die Natur durch diese persönliche Umgestaltung dem Betrachter scheinbar näher rückt, bleibt sie dennoch ungegenständlich und formlos, da sich der Stimmungseindruck auf diese Weise in Linien- und Farbenreize verwandelt, die keine direkte Beziehung zu den dargestellten Gegenständen verraten.

Das Inhaltliche dieser Art von Malerei beschränkt sich meist auf unverbindliche Stimmungsträger. So liebte man zarte Baumgespinste, duftige Nebel oder träumerische Wasserflächen, die durch eine effektvolle Verschwommenheit einen märchenhaften Charakter erhalten. Eichen erwecken den Eindruck des Knorrigen, Birken wirken elegisch, Hecken und Wässerchen laden zum Träumen ein. Dazu gesellen sich Caspar-David-Friedrich-Motive wie schwärmerisch versunkene Einzelfiguren, die sich mit der Empfindungsgewalt ihrer ganzen Seele in die vor ihnen ausgebreitete Landschaft vertiefen. Auch Bildunterschriften wie „Abend" oder „Melancholie" sollen diese romantische Sehnsuchtsstimmung unterstützen. Dabei handelt es sich immer wieder um die gleichen Wiesen, Bäche und Baumkulissen, die mit einem leicht verunklärenden Schleier überzogen werden, wodurch viele Bilder dieser Richtung ins süßlich Sentimentale abzugleiten drohen. Wenn man diese Kunst trotzdem Heimatkunst genannt hat, so mag dabei der Gedanke mitgespielt haben, daß sich solche Motive auch in der Heimat finden lassen. Was aber diese Künstler aus diesen Motiven machen, ist gerade das Fremde und Seltsame. Ständig überraschen sie mit stilisierten Effekten, durch die selbst das Nächste und Heimatliche ins Poetische verfremdet wird. In Wirklichkeit sind alle diese Landschaften zutiefst heimatlos, das heißt beruhen auf dem lyrischen Anempfinden naturschwärmerischer Großstadtmenschen, die in jedem Baum Gottes Allmacht zu erkennen glauben. Richard Hamann schrieb daher in seiner „Deutschen Malerei" (1925): „Ein Motiv aus der Poebene würde einer Dachauer Landschaft zum Verwechseln ähnlich sehen; was die Karlsruher aus der Rheinebene aufnehmen, könnte an jedem Orte in Frankreich oder Norddeutschland ebenso gesehen sein" (S. 422).

Im Bereich des Märkischen ragt vor allem Walther Leistikow hervor. Er war es, der für die Berliner den Grunewald entdeckte, nicht als Gegend, sondern als Motiv, wo sich eine romantische Natur melancholischen Stimmungen hingeben kann. Daß er dabei die Linien des Ufers, der Waldsilhouette und ihres Spiegelbilds im Wasser zu feierlichen Rhythmen verbindet, hat weniger mit den faktischen Gegebenheiten als mit japanischen Einflüssen zu tun, also nicht mit dem Heimatlichen, sondern mit dem Allerfremdesten. So züngelt auf manchen seiner Bilder zwischen blaugrünen Nadelkronen das flammende Rot der Kiefernstämme empor, als habe man eben ein bengalisches Feuerwerk abgebrannt. Auf anderen neigt er mehr zum Mystischen. Man denke an seine gemalten Elegien, seine Abendstimmungen mit ihren rosa Wolkenschleiern, der düsteren Waldkulisse und dem mattblauen Himmel, die in ihrer sakralen Feierlichkeit und bewußten Symmetrie an Friedrich erinnern. Doch auch das Ornamentale kommt zu seinem Recht, indem Leistikow geschmackvoll arrangierte Kiefernsilhouetten vor einen hellen Himmel oder weiße Häuserflächen setzt, was sich in seiner dekorativen Wirkung fast mit Eckmannschen Tapetenmustern vergleichen läßt.

Ebenso „stimmungsvoll" wirken die Seestücke dieser Jahre, da hier die Grenzenlosigkeit des Gegenstandes fast von selbst ins Allgemein-Lyrische hinüberleitet. So gibt es Dämmerstunden am Strande von Alfred Bachmann, auf denen man formlose Wolkengebilde, die Silhouette einer fernen Insel oder eine Reihe von Vögeln wahrzunehmen glaubt, und doch alles ins Ahnungsvolle verschwimmt, wodurch sich die anfängliche Impression in einen romantischen Stimmungsakkord verflüchtigt. Dazu kommen die Linienverschränkungen gebogener Äste oder die Laubmassen eines vereinzelten Baumes, was dem Ganzen wie bei Leistikow einen eminent dekorativen Charakter verleiht. Auch das Wasser bietet solche differenzierten Reize wie das Schaumgekräusel der leise anbrandenden Wellen, die tanzenden Sonnenflecken, die schimmernden Streifen des vom Wasser beleckten Strandes oder eine gespenstisch aus dem Dunkel auftauchende Insel. Ebenso nuanciert wirken die verschiedenen Farbabstufungen, die in ihren gelben, blauen und braunvioletten Valeurs selbst den scheinbar sentimentalen Mondscheinserenaden und Sonnenuntergängen eine geschmackvolle Note geben.

Motive aus dem deutschen Mittelgebirge finden sich vor allem bei den hessischen Malern, den „Willingshäusern", wie man die Gruppe um Carl Bantzer, Otto Ubbelohde und Carl Thielmann nannte, die sich zeitweilig in der Schwalm niederließ. Ubbelohde bevorzugte meist schwach gewellte Hügellandschaften, deren schachbrettartig angelegte Wiesen und Ackerstreifen wie zusammengenähte Teppiche wirken. Auf diese Weise wird das Gegenständliche so stark ins Allgemeine und Dekorative aufgelöst, daß man kaum noch von heimatlichen oder ländlichen Motiven sprechen kann. Selbst seine Dörfer und Burgen haben nichts Topographisches oder Historisches, sondern sind mit einer Gesamtstimmung ausgestattet, die sich ebensogut auf bayrische oder schwäbische Motive anwenden ließe. Etwas heimatlicher wirken die Bilder von Carl Bantzer. Doch auch hier steht trotz der bäuerlichen Szenerie weniger das Erdverbundene und Schollenhafte im Vordergrund als ein sinnlicher Eindruckszauber, der von höchster Raffinesse zeugt. Man denke an seine Schwälmer Bauerntänze, wo der Strichregen der Farbakkorde fast von impressionistischer Heftigkeit ist, während die Bewegungsmotive an Ähnliches im Jugendstil erinnern.

Auch die Maler der Dachauer Künstlerkolonie, wie Ludwig Dill, Adolf Hoelzel und Arthur Langhammer, lassen sich in diesen Zusammenhang einreihen. Bei ihnen beruht der Eindruck des Ungewohnten und künstlerisch Erzeugten meist auf der Vereinfachung aller Formen zu wattigen Bäuschen, wodurch ein phantastisches Gewoge schemenhafter Silhouetten entsteht. Hier herrscht weder das teppichhaft Arrangierte eines Ubbelohde noch das Elegische eines Leistikow, sondern der Stimmungswert der reinen Formen, die sich manchmal fast ins Gegenstandslose verabsolutieren. Lediglich bei Dill sieht man ab und zu leidenschaftlich aufstrebende Baumsilhouetten, meist „Weiden im Moor" oder „Pappeln im Sturm", die in ihrem literarischen Stimmungswert an Szenen wie „King Lear auf der Heide" gemahnen. Doch auch bei ihm wird das Dunkelgrün der Laubmassen häufig rein dekorativ gegen das Weiß der Stämme gesetzt, was in seiner Gruppierung von hellen und dunklen Flecken den Eindruck von Batikmustern erweckt. Es ist daher kein Zufall, daß ein Maler wie Hoelzel bei seinen Bemühungen um das Abstrakte gerade diese Baumkulissen zum Ausgangspunkt nahm, indem er das dekorative Spiel der Linien allmählich ins Formalistische abwandelte und so zu einer absolut gegenstandslosen Kunst vorstieß.

Nicht anders verhält es sich mit den Worpswedern. Birken, Heide, Moore und Wasserläufe gab es auch anderswo, ebenso leuchtende Farben in sommerlich-zittriger Luft. Was jedoch die Worpsweder brachten, war ein neues, vertieftes Empfinden für diese Reize, mit denen sie ihre ländliche Wahlheimat ins Poetisch-Lyrische erhoben. Im Gegensatz zu Leistikow oder Dill liebten sie nicht die breiten Flächen dunkler Waldkulissen, sondern feine Birkenstämme, durch deren gertendünne Zweige ein Streifen Land, ein einsames Haus oder ein Hochmoor sichtbar wird. Ihre Bäume sind daher meist ohne feste Form, nur Silhouetten mit zerzupften Rändern oder wie ein Sieb, durch das der Himmel mit hellblendenden Flecken hindurchscheint. Auch das Farbliche ist oft von impressionistischer Intensität: so das Rot der Bauernhäuser, das Weiß der Fugen und Fensterläden, das Grün der Wiesen, das sich gelblich färbt, wo die Sonne es streift, oder das tiefe Blau der Moorgewässer mit seinen Schatten und Reflexen. Durch diesen Reichtum an Farben wird das Ganze mit einer solchen Fülle an Reizen überschüttet, wodurch man auch den trostlosesten Landstrich in ein Wunderland verwandeln könnte. Richard Muther, der impressionistische Allesempfinder, ließ sich daher zu folgendem Hymnus hinreißen, bei dem Kunst und Realität kaum noch voneinander zu trennen sind:

> „Eine Fahrt nach Worpswede ist eine Staroperation: als schwinde plötzlich ein grauer Schleier, der sich zwischen die Dinge und uns gebreitet ... Haben diese Bauern einen Farbendämon im Leib? Oder ist's nur die Luft, die weiche, feuchtigkeitsdurchsättigte Luft, die alles so farbig macht, so tonig und strahlend? ... Da schillert es zitrongelb, dort bläulichgrün, die ganze Natur in eine Farbenvision verwandelnd. Nicht einmal im Spätherbst entfärbt sie sich. Denn tiefbraun leuchtet das Heidekraut. Rostbraun sind die Blätter der Eichen. Die kleinen Birkenwaldungen gleichen Zauberhainen, in denen silberne Bäumchen goldene Blätter tragen ... Und in den Stunden der Dämmerung verwebt sich alles zu großen mystischen Harmonien. Die glühroten Wolken und die glühroten Hütten haben alles Sonnenlicht aufgesaugt und strahlen es wider, während die Erde schon in farblosem Schweigen daliegt" (S. 640).

Ebenso fasziniert war Rilke vom Zauber dieser imaginären Landschaft und hob in seiner Worpswede-Monographie (1903) gerade die lyrischen Stimmungsfaktoren, das Verschwommene, Romantische und Rembrandtsche dieser Gegend hervor. Hier kam ihm die Idee, daß sich in der gesamten modernen Kunst ein allmähliches „Landschaft-Werden der Welt" beobachten lasse, durch die sich selbst der Mensch in ein teilnahmsloses „Ding" verwandele und wieder in den Schoß der „Mutter Natur" zurückkehre.

Noch am stärksten der Realität verpflichtet sind die Bilder von Fritz Mackensen, der weniger stimmungsschwangere Landschaften als charaktervolle Figuren malte. Wie Dill und Bantzer liebte er das Silhouettenhafte, was seine Bilder „Mutter und Kind" (1892) oder „Die Scholle" (1898) beweisen, die in vielen Drucken verbreitet wurden. Auch Fritz Overbeck eignet dieser Zug ins Charaktervolle, der sich selbst auf seinen Landschaftsdarstellungen findet, wo die Stimmungselemente nur ein beigeordnetes Akzidens bilden. Wesentlich „künstlicher" wirken dagegen die Bilder von Hans am Ende, auf denen man blühende Bäume oder beschneite Häuser sieht, die in den zartesten Farbnuancen wiedergegeben werden. Das gleiche gilt für Otto Modersohn, der sich ebenfalls mit ein paar andeutenden Motiven begnügte, meist einem Moorgraben, einigen Wolkenfetzen und gewundenen Birkenstämmen, die sich zu märchenhaften Spukgebilden verkrümmen. Im völligen Einklang mit diesem Naturlyrismus malte er junge Mädchen, die sich an einen Baum lehnen und den heraufziehenden Abendhimmel betrachten, um so den Beschauer vom

Heimatlichen in ein Reich der Seele hinüberzuleiten, wo sich der volle Klang des Lebens zu säuselnden Kantilenen verflüchtigt. Noch literarischer wirken die Bilder von Heinrich Vogeler, der sich bemühte, den Zauber dieser Traumlandschaft in za e Märchenillustrationen umzuwandeln, weshalb er sich immer wieder in die Werke von Novalis, Eichendorff, Brentano oder E. T. A. Hoffmann vertiefte. Undurchdringliche Liniengespinste in Jugendstilmanier, verbunden mit Haselnußbiedermeierei und romantischen Sagenmotiven, schaffen hier eine Welt für sich, bei der das Stimmungshafte weitgehend zu dekorativen Floskeln erstarrt. So werden Themen wie „Verkündigung", „Drachentöter", „Minnetraum", „Froschbraut" oder „Melusinenmärchen" mit sinnlosen Ornamentschnörkeln, Taxushecken oder Birkenwäldchen eingerahmt, um das sommerliche Ziehen der Wolken oder das dunkle Schwarz der Torfgräben ins märchenhaft Harmlose zu verniedlichen. Besonders stilisiert wirken die dargestellten Figuren, die das Taufrische sich öffnender Blüten im Vorfrühling haben. Vor allem bei den Mädchen handelt es sich ständig um den gleichen Typ: eine schmächtige Sylphide mit langen Haaren, mal frei hängend, mal zu Flechten aufgesteckt, die in ihrer gertenhaften Schlankheit an Eckmannsche Gräser oder junge Birkenstämme gemahnt. Dazu kommen pagenhafte Jünglinge, Märchenprinzen in Ritterkostümen, die von ihren Traumbräuten in zärtlichen Umarmungen Abschied nehmen, während im Hintergrund die Worpsweder Landschaft oder das Vogelersche Wohnhaus, der Barkenhoff, zu sehen ist. Ebenso gern stellte er zartgliedrige, junge Mütter dar, die unter einem Baldachin von Heckenrosen sitzen und ihre Kinder auf dem Schoße wiegen. Wohl seine reinste Verwirklichung hat dieses lyrische Birkenbiedermeier in seinem Gedichtband „Dir" (1899) gefunden, der später im Faksimiledruck veröffentlicht wurde, um auf die sorgfältig abgestimmte Einheit von Schriftbild und Illustration hinzuweisen. Sogar das Geschriebene ist hier ins Pflanzlich-Margeritenhafte stilisiert und geht daher bruchlos in die floralen Vignetten und Randleisten über. Allenthalben sieht man zierliche Spalierhecken, knospende Weidenzweige oder Wiesenblumen, die mit dünnen Lineamenten die säuberlich geschriebenen Gedichte umranken, in denen ein schwärmerischer Jüngling seine Liebe zu einer verwunschenen Märchenprinzessin beschreibt. Gefühlsmäßig herrscht dabei eine Stimmung, die sich in ihrem Sehnen, Suchen und Finden mit Dehmels „Zwei Menschen" vergleichen läßt (S. 21):

> „Die Luft ist warm und von Blütenduft trunken.
> Im steilen Gras, in Blumen versunken,
> Ruhn still zwei Menschen Hand in Hand
> Und träumen von einem Wunderland."

Mit diesem Gedicht ist bereits die Brücke zur Literatur dieser Richtung geschlagen, wo es sich ebenfalls um Landschaftsschilderungen handelt, die zu zarten Stimmungsmalereien ausgeweitet werden. In sprachlicher Hinsicht neigte man dabei zu einer einschmeichelnden Wortmelodie, deren „schlichte Weise" an romantische Märchenstimmungen erinnern soll. Dennoch zeigt sich auch hier die gleiche spätimpressionistische Vorliebe für Rhythmus, Klang und Farbe, wie sie für die Bilder dieser Richtung bezeichnend ist. Chronologisch gesehen finden sich die ersten Ansätze zu diesem literarisch anempfundenen Stimmungslyrismus bereits zu Beginn der neunziger Jahre, und zwar in Berlin, der ersten wirklichen Großstadt Deutschlands, wo das Verhältnis zur Natur notwendig einen „sentimentalischen" Charakter annehmen mußte. Dafür spricht Hauptmanns „Hannele" (1894) oder seine „Versunkene Glocke" (1897), in denen das schlesische Lokalkolorit seiner frühen Stücke einem pseudoromantischen Volkston geopfert wird. Der gleiche Vorgang läßt sich in den Prosastudien „In Dingsda" (1892) und „Frühling" (1895) von Johannes Schlaf beobachten, wo die photographische Präzision seiner Erstlingswerke einer lyrischen Naturempfindung weicht, die von der Sehnsucht nach dem „einfachen Leben" getragen ist. Was jedoch in der Malerei bloße Stimmung bleibt, wird hier gedanklich ins Mystische oder Monistisch-Spekulative ausgeweitet und so in einen Pantheismus verwandelt, der in der Natur das verlorene, aber wiedergefundene Paradies erblickt. Aus diesem Grunde schwärmt er wie ein neuer Adam für smaragdene Wiesen, wogende Kornfelder oder munter plätschernde Bäche, und zwar weit entfernt vom „wirren Getriebe" und „literarischen Getratsch" der Großstadt, wie es „In Dingsda" heißt (IB 20, S. 6). Doch in allen diesen Werken wird die Kompliziertheit der modernen Seele mit aufs Land genommen. Das Verlangen nach der „Natur" ist oft nur eine Sucht nach neuen Reizen, wodurch ein Wechselspiel zwischen Naivität und Raffinesse entsteht, das in seiner sinnlichen Eindrucksfülle noch ganz in den spätimpressionistischen Ästhetizismus gehört. Den besten Beweis dafür liefert die Lyrik von Julius Hart, dem Gründer der „Neuen Gemeinschaft", der in seinem „Triumph des Lebens" (1898) die impressionistische Lichtbegeisterung zu einem monistischen Sonnenkult erweitert, um so einen rhythmisch durchpulsten „Seinszustand" zu erreichen, der aus allen Menschen lebensphilosophisch-trunkene Schwärmer macht. Statt beschreibender Objektivität herrscht hier eindeutig das Prinzip der Stimmung, der monistischen Formlosigkeit und romantischen Naturpersonifikation, wodurch selbst die märkischen Landschaftsmotive, die Kiefernwaldungen und sandigen Anhöhen, zu leicht erotisierten Gefühlsvisionen werden. Alles in dieser Gegend scheint zu schwellen, zu atmen, ineinanderzugleiten. Der Frühling „glüht", die Sonnenstrahlen gleichen „Feuersamen", die aus dem Leib der Sonne brechen, der Schoß der Erde dehnt sich „liebeschauernd", in den Blüten sprießt die „Lust der Liebe". Wie in Bölsches „Liebesleben in der Natur" (1898—1901) herrscht eine ständige „Braut- und Erzeugungsnacht", durch die sich die darwinistische Verwandtschaft aller Wesen in einen liebestrunkenen Reigen verwandelt, der in ähnlicher Form in den Fidusschen Illustrationen zum Ausdruck kommt.

Seinen Höhepunkt erlebte dieser monistisch-märkische Stimmungszauber in den „Offenbarungen des Wacholderbaums" (1901) von Bruno Wille, denen die Lyriksammlung „Einsiedelkunst aus der Kiefernheide" (1897) vorangegangen war. Auch hier geht der Darwinismus, und zwar in Haeckelscher Prägung, in eine lyrische Naturphilosophie über, die auf der zeugerischen Bruderschaft aller lebenden Wesen beruht. Auf diese Weise wird das Ganze trotz seiner romanhaften Form zu einer Polemik gegen den naturwissenschaftlichen Materialismus, verbunden mit einem scharfen Affront gegen das moderne Großstadtwesen, das Wille als zu „kapitalistisch" empfand. Der namenlose Held dieses Buches flieht daher auf seinen alten Erbsitz in der Mark und verwandelt sich dort in einen Monisten, der im vertrauten Umgang mit der Natur die „Allseele" erlebt. Während in Bölsches „Mittagsgöttin" (1891) die Ratio noch einmal über das naturhaft Magische gesiegt hatte, triumphiert hier ein Lyrismus, der immer stärker ins Pantheistische hinüberleitet. Aus dem bürgerlichen Helden wird so ein moderner Merlin, der sich mit Pflanzen unterhält, im braunen Erikagestrüpp und zwischen den besonnten Kiefernstämmen Elfen und Undinen wahrzunehmen glaubt, da er die Welt mehr und mehr als einen „Reigen des Daseins" empfindet, der aus dem Immanenten ständig ins Märchenhafte hinüberspielt. Selbst die Pflanzen haben hier eine Seele, sehnen sich und umarmen sich und werden so zu Poesiegebilden, wie sie später bei Waldemar Bonsels wiederkehren. Aus der impressionistischen Philosophie der Bewegung und der sozialistischen Verbrüderung, denen Wille zeitweilig gehuldigt hatte, wird so ein Reigentanz der Atome, bei dem sich die irdischen „Staubseelchen" mit der göttlichen „Allseele" verbinden und dadurch in den Schoß der mütterlichen Natur zurückkehren. Statt sich wie sein Gegenspieler, der Naturwissenschaftler Oswald, nur mit nüchternen Fakten zu beschäftigen, bemüht sich Wille, in einer erotisch gefärbten Harmonienseligkeit unterzutauchen, was mit monistisch verdrehten Zitaten Goethes, Fechners oder Spinozas untermauert wird. Wie viele pantheistischen Schwärmer verzichtet er dabei auf das Christliche und fordert eine Neugestaltung des mystischen Empfindens auf streng monistischer Grundlage, wobei er den naturverbundenen Dichter zum Künder der „Geheimnisse" erhebt. Im Stil gibt sich das Ganze meist rhapsodisch-tagebuchmäßig, träumerisch versonnen die Unio mystica mit Tier und Pflanze besingend. Auf diese Weise werden selbst die reinen Landschaftsmotive in Leistikowsche Stimmungselegien verwandelt. Dafür spricht folgende Szene an einem abendlichen See:

> „Die Dämmerung und den moosigen Grund des Kiefernforstes ließ ich hinter mir und schaute nun von abfallender Düne über den weiten See. Träumerisch spiegelte die Flut die verblassenden Lichter des

Abendhimmels in langen Streifen — feuergelb, lila, violett ... Drüben die Hügelkette mit den Kiefern hob sich schwarz, scharf gezackt von der veilchenfarbenen Wolkenwand, durch deren Risse es glühte wie Feuerlilien. Am hohen Himmel flirrte goldiger Glanz — weiter hinauf verschwommen in mattes Blaugrün. Wie eine silberne Wasserrose auf grüner Flur erblühte schüchtern der Abendstern. Ein Klang aber bebte durch all das Leuchten — wehmütiges Mahnen an versunkene Seligkeit — die Glocke des im See versunkenen Klosters" (I, 23).

Zu diesen „heimatlichen" Elementen gesellen sich Dialekteinsprengsel, Charakterisierungen märkischer Dorfbewohner oder Erläuterungen der boden- ständigen Flora, die jedoch immer wieder von der allgemeinen Stimmungs- woge ins romantisch Verschwommene hineingezogen werden. Kein Wunder, daß die Verwurzelung im Heimatboden, nach der sich dieser Großstadt- flüchtling sehnt, etwas Utopisch-Illusorisches behält:

„Himmelsruhe. Unendliche Ruhe — wo bist du daheim? Hier aus blauer Himmelsglocke trinke ich von dir. Doch wo dehnt sich uferlos das Meer, das diesen Riesenbecher füllte? Du bist das Meer, Allseele! ... Ihr feierlichen Schiffe droben mit den großen sanft geschwellten Segeln — pilgert ihr zum Eiland des Friedens? Nehmt einen Pilger mit! Seht hier liegt der Ruhesucher — zwischen Grashalmen — die von seinen Schläfen riesenhaft ins Blaue wachsen — die einsame Sehnsucht wird ein frommes Tönen — sanftes Summen — eine ferne Orgel — feierliche Harmonie ..." (II, 4).

Die gleichen neuromantisch-märchenhaften Züge finden sich in der Legenden- sammlung „Der Wunderbaum" (1913) von Wilhelm Schmidtbonn. Wie bei Hart wird hier das naturhaft Organische zu verlockenden Daseinswirbeln verdichtet, was meist auf eine „lyrische" Verehrung der weiblichen Körper- formen hinausläuft, deren natürlicher Kurvenreichtum bereits den Jugendstil angezogen hatte. So tanzen die drei „Jungfrauen von Hemmstede" wie selt- same Melusinengeschöpfe nackt am Strande, lassen sich von Vögeln umgaukeln und tauchen schließlich wonnetrunken im All-Einen unter. In den folgenden Geschichten wird ein Mädchen von einem beseelten Baum begattet, ein anderes von Wolkenhand davongetragen, ein Mauerblümchen in einer Nacht aus einer hageren Gestalt in ein wohlgerundetes Geschöpf mit schwellenden Brüsten verwandelt oder siebzehn reigentanzende Frauen verschmelzen zu einem Körper. Der gleiche geschmacklose Fidus-Geist durchzieht die Bücher von Waldemar Bonsels, wo das Naturmagische nur noch ein Vorwand zu menschlicher Unverbindlichkeit ist. Besonders beliebt war sein Buch „Himmels- volk" (1915), in dem die Erlebnisse eines Elfen auf einer Waldwiese beschrie- ben werden. Die Freude am Leuchtenden, Glitzernden und Wonnigen erweitert sich hier zu einem Preis der Natur, der in einer engelhaften „Reinheit" gipfelt. Immer wieder sieht man in die schimmernden Kelche der Blumen, vernimmt man das Plätschern des glasklaren Quellwassers und wird vom Himmelsgold der Sonne überschüttet. Inmitten dieser trivialromantischen Stimmungselemente bewegen sich Traule, das Waldmädchen, und ein Grafensohn, dessen „helles Lockenhaar" sich beim Liegen in „kleinen Goldbächen ins Rasengrün" ringelt (S. 109). Auf allen Seiten herrscht der gleiche „frohe Glaube" an die erweckende Macht der Sonne, vereinigen sich Gott und Natur zu einer umfassenden Reigenseele. Derselbe Ton durchklingt sein Buch „Eros und die Evangelien" (1921), in dem eine „Welt ohne Pflichten ... von heiliger, uranfänglicher Freiheit" beschrieben wird, wo sich selbst die Liebe in stimmungsvolle Seelenornamente verflüchtigt (S. 151). So legt sich das Mädchen Kaja mit einer typischen Jugendstilgebärde „langsam auf den Sand zurück und öffnet sich ganz den Sonnenstrahlen, wie eine blühende Pflanze" (S. 151). An anderer Stelle erscheint sie als „Göttin in Sonnenstrahlen", die langsam über den feuchten Teppich des Sandes schreitet, als wäre sie das „schöne Leben" selbst (S. 152). Auch die männlichen Helden haben ständig das Bedürfnis, sich auf die Erde zu werfen, Bäume zu umarmen oder auf den „goldenen Lichtwegen" der Sonne zu wandeln, wobei sie das Genießen mit dem Beten und das Beten mit dem Genießen verwechseln. Statt impressionistisch-pikanter Halbverhülltheit dominiert hier eindeutig die „heilige Nacktheit", der seelenvolle Rausch, der auf dem „romantischen" Dreiklang von Natur, Liebe und Gemüt beruht. Immer wieder handelt es sich um die gleichen Seelenvagabunden, die in Frühling, Pflanze, Mädchen und Tier die Hauptquellen ihrer Erkenntnis sehen und darum alles Naturhafte mit brünstigem Erlebnishunger an sich ziehen. Das gleiche gilt für den „Jost Seyfried" (1905) von Cäsar Flaischlen, wo das Aufgehen in der Natur, das Sich-ins-Meer-Werfen oder der Sonne-entgegen-Eilen, fast ins Religiöse gesteigert wird:

„... und lauter Verse klangen um mich her ...
Sommer, Sonne, Wald, Wasser, weiße Wolken und zwitschernde Schwalbenschwärme.
alles in flimmerndem blaugoldenem Glanze ...
und mitten drin zwei Menschen ...
eins mit Sommer, Sonne, Wald und Wasser und Wolken und Schwalben ..
ein Klang, eine Welle, ein einziger großer, schwingender Rhythmus ...
Adam und Eva
vor den Toren des verlorenen Paradieses ...
die Arme ausbreitend in unendlicher Sehnsucht ..." (II, 70).

Ähnliche Seelenvagabunden, die nur aus Gefühl und Naturanbetung zu bestehen scheinen, finden sich in den Romanen „Zwölf aus der Steiermark" (1908) von Rudolf Hans Bartsch, „Einhart der Lächler" (1907) von Carl

Hauptmann, „Knulp" (1915) von Hermann Hesse und „Lampioon küßt Mädchen und kleine Birken" (1928) von Manfred Hausmann, in denen ein deutlicher Affront gegen den Typ des impressionistischen Großstadtliteraten zum Ausdruck kommt. So poussieren die Zwölf aus der Steiermark, die als theosophisch-gebildete Naturburschen das Prinzip der „blutlosen" Kost vertreten, mit züchtigen, aber wohlgewachsenen Mimili-Geschöpfen und bauen zugleich eine vegetarische Sonnenhalle, in der sich alle müden und ausgelaugten Großstadtflüchtlinge an Fruchtsäften und Vollkornbrot erlaben können. Dazu kommen Landschaftsbilder mit zarten Birkenwäldchen, inhaltslose Naturschwärmereien und ein pausbäckiger Gartenlaubenidealismus, der mit pseudoromantischen Motiven überzuckert wird. Wohl das beste Beispiel für diese Flucht ins Stimmungsvolle bietet der Roman „Ins Blaue hinein" (1917) von Max Jungnickel, in dem sich ein geigender Poet à la Taugenichts musizierend, liebelnd und dichtend durch die Welt zu schlagen versucht und dabei in weichen, warmen Betten landet, bei der Liese mit dem „blonden, liebgescheitelten Haar" und den „ganz, ganz blauen Augen". Auch hier handelt es sich um eine Welt, wo ständig die Glocken läuten, wo ewig Sonntag ist und selbst der Uhrzeiger „blumenumwunden durch die Minuten, Stunden und Tage" geht (S. 9). Auf diese Weise entsteht ein Gefühlsakkord aus Mädchen, Frühling und Küssen, der an Eichendorff, Andersen und Ludwig Richter erinnert und doch ständig ins Triviale entgleist, da bei einer solchen Idyllik, in der nur von Schwalbenhimmel, Lerchengesang und weißem Blütengestöber die Rede ist, die innere Problematik dieses Stimmungslyrismus zu einer bloßen Farce wird. Doch zum Glück gibt es auch anderes als diesen pseudoromantischen Salonidealismus. Das beweist Hesses „Peter Camenzind" (1904), wohl das lauterste Buch dieser Gruppe, in dem sich ein junger Bauernbub in das moderne Literatenleben stürzt, jedoch nach kurzer Zeit den „oberflächlichen" Großstadtbetrieb durchschaut und wieder zurück ins Oberland wandert, um dort als bäuerlicher Eigenbrötler zu leben. Die Sprache des Ganzen ist bewußt einfach gehalten und läßt sich eher mit Keller als mit den impressionistischen Wortvirtuosen oder der verflachenden Tändelei eines Jungnickel vergleichen. Fast auf allen Seiten kommt ein Preis der Berge, Seen und Wolken zum Durchbruch, werden das Träumen und Im-Grase-Liegen verherrlicht, während das Gebildete, Kultivierte und Wissenschaftliche auf Ablehnung stößt. Besonders deutlich zeigt sich dieser romantisch-utopische Antimodernismus in folgender Stelle, die deutlich bekenntnishafte Züge trägt:

> „Ich wollte die Menschen lehren, in der brüderlichen Liebe zur Natur Quellen der Freude und Ströme des Lebens zu finden; ich wollte die Kunst des Schauens, des Wanderns und Genießens, die Lust am Gegenwärtigen predigen. Gebirge, Meere und grüne Inseln wollte ich in

einer verlockend mächtigen Sprache zu euch reden lassen und wollte euch zwingen, zu sehen, was für ein maßlos vielfältiges, treibendes Leben außerhalb eurer Häuser und Städte täglich blüht und überquillt. Ich wollte erreichen, daß ihr euch schämet, von ausländischen Kriegen, von Mode, Klatsch, Literatur und Künsten mehr zu wissen als vom Frühling, der vor euren Städten sein unbändiges Treiben entfaltet, und als vom Strom, der unter euren Brücken hinfließt, und von den Wäldern und herrlichen Wiesen, durch welche eure Eisenbahn rennt" (I, 329).

Doch das Heimischsein, das Vertrautsein mit der Natur erweist sich auch hier als ein schöner Traum, da Peter Camenzind und sein dichterisches Urbild nie ihre künstlerische Subjektivität verleugnen können. Schon in Hesses „Romantischen Liedern" (1899) handelt es sich um einen Einsamen, der in seiner Pilgersehnsucht mit den Wolken Zwiesprache hält, um einen Wanderer, der aus einer Stimmung in die andere gleitet. Das Heimatliche löst sich daher immer wieder ins Lyrisch-Unfaßbare auf, was in Titeln wie „Im Grase liegend", „Landschaft", „Regennacht", „Abendwolken", „Im Nebel" oder „Sommerabend" zum Ausdruck kommt. Wie stark sich hier alle realen Gegebenheiten in einen monistischen Einklang verwandeln, zeigt sich in seinem Gedicht „Nachtgang", in dem die Subjektivität dieses Stimmungslyrismus in ein sehnsüchtiges Schweigen übergeht. Statt neue Werte aufzustellen oder wenigstens die alten zu bewahren, wird in diesen Versen lediglich eine „sentimentalische" Trauerstimmung umkreist, in der sich wie bei Bruno Wille gerade das Heimatlose manifestiert (V, 540):

> „Wohin? Wohin?
> Lau schläft am See die weiche Nacht
> Und hat im weiten Lande
> Wald, Strom und Menschen müd gemacht.
>
> Ein Tönen ist erklungen
> Aus dumpfen Erdentiefen her
> Und hat sich zart erschwungen
> Ins Reich der Luft und tönet
> Wie Harfen zart und Glocken schwer.
>
> Wohin? Wohin?
> Mich hat ein Ton gerufen
> Aus dumpfen Erdentiefen her,
> Führt über dunkle Stufen
> Empor und sehnlich weiter,
> Nun schwingt er aus und tönt nicht mehr.

Ein Nachtvogel rauschet
Vorüber und schlägt mit den Flügeln.
Schon schmilzt es über den Hügeln
Ins dunkle Schweigen, und rauschet
Und fragt und lockt nicht mehr."

Das gleiche gilt für eine Reihe von Komponisten, bei denen dieser neuromantische Stimmungston ins Symbolische oder Märchenhafte abgewandelt wird. Doch selbst hier verläßt das Ganze selten den Bereich des Ästhetischen, da man die volkstümlichen Elemente stets mit einer raffinierten Modulationstechnik im Sinne Wagners verbindet. Wohl der typischste Vertreter dieses musikalischen Naturlyrismus war Engelbert Humperdinck, der zwar in seinen Märchenopern immer wieder aus dem unübersehbaren Vorrat des Volksliedes schöpfte und doch ständig einem schwülstigen Modulationsreichtum verfiel, wodurch die angestrebte Seelenhaftigkeit etwas Artifizielles oder bläßlich Sentimentalisches behält. Relativ gelungen wirkt lediglich seine Oper „Hänsel und Gretl" (1893), in der er sich klanglich an den ersten und zweiten Akt des „Siegfried" anzulehnen versucht, während er in den ariosen Partien Volks und Kinderlieder verwendet, die in einem seltsamen Gegensatz zu der hochromantischen Orchesteruntermalung stehen. Man denke an die berühmten Zeilen „Abends will ich schlafen gehn,/ vierzehn Engel um mich stehn", wo er sich um einen anonymen Volkston bemüht und doch im Rahmen des Opernhaften bleibt. Im Gegensatz zu Wagner bilden diese Lieder oft die Motivquelle für eine ganze Szene. Anstatt das Ganze in deutlich markierten Abschnitten zu komponieren oder die einzelnen Figuren leitmotivisch voneinander abzusetzen, gleitet alles ineinander über. Der musikalische Akzent verlagert sich auf diese Weise eindeutig vom Dramatischen ins Idyllische. Das gleiche gilt für seine Schauspielmusiken für Max Reinhardt, deren klanggesättigte und doch wesenlose Stimmung den Zuschauer, der eigentlich zum Sehen gekommen war, in ein Traumland hinüberlockt, wo man getrost die Augen schließen kann. Der ursprüngliche Protest gegen die Entfremdung des Menschen von der Natur löst sich dadurch, wie bei Vogeler und Wille, in einen Kulinarismus auf, bei dem die Elemente des Märchens und der Stimmung nur Hilfsmittel einer ästhetischen Verzauberung sind, deren ideologisches Leitbild weniger der romantische „Weg nach innen" als eine Flucht ins Unverbindliche ist.

Eine weitere Spielart dieser ersten Phase war eine Richtung, die sich aus mysteriös-mythischen, psychoanalytisch-symbolischen und spiritistisch-okkultistischen Elementen zusammensetzt und sich nur mit Mühe unter dem Oberbegriff „Symbolismus" vereinigen läßt. Damit soll nicht das angedeutet werden, was man in der französischen Literatur unter Symbolismus versteht. Während es sich dort um eine spätromantische, mit gewissen impressionistischen Elementen angereicherte Strömung handelt, die im Zuge der allgemeinen Finde-siècle-Stimmung allmählich zum „Neuro-Mantischen" tendiert, dreht es sich hier um ein Phänomen, das erst um 1900 in Erscheinung trat und sich nach einer dekadent-satanischen Phase mehr und mehr ins Kosmisch-Idealistische oder Schaurig-Groteske verschob, wodurch die anfangs rein stimmungshaft erfaßten Reizkomplexe im Laufe ihrer Entwicklung immer schärfere Konturen annahmen und schließlich in die allgemeine Stilbewegung übergingen. In der Frühzeit dieser Bewegung, das heißt kurz vor der Jahrhundertwende, überwogen daher die spiritistisch-okkultistischen Elemente, denen eine bewußte Gegnerschaft zum positivistischen Materialismus zugrunde liegt. Wie bei den religiösen Suchernaturen dieser Ära benutzte man auch hier den Schleichweg über das Irrationale, um wieder ins „Reich der Seele" zurückzugelangen, selbst wenn dieser zu Dämonen und anderen Ungeheuern führen sollte. Dafür spricht ein Buch wie „Die Entdeckung der Seele durch die Geheimwissenschaften" (1894) von Carl du Prel, wo der Mensch plötzlich nicht mehr als unpersönliches Geschehen, als Machsches Elementenbündel oder psychophysischer Kausalitätsapparat betrachtet wird, sondern als ein geheimnisvolles Urwesen, in dessen Seele sich die Mächte des Unbewußten erbitterte Schlachten liefern. Angeregt durch solche Erkenntnisse, trat man okkulten Geheimbünden bei, versammelte sich zu spiritistischen Séancen und fing sogar in der Wissenschaft an, mit parapsychischen Erscheinungen zu kokettieren. Von großen Weltanschauungsfragen ist in dieser Zeit noch wenig die Rede. Die meisten wollten sich lediglich amüsieren, das heißt die prickelnde Sensation verspüren, von einem Geisterhauch gestreift zu werden. Aus diesem Grunde hielt man Klopfübungen ab, bemühte sich, einen Tisch in Bewegung zu setzen, oder verlangte von den anwesenden Gespenstern einen Beweis ihrer detektivischen Findigkeit. Häufig handelte es sich bei diesen Forderungen um völlig belanglose Dinge, um ein verlorenes Taschentuch oder einen vergessenen Regenschirm, da es diesen Klopfern und Tischerückern weniger um die Gewinnung eines neuen Jenseits als um momentane Erregungen ging, die durch künstlich gesteigerte Sinnesempfindungen ausgelöst werden. Aus diesem Grunde beschränkte man sich lange Zeit auf die Hypnose, auf Fakirgeheimnisse, auf den Somnambulismus oder ähnliche Phänomene, die einen rein sensationellen Charakter haben. Das Zentrum dieser Bestrebungen lag daher nicht im Weltanschaulichen, sondern in den spätimpressionistischen Spannungselementen, dem Unheimlichen und Unerklärlichen. Doch im Laufe der Jahre läßt sich auch hier eine „Vertiefung" dieser Ansätze beobachten, ein Vordringen in die Bereiche der Telepathie, des psychischen Magnetismus, der Odstrahlung oder der Annahme doppelgängerischer Existenzen, aus denen Max Dessoir eine regelrechte Wissenschaft zu entwickeln versuchte. So stellte man Theorien über den „Astralleib" auf oder verwandelte Medien in berühmte Künstler oder Propheten, was der sektengeschichtlichen Entwicklung von der Theosophie zur Anthroposophie entspricht, in der die spiritistisch-okkultistischen Elemente allmählich einen lebensphilosophisch-wertesetzenden Charakter erlangten. Ähnliche Vorgänge zeichnen sich im Bereich des Völkischen ab, wo sich um 1900 eine folgenreiche Schwenkung ins Ariosophische beobachten läßt, was Zeitschriften wie die „Ostara" oder die „Prana" beweisen, in denen man vom germanischen Götterelektron und der magischen Kraft des nordischen Blutes zu phantasieren beginnt.

Etwas später als diese „Geheimwissenschaften", die eine Unzahl von sich heftig befehdenden Sekten umfassen, griff die Psychoanalyse in das Geistesleben dieser Jahre ein. Das epochemachende Werk dieser Richtung war Freuds „Traumdeutung" (1900), in der das scheinbar Zusammenhanglose und Abstruse der menschlichen Träume zum ersten Mal als eine Welt symbolischer Konfigurationen des Unterbewußten dargestellt wurde. Was man bisher mit dem schlichten Terminus „Seele" umschrieben hatte, ohne ihm ein bildliches Äquivalent zu geben, löste sich auf diese Weise in einen Dschungel märchenhaft-mythologischer Gestaltungen auf, der sich nur mit einer wissenschaftlich geschulten Symbolvertrautheit aufhellen läßt. Tiere wie Schlange, Adler oder Stier, Seelenlandschaften wie Meer, Wald oder Höhle gewannen durch diese Entdeckungen plötzlich eine allegorisch-mysteriöse Funktion, vor der jede romantische Einfühlung versagt. Man sprach daher mehr und mehr von Bildkomplexen, bei denen das Symbolische einen genau zugewiesenen Platz innerhalb einer bestimmten Erlebnissphäre erhält, wodurch an die Stelle rein subjektiver Interpretationen ein bestimmter Archetypus tritt, der selbst dem scheinbar Unerklärlichen eine gewisse Konturiertheit und damit geistige Prägnanz verleiht.

Die gleiche Doppelsträhnigkeit läßt sich in der Kunst dieser Richtung beobachten. Das künstlerische Pendant zum Spiritismus war dabei ein bewußt mysteriöser Symbolismus, der noch an der impressionistischen Kategorie der Gegebenheit festzuhalten versucht, sie jedoch durch eine gesteigerte Spannung ins Spukhafte und Gespenstische erweitert und damit dämonisiert. Auf diese Weise wandelte sich die „impression par l'ensemble", die zu den Hauptmerkmalen der „neuro-mantischen" Stimmungskunst gehört, zu einem Reizkomplex, der weniger an die Sinne als an das geistige Ahnungsvermögen des Menschen appelliert. Während man sich im Impressionismus mit dem ersten Eindruck begnügt hatte, werden jetzt so viele Schichten ineinandergeschachtelt, bis sich das Ganze zu einem Symbol verdichtet, dessen künstlerischer Reiz nicht im Flüchtigen und Andeutenden, sondern im Unbekannten und Geheimnisvollen liegt. Anstatt bis zu den wirklichen Ursachen vorzudringen, bevorzugte man meist einen wesenlosen Spuk, der sich aus einer Mischung impressionistischer Anschauungsreste und trivialromantischer Gruselmotive zusammensetzt. Das Ergebnis dieser Richtung war daher keine typenhafte Vereinfachung, kein vom Künstler erzeugter „Stil", der auf klaren Formprinzipien beruht, sondern jene schon oft bemerkte Mittelstellung, die sowohl spätimpressionistische als auch phantastisch-eigenschöpferische Elemente enthält. Ein stilisierter Eindruck entsteht erst in der Endphase dieser Richtung, wo sich ein deutlicher Umschlag ins Groteske beobachten läßt. Das Schaurige wird hier so satanisch absurd, daß es zu grausigen Schnörkeln erstarrt, die man nicht mehr als reale Gegebenheiten, sondern nur noch als Traumschimären interpretieren kann. Ebenso surreal und doch stilisiert wirken jene Motive, die sich aus der Bekanntschaft mit der Psychoanalyse herleiten lassen. Hier liegt die künstlerische Gefahr weniger im Gespensterhaften als in der Direktübertragung, im Traumprotokoll, was bei kleineren Talenten zu peinlichen Entgleisungen ins Exhibitionistisch-Private führen kann. Eine literarische Intensität erreicht diese Form des Symbolismus nur dann, wenn sie die Gefahr des „Klinischen" vermeidet und die dichterisch verwandten Symbole in eine Wirklichkeitsatmosphäre überträgt, die im Psychisch-Besonderen zugleich das Allgemeine enthält.

Die Kompliziertheit dieser Entwicklung läßt sich am besten in der Malerei verfolgen, wo man sich einem verwirrenden Konglomerat von weltanschaulichen Ambitionen, mystischen Verbohrtheiten und pseudoreligiösen Schwärmereien gegenübersieht. Wohl einer der wirksamsten Impulse war die Entdeckung des Grotesken, das heißt das plötzlich aufflackernde Interesse für Bosch, Breughel und Goya, deren manieristische Höllendarstellungen und Katastrophenlandschaften, „Proverbios", „Caprichios" und „Desastres de la guerra" als die kalten Ekstasen dekadenter Ästheten genossen wurden. Dazu kamen die Einflüsse von Puvis de Chavannes, Odilon Redon, James Ensor, Eugène Carrière und Gustave Moreau, denen man sich mit der gleichen Bereitwilligkeit unterwarf wie den symbolistischen Darstellungen von Segantini oder den mysteriösen Frauenbildern Fernand Khnopffs, die im Zeichen eines modischen Eklektizismus stehen. Ebenso entscheidend waren die Anregungen durch den frühen Munch, wo man sich einer nicht endenwollenden

Fülle von schreckeinflößenden, „urmenschlichen" Konflikten gegenübersah: Weibern, die sich in blutsaugende Vampire verwandeln, Kindern mit angstvoll geweiteten Augen oder manisch-depressiven Männern, als sei die ganze Welt ein Panoptikum mysteriöser Existenzsymbole. Aus dem deutschen Sektor dieser Leitbildreihe sei lediglich Böcklin erwähnt, dessen allegorisch-symbolische Fabelwesen sich in den späten neunziger Jahren einer geradezu phantastisch anmutenden Beliebtheit erfreuten.

Daß die impressionistische Generation diese symbolistische Welle nicht widerstandslos über sich ergehen ließ, beweisen die Proteste Karl Schefflers oder die sarkastischen Äußerungen von Max Liebermann, die mit sicherem Instinkt den inhaltslosen Mystizismus dieser Richtung durchschauten. Andere sprachen mit nicht geringerer Schärfe von einer Neuauflage des abgestandenen Salonidealismus. Doch alle diese Proteste blieben wirkungslos. So erschien schon 1895 die erste Nummer des „Pan" mit einer Titelzeichnung von Stuck, die in ihrer Huldigung an Böcklin als Anbruch eines neuen Romantizismus aufgefaßt wurde und schnell begeisterte Zustimmung fand. Zu den Leitsternen dieser Zeitschrift gehörten neben Böcklin und Nietzsche vor allem Maler wie Khnopff und Segantini, während sich in den Rahmenleisten, Initialen und Vignetten ein Hang zum Jugendstil meldet, worin das komplizierte Ineinander der verschiedenen Richtungen zum Ausdruck kommt, die sich oft nur in der stilistischen Verbrämung voneinander unterscheiden.

Eine wesentliche Unterstützung erfuhr dieser Pan-Symbolismus durch Max Klinger, der eigentlich noch zur Generation der achtziger Jahre gehört, jedoch trotz aller naturalistischen Anklänge stets die Position eines idealistischen Außenseiters zu wahren versuchte. Während bei seinen Frühwerken die einzelnen Stilelemente noch disparat nebeneinander stehen, bemühte er sich in den neunziger Jahren in steigendem Maße um magisch entrückte Existenzsymbole. Doch selbst in dieser Phase leugnet er nie den Bezug auf die unmittelbare Realität, was sich vor allem in seiner akkuraten Aktdarstellung zeigt. So ballt er seine Szenen selten zu geheimnisvollen Symbolen zusammen, sondern begnügt sich meist mit genau durchgemalten Allegorien wie bei seinem berühmten „Christus im Olymp" (1897), jener peinlichen Phantasmagorie aus christlichen und heidnischen Elementen, für die er sogar den Rahmen und die dazugehörigen Plastiken schuf, um den Eindruck eines stilkünstlerischen Gesamtkunstwerkes zu erzielen. Eine etwas dichtere Atmosphäre hat sein Zyklus „Vom Tode" (1889—1903). Dafür spricht sein „Philosoph", auf dem sich ein nackter Denker in einer urweltlichen Seelenlandschaft mit seinem kosmischen Spiegelbild konfrontiert, was an ähnliche Bildvorstellungen bei Mombert erinnert. Das gleiche gilt für die „Pest", wo ein gespenstisch aussehender Rabe in einen Krankenhaussaal geflattert kommt. Wohl am bekanntesten war seine Radierung „Die tote Mutter": eine makabre Szenerie mit einer erschreckend verzeichneten Leiche, einem nackten Knaben und einer seltsam manieristischen Palastarchitektur. Der „Wille zum Leben", der sich selbst in dieser Friedhofsatmosphäre nicht unterdrücken läßt, wird dabei durch ein einsam in die Höhe schießendes Bäumchen symbolisiert. Noch grotesker wirkt sein Zyklus „Das Zelt" (1916) nach Gedichten von Herbert Eulenberg, wo Klinger eine an sich realistische Landschaftsszenerie mit Flammentropfen, Astralleibern und gespenstischen Goya-Motiven vermischt. Anstatt das Banale zu mythisieren, banalisiert er hier das Mythische, was auch für seine Nietzsche- und Brahms-Phantasien gilt, die völlig im Zeichen des Eklektischen stehen. Einen ebenso realistischen und doch magischen Zug haben die Bilder des Grafen Leopold von Kalkreuth, dessen Spezialität ausdrucksvolle Altersphysiognomien waren. Manche seiner Figuren gleichen trotz aller Porträtwahrheit eher urweltlichen Nornen als wirklich existierenden Menschen. Er nennt sie meist allegorisch „Das Alter" und läßt sie mit verbitterter Miene in eine freudlose Greisenzeit starren, wobei der Ausdruck des Müden und Abgearbeiteten wie eine Frage an das Schicksal wirkt, der eine grenzenlose Hoffnungslosigkeit zugrunde liegt.

Zu einer klar umrissenen Stilhaltung wurde dieser malerische Symbolismus erst bei Stuck. Während das Œuvre von Klinger noch eine Anzahl gründerzeitlicher, naturalistischer und salonidealistischer Elemente enthält, beschränkte sich Stuck fast ausschließlich auf den Bereich des Imaginären, meist auf das Beklemmende einer erotischen Situation, die er mit bengalisch angestrahlten Kulissen ins Symbolisch-Allegorische erhob. Was bei Impressionisten wie Corinth als Naturmacht, als genießerische Freilichterotik erscheint, verwandelt sich dabei zusehends ins Satanische oder Orgienhafte. So sieht man hypnotische Blicke, die wie Katzenaugen aus dem Dunkeln leuchten: „Luzifer", oder Augen, die sich mit gespenstischer Direktheit in die Pupillen des Betrachters bohren: „Medusa". Obwohl auch die Farbe herhalten muß, um den Gesamteindruck ins Mysteriöse zu steigern — man denke an das smaragdene Grün der geheimnisvoll-nächtigen Augen oder das stechende Rot der Lippen —, liegt das Rätselhafte und Übernatürliche wie bei Klinger mehr im Gegenständlichen als in der Art der Behandlung: in den üppigen Modellen, die er durch einige Attribute in Medusen, Sphinxe oder Furien verwandelt. Ein gutes Beispiel dafür ist sein Bild „Die wilde Jagd", auf dem man nackte Frauen, bärtige Greise und unaufgezäumte Schimmel sieht, die wie ein Furienschwarm durch die Mitternacht jagen. Eine ähnliche Situation herrscht auf seinem Bild „Der Mörder", wo der Täter durch einen finsteren Hohlweg flieht, während im Vordergrund schon die Erynnien warten, um sich mit ihren ausgemergelten Körpern und schlangenhaften Haaren auf ihn zu stürzen. Auch sein Bild „Das böse Gewissen" stellt eine solche Verfolgungsszene dar, diesmal mehr ins Erotische gewendet. Noch schwüler wirkt seine „Sphinx", die ihre Opfer brünstig umarmt und ihnen zugleich die Krallen in den Rücken schlägt, um den Moment des Küssens zu einem lustmörderischen Finale zu steigern. Wohl das bekannteste Bild dieser Reihe ist seine „Sünde", auf dem sich eine mächtige Schlange um den kurvenreichen Leib einer entkleideten Salonhyäne zu ringeln versucht, die wie alle seine Frauengestalten dem Betrachter mit geheimnisvoller Lüsternheit ins Auge starrt. Das gleiche gilt für Martin Brandenburg, der zwar manches ins Märchenhafte verharmlost, jedoch selten auf die Gestalt des vampirhaften Weibes verzichtet. Auch Albert Welti schwelgt gern in einer leicht perversen Symbolik, das heißt, verbindet die Fabelwelt der Böcklinschen Bilder mit skurrilen Erotismen, die an Bosch oder Breughel erinnern. Mehr ins Salonidealistische tendieren der Wiener Friedrich König und der Dresdener Otto Zwintscher, bei denen die symbolischen Konfrontationen oft so plump und eindeutig wirken, daß sie einen unfreiwillig komischen Charakter bekommen und zwangsläufig ins Banale entgleisen.

Neben dieser etwas rohen Art der symbolischen Ausdrucksweise, wie sie Stuck und seine Epigonen liebten, wirken die Bilder des mittleren Klimt wie esoterische Stilprodukte. Während man Stucks „Furien" und „Medusen" überschwenglich lobte, fand man Klimts „Wasserschlangen" (1907) oder den grotesken „Berg der Jungfrauen" (1912) viel zu ausgeklügelt und überspannt, da hier das Symbolische keine handgreifliche Deutlichkeit hat, sondern erst sorgfältig aufgeschlüsselt werden muß. Schon in seiner Malweise ist Klimt wesentlich gestalterischer als Klinger oder Stuck. Anstatt sich dem akademischen Kanon anzupassen, ordnet er seine Figuren stets dem Eigenwert der Linie unter. Die dargestellten Szenen wirken daher oft zeremoniell erstarrt, was sein Beethoven-Fries und die Wiener Universitätsfresken beweisen, wo er neoimpressionistische Tupfenreize mit phantastischen Emblemen und magisch drohenden Symbolen verbindet. Aus der allegorischen Vertretung für einen genau umrissenen Gefühlskomplex wird so eine Chiffre des Unbekannten, für die es keine eindeutige Erklärung gibt. Dazu kommen molchartige Phantasmagorien, apokalyptische Visionen oder Massenszenen wie auf einem jüngsten Gericht, die mit einem raffinierten Liniengerinsel und einer edelsteinartigen Ornamentik überschüttet werden, als sei das Ganze kein Fresko, sondern der Emailledeckel eines Schmuckkastens. Manches erinnert dabei an Khnopff oder Toorop, an ägyptische oder assyrische Ornamente, wird jedoch bewußt ins Mysteriöse verfremdet. Die Kritiker der Zeit sahen deshalb in seinen Bildern lediglich panoptikumshafte Wahngebilde voller Dämonen, Molche und Urgase, die den Betrachter durch ihre Rätselhaftigkeit düpieren sollen. Besonders Übelwollende sprachen von „blitzblauem allegorischem Schwefel", „Schlangenweibern" oder „entleerten Wurstkesseln". Man höre, wie sich Karl Schreder über Klimts „Philosophie" (1900), wohl das „gewagteste" seiner Bilder, äußerte:

„Gründurchleuchtetes Aquarium. Milliarden Tropfen glitzern. Infusorien tummeln sich liebesentbrannt. Bläulichweißes Schaumgewoge senkt sich hernieder ... Formen erschimmern, lösen sich und ergänzen

sich. Körper sind es, spukhaft von bläulichem Verwesungshauche über-
zogen. Ertrinkende Menschenleiber. Die Meergase. Seitlich ein grünblauer
Brodem. Ist es etwas oder ist es ein Nichts? ... Einsames Schweigen.
Milliarden Tropfen glitzern" (Hermann Bahr, Gegen Klimt, 1903, S. 18).

Eine ganz andere Welt innerhalb dieses mysteriösen Symbolismus vertreten
die Lithographien und Federzeichnungen von Alfred Kubin, einem Maler-
dichter, der mit grotesken Symbolen wie „Pest", „Krieg", „Sturm" und ähnlichen Motiven begann und sich dann zum Illustrator gespenstischer Erzählungen entwickelte. Während seine Anfänge in ihrer monumentalen Ballung
noch an Klinger erinnern, wird das Symbolische später meist durch eine ver-
unklärende Schraffierung erreicht, aus der sich je nach Motiv nächtliche Sarg-
träger, vorübereilende Mörder, Menschenfresser, heimtückische Jäger oder
grausame Henkergestalten abheben. Ein ähnlicher Stil findet sich bei Adolf
Uzarski, der das „Buch der Abenteuer" (1913) von Rudolf Bongs illustrierte,
und in den Zeichnungen Paul Scheurichs zum „Gespensterbuch" (1913)
von Felix Schloemp. Weniger gespenstisch als grotesk wirken die Illustrationen von Marcus Behmer, bei dem die Freude am Skurrilen oft in bloßen
Selbstzweck entartet und dadurch selbst das Magische zu jugendstilhaften
Schnörkeln erstarrt.

Den künstlerischen Endpunkt dieser Reihe bilden die Radierungen des
frühen Klee, der seine Lehrjahre bei Stuck verbrachte und erst den Symbolismus bis zu seinen letzten Konsequenzen trieb, bevor er sich an einen eigenen
Stil heranwagte. So parodiert er mit seiner „Jungfrau im Baum" (1903) den
„Lebensengel" (1894) von Segantini: dort eine sentimentale Madonnenfigur,
hier eine vergreiste Gliederpuppe, die etwas rein Absurdes hat. Auf der Radierung „Drohendes Haupt" (1905) stellt er einen seltsam hermaphroditischen
Kopf mit mongolischen Zügen dar, auf dem sich ein rattenähnliches Tier mit
spinnenartigen Gliedmaßen befindet. Sein „Held mit Flügel" (1905) gleicht
einem vergreisten Monstrum mit Bauchbinde, angeschnalltem Holzbein und
geschientem Unterarm, einem Wulst auf dem Kopf, den man für eine phry-
gische Mütze oder einen Hahnenkamm halten kann, als solle der ganze Mann
einen verhinderten Revolutionär symbolisieren. Ähnlich absurd wirken sein
„Greiser Phönix" (1905), der wie ein skelettartig gerupfter Vogel aussieht, oder
seine „Pessimistische Allegorie eines Gebirges" (1904), auf dem ein Männer-
akt geheimnisvoll zu versintern beginnt.

Die gleiche Vielzahl an künstlerischen Möglichkeiten läßt sich in der symbolistischen Literatur dieser Jahre beobachten, die sich alle geisterhaft-roman-
tischen Elemente der Weltliteratur anzueignen versuchte, wo das Mysteriöse
seit eh und je zum Repertoire der Spannungstechnik gehörte. Neu an dieser
Richtung ist eigentlich nur der dichterische Anspruch, der sich ins Groteske
überschlagende „Stil". Man berief sich dabei vor allem auf E. T. A. Hoffmann,

der auf dem Umweg über Frankreich auch in Deutschland wieder zu einer literarischen Figur ersten Ranges aufzusteigen begann, nachdem man ihn jahrzehntelang fast völlig vergessen hatte. Ebenso beliebt waren die bewußt „satanischen" Partien bei Edgar Allan Poe, die „Contes cruels" von Villiers de l'Isle Adam und die „Diaboliques" von Barbey d'Aurevilly, die schnell zu Klassikern des Grauens emporstiegen. Auch die mysteriöse Andeutungstechnik von Maeterlinck, dessen „Alltagsdramen" gerade wegen ihrer Unverständlichkeit als hintergründig und geheimnisvoll galten, hat in diesem Gespenstersymbolismus ihre Spuren hinterlassen. Von ihm lernte man die Technik, mit scheinbar vielsagenden, aber wesenlosen Worten auf ein Unaussprechliches hinzuweisen, um so die entsetzliche Leere dieser wirklichkeitsfremden Kunst mit geschickt angebrachten Spannungselementen zu überspielen.

In Anlehnung an solche Autoren entwickelte sich auch in Deutschland die Gattung der „seltsamen Geschichten", in denen das Reale so stark ins Geisterhafte verfremdet wird, daß man es nur noch „symbolisch" verstehen kann. Gute Beispiele dafür finden sich in den Geschichten von Kurt Münzer, Herbert Eulenberg, Moritz Frey, Toni Schwabe, Dora Hohlfeldt und ähnlichen Talenten, die sich bemühten, selbst den trivialsten Motiven der überlieferten Gespensterromantik eine literarische Note abzugewinnen. Wohl der bekannteste Autor dieser Gruppe war Hanns Heinz Ewers, dessen „seltsame Geschichten" unter den Titeln „Das Grauen" (1908), „Die Besessenen" (1909) und „Nachtmahr" (1922) erschienen. Zum größten Teil sind es reine Gruselgeschichten, in denen psychische Grenzphänomene wie Sadismus, Masochismus, Fetischismus, Schizophrenie und manisch-depressive Erscheinungen behandelt werden, deren Kenntnis man den Büchern von Krafft-Ebing, Lombroso oder Mantegazza verdankte. Fast in allen diesen Geschichten geht es weniger um das Künstlerische als um das rein Stoffliche, was sich erzähltechnisch in der Bevorzugung kriminalistischer Elemente äußert. Die Handlung endet daher meist mit seltsamen Todesfällen, mit Erhängen oder Vergiften, wodurch das Symbolische zu einem reißerischen Knalleffekt wird. Die gleichen Merkmale lassen sich in seinen Romanen beobachten. So schildert er in seiner „Alraune" (1911) ein vampirhaftes Weibchen, das der Verbindung eines Mörders mit einer Dirne entstammt und im Laufe der Jahre zu einem gespenstischen Blutsauger heranwächst, was in verwandelter Form auch für Eulenbergs Roman „Wir Zugvögel" (1923) gilt. Ebenso grausig wirkt sein Roman „Der Zauberlehrling oder die Teufelsjäger" (1909), in dem er das Schicksal eines skurrilen Weltreisenden beschreibt, der mit seinen hypnotisch-stimulierenden Fähigkeiten ein abgelegenes Bergdorf in einen religiös-hysterischen Taumel versetzt. Zuerst verwandelt er einen harmlosen Bußprediger in den Propheten Elias. Anschließend verhext er seine eigene Geliebte, die Wirtstochter Theresa, in eine hermaphroditische Jesus-Maria. Das Ergebnis dieser Experimente ist ein allgemeiner Teufelsspuk, den er mit gierigen Sinnen genießt. Man geißelt sich, rennt nackt

durch die Straßen, opfert ein Waisenkind und erliegt schließlich einer Massen-
hysterie, die keine Schranken mehr kennt. So erlebt Theresa das Wunder der
Stigmatisierung, steigert sich zu einer Heiligen und läßt sich am Ende des
Romans mit mystischer Wollust ans Kreuz nageln. Frank Braun, der Held des
Ganzen, versucht zwar die Zügel noch einmal an sich zu reißen, wird aber
beiseite gestoßen und von den fanatisierten Bauern gezwungen, seiner Geliebten mit einer Heugabel den Todesstoß zu versetzen, und zwar mitten in
ihren schwangeren Leib. Da er auch für sein eigenes Leben das Schlimmste
befürchten muß, flieht er schließlich in die nächste Stadt. Obwohl sich Ewers
ständig bemüht, den reißerischen Motiven dieses Romans einen mystischen
Hintergrund zu geben, gleitet er fast auf jeder Seite ins Gemeine und grell
Sinnliche ab, was auch dieses Opus symbolicum in den Bereich der unterwertigen Literatur verweist.

Einen ähnlichen Charakter haben die Werke von Karl Hans Strobl. Auch
er begann mit „seltsamen Geschichten" und schrieb dann seinen großen zwei-
bändigen Roman „Eleagabal Kuperus" (1910), der wie ein Kompendium aller
symbolistischen Motive wirkt. Im Mittelpunkt dieses gigantischen Unter-
nehmens steht das Haus des Kuperus, ein labyrinthisches Gebäude voller
„Hyroglyphen, Keilschriftzeichen und glitzernder Symbole" (I, 5), in dem ein
geheimnisvoller Magier mit klaffenden Eberzähnen haust, der in seinen Laboratorien Köpfe und Gliedmaßen von Verstorbenen konserviert. In ihm verkörpert sich die positive Seite dieses Romans: das Reich der Güte und Liebe.
Sein Gegenspieler ist der Millionär Bezug, der als moderner Roboterkönig
alle menschlichen Beziehungen in käufliche Funktionen verwandelt. Seine
äußere Erscheinung wird durch „Salzseeaugen" und „weißliche, schwammige
Arme" charakterisiert, die an „dicke, aufgedunsene Grottenolme" erinnern
(I, 130). Zwischen diesen beiden Welten der göttlichen Güte und der teuflischen Gemeinheit steht der junge Dichter Semilasso, ein Abkömmling geheimnisvoller Waldmenschen, der wie ein „tumber Narr" durch die Lande
irrt, bis er von Herrn Bezug gezwungen wird, einen Teufelspakt mit ihm ab-
zuschließen. Elisabeth, die Tochter dieses diabolischen Verführers, nähert
sich ihm wie ein Vampir, in dessen Augen sich die „schillernde Riesenschlange
der Wollust" zu rekeln scheint (I, 306). Da er jedoch ihren Reizen zu wider-
stehen versucht, schleppt sie ihn auf ein einsames Schloß, in dem so viele
Spukgeister versammelt sind, daß er halb besinnungslos in ihr Zimmer tau-
melt, wo sie nackt am Rande eines antiken Sarkophages sitzt und ihn in ihre
grauenvolle Umarmung zieht. Seine Jugend, seine paradiesische Herkunft
und die Einwirkungen des alten Kuperus retten ihn jedoch aus dieser teuflischen Umklammerung und verwandeln ihn wieder in einen streitbaren Parzival, der mutig gegen die „Brüder vom roten Tode" einschreitet, die sich wie
Ewers' „Teufelsjäger" dazu hinreißen lassen, in religiöser Raserei ein Weib ans
Kreuz zu schlagen. Um dem Ganzen die Krone aufzusetzen, gründet er nach

langen Kämpfen einen neuen Gottesstaat, womit ein symbolischer Sieg über Kapitalismus und Sozialismus angedeutet werden soll, während sich Lilith-Elisabeth in selbstmörderischer Absicht im Zirkus von wilden Bestien zerreißen läßt, was auch diesem Roman einen knalligen Schlußeffekt gibt.

Zu einer bewußten Kunstform entwickelte sich dieser gespenstisch-mysteriöse Symbolismus erst in den Werken von Gustav Meyrink, der ebenfalls mit „seltsamen Geschichten" wie den „Orchideen" (1904) und dem „Wachsfigurenkabinett" (1907) begann, bevor er sich zu seiner entscheidenden Romanleistung, dem „Golem" (1915), aufraffte. Schon die Atmosphäre dieses Werkes ist unheimlich: das Ghetto des alten Prag, Gassen, in die kein Licht fällt, alte zerfallene Häuser mit abgebröckeltem Bewurf und vergitterten Fenstern, dunkle Torbögen und Steintreppen, deren Stufen speckig glänzen, und unterirdische Gänge, die in Falltüren enden. Dazu eine jüdische Bevölkerung, in der sich die Gemeinheit habgieriger Händler mit der erhabenen Menschenfreundlichkeit eines Weisen und Kenners der Kabbala vermischt, wo Armut, Krankheit, Verbrecherwesen und Dirnentum zu den alltäglichsten Dingen gehören und sich Gangster und Männer der feinsten Gesellschaft in wüsten Lokalen treffen. Handlungsmäßig ist das Ganze sowohl ein Kriminalroman als auch eine Geistergeschichte, und zwar in beiden gleich spannend. Der Kriminalroman dreht sich um einen alten Trödler, einen verbummelten Studenten, eine aristokratische Dame und einen sonderbaren Gemmenschneider, die auf die abenteuerlichste Weise miteinander verknüpft werden. Der Held der Geistergeschichte ist der Golem, eine Figur der Prager Lokalsage, durch die das verwirrende Handlungsgefüge noch verwirrender wird. Meyrink beschließt den Roman, indem er den Gemmenschneider, der wegen Mordverdachts im Gefängnis saß, freisprechen läßt. Doch als dieser wieder in seine alte Wohnung zurückkehren will, muß er erfahren, daß das alte Ghetto längst abgerissen ist. Er begegnet zwar einer Reihe von Figuren, die im Voraufgegangenen eine gewisse Rolle spielten, aber sie sind um Jahrzehnte gealtert. Als er eines Morgens in seinem Hotelzimmer erwacht, wird er sich plötzlich bewußt, daß er das Ganze nur geträumt haben kann. Damit ist der Roman beendet, jedoch die Verwirrung aufs Höchste getrieben. Ein weiterer Kunstgriff dieses Werkes besteht darin, das fratzenhaft Unglaubliche ständig mit durchaus realen Gegebenheiten zu vermischen. Auf diese Weise werden Sinn und Unsinn so untrennbar miteinander verbunden, daß man den Inhalt versteht, ohne ihn logisch nacherzählen zu können. Im Unterschied zu Ewers begnügt sich Meyrink dabei nicht mit dem Sensationellen oder Grell-Sinnlichen, sondern verschleiert seine „Geheimnisse" stets durch impressionistische Stimmungspartien, in denen sich Traum und Wirklichkeit zu einem geheimnisvollen Gespinst verwirren. Auf einer wesentlich tieferen Ebene bewegen sich dagegen seine Romane „Das grüne Gesicht" (1916) und „Walpurgisnacht" (1917), wo er in eine triviale Spannungstechnik zurückfällt, die zwar versiert, aber reißerisch wirkt.

Künstlerisch mit Meyrink eng verwandt ist der Roman „Die andere Seite" (1909) von Alfred Kubin. Und zwar handelt es sich hier um eine seltsame Reise in ein Land des Spuks und der Träume, irgendwo im südlichen Rußland, wo ein skurriler Millionenerbe eine abgelegene Stadt gegründet hat, in die nur erlesene Talente berufen werden, deren Qualifizierung sich weniger nach ihren künstlerischen Fähigkeiten als nach der Absurdität ihrer Ideen richtet. Diese Traumstadt entpuppt sich im Folgenden als ein lähmender Alptraum, ein Pfuhl des Verkommenen, in dem jeder seinen eigenen Trieben nachgeht. Sogar die Straßenzüge sind hier so labyrinthisch angelegt, als verwirre man sich in das menschliche Unterbewußtsein. Der ganze Vorgang wirkt daher wie ein Hinabtauchen in den Bereich der eigenen Seele, wo nicht das rationale Zweckbewußtsein, sondern die verdrängten Wünsche und Begierden herrschen. Was auch geschieht, nichts erinnert an Geplantes, Überlegtes und Durchdachtes. Alles reiht sich aneinander wie eine sinnlose Kette von Abenteuern, die sich nur symbolisch interpretieren lassen. Gegen Schluß des Romans steigert sich das Ganze zum Wahnprodukt einer überhitzten Phantasie, zu einer pathologischen Ausgeburt, die sich selbst zerstört. Die Spukstadt zerfällt, da es niemanden gibt, der gegen die Mächte des Chaos aufbegehrt. Ratten tauchen auf, Ungeziefer wandert über die feuchten Fliesen, Epidemien verbreiten sich, Süchte werden zu grausamen Lastern, bis sich alles in eine tödliche Orgie verwandelt, bei der sich die menschlichen Gesichter zu tierischen Fratzen verzerren. Einzig dem Erzähler, hinter dem sich ein abgespaltenes Ich des Dichters verbirgt, gelingt es, sich aus dieser Verfallsorgie zu retten. Er wird in ein Sanatorium gebracht und verbringt dort den Rest seiner Tage in wohltuender Dämmerung. Hinter jedem Satz lauert hier die Nachtseite des Lebens, die „andere Seite", wo der Geist seine Führerrolle verliert und sich ein Reich des Grausens und des Satanischen öffnet, das von giftigen Schlangen, lüsternen Hexen und angsteinflößenden Nachtmahren bevölkert ist. Das scheinbar vordergründige Geschehen, die Reise von München ins südliche Rußland, verwandelt sich dadurch in eine Hadesfahrt, die in die muffigen, altmodischen und verstaubten Gebiete des Unterbewußten führt, in denen das menschliche Wollen zum Spielball lasterhafter Instinkte und tyrannischer Machtgelüste wird.

Den künstlerischen Endpunkt dieses mysteriös-gespenstischen Symbolismus bilden die Schriften des jungen Kafka, wo sich das Unheimliche, das bei den anderen Autoren dieser Richtung stets einen gewissen Stimmungswert hatte, mehr und mehr ins Absurde verfremdet. Bei ihm wird klar, was sich mit einem grotesken Realismus erreichen läßt, der auf alle schaurig-phantastischen Lyrismen verzichtet. Schon in seinen „Hochzeitsvorbereitungen auf dem Lande" (1907) begnügt er sich mit scheinbar alltäglichen Dingen: Straßenereignissen, Begegnungen, Besuchen, und doch weist jedes Detail auf einen magischen Zusammenhang, der selbst in diesem Chaos eine Einheit stiftet. So liest man von Händen, die in der Luft herumfuchteln, gestreckten Hälsen, die sich plötzlich umwenden, von stinkenden Hunden, die stellenweise schon faulen, von einem weißgetünchten Winkel in einer Beamtenstube, von Fremden, die sich unvermittelt ansprechen, von verstört blickenden Kindern, die plötzlich stehenbleiben, von Aufrufen, alle Gewehre abzuliefern, von engen Zimmern und seltsamen Untermietern: Dinge, die alltäglich und doch traumhaft anmuten, da sie durch eine ruckartige Prägnanz ins Groteske umstilisiert werden, das genau in der Mitte zwischen dem Lächerlichen und dem Erschreckenden liegt. Manches scheint bewußt parodistisch zu sein, und doch wird man auch hier das beklemmende Gefühl nicht los, daß hinter diesen Kübelreitern, Hungerkünstlern und knöchernen Beamten eine Welt des Gespenstischen steht, die jeden Augenblick in die Welt der Realität hinübertreten könnte. Aus den unmittelbaren Gegebenheiten wird so eine Symbolzone des Antihumanen, in der sogar die Familie einen unbarmherzigen Zweckverband bildet. Man denke an die Erzählung „Die Verwandlung" (1916), wo ein junger Reisender, der nie einen „herzlich werdenden menschlichen Verkehr" erfahren hat, eines Morgens nach unruhigen Träumen als Käfer erwacht, das heißt aus der Welt der bloßen Zwecke ins Tierische hinabsinkt, von seinen unbewußten, bisher verdrängten Seelenschichten überwältigt wird und qualvoll dahinvegetiert, da sich niemand findet, dessen Liebe ihn erlösen könnte. Obwohl man den frühen Kafka nicht mit Strobl oder Meyrink vergleichen kann, sollte man doch das „Epigonenhafte" seiner Dichtung nicht übersehen, das er selbst als so belastend empfand, daß er sich verzweifelt bemühte, diesen fragwürdigen Mystizismus zu überwinden und an seine Stelle einen spröden, verrätselten Realismus zu setzen, der alles Bewußt-Satanische vermeidet.

Neben diesem mysteriös-gespenstischen Symbolismus, der in seiner Endphase immer absurder und hoffnungsloser wird, entwickelte sich in der Romanliteratur dieser Jahre auch eine ausgesprochen psychoanalytisch gefärbte Richtung, bei der sich die Symbolvorstellungen immer stärker ins Archetypische verschieben. Das gilt vor allem für den Roman „Imago" (1906) von Carl Spitteler, dessen Titel Sigmund Freud 1912 für die von ihm gegründete psychoanalytische Zeitschrift übernahm. Unter einer Imago versteht Spitteler ein psychisches Leitbild, das sich wie eine Seelenhexe im Unterbewußten einzunisten versucht, um von dort her ihre aushöhlende Tätigkeit zu beginnen. In diesem Fall handelt es sich um die autobiographisch gesehene Gestalt eines Dichters, der sich nicht von seiner Jugendgeliebten lösen kann, deren Imago alle anderen Schichten seiner Seele unbarmherzig überwuchert hat. Erst nach einem demütigenden Wertherschicksal gelingt es ihm, sich von diesem Leitbild zu lösen, wobei die einzelnen Bereiche seiner Seele durch Gestalten wie Ritter oder Löwen symbolisiert werden. Eine ähnliche Versinnbildlichung des Unterbewußten läßt sich in Friedrich Huchs Roman „Mao" (1907) beobachten, wo ein geheimnisvolles Wappenschild, in dem sich die autoritäre Familientradi-

tion manifestiert, den jugendlichen Helden so übermächtigt, daß er entwicklungslos dahindämmert und, von infantilen Angstvorstellungen gehetzt, in
einen alten Brunnenschacht springt, als könne er bei den urmütterlichen Mächten der Tiefe eine letzte Zuflucht finden. Noch intensiver werden die seelischen
Nöte eines heranwachsenden Knaben in Hesses „Demian" (1919) beschrieben.
Ein dämonischer Doppelgänger, hinter dem sich ein geheimnisvolles Leitbild der Selbstverwirklichung verbirgt, führt hier den jugendlichen Helden in
die mysteriöse Welt des Gottes Abraxas ein, wodurch er in ein Reich gerät, in
dem Göttliches und Teuflisches scheinbar bruchlos ineinander übergehen und
sich die verquälte Spannung zwischen dem Ich und dem Es allmählich zu
lösen beginnt. An die Stelle der seelischen Stagnation tritt so das Traumreich
der orgiastischen Liebe, wo ihm Frau Eva, die Mutter Demians, entgegen-
kommt, die er wie eine „Urmutter", eine „Tiermaske am Portal eines alten
Tempels" verehrt, da er sich von ihrer Liebe die endgültige Befreiung aus seiner
psychischen und physischen Befangenheit erhofft.

Eine weitere Spielart dieser Bewegung bildet der „kosmische" Symbolismus,
der sich bereits in den frühen neunziger Jahren entwickelte, jedoch seinen
Höhepunkt erst im Übergang zum Expressionismus erlebte. So gründete Paul
Scheerbart schon 1892 einen „Verlag der Phantasten", bei dem sich die symbolistischen Tendenzen mit einem bewußten Zug zur Albernheit vermischen,
was in grotesker Variante später bei Christian Morgenstern wiederkehrt. Vor
allem seine Kometen- und Sonnenromane haben weder einen magischen Ein-
schlag noch eine psychoanalytische Verbindlichkeit, sondern lesen sich wie
blühender Unsinn, wie eine Verulkung der neuidealistischen Hochlandspoesie
und ihrer Neigung zum Mythologischen. Meist handelt es sich um phantastische Planeten, neue Sonnensysteme oder absurde Zwergvölker, die zwar stets
irgendwelche irdischen Vorgänge symbolisieren, sich jedoch ebensogut als sinnlose Phantasieprodukte interpretieren lassen. Auch hier sei nur ein Beispiel erwähnt. So geht es in seinem Roman „Lesabéndio" (1913) um das Volk der Pal-
lasianer, die auf den Planeten Quikko und Pallas wohnen, um Biba, der sich besonders für die Sonne interessiert und philosophische Bücher schreibt, um Dex,
der sich mit der Bearbeitung des Kaddimohnstahls befaßt, um Labu, der sich
nur für Formen mit gekrümmten Linien interessiert, um Nuse, den Erbauer von
Lichttürmen, um Sofanti, einen Fachmann für Hautfabrikation, und ähnliche
Albernheiten mehr. Um sich den Stil dieser kosmischen Groteske zu veranschaulichen, lese man folgende Stelle aus dem Anfang dieses Romans, der sich in
seiner Phantastik kaum nacherzählen läßt:

> „Violett war der Himmel. Und grün waren die Sterne. Und auch die
> Sonne war grün. Lesabéndio machte seinen Saugfuß ganz breit und
> klemmte ihn fest um die sehr steil abfallende zackige Steinwand und
> reckte sich dann mit seinem ganzen Körper, der eigentlich nur aus

einem gummiartigen Röhrenbein mit Saugfuß bestand, über fünfzig Meter hoch in die violette Atmosphäre hinein. Mit dem Kopfe des Lesabéndio ging oben in der Luft eine große Veränderung vor sich; die gummiartige Kopfhaut wurde wie ein aufgespannter Regenschirm und schloß sich dann langsam zu; das Gesicht wurde dabei unsichtbar. Die Kopfhaut bildete danach eine Röhre, die nach vorn offen stand, während sich auf ihrem Grunde das Gesicht befand, aus dessen Augen zwei lange fernrohrartige Gebilde heraustraten, mit denen der Lesabéndio die grünen Sterne des Himmels sehr deutlich sehen konnte, als wäre er ganz in ihrer Nähe" (S. 11).

Ähnliche Tendenzen finden sich beim mittleren Arno Holz, vor allem in den Äonenträumen seines „Phantasus" (1898—1899). Die Jahrmillionen der darwinistischen Entwicklung erscheinen hier wie in Bölsches „Liebesleben in der Natur" (1898—1901) in einer poetisch überhöhten Bilderfolge, die aus dem Animalischen und Vegetabilen ständig ins Kosmisch-Symbolische hinüberspielt. Dafür spricht sein Gedicht „Sieben Billionen Jahre vor meiner Geburt/ war ich eine Schwertlilie", wo sich ein monistischer Symbolismus Haeckelscher Prägung mit einem magischen Jugendstil verschwistert (II, 1). Den gleichen Ausflügen ins Kosmische begegnet man bei Alfred Mombert. Neben stark gegenständlichen Partien von fast impressionistischer Bildhaftigkeit stößt man bei ihm immer wieder auf bewußt mysteriöse oder phantastische Partien, die so symbolisch angereichert sind, daß man sich plötzlich ins Überweltliche erhoben fühlt. Und zwar ist die lyrische Ausgangssituation seiner Gedichte meist das Zurücksinken in die „siebente Einsamkeit", bei der das reale Leben von einer Bilderwoge des Unbewußten überflutet wird. So liest man häufig von einem Eindringen in die verschütteten Gänge der Seele, wo in seltsamen Höhlen nächtliche Gestalten kauern, die auf ihre Befreiung harren. Besonders im „Denker" (1901) wird dieser Prozeß mit wünschenswerter Deutlichkeit beschrieben (2. Aufl., S. 78):

> „‚Ob's möglich ist, hier einen Weg zu bahnen.'
> Das ist das Wort, das ich mir oftmals sage
> im Tiefenbewußtsein, währenddeß mein Geist
> eindringt in eine Welt urgroßer Bilder."

Alles Mechanisch-Eingefahrene oder Rational-Erwogene muß bei dieser Innenschau dem Zustand des Vorbewußten weichen. So heißt es in seiner „Schöpfung" (1897): „Ich reise meiner dunklen Seele nach" (2. Aufl., S. 17) oder „Stürz' ein, o Seele, und erwache im Chaos!" (S. 34). An die Stelle des Bebauten und Eingekleideten tritt dadurch eine Seelenlandschaft, eine „Urwelt", in der das verdrängte Ich fesselfrei um die Erde tanzen darf, was sich in einem eigenartigen Imperialismus der Seele entlädt. Aus dem zarten Sänger

wird so ein Urzeitmensch, der wieder in „asiatischer" Schöpfungsfrühe unter-
taucht. Hier blüht ihm seine „siebente Helden-Jugend", wird er zum Triumpha-
tor, der sich von einer jubelnden Menge auf den Thron heben läßt. Doch der
„Held der Erde" ist nicht die einzige Gestalt in dieser seelischen Urlandschaft.
Überall begegnen ihm magische und symbolische Wesen, mit denen er sich
psychisch auseinandersetzen muß. Auch sie werden traumhaft gebildert, wobei
sich das Kosmische mit dem Psychoanalytischen vermischt. Und zwar wird
der Bereich des Mütterlichen meist durch eine seltsame Greisin verkörpert, die
den Namen „Ur-Frühe" trägt und sich aus Schluchten und Höhlen ans Tages-
licht drängt. Auch der Vater spielt in diesen mythisch gefärbten Auseinandersetzungen eine gewisse Rolle. So liest man in der „Schöpfung" die verräte-
rische Zeile: „Alle Weiber hängen an den Armen meines Vaters" (S. 59),
was sich auch ohne psychoanalytische Kenntnisse verstehen läßt. Das eigene
Aufbegehren gegen diesen Machtkomplex wird meist durch einen aufsteigenden Adler symbolisiert, während sich die Mächte der Tiefe in der Gestalt der
Schlange verkörpern. Zwischen diesen beiden Bereichen besteht oft eine ungewöhnliche Spannung, die in ihrer Dialektik fast eine psychische Desinte-
gration befürchten läßt. Denn neben Partien, wo das Schluchtenhaft-Weibliche
überwiegt, finden sich immer wieder steil aufragende Gipfel, auf denen das
träumende Ich mit seinem „Geist-Auge" ein kosmisches Zwiegespräch mit
Sternen und Planeten eröffnet. Die geistig aufstrebende Tendenz wird dabei
durch Gebirgsgrate, Gletscher, Firne und fernschimmernde Sterne angedeutet,
die oft in einen planetarischen Wirbel übergehen, der sich aus Zarathustra-
Anklängen, barocker Edelsteinmetaphorik und impressionistischen Licht-
epitheta zusammensetzt. Im Bereich der Schlange herrschen dagegen die „asiatischen" Tänzerinnen, Nietzsches „Töchter der Wüste", denen etwas Quellen-
haftes und Zeugerisches anzuhaften scheint. Auf diesem Sektor bevorzugt
Mombert weitgehend Jugendstil-Motive, da hier nicht das Gebrochene und
Scharfe, sondern das Erotisch-Kurvenreiche und Schlangenhaft-Züngelnde im
Vordergrund steht. Doch im Laufe der Zeit mehren sich jene Partien, in denen
er sich um eine Integration dieser gefährlich auseinander klaffenden Pole bemüht. So werden das Kosmische und das Florale manchmal zu Bildern wie „Eis-
Narzissen" oder ähnlichen organisch-anorganischen Stilisierungen zusammengezogen. Auch der Held dieser Bücher verwandelt sich in eine Gestalt, die
sowohl das Orgiastische als auch das Vergeistigte umfaßt, was ein Titel wie
„Der himmlische Zecher" beweist. Und doch geht dieser Verschmelzungsprozeß
nie so weit, daß man ihn mit den inhaltslosen Ekstasen mancher expressionistischen Lyriker vergleichen kann, da das Mombertsche Schweben über den
urweltlichen Landschaften der Seele stets im Rahmen einer psychologischen
Ausdeutbarkeit bleibt.

Bei den gleichzeitig erscheinenden Werken des Charon-Kreises ist die seelische Prägnanz wesentlich geringer. Die kosmischen Symbole, wie sie Otto

zur Linde in seiner „Kugel" (1909) verwendet, in der er im Anschluß an Niko-
laus Cusanus eine seltsam verschwommene Identitätslehre verkündet, lassen
sich weder psychoanalytisch noch mythologisch interpretieren, sondern streifen in ihrer Verstiegenheit oft das Unfreiwillig-Komische. Denn trotz aller edlen
Absichten, die auf ein „organisches Menschentum" und eine „lebensvolle
Ethik" hinauslaufen, findet man bei ihm und seinen Schülern selten eine wahrhaft dichterische Form. Das gleiche gilt für die „Dionysischen Tragödien"
(1913) von Pannwitz oder „Das Nordlicht" (1910) von Däubler, deren kosmische Phantasien wie synkretistisch angereicherte Bildungsreligionen wirken.
Auch sie, die scheinbar wortgewaltigen Hymniker, sind daher trotz ihrer
phantastisch anmutenden Visionen an der Herausbildung neuer Mythen gescheitert und haben lediglich gigantische Ruinen hinterlassen, da selbst ihre
planetarischen Ekstasen und übermenschlichen Dimensionen einen Zug ins
Subjektive, ja Extravagante verraten, wodurch sich der monumentale Anspruch
ihrer Werke als ein Schlag ins Leere erwies.

WIENER SEZESSION

Eine relativ selbständige Rolle innerhalb der allgemeinen Stilbewegung spielten die Wiener, von denen man seit den Tagen Makarts nicht viel gehört hatte. Der entscheidende Impuls zu einer künstlerischen Neubesinnung ging hier von Otto Wagner aus, der in seinem Buch „Moderne Architektur" (1894) als erster gegen die Ringstraßen-Häßlichkeit der Wiener Innenstadt aufgetreten war und dadurch zum Leitbild aller vorwärtsgewandten Architekten wurde, die sich wie er vom Talmiglanz der herrschenden Palastarchitektur abgestoßen fühlten. Manche seiner Forderungen wie „Alle modernen Formen müssen übereinstimmen mit den neuen Forderungen unserer Zeit" (S. 8) oder „Etwas Unpraktisches kann nicht schön sein" (S. 37) erinnern in ihrer nüchternen Zielgerichtetheit fast an die Proklamationen von Henry van de Velde. Doch auch bei ihm klafften Idee und Ausführung weit auseinander. So übernahm er 1894 die künstlerische Ausgestaltung der Wiener Verkehrsanlagen, vor allem den Bau der verschiedenen Stationsgebäude, sah sich jedoch ständig zu Kompromissen gezwungen, da sich die k. u. k. Auftraggeber nicht von den älteren Repräsentationsvorstellungen lösen konnten. Er blieb daher trotz seiner Schüler jahrelang ein Einzelgänger, der gegen die allgemeine Rückständigkeit ankämpfen mußte. Architektonisch gelungen sind ihm in diesen Jahren nur kleinere Objekte wie Villen und Wohnhäuser. Aber selbst hier finden sich neben glatten Wänden und kubischen Formen immer wieder gründerzeitliche Palastelemente wie Löwenköpfe oder Engelsfiguren, wenn auch in wesentlich stilisierterer Form als bisher. Seine frühen Bauten erwecken daher trotz aller theoretischen Beteuerungen nie einen wahrhaft „sachlichen" Eindruck. Ungeachtet aller wohltuenden Proportionen wird man ständig von verschnörkelten Schmuckformen wie lorbeerverzierten Eckpilastern oder ornamental-dekorierten Erkern abgestoßen, in denen sich ein geschmackloses Parvenütum manifestiert.

Die gleiche manierierte Spannung zwischen Gesamtidee und Einzelteil läßt sich bei seinen Schülern Josef Hoffmann, Leopold Bauer und Josef Maria Olbrich beobachten. Beispielhaft dafür sind die „Architekturphantasien" des frühen Hoffmann, vor allem sein „Saal der Erkenntnis", wo er von Wagner inspirierte Masken und hieratische Engelsgestalten mit ägyptisch-assyrischen Stilelementen zu verbinden sucht. Zu gleicher Zeit schwelgte er in monumentalen Tempelentwürfen, bei denen sich utopische Phantasie und architektonische Verwirklichung fast noch krasser gegenüberstehen. Das entscheidende

Prinzip ist auch hier nicht das Sachliche, wie es in allen vorwärtsgewandten Manifesten dieser Jahre heißt, sondern das unbestimmt Sakrale und Weihevolle dieser Bauten, die nur in einem ästhetischen Niemandsland denkbar sind. Selbst die Möbel dieser Phase, an sich Gebrauchsgegenstände par excellence, stehen im Zeichen einer auffälligen Diskrepanz zwischen sachlichen und feierlichen Elementen. So entwarf Hoffmann 1899 ein Büfett, das in seiner Formgebung sowohl an eine überdimensionale Hutschachtel als auch an eine Altarnische erinnert. Noch verstärkt wurde diese experimentelle Unsicherheit durch die Einflüsse des Münchener Jugendstils, die zu einem merklichen Anschwellen der floralen Motivwelt führten. Eins der besten Beispiele für diese Anpassung bietet Olbrichs Entwurf für das Café Niedermayer (1898), wo das Wagner-Vorbild eindeutig ins Pflanzlich-Lineare abgewandelt wird. Wie in Hoffmanns „Architekturphantasien" ist auch hier die Grundtendenz durchaus sakral, was die mächtig emporschießenden Pilaster, ein monumentaler Dachaufsatz und eine tempelartige Eckfassade beweisen. Sieht man jedoch etwas genauer hin, ist der Endeffekt des Ganzen eher kunstgewerblich-theatralisch als tektonisch-monumental, da sich neben den kubischen Elementen überall ein heckenartiges Blättergeranke in den Vordergrund drängt, dessen Vorbilder in den dekorativen Randleisten der „Jugend" oder des „Pan" zu finden sind.

Aus dieser Experimentierphase entwickelte sich 1898 die „Wiener Sezession", die sich bemühte, den an Otto Wagner und dem Jugendstil orientierten kunstgewerblichen und architektonischen Bestrebungen einen festen Rückhalt zu geben und zugleich den Künstlern dieser Richtung neue Ausstellungsmöglichkeiten zu eröffnen. Noch im selben Jahr beauftragte man den jungen Olbrich, ein sensationell-modernes Sezessionsgebäude zu entwerfen, das er sofort begann und bereits 1899 vollendete. Wie bei seinem Café Niedermayer ging er dabei von kubischen Grundformen aus, die er mit einem floralen Dekor versah. So findet man auf der einen Seite balkenartige Portale und schlichte Rauhputzwände, die dem Ganzen einen mykenisch-archaischen Eindruck verleihen. Über der würfelförmigen Grundanordnung erhebt sich jedoch ein eleganter Dachaufsatz mit einer goldenen Blätterkuppel, durch den das Sakrale eindeutig ins Kunstgewerblich-Snobistische abgewandelt wird. Die gleiche Bauauffassung zeigt sich bei den Fenstern, die Olbrich als ungerahmte Vierecke nonchalant über die kahlen Flächen verstreute, was in einem auffälligen Widerspruch zu der markant hervorgehobenen Tektonik steht.

Ebenfalls 1898 erschien das erste Heft der Zeitschrift „Ver sacrum", um der „Wiener Sezession" auch ein theoretisches Forum zu verschaffen. Schon der Titel weist auf die für Olbrich charakteristische Mischung von Sakralem und Jugendstilhaftem hin. „Ver" und „sacrum" stehen hier für den „Geist der Jugend, der den Frühling durchweht", wie die ausführliche Definition lautet (I, 3). Man dachte also an einen „sakralen Jugendstil", eine Synthese aus Wagner-Elementen, floraler Ausschmückungstendenz, Wiener Preziosentum und kunstgewerblicher Raffinesse, die noch rein formalistisch ausgerichtet ist. In den ersten beiden Jahrgängen überwiegt daher eindeutig der Jugendstil, vor allem auf dem Sektor des Illustrativen, wo man den gleichen Mädchenköpfen wie in der Münchener „Jugend" begegnet. Auch hier tummeln sich Nixen und Seejungfrauen, strecken Daphnen ihre Arme in die Höhe, aus denen ein ornamental verschlungener Blätterwald emporsprießt, oder tauchen Jünglinge in den flutenden Haaren ihrer Geliebten unter. Dennoch wirkt das Ganze nicht so ausgelassen faschingshaft wie die „Jugend", sondern wahrt in allen Motiven etwas Weihevolles und Symbolisches, das selbst den kindlichen Reigentänzen einen würdevollen Charakter verleiht.

Auch auf kunstgewerblichem Gebiet findet sich dieser Münchener Einfluß. Das beweisen die Zimmereinrichtungen von Joseph Niedermoser mit ihren Schwibbögen aus durchbrochenen Holzleisten, floralen Wandfriesen, leuchtenden Fensterverglasungen und phantastisch geschwungenen Möbeln, wie sie in ähnlicher Form bei Max Scheidet, Rudolf Hammel und Felician von Myrbach wiederkehren. Eine ähnliche Unentschiedenheit herrscht in der Wiener Architektur dieser Übergangsphase. Wohl das eklatanteste Beispiel dafür sind die Entwürfe für Schloß Szent Abraham (1899) von Josef Urban, wo das Florale durch die eingestreuten Wagner-Elemente ins Phantastische entartet und so eine Diskrepanz der Stile entsteht, die kaum zu überbieten ist. Auch das sogenannte „Majolikahaus" an der Wienzeile (1899) von Otto Wagner hat diesen seltsamen Mischcharakter. Während die Grundform hier an südliche Villen erinnert, sind Teile der Fassade mit blaugrünen, floralen Majolikaplatten verziert, über die sich eine Reihe stilisierter Löwenköpfe erhebt, deren Aufgabe nur darin zu bestehen scheint, eine gute Miene zum bösen Spiel zu machen. Danach setzte architektonisch eine gewisse Pause ein, da Olbrich, wohl das aktivste Element dieser Gruppe, Wien verließ und in den Jahren 1899 und 1900 die Bauten der Darmstädter Mathildenhöhe entwarf, wodurch er sich allmählich aus dem Bannkreis der „Wiener Sezession" entfernte. Zwar enthalten auch diese Bauten neben sachlichen Partien noch eine Fülle kostbarer Dekorationselemente, wie das Portal des Ernst-Ludwig-Hauses oder die eingelassenen Fliesen an den Außenwänden seiner eigenen Villa beweisen, und doch setzt hier ein gewisser Ausgleich der einzelnen Bauteile ein, der bei den Werken seiner Wiener Jahre noch nicht zu beobachten war. In Wien selbst wandte sich das öffentliche Interesse um 1900 einem anderen Künstler zu, und zwar dem Maler Gustav Klimt, der sich in den neunziger Jahren aus einem makartisierenden Salonidealisten zu einer Stilhaltung entwickelt hatte, die im Zeichen ägyptisch-assyrischer, neoimpressionistischer und symbolistischer Einflüsse steht. Das Ergebnis dieser Mischung war ein Persönlichkeitsstil, der in seiner ornamentalen Flächenwirkung und zugleich sakralen Feierlichkeit vorzüglich zu den Bestrebungen der „Wiener Sezession" paßte. Klimt, in dem man bisher nur ein Talent zweiten Grades gesehen hatte, stieg daher mit einem

Schlage in die Reihe der führenden Künstler auf, beteiligte sich maßgeblich an der Gestaltung des „Ver sacrum", wurde Präsident der „Wiener Sezession" und erhielt 1900 den Auftrag, die Fresken für die Aula der Wiener Universität zu entwerfen. Im Gefühl des äußeren Triumphes überspannte er jedoch den Bogen des Erreichbaren und verirrte sich bei diesem Projekt so stark im Kunstgewerblich-Originellen, daß die konservativen Kreise zu einem energischen Gegenschlag ausholten. Er nahm daher seine Entwürfe zurück, beschränkte sich in den folgenden Jahren weitgehend auf die „Sezession" und malte Landschaften und Porträts, die in ihrer seltsamen Farbigkeit und dekorativen Eleganz nicht ohne einen Stich ins Extravagante sind. Aus diesem Grunde gleitet der Eindruck des Würdevollen, den er auch auf diesen Bildern erstrebte, immer wieder ins Maskeradenhafte ab. Das gilt vor allem für seine Porträtdarstellungen, auf denen man verwöhnte Gesellschaftsdamen erblickt, die sich in ornamentreichen Phantasiekostümen vor kostbaren Gobelins oder chinesischen Tapeten in Pose setzen. Außer dem Kopf, der auftragsgemäß eine gewisse Ähnlichkeit behalten mußte, scheint hier alles in teppichhaften Wucherungen zu versinken, die mit miniaturhafter Delikatesse ausgeführt sind. An größeren Werken schuf er in diesen Jahren lediglich seinen Beethoven-Fries, und zwar anläßlich der Ausstellung des Klingerschen „Beethoven" in der „Sezession" (1902). Im Zentrum dieser rein schmückenden Wandgemälde stand das Bild „Die Sehnsucht nach Glück findet Stillung in der Poesie", wo es sich um ein nacktes Liebespaar in jugendstilhafter Verschlingung handelt, das von einer ovalen Nische und einem ägyptisierenden Mädchenreigen eingerahmt wird. Wer denkt hier noch an „Diesen Kuß der ganzen Welt!"? Rein stilistisch gemahnt dieses Werk sowohl an Hodler als auch an Charles Rennie Mackintosh, die in denselben Jahren in Wien mit großen Gesamtausstellungen gewürdigt wurden, was trotz mancher klärenden Tendenzen zu einem künstlerischen Synkretismus führte, bei dem viele das Gefühl einer absoluten Manieriertheit hatten.

Um diesen vielfältigen Formentwicklungen dennoch eine gemeinsame Note zu geben, kam es 1903 zur Gründung der „Wiener Werkstätte" unter der Leitung von Josef Hoffmann und Koloman Moser, deren Hauptziel die Bindung an die Fläche und zugleich Vereinheitlichung aller kunstgewerblichen Richtungen war. Da sich der Jugendstil zu diesem Zeitpunkt bereits überlebt hatte, stützte man sich dabei weniger auf florale als auf abstrakt-geometrisierende Muster, ohne sich völlig vom Raffinierten oder Geschmäcklerischen lösen zu können. Wie bei Klimt und Mackintosh sieht man meist leere Flächen neben erlesenen Kostbarkeiten, archaisierende Elemente neben snobistisch-verfeinerten Partien, die in ihrer Ätherik fast ans Dekadente grenzen. So bevorzugte Hoffmann bei seinen Inneneinrichtungen glatte, weiße Wände, bei denen alle rechteckigen Funktionen durch schwarze Streifen oder geometrisierende Ornamente hervorgehoben wurden, was ihm den Spottnamen des „Quadratl-

Hoffmann" eintrug. Und doch wirkt das Ganze nicht kahl oder leer, da er wie Mackintosh vor diese weißen Flächen mit Vorliebe kostbare Sessel, geschmeideartig-eingelegte Tische oder exquisite Sofas stellte, wodurch ein schlichter und zugleich aufdringlich „stilisierter" Eindruck entstand. Julius Meier-Graefe sprach daher von „Chambres garnis für schöne Seelen", was in ähnlicher Form für die Zimmereinrichtungen von Eduard Wimmer, Koloman Moser, Emanuel Margold und Karl Witzmann gilt, bei denen das sachlich Rechteckige wie bei Hoffmann durch eine geschmackvolle Anordnung und räumliche Weite ins Aristokratische erhoben wird, ohne daß man irgendwelche Anleihen beim Klassizismus machte. Das meiste war eine ausgesprochene Schaukunst: zum Bewundern, aber nicht zum Bewohnen gedacht und daher ebenso repräsentativ wie die bitter abgelehnte Kunst der siebziger und achtziger Jahre. Die gleiche luxuriöse Einfachheit zeichnete die Wiener Serapis-Fayencen, die von Hoffmann entworfenen Schmuckstücke, die Terrakottafiguren von Michael Powolny, die Stickereien von Emmy Zweibrück oder die von Klimt, Hoffmann und Wimmer entworfenen Damenkleider aus, die man ebenfalls nur bestaunen sollte. Wohl die größten Erfolge errang diese Gruppe, die in Zeitschriften und Ausstellungen stets geschlossen auftrat, um 1905, als man den Jugendstil endgültig überwunden hatte und sich auf kunstgewerblichem Gebiet allmählich einem Purismus zu nähern begann, also zwischen einer rein dekorativen und einer rein sachlichen Phase stand, was genau der inneren Stilhaltung dieser Richtung entsprach. Auf die Schwanenmuster, Kastanienblätter und Irisblüten folgten daher in steigendem Maße geschmackvoll gerahmte Quadrate oder Dreiecke, die man auf alles und jedes, auf Möbel, Schmuck, Illustrationen, Plakate, ja sogar auf Bühnenausstattungen, Tanzfiguren und Schrifttypen anzuwenden versuchte.

Das Entscheidende an dieser Neuorientierung war jedoch der Elan, mit dem man sich an größere architektonische Aufgaben heranwagte, und zwar im Geiste einer mathematisch berechnenden Formgesinnung und nicht mit dem dilettantischen Eifer der Münchener Jugendstil-Künstler, die von Haus aus meist Maler waren. Man denke an die Bauten von Leopold Bauer mit ihren Rauhputzflächen und dekorativ-geometrisierenden Mustern, in denen eine aristokratische Sachlichkeit zum Ausdruck kommt, die alle Reminiszenzen an vergangene Stile vermeidet. Besonders bezeichnend für diesen Stil ist der reich ornamentierte Erker, der wie ein Schmuckstück in einer anspruchsvollen, aber schlichten Fassung wirkt. Den gleichen Eindruck erwecken die „Villenkolonie Wien-Döbling" und das „Sanatorium Purkersdorf" (1903–1904) von Josef Hoffmann mit ihren glatten weißen Wänden, bei denen sich architektonische Strenge mit südlicher Anmut verbindet. Ebenfalls in diese Richtung gehört die „Kirche am Steinhof" (1906) von Otto Wagner: ein würfelartig glatter Bau mit einer metallisch schimmernden Kuppel, der in seiner schlichten Monumentalität eher an ein Ehrenmal als an eine Kirche erinnert.

Doch auch hier finden sich eine Reihe exquisiter Kostbarkeiten. So ist das 75 Quadratmeter große Hochaltarbild aus Mosaikbestandteilen, bombierten farbigen Tonplatten, polierten Marmorstücken, Glas- und Bronze-Inkrustationen, Tonfliesen und Goldglasscheiben zusammengesetzt, die obendrein in weißpolierten Stuck eingelassen sind. Auch der Altar besteht aus Marmorplatten und glänzendem Metall, wodurch er trotz seiner Größe den Eindruck einer kunstgewerblichen Juwelierarbeit erweckt, die ins Überdimensionale vergrößert worden ist. Etwas abgeschwächt werden diese Diskrepanzen bei seiner „Wiener Postsparkasse" (1905), wo er auf das Ornament eher verzichten konnte als bei einer Kirche. Dafür spricht vor allem die große Innenhalle, deren Konstruktion fast ausschließlich auf Glas und Eisen beruht, und zwar in Verbindung mit unverkleideten Pfeilern und weißen Wänden, was in diesen Jahren noch eine relative Seltenheit ist. Doch auch hier stehen auf dem Dach wiederum kränzetragende Engelsgestalten neben einer dekorativen Pfeilergalerie, durch die der Eindruck einer Tempelfront hervorgerufen wird.

Wohl den Höhepunkt dieser Richtung bildet das „Palais Stoclet" (1905) in Brüssel, bei dem sich Luxus und Einfachheit, Dekoratives und Puristisches zu einer seltenen Synthese vereinigen. Obwohl an diesem Bau die gesamte „Wiener Werkstätte" mitgearbeitet hat, ist das Ganze doch eine Schöpfung von Josef Hoffmann. Äußerlich handelt es sich um ein weitgehend rechteckiges Gebilde, dessen weiße Marmorplatten von schwarzen Granitstreifen eingefaßt sind. Was sich daraus ergibt, ist eine Schlichtheit, die fast den Eindruck des Fehldatierbaren erweckt. Dem steht jedoch ein monumentaler Dachaufsatz entgegen, der an ähnliches bei Wagner und Olbrich erinnert, nur daß es sich diesmal nicht um Engel, sondern um nackte Athletengestalten handelt. In bewußtem Gegensatz dazu sind die Innenräume mit einem dekorativen Charme ausgestattet, der eindeutig zum Geschmäcklerischen tendiert: mit geometrisch-ornamentalen Pflanzenmotiven, kostbaren Tapeten, spiegelglatten ebenholzfarbenen Möbeln, einem Springbrunnen in der Eingangshalle, Marmorplatten an den Wänden und einem persisch-orientalischen Wandfries im Speisezimmer, zu dem Klimt die Vorlagen schuf. Das Ganze ist erfüllt von einem „Geschmack", der fast etwas Penetrantes hat. Nirgends findet sich Wohnlichkeit, die Möglichkeit zu Selbstversenkung oder eigenem Schaffen. Alles wirkt so vollendet, daß man auch diese Räume nicht benutzen, sondern nur verehren kann. Bauten wie diese sind weder für schöpferische Menschen noch für Parvenüs gedacht, sondern für eine Schicht von Ästheten, die trotz aller kulturfördernden Absichten bereits zu Museumswächtern ihrer selbst geworden sind.

In den Jahren nach 1906 trat diese Einheitlichkeit der „Wiener Sezession" und ihrer Werkstätte wieder in den Hintergrund. Nur Klimt bemühte sich noch bis zum ersten Weltkrieg, seiner manierierten Bildgebung treu zu bleiben, und geriet daher schnell unter die Vergessenen. Andere, wie Adolf Loos, der schon um 1900 das Wiener Gewerbe als eine „Ornamenthölle" bezeichnet hatte, schwenkten ins Sachliche ab, während sich Hoffmann und Olbrich allmählich zum Monumentalen hin entwickelten, wie überhaupt die Wandlungen der „Wiener Sezession" für die gesamte Stilbewegung symptomatisch sind. Am Ende dieser Entwicklung steht daher auf der einen Seite der „Purismus", auf der anderen der „Monumentalismus", die zwar in der Strenge ihrer Formgebung manches Ähnliche haben, jedoch weltanschaulich scharf differieren. So hielt sich Olbrich schon 1907 bei seinem „Haus Feinhals" an eine palastartige Schloßarchitektur, die wie eine Schinkel-Anleihe wirkt, um damit dem Ganzen einen repräsentativen Eindruck zu verleihen. Als Hoffmann dagegen 1914 das „Österreichische Haus" für die Kölner Werkbund-Ausstellung entwarf, begnügte er sich mit zwei schlichten Raumwürfeln. Welche Weltanschauung er damit verband, beweist das Motto, das die Giebelfront dieses Hauses schmückte: „Die Schönheit ist die vollkommene Übereinstimmung des Sinnlichen mit dem Geistigen". Wie stark sich dieses Bekenntnis zur „reinen Form" schon mit den Idealen des sogenannten Purismus berührt, wird sich später zeigen.

DEKORATIVISMUS

Die letzte Spielart dieser ersten Phase im „Kampf um den Stil" bildet ein stilkünstlerischer Dekorativismus, der seine Formen und Gehalte weitgehend der Vergangenheit entlehnte, ohne damit eine spezifisch reaktionäre Haltung zu verbinden. Im Gegensatz zu den volkhaft-monumentalen Tendenzen der folgenden Jahre handelt es sich hier weniger um einen Protest als um einen Fluchtversuch großbürgerlicher Literatencliquen in Zeiten künstlerischer Konventionen, wo noch nicht das liberalistisch „Vulgäre", sondern das aristokratisch Verfeinerte im Vordergrund stand. Auf Grund dieser Einstellung griff man künstlerisch hinter die Ära der industriellen Verkitschung und Nivellierung zurück und landete folgerichtig beim Biedermeier, Empire und Rokoko, das heißt Zeiten, in denen Kunst und Leben der tonangebenden Schichten noch eine „stilsichere" Einheit bildeten. Rokoko und Empire hatten die stilistische Bühne schon einmal passiert, und zwar in den siebziger und achtziger Jahren, waren jedoch damals rein schablonenhaft auf eine geleckte Parvenüfassade übertragen worden, um die bürgerliche Herkunft der plötzlich zu Geld kommenden Gründerkönige hinter einer feudalen Draperie zu verbergen. Daß sie um die Jahrhundertwende noch einmal aufgegriffen werden, hat künstlerisch und soziologisch einen ganz anderen Aspekt. Anstatt weiterhin einem öden Tapezierergeschmack zu huldigen, übertrug man den „Schmuck des Daseins" jetzt anerkannten Künstlern oder arrivierten Halbtalenten, um allen Dingen des häuslichen Lebens eine ästhetische Note zu geben. Man wollte nicht mehr protzen, sei es mit phantastischen Tafelaufsätzen oder monströsen Plüschportieren, sondern in ein Reich der Grazie flüchten, das jenseits der modernen Industriewelt und aller ihrer immanenten Komplikationen steht. Es handelt sich daher bei dieser Richtung weniger um die Ambition, eine neue Kultur aufzubauen, als um eine relativ unverhüllte Fluchttendenz. Angeekelt von der Häßlichkeit des großstädtischen Lebens mit seinem schmutzigen Fabrikmilieu und seiner nivellierenden Bevölkerungsdichte, zog man sich auf eine ästhetische Insel zurück, wo noch künstlerischer Geschmack, aristokratische Privilegien und elegante Manieren herrschen. Auf diese Weise schob sich an die Stelle des impressionistischen Anarchismus mit seinen Boheme-Idealen mehr und mehr das Leitbild einer vornehmen Gesellschaft, die alle Bindungen an politische und soziale Parteiungen verschmäht, woraus sich später die Ideologie der „guten Europäer" und „Weltleute" entwickelte. Doch hinter dieser Freude am schönen Schein, die auf den ersten Blick so unverbindlich wirkt, lauert auch hier ein geheimes Klassenprinzip. Denn fast alles, was diese Richtung hervorgebracht hat, diente den Sonderinteressen einer bestimmten Ästhetenschicht. Die auffällige Vorliebe für kostbare Kleider, Feste, Ballette, Theaterdekorationen, Bücher für Bibliophile und elegante Bibelots ist dafür Beweis genug. In allen Äußerungen dieser rein dekorativen Stilvariante spürt man die innere Nähe zur wirtschaftlichen Hochkonjunktur dieser Jahre, die ihr Füllhorn plötzlich auch über den künstlerischen Bereich auszuschütten begann. Im Gegensatz zum Jugendstil handelte es sich dabei um Schichten, die sich in aller Offenheit zum Prinzip des Geschmäcklerischen bekannten, während sie ernsthafte Reformtendenzen ironisch von sich wiesen. Was man hier im Auge hatte, war nicht das „Neue", sondern der Reiz des Vergangenen, aus dem man ein Letztes an Süße und Genuß zu saugen versuchte. Aus diesem Grunde sprachen manche schon damals von einer „Euphorie des Geschmacks" oder einem „Stil der Tändelei".

Die wichtigsten Vertreter dieses Dekorativismus waren daher meist ehemalige Impressionisten, die in dieser Richtung den künstlerischen und ideologischen Höhepunkt der von ihnen propagierten „ästhetischen Rauschkunst" sahen. So gab Oscar Bie, der neben Alfred Kerr als der einflußreichste impressionistische Kritiker galt, der „Neuen Rundschau" ab 1904 ein ausgesprochen großbürgerlich-internationales Gepräge und ließ sie von Modekünstlern wie Walser, Cristophe, Vogeler und E. R. Weiß ausstatten. Er selbst schrieb in diesen Jahren Bücher wie „Der Tanz" (1906), „Das Fest der Elemente" (1909), „Die Oper" (1913) und „Die Ballette des Deutschen Theaters" (1918), die schon im Titel wie Programme dieser neuen Richtung klingen. Eine ähnliche Wandlung vom Impressionistischen zum Dekorativen läßt sich bei Publizisten wie Felix Poppenberg, Franz Blei und Oskar H. Schmitz verfolgen, die sich plötzlich dem Problem „stilistischer" Konventionen zuwandten. Dafür sprechen die vielen Aufsätze über berühmte Tänzerinnen, Barockgärten, Figurinen, die japanische Kunst des Blumenstellens, die Wasserspiele der Villa d'Este, Bucheinbände, Fächer, Kleidermoden vergangener Jahrhunderte oder die Entstehung der Bügelfalte. Zur gleichen Zeit erschienen preziöse „Taschenbücher für Damen" oder „Reisebreviere für Globetrotter", als sei die ganze Welt nur eine Angelegenheit der Mode und der gesellschaftlichen Eleganz. Fast alle diese Werke wurden zu wahren Erfolgsschlagern, da man sich auf das bereits Vertraute beschränkte und deshalb nicht gegen das Unverständnis der konservativen Kreise anzukämpfen brauchte. Wieder einmal fielen die Gewinne und Tantiemen nicht den Bahnbrechern, sondern den Modekünstlern zu, die sich damit begnügten, die impressionistische Grundsubstanz ins Biedermeierlich-Niedliche oder Rokokohaft-Elegante abzuwandeln. Man denke an die Erfolge von Bierbaums „Irrgarten der Liebe" (1901), Wolzogens Überbrettl, die Inszenierungen Reinhardts oder den „Rosenkavalier" (1911) von Strauss, die gerade ihrer kompromißlerischen Haltung eine ungewöhnliche Publikumswirksamkeit verdankten, die den Werken der neunziger Jahre nicht beschieden war.

Eine dieser Masken bot die bereits erwähnte Biedermeiermode, mit der man jene innerlich so zerrissene Zeit zwischen 1815 und 1848 in ein Zeitalter idyllischer Geborgenheit und ideologischer Windstille umzuinterpretieren versuchte. So erzielte Georg Hermann mit seinen Biedermeierromanen „Jettchen Gebert" (1906) und „Henriette Jakoby" (1908), wo er ein breites kulturgeschichtliches Panorama der Berliner Gesellschaft um 1840 entwirft, zeitweise große Erfolge, die auch seiner Dokumentensammlung „Das Biedermeier" (1912) zugute kamen. Einen ähnlichen Charakter haben die Romane „Familie P. C. Behm" (1903), „Patriarch Mahnke" (1905) und „Nelde Thorstens Sanduhr" (1907) von Ottomar Enking, in denen die gemüthafte Welt einer biedermeierlichen Kleinstadt geschildert wird, die eng und doch liebenswürdig wirkt. Der Fluchtversuch in ein konservatives Idyll ist hier ganz offensichtlich. Man lese das Motto zu seinem Roman „Ach ja, in Altenhagen" (1913), der schon im Titel ein behagliches Zurücksinken in die Vergangenheit verrät:

> „Ein Bilderbuch, mein lieber Freund, nichts weiter.
> Altmodisch Lämpchen rücke Dir zurecht,
> Vergiß, was ringsum Neu und Großes lebt,
> Und blick' auf diese stille, kleine Welt."

Inhaltlich handelt es sich meist um eine verträumte Kleinstadt mit breiten Backsteintoren, stämmigen Kirchtürmen und braunroten Dächern, unter denen ein behäbiger, ehrlicher und schlichter Menschenschlag lebt, der am Bodenständigen und Patriarchalischen festzuhalten bestrebt ist. Alles, was diese Menschen erleben, wird in liebevoller Kleinmalerei nachgezeichnet, und zwar wehmütig lächelnd, wie man einem dahingeschwundenen Idyll nachtrauert. Sogar die Möbel dieser Epoche, die man in der Gründerzeit als zu anspruchslos empfunden hatte, wurden wieder vom Speicher geholt und in besondere Biedermeierzimmer gestellt. Nur so läßt sich verstehen, daß man anfänglich selbst die „Buddenbrooks" (1901) von Thomas Mann als Biedermeierroman auffaßte, indem man sich an das „Landschaftszimmer" und die fast kulturgeschichtlich exakte Schilderung der Kleider und Hüte hielt. Noch deutlicher äußerte sich dieser modische Überschwang im Theaterwesen jener Jahre. Das Biedermeier galt hier teils als jene wohlbehütete Zeit, „wo der Großvater die Großmutter nahm", teils als Folie der eigenen Ideen. So sang man auf Wolzogens Überbrettl naturalistische Dirnenlieder im ehrbaren Biedermeierfrack, um durch diesen Kontrast einen pikanten Reiz zu erzielen, was man in zeitgenössischen Kritiken als eine Mischung aus impressionistischer „Nervenfriktion des Frou-Frou" und einem blasiert-sentimentalen Hinschielen nach der „naiven Unschuld des goldenen Zeitalters" bezeichnete. Auch Max Reinhardt machte sich diese Biedermeierbegeisterung zunutze und konnte im

Dekorativismus

Deutschen Theater in Berlin mit Stücken von Nestroy und Kotzebue Riesen-
erfolge erzielen. Allein „Die deutschen Kleinstädter" von Kotzebue wurden
196 mal gespielt, da man sich hier einem halb idyllischen, halb ironischen Behagen an der Lächerlichkeit des kleinbürgerlichen Lebens hingeben konnte.
Einen ähnlichen Akzent hatte das neue Interesse für Stifter und Mörike, die
sich wie Ludwig Richter und Moritz von Schwind einer steigenden Beliebtheit erfreuten, was sie weitgehend Ferdinand Avenarius verdankten, der sie
im „Kunstwart" zu Herolden des Deutsch-Kleinstädtischen und Treubiederen
erhob. In der Malerei dieser Jahre findet man das Biedermeierliche vor allem
bei Heinrich Vogeler, Adolf Hengeler, Th. Th. Heine, Philipp Klein und Alexander von Salzmann, die das Treuherzige dieser Ära mit pikanten seelischen
Spannungen versahen. Ins Groteske gesteigert wird dieser Gegensatz auf dem
Holzschnitt „Begegnung" (1900) von Heine, wo eine sinnige Biedermeier-
dame einen beardsleyhaften Hermaphroditen bewundert. Ebenso pointiert
wirken die Biedermeiermotive bei Angelo Jank und Walter Caspari, deren
Mädchentypen von einer Unschuld sind, daß sie fast etwas aufreizend Fri-
voles haben. Auch die Illustrationen zu den „Memoiren des Herrn Schnabe-
lewopski" von Jules Pascin zeichnen sich durch diese laszive Kindlichkeit aus.
Emil Preetorius neigte dagegen mehr zum Jugendstilhaften, was seine Zeichnungen zu Pückler-Muskaus „Semilasso" und Niebergalls „Datterich" beweisen. Noch deutlicher zeigt sich diese Stilisierungstendenz bei Karl Walser
und Rochus Gliese, deren Figurinen für Reinhardts Nestroy-Inszenierungen
von einer preziösen Idyllik sind. Zu bedeutenden künstlerischen Leistungen
hat es diese Richtung nicht gebracht. Auf die Dauer gesehen, erwies sich das
Biedermeier als ein ungeeignetes Medium dieses Ästhetizismus, da es zuviel
kleinbürgerliche Elemente enthielt, die bereits zum Heimatkünstlerischen tendieren. Man überließ daher diese Richtung den Möbelkünstlern und Provinz-
talenten und wandte sich einer Epoche zu, deren gesellschaftlicher Zuschnitt
eine wesentlich aristokratischere Note verrät.
Diese Epoche war das Empire. Wiederum kann man zwischen zwei Entwicklungstendenzen unterscheiden: dem impressionistisch Pikanten und dem
stilkünstlerisch Formbetonten, worin das Übergangshafte dieser Richtung
zum Ausdruck kommt. So begeisterte sich Felix Poppenberg, ein Passioné
der künstlerischen Juwelierkunst dieser Jahre, in seinem Essay „Aus der
Empire-Schatulle" (1906) vor allem am berückenden Lavendelduft dieser
versunkenen Zeit, an ihren Tänzen und Briefen, in denen es kichert wie von
„flügelleichten Tanzlegendchen" (DNR S. 1007). Immer wieder hebt er das
Niedliche, Drollige und Süß-Bescheidene hervor, als habe es in dieser Zeit
nur verliebte Komtessen und muntere Kammerjungfern gegeben. Andere
schwärmten mehr für die rein linearen Reize dieser Epoche: die Möbel der
Madame Récamier, die gräzisierenden Ornamente und die klassische Strenge
der Öfen und Wandbespannungen. Daß auch der Zopfstil wieder in Mode kam,

beweisen die an Chodowiecki geschulten Illustrationen von Alfons Woefle. Noch deutlicher zeigt sich dieser Stilimpuls in der Architektur, wo man aus Protest gegen die industrielle Verkitschung, die überladenen Schweizervillen und den palastartigen Mietskasernenstil wieder am Wohnhausbau des späten 18. Jahrhunderts anzuknüpfen suchte. Man denke an die Bauten von Paul Schultze-Naumburg, der bei seinen klassizistisch-biedermeierlichen Häusern auf jede Ornamentik verzichtete und den Hauptnachdruck auf die innere Ausgewogenheit der Proportionen legte. So baute er Vorstadtvillen oder Landhäuser mit Mansardendächern und kleinen Säulenvorbauten, ja ganze Schlösser wie den Altenhof bei Eckernförde, Peseckendorf bei Halberstadt, Hackhausen bei Düsseldorf, Freudenberg bei Wiesbaden oder Katzdangen in Kurland, die in ihrer idyllischen Feierlichkeit wie Kopien goethezeitlicher Bauten wirken. Ähnliche Häuser entwarf der Messel-Schüler Paul Baumgarten, bei denen man sich trotz aller Säulen und Gesimse eher an ein Landhaus als an eine Tempelfassade erinnert fühlt. Auch das „Haus Hainerberg" im Taunus, das „Haus H." in Frankfurt am Main oder das „Haus Rosenfeld" in Stuttgart von Bruno Paul haben diese schloßartig-klassizistischen Anklänge, ohne dabei monumental zu wirken. Das gleiche läßt sich von den Inneneinrichtungen von Rudolf Alexander Schröder sagen, bei denen sich das Goethezeitliche mit einer patrizisch-hanseatischen Vornehmheit verbindet, die von einer instinktiven Stilsicherheit zeugt. Programmatisch unterstützt wurde diese Richtung durch Bücher wie „Das Verlangen nach einer neuen deutschen Kunst" (1901) von Theodor Volbehr oder „Um 1800" (1908) von Paul Mebes, deren historisierende Einstellung wesentlich zur Herausbildung des folgenden Purismus beigetragen hat, da sie beide nicht das Ornamentale, sondern das Tektonische in den Mittelpunkt ihrer Betrachtungen stellten.

Noch stärker als das Empire kam das Rokoko dem halb verspielten, halb ernstgemeinten Stilverlangen dieser Richtung entgegen. Während man sich im Impressionismus lediglich für das Genießerische dieser Epoche interessiert hatte, stellte man jetzt mehr den gesellschaftlichen Kanon in den Vordergrund, der sich nur durch eine wohlerwogene Bindung des Einzelnen an das Ganze erreichen läßt. Auf diese Weise verwandelte sich die erste Hälfte des 18. Jahrhunderts in ein Leitbild kunstvoll abgezirkelter Umgangsformen, deren Sinn vor allem darin bestand, die erotische Zügellosigkeit dieser Ära hinter maskenhaften Konventionen zu verbergen, um nicht gegen den künstlerischen „Stil" zu verstoßen. So verglich man die zarten Chinoiserien des Rokoko immer wieder mit der spätimpressionistischen Freude am exotisch Stimulierenden und steigerte sich schließlich in eine Scheinwelt hinein, die in der leitbildlich evozierten Welt der höfischen Galanterien nur einen Vorwand zu luftigen Hochstapeleien sieht. In der Malerei wurde dieser Ausflug ins Rokokohafte durch Slevogts d'Andrade-Motive und seine Illustrationen zur „Zauberflöte" eingeleitet. Auch seine Tischkarten und Einbandentwürfe, bei denen er den Text lediglich mit verschnörkelten Arabesken umspielt, haben eine Beschwingtheit, die an Ähnliches bei Guardi erinnert. Ebenfalls rokokohafte Züge hat jene Richtung, die sich von Beardsleys Zeichnungen zu Popes „Lockenraub" inspirieren ließ. Man denke an die Illustrationen zur „Manon Lescaut" von Franz Bayros oder an Franz Christophe, wo sich eine allmähliche Wendung vom reinen Salonstil ins historisierend Dekorative beobachten läßt. Noch leichter und graziöser wirken die Zeichnungen von Karl Walser, der die Schriften von Louvet de Couvray und die Briefe der Ninon de Lenclos illustrierte. Daneben entwarf er Vorsatzpapiere, Figurinen und Zierleisten, malte Fresken wie die Wandgemälde im Hause Cassirer oder in der Loggia Oscar Reinhardts, die er mit Gestalten aus „Tausendundeiner Nacht", verliebten Hirten und weidenden Schafen bevölkerte. Einen ähnlichen Charakter haben seine Illustrationen zu Bies „Der Tanz" (1906), wo er mit filigranartigen Umrißlinien luftige Lauben, kokette Damen und elegante Gartenterrassen aufs Papier zu zaubern verstand. Eine Grazie dieser Art findet man sonst nur bei Orlik, vor allem in seinen Figurinen für Reinhardt, während die Rokokoszenerien von E. R. Weiß wesentlich spröder wirken. Sogar in der „Jugend" begegnet man solchen Motiven, wenn auch ins Faschingshafte oder Volkstümliche abgewandelt. Dafür sprechen Maler wie Adolf Münzer, Leo Putz, Hans Pellar, Adolf Hengeler und Julius Dietz, die neben anderen Stoffbereichen auch das Rokoko in ihre dekorativen Absichten einbezogen, indem sie die beliebten „Surprises d'amour" ins Bajuwarische vergröberten. Der einzige, bei dem dieses Scholle-, Jugend- und Brettl-Rokoko eine Wendung ins Anspruchsvolle erfährt, ist Fritz Erler, und zwar in seinen Wiesbadener Kurhausfresken (1906), wo er sich um eine ballettartig angeordnete Figurenszenerie bemüht. Leider werden dabei die dargestellten Personen so stark ins Dekorative entpersönlicht, daß sie wie nichtssagende Tapetenmuster wirken. Schuld daran sind nicht nur die Malweise, sondern auch der gewaltsame Versuch, einen genuin höfischen Stil auf die Welt der modernen Restaurants und Kurpromenaden zu übertragen, was notwendig ins Maskenhafte entgleisen mußte.

In der Literatur äußert sich diese Rokokomode meist in einer bukolisch-anakreontischen Einkleidung allzu drastischer Pikanterien, wodurch selbst das Erotische einen rein dekorativen Charakter annimmt. So beschreibt Arno Holz, der fast alle stilistischen Wandlungen dieser Epoche mitgemacht hat, in seinem „Phantasus" (1898—1899) eine nackte Rokokodame, die zwischen Rosenhecken einen Kakadu füttert. 1903 veröffentlichte er eine anakreontische Blütenlese unter dem Titel „Aus Großmutters Garten. Ein Frühlingsstrauß aus dem Rokoko". Ein Jahr später folgten „Des berühmten Schäffers Dafnis selbst verfärtigte/sämtliche Freß-Sauf- & Venus-Lieder", in denen er die naturalistische Derbheit seiner früheren Gedichte mit einer barocken Maske versah. Das Ganze wirkt sprachlich zwar sehr gewandt, bleibt jedoch im Kunstgewerblichen befangen, da sich Holz weitgehend mit einer gelehrten Aufzählung der üblichen Barockmetaphern begnügt. Bierbaum dagegen hielt sich als echter Impressionist von vornherein an den Bilderschatz des Rokokos. Das erfolgreichste Lyrikbuch der Jahrhundertwende wurde daher nicht der erotisch-triefende, aber schwerfällige „Dafnis", sondern sein „Irrgarten der Liebe" (1901), in dem das Varieté des Eros mit melodischer Eingängigkeit, formaler Gewandtheit und lyrischer Grazie dargestellt wird. Die meisten seiner Gedichte geben sich als Tanzlieder oder Faunsflötengesänge, die eigentlich als Monologszenen im Kostüm vorgetragen werden müßten. Dennoch ist das Ganze keine Stilkopie, sondern hat einen ausgesprochen spätimpressionistischen Charakter, da die rokokohaften Partien immer wieder in einem melodischen, aber sinnlosen Reimgeklingel untergehen, das an das „Dudelidei" seiner minnesängerlichen Vagantenpoesie erinnert. Die gesellschaftlichen Elemente, mit denen man den Eindruck einer stilsicheren Konvention erwecken wollte, sind hier genauso gemimt wie in den anderen Werken dieser Richtung und gleiten daher in einen lyrischen Mummenschanz ab, bei dem selbst die intimsten Beichten zu dekorativen Spielereien werden. Alles, was Bierbaum in diesen Gedichten behandelt, wird unter seiner Hand zu Nippesfiguren, lächelnden Püppchen, Jüngferlein und ähnlichen Diminutiva. Sogar das „Sub rosa veneris" ist hier nur ein lyrisches Tapetenmotiv, eine schmückende Girlande oder kunstgewerbliche Dekoration. Gedichte wie „Arie des Schäfers", „Rosenopfer", „Rosen, Mozart, Goethe" oder „Morgenständchen" gleichen daher geschmackvoll arrangierten Rosenketten, mit denen man ein Himmelbett verzieren könnte. Immer wieder ist vom Mai, vom blauen Himmel, vom Zephir, vom Muschelwagen, von Gott Amor oder den kleinen, süßen, weichen Brüstchen die Rede, was auf die Dauer etwas öde wirkt. Eine annehmbare Grazie erreicht er nur dann, wenn er sich auf eine anakreontisch-zarte Pointe beschränkt und im übrigen geschickte Vokalisierungen und rhythmische Kadenzen verwendet. Ähnliche Motive finden sich in den Liedern von Alfred Walter Heymel, in denen der Rokoko-Dekorativismus aus der Tanz-und-Taumel-Atmosphäre des Brettls allmählich ins Jugendstilmäßige hinübergleitet. Eine andere und doch verwandte Welt dieser Rokokopoesie findet sich im Bereich der Wiener Literatur, wo man um 1900 das impressionistische „Flugerl" durch die kapriziöse Galanterie ersetzte. Wohl die besten Beispiele dafür bieten die Gedichte des jungen Hofmannsthal, in denen man sich wie bei Schaukal und Andrian einer Welt der höfischen Eleganz gegenübersieht. So liest man von Gärten mit stillen Teichen, dunklen Taxushecken und verschlafenen Tritonen, von verliebten Kavalieren, die parfümierte Damen aus den Sänften heben, oder von einem Bologneserhündchen, das verwundert einen Pfau erblickt. „Schäferszenen, keck gewoben, zierlich von Watteau entworfen", heißt es im „Prolog zum Buch Anatol" (S. 39), wo sich alle diese Motive zu einer reigenhaft-graziösen Suite verbinden.

In der Musik kommt dieser Rokokokult vor allem in dem programmatischen Motto „Zurück zu Mozart" zum Ausdruck. Wagner, das Idol der impressionistischen Ära, sank durch diese Umorientierung plötzlich auf das Niveau eines unerträglichen Pathetikers und dekadent-überreizten Psychopathen herab, dessen schwelgerische Stimmungsmalerei sich nur durch eine konsequente Hinwendung zur Form überwinden lasse. Eins der besten Beispiele für diese Tendenz ist das Buch „Wagner oder die Entzauberten" (1913) von Emil Ludwig, in dem statt lastender Schwüle eine stärkere Hervorhebung des Graziösen und Leichten gefordert wird. Er und andere priesen daher die heitere Gesellschaftsoper, die sich mit einer geistreich-tändelnden Musik und gefälligen Dekorationen begnügt, was Oscar Bie in seinem Büchlein „Die moderne Musik" (1906) in folgendem Resüme zusammenfaßte:

> „Wir leben unter dem maßlosen Druck des Wagnerschen Olympiertums und sind gezwungen, gerade die Opposition gegen diese Macht zu kultivieren, das heitere Genre, die alte Form, das stilisierte Ensemble, die absolute Symphonie, die intime Linie der Kammermusik, wir entdeckten für uns von neuem Mozart, Don Pasquale und die kleine, graziöse, französische Oper, wir rufen nach einem bürgerlichen Lortzing, entzücken uns über Smetanas ‚Verkaufte Braut'" (S. 24).

Einer der ersten, der sich in die Gefilde der „unwagnerischen" Spieloper hinüberlocken ließ, war Richard Strauss. Obwohl er sich als echter Impressionist nach einem ganz „modernen Stoff" mit „nervöser Psychologie" sehnte, wurde er von Hofmannsthal immer stärker in eine Welt der Masken und Ballette hinübergezogen, die seinem Sinn für das Reale eigentlich zuwiderlief. Trotz allem gelang ihm dabei ein Werk wie der „Rosenkavalier" (1911), der in Stimmung und Milieu völlig in das theresianische Wien eingebettet ist. Strauss verwendet hier zwar noch die ganze impressionistische Farbpalette, wird jedoch durch die stilisierte Atmosphäre und die abgezirkelten Strophen immer heller und transparenter in seinen Motiven, da er kaum Gelegenheit zu naturalistischen Effekten oder tonmalerischen Einlagen hat. Wohl den Höhepunkt dieses stilisierten Impressionismus oder Dekorativismus bildet seine „Ariadne auf Naxos" (1912), die ursprünglich mit einer musikalisch untermalten Molière-Komödie, dem „Bürger als Edelmann", verbunden war. Hofmannsthal hatte diesen „geistreichen Scherz", wie er ihn nannte, weniger für Strauss als für Max Reinhardt konzipiert, was zu umständlichen Auseinandersetzungen zwischen allen Beteiligten führte, da Strauss mit sicherem Instinkt das Undramatische dieser dekorativen Experimente durchschaute. Aus dem Vorspiel hat sich daher nur der Straußsche und nicht der Hofmannsthalsche Anteil erhalten: eine locker aneinandergereihte Suite mit rokokohaften Tanzformen, die Strauss mit geschickt abgewandelten Lully-Motiven vermischte. Im folgenden Opernteil herrscht dagegen ein etwas ernsterer Ton. Die Welt des Rokoko tritt hier nur in Gestalt der Zerbinetta und ihrer Begleiter Harlekin, Brighella und Truffaldin in Erscheinung, deren Clownerien und Koloratureinlagen das Ganze wie ein verschnörkeltes Rankenwerk umgeben. Mehr ins Handgreiflich-Komische abgewandelt wird dieser Rokokogeist bei Ermano Wolf-Ferrari, dessen Opern fast alle auf Goldoni-Texten beruhen. Man denke an seine „Neugierigen Frauen" (1902) oder die „Vier Grobiane" (1906), die keinen anderen Anspruch haben, als witzig-elegante Spielopern zu sein. Nicht nur die Handlung, auch die Musik hat hier etwas Beschwingtes und bedient sich mit Vorliebe des 2/4-Taktes, als hätte es nie das raffiniert ausdeutende und psychologisch illustrierende Orchester Wagners und seiner Nachfolger gegeben. Die musikalische Entwicklung scheint in diesen Werken bei Mozart oder spätestens bei Rossini stehengeblieben zu sein, so klar sind die einzelnen Nummern aufgebaut. Statt chromatischer Glissandi, Flageoletteffekten, Harfenbispligandi und ähnlicher Raffinessen verwendet Wolf-Ferrari einfache, oft gehörte Kadenzen, verzichtet auf Posaune, Englischhorn und Baßklarinette, reduziert den ins Monströse angeschwollenen Schlagzeugapparat und erfindet wieder Melodien, was den Impressionisten als kindliche Naivität erschien, während die Vertreter der Stilkunst dieses „Zurück zu Mozart" als „reaktionären Fortschritt" priesen. Auch Busonis „Arlecchino" (1917), der ebenfalls Elemente der italienischen Commedia dell'arte enthält, gehört in den Rahmen dieser Rokokobegeisterung. Es handelt sich hier um ein „theatralisches Capriccio" in einem Akt im Stile Mozarts, Pergolesis oder Cimarosas, das in seiner geistreichelnden Art wie eine Parodie des gesamten romantischen Opernschaffens wirkt. Auf dem Gebiet der Orchestermusik begegnet man dem Rokokohaften besonders in den Balletten, Serenaden, Partiten und Konzerten im „alten Stil", die den Divertimenti von Mozart oder den Suiten von Rameau und Couperin nachgebildet sind. Man denke an Ballette wie „Rokoko" (1908) von Franz Schreker, die Couperin-Suiten von Richard Strauss oder Klavier- und Orchesterstücke wie „Meißener Porzellan" (1908), „Amoretten" (1910), „Aus Watteaus Zeit" (1911), „Sanssouci" (1919) oder „Trianon" (1919) von Walter Niemann. Wesentlich anspruchsvoller wirken dagegen die „Hiller-Variationen" (1907) von Max Reger, die ihm nach Jahren der Einsamkeit zu seinem ersten Publikumserfolg verhalfen, da er hier sowohl mit einem anmutig-tänzerischen Thema als auch mit raffinierten kontrapunktischen Kunststückchen brillieren konnte. Das gleiche gilt für seine „Mozart-Variationen" (1915), in denen er das graziöse Anfangsthema der A-Dur-Sonate so vielgestaltig variiert und obendrein mit einer Doppelfuge bekrönt, daß der ursprüngliche Rokokocharakter immer stärker in den Hintergrund tritt.

Ebenso deutlich wie in den „hohen Künsten" kommt dieser historisierende Dekorativismus im Bereich des Theaterlebens zum Ausdruck. Auch hier liebte man die sinnliche Suggestion, wodurch ein dekorativer Kulissenzauber entsteht, bei dem das Inhaltliche nur noch von untergeordneter Bedeutung

ist. Davon zeugen die vielen Brettlbühnen dieser Jahre, die als „lyrische Theater" begannen und bald zu einem literarischen Tingeltangel abglitten. Von
den „Elf Scharfrichtern" einmal abgesehen, begnügte man sich meist damit,
modische Biedermeierszenen oder pikante Schäferpoesien ins Operettenhafte
zu verhunzen. Eine stilbildende Kraft gewann diese Form des Theaters erst
unter Max Reinhardt, der den impressionistischen Kleinkunststil ins Große
und Dekorative übertrug und so zum gefeierten Modehelden wurde. Er begann diesen Siegeslauf 1905 mit der Übernahme des „Deutschen Theaters"
in Berlin, wo er einen Bühnenstil entwickelte, der sich sowohl von der naturalistischen Milieuakribie eines Brahm und Schlenther als auch von dem üblichen Hoftheaterschwulst unterschied. Anstatt mit Ibsen oder Schiller zu
debütieren, fing er mit Shakespeares „Sommernachtstraum" an, der so begeistert aufgenommen wurde, daß er ihn jahrelang als Repertoirestück bei-
behalten konnte. Reinhardt befreite sich in dieser Inszenierung von allen gängigen Klischees, indem er die ganze Handlung in Farbe, Dekoration und Bewegung zerlegte, was ihm überzeugte Impressionisten wie Alfred Kerr als
eine Hypertrophie des Ornamentalen verübelten. In einer besonders aufge-
brachten Stimmung nannte Kerr diese Manier ein bloßes „Geschmacktheater",
mit „Bäumelchen auf die Szene gestellt", bei dem alles in einen „pikfeinen Rahmen umgekitscht" werde (DNR 1908, S. 1522). Doch Reinhardt ließ sich durch
solche Rezensionen nicht beirren, zumal er das verwöhnte und zahlende Publikum völlig auf seiner Seite wußte. Vor allem in den Jahren um 1910 zog er
in immer stärkerem Maße die Musik heran, verwandelte die Worte in bloße
Stimmungsträger und ließ sich Figurinen und Dekorationen von Malern wie
Karl Walser, Ernst Stern, Emil Orlik, ja sogar von Slevogt und Corinth entwerfen, die oft so geschmackvoll waren, daß man sie auf offener Bühne als
Sondereffekt beklatschte. Die Snobs und Ästheten wollten bei ihm keine
„Klassiker" sehen, sondern Pantomimen und Ballette, bei denen sich der agie-
rende Mensch in einen dekorativen Farbfleck verwandelt. Dafür spricht ein
Stück wie „Die grüne Flöte" (1915), das auf einer Idee von Hofmannsthal
beruhte und von Ernst Stern als preziöse Rokokochinoiserie ausgestattet
wurde, während man als musikalische Untermalung zu diesen getanzten
Dekorationen Mozarts „Les petits rien" spielte. Oscar Bie, wohl der beste
Connaisseur dieses Genre, nannte es in seinem Buch „Der Tanz" (1906) eine
„Symphonie des Dekorativen", getanzt auf den „Zehenspitzen alter Porzel-
lanrhythmik", wodurch an die Stelle der Impression die verschnörkelte Arabeske trete (2. Aufl., S. 376). Ein Jahr später inszenierte Reinhardt die Bal-
lettpantomime „Die Schäferin", diesmal mit Musik von Rameau, die sich
formal und inhaltlich auf der gleichen Linie bewegte. Hofmannsthal versuchte
zur gleichen Zeit, auch Strauss für solche Ballettkompositionen zu gewinnen,
und sandte ihm am 26. Juni 1912 den Entwurf zur „Josephslegende", wobei
er ihn an seine Bürger-als-Edelmann-Suite erinnerte: „Bitte, lesen Sie ihn

durch, auch aufs Malerische hin, aufs Schöne hin, mit dem Sinn, der Sie
seinerzeit ein Ballett Boucher-Fragonard-Watteau erfinden ließ." Wie dekorativ er diesen Plan von vornherein auffaßte, geht aus der Äußerung hervor,
daß er das biblische Sujet bereits im Entwurf in den „Kostümen des Paul
Veronese" konzipierte, um das Ganze in den Bereich der vollendeten Illusion
zu erheben.

Ein ähnlicher Historismus läßt sich im Buchwesen der Jahrhundertwende ver-
folgen. Nach einer Zeit billiger Serienprodukte und floraler Schnörkeleien
schwärmte man im Rahmen dieser Richtung für eine Buchkultur im „alten
Stil", die sich nur an eine erlesene Schar von Bibliophilen wendet. Während
sich selbst der Jugendstil noch teilweise mit gewöhnlichen Pappeinbänden und
Werkpapier begnügt hatte, griff man jetzt zu Japanpapier, Van-Geldern-
Bütten und echten Maroquineinbänden. Von den besonders kostbaren
Büchern kamen oft nur Auflagen von 100 und 200 Exemplaren heraus, die man
obendrein handschriftlich signierte, um dem Ganzen eine persönliche Note zu
geben. Manche dieser literarischen Bijous lassen sich daher eher mit Nippes-
sachen als mit Büchern vergleichen. So wurden einzelne Gedichte oder kurze
Prosastücke häufig nur durch die Art der Aufmachung zu regelrechten „Werken" erweitert, denen inhaltlich ein preziöses Nichts zugrunde liegt. Wohl die
schärfste Satire auf diesen bibliophilen Ästhetizismus findet sich in Bierbaums
„Prinz Kuckuck" (1906–1907), in dem ein dilettierender Graf beschrieben
wird, der einen Zyklus von zwölf Sonetten auf Büttenkarten drucken läßt
und ihn durch Vorsatzblätter, Buchschmuck, Ankündigungen, Widmungen
und Zwischentitel zu einem Konvolut von 190 Seiten ausweitet. Bei manchen
Büchern dieser Jahre ist die Ausstattung in der Tat so verschwenderisch, daß
der Inhalt völlig in den Hintergrund tritt. „Liest man die Dinge nicht, so kost
man doch mit den Vorsatzpapieren", schrieb W. Fred 1907 in der „Neuen
Rundschau" (S. 760). Getragen wurde diese bibliophile Bewegung durch einige illustre Verlage wie den Insel-Verlag, den frühen Eugen Diederichs, Paul
Cassirer und eine Anzahl von exklusiven Privatdruckereien, deren Initiatoren
Harry Graf Keßler, Rudolf Borchardt und Rudolf Alexander Schröder waren.
Diese Verlage zogen wie Max Reinhardt zum ersten Mal anerkannte Künstler
zu Ausstattungsfragen heran, während man sich bisher mit schablonenhaften
Zierleisten begnügt hatte. So arbeiteten Vogeler, E. R. Weiß und Walser jahrelang fast ausschließlich im Buchgewerbe und entwarfen „künstlerische" Ornamente, Vignetten oder Initialen, die ein genau abgewogenes Ensemble bilden,
um den Leser schon durch die Art der Aufmachung auf den Inhalt des jeweiligen Buches einzustimmen. Den Anfang machten auch hier kostbare Rokoko-
und Biedermeierausgaben. Später wurde fast die gesamte Weltliteratur von
diesem Ausstattungskult ergriffen, der im Laufe der Jahre das rein Dekorative
überwand und zu immer formschöneren Leistungen vorstieß. Eine besondere
Spezies dieser Bibliomanie bildete das illustrierte Buch, das bald eine ganze

Legion von Graphikern beschäftigte, unter denen sich Namen wie Emil Preetorius, Ernst Stern, Franz Christophe, Alfons Woelfle, Rudolf Großmann, Franz von Bayros, Eugen Spiro, Karl Walser, Jules Pascin, E. R. Weiß und Hans Meid befinden, deren Werke noch heute zu den gesuchten Kostbarkeiten der Antiquariate gehören.

Im Mittelpunkt dieser bibliophilen Buchkultur stand der Insel-Verlag, der bereits in seiner Namengebung wie ein Programm dieser ästhetischen Fluchtraumtendenzen wirkt. Er wurde 1899 von Bierbaum, Schröder und Heymel gegründet und sollte ein Hort alles Kostbaren und ästhetisch Wertvollen sein. Bei den meisten Veröffentlichungen dieses Verlages handelte es sich um literarisch erlesene Werke, denen man mit schlichter und doch stilvoller Eleganz ein „künstlerisches" Gewand zu geben suchte. So bevorzugte man Handeinbände unter Benutzung alter Stempel, paßte die Drucktype genau der Stimmung des jeweiligen Bandes an und ließ Einbanddecken und Vorsatzpapiere von berühmten Graphikern entwerfen. E. R. Weiß stattete Bethges „Chinesische Flöte" (1910) aus, Vogeler die „Märchen" (1910) von Oscar Wilde, Tiemann Rilkes „Stunden-Buch" (1905), Ehmke Boccaccios „Das Leben Dantes" (1909), um nur einige der bekannten Ausgaben des frühen Insel-Verlages zu erwähnen. Schon die Einbände dieser Bücher waren oft so geschmackvoll, daß man sie kaum anzurühren wagte. „Oft sitze ich gegenüber und unterhalte mich mit ihnen, ohne sie aufzuschlagen", schrieb Oscar Bie (DNR 1907, S. 1531). Noch deutlicher kommen diese ästhetisierenden Tendenzen in der Zeitschrift „Die Insel" (ab 1899) zum Ausdruck, die von vielen als das Hauptwerk dieses stilisierten Impressionismus angesehen wurde. Trotz impressionistischer Resterscheinungen und leichter Jugendstil-Anklänge herrscht hier weitgehend das Snobistisch-Museale vor. So ist das Rokoko durch die „Briefe des Abbé Galiani" vertreten, das Biedermeier durch einige Holzschnitte von Th. Th. Heine, das Japanische durch eine amüsante Plauderei über den „Teegarten", während die Aufsätze von Meier-Graefe und die Vogelerschen Illustrationen in den Bereich des reinen Dekorativismus fallen. Märchenhaft-Unverbindliches lieferten Bierbaum und Schröder, Groteskes Behmer und Scheerbart, Geschmackvoll-Stilisiertes der junge Hofmannsthal. Doch der Text dieser „exklusiv ästhetischen Revue", wie sie Bierbaum nannte (III, IV, 4), war in d n meisten Fällen nur ein Vorwand. Das eigentliche Interesse der Herausgeber konzentrierte sich auch hier auf die äußere Aufmachung: auf Initialen, Kopfleisten, Illustrationen, Vorsatzpapiere, Mappenbeilagen und kostbare Einbandkartons, die an graphischer Qualität kaum zu überbieten sind. Fast auf allen Seiten dieser Zeitschrift kommt eine deutliche Abneigung gegen weltanschauliche Verbindlichkeiten oder politische Stellungnahmen zum Ausdruck. Immer wieder huldigte man nur der „Schönheit", selbst wenn diese einen rein dekorativen Charakter hatte und sich in der stilvollen Note einiger Nichtigkeiten erschöpfte. So schrieb Bierbaum in seinen

redaktionellen Anmerkungen, die sich fast ausschließlich mit neuen Druck-
typen oder Problemen der Buchausstattung befassen: „Für Bibliophile ist das
Buch selbst Stimmungslöser, ganz abgesehen vom Inhalte" (I, III, 363),
wodurch er die dienende Funktion des Kunstgewerbes zum Endzweck aller
Künste erhob. Doch schon nach wenigen Jahren brach das Ganze zusammen.
Der verwöhnte Millionenerbe Heymel erwies sich als zu unbeständig. Schröder
wandte sich antiken und christlichen Stoffen zu, während Bierbaum als echter
Journalist nach neuen Modeströmungen Ausschau hielt. Wohl am schärfsten
distanzierte sich Vogeler von diesem Ästhetizismus, der in seinen „Erinnerungen" (1952) zwar die „außerordentliche technische Qualität im Druck" und
die „gute graphische Gestaltung" der „Insel" betonte (S. 70), jedoch zugleich
auf den „formalistisch kunstgewerblichen Charakter" des Ganzen verwies
(S. 163), in dem eine bewußte Abkehr von der Wirklichkeit zum Ausdruck
komme:

> „Sie war eine romantische Flucht aus der Wirklichkeit, und daher war
> sie auch wohl den bürgerlichen Menschen eine erwünschte Ablenkung
> von den drohenden sozialen Fragen der Gegenwart. Im Rahmen eines
> Spiegels des Inselformates erhoben sich märchenhafte Vögel, wie Blätter
> und Blumen gebogen, mit phantastischem Gefieder, das wieder in wo-
> gende Zweige, in Früchte und Blumen überging. Blütenkelche, die
> wieder Blütenkelche aus sich herausstießen, ein Formenzeichen, das
> geradezu nach Farben schrie, nach giftigen, süßen, einschmeichelnden
> Farben. Nirgends war ein Horizont, nirgends ein Durchblick, nirgends
> eine Perspektive; das Ganze war ein schöner Vorhang, der die Wirklich-
> keit verhüllte" (S. 74).

DIE VOLKHAFT-MONUMENTALE
PHASE

HEIMATKUNST

Während in der ersten Phase der stilkünstlerischen Bewegung, und zwar vom Neoimpressionismus bis zum Dekorativismus, das Ideologische nur auf dem Umweg über einen rein äußerlich aufgefaßten „Stilwillen" in die Kunst eindringen konnte, greift es im Rahmen der sich jetzt entwickelnden Strömungen auch auf den Inhalt über. Das künstlerische Ziel ist hier nicht mehr der Stil an sich, sondern der „deutsche Stil". Die ästhetisch-idealistischen Richtungen werden daher zusehends durch ein volkhaft-nationalistisches Empfinden verdrängt, das neben dem Künstlerischen auch das Rassische, Religiöse, Politische und Mythologische zu umfassen versucht, um so zu einer wahrhaft „völkischen" Kultur zurückzufinden. Den ersten Ansatz zu dieser chauvinistisch-kleinbürgerlichen Gesinnung, der ein starker Affekt gegen den großbürgerlich-impressionistischen Sezessionsbetrieb zugrunde liegt, bildete das Ideal einer Heimatkunst, die mit verbissener Intoleranz gegen die nivellierenden Tendenzen der „westlichen Zivilisation" zu Felde zog. Mit besonderer Aggressivität wandte man sich dabei gegen die Industrie, den Liberalismus und die Rassenvermischung, die weitgehend unter dem Schlagwort „Großstadtwesen" zusammengefaßt wurden. So sprach man allgemein von der „Hölle der Großstadt", dem „Zementgebirge" oder der „Asphaltwüste", wo der Mensch nicht mehr im natürlichen Einklang mit dem Jahreslauf lebe, sondern ein erbärmliches Schattendasein führe und daher langsam zugrunde gehe. Um diesen „Teufelsgeist" abzuwürgen, begnügte man sich nicht mit einer schwelgerischen Verliebtheit ins Träumerische und Wiesenmüde, wie es für den Stimmungslyrismus der späten neunziger Jahre bezeichnend ist, sondern trat in aller Schärfe für eine durchgreifende Restaurierung der vorindustriellen Zustände ein. Und zwar stützte man sich dabei auf zwei ebenso eingängige wie primitive Schlagworte, die bald von einem weitverbreiteten Legendenkranz umwuchert wurden: das „einfache Leben" und die „gute, alte Zeit", von denen man sich eine erneute „Beseelung" aller zwischenmenschlichen Beziehungen erhoffte. Man liest daher in den Programmen dieser Richtung ständig Angriffe gegen die fortschreitende „Aushöhlung" der seelisch-schöpferischen Substanzen durch Fabrik, Büro und Großstadthetze, für die man entweder das atomistische Denken des Liberalismus oder den krassen „Materialismus" der oberen Zehntausend verantwortlich machte. Manche dieser Einwände waren durchaus berechtigt, kamen jedoch selten über das Kleinbürgerlich-Ressentimentgeladene hinaus. Was man hier unter „romantischer Gemütstiefe", „heimatlicher Verwurzelung" oder „deutschem Humanismus" verstand, entwickelte sich deshalb schnell zu einem Kryptofaschismus, der alle „intellektuellen" Errungenschaften zugunsten einer irrationalen Verankerung in Blut und Boden verwarf. Noch schärfer als in den Tagen der Romantik berief man sich dabei auf einen national verklärten Ständestaat, der sich ausschließlich aus Adligen, Bauern und Handwerkern zusammensetzt, da sich Gemüt und Menschlichkeit nur auf dem Lande oder in der Kleinstadt kultivieren ließen. Manche wollten daher allen Ernstes die Fabriken wieder durch Zünfte verdrängen und die maschinell hergestellten Konsumgüter durch das überlieferte Gerät der Väter ersetzen.

Diese Rückbesinnung auf das „einfache Leben" führte notwendig zu einem neuen Provinzialismus, einer wachsenden Vorliebe für das Idyllische und Dörfliche. Überall sprach man wieder von einer „Kultur der Landschaften und Stämme", einer Rückkehr zum Beschaulichen und Naturgemäßen, um so dem amorphen Internationalismus eine Ordnung entgegenzusetzen, die noch nicht vom Makel der „zivilisatorischen" Substanzlosigkeit gezeichnet ist. Im Gegensatz zur impressionistischen Vielfältigkeit und Nervendifferenzierung engagierte man sich daher für eine gefühlsmäßige Simplizität, bei der sich der einzelne wieder in den Rahmen von Stamm und Sippe einordnen muß. Daß ein solcher moralingefärbter Affekt gegen alles Komplizierte und Entwickelte schnell zu reaktionären Abwegen führen mußte, versteht sich fast von selbst. Anstatt eine klare Trennungslinie zwischen den liberalistischen „Entartungserscheinungen" und dem Wesen der Technik an sich zu ziehen, versteifte man sich mehr und mehr auf das Primitive, Urhafte und Archaische, während man die Welt der Städte unbarmherzig dem Verfall überließ. Das Ideal dieser Richtung war daher der Provinzdeutsche, der Thoma-Deutsche, der charaktervolle Hinterwäldler, der noch Ruhe und Gegründetheit besitzt, die man bei den großstädtischen Intellektuellen und „Hirnkulturmenschen" vergeblich suche. Nur so ist es zu verstehen, daß selbst bisherige Ästheten wieder vom „Freund der Fluren" oder vom gemüthaften Provinzler schwärmten, obwohl die meisten gar nicht daran dachten, sich aufs Land zurückzuziehen, sondern sich nur aus ideologischen Gründen zur Heimatkunst bekannten. Kein Wunder, daß es dadurch zu einer allmählichen Verschärfung der Blut-und-Boden-Komponente kam. Während in den „Offenbarungen des Wacholderbaums" (1901) von Bruno Wille das Leben auf dem Lande noch wie ein literarisches Intermezzo wirkt, treten jetzt Werke wie die „Deutschen Oden" (1914) von Rudolf Alexander Schröder in den Vordergrund, deren forcierte Bäuerlichkeit einen ausgesprochen nationalistischen und wehrhaften Charakter hat (I, 28):

> „Zieh deine Furchen, Bauer, wie sonst durchs Land
> Und streu den Samen über die Schollen aus.
> Vielleicht wogt doch im Erntemond dir
> Friedlich zu Häupten die blonde Halmfrucht.

327

Tritt unters Dach zu nüchternem Mahl und lieg
Bei deiner Hausfrau über die Nacht. Vielleicht,
    Daß sie den neugeborenen Knaben
    Künftig im Arme dir weisen dürfe.

Doch sei gewappnet! Trage das stählerne
Gewand des Krieges auch hinter der Pflugschar, leg
    Vor dir beim Schmaus das Schwert; und leicht nur
    Wohne dir hinter den Brau'n der Schlummer."

Das Menschenbild dieser Richtung orientierte sich daher entweder am bieder-
meierlich-kleinstädtischen Sonderling à la Raabe, der sich allmählich in einen
verstockten Hinterwäldler verwandelt, oder am kraftstrotzenden Schollebauern, für den es nichts Höheres gibt als die Bewahrung „deutscher Art".
Während diese beiden Typen anfänglich noch parallel auftraten, schob sich
im Laufe der Jahre immer stärker der traditionsbewußte Erbhofbauer in den
Vordergrund, und zwar in seiner „volkhaften" Bedeutung als Erhalter und
Ernährer und damit Träger der Gesamtkultur. Dafür spricht ein Buch wie
„Der Bauer in der deutschen Vergangenheit" (1900) von Adolf Bartels, in
dem das Bäuerliche als der stärkste „Wall gegen die destruktiven Tendenzen
aller Art" hingestellt wird. Bartels ließ sich dabei zu der „prophetischen"
Aussage hinreißen: „Die Zeitbewegung geht jetzt unzweifelhaft gegen den
industriellen Radikalismus, und es steht zu hoffen, daß noch Jahrhunderte
lang der deutsche Bauernstand den unerschöpflichen Boden deutscher Volkskraft bilden werde" (S. 142). Eine ähnliche Gesinnung herrscht bei Otto
Ammon, der in seinem Buch „Die Bedeutung des Bauernstandes für den Staat
und die Gesellschaft" (1906) die Landbevölkerung als den natürlichen „Jungbrunnen" des Volkes bezeichnete, den man nicht übermäßig ausschöpfen
dürfe, um nicht das ganze Volk dem rassischen Verfall auszuliefern. Noch entschiedener drückte sich Gustav Frenssen aus, der die innenpolitischen Fronten
als einen „Kampf des Germanentums, wie es im Adel, Landvolk und kleineren
Städten noch im allgemeinen rein erhalten ist, mit der großstädtischen Bevölkerung" hinzustellen versuchte, wie es in seinem Buch „Möwen und
Mäuse" (1928) heißt (S. 274). Schwächung des Bauernstandes galt daher allgemein als „völkische Degeneration", eine Formel, die besonders von den
deutschbewußten Kreisen begeistert aufgegriffen wurde und zu einer wahren
Sturmflut an „völkischen" Manifesten führte. So phantasierten Kulturpolitiker
wie Julius Langbehn von einer mystischen Blutsgemeinschaft auf bäuerlicher
Grundlage, während die „Alldeutschen" von einem nordischen Bauernstaat
mit rein arischen Rittergütern und Erbhöfen schwärmten. Man spürt hier
schon jenen Ungeist, wie er später in dem Buch „Das Bauerntum als Lebensquell der Nordischen Rasse" (1929) von Walther Darré durchbricht, das bereits ganz im Bannkreis der faschistischen Blut-und-Boden-Theorien steht.

Auf Grund dieser Thesen entstand in weiten Kreisen des mittleren und niederen Bürgertums ein völlig neues Verhältnis zur Heimat und damit zur deutschen Landschaft. Nach einer Zeit, in der man die Natur nur mit der Botanisiertrommel und dem Schmetterlingsnetz durchstreift hatte, sah man plötzlich in jeder alten Eiche einen Markstein der kulturellen Tradition und trat mit völkisc·ier Emphase für eine Reinerhaltung des deutschen Bodens von internationa.er „Überfremdung" ein, um sich nicht gegen den geheiligten Wurzelgrund der deutschen „Volksseele" zu versündigen. Ein erstes Symptom dafür war die 1904 von Ernst Rudorff gegründete „Deutsche Heimatschutzbewegung", die sich die Bewahrung des deutschen Landschaftsbildes und der „altdeutschen" Kleinstädte zur Aufgabe setzte und vom Reichstag scharfe Verordnungen gegen die Verunstaltung landschaftlicher Besonderheiten durch Reklame und unschöne Neubauten verlangte. Als besonders „verschandelnd" empfand man die vielen Telephonleitungen, Stromkabel und Eisenbahnschienen, die sich nur durch eine konsequente Restaurierung der ursprünglich agrarischen Zustände beseitigen ließen. Noch schärfer wandte sich Paul Schultze-Naumburg in seinem Buch „Die Entstellung unseres Landes" (1905) gegen die Nüchternheit der „kapitalistisch durchseuchten" Industriegesellschaft mit ihrem häßlichen Bahnhofstraßen- und Postämterstil und trat für das „gute Alte" ein: die bäuerlich-schlichte Bauweise der Altvordern und die häusliche Gemütlichkeit der Biedermeierzeit. Erst durch die Vorherrschaft der praktischen Gesichtspunkte, den liberalistischen Anarchismus und die Gewinngier der Bodenspekulanten sei Deutschland in die Gefahr geraten, sich in „ein trostloses Allerweltsschema zu verwandeln, das an Öde gewissen kalten, nüchternen Abstraktionen eines Gleichheits-Zukunftsstaates nicht nachsteht" (S. 78). Um dieser „Vernichtung unseres größten Schatzes: unserer deutschen Heimat" mit allen ihm zur Verfügung stehenden Mitteln entgegenzutreten, verteidigte er in seinen „Kulturarbeiten", die in langer Reihe beim Kunstwart-Verlag erschienen, den „organischen" Charakter des deutschen Dorfes vor jeder städtischen Überfremdung. Wie stark sich dabei Biedermeierliches mit eindeutig Reaktionärem vermischte, beweist seine Schrift „Dörfer und Kolonien" (1903), in der er das „deutsche Bauernhaus" als den „einzigen noch lebenden Repräsentanten einer nordisch-germanischen Bauart in Reinkultur" bezeichnete (S. 133). Ebenso „nordisch" gebärdete sich Philipp Stauff, der die Fachwerkornamente an alten Bauernhäusern als Überreste einer urgermanischen Runensprache zu interpretieren versuchte. Überhaupt wurde der Holzbau wieder sehr populär, und zwar als „germanisches" Gegenstück zum römischen Steinbau. So schrieb Heinrich Pudor in seinem Buch „Die neue Erziehung" (1902): „Was die Baukunst betrifft, so muß diese zum Holzbau zurückgreifen, denn volkstümlich ist in Deutschland nicht der Steinbau, sondern der Holzbau" (S. 133), als sei Deutschland immer noch das Land der Bauern und Wälder wie in den Tagen des Arminius. Vor allem der

Landhausstil dieser Jahre, wie man ihn bei Hermann Muthesius findet, ist daher deutlich am Bauernhaus orientiert, und zwar mit Fachwerkelementen, großer Eingangshalle und einer mit Schnitzwerk versehenen Holztreppe. Auch manche Zweckbauten, wie die Spritzenhäuser der Feuerwehr, wurden in diesem Stil angelegt. Zu den wichtigsten Förderern dieser Richtung gehörte Alfred Lichtwark, der schon in seinem Buch „Palastfenster und Flügeltür" (1899) für die Pflege heimatlicher Bautraditionen eingetreten war. Anstatt „plattdeutsch, fränkisch, schwäbisch oder thüringisch zu reden", stammelten heutzutage alle Landhäuser „ein wüstes Gemisch von Griechisch, Italienisch oder Französisch", stellt er hier empört fest (3. Aufl., S. 12). Lichtwark stellte daher die Forderung auf, das Internationale peinlichst zu vermeiden und sich wieder am „Fischer- und Schifferhaus, am Bauern- und Bürgerhaus" der nächsten Heimat anzulehnen (S. 3). Auch Otto Schwindrazheim ging in seinem Buch „Deutsche Bauernkunst" (1903) von der Erkenntnis aus, daß nur eine „grundnationale, durch und durch volkstümliche Kunst eine gesunde, dauernd lebenskräftige Kunst" sein könnte, und bezeichnete die germanischen Holzbauten als die „letzten Grundlagen des ausgesprochenen Deutschtums in unserer alten volkstümlichen Kunst und damit zugleich die Grundlagen für eine möglichst ebenso durchaus eigendeutsche Kunst der Zukunft" (S. III). Das gleiche gilt für den Aufsatz „Heimatschutz als Charakterangelegenheit" von Friedrich Seeßelberg, der 1910 in der „Wertung" erschien und das Streben nach einem „ausgesprochen nationalen Stil unseres Zeitalters" auf den unverbrauchten Schatz „bäuerlichen Lebens" aufmerksam machte (S. 13). Ähnliche Stimmen liest man in Zeitschriften wie „Der Kunstwart", „Das Land", „Heimat", „Grüne Blätter für Kunst und Volkstum", „Dorfkalender", „Deutsche Dorfzeitung", „Heimatschutz" und „Die Dorfkirche", in denen sich Autoren wie Ernst Rudorff, Heinrich Sohnrey und Ernst Wachler für eine ländliche Kulturarbeit im „völkischen" Sinne einsetzten. Fast alle propagierten dabei eine Wiederbelebung der alten Sitten und Gebräuche: der Spinnstuben, des Maibaums, der Sonnwendfeier, der Volkstänze, um wieder eine „sinnige Fröhlichkeit in die verödeten Dörfer" zu bringen, wie es in dem Buch „Feste und Spiele des deutschen Landvolkes" (1909) von Heinrich Sohnrey und Eduard Kück heißt (S. 28). Auf der gleichen Linie liegt die Einrichtung von Dorf- und Landesmuseen oder die Einführung der „Heimatkunde" in den Lehrplan der höheren Schulen, wie sie durch ein Buch „Die Heimat in der Schule" (1904) von Hugo Conwentz angeregt wurde. Wenn es nach diesen Kreisen gegangen wäre, hätte man am liebsten aus jedem Dorf wieder ein „Deutschhausen" gemacht, eine Pflanzstätte deutscher Art und Rasse, in der lediglich die Prinzipien von Blut und Boden regieren. Es kam daher ständig zu gehässigen Affektentladungen gegen den Siegeslauf des Großstädtischen, Kommerziellen und Fabrikmäßigen, wobei man mit provinzieller Beschränktheit die deutsche Rückständigkeit als die höchste aller Tugenden hinausposaunte und dadurch einem trivialfaschistischen Ressentiment verfiel, das in seiner Wut gegen oben und unten bei einem kaum zu überbietenden Muckertum landete. Zu diesen kleinbürgerlich-provinziellen Protesten gesellten sich mit der Zeit auch andere Strömungen, und zwar fast aus allen geistigen Lagern dieser Jahre, manche mehr den „utopisch-idealistischen", manche mehr den „völkisch-monumentalen" Aspekt betonend. Als Beispiele für den schwärmerischen Utopismus seien lediglich Zeitschriften wie „Die Rheinlande" (ab 1900) von Wilhelm Schäfer und die „Blätter für deutsche Art und Kunst" (ab 1915) von Richard Benz erwähnt, in denen der heimatkünstlerische Partikularismus zum Gedanken einer im Geistigen verankerten „Volkskultur" erhoben wurde. Ebenso bezeichnend für diese Richtung sind der „Wandervogel" und die spätere „Jugendbewegung", die sich wieder mit der deutschen Landschaft vertraut machen wollten, erst aus Abscheu gegen die Großstadt, dann mehr im Sinne der „völkischen" Kreise, indem man das romantisch-anarchistische Ideal einer selbständigen Jugendkultur mit dem Gedankengut von Lagarde, Langbehn, Damaschke und Popert vermischte. Auf die Landschaft bezogen, entwickelte sich daraus das Leitbild einer „paysage engagée", die wie in den Schriften von Wachler und List nur aus Hünengräbern, Wotansbergen, Donareichen und altgermanischen Thingstätten zu bestehen scheint. Auch Hermann Lietz mit seinen „Landerziehungsheimen", in denen weitgehend das Bäuerlich-Völkische im Vordergrund stand, gehört in diesen Zusammenhang. Ebenso einflußreich erwies sich Ferdinand Avenarius mit seinem „Kunstwart" und seinem „Dürer-Bund", wo es sich inhaltlich meist um Volksmärchen, alkoholfreie Getränke, Trachtenszenen, Fachwerkhäuser, Ludwig-Richter-Ideale und stilvolle Reformkleider handelt, die auf ein halb gemütvolles, halb reaktionäres Freiluftbiedermeier hinauslaufen, das in manchem an Carl Larssons „Haus in der Sonne" (1899) erinnert. Wohl den reaktionärsten Pol innerhalb dieser Richtung vertraten die „Alldeutschen", bei denen das Völkisch-Kleinbürgerliche, das in allen diesen Richtungen mehr oder minder versteckt vorhanden war, immer stärker zum Rassischen und damit Ario-Heroischen tendierte. Die gesamte Heimatkunstbewegung wurde hier zu einer künstlerischen Begleiterscheinung jener aggressiv-germanophilen Kreise degradiert, deren Hauptbestreben darin bestand, alle deutsch-nationalen Gefühle ins Chauvinistische umzufälschen. Daß ihre Hauptvertreter an dieser Entwicklung nicht ganz schuldlos waren, läßt sich an Gestalten wie Bartels, Schultze-Naumburg und Frenssen verfolgen, die in den zwanziger Jahren schamlos zum Nationalsozialismus überschwenkten.

In der Literatur wurden diese heimatkünstlerischen Bestrebungen vor allem durch die Zeitschrift „Heimat" (ab 1900) unterstützt, zu deren Gründern Georg Heinrich Meyer, Adolf Bartels und Friedrich Lienhard gehörten. Fast alle Beiträger dieser Zeitschrift traten entschieden für eine konservativ-reaktionäre Kulturpolitik ein, die auf einer verbohrten Negation des „Modernismus" beruht. Wohl am fanatischsten gebärdete sich dabei Bartels, der sich ständig auf eine kämpferische Wiedergeburt des „deutschen Wesens" aus dem schöpferischen „Urgrund" der germanischen Bodenständigkeit berief. So vertrat er in seinem Essay „Der Dichter und seine Heimat" (1903) die These, daß alle wahrhaft nationalen und damit großen Dichtungen im höheren Sinne „Heimatkunst" seien. Aus diesem Grunde bezeichnete er schon in seinem Buch „Die deutsche Dichtung der Gegenwart" (1897) den Schweizer Gotthelf und den Dithmarscher Hebbel als die beiden bedeutendsten Dichter des 19. Jahrhunderts, da sie sich zeit ihres Lebens ihrer bäuerlichen Herkunft erinnert hätten. Was hier noch groß erscheine, habe man seit den Tagen des Naturalismus einer gesinnungslosen Ausländerei geopfert. Durch diese Charakterlosigkeit sei Deutschland unter den Einfluß von Völkern geraten, „die man bisher entweder für barbarisch oder für verkommen gehalten" habe, womit er Rußland, Frankreich und Skandinavien meint (4. Aufl., S. 202). Ähnlichen Äußerungen begegnet man in einer Zeitschrift wie dem „Eckart" (ab 1906), wo das Heimatliche ebenfalls unter vorwiegend „germanischen" Aspekten betrachtet wird. Die Autoren des „Grals" (ab 1906) bekannten sich dagegen mehr zu einer heimatlich-katholischen Literatur. Ihr Ziel war eine nationalreligiöse Volkskultur, bei der alle Schichten der Bevölkerung von einem „Gemeinschaftsempfinden" durchflutet würden, das auch in der Kunst keine subjektiven Extravaganzen mehr erlaube (IV, 181). Fast die gleichen Tendenzen finden sich im „Hochland" (ab 1903), wo man gegen die von „individuellen Ideen und Schrullen angekränkelte Literatenkunst" der „Großstädte" zu Felde zog und eine katholische Volkskultur forderte, die sich aus dem Bereich des Heimatlichen allmählich ins Religiös-Erhabene steigere (I, 6). Ebenso volkhaft-monumental wirken die Leitideen von Paul Zaunert in der „Tat" (1913), der sich unter dem Titel „Volkstum und Entwicklung" für eine Renaissance der alten Märchen, Sagen und Volkslieder einsetzte, um so zu einer Kunst vorzudringen, die vom ganzen Volk verstanden werde. Selbst ein ehemaliger Naturalist wie Wilhelm Arent schrieb in seinem Buch „Auf neuen Bahnen" (1897): „Das Hauptideal der neuen Kunst ist das Ideal der Scholle" (S. II). Noch entschiedener drückte sich Michael Georg Conrad aus, in dessen „Erinnerungen zur Geschichte der Moderne" (1902) das „Geheimnis der Kunst" bereits eindeutig auf „Blut und Boden" zurückgeführt wird (S. 4). Und zwar ließ er sich dabei zu der bewußt versimpelnden Maxime hinreißen: „Die Bauern in der Literatur, die Bauern in der Kunst — damit hebt allemal der neue Geistesfrühling an" (S. 8).

Wohl der lauteste Rufer in diesem Streite war Friedrich Lienhard. Und zwar verbindet sich bei ihm das Eintreten für die Heimatkunst mit einem Mittelstandsidealismus, der in seinem Ressentiment gegen die arrivierte Großstadtkultur fast an die verlogene Gesinnungswelt der „Gartenlaube" erinnert. Finsterste Provinzideale, oberlehrermäßig-verbohrt und anerzogen, werden in seinen Werken als die Grundlagen deutscher Kultur hinaustrompetet. Man denke an den geknebelten Schrei „Los von Berlin!", das heißt los von der impressionistischen Großstadtkultur, los vom skeptischen Materialismus, los von der steigenden Erotisierung und Genüßlichkeit, los von der Cliquenwirtschaft der Snobs und Kritiker, der in seinem Manifest „Die Vorherrschaft Berlins" (1900) zum Durchbruch kommt. Im Gegensatz zu dieser großstädtischen Korruption des deutschen Wesens trat er wie Langbehn, Fritsch oder Driesmans für einen strafferen Literaturgeist auf deutsch-bäuerlicher Grundlage ein, der sich auf stämmige Ochsenknechte und gesunde Kuhmägde stützt. Ähnliche Tendenzen finden sich in seinen „Grünen Blättern" (ab 1901), vor allem in dem Aufsatz „Literaturjugend von heute", wo er von Predigern des „Volkstums" schwärmt, deren oberstes Ziel die Erhaltung der deutschen Rassenseele sei. Eine solche Leistung lasse sich nicht durch entnervte Großstadtsnobs, sondern nur durch „wildherzige Jünglinge" vollbringen, die noch nicht vom Pesthauch des modernen Literaturgeistes angesteckt seien. Er wandte sich daher an die bisherigen Naturalisten, endlich das Mitleid mit dem „armen Arweeder" zu überwinden und sich wieder zu „Kindern des Lichts", zu „Sonnensöhnen" aufzuschwingen (I, 18). Genauso hämisch wirken seine Angriffe gegen die psychologische Kleinmalerei des Impressionismus, die „zerfließenden und schlappen Linien" des „Simplicissimus" und das Ästhetisch-Kunstgewerbliche der „Insel", da es allen diesen „seelischen Kleinheiten" und „wunderlichen Kunstformen" an „Weltanschauung" fehle (I, 14). Sein Ideal waren „lebenssprühende Aufrüttlungsdichter", die mit schlichter deutscher Gesinnung kernige Volkslieder, Heimatromane und „jagdhornartige" Lyrik schreiben, um an die Stelle der Moden, Sezessionen und Ismen wieder eine Poesie aus der Urkraft des Volkes zu setzen (I, 23). Er schwärmte daher ständig vom Thoma-Deutschen, der fest im Boden seiner Heimat verwurzelt sei, seine Kräfte speichere, anstatt sie zu vergeuden, während bei den Stadtmenschen alle Gefühle im Leeren verpufften oder in einer verwirrenden Vielfalt der Stimmen untergingen. Der gleiche Ton herrscht in seinem Sammelband „Neue Ideale" (1901), wo er „Persönlichkeit und Volkstum" als die „zwei erdfesten Realitäten, die Kernpunkte alles organisch wachsenden Kulturlebens", bezeichnete (S. 7). „Eine Kunst fürs gesamte Volk ist's, die wir brauchen", heißt es hier (S. 8.). Aus diesem Grunde wandte er sich sowohl gegen die großbürgerlichen Cliquen als auch gegen die „misera plebs", die kein Gefühl für Heimat oder Heldentum hätten und statt dessen einer artvergessenen „Ausländerei" huldigten. Mit besonderer Schärfe verurteilte er jene Kreise, die den „Krieg abschaffen und die Nationalitäten verwischen" wollten, also die Pazifisten und Sozialdemokraten, denen er mangelnde Heimatliebe und erschlaffende Internationalisierung zum Vorwurf machte (S. 35). Er berief sich dabei auf die Romantik und den deutschen Idealismus, auf die Träume von einem „großdeutschen" Reich, das ganz auf dem Prinzip einer volkhaften

Deutschheit aufgebaut sei. Dem entspricht seine Vorliebe für bäuerliche Feste und Volksschauspiele, für „luftfrohe Stammesfestspielhäuser" (S. 171), wie sie Ernst Wachler 1903 in seinem Harzer Bergtheater zu verwirklichen suchte, das auf dem Gelände einer altgermanischen Kultstätte angelegt wurde, um von vornherein auf die „nordische" Komponente dieser Unternehmung hinzu-weisen. Die daraus resultierende Mischung aus provinzieller Enge und völ-kisch-idealistischen Hochlandsphantasien entlud sich schließlich in einen phi-listerhaft-chauvinistischen Größenwahn, der in allen technischen Errungen-schaften etwas „Volksfeindliches" sah, während man den heimatlichen Boden, der vom Blut der eigenen Rasse durchtränkt sei, mit irrationalen Metaphern umkreiste, in denen sich das Lebensphilosophisch-„Quellenhafte" und -„Orga-nische" allmählich ins Präfaschistische verschoben. Arthur Eloesser, einer der großstädtischen Impressionisten, der das Ressentimentgeladene dieser unter-schwellig-kleinbürgerlichen Literatur früh genug erkannte, schrieb daher schon 1911 im Fischer-Jahrbuch: „Es kamen Reaktionen über Reaktionen, die Provinzen empörten sich gegen eine zu städtische, zu literarische Literatur. Man rief ,Los von Berlin!' ... es war ein neidischer Eifer kleiner Leute für kleine Talente" (S. 20). Andere gingen so weit, von der „völkischen Jauche" zu sprechen.

Die wichtigste Figur dieser literarischen Fronde gegen das „undeutsche" Großstadtwesen war selbstverständlich der Bauer, den man zum Urtyp des völkischen Lebens erhob und damit in einem sozialen Niemandsland ansie-delte, in dem nur die deutschbewußten Kreise leben. Auf diese Weise wurden alle aktuellen Probleme, die sich aus der Umwandlung Deutschlands in eine Industriegesellschaft ergaben, einfach ausgeschaltet, ja das Zeitproblem über-haupt negiert und ein homerischer Lebensstil beschrieben, der nur „Ur-phänomene" wie Liebe, Macht, Gemüt und Heimatliebe zu kennen scheint. Wenn Städtisches erwähnt wird, dann lediglich als Schreckbild eines semi-tisch-internationalen Molochs, der ein gesundes Bauernvolk nach dem an-deren verschlingt. Der Schwerpunkt dieser Bewegung lag daher von vorn-herein auf dem norddeutschen Gebiet, der Heimat der Friesen, Dithmarscher und Niedersachsen, wo sich der germanisch-deutsche Rassegeist noch am reinsten erhalten hätte. Diese Menschen waren es, die man als hell, nordisch und ursprünglich empfand, während man alles Reflektierte, Skeptische und Großstädtische als „artfremd" bezeichnete. So sprach man gern von „Bauern in Nibelungenstiefeln", von niedersächsischen Recken oder friesischen Wikingern, um auch der bäuerlich-heimatkünstlerischen Literatur einen Zug ins Große, Imperialistische und Heroische zu geben. Beispielhaft dafür sind „Die Dithmarscher" (1898) von Adolf Bartels, die sich als freie Bauern auf freiem Grund mit unbeugsamem Trotz den Heeren der Dänenkönige wider-setzen. Das Ganze ist weniger ein Roman als die historisch-schicksalhafte Gesamtschau einer bestimmten Landschaft, wobei die edlen Friesen zum Symbol jener Urgermanen erhoben werden, die mit innerer Entschlossenheit bis zum letzten Blutstropfen kämpfen und lieber tragisch untergehen, als sich fremden Herren zu unterwerfen. Ein ähnlicher Geist herrscht in dem Buch „Bauernstolz" (1901) von Lulu von Strauß und Torney, in dem das Leben einer reichen Bauerntochter geschildert wird, die auch in der Ehe mit einem armen Tagelöhner ihren Stolz behält. Was in den „Dithmarschern" an das germanische Grundgefühl der Nibelungentreue erinnern soll, läßt sich hier mit Szenen wie Gudrun bei den Normannen oder Kriemhild bei den Hunnen vergleichen. Den schwankenden Großstädtern und impressionistischen Literaten, die jeden Tag ihre Dispositionen ändern, wird dabei ein Ehrbegriff entgegengehalten, der in seiner Starrheit fast an das „Hildebrandslied" gemahnt. Ebenso volkhaft empfunden wirken die „Musikantengeschichten" (1898—1900) von Karl Söhle oder der niedersächsische Bauernroman „Dreiviertel Stund vor Tag" (1905) von Helene Voigt-Diederichs. Wiederum handelt es sich um Menschen aus altem Schrot und Korn, unbeholfen wie Kinder, aber von einer Gradheit des Denkens und Fühlens, bei der man sich an die Welt der altgermanischen Sagas erinnert fühlt. Dasselbe gilt für die Sonderlinge bei Timm Kröger, den alten Hans-Ohm, Klaus Klipp oder Jörn Suhr, jene starrköpfigen, dickschädeligen, aber warmherzigen Gestalten, die keinem ein gutes Wort geben und nur auftauen, wenn sie einer gleichgestimmten Seele ihre alten Geschichten „vertellen" können. Auch hier hat man es mit Hinterwäldlern zu tun, die der Welt der Canaille nur ihre zähen Gemütsempfindungen und ihre unvergängliche Treue entgegensetzen können. In die gleiche Kategorie gehören die Werke von Gorch Fock, in denen das Leben der Finkenwärder Seefischer beschrieben wird: der Schollenfang, das harte Leben auf dem Ewer, der ständige Kampf mit dem Tode, der von jedem Menschen das letzte verlangt. Man denke an seine Novellen „Fahrensleute" (1914), wo Fock mit pseudoromantischer Sentimentalität den gefahrlosen Luxus der modernen Motorboote mit dem heldischen Dasein auf den alten Fischerbooten vergleicht, das in seiner Härte als eine Schule echten Mannestums hingestellt wird. Sein großer Roman „Seefahrt ist not!" (1913) wirkt daher fast störrisch in seiner Unbelehrbarkeit. Trotz aller idyllischen Elemente, wie dem Leben auf dem Deich und der Jugendgeschichte des kleinen Klaus Mebes, herrscht in diesem Werk das alte Gesetz, daß jeder Dritte bleiben muß. Aus diesem Grunde zieht es die Frauen immer wieder zum Deich, selbst bei Regen und Sturm, um nach ihren auf hoher See kreuzenden Männern Ausschau zu halten, die mit entschlossener Miene am Steuer stehen und dem Wetter zu trotzen versuchen. Obwohl der Vater im Skagerrak untergeht und die Mutter alle Kräfte aufbietet, den kleinen Klaus in der Stadt unterzubringen, drängt es auch ihn wieder aufs Meer, und zwar wie einen blonden Konradin, der sich ein Königreich erobern will.

Der gleiche Affekt gegen alles Großstädtische, Industrielle und Überzivilisierte findet sich bei Hermann Löns, der wie Timm Kröger mit stimmungshaften

Heidebildern begann, diese jedoch schnell ins Exemplarische erhob, um dem Gefühl der Melancholie und Entheimatung eine „natürliche" Ordnung entgegenzustellen, die auf dem „urzeitlichen" Prinzip des Kampfes beruht. Immer wieder erscheinen bei ihm das einsame Moor, der Heidegänger auf der Pirsch, das Ödland, die unendliche Heide mit ihren krüppligen Wacholdersträuchern und dünenartigen Sandverwehungen, wo noch das Recht des Stärkeren herrscht, das einer „gesunden" Rassenauslese dient. Hier gibt es weder duftige Valeurs noch momentane Stimmungsreize, sondern nur Urtypisches wie die „Moorwiese", den „Feldrain" oder die „Marsch", die den Geist paradiesischer Ursprünglichkeit atmen, während der Einbruch der Kulturlandschaft mit ihren Äckern, Forsten, Torfwerken und Ziegeleien als artvergessenes Teufelswerk hingestellt wird. Selbst die Tiere, wie der Hase „Mümmelmann" (1909), werden im Gegensatz zu Bonsels nicht märchenhaft-sentimentalisch, sondern rein urtypisch geschildert. Auch seine Lyrikbände wie „Mein goldenes Buch" (1901), „Mein blaues Buch" (1909) und „Der kleine Rosengarten" (1911) haben diese Neigung zum Anonymen und gingen daher wie manche Lieder aus „Des Knaben Wunderhorn" bald ins Repertoire der Wandervögel über. Doch neben diesen Heidebildern, Tiergeschichten und Volksliedstrophen neigte Löns mit den Jahren immer stärker zum Volkhaft-Heroischen, was eine zunehmende Monumentalisierung mit sich brachte. So heißt es in einem Brief vom 30. Dezember 1906 an Max Apfelstaedt, daß es ihn weniger zur Lyrik als zu „streng stilisierter Prosa und zur Ballade" dränge. In einem anderen Brief stellte er die Versepen Spittelers als seine Vorbilder hin, während er am 27. Februar 1909 an Lulu von Strauß und Torney schrieb: „Von den modernen Dichtern verehre ich am meisten Homer, von den modernen Historikern Herodot." Dieser Hang zum Plastischen, Epischen, Urzeitlichen, zu „volkhafter" Größe führte auch bei ihm zu einer auffälligen Wendung ins Reaktionäre. Vor allem in seinen autobiographischen Notizen wies er ständig auf das Völkische seiner Natur, sein Stammesbewußtsein und seine Vorliebe für Männer hin, die „mit sich selber und dem, was man Schicksal nennt, den Kampf aufnehmen", wie es in dem 1925 erschienenen „Hermann-Löns-Gedenkbuch" heißt (S. 231).

Seine höchste Steigerung erlebte dieses „volkhafte" Denken, das auf Willensstärke, Kampfesmut und Stammesbewußtsein beruht, in seinen drei Romanen, angefangen mit dem Antidekadenzroman „Der letzte Hansbur" (1909), wo er einen starken, ungebärdigen Außenseiter beschreibt, einen „Kerl wie eine Tanne", mit elf Fingern und zwei Wirbeln, der das Leben mit beiden Händen erfaßt und doch vom Schicksal hin und her geworfen wird. Aus dem Bauern als sozialer Figur wird dadurch das Symbol einer Welt, die sich ganz im Bereich der „Urphänomene" Geburt, Liebe und Tod abzuspielen scheint. Die Szenenfolge hat daher nicht das Verschleiernde und Zerfaserte des Impressionismus, sondern gleitet vorbei wie ein Bilderbogen, der etwas Frisches und Prägnantes, wenn auch einseitig Ideologisches hat. Das gleiche gilt für den „Wehrwolf" (1910), in dem Löns eine Gruppe niedersächsischer Bauern beschreibt, die sich in den Wirren des Dreißigjährigen Krieges nur durch ihr unbarmherzig ausgeübtes Faustrecht behaupten kann. Auch hier steht das Exemplarische im Vordergrund: die reaktionäre Verherrlichung einer bodenstämmigen Bauernkaste im Kampf gegen die Umwälzung, gegen die Marodebrüder, die keine feste Heimat haben. Das Ganze ist daher wie „Die Dithmarscher" von Bartels keine historische Chronik, sondern ein Leitbild des Organischen und Wandellosen, ein Symbol für das Konservative deutschen Wesens, das sich mit letzter Kraft gegen die allgemeine Internationalisierung aufzulehnen versucht und dabei in gefährlicher Verblendung das nordische Rasseideal zum nationalen Fernziel erhebt. So wie sich die Heidebauern, angeführt von Harm Wulf, ihrem „Führer", hinter den Moorwällen verschanzen, soll sich nach seiner Meinung ganz Deutschland gegen die Hergelaufenen und Andersrassigen wehren, wieder „völkisch" empfinden und alle Angriffe auf Ehre und Tradition mit dem Schwert vergelten. Ebenso niedersächsisch wirkt sein Buch „Die Häuser von Ohlendorf" (1917), ein Roman einzelner Gehöfte und Geschlechter, der sich im Laufe der Kapitel zu einem Gesamtbild germanischen Bauerntums erweitert. Trotz aller Betonung des Charakteristischen und Besonderen liegt auch hier der Nachdruck auf der Entwicklungslosigkeit, auf Tradition und Herkommen, denen selbst die moderne „Neuerungssucht" nichts anhaben könne. So heißt es in dem Abschnitt über die Diesbauern:

> „Es ist ein harter Schlag, der auf dem Hofe sitzt. Die Männer arbeiten viel, trinken wenig und sprechen gar nicht; sie befehlen nur. Ihre Nasen sind grade, ihre Augen kalt, ihre Lippen bilden einen scharfen Strich, ihre Knochen sind gewaltig und ihre Hände entsetzlich. Der Urahne des Bauern hat als junger Mann im Moore mit einem Griffe einen Strolch, der ihn anfiel, erwürgt. Die Frauen haben immer viel Geld und starke Knochen gehabt. Vom Dieshofe hat Deutschland tüchtige Leute bekommen: einen General, vier Geistliche, einen berühmten Anatom, alles Männer der Tat; ihre Worte fielen wie Donnerschläge von der Kanzel, und einer von ihnen hat in zehn Jahren aus einer verschnapsten Gemeinde ein anständiges Dorf gemacht, teils mit dem Worte Gottes, teils mit seiner Bauernfaust" (VIII, 25).

Wohl der erfolgreichste dieser Heimatkunstautoren war der Friese Gustav Frenssen, der sich auf Grund seiner weltweiten Wirkung zu einem Volkserzieher, ja Welterzieher berufen fühlte. Wie bei Bartels und Löns stand bei ihm von Anfang an die „rassische" Komponente im Vordergrund. Naturalismus und Impressionismus waren in seinen Augen nichts weiter als „Erscheinungen der Mutlosigkeit". Vor allem das L'art-pour-l'art-Prinzip empfand er als etwas „Ungermanisches", wie es in seinen „Grübeleien"

(1902—1920) heißt, die 1928 unter dem Titel „Möwen und Mäuse" erschienen (S. 155). Mit der gleichen Entschiedenheit wandte er sich gegen das „Jüdische" bei Liebermann oder die herrschende Neigung zur „Ausländerei". Was er diesen Bestrebungen als eigene Weltanschauung entgegensetzte, war eine Mischung aus Naumanns national-sozialen Ideen, Langbehns Bauernkult und Damaschkes Bodenreformtheorien, zu denen sich ein vaterländischer Bismarck-Kult, eine volkhafte Christusvorstellung und eine Vorliebe für national-eugenische Gesichtspunkte gesellten. Er wollte damit jene „ernsten und schweren, germanischen Menschen" ansprechen, die bei aller Verwurzelung in ihrer Heimat nie das Großnationale vergessen (S. 90). So heißt es in „Möwen und Mäusen": „Meine Figuren sind um eines Hauptes länger als die wirklichen … sie sind nicht Dithmarscher, aber sie sind von daher gekommen" (S. 6), also „Bauern in Nibelungenstiefeln", wie man damals sagte. Bezeichnender-weise begann er als Dorfpfarrer, wandte sich jedoch schon nach wenigen Jahren dem Schriftstellerberuf zu. Sein erster durchschlagender Erfolg war der Roman „Jörn Uhl" (1901), in dem er das germanische „Recht auf Boden" gegen die moderne Geldwirtschaft verteidigt. Wie Hentschel in seiner „Varuna" (1901) schildert er hier den Kampf der bodenstämmigen Friesen gegen das römische Obligationenrecht, das ehemals freie Bauern zu Land-arbeitern erniedrige. Aus diesem Grunde wird der geschäftliche Liberalismus stets als ein negativer Auslesefaktor angeprangert, da er die idealistisch-denkenden Germanen von der Scholle vertreibe und dazu zwinge, in die molochartigen Schmelztiegel der Großstädte abzuwandern, wo sie in einen Lebensraum gerieten, der ihrer Art nicht angemessen sei. Das Ganze ist daher weniger ein Heimatroman als ein Rassenroman. Auf der einen Seite stehen die Uhlen: die Idealisten, die Erwählten, die deutschen Träumer, die Stern-gucker, die zugleich Dithmarscher Bauern sind, „mit schmalen, hellblonden Gesichtern, das Haar so blond wie Roggen kurz vor der Ernte, Gesichtern von starken, oft edlen Formen mit ruhigen, stolzen, klaren Augen" (S. 38). Ihre Widersacher sind die kleinen, rothaarigen, untersetzten Kreyen, die Ver-treter der alpin-ostischen Händlerrasse, die mit Betrug und juristischer Pfiffigkeit immer mehr Besitz an sich reißen. Jörn Uhl und Fiete Krey wirken daher wie Anton Wohlfahrt und Veitel Itzig in Freytags „Soll und Haben" (1855) oder Hans Unwirsch und Moses Freudenstein in Raabes „Hunger-pastor" (1864): hier der Idealist, dort der Händler; hier der deutsche Grübler, dort der eiskalte Rationalist, wodurch das ökonomische Problem eine deut-liche Wendung ins Rassische erfährt. Der Erfolg dieses Buches beruhte auf der Tatsache, daß es nicht pessimistisch endet, sondern selbst die finanzielle Niederlage als ein seelischer Gewinn hingestellt wird. Auch die eingestreuten Lebensmaximen passen ganz zum Geist dieser Jahre. Fast auf jeder Seite wird hier der Leser aufgefordert, dem Leben die Zähne zu zeigen, sich durch-zusetzen, sich zu bewähren, anstatt die Welt in bitterer Resignation im argen zu lassen. Jörn Uhl ist zwar auch ein Grübler, aber es fehlt ihm das Kauzige und Sonderlingshafte der Raabeschen Helden, da er zugleich Bauer und Tatmensch ist, der sich stets in den Mittelpunkt setzt, während Raabes Helden die Abseitslage bevorzugen, um sich innerhalb der Welt der Canaille einen Rest an Humanität zu bewahren. Frenssen dagegen versucht, Traum und Tat, Idealismus und Imperialismus zu einer lebensstarken Synthese zu vereinigen, worin sich eine unterschwellige Tendenz zum Muskelprotzigen und Machthungrigen offenbart. Immer wieder bricht in seinen Werken eine unverhüllte Aversion gegen alles Schwächliche, Kranke und Dekadente durch, die nach den Fin-de-siècle-Stimmungen der späten neunziger Jahren als ein Wiedererwachen deutscher Stärke begrüßt wurde. Vor allem seine Frauengestalten haben dieses Lebensstarke, Gesunde und Füllige und bekennen sich überschwenglich zu ihrer eigenen Kraft. In solchen Partien schwelgt er geradezu in der kräftigen Vitalität seiner Geschöpfe, die in ihrem Recht auf körperliche Vereinigung etwas Naturgegebenes und Heiliges sehen. Im Gegensatz zum impressionistischen Anarchismus der Gefühle handelt es sich dabei meist um einen Triumph des Lebens über das Kränkliche, was auch in Frenssens sexualethischen und eugenischen Anschauungen zum Ausdruck kommt. Seine Frauen sind keine süßen Mädel oder flatterhaften Kokotten, sondern breite Bauerndirnen, die den Kopf des geliebten Mannes vor aller Welt in beide Hände nehmen und ihren Bund mit einem herzhaften Kuß besiegeln. Derselbe Lebensmut zeigt sich in „Hilligenlei" (1905), dem Roman einer lebensstarken Grüblernatur, des Bauernsohns und Theologiestudenten Kai Jans, der das Leben Jesu in einen deutschen Mythos umzugestalten versucht. Die Unruhe des religiösen Suchens vermischt sich dabei mit der Unruhe des Blutes, und zwar aus Affront gegen den orthodoxen Kirchenglauben und die bürgerlichen Moralvorstellungen, in denen sich eine Vorherrschaft der Rassisch-Minderwertigen manifestiere. Frenssen forderte deshalb mit pausbäckigem Idealismus eine „schöne, schlichte Religion", „soziale Gerechtigkeit" und ein „einfaches, edles, germanisches Menschentum" (S. 387), um den starken Menschen wieder eine instinktsichere Zuchtwahl zu erlauben, anstatt sie durch das „neumodische" Mitgiftwesen in bürgerliche Fesseln zu schlagen. Seine besondere Vorliebe gilt auch diesmal dem Typ des friesischen Idealweibes, der jungen, strahlenden Anna Boje, die sich sowohl in der Liebe als auch in glutvoll verhaltener Askese bewährt. Aus dem Wunder ihres Leibes werden einmal „gesunde, starke Kinder" hervorgehen, „ein Geschlecht, das der bösen Zeit gewachsen ist", heißt es an einer Stelle (S. 224). Ebenso „klar und schön", wie sich die Hingabe der Leiber vollzieht, wirkt die Vertrautheit dieser Menschen mit der Natur.

Ständig werden Liebespaare geschildert, die sich mit ehrfürchtigen Augen in den Anblick der Landschaft versenken, da sich hier das Heimatlichste mit dem „Höchsten" berührt:

„Und sie lösten sich voneinander und sahen schweigend über das Feld nach der fernen, schmalen Waldlinie, über der eine breite, dunkelblaue Wolkenbank stand. Und die Sonne, noch nicht sichtbar, hob ihre Hände und legte ihre Waffen auf die Bank: ein langes, blitzendes Schwert und einen Speer, noch einmal so lang. Überweltlich feierlich lagen die schimmernden Waffen auf der dunkelblauen Bank. Nun kletterte sie höher, nun erschien der Rand ihres goldenen Schildes. Machtvoll stand sie über dem Wald. Licht schoß von ihm aus, goldrot durch blaues Gewölk, bis zur Himmelshöhe. Darunter lag still und weit das Land im Gottesfrieden. Sie standen und sahen hinüber" (S. 398).

Wiederum ein großer Erfolg wurde sein „Klaus Hinrich Baas" (1909), ein Herr-und-Meister-Roman in aufsteigender Entwicklungslinie, in dem ein Mann von Rasse geschildert wird, der die Arbeit über alles stellt und sich schließlich eine „achtbare" Stellung erkämpft. Auch er ist eine Vollnatur, ein Machtmensch, ein bäuerliches Kraftgenie, „um eines Hauptes länger" als die anderen. Lediglich im Verhältnis der Geschlechter muß er einige Prüfungen durchmachen, bis er die Höhe seines Mannestums erreicht. So heiratet er erst ohne Instinktsicherheit, da er bereits etwas „verstädtert" ist, die schwächliche und lebensfremde Martje Ruhland, eine zarte Bürgerliche ohne Geschlecht, ohne den „frohen Stolz" und „hellen Mut" der friesischen Bauernmädchen (S. 364):

„Es war keine Rasse in ihr, die aus dem Innern von sich selbst Starkes und Wachstum schafft. Es war kein Feuer und keine Klarheit in ihr. Sie war ein sehr kleines, ein zu kleines Königreich für ihn. Er hatte nicht gewußt, daß er eines Tages ein starker, breiter Mann sein würde, voll von Wirklichkeit und Wille, der ein breites und starkes Weib begehrte, einen starken, frischen, wenn auch zuweilen zornigen Gesellen, ein stattliches, stolzes Königreich" (S. 372).

Dieses Weib findet er dann in der bäuerlichen Doris Rotermund, dem gesunden, lachenden, starken „Gleichgenoß" mit dem verlockenden Schwung in Schultern und Hüften (S. 354). Erst, indem er sich bei einem solchen Weib als Sieger erweist, wird er zu einem echten „Baas", das heißt Herrn und Meister, der nur aus seinen Urinstinkten lebt und alles Neumodische und Erschlaffende verächtlich von sich weist.

Neben dieser „nordischen" Heimatkunst haben die anderen Gruppen und Autoren wirkungsmäßig nur eine untergeordnete Rolle gespielt. Sie entwickelten sich meist im Anschluß an die naturalistische Heimatkunst, wie sie Max Halbe, Clara Viebig, Hermann Sudermann, Fritz Stavenhagen, Emil Rosenow, Ludwig Thoma, Joseph Ruederer und Wilhelm von Polenz vertraten. Von präfaschistischen Elementen ist hier noch kaum eine Spur, da man in diesem Bereich das Bäuerliche weniger unter Blut-und-Boden-Aspekten als unter dem Gesichtspunkt der fortschreitenden Kommerzialisierung der Landwirtschaft betrachtete. Eins der besten Beispiele dafür bietet der „Büttner-bauer" (1895) von Polenz, in dem der Bankrott eines alten Erbhofbauern im Gegensatz zum „Jörn Uhl" auf seine längst überholte Betriebsführung zurückgeführt wird, anstatt dafür irgendwelche „rassischen" Motive heran-zuziehen. Doch solche Analysen wurden nach der Jahrhundertwende auch bei relativ nüchternen Autoren immer seltener. Selbst im Rahmen dieser Gruppe legte man den Nachdruck mehr und mehr auf das „Urphänomen" des Bäuer-lichen an sich, und zwar als Urgrund des deutschen Wesens, der in Gefahr geraten sei, von „westlichen" Einflüssen überfremdet zu werden. Die meisten schlossen sich dabei dem Leitbild der „Stillen im Lande" an, jener Leute aus „altem Schrot und Korn", die sich ins Idyll zu flüchten versuchen. Auf diese Weise entwickelte sich neben den „nordischen" Modeautoren eine Literatur des Abseitigen, von ebenso abseitigen Dichtern gepflegt, die schnell zu einer Schule des Dilettantismus wurde. Leider sind auch diese Heimatschriftsteller nicht ganz frei von reaktionärer Muffigkeit, wodurch sich die gepriesene Innerlichkeit oft in eine gefährliche Enge verwandelt. Auch hier pochte man aus Affekt gegen die freieren Umgangsformen der Städter ständig auf das eigene Traditionsbewußtsein, das man wie eine heilige Reliquie des Deutsch-tums empfand. Man denke an die hessischen Erzählungen von Alfred Bock mit ihren Schilderungen von Bauernhochzeiten, Leichenschmäusen, Kirch-weihfesten, Jahrmärkten und alten Bräuchen, bei denen man sich eher an die sentimentale Art eines Auerbach als an Gotthelf erinnert fühlt. Ebenso ab-seitige Naturen beschreibt Wilhelm Holzamer in seinem Buch „Im Dorf und Draußen" (1901): die Großmutter, Pfarrers Käthchen, den alten Musikanten, also Menschen, die mit ihrer Zeit nicht mitkönnen, die zurückbleiben, von den Jüngeren übertrumpft werden und daher in die Vergangenheit flüchten, wo das Leben noch inniger und beschaulicher war. So handelt es sich in seinem „Peter Nockler" (1902) um einen träumerischen Außenseiter, einen reinen Toren, der wie ein Gralssucher auf bäuerlicher Ebene wirkt. Das gleiche Motiv findet sich in Holzamers Roman „Der arme Lukas" (1902), der Geschichte eines Dorfjungen, der in die Stadt geht, um Maler zu werden, mit leerem Beutel, aber mit Luischen im Herzen, die er nach Jahren der Trennung als die Frau seines Vaters wiederfindet. Durch dieses Erlebnis wird er zum Uhrmacher und Träumer, zu einem innigen, verschämten Grübler in einer Zeit der „Ferti-gen", der „Macher und der Mache", wie Holzamer schreibt (S. 139). Einen ähnlichen Charakter hat der Roman „Der Bruderhof" (1898) von Heinrich Sohnrey, der im Weserbergland spielt. Auch hier vermischen sich Trivial-motive mit Dialektpartien und volkskundlichen Erläuterungen, während als Hauptfigur wiederum ein Tolpatsch mit Seele im Mittelpunkt steht.

Besonders auffällig ist der große Beitrag der schweizer und österreichischen Literatur zur Heimatkunst, obwohl sich selbstverständlich auch für alle

Landschaften Deutschlands ein bestimmter Vertreter dieser Richtung aufführen ließe. Die Österreicher sind vor allem durch die „Tiroler Geschichten"
von Rudolf Greinz und die Tragödie „Glaube und Heimat" (1910) von Karl
Schönherr vertreten, in denen die Heimatliebe fast ins Kultische gesteigert
wird. Immer wieder liest man von alten Bauernhöfen, die bereits seit Jahrhunderten derselben Familie gehören, von treuen Knechten, die wie Familien-
mitglieder behandelt werden, oder diensteifrigen Mägden, denen das Wohl
ihrer Herrschaft mehr am Herzen liegt als ihr eigenes. Ebenso sentimental
wirken die Werke von Heinrich Federer, vor allem sein Roman „Berge und
Menschen" (1911), in dem das schweizer Landleben wie ein Jungborn des
volkhaften Daseins dargestellt wird. Die Stadt, das Tiefland, erscheint hier
wie bei den „nordischen" Autoren lediglich unter der Perspektive sittlicher
Verkommenheit und politischer Neuerungssucht, während das Bergvolk in
wandelloser Reinheit seine Kühe hütet und ein Gott wohlgefälliges Leben
führt. Federer schreibt daher am Schluß:

> „Die Berge überleben alles in ihrer Unvergänglichkeit. Sie schütteln
> über all dem Wandel ihr grünwaldig Haar und senden ihre Wasser in
> die Ebene und ihre gesunden Kinder in die alte Menschheit, gerade
> wie vor tausend Jahren. Aber ihre großen, schweigsamen Denkerköpfe
> halten sie unnahbar den ewigen Wölbungen zugekehrt wie zur ersten
> Stunde der Welt, unsere gesunden, heiligen Berge" (S. 654).

Die gleiche Polarität zwischen Stadt und Land herrscht in dem Roman „Der
Dechant von Gottesbüren" (1917) des Schweizers Jakob Schaffner, der sich
wie viele Autoren dieser Richtung später dem Nationalsozialismus angeschlossen hat. Auf der einen Seite stehen hier der warmherzige Pfarrer und
sein Pflegekind Linde, beides reine Gottesmenschen, die in der Sorge um
andere ihr Lebensziel sehen, während auf der anderen Seite Tante Malwa,
die „Klingse", ihr Unwesen treibt, die als lebensgierige Großstädterin dieses
Idyll zerstört, indem sie der gutmütigen Linde ihren Bräutigam abspenstig
macht. Das Städtische wird dabei von vornherein als entartet und unmoralisch
hingestellt, dem das Landleben wie eine Insel der Innerlichkeit gegenübersteht, die dem zerstörerischen Zugriff des modernen Materialismus gewaltsam
entzogen werden müsse.

Mehr ein Einzelgänger innerhalb dieser heimatkünstlerischen Gruppen
war der Schlesier Hermann Stehr, bei dem das Bäuerliche untrennbar mit
dem Mystischen verbunden ist. Wie bei Frenssen werden seine Gestalten
sowohl von der Unruhe ihrer Seele als auch von der Unruhe ihres Blutes
gepeinigt wenn auch in einer viel verquälteren und kreatürlicheren Art,
die noch in manchen Zügen an das naturalistische Getriebensein erinnert.
Doch trotz dieser Verstrickung ins Sinnliche, deren Gesamteindruck eher
teuflisch als kraftvoll ist, spürt man immer wieder eine Tendenz zum Reinen

und Geläuterten eines überwirklichen Daseins. Selbst in rein sexuellen Partien, wo alles in dumpfer Endlichkeit zu versinken droht, hat man das Gefühl, als würde die Erde von einem geheimnisvollen Glockenläuten erschüttert. Manchmal greifen sogar allegorische Personifikationen wie Engel oder biblisch aufgehöhte Traumgestalten in die Handlung ein, um den einzelnen Szenen einen religiösen Hintersinn zu geben. Schon seine „Leonore Griebel" (1900), die wie alle ihre Geschlechtsgenossinnen unter einem gierigen, schwerfälligen Mann zu leiden hat, lebt ganz im Banne dieser überirdischen Mächte und religiösen Wahnzustände. Das gleiche gilt für die „schöne Maria" in seinem Roman „Der begrabene Gott" (1905), die sich einem „Klumpen" von Mann antrauen läßt, und zwar aus unerklärlicher Schicksalsgetriebenheit, weil sie ein Kreuz auf sich nehmen will, um für ihre Schönheit und ihren Hochmut zu büßen. Da er jedoch dieses Opfer verschmäht und weiterhin lediglich seiner Raffgier fröhnt, wird er von Gott mit Mißernten bestraft und schließlich wegen wiederholter Verbrechen vor Gericht gestellt. Ebenso verquält wirkt Stehrs „Peter Brindeisener" (1924), eine bäuerlich-dumpfe Suchergestalt, die zwischen dem engelhaften Lenchen und der sinnlichen Mathinka hin und her gerissen wird. Das Mystische und Schicksalhafte erreicht hier eine solche Intensität, daß aus dieser Gebundenheit ein irrationaler Lebenstrieb hervorschießt, bei dem sich Erotisches und Religiöses zu einem gefährlichen Strudel vermischen, der selbst die ehrlich bemühten Suchernaturen ins Chaotische hinunterzuziehen droht. Wohl den Höhepunkt dieses mystischen Ineinanders von volkhafter Religiosität und heimatlicher Verwurzelung bildet sein „Heiligenhof" (1918), die Geschichte des Bauern Sintlinger und seiner blinden Tochter, in der Göttliches und Rauschhaftes, die Unruhe der Seele und die Unruhe des Blutes, zu einer züngelnden Flamme verschmelzen, die jeden, der in ihre Nähe gerät, in einen mystischen Taumel versetzt. Statt zarter Andeutungen oder impressionistisch-vorüberhuschender Empfindungen herrscht hier ein Ausdruckszwang, der sich ständig zu Schreien, Weinen, Beten, Fluchen, Sich-vor-die-Brust-Schlagen, Auflachen und Poltern steigert. Erst am Schluß erhebt sich das Ganze ins Exemplarische, vor allem in der Gestalt des Heiligenhofbauern, der als Vertreter „deutscher Religiosität" seinen bäuerlichen Urglauben mit dem Gedankengut Meister Eckeharts, Taulers und Böhmes vermischt und so zum Propheten einer neuen, volkhaften Gemeinde wird.

Daß man auch auf musikalischem Gebiet an die Möglichkeit einer volkhaften Heimatkunst dachte, beweist ein Buch wie „Die Musik seit Richard Wagner" (1913) von Walter Niemann, das sich gegen die impressionistische Überkultur wendet und statt dessen eine Rückkehr zu Heimat, Natur und Bodenständigkeit fordert:

„Technik, Geschwindigkeit, Sensation sind die Göttinnen unserer Zeit. Der Wirbel modernen Erwerbslebens schafft andere Genüsse, andere

Erholungen. Früher hießen sie: Geistigkeit, Kunst. Heute: Nervenreiz. Eine papierne Überschwemmung durch Tages- und Fachpresse raubt uns jede Möglichkeit der inneren Sammlung, der Konzentration, der Auslese. Wütend reißt der Strom uns weiter. Ohne Hilfe, ohne Halt? Wir sind am Ende . . .? Von der Fahrt durch die Welt landeten wir im stillen Port der Heimat. Horch, Gesang aus frischen Jungenskehlen, Lautengeklimper: die Wandervögel! Hier ist Hilfe, hier ist Halt: Liebe zum Vaterland durch Liebe zur Heimat. Zurück zur Natur, zurück zur Volkstümlichkeit, zurück zur Gesundheit! Ohne diese drei stirbt die Kunst" (S. 288).

Niemann trat daher in seinem Kapitel „Gibt es eine musikalische Heimatkunst?" für eine energische Einbeziehung der Volksmusik in die Kunstmusik ein, und zwar auf landschaftlich-stammlicher Grundlage. Anstatt im Stile der Straußschen „Salome" (1905) oder des Mahlerschen „Lied von der Erde" (1910) weiterhin raffiniert exotischen Klängen zu huldigen, pries er wie Langbehn den kulturschöpferischen Impuls des Volkstümlichen und Artbewußten, der auf dem melodischen Schatz nationalen Empfindens beruht. Seine besondere Vorliebe galt dabei dem niederdeutschen, „nordischen" Gebiet, das von der impressionistischen Großstadtkultur bisher am wenigsten verdorben sei. Doch zu praktischen Ergebnissen haben diese Forderungen kaum geführt, wenn man von einigen „romantisch" empfundenen Tonpoemen mit heimatlichen Satzbezeichnungen wie „Aus der Heide" oder „Auf hohen Bergen" einmal absieht. Auch die „Soldatenlieder" (1906) oder die Lieder aus „Des Knaben Wunderhorn" (1906) von Theodor Streicher, deren „lapidare Wucht" lediglich im „Kunstwart" (1906) einen begeisterten Fürsprecher fand (S. 648), begründen noch keine musikalische Volkskultur. Das gleiche gilt für den „Totentanz" (1906) von Josef Reiter, ein volkstümliches Tanz- und Singspiel mit lebendigen Chorsätzen und straff geführten Tanzweisen. Bekannt geworden ist aus diesem Bereich lediglich Breuers „Zupfgeigenhansl" (1909), der an die Stelle der Schlager- und Operettenmelodien der Großstadtjugend wieder ein „gesundes", volkstümliches Empfinden setzen wollte, das aus rein heimatlichen Quellen gespeist werde.
Wesentlich deutlicher lassen sich dagegen diese volkhaft-archaischen Tendenzen in der Malerei um 1900 verfolgen. Im Gegensatz zu den Stimmungslandschaften der Worpsweder oder Dachauer, deren Reiz gerade in ihrem unruhigen Baumgeäst, ihren Nebelstreifen und raffinierten Silhouettenwirkungen besteht, trat man im Rahmen dieser Richtung mehr für ruhige Flächen und schlichte Umrißzeichnungen ein, wodurch sich das Bäuerliche allmählich ins Monumentale steigert und auch hier jene derben, plumpen, volkhaften Gestalten in „Nibelungenstiefeln" erscheinen, wie sie Bartels und Frenssen lieben. So schrieb Momme Nissen, einer der niederdeutschen Reaktionäre, 1905 im „Kunstwart": „Wir wollen keine Kaviarkunst. Die echte deutsche Kunst von

Dürer und Vischer bis Leibl und Böcklin arbeitete für den künstlerischen Starksinn. Wir brauchen eine Kunst der vollen Seele, der vollen Faust" (S. 611). Einer dieser „Maler der Faust" war der Frankfurter Fritz Boehle, dessen Werke von völkisch-empfindenden Kreisen als eine gelungene Synthese aus Dürer und Marées, heimatlicher Verwurzelung und monumentaler Formgesinnung gefeiert wurden. Die meisten seiner Bilder stellen Szenen aus dem Landleben dar, urtümliche Lebensstationen wie Kindheit, Arbeit, Liebeswerben oder Alter, die etwas bewußt Exemplarisches haben. Es sind Sinnbilder bäuerlicher Festigkeit, die auf alles Genrehafte, Stimmungsmäßige oder Milieudetaillierte verzichten, um das Leben auf dem Lande ins Zeitlose zu erheben. Seine besondere Vorliebe galt dabei den vier Lebensaltern, pflügenden Bauern oder Rheinschiffern, die in ihrer Monumentalität fast etwas Gründerzeitliches haben. Böse Zungen sprachen deshalb von Marées-Gestalten im Bierkutscherjargon. Wo sich Boehle selber darstellt, erscheint er meist mit Pfeife und hochgeschlossenem Arbeitskittel wie ein anspruchsvoller, aber zünftiger Handwerksmeister, der sich wie ein neuer Dürer fühlt. Ebenso einfach und markant ist seine Malweise: handwerklich sauber, mit klaren Strichlagen und scharfen Konturen, die nichts Unausgeführtes zulassen. Die ersten Bilder dieser Art malte er etwa um 1900, nach einer Periode heldenhaft-ritterlicher Motive, die noch unter romantisch-stimmungshaftem Vorzeichen stand. Doch nach diesem Zeitpunkt geht alles mehr ins Monumentale über. Bauern, Kühe, Pferde: nichts wird atmosphärisch verunklärt oder wie bei den Worpswedern mit einem märchenhaften Stimmungszauber überschüttet. Alles erscheint in feierlicher Größe, in Flächen und Konturen, die eine mathematische Bildaufteilung verraten. Besonders derb und volkhaft wirken seine Kupferstiche wie die Illustrationen zu Brants „Narrenschiff" oder seine vielen Kalender- und Monatsbilder, die in ihrer mittelalterlichen Typik etwas Urdeutsches ausdrücken sollen. Immer wieder spürt man, wie bewußt hier Bäuerlich-Unkompliziertes und Kernig-Völkisches gegen die großstädtische Entheimatung ausgespielt werden. Das beweisen Szenen wie das alte Ehepaar vor der Haustür, der Knecht und die Magd am Brunnen oder die beiden Bauern, die einen Baum pflanzen, was in seiner reliefhaften Monumentalität fast etwas Symbolisch-Kultisches hat. Ebenso kernig wirken seine Porträts, meist Bildnisse gereifter, schicksalsgeprüfter Bauerngesichter, die in schlichter Größe vor einem ländlichen Hintergrund erscheinen, um formal und inhaltlich das Konservative und Altmeisterliche zu betonen. Ähnliche Bilder finden sich bei Wilhelm Fahrenbruch und Wilhelm Altheim. Auch sie versuchten über das Genrehafte hinauszukommen, indem sie das Bäuerliche monumentalisierten und damit ins Volkhaft-Exemplarische erhoben, anstatt es in seiner realen Gegebenheit zu schildern. So erscheinen bei ihnen selbst Jahrmarktsszenen oder pferdeanschirrende Bauern, die an sich nichts Verehrungswürdiges haben, meist in bildfüllender Monumentalität, als handle es sich um Heroen oder Heilige.

Immer wieder betonten sie das Bewußt-Einfache, die volkhafte Simplizität, die jenseits aller modernen Problematik, aller Industrierevolutionen und sozialen Spannungen zu stehen scheint. Das gleiche gilt für die Landschaftsbilder von Paul Schultze-Naumburg, die bäuerlichen Motive bei Rudolf Schiestl, ja selbst für Carl Bantzer, Fritz Mackensen und manche Werke von Paula Modersohn-Becker, die sich ganz bewußt auf den Sektor des Heimatlichen beschränkten, anstatt sich am Leitbild einer gesamtmenschlichen Totalität zu orientieren. Daß sich dabei häufig eine konservative Verengung ihres gesamten Weltbildes einstellte, war kaum zu vermeiden.

Wie in der Dichtung dieser Richtung traten auch in der Malerei vor allem die Randlandschaften in den Vordergrund: die friesische Meeresküste und die Alpenszenerie, die man als die wichtigsten „völkischen Urlandschaften" empfand, da hier die moderne Zivilisation noch eine relativ untergeordnete Rolle spiele. Man erinnere sich an die leitbildliche Bedeutung von Hebbel und Gotthelf, des Dithmarschers und des Berner Oberländers, die Bartels als die beiden größten Dichter des 19. Jahrhunderts hingestellt hatte. Die Friesen wurden in der Malerei vor allem durch Jakob Alberts, Otto Engel und Ludwig Dettmann vertreten, drangen jedoch selten zu einer wirklichen Monumentalität oder Stilisierung vor. Im Bereich der Schweizer Gruppe ragte vor allem Max Buri heraus, dessen Berner Oberländer ebenso währschaft und handfest wirken wie Gotthelfs „Uli". Zum Unterschied von Boehle, der sich vorwiegend für den arbeitenden Menschen interessierte, malte er seine Bauern in festlichen Trachten und mit sonntäglich strahlenden Gesichtern, entweder vor dem Wirtshaus oder auf dem Viehmarkt, ohne daß dabei der Eindruck des Anekdotischen entsteht. Die Linienführung ist meist reliefhaft-monumental, das heißt bevorzugt eine formelhafte Verknappung zugunsten des Flächigen, durch die weniger das Persönliche als die dekorative Komposition hervorgehoben wird. Und doch melden sich auch hier das Derbe, Volkhafte und Urtümliche, besonders in den Gesichtern, die stets in strenger Frontalität erscheinen und dem Betrachter mit kraftstrotzender Selbstgewißheit ins Auge sehen. Immer wieder handelt es sich um gesunde, traditionsbewußte, bildfüllende Gestalten, die trotz aller Urwüchsigkeit mit einem Schuß Idealität gesehen sind, zumal sie häufig von monumentalen Bergsilhouetten eingerahmt werden und dadurch eine gewisse Theatralik bekommen. Bei Ernst Würtenberger, einem anderen Vertreter dieser Gruppe, wird diese volkhafte Simplizität mehr ins Derb-Komische abgewandelt, obwohl auch auf seinen Bildern der Eindruck unverbrauchter Kraft und bäuerlicher Gesundheit bestimmend bleibt. Noch vereinfachter, plastischer und urtümlicher wirken die Gestalten von Albin Egger-Lienz, einem Osttiroler Maler dieser Jahre, dessen bäuerliche Motive bereits zum Monumental-Abstrakten tendieren. So malte er Holzfäller, heuende Bergbauern oder sitzende Hirten, die so steil in den Himmel ragen, daß sie sich in blockhaft-aufgetürmte Bergheroen verwandeln, was malerisch zu einer verknappenden Formelhaftigkeit führt, bei der man sich deutlich an Hodler erinnert fühlt.

Ähnliche Tendenzen lassen sich in der Plastik dieser Richtung verfolgen. Als Programmatiker wäre hier vor allem Heinrich Pudor zu nennen, der in seinem Buch „Die neue Erziehung" (1902) die These vertrat, daß nur die Holzfigur „deutsch-volkstümlich" sei und einer nationalen Tradition entspreche. Doch zu entscheidenden Leistungen hat es diese Stilhaltung kaum gebracht. Der einzige, der sich aus diesem Bereich zu künstlerischer Größe und Bedeutsamkeit emporentwickelte, war Ernst Barlach, dessen bäuerliche Motive von Anfang an eine Neigung zum Symbolischen verraten. Auf Grund dieser vertieften Seelenhaftigkeit war es ihm später möglich, sich zu einer welthaft-expressiven Ausdrucksweise durchzuringen, die alles „Volkhafte" weit hinter sich ließ und daher selbst den Nazis verdächtig erschien.

MONUMENTALKUNST

Neben den „artbewußten" Kraftentladungen der Heimatkunst mit ihren volkhaften Rasseidealen und ihrer bäuerlichen Simplizität entwickelte sich in denselben Jahren eine Bewegung, die zwar ebenfalls einen spezifisch „deutschen" Stil im Auge hatte, jedoch in ihrem geistigen und künstlerischen Wollen weit über das bloß Reaktionäre und Partikularistische hinausreichte. An die Stelle des Kleinbürgerlich-Ressentimentgeladenen tritt hier ein Idealismus, der sich zu immer höheren Entwicklungsstufen aufzuschwingen sucht, selbst auf die Gefahr hin, sich ins Geistbesessen-Heroische zu überschlagen. Während man bisher weitgehend inhaltslosen L'art-pour-l'art-Theorien, kunstgewerblichen Extravaganzen oder heimatkünstlerischen Eigenbröteleien nachgegangen war, will man jetzt alle schöpferisch tätigen Kräfte zu einem einheitlichen „Stilwollen" zusammenfassen, das sich die Gestaltung überzeitlicher Monumente zur Aufgabe setzt, deren äußere Form weder vom historisch Gegebenen noch vom sezessionistisch Originellen abhängig ist. Überall spürt man das Bestreben, nicht nur in Politik und Wirtschaft, sondern auch in der Kunst zur „Weltgeltung" des Deutschen Reiches beizutragen. Der Liberalismus der Persönlichkeit oder das Eintreten für politische Sondergruppen wurde deshalb so weit wie möglich zurückgestellt. Anstatt bestimmte Klasseninteressen zu vertreten, naturalistisch-proletarische, impressionistisch-großbürgerliche oder wilhelminisch-aristokratische, scheint man im Rahmen dieser Richtung nur der Idee des Nationalen zu huldigen, indem man sich auf die „glorreiche" Vergangenheit der deutschen Kunst beruft und daraus ein Erwähltheitsbewußtsein abzuleiten sucht, dem ein anspruchsvolles „Denken in Jahrhunderten" zugrunde liegt. Das Ganze ist daher kein plattes Wilhelminidentum, das sich an Siegesalleen oder Bismarck-Türmen berauscht, sondern der Versuch, das „Deutsche an sich" zum Ausdruck zu bringen, und zwar mit einer Anspannung, die manchmal bis zum Zerreißen geht.

Rein vordergründig gesehen, äußerte sich diese Tendenz in einer scharfen Verurteilung dessen, was man als „subjektivistische Anarchie" oder „modisches Stilgemisch" der achtziger und neunziger Jahre empfand. Kunst sollte plötzlich nicht mehr der Ergötzung des einzelnen dienen, wie es die Impressionisten propagiert hatten, sondern als religiöse Erhebung oder ethischer Erziehungsfaktor aufgefaßt werden. Aus diesem neuen weltanschaulichen Konzept entwickelte sich mit der Zeit ein „Stilverlangen", das in letzter

Konsequenz zu einem denkmalhaften Gesamtkunstwerk, einem Tempel oder Festspielhaus hinzustreben scheint. Das künstlerische Abbild, das einen persönlichen Nachvollzug erlaubt, wurde daher mehr und mehr durch Kunstwerke verdrängt, deren höchstes Ziel der bildliche Ersatz eines Abwesenden, sei es nun eines Gottes oder Herrschers, ist. Bei einer solchen Kunst bleibt die einzelpersönliche Einfühlung von vornherein ausgeschlossen, da selbst die gestalthafte Vergegenwärtigung lediglich eine symbolische Bedeutung hat. Was man hier erstrebt, ist die Verewigung eines Abstrakten, nicht die Verlebendigung eines unmittelbar Gegebenen. Zu einer solchen Wirkung bedarf es sowohl innerer als auch äußerer Größe. Daher das Denkmalhafte aller Monumentalkunst, die sich stets bemüht, durch ihre übermenschlich-imperialen Gesten auch den Fernstehenden in ihren Bann zu ziehen. Ihr überzeugendster Ausdruck wäre ein gigantischer Turm, der alle Untertanen ständig an die staatliche Mitte und die in ihr verkörperte Machtkonzentration erinnern würde. Ebenso entscheidend für jedes monumentale Ausdrucksverlangen sind klare Umrißlinien, plastische Deutlichkeit und einfache typische Züge, die bloß das Bedeutungsvolle und Wesentliche hervorheben. Das Menschlich-Allzumenschliche hat im Rahmen einer solchen Kunst keinen Platz. Das Objekt der Verehrung muß schon durch Größe und Wucht der Darstellungsmittel eine derartige Überlegenheit erreichen, daß der Betrachter wie vor griechischen oder ägyptischen Statuen das „Zwingende" dieser Formzusammenballung empfindet. Dazu gehören Herrschaft und Würde, ein intensiver Blick und ein mitreißender Befehlsgestus, während alle psychologischen Einzelzüge die monumentale Absicht sofort zerstören würden. Am leichtesten läßt sich diese repräsentative Haltung durch eine Monumentalisierung des nackten menschlichen Körpers erreichen, indem man selbst das Vergänglichste, den Leib, zu einer „Urform" stilisiert, die jenseits aller historischen Einkleidungen steht. Im Anschluß an solche Ideale bildete sich auch in der Kunst um 1900 eine Richtung heraus, bei der an die Stelle des Neuen und Originellen, das der persönlichen Erfindungsgabe des jeweiligen Künstlers entspringt, das Postulat des Typischen, Wesentlichen und Selbstverständlichen tritt, als wolle man der gesamten Kunst wieder den Charakter idealistischer Abstraktionen geben. Das Ergebnis dieser Entwicklung war ein Monumentalismus, der weder psychologische noch sensualistische Elemente enthält, sondern sich lediglich für das „Allgemein-Menschliche" interessiert, worin ein deutliches Bekenntnis zum Zeitlosen und Antimodernen zum Ausdruck kommt. Anstatt die gegebene Situation zum Ausgangspunkt aller künstlerischen Bestrebungen zu machen, basiert diese Form des Monumentalen auf einer allgemeinen Abwendung von der Natur, in der man einen Triumph des Geistigen über die materiellen Bedingtheiten sah. Wie in der Welt des Ancien régime bemühte man sich vornehmlich um die überindividuelle Vergegenwärtigung eines politischen oder religiösen Ideals, das von allen Staatsangehörigen als etwas Verehrungswürdiges empfunden werden soll und so dem einzelnen eine unbedingte Verpflichtung auferlegt. Aus diesem Grunde bevorzugte man statt impressionistischer Wirrheit und Eindrucksfülle, die sich selbst im Jugendstil, in der Wiener Sezession und dem Symbolismus als stilbestimmend erwiesen hatten, eine Simplizität, deren äußeres Erscheinungsbild sich weitgehend im Formelhaften erschöpft. „Wenn die Kunst uns helfen will, die Vielheit zu besiegen, so muß sie uns Vereinfachtes, sicher und klar Geformtes geben. Jede erstarkte Kunst kennzeichnet sich durch solche Vereinfachung", schrieb Ernst Horneffer 1909 in der „Tat" (I, 24). Das Verworrene und Differenzierte der „liberalistischen Kunstanarchie" wurde daher zusehends durch das Nackte, Eindeutige und Klare ersetzt, das heißt das andeutungsvolle „Vielleicht" durch das schlichte „Ja" oder „Nein". Künstlerische Gebilde sollten nicht mehr Schmuck der Oberfläche, sondern Vertretungen eines Überweltlichen sein, und zwar in organisch-konstruierter Form, die in steigendem Maße zum Synonym für herrscherliche Pose wurde.

Überhaupt drängte diese Bewegung im Laufe ihrer Entwicklung, die mit einem dekorativen Stilismus begann und schließlich in einen archaischen Monumentalismus mündete, immer stärker ins Männliche, Heldische und Personenkultische. Dafür spricht ein Buch wie „Der preußische Stil" (1916) von Arthur Moeller van den Bruck in dem es unter anderem heißt:

> „Monumentalität ist männliche Kunst. Parthenogenetisch entstand sie in der Seele des Mannes, als Mann, Held und Künstler noch eines waren. Ihre Strophen tönen heroisch. Ihre Linien stufen sich hieratisch. Ihre Körper wirken wie Dogmen. In ihr ist der Schritt von Kriegern, die Sprache von Gesetzgebern, die Verachtung des Augenblicks, die Rechenschaft vor der Ewigkeit. Ihr Inhalt ist nicht der vergängliche einzelne Mensch oder doch nur insofern, als dessen Leben sich zu besonderem Ruhme erhoben hat. Ihr Inhalt sind vielmehr die Dinge, die Alle angehen, die großen heldischen, königlichen und priesterlichen Wahrheiten, die jeden Gestorbenen überdauern und die jeder Geborene immer wieder vorfindet" (2. Aufl., S. 165).

Auf diese Weise kam nach einer Zeit impressionistischer Intimität, die man als „erschlaffenden Feminismus" anprangerte, selbst in der Kunst ein Machtbewußtsein zum Durchbruch, das sich mit männlich-herrscherlicher Geste an die Gesamtheit des Volkes wandte. Das formale Einheitsstreben, das dieser Richtung zugrunde lag, erweiterte sich dadurch in steigendem Maße zu einem Gemeinschaftsprinzip, dessen ideologischer Anspruch sich nicht mehr mit ästhetisch-dekorativen oder partikularistischen Lösungen befriedigen ließ. Als die höchsten Ziele der Kunst wurden deshalb das Nationale, das Heldische und das Religiöse propagiert, und zwar meist in irrationaler Vermischung, um dem Ganzen eine größere Anziehungskraft zu geben.

Während man das „Nationale" bisher vorwiegend historisch dargestellt hatte, das heißt in genau nachgebildeten Masken und Kostümen, neigte man jetzt zu einer urtypischen Simplizität, bei der das Imperialistische und das „An sich" des Vaterlandes oft eine bruchlose Synthese bilden. Fast alle Vertreter dieser Richtung verurteilten daher die pazifistischen Tendenzen der damaligen Sozialdemokratie und forderten eine Gesinnung, die auf einem pflichtbewußten und opferwilligen Heroismus beruht. Man denke an die Verherrlichung des „Preußischen" bei Moeller van den Bruck, den „Auszug der Jenaer Studenten" von Hodler, die „deutsche geste" des George-Kreises, Wechßlers „Esprit und Geist" oder den Deutschtumsgedanken bei Eugen Diederichs, wo es sich um einen Aktivismus handelt, dessen innere Zielsetzung oft ans Militante grenzt. Das gleiche gilt für den aggressiven Heroenkult dieser Jahre, der sich — oberflächlich gesehen — gegen das saturierte Bürgertum richtete, sich jedoch unterschwellig mit den imperialistischen Tendenzen der wilhelminischen Führungskreise identifizierte und daher nicht den idealistischen Außenseitern, sondern den verantwortungslosen Kriegshetzern zugute kam. Die besten Beispiele dafür liefern Lederers „Bismarck", Hodlers „Tell" oder Tuaillons „Kaiser Friedrich III.", die eher an Übermenschen oder gottbegnadete Rolande als an historische Persönlichkeiten erinnern. Auch George ging es weniger um das Individuelle als um die „Gestalt", das Vorbildliche, den Mythos eines Menschen, der über allen zeitlichen Bedingtheiten steht. Ähnliches gilt für die Herrschergestalten bei Blüher und Moeller van den Bruck, denen man auf völkischer Seite den „Starken von oben" zur Seite stellen könnte. Als eine ebenso wichtige Kategorie wurde das „Religiöse" aufgefaßt. Aus diesem Grunde tauchen nach den stimmungsvollen Heimatimpressionen und reigenhaften Jugendstilmetaphern plötzlich wieder Hymnen, Gebete und Litaneien auf, die sich auf eine abwesende und doch ins Leben greifende Gottheit beziehen. Beispielhaft dafür sind Rilkes „Stunden-Buch", Vollmoellers „Mirakel" oder Georges „Maximin", die wie Hodlers „Heilige Stunde" etwas Übermenschliches, Verpflichtendes, Allgemeingültiges verkünden wollen, das sich nicht mehr an ästhetische Genießer, sondern an religiöse Sucher wendet. Nach Jahrzehnten religiöser Indifferenz kam damit selbst in der Kunst ein Missionsstreben zum Durchbruch, das sich die Schaffung neuer Kultgemeinden zur Aufgabe setzte, um auch diesen Sektor der menschlichen Gefühle in einen umfassenden Kulturwillen einzubeziehen, aus dem sich eine „zweite Klassik", eine „neudeutsche Monumentalität", entwickeln sollte.

Da sich eine solche Monumentalkunst nicht ad hoc schaffen läßt, sah man sich trotz der nationalen Ausrichtung bald zu Anleihen bei Epochen mit ähnlichen Monumentaltendenzen gezwungen. Zum Teil wurden dabei nicht nur die formalen Einkleidungen, sondern auch die scheinbar „überzeitlichen" Werte, die reaktionären Ideen und herrscherlichen Posen, übernommen. Das trifft vor allem auf die Vorliebe für Ägyptisch-Assyrisches zu, das in seiner imperialen

Herrscherlichkeit und despotischen Formenstrenge auch die Architekten des „Dritten Reiches" faszinierte, da das Monumentale hier über eine kubische Massigkeit verfügt, die zu absoluter Unterwerfung zwingt. Als noch wirkungsmächtiger erwies sich das Leitbild des „Klassischen", das schnell zu einem Synonym für den Begriff des „Allgemein-Menschlichen" wurde, jedoch mit den humanistisch-kosmopolitischen Vorstellungen der Goethe-Zeit nur die Wortform gemeinsam hat. Und zwar verstand man unter „klassisch" in diesen Jahren sowohl die Antike als auch die Renaissance, wobei es oft zu einer Neigung ins Spartanisch-Kriegerische oder Gräko-Germanische kam. So wandte sich Hildebrandt gegen die Euripides-Übersetzungen von Wilamowitz-Moellendorff, die man in ihrer Psychologisierung als eine Entweihung des Sakralen ins Alltägliche empfand. Hofmannsthal schrieb zur selben Zeit seinen „Ödipus", seine „Elektra" und seine „Alkestis". Rudolf Alexander Schröder übersetzte die „Odyssee". Diederichs gab Platon, Georg Müller Plutarch heraus. George ging soweit, im ersten Auseleband der „Blätter für die Kunst" zu behaupten: „Daß ein Strahl von Hellas auf uns fiel ... darin sehe ich den umschwung deutschen wesens an der Jahrhundertwende" (S. 27). In der Plastik äußerte sich dieser Griechenkult vor allem in den Jünglingsgestalten Hildebrands und der „Amazone" Tuaillons. Überhaupt galt der schöne Mensch wieder allgemein als ein Gefäß des Göttlichen. Gymnastik, Rhythmik, Tanz: alles paßte sich „klassischen" Formen an. Wo bisher das Tun im Vordergrund gestanden hatte, verehrte man jetzt das bloße Sein, das nach bacchischem Reigen oder personenkultischer Verehrung drängt. Dem entsprechen die vornehmen Privathäuser im klassizistischen Stil, die man wie die „griechischen" Banken, Börsen und Museumsbauten dieser Jahre mit dem Gefühl der Ehrfurcht betreten sollte. Ebenso anspruchsvoll wirkt das Buch „Der preußische Stil" von Moeller van den Bruck, in dem der friderizianische Geist als eine Renaissance des Spartanischen gefeiert wird. Auch Theodor Volbehr träumte in seiner programmatischen Schrift „Das Verlangen nach einer neuen deutschen Kunst" (1901) von der Heraufkunft einer neuen „Klassik", die selbst Goethe und die hellenische Blütezeit in den Schatten stellen werde. Ähnliches findet sich in dem Buch „Das klassische Ideal" (1906) von Ernst und August Horneffer, das sich gegen die moderne Überschätzung des Originellen und Subjektiven wendet und wieder das Leitbild einer plastischen Formenstrenge verkündet. „Das Vorbildliche liegt nicht in den Stoffen, sondern in der Form", heißt es hier an einer Stelle, wo von der Möglichkeit einer neuen Hochkultur die Rede ist (S. 8). Der gleiche Preis edler Formbeherrschung ertönt in Wölfflins „Klassischer Kunst" (1899), dem Hohen-Lied des Cinquecento, das sich gegen den herrschenden Botticelli-Kult und die kritiklose Verehrung der englischen Präraffaeliten wendet. Im Gegensatz zu der bisherigen Vorliebe für das Unruhige und Kleinteilige des 15. Jahrhunderts setzte sich Wölfflin wieder für das Ausgewogene, Großfigurige und Herrscherliche der Hochrenaissance ein, als man das Gefühl für „menschliche Größe und Würde" noch mit dem „prachtvollen Rollen eines hochpathetischen Stils" verbunden habe (S. 192). An anderen Stellen ist von der „ausladenden Form" und „klassischen Ruhe" dieser Kunst die Rede, die vor allem durch ihre „fürstliche Haltung" besteche (S. 195/196). Wohin man auch sehe, überall sei das Typenhafte entscheidend: gleichförmig edle Gesichter und schlichte, vornehme Gebärden, die „stark" und doch „gehalten" wirkten (S. 46). Auf Grund dieser Beobachtungen stellte Wölfflin folgende Kategorien des Klassisch-Monumentalen auf: Beruhigung, Räumigkeit, Größe, Vereinfachung, Klärung, Notwendigkeit, mathematische Kompositionsprinzipien und klare Herausstellung der körperlichen Funktionen, die in vielen Punkten dem künstlerischen Monumentalismus um 1900 entsprechen.

Wie problematisch diese Tendenzen zur Vereinheitlichung und „klassischen" Zusammenfassung sind, beweist die simple Tatsache, daß bei dieser „überzeitlichen" Typisierung die wichtigsten Bereiche des modernen Lebens wie Technik, Großstadt, Arbeiterklasse und parlamentarische Demokratie völlig unberücksichtigt bleiben. Immer wieder hat man das Gefühl, als wolle man die Kompliziertheit der gegenwärtigen Situation mit bereits antiquierten Herrschaftsformen übertönen. Schließlich vollzog sich das Ganze im Rahmen einer Gesellschaftsordnung, deren Monumente schon längst nicht mehr Kirchen und Paläste, sondern Bahnhöfe und Fabriken waren. Das Typische, das sich nur in einem hieratisch gegliederten Sozialverband verwirklichen läßt, wurde daher immer wieder ins Gewollte, ja Gewaltsame verzerrt. Man wollte „Stil", schuf aber Amazonen und Symbolathleten, die in ihrem forcierten Formalismus ausgesprochen stillos wirken. Trotz aller großen Worte spürt man in allen diesen Werken lediglich den Wunsch nach einer durchgreifenden Wiederherstellung des alten Personenkults, mit der man sich dem „nivellierenden" Sog der modernen Sachkultur zu entziehen versuchte. Das Verlangen nach einem neudeutschen Monumentalismus war daher in Wirklichkeit eher ein Protest gegen die „Gefahr der Demokratisierung", der auch durch das scheinbar „neuhumanistische" Programm nicht übertüncht werden kann. Denn fast in jedem Werk wird hier an die Vertreter des modernen Lebens der Anspruch gestellt, von der Erdoberfläche zu verschwinden, im Nichts zu versinken, wie es sich für „unwürdiges Gesindel" gezieme. Daher der forcierte Befehlsgestus, der herrscherlich starre Blick und der übermenschliche Ausdruckszwang dieser Kunst, deren Gewaltsamkeit ein deutliches Zeichen für das Ideologisch-Ungerechtfertigte dieses ins Formelhafte gesteigerten Anspruchs ist.

Wie in allen imperialen Epochen legte man dabei den Nachdruck auf die Architektur, das heißt auf eine monumentale Baugesinnung, bei der sich alle Einzelteile einem überragenden Grundgedanken unterzuordnen haben. Nach Jahren malerischer Intimität und kunstgewerblicher Sonderinteressen setzte deshalb um die Jahrhundertwende eine ausgesprochen „tektonische" Epoche ein, die auch Malerei und Plastik wieder im Zusammenhang eines monumentalen Gesamtkunstwerkes betrachtet. So wandte man sich ausdrücklich gegen die einseitige Erziehung des Augensinns, wie sie für den Impressionismus bezeichnend ist, und forderte statt dessen eine Raumerkenntnis, die auf einem kollektiven Sehen beruht. Aus Malern wie Peter Behrens oder Bruno Paul wurden daher plötzlich Architekten, die von einer Verwirklichung monumentaler Bauideen träumten, anstatt sich wie bisher mit den intimen Reizen der Zeichnung oder des Tafelbildes zu begnügen. Nicht das „individuelle Interieur", das noch im Jugendstil im Mittelpunkt stand, sondern das Prinzip der Öffentlichkeit erweist sich jetzt als das Stilbestimmende. Wie erwartungsvoll klingt daher der Satz aus der Schrift „Zur jüngsten deutschen Vergangenheit" (1902) von Karl Lamprecht: „Möchten die schöpferischen Kräfte schon unter uns weilen, die es befreien, und die erzeugen, was der bildenden Kunst der Gegenwart noch fehlt: einen tektonischen Stil und eine große Architektur der Zukunft" (I, 203). Fast die gleichen Worte finden sich in Hellpachs „Nervosität und Kultur" (1902), wo das „Tektonische" als der einzige Ausweg aus der impressionistischen Zerfahrenheit hingestellt wird. Im Anschluß an solche Thesen bemühte man sich allenthalben, den klischeeartigen Traditionalismus des späten 19. Jahrhunderts zu überwinden und wieder zu den Urprinzipien monumentaler Gestaltungsweisen zurückzukehren, um den Ausdruck der neuerwachten Stärke nicht mit „historischen" Maskierungen zu verfälschen. Doch die Neigung zum Repräsentativen führte auch hier schnell zu einer Übernahme bereits vorgeformter Bauideen, so der Betonung der Mitte durch Giebelfronten oder der Hervorhebung monumental akzentuierter Portale. Das gleiche gilt für die blockmäßige Einfachheit im Sinne griechischer Tempel oder die Vorliebe für ägyptische Pyramidalkonstruktionen, von denen sich Fritz Schumacher in seinen „Streifzügen eines Architekten" (1907) eine radikale Wendung ins „Kubische" versprach:

> „Keine andere künstlerische Sprache vermag den Ausdruck zu übertönen, der in trotzig gefügten Massen liegt. Die tiefsten Empfindungen der Menschheit, die tiefste Ehrfurcht des Glaubens, der tiefste Schmerz des Todes, der tiefste Stolz nationalen Empfindens, die tiefste Freude an Macht und Größe einer genialen Persönlichkeit — sie lassen sich nur ausdrücken in einer abstrakten Sprache, in der Sprache der Harmonien, der Harmonien in Tönen und der Harmonien der Masse" (S. 110).

Fast alle Monumentalarchitekten dieser Jahre schwärmten deshalb für Türme und Tempel, wo sich die Steigerung des Ausdrucks rein durch archaische Massenwirkungen herbeiführen läßt. Da man jedoch diese Vorliebe für kubische Grundformen und glatte Flächen im Überschwang der ersten Begeisterung ins Phantastische übersteigerte, blieben die meisten Pläne in der Schublade liegen oder wurden als „Architekturphantasien" veröffentlicht, so wie es Lesedramen oder Reisebeschreibungen gibt, die nur ein Surrogat des Eigentlichen bieten. Die Zeit um 1900 ist darum eine Ära unausgeführter Entwürfe, romantischer Träume abseits stehender Architekten, die sich aus einer Welt angeklebter Palastfassaden ins Archaische hinübersehnten. Beispielhaft dafür sind die architektonischen „Studien" (1900) von Schumacher: ein Mausoleum, ein Montsalvatsch, ein überdimensionaler Zyklopentempel, die in ihrem Pathos, ihrer Theatralik und Monumentalität inmitten der traditionalistischen Renaissancearchitektur wie unbehauene Findlinge wirken. Ähnliches findet sich bei Otto Rieth, Wilhelm Kreis und Bruno Schmitz. Auch sie bevorzugten in ihren Architekturphantasien endlose Treppen, riesige Portale oder ägyptische Pylonen, die mit Löwen, Drachen oder Greifen geschmückt sind, wobei die Einzelformen ein ungeheuerliches Gemisch aus teutonischen, klassizistischen und ägyptischen Elementen bilden. Ebenso wahnwitzig „sakral", zyklopisch und vorzeitlich sehen die architektonischen Entwürfe von Fidus aus, der sich in seinem Aufsatz „Tempel-Kunst" für eine neue Weiheära in der deutschen Baukunst einsetzte:

> „Die reine und hohe Kunst wird Festkunst werden! Sie darf nicht ans Haus gefesselt werden, an die Alltagsfrone ... Sie muß Jedem nach ihr dürstenden zugänglich werden, dadurch, daß sie Tempel-Kunst wird. In Tempeln, Museen, Festspielhäusern, überhaupt an Fest- und Weihestätten müssen ihre Kräfte wieder zu organischen ,Gesamtkunstwerken' zusammenwirken, anstatt sich im ,Privatbesitz' zu zerstreuen" (DKuD 1897/98 I, 68).

Er entwarf daher einen „Tempel der Erde", einen „Tempel der eisernen Krone" und einen „Tempel des stillen Wassers", die mit ägyptischen Säulen, theosophischen Geheimsymbolen und germanischen Runenzeichen bedeckt sind und Inschriften wie Tat, Kraft oder Reinheit aufweisen. Ähnliche Entwürfe zu stilkünstlerischen Gesamtkunstwerken finden sich beim frühen Behrens, der von einem monumentalen Festspielhaus träumte, das wie ein Temple nationaler Kultur auf einem Berge liegt und so die Welt des alltäglichen Lebens weit überragt. Obwohl er sich später von solchen Ideen distanzierte, schrieb er noch 1908 im „Kunstgewerbeblatt": „Die monumentale Kunst ist der höchste und eigentlichste Ausdruck der Kultur einer Zeit. Sie findet naturgemäß ihren Ausdruck an der Stelle, die einem Volk am höchsten steht, die es am tiefsten ergreift, von der aus es bewegt wird" (III, 36). Zur gleichen Zeit begeisterte sich Friedrich Lienhard für einen neuen Montsalvatsch, der als Zeichen nationaler Stärke bis zu den Wolken emporragt, während Heinrich Pudor in seinem Buch „Die neue Erziehung" (1902) die Alpen als Vorbild einer wahrhaft monumentalen Bauweise hinstellte (S. 139). Verwirklicht wurde von diesen Plänen wenig oder nichts, da sich das Utopisch-Ausschweifende der Phantasie nur mit vielen Abstrichen in die Realität übertragen ließ. Etwas von diesem Geist kommt im Leipziger „Völkerschlachtdenkmal" (1913) von Bruno Schmitz zum Durchbruch. Doch selbst dieses architektonische Monstrum erweckt trotz seiner zyklopenhaften Quaderung nicht den Eindruck der erträumten Monumentalität, da sich das „Archaische" nicht auf rationell-künstliche Weise nachbilden läßt. Den gleichen zwiespältigen Charakter haben die Bismarck-Denkmäler von Wilhelm Kreis, meist Rundtempel mit grobem, verwittertem Aussehen, die an das Theoderich-Grabmal in Ravenna erinnern sollen. Lichtwark sprach daher etwas abschätzig von einem „Pseudo-Teutonen-Stil", um so den verbreiteten Hang für das Grobschlächtige und Zyklopische bloßzustellen. Ähnlich drückte sich Wilhelm Bode in seinem Buch „Kunst und Kunstgewerbe am Ende des 19. Jahrhunderts" (1901) aus:

> „Kolossalität, Massigkeit und Formlosigkeit sind die charakteristischen Merkmale der modernsten Bauten, die gleichfalls am liebsten als Monumente: als Völkerdenkmale, Gedenktürme und Gedächtnissäulen gestaltet werden. Ihre Schöpfer — auf dem Papier, das geduldig ist, aber zum Teil auch schon in der Ausführung — verschmähen die ewigen statischen Gesetze, sie kehren mit Vorliebe zu den primitivsten Formen der Anfangszeit zurück" (S. 161).

Neben dieser „archaisierenden" Richtung, die immer wieder ins Völkisch-Irrationale entgleiste, entwickelte sich im Verlauf der Jahre eine Bauweise, die sich mehr an „altdeutsche", das heißt romanische oder gotische Bauformen anzulehnen suchte, obwohl sich auch hier eine Neigung zum Neudeutsch-Monumentalen oder Modern-Puristischen meldet. Das beweisen Bauten wie die „Pfullinger Hallen" (1908) von Theodor Fischer, das „Bayrische National-museum" (1896—1900) von Gabriel von Seidl oder das „Märkische Museum" (1904) von Ludwig Hoffmann. Auch manche Villen oder Zweckbauten von Hermann Billing und Albin Müller, bei denen das sachlich Moderne mit klassizistischen Elementen verbunden wird, gehören in diese leicht eklektische Richtung. Eine „lobende Erwähnung" im Rahmen dieser Bemühungen verdienen lediglich die „Kunsthalle Mannheim" (1907) von Billing und das „Dresdener Krematorium" (1906) von Schumacher. Beides sind architektonische Gebilde, bei denen durch die Sparsamkeit der Formdetaillierung, die glatten Flächen und kubischen Grundelemente trotz aller historisierenden Einzelzüge ein wahrhaft monumentaler Gesamteindruck entsteht, der sich wohltuend von den vielen Manieriertheiten dieser Zeit abhebt, wo die puristischen Tendenzen immer wieder von reaktionären Gewaltsamkeiten durchbrochen werden. Ebenfalls eine Gruppe für sich bilden die vielen klassizistisch-neobarocken Bauten dieser Jahre wie das „Dresdener Haus" auf der „Internationalen Baufachausstellung" (1913) von Oswin Hempel, die „Christuskirche" (1909) in Dresden von Schilling und Gräbner, die bereits erwähnten Villen von Messel und Baumgarten oder Großstadtpaläste wie das „Haus H." (1910) in Frankfurt (Main) von Bruno Paul, bei denen die übernommenen Stilelemente ins Puristisch-Monumentale abgewandelt werden und so trotz ihrer historischen Bezogenheit einen modernen Eindruck erwecken. Bei näherem Zusehen heben sich aus den verschiedenen Gruppen drei profilierte Architektengestalten heraus, die sich im Laufe der Jahre aus dem Bann des Archaisierenden befreiten und aktuelle Aufgaben wie Warenhäuser, Brükken, Bahnhöfe, Ausstellungsbauten, Botschaften oder Fabriken in Angriff nahmen. Den Auftakt dazu bildete der „Wertheim-Bau" (1904) von Alfred Messel, der zwar noch manche eklektischen Elemente enthält, jedoch in seiner stilvollen Würde ein bürgerliches Selbstbewußtsein verrät, das sich nicht mehr zu Anleihen bei aristokratischen Stilformen gezwungen sieht. Der untere Teil erinnert zwar noch an eine Kathedralfassade, wandelt jedoch das Prinzip der Öffentlichkeit, der Aufnahmebereitschaft, den Eintretenden gegenüber, aus dem Kirchlichen ins Sachliche ab, wodurch der peinlich „sakrale" Eindruck mancher Zweckbauten dieser Jahre vermieden wird, die selbst an den unpassendsten Stellen mit plastischem Schmuck, Fensterrosen oder Maßwerk versehen wurden. Die gleiche sachliche Monumentalität findet sich beim mittleren Velde, dessen Pläne jedoch meist unausgeführt geblieben sind. Ohne Zweifel sein monumentalster Entwurf war ein Nietzsche-Stadion (1913–1914), wahrscheinlich für Weimar, bei dem der Gedanke der Heroenverehrung mit der Idee der körperlichen Ertüchtigung verbunden wird. Noch deutlicher läßt sich diese Entwicklung zum Monumentalen bei Peter Behrens verfolgen, der sich allen Wandlungen dieser Jahre angepaßt hat, ohne dabei seine persönliche Prägung aufzugeben. Wie viele seiner Zunftgenossen war er erst als Maler tätig, und zwar als Symbolist, wandte sich jedoch Ende der neunziger Jahre der Architektur und dem Kunstgewerbe zu, das heißt „stieg aus dem Goldrahmen", wie man damals sagte. Die erste Probe seines Könnens legte er mit seiner Villa auf der Darmstädter Mathildenhöhe (1900) ab, die er in gestrafften Jugendstilformen errichtete. In den folgenden Jahren stieß er immer stärker ins Geometrische und Kubisch-Pyramidenhafte vor. Während er bei der Innenausstattung des Lesesaals der Düsseldorfer Landesbibliothek noch in kunstgewerblich-komplizierten Motiven geschwelgt hatte, wandte er sich jetzt zusehends abstrakten Quadraten und Rechtecken zu. Man denke an seine Ausstellungs-Pavillons (1905) in Oldenburg, die er als reine Würfel mit pyramidenförmigen Dächern entwarf. Einen etwas peinlichen Eindruck erweckt dagegen seine „Hamburger Vorhalle" für die Turiner Kunstgewerbeausstellung (1902), die wegen ihres Formenschwulstes allgemein als das „Erbbegräbnis eines Übermenschen" bezeichnet wurde. Ebenso experimentell wirkt sein „Hagener Krematorium" (1907), das eine deutliche Anlehnung an den toskanischen Inkrustationsstil verrät. Auch hier stehen Bauidee und Stilverlangen noch in einer gewissen Spannung, wodurch sich zwangsläufig ein dekorativer Stilismus entwickelt, der sich an der Grenze des Kunstgewerblichen bewegt. So ist der Verbrennungsschornstein als Campanile verkleidet, um selbst das Technische ins Sakrale umzudeuten. Den gleichen Eindruck erweckt sein Musiksaal auf der Dresdener Kunstgewerbeausstellung (1906). Die architektonische „Reinheit" ist hier die gleiche wie in Hagen: die Ornamente sind absolut geometrisch, die Baufunktionen treten in voller Klarheit hervor, und doch wirkt das Ganze durch die vielen dekorativen Elemente nicht schlicht genug, um wahrhaft monumental zu sein. Selbst sein Pavillon für die Delmenhorster Linoleumwerke, ein Kuppelbau mit Mäanderbändern, gleicht eher einer Eremitage oder einem Bellevue-Schlößchen als einem industriellen Zweckbau. Dasselbe gilt für sein Tonhaus auf der Kölner Kunstausstellung (1906), das wie eine ästhetische Kirche wirkt, in der nicht das Zweckmäßige, sondern das Feierliche den Ton angibt. So hat der Innenraum ein Mittelschiff und zwei Seitenschiffe mit Emporen, während das Konzertpodium in einer Apsis steht, in der sich ein Mosaik von E. R. Weiß befindet, auf dem drei anbetende Heilige erscheinen. Als letzter Bau dieser Art sei sein Pavillon der AEG auf der Berliner Schiffsbauausstellung (1908) erwähnt, der in seiner Formgebung an das Florentiner Baptisterium erinnert. Den entscheidenden Durchbruch ins Monumentale erzielte er mit seinem Turbinenhaus der AEG (1909) in Berlin, dessen Formen so grandios vereinfacht sind, daß es Gustav Adolf Platz in seinem Buch „Die Baukunst der neusten Zeit" (1927) als einen „Riesen aus der Vorwelt" charakterisierte, der sich in die öde Zeit des „Fassadenplunders" verirrt habe (S. 29). Von jetzt an klärte sich seine Formgebung zusehends. Statt stilistisch-dekorativer Elemente trat immer stärker das Kubische in den Vordergrund, so in seinem „Haus Meirowsky" (1910) in Köln oder dem „Haus Wiegand" (1913) in Berlin, wo er eine Stil-Antike entwickelte, die in ihrer anspruchsvollen Monumentalität bis in die Zeit des „Dritten Reichs" nachgewirkt hat. Trotz aller Formenstrenge und Ornamentlosigkeit haben diese Bauten nichts sachlich „Puristisches", sondern atmen den Geist wohlhabend-imperialer Repräsentation, die ihren Machtwillen auch architektonisch zum Ausdruck bringen will. Ihren Höhepunkt erlebte diese Monumentaltendenz in seinem Botschaftsgebäude (1911–1912) in St. Petersburg, das in seiner kubischen Geschlossenheit einen düsteren und gewalttätigen Eindruck erweckt. Die gesamte Baumasse ist hier vertikal durch eine zyklopische Säulenarchitektur gegliedert, die eher ägyptisch-tyrannisch als hellenisch-humanistisch wirkt. Den einzigen Schmuck bilden zwei Rosse und zwei nackte Athleten, die als Großplastiken auf dem flachen Dach aufgestellt sind, und zwar direkt über dem Haupteingang, wodurch das Ganze trotz seiner Breitenwirkung auch einen turmhaft-überragenden Akzent erhält. Ebenso klotzig-imperial wirkt seine „Festhalle" (1914) für die Kölner Werkbundausstellung, wo er dem Herrscherlichen und Repräsentativen eine letzte

Steigerung zu geben versuchte, ohne dabei die Geschlossenheit seiner Peters-
burger Botschaft zu erreichen.
Die gleiche Ballung und Zusammendrängung kennzeichnet die Plastik dieser
Jahre. Auch hier verbreitete sich eine steigende Abneigung gegen den genre-
haft-historisierenden Zug des späten 19. Jahrhunderts, den theatralischen
Kulissenzauber der Siegesalleen und das Salonhaft-Verkitschte des gründerzeitlichen Hohenzollernkults. Anstatt weiterhin realistisch detaillierte Gips-
modelle, die sich auf peinlich genaue Kostümstudien stützen, in unpassende
Dimensionen zu vergrößern, bemühte man sich mehr und mehr um eine raum-
erfüllte Gestalt, die ihren monumentalen Charakter rein durch Masse und
Form und nicht durch inhaltsbestimmte Attribute zum Ausdruck bringt. Aus
diesem Grunde vermied man alles Intim-Individuelle und suchte von vornherein die Verbindung mit der Architektur, um so jene Einheitswirkung zu
erreichen, wie man sie bei ägyptischen Kolossen, griechischen Tempelfiguren
oder gotischen Portalstatuen vorgeprägt fand. Die Büste oder Statuette, die
man auch im Zimmer aufstellen kann, wurde daher in steigendem Maße durch
die Bauplastik: das Denkmal, das Relief oder die Brunnenfigur verdrängt, bei
denen man eine typisierende Allgemeinheit und einen architektonischen
Rahmen benötigt. Plastiken sollten nicht mehr schmücken, in Nischen oder
auf Postamenten herumstehen, sondern einen Anspruch vertreten, der selbst
vom gelangweilten Museumsbesucher Verehrung oder Anbetung verlangt.
Einer der ersten Vertreter dieser Richtung war Adolf Hildebrand. Bereits in
seinem 1893 erschienenen Buch „Das Problem der Form" forderte er eine auf
die Architektur bezogene Plastik, die in ihren schlichten Formen wie ein scharfer Affront gegen die wilhelminische Prunkplastik eines Begas oder Eberlein
wirkt. Nach einer Zeit historischer Verbrämung und salonhafter Verniedli-
chung spürt man bei ihm eine an Marées geschulte Monumentgesinnung, die
sich auf das rein Statuarische stützt und damit eine völlig neue Auffassung vom
Wesen des Plastischen begründete. Daher findet man in seinen eigenen Werken
weder historische Details noch die sinnlich-impressionistische Aktauffassung
eines Rodin. Was er liebte, waren klassizistisch-verhaltene Jünglingsgestalten,
deren schlichte Umrißlinien und maßvoll-stilisierte Gebärdensprache bereits
auf Maillol vorausweisen. Das „Griechische" wird dabei im Gegensatz zu
Canova und Thorwaldsen rein als Form, als Gestaltungsprinzip übernommen,
wodurch es weder zu akademischen noch zu gräko-germanischen Entgleisungen kommt. Einen ähnlichen Charakter haben die Plastiken von Arthur
Volkmann, der wie Hildebrand nackte Epheben oder athletische Männer-
körper mit harmonisch durchgebildeten Gliedern bevorzugte, die sich in statischen „Ursituationen" befinden. Um diesen Werken auch eine programmatische
Stütze zu geben, schrieb er 1912 in der „Tat", daß sich jede Plastik auf das
Phänomen „Mann, Weib oder Jüngling" beschränken solle, anstatt sich mit
Anekdoten oder Historien abzugeben (IV, 430). Auch hier kommt wieder

jener utopische Formalismus zum Durchbruch, der sich von allen zeitlichen und sozialen Gegebenheiten zu distanzieren sucht, indem er die Form an sich, die blockhafte Monumentalität des Heroischen und Herrscherlichen, zum unvergänglichen Leitbild erhebt.

Auf Grund dieser Anschauungen entwickelte sich eine Richtung, die entweder einem übersteigerten Heroenkult verfiel oder ins Klassizistisch-Epigonenhafte abglitt. Beispielhaft dafür sind die Gartenplastiken und Brunnenfiguren von Ulfert Janssen, meist amazonenhafte Frauengestalten mit ansprechend stilisierten Gesichtern, die mit Attributen wie Schalen, Trauben oder Spinnrocken ausgestattet sind. Den gleichen Eindruck erwecken die Reiterbilder von Hermann Hahn mit ihren ephebenhaften Jünglingsgestalten, die frühgriechisch aussehenden Frauenfiguren von Joseph Wackerle oder die klassizistischen Statuetten von Georg Wrba und Ludwig Dasio, bei denen der verbreitete Hellaskult langsam ins Kunstgewerbliche abzusinken beginnt. Mehr ins Heroische tendierte dagegen die bildhauerische Produktion von Fritz Klimsch, dessen muskelstarke Jünglinge und gebärtüchtige Frauengestalten bereits an das Prinzip von „Glaube und Schönheit" gemahnen und darum im „Dritten Reich", als diese Form des „Klassischen" immer stärker ins Nordische übertragen wurde, viele Bewunderer fanden. Etwas altmodischer, wenn auch ebenso monumental, wirken die Werke von Louis Tuaillon, wie seine berühmte „Amazone" (1895) vor der Berliner Nationalgalerie, die in ihrer Mischung von Realistik und Stilisierung, glatter und doch peinlich genauer Oberflächenbehandlung einen gewissen Übergangscharakter verrät. Eine wesentlich monumentalere Formbehandlung zeichnet seinen „Friedrich III." (1910) aus, der als nackter Renaissancemensch oder römischer Imperator dargestellt wird, um ihn in die Welt der zeitlosen Heroen zu erheben.

Neben dieser klassizistischen Richtung kamen selbstverständlich auch archaische, ägyptische und assyrische Formelemente zum Durchbruch. Statt freimodellierter Formen bevorzugte man hier das Blockhaft-Kubische, das Klobige und Ungefüge, was zu einer weitgehenden Bindung des menschlichen Körpers an die architektonischen Gegebenheiten führte. Der klassische Kontrapost wurde auf diese Weise durch eine betont antigriechische Wuchtigkeit in den Hintergrund gedrängt, die rein durch ihre klotzig-imperialen Dimensionen überzeugen will. So schrieb Wilhelm Hausenstein in seinem Buch „Die bildende Kunst der Gegenwart" (1914): „Der wohltemperierte staatsbürgerliche Liberalismus der polykletischen Statuarik war nichts mehr neben dem großartigen Herrenradikalismus des altorientalischen Lebens und der altorientalischen Kunstgebarung. Die schöne Lässigkeit des klassischen Hellenen war neben der grandios-konservativen Erstarrung der ägyptischen Kolossalform unbedeutend" (S. 4). Ebenso entschieden forderte Fritz Schumacher in seinen „Streifzügen eines Architekten" (1907) „primitive, urwüchsige Werke", die auf dem Respekt „vor der Masse an sich" beruhen (S. 82). Was er dabei ins Auge faßte, waren Architekturdenkmäler, derenWirkung lediglich in ihrer Blockhaftigkeit, ihrer strengen Silhouette und der „natürlichen Kraft ihres Materials" besteht (S. 83). Er schwärmte daher von archaischen Quadern in primitivster Formgestaltung, die im Gegensatz zu einer „nationalen Katastrophe" wie dem Kaiser-Wilhelm-Denkmal auf dem Deutschen Eck auf alle historisch-dekorativen Elemente verzichten. Wo man Figuren verwende, solle man sie nicht selbständig aufstellen, sondern in eine architektonisch geschlossene Umgebung einbeziehen, um nicht gegen das Gesetz der monumentalen Massenwirkung zu verstoßen.

Wohl das berühmteste Beispiel dieser denkmalhaften Baugesinnung ist das Hamburger Bismarck-Monument (1906) von Hugo Lederer und Ernst Schaudt. Auf einem gewaltigen Sockel steht hier eine vierzehn Meter hohe Bismarck-Gestalt mit dem Aussehen eines geharnischten Ritters oder mittelalterlichen Rolands, der in strenger Frontalität und Symmetrie in die Unendlichkeit zu starren scheint. Das Ganze, Sockel und Figur, ist in großen, angerauhten Quadern aufgetürmt, um wie archaische Kolosse rein als Masse, rein als Material zu wirken. Imperialistisch eingestellte Autoren wie Georg Fuchs nannten es daher ein „Symbol des neuen deutschen Geistes, der seine mächtigen Fittiche ausspannt über die Meere, der sich zur Welt-Macht und zur Welt-Kultur berufen fühlt" (DKuD 1902, X, 351). Einen ähnlichen Charakter hat das Leipziger „Völkerschlachtdenkmal" (1913) von Bruno Schmitz und Franz Metzner, bei dem es sich um einen 91 Meter hohen, viereckigen Block handelt, der sich nach oben konisch verjüngt und von einer gewölbten Platte bekrönt wird, die an den Abschluß des Theoderichgrabes in Ravenna erinnert. Im Innern befindet sich eine riesige Krypta mit Schicksalsmasken und Kriegerfiguren, deren übermenschliches Pathos den Betrachter starr machen soll, um ihm die Macht der Geschichte vor Augen zu stellen. Die gleichen forcierten Stilisierungstendenzen lassen sich auch bei anderen Werken Metzners beobachten. Es gibt bei ihm kaum ein Werk, das nicht den Eindruck des gewaltsam Überformten erweckt. Alles: Arme, Beine und Körper, wird in stilisierte Formen gepreßt, um den gewünschten architektonisch-monumentalen Effekt zu erzielen, wodurch die Eigenbedeutsamkeit der dargestellten Figuren oft völlig verlorengeht. Aus „Menschenkindern" werden so „Sockelkinder", wie Ludwig Hevesi in seinem Buch „Altkunst-Neukunst" (1909) schrieb (S. 322). Andere machten sich über die Metznerschen „Nacken- oder Schenkelmenschen" lustig. Man dachte dabei vor allem an seine Plastiken im Steinsaal des „Rheingold" (1907) in Berlin, deren Körper fast ausschließlich aus abgewinkelten Köpfen, unnatürlich verzerrten Muskelpaketen, rechteckigen Bartklötzen und sockelartigen Füßen bestehen. Nicht der Mensch ist hier der Verewigte, sondern die Masse, das steinerne Gesetz. Daß sich dahinter ein unbewußtes Machtverlangen verbirgt, kommt in den vielen Königen, Tyrannen und Herrschergestalten zum Ausdruck. Selbst Johann Strauß wirkt bei ihm wie ein

despotischer Athlet, ein Muskelprotz, der mit seiner Geige über einen unter-
menschlichen Sklavenfries gebietet. Den gleichen Eindruck erwecken die
Brunnenanlagen von Artur Lange, wo der maskuline Charakter dieser Monumentaltendenzen in ein Kraftmeiertum entartet, das sich nur mit dem Adjektiv „wahnwitzig-imperial" umschreiben läßt. Wie gewaltsam und doch
imponierend man diese Stilisierung empfand, beweist eine Bemerkung von
Anton Jaumann über Metzners Entwürfe zum Völkerschlachtdenkmal:

> „Fließender Stahl ballt sich, bäumt sich, zieht sich zusammen zu Ge-
> stalten — es stehen Männer da, Riesen, von einem undenkbaren Alter,
> wie aus der Zeit, da die Erde, die metallne, glühende, erstmals erstarrte.
> Heiße Lava strömt ihnen hart und schnittig vom Haupte. Der stählerne
> Mechanismus des Schädels, der in unverrückbaren Klammern verankert
> sitzt, gebiert stöhnend den ersten Gedanken. Tausend Tonnen schwere
> Platten aus fahlem Nickelstahl umhängen ungreifbar diese Panzer-
> turmritter, die festgegossen, festgeschmiedet stehen für die Ewigkeit.
> Wie Eggenzähne, wie Baggerkrallen greifen die Finger, fünfgliedriges
> Stahlgestänge spannt sich statt der Sehnen. Es drängt, steigt, zwanzig-
> tausend Pferdekräfte wuchten und stampfen und ziehen und pressen,
> und die kolossale Eisenwand hält sie mit letzter Macht kaum noch in
> den Fesseln" (DKuD XXV, 33).

Etwas gezügelter wirkt dagegen die Darmstädter Gruppe. Wohl das beste
Beispiel für den Geist dieser Richtung sind die Portalfiguren des Ernst-
Ludwig-Hauses (1901) von Ludwig Habich: ein exemplarisch stilisiertes
Menschenpaar, das plastisch und doch reliefmäßig vor einer quaderartig
aufgetürmten Türumfassung steht. Zwar klingt auch hier manches an Gestalten wie „Jung Siegfried" oder „Kriemhild" an, und doch fehlt dem Ganzen
jenes Zyklopische oder Archaisch-Athletische, wie man es bei Metzner
findet. Beide Gestalten wirken wie monumental vereinfachte Symbole einer
Religion des Lebens: verehrungswürdig, kultisch, sakral, den Eintretenden
durch ihre Gegenwart erhöhend, um ihn ins Große und Erhabene zu steigern.
Die Bauplastiken von Bernhard Hoetger lehnen sich dagegen in Haltung
und Gewand mehr an ältere Stilformen an. Seine besondere Vorliebe galt dem
Relief, der dekorativsten Form aller plastischen Ausdrucksmöglichkeiten, wo
er sich unter Verzicht auf jede malerische Schwellung lediglich an das Prinzip
der ornamentalen Reihung halten konnte. Man denke an seine exotisch-
gotischen Mädchenfriese oder sein Löwenportal für die Darmstädter Ausstellung von 1914, bei denen alles einem maskenhaften Schauprinzip unterworfen ist. Diese Löwen sind weder Naturwesen noch kultische Allegorien,
sondern tragen kunstvoll frisierte Mähnen, legen die Schwänze an und ducken
sich wie in einer Zirkusmanege, wodurch ihre drohenden Gesichter einen

Stich ins Groteske bekommen. Trotz aller angestrebten Monumentalität — der strengen Symmetrie, der archaisierenden Doppelsäulen und der blockhaften Ballung der Körper — ist daher der Endeffekt ein rein kunstgewerblicher. Während früher der Gehalt nach der Form suchte, sucht hier die Form nach dem Gehalt, indem man die Stilmaskerade des 19. Jahrhunderts im Rahmen dieser Stilhaltung auch auf bisher unerschlossene Gebiete wie das „Archaische" übertrug und damit den allgemeinen Hang für herrscherlich-imperiale Ausdrucksformen unterstützte.

Die gleiche Intention, nämlich Plastik und Architektur zu einer neuen Einheit zu verbinden, um wieder einen Anschluß an den „Baucharakter" älterer Epochen zu gewinnen, findet sich bei George Minne, dessen Werke eine auffällige Neigung zum Neogotischen verraten. Dafür spricht vor allem sein Brunnen im Vorraum des Hagener Folkwang-Museums (1898), der von fünf nackten Knabengestalten bekrönt wird, die in strengem Parallelismus und narzißhafter Versenkung in einen dunklen Schacht hinunterstarren. Doch selbst hier, wo der künstlerische Formentwurf so gelungen erscheint und sich alles zu einer augenbeglückenden Einheit verbindet, fragt man sich nach dem höheren Sinn des Ganzen. Ist es ein Denkmal oder ein Brunnen? Eine Allegorie oder ein Symbol? Oder ein bloßes Raumelement — formschön, sinnlos, künstlerisch, das wie Narziß nur auf sich selbst bezogen ist und daher keine monumentale, sondern nur eine dekorative Aufgabe erfüllt? Diese Frage wird man sich in diesem Kapitel immer wieder stellen müssen.

Von einer solchen reliefhaften Auffassung des Plastischen, bei der der Nachdruck auf dem Einordnenden und Zusammenfassenden liegt, ist es nur ein kleiner Schritt zur Malerei dieser Richtung. Auch hier fällt nicht das Intime, Vereinzelte, Individualistische ins Auge, sondern das Prinzip der Öffentlichkeit, das jenseits aller liberalistischen Sonderinteressen steht. Aus diesem Grunde wurde das Tafelbild, dessen Wirkungsraum seit dem frühen 19. Jahrhundert das bürgerliche Wohnzimmer war, weitgehend durch das Fresko, den Altar oder das Triptychon verdrängt, die sich in ihrer typisierenden Art am besten in einem architektonischen Rahmen verwenden lassen. Richard Muther schrieb dazu in seinen „Studien": „Nicht mehr das ‚Bild an sich' steht im Vordergrund, sondern die einzelnen Künste streben zur Synthese zusammen. Die Malerei legt sich freiwillig Fesseln an, um nur noch Teil einer einheitlichen symphonischen Raumkunst zu sein" (S. 430). Ein gutes Beispiel dieser Gesinnung sind die „Pfullinger Hallen" (1907—1908): entworfen von Theodor Fischer und mit Fresken ausgeschmückt von Hans Brühlmann, Eduard Pfennig, Ulrich Nitschke, Melchior von Hugo und Louis Moillet, deren dekorativ stilisierte Frauenakte mit ihren flächenhaft erstarrten Bewegungsposen sowohl an Giotto als auch an Puvis de Chavannes erinnern. Auf der gleichen Linie liegen Erlers Fresken für das Wiesbadener Kurhaus oder die Bilder Hofmanns für Veldes Kölner Werkbund-Theater. Ebenso „architektonisch" empfunden wirkt der malerische Schmuck für das „Neue Rathaus" in Hannover (1913), bei dem Fritz Erler die Wandbilder im großen Festsaal, Adolf Hengeler die Gemälde im Damenzimmer und Hodler ein anspruchsvolles Monumentalwerk für den Sitzungssaal schufen. Selbst das Inhaltliche, das in seiner Geometrisierung oft bis zur Linearität abstrakter Formgebilde vereinfacht ist, zeigt hier diese Tendenz zur „Einordnung". Als Motive dienten ihnen dabei weder sonnenüberströmte Impressionen noch raffiniert verschlüsselte Symbole, von denen nur ästhetisch-verfeinerte Sondergruppen angesprochen werden, sondern schlichte Gemeinschaftsideale, die auch dem künstlerisch Fernstehenden verständlich sind. Aus diesem Grunde beschränkte man sich auf eine Formelsprache, die sich an die allgemeinsten Erlebnisse hält: den dekorativen Reigen der Jahreszeiten, allegorische Vertretungen des Staates und „urmenschliche" Situationen wie Mutter und Kind, Liebespaare oder Menschen bei der Arbeit, die in gewollt vereinfachter Zeichensprache aus dem Konkreten ins Allgemein-Menschliche umstilisiert werden, um den Eindruck des Typischen zu erwecken. Statt ästhetischen Ergötzens, genießerischer Lebenssteigerung oder pikanter Aufreizung kommt so ein Ethisieren des künstlerischen Wollens zustande, deren oberste Prinzipien Formung und Lebensgestaltung sind. Der dargestellte Gegenstand soll wieder „wirken" und nicht nur „beeindrucken", wieder kultisch-religiöse oder gemeinschaftliche Ideale vermitteln, in denen sich eine feste Wertskala manifestiert.

Mit dieser Wendung ins Ethische und Überindividuelle war selbstverständlich eine scharfe Frontstellung gegen den Solipsismus der späten neunziger Jahre verbunden. Impressionismus, Symbolismus, Jugendstil, Stimmungslyrismus, Dekorativismus: alles verfiel plötzlich der Verdammung, da in diesen Richtungen weniger das Allgemeine und Seinsollende als der subjektive Ausdruck regiere. Ein wahrer Kulturkrieg brach aus, der auf beiden Seiten mit äußerster Erbitterung geführt wurde. So behaupteten Impressionisten wie Max Liebermann, die das technische Können über alles stellten: „Wo die Begabung aufhört, fängt der Stil an." Die Monumentalkünstler hingegen machten sich über die „innere Leere" der impressionistischen „Klecksereien" lustig, die man in ihrer flüchtigen und farbensprühenden Art als spezifisch „undeutsch" empfand. Selbst Maler wie Slevogt und Corinth, deren künstlerisches Ideal weder die ornamentale Linie noch die germanisch-deutsche Gemütstiefe war, galten daher in diesen Kreisen bald als „Ausländer". „O diese Bildnisse, o diese figürlichen Darstellungen", bei denen die „Form bis zur Unkenntlichkeit zerstört wird", jammerte Albert Dresdner in seinem „Weg der Kunst" (1904) über ihre Bilder (S. 208). Was sich noch an realistischen Restelementen gehalten hatte, wurde deshalb immer stärker zu formelhaften Linienreizen reduziert. So schrieb Woldemar von Seidlitz, der sich später ausführlich mit dem Wesen der Monumentalmalerei auseinandergesetzt hat, schon 1898 in „Kunst und Handwerk": „Nur müssen wir aus den Banden der Naturnachahmung heraus, die jede monumentale Gestaltung — und monumental soll jede Kunst sein — unmöglich macht" (I, 248). Noch deutlicher drückte sich Richard Muther aus:

> „Heute ist auf die Wirklichkeitsfreude eine Abkehr von der Gegenwart erfolgt. Aus dem Grau des Alltags träumt man in ferne Schönheitswelten sich hinüber. Hellas und das alte Land der Romantik ist wieder die Seelenheimat der Maler. Selbst bei realistischen Stoffen ist die veränderte Marschroute kenntlich. Früher wollte das moderne Zeitgemälde nur schlichte Wiedergabe der Wirklichkeit sein. Heute nähert es sich dem Sakralbild. Durch Triptychonform, durch ernste monumentale Linien wird biblisch-feierliche Wirkung erstrebt. Die Landschaften waren Abbilder eines Naturausschnittes unter dem Einfluß bestimmten Lichtes. Jetzt haben sie weniger die Absicht, die Welt zu spiegeln, als uns die Welt zu entrücken. In heilige Haine wird man geführt und in lachende Auen, über denen der Friede erster Schöpfungstage ruht. Inmitten dieser vorweltlichen unentweihten Natur rasten Menschen, die keinem Zeitalter angehören, sondern nur Äußerungen, ‚Gesten‘ der Landschaft sind. Das Porträt hatte Momentaufnahme sein wollen, suchte flüchtige — seelische und körperliche — Bewegungen zu erhaschen. Heute stellt man die Leute in festgemauerter, hieratischer Ruhe dar, sei es, daß jene Profilstellung gewählt wird, die im frühen Quattrocento die Kunst beherrschte, oder die Frontalstellung, die schon den Werken der Byzantiner ihre feierliche Starrheit gab" (Studien, S. 354).

An die Stelle der vermittelten Realität, die bereits auf dem Wege vom Naturalismus zum Impressionismus eine erhebliche Schwächung erfahren hatte, traten daher allegorische Repräsentationen des Ideellen, deren Ähnlichkeit mit realistischen Vergleichsmomenten nicht mehr dem Hang zur Mimesis entspringt, sondern nur noch eine Orientierungshilfe ist. Nicht das Einmalige und historisch Besondere bestimmt das Wesen dieser Malerei, sondern die Welt der Ideen und Urphänomene, die jenseits aller individuellen Gestaltwerdungen steht. Diesem Zug nach visionär geschauter Größe entspricht die Abwendung von allem Kleinteiligen, Unruhigen und Zersplitterten. Sowohl die Willkürlichkeit des Impressionismus als auch die Verrenkungen des Jugendstils wurden plötzlich als „ästhetenhaft" empfunden. Statt dessen pries man Blockhaftigkeit, Symmetrie, Kraft, strenge Linearität, geschlossene Form und große Gebärde, was zu einem immer stärkeren Hervortreten der rein formalen Elemente führte. Das Ergebnis dieser Haltung war eine Betonung des Eigenschöpferischen und Stilisierenden, bei der sich ständig die Gefahr des vordergründig „Archaisierenden" einstellte. Alles sollte im Rahmen dieser Richtung den Anschein des Hieratischen, Überweltlichen und Sakralen erwecken, wodurch Gebilde entstanden, die sich in ihrer Starrheit mit mathematischen Konstruktionszeichnungen, technisch herbeigeführten Versinterungen oder jahrtausendealten Stalaktiten vergleichen lassen. Das Geistreiche, Pikante und Andeutungsvolle der impressionistischen Ära wurde so durch einen feierlichen Gebärdenstil verdrängt, der nicht erfreuen, sondern erheben soll, selbst wenn es völlig unklar bleibt, wer hier verehrt oder angebetet wird. Immer wieder trifft man auf ein Streben ins Überwirkliche, Heroische oder Göttliche, als sei die dargestellte Wirklichkeit eine „quantité négligeable", die ebensogut wegfallen könnte. Durch diese Geringschätzung des realistischen Details macht sich ein Zug zum Formelhaften bemerkbar, der ständig ins Geometrisierende übergeht. So werden Kompositionsprinzipien wie Linien, Kreise oder Dreiecke nicht mehr als Ausdrucksträger gegebener Realitäten verwendet, sondern treten überall als selbständige Elemente auf. Alles wird auf den Rhythmus der Formen, auf die Konkordanz der Linien abgestimmt, mit denen man den Eindruck des Sakramentalen zu erzielen hofft. Die innere Beziehung zu den dargestellten Gegenständen verschiebt sich dadurch aus dem Salopp-Impressionistischen zu einer „gesetzmäßigen" Umbildung der Figuren ins Ideenmäßige, die sich von allen realen Konkretisierungen frei zu halten versucht. Daher wirkt vieles verzerrt, wenn auch nicht aus unwillkürlichen, machistisch-momentanen Antrieben heraus, sondern als ob eine Walze über das Bildfeld gegangen sei, um das noch Lebenatmende in hieratische Schriftzeichen umzupressen. Nur das, was sich als elastische Form behauptet hat, wird in leiser Schwellung der Fläche aufgepolstert, selbst wenn dadurch eine langweilige Gleichförmigkeit entsteht. Wo eben noch Licht, Farbe und Bewegung herrschten, findet man jetzt ruhige Flächen, auf denen alles in wenigen Linien ausgedrückt ist, was zu einem Sieg der feierlichen Gebärde über die andeutungsvolle Pointe führte.

Die Grundform dieser hieratischen Bildarchitektur war meist der menschliche Körper, und zwar als Akt, als überindividuelle Gestalt, als heroisches Urbild, als Idee des Menschen. Nach einer Zeit verschwommener Impressionen und raffinierter Liniengespinste kam dadurch ein Figurenstil zur Herrschaft, der sich wie in der Gründerzeit fast ausschließlich auf modellhafte Posen stützt. Dem entspricht die steigende Vorliebe für bestimmte „Ursituationen" des Menschlichen: das einfache Schreiten, Sitzen, Gehen, Liegen oder Stehen, und zwar als stilisierte Ausdrucksgebärden, die selbst in ihrer unverbindlichsten Form Anspruch auf Verehrung heischen. Anstatt die dargestellten Personen durch zwischenmenschliche Beziehungen oder konkrete Bewußtseinsinhalte miteinander zu verbinden, werden alle Gestalten nach rein dekorativen Gesichtspunkten angeordnet, bilden Spannungsfelder aus Diagonalen, Halbkreisen und Dreieckskompositionen, die man mit Unterschriften wie „Mann und Weib", „Arkadien", „Lebensalter" oder „Familie" versah. Eine wichtige Anregung zu diesen „heroischen Ursituationen", bei denen die menschliche Nacktheit noch etwas Paradiesisches und Göttliches hat, gab das Buch „Der Fall Böcklin" (1905) von Julius Meier-Graefe, in dem die maskeradenhafte Fabulierlust der malenden Geschichtenerzähler als eine „Sünde" wider die „Logik der Kunst" hingestellt wird (S. 196). Böcklin, das Idol der Symbolisten und des Pan-Kreises, sank daher schnell zu einem abgestandenen Romantiker herab, während man den Aktfanatiker Marées, dessen Werke bisher in Magazinen herumgestanden hatten, zu einem Stern erster Klasse erhob. Vor allem die große Marées-Ausstellung im Jahre 1908 war fast von einer Aura des Weihevollen umgeben. Kurze Zeit später erschienen Aufrufe, ihn zum „Maler der Nation" zu erheben oder durch ein würdevolles Marées-Museum zu ehren. In Marées hatte man endlich ein Leitbild des Monumentalen gefunden, das sowohl den „idealistischen" als auch den „dekorativen" Tendenzen entsprach. Wie Meier-Graefe in seinem „Hans von Marées" (1909) legte man dabei den Hauptakzent auf die späten Triptychen, die „Hesperiden", die „Werbung" und die „Drei Reiter", die man als die einzigen „Tafelmonumente" innerhalb der deutschen Malerei empfand. Immer wieder begegnet man der Feststellung, daß der menschliche Akt hier zum ersten Male als Grundform monumentaler Bildgestaltung, als heroische Lebensstation erscheine, vor der das Stimulans des Sinnlichen, jene impressionistische Verführung ins Demimondäne, völlig in den Hintergrund trete. „Zu den ‚Hesperiden' von Marées erheben sich keine Wünsche des Betrachters", betonte Leopold Ziegler in seinem Buch „Der deutsche Mensch" (1915) mit ethischer Entschiedenheit (S. 84). Auch Albert Dresdner sprach in den „Rheinlanden" (1909) von einem „Marées-Mann" und einem „Marées-Weib", die auf Grund ihrer „elementaren Formtypik" jenseits aller individuellen Besonderheiten ständen (IX, 211). Fast ins Kultische steigerte sich diese Marées-Verehrung in dem Buch „Der nackte Mensch in der Kunst aller Zeiten" (1911) von Wilhelm Hausenstein, wo Marées als ein „Monumentalarchitekt" bezeichnet wird, „wie es wenige gewesen sind" (2. Aufl. S. 194). Hausenstein setzte sich daher entschieden für den „Flächenakt" ein, um so zu einer „dekorativen Monumentalmalerei" vorzudringen, bei der Formales und Feierliches untrennbar miteinander verbunden seien.

An die Stelle der sinnlich-animierenden Aktmalerei der impressionistischen Ära mit ihrer Freude am Überraschenden und Frivolen, an den surprises d'amour, den flatternden Batisthemdchen, den Strumpfbändern und dem verworrenen Negligé, trat deshalb mehr und mehr das Kultische des menschlichen Aktes, den man bis ins Übermenschliche und Gottebenbildliche zu erheben suchte. Die ersten Beispiele dieser Richtung finden sich bei Max Klinger, obwohl hier das Nackte noch einen leicht „akademischen" Beigeschmack hat, das heißt eine Abhängigkeit von bestimmten Modellposen verrät, die mit peinlich wirkender Akribie nachgebildet sind. Stofflich handelt es sich überwiegend um religiöse Themen, die jedoch dem Nackten zuliebe mit der heidnischen Götter- und Heroenwelt verbunden werden. Beispielhaft dafür ist sein „Christus im Olymp" (1897), wo er sowohl mit einer weltanschaulichen Vertiefung der antiken Mythologie als auch mit einer sorgfältigen Aktmalerei zu prunken sucht, was zwangsläufig den Eindruck des Stillosen erweckt. Auch seine unmittelbaren Schüler wie Hans Unger und Otto Greiner blieben bei ihren griechisch-mythologischen Themen meist im Rahmen des Modellhaften befangen. Das Zeichnerische der Form, die virtuose Aktbeherrschung gleiten dadurch ständig ins Salonidealistische ab, zumal die Genauigkeit der Oberflächenbehandlung mit einem Kurvenreichtum verbunden wird, der etwas ausgesprochen Anzügliches hat. Noch eine Stufe tiefer stehen die Aktdarstellungen von Philipp Otto Schäfer und Raffael Schuster-Woldan, wo das Heroische und Mythologische trotz aller symbolischen Attribute zu einem geschmacklosen Mummenschanz entartet. Erste Marées-Anklänge findet man dagegen bei den Rossebändigern und Athletengestalten von Fritz Hegenbarth, bei denen sich das Formale, die Verselbständigung der Linien- und Flächenreize, viel stärker geltend macht als in der Klinger-Schule. Auch die griechisch-arkadischen Motive von Fritz Boehle haben nichts Anekdotisches und Modellhaft-Gestelltes, sondern sind ins Heroisch-Urtümliche stilisiert, und zwar mit der Wucht eines Denkmals, das man auf Marktplätzen aufstellen könnte. Mehr ins Nordische abgewandelt werden solche Motive bei Malern wie Franz Stassen oder Hans Wildermann, deren reckenhafte Siegfriedsgestalten mit wallendem Blondhaar und machtvollen Erobererschritten der Sonne entgegeneilen oder mit ihren bewußt übertriebenen Muskelpaketen posieren. Da Stassen diesen Stil sehr geschickt mit trivialisierten Wagner-Elementen zu verbinden verstand, wurde ihm später die zweifelhafte Ehre zuteil, von Hitler zur Ausschmückung der „Neuen Reichskanzlei" herangezogen zu werden. Ähnliche Motive finden sich bei Fritz Erler, dem großen „deutschen Stilisten", wie ihn Fritz von Ostini in seiner Erler-Monographie (1921) nannte (S. 22). Auch bei ihm begegnet man Themen wie „Jung Hagen" (1898), „Nordland" (1907), „Sonnenwendfeier" (1908) oder „Ferne Küsten" (1913), auf denen lebensstarke Wikinger, Normannen oder Waräger dargestellt sind. Neben diesen blonden Riesen aus dem Norden stehen meist vollbusige Germanenmütter mit ausladenden Körperformen, die mit sicherer Hand über eine zahlreiche Kinderschar gebieten, in denen sich das „Heil der Zukunft" manifestiert. Frauen dieser Art hatte es weder im Salonidealismus noch im Impressionismus gegeben. Das ideologische Leitbild ist hier nicht mehr die mondäne Dame, sondern das magdhafte und gebärtüchtige Weib, das sich in stolzer Nacktheit vor einem weiten Meereshintergrund zu bildfüllender Monumentalität erhebt. Eng verwandt mit diesen Überweibern sind die klotzig-massiven Symbolathleten von Sascha Schneider, der seinen outrierten Atelierposen mit Vorliebe Titel wie „Erwachte Erkenntnis", „Der Außergewöhnliche", „Prometheus", „Der Krieger" oder „Hohes Sinnen" gab, um der körperlichen Wucht seiner Gestalten auch auf geistigem Gebiet übermenschliche Intentionen unterzuschieben. Meist handelt es sich um Zarathustra-Typen, Männer im Anblick urweltlicher Landschaften, die in ihrer idealen Pose und übertriebenen Stilisierung nicht ohne Komik sind. Von der Erhabenheit zum Lächerlichen ist hier oft nur ein kleiner Schritt. Manchmal würde eine kleine Retusche genügen, um das Ganze ins Fratzenhafte herabzuziehen. Das gleiche gilt für die nackten Heroen bei Johann Vinzenz Cissarz und die Jünglingsgestalten bei Adolf Bühler, die von hoher Felsenklippe über den Ozean starren oder in wikingerähnlichen Schiffen zu neuen Ländern, neuen Kontinenten aufbrechen, worin jener „Imperialismus der Seele" zum Ausdruck kommt, von dem schon so oft die Rede war. Auf anderen Darstellungen von Bühler, die er „Adamskinder", „Die Sippe" oder „Wodan" nannte, sieht man raumfüllende Akte in monumentaler Nahsicht: massig, klotzig, ausdrucksschwer, zu symbolhaften Urmotiven zusammengeballt, ohne daß sich ein konkreter Bildinhalt ergibt. Als sein Hauptwerk gilt allgemein das Prometheus-Fresko (1910—1911) für die Freiburger Universität, ein Aktfries, bei dem der menschliche Körper rein als Baustein einer monumentalen Bildarchitektur verwendet wird. Ein Akt steht hier neben dem anderen. Alles ist klobig ineinander gekeilt und wird obendrein durch den erdhaft kauernden Riesen Prometheus erdrückt, was dem Ganzen etwas Überfordertes und Verquältes gibt. Noch gewaltsamer ging Ludwig Schmid-Reutte zu Werke. So sind seine „Ruhenden Flüchtlinge" (1908) geradezu aus Männerakten gebaut und wirken daher in ihrer kubischen Monumentalität wie ein Rechenexempel. Einfache Grundstellungen wie reines Profil oder reine Rückenansicht fügen hier die Körper zu Flächen, ja Mauern zusammen, aus denen die senkrechten und waagerechten Linien wie die Balken einer Konstruktion herausragen. Wo vorher Muskeln schwellten oder Sehnen sich strafften, wird man jetzt mit einer Bildarchitektur konfrontiert, bei der die Körpergrenzen wie die Steinfugen eines Gebäudes wirken und dadurch ihre „menschliche" Qualifizierung verlieren.

Wohl ihren Höhepunkt erreichte diese monumentale Aktmalerei in den Werken von Hodler: flächenhaften Kompositionen mit streng stilisierten Gebärden, die sich aus dem Symbolistischen allmählich ins Personenkultische steigern. Vor der Jahrhundertwende sind es meist Greise, abgehärmt wie Asketen, gezeichnet mit dem Ausdruck des Bedrückten, Befremdeten oder Geängstigten. So sieht man „Enttäuschte" (1892) oder „Lebensmüde" (1892), deren Bewegungen wie unter hypnotischem Zwang erfolgen. Die ganze Bildfläche ist oft beladen mit dem Gewicht harter Formen, zäher, gewaltsamer Krümmungen und modellierender Arbeit. Überall finden sich Wiederholungen und Parallelismen, in denen eine strenge Architektonik zum Ausdruck kommt. Man denke an die Gestalten auf seinem Bild „Die Nacht" (1890): Leiber ohne Gelöstheit, ohne wohltuende Entspannung, die in ihren gewaltsamen Verrenkungen, ihrer geballten Kraft an den späten Michelangelo erinnern sollen. Auch auf anderen Entwürfen dieser Jahre winden sich schlafende Paare wie unter schweren Träumen leidend, verkrümmt, gequält, gepeinigt, der Macht des Blutes unterworfen, die keinen Schlummer kennt. Das Problematische dieser Darstellung verliert sich erst nach der Jahrhundertwende, wo Hodler die Ausweglosigkeit dieser Welt mit einem Optimismus übertrumpft, der im Zeichen einer neuen „vita activa" steht. Statt verquälter Greisenphysiognomien und abgezehrter, schlafloser Körper bevorzugt er in dieser Zeit jugendlich schöne Gestalten: kriegerisch starke Kämpfer, ideale Frauenfiguren oder schlanke Epheben. Auch die Formprinzipien erfahren eine deutliche Änderung. Im Gegensatz zu der monotonen Reihung der „Lebensmüden" und „Enttäuschten" werden die Parallelen jetzt zu einer Mitte verdichtet oder einem Ring zusammengeschmiedet, was dem Motto Georges „mitte statt reihung" entspricht. Beispielhaft dafür ist sein Bild „Der Tag" (1900), auf dem die dargestellten Figuren lediglich als Ausdrucksträger von Kurven erscheinen, aus denen sich eine monumentale Kreisform ergibt. Trotz aller Symmetrie wirkt das Ganze wie eine Blütenknospe, die sich als gleichmäßig öffnende Kreisform dem Lichte entgegenstreckt, um den Eindruck des Rhythmischen und zugleich Feierlichen zu erwecken. Die fünf Frauenakte, die ohne jede Sinnlichkeit, ohne weiblichen Charme dargestellt sind, bilden dabei ein Halbrund, das sich wie die aufgehende Sonne über den Horizont erhebt, parallel zu der sorgfältig gezeichneten Wolkenschicht und der gewölbten Erdoberfläche. Die gleichen Kompositionsprinzipien liegen dem Bild „Die Empfindung" (1904) zugrunde, wo sich vier halbverhüllte Frauengestalten mit muskelkräftigen, athletischen Leibern wie unter einem übermenschlichen Ausdruckszwang zu einem feierlichen Reigen zusammenschließen, der trotz der eckigen, unschönen Gebärden auf eine rhythmische Kreisbewegung zuzustreben scheint. Ebenso konstruiert wirkt sein Bild „Jüngling vom Weibe bewundert" (1903). Der monumentale Halbkreis wird hier von vier Frauen in reiner Rückenansicht und einem frontal gesehenen Jüngling gebildet, was zu einer Reihe forcierter Übersteigerungen führt, da sich die vier Frauen bei einem solchen Arrangement notwendig den Hals verrenken müssen, um den nackten Jüngling überhaupt bewundern zu können. Auch hier bildet wiederum ein Rundhorizont den Abschluß der leise nach innen gebogenen Komposition, die aus rein gestalthaft-personalen Elementen besteht und selbst die anekdotische Verknüpfung der Figuren in die monumentale Gesamtform einzubeziehen versucht.

Nach diesen Aktkompositionen mit ihren Symbolathleten und muskelharten Überweibern hofft man wenigstens im bekleideten Bereich auf eine gewisse Lebensnähe, die im Zeichen einer neuen Menschlichkeit steht. Doch selbst hier herrscht die „gestalthafte" Vereinzelung, das Herrscherliche, und zwar als Kopf, als Vollfigur oder monumentale Konfrontation zweier Übermenschen.

Im Gegensatz zu Liebermann soll ein Porträt nicht mehr wie eine Moment-
aufnahme wirken, die den Augenblick der ersten Impression festzuhalten versucht, sondern zielt von vornherein auf Verewigung hin. Der Dargestellte,
meist als Künstler, Heros oder Glaubensritter drapiert, gerät so in den Sog einer
Stilisierung, die ihm alle individuellen Züge raubt und ihn in ein ehrwürdiges
Kulthaupt verwandelt, das ganz für die Unsterblichkeit berechnet scheint.
Besonders Hodlers Köpfe wirken wie die Felsmassive: groß, bildfüllend, an-
spruchheischend, von nahbildlicher Monumentalität, deren körperliche und
seelische Geballtheit in der Kraft der Linienführung zum Ausdruck kommt.
Wie bei Cissarz erscheinen diese Überhäupter meist vor hohen Bergen, vor
einer Felskulisse oder der Weite des Meeres, um selbst das einzelmenschliche
Bildnis ins Sakrale zu steigern. Die gleiche „Bedeutsamkeit" zeigt sich bei
den Vollfiguren. Man denke an die verschiedenen Fassungen von Hodlers
„Lied aus der Ferne", auf denen eine ausdrucksvolle Frauengestalt aus hohen
Bergen langsam in die Ebene herunterschreitet, und zwar mit feierlich erhobenen Armen und einem streng stilisierten Reformkleid, dessen vertikale
Gewandfalte vom Halsausschnitt bis zum Boden reicht. Wiederum herrscht
eine strenge Hintergrundsymmetrie, eine schichtenartige Reihung der Gras-
narbe und der Bergsilhouetten, wodurch sich der ganze Vorgang mit programmatischer Deutlichkeit aus den „Banden der Naturnachahmung" in ein Reich
überweltlicher Ideallandschaften erhebt. Auch bei seinem „Holzfäller" (1910)
ist alles auf „Urformen" reduziert: das breitbeinige Stehen und die mit beiden
Armen geschwungene Axt, die als mitreißende Diagonale das ganze Bild
bestimmt. Trotz mancher plakathaften Elemente, die sich bei dieser formelhaften Vereinfachung notwendig einstellen und bereits die Nähe des Expressionismus ahnen lassen, bleibt das Ganze dennoch sakral, ein Kultbild für
Holzfäller, da es auch hier um einen Triumph des „Gestalthaften" geht. Das
gleiche gilt für die Monumentalfiguren von Fritz Boehle, wo es sich meist
um schwerblütige Kondottieri auf dicken Gäulen handelt, um den Eindruck
kraftvoller Bauernritter zu erzielen. Auf romantische Rührung oder malerische
Raffinesse wird hier bewußt verzichtet. Das meiste sind Ritter ohne Furcht
und Tadel: tatkräftig, männlich, zuchtvoll, die ihren Gottesdienst mit dem
bloßen Schwert in der Hand verrichten, anstatt wie ihre nazarenischen Vor-
gänger mit schwärmerischer Inbrunst vor einsamen Waldkapellen zu beten.
„Fest und derb" scheint ihre Parole zu sein, wodurch eine Mischung aus
Raufbruder und Gottesstreiter entsteht, die nicht ohne imperialistischen Beigeschmack ist. Stilistisch wirkt diese Ritterserie wie ein Marées, durch die
Augen Dürers gesehen. Immer wieder trifft man auf dieselben Kompositionsprinzipien: die absolute Profilstellung, die „stählerne" Linie, die scharfe
Silhouettenwirkung, die an Münzen oder Medaillen erinnert, um dem Ganzen
etwas Handfestes, ja Grobschlächtiges zu geben, das eher in den Bereich der
volkhaften Heimatkunst als des idealisierenden „Stilismus" gehört. Ähnliche

Wirkungen finden sich bei Albin Egger-Lienz, dessen sensenschwingende Bauern an übermenschliche Bergriesen gemahnen, die man auch als altarhafte Monumente verwenden könnte. Ebenso beliebt wie diese Tendenz zur kultischen Erhöhung der Einzelperson war das Stilmittel der Konfrontation, das in allen monumental-empfindenden Epochen eine gewisse Rolle spielte. So stellt Egger-Lienz gern Bauern und Teufel, Hodler Jünglinge und Mädchen nebeneinander, während Erler und Cissarz Gegensätze wie Mann und Weib, Herrscher und Sklave oder Mensch und Tier bevorzugen. Auch auf diesen Bildern bleibt das Konkrete, Einmalige und Besondere weitgehend ausgeschaltet. Nicht Menschen begegnen sich, deren Typisierung lediglich ihre Charaktereigenschaften oder ihren sozialen Status auszudrücken versucht, sondern Urtypen des Daseins, die aus einem idealistischen Existenzbegriff abgeleitet sind. Eng verbunden mit dieser inhaltlichen Abstraktion ist in den meisten Fällen ein rhythmischer Formparallelismus, der zu streng stilisierten Körperdrehungen und Kopfbewegungen neigt, um so aus beiden Gestalten eine monumentale Grundform zu schaffen, bei der man fast den Eindruck des Emblematischen hat.

Eine solche Bildgesinnung drängte zwangsläufig zum Feierlichen und Zeremoniellen, das heißt nach einer Sakralisierung der Bildinhalte, die in ihrem Streben nach dem „Ewigen" mehr und mehr in den Bannkreis des religiösen Kultbildes geriet. Man griff daher mit Vorliebe zum Triptychon, um den dargestellten Personen schon durch die mehrgliedrige Form etwas Altarhaftes und Weihevolles zu geben. So malte Egger-Lienz für St. Justina bei Bozen ein dreiteiliges Altargemälde „Die Erde" (1912), auf dem links ein säender, rechts ein erntender Bauer dargestellt ist, während sich in der Mitte eine abstrakt-monumentale Gebirgsalm erhebt. Nicht weniger kultisch wirkt sein Bildmonument „Der Mensch" (1914), wo es sich um eine Gruppe am Boden knieender, verkrümmter Gestalten handelt, die mit mühsamen Körperdrehungen und schmerzverzerrten Gesichtern die „Qual des Daseins" auf sich nehmen, wiederum in strengem Parallelismus, wechselseitigen Entsprechungen und monumentaler Bergkulisse. Den gleichen Charakter hat sein Bild „Das Leben" (1912), auf dem ein Bauernpaar inmitten wuchtiger Balkengerüste steht, die von Zimmerleuten zu einem neuen Haus zusammengesetzt werden. Formal ist diesmal alles in Quadraten aufgebaut, wobei die horizontalen und vertikalen Linien wie ein Binnenrahmen wirken, innerhalb dessen sich die einzelnen Figuren nach strengen Symmetriegesetzen zu einem Altar des Lebens zusammenschließen. Auch sein „Totentanz" (1909), der als monumentale Gruppe an bäuerliche Passionsspiele erinnert, gehört in diesen Zusammenhang. Ähnliche Lebensaltäre schufen Fritz Erler und Johann Bossard, meist mit Titeln wie „Die vier Elemente", „Die Tatkraft" oder „Dem unbekannten Gott" versehen. Wie bei Bühler und Stassen wimmelt es hier nur so von nackten Athleten, schwungkräftigen Adlern und gebärtüchtigen Müttern, als sei die ganze Welt ein Tummelplatz übermenschlicher Wesen. Auf Realistisch-Schilderndes wurde deshalb weitgehend verzichtet. Was man darstellen wollte, war das Repräsentative oder Sinnbildliche, dessen allegorische Bedeutung sich im Rahmen abstrakter Urphänomene wie Macht, Tat und Leben bewegt, die man in idealistischer Verallgemeinerung als „Chiffren der Ewigkeit" bezeichnete.

Parallel zu dieser Sakralisierung des Lebens vollzog sich eine auffällige Wiederbelebung rein religiöser Motive, die in den achtziger und neunziger Jahren in die Niederungen der Salonkunst abgesunken waren. Die meisten hielten sich dabei an die englischen Praeraffaeliten. Zu den typischen Vertretern dieser Richtung gehörte Melchior Lechter, der sich bemühte, die Welt Rossettis und Burne-Jones' ins Gotisch-Deutsche zu übertragen. Was bei ihm im Vordergrund steht, ist weniger das Monumentale als das Traumhaft-Verzückte, Düfteschwere und Melancholische, mit dem die religiösen Motive ins Poetische vernebelt werden. Neben Brunnen, stilisierten Rosenhecken, Altären, knienden Rittern und kunstgewerblichen Rahmen finden sich daher Sprüche von Wagner und Nietzsche, die sich wie ornamentale Zierate durch das Ganze ziehen und so die „gotischen" Elemente zu Attributen einer künstlerischen Sonderreligion degradieren. Ein gutes Beispiel dafür bietet seine „Weihe am mystischen Quell" (1903), ein dreiteiliges Tafelgemälde für den Pallenbergsaal des Kölner Kunstgewerbe-Museums, auf dem ein Künstler mit den Zügen Georges vor einer Madonnenfigur kniet, die von weihrauchschwingenden Engeln, Rosenbüschen und brennenden Kerzen umgeben ist. Literarisch verbrämt wird das Ganze durch den Spruch: „Berufen: Durch des mystischen Quelles Trunk: Empfange den heiligen Rausch: aus dem geboren geweihte Werke". Im Hinblick auf solche Werke bemerkte Muther einmal in seinen „Studien und Kritiken": „Vorläufig ist nicht der Duft eines ‚heiligen Kunstfrühlings', nur das Parfüm der Räucherkerzen zu spüren" (II, 267). Wesentlich monumentaler wirken die religiösen Darstellungen von Willy Beckerath. So ordnen sich auf seinem „Johannes" (1909) die Täuflinge wie bei Hodler zu einer machtvollen, wenn auch leicht verkrampften Halbkreiskomposition. Auf seiner „Kreuzigung" (1910) wird der ganze Vorgang schichtweise wiedergegeben: hinten die Stadtkulisse von Jerusalem mit der weißen Stadtmauer, davor die silhouettenartig herausgearbeitete Golgathaszene. Außer dem Hauptmann unter dem Kreuz sind hier alle Figuren als Akte dargestellt, selbst Christus und die beiden Schächer, die in ihrer gewaltsamen Stilisierung den Eindruck verrenkter Gliederpuppen erwecken. Ebenso mathematisiert wirkt die „Kreuzigung" (1904) von Ludwig Schmid-Reutte, wo der religiöse Vorgang in ein System strenger Horizontalen und Vertikalen eingespannt wird und so das Ganze zum kubischen Monument erstarrt. Noch gewaltsamer gingen Sebastian Lucius und Friedrich Kunz zu Werke, deren christliche Szenerien sowohl Einflüsse der Beuroner Kunstschule als auch byzantinische Vorbilder verraten. Eine stilbestimmende Note erhielten diese religiösen Darstellungen eigentlich nur bei Hodler. Man denke an seinen „Auserwählten" (2. Fassung, 1903), auf dem sechs schwebende Engel einen knienden Knaben verehren, der ein frisch gepflanztes Bäumchen anzubeten scheint, in dem Hodler den sich ewig erneuernden Lebenstrieb zu symbolisieren versucht. Auch seine „Heilige Stunde" (1907) mit ihren rhythmisch bewegten Frauenleibern vor einer stilisierten Rosenhecke hat diesen sakralen Charakter. Das Feierliche kommt hier weniger im Inhalt als in der Form zum Ausdruck: in der symmetrischen Komposition, der ausdrucksvollen Gebärdensprache und der rhythmischen Architektonik, was dem Ganzen eine wandmäßige Anordnung verleiht, die auf jede Wirklichkeitsillusion verzichten kann. Trotz mancher realistischen Züge sind diese Frauen keine wirklich existierenden Menschen, sondern Symbole, Kunstprodukte, Phantasiegeschöpfe, die sich dem Ritus einer imaginären Adoration unterworfen haben, für den es keine rationale Deutung gibt. Statt wirklich anzubeten, drehen sie sich wie Priesterinnen der Eurhythmie um ihre Leibesmitte und verneigen sich zugleich mit ehrfürchtigen Gebärden vor einer unsichtbaren Gottheit, die nur der esoterisch „Wissende" erahnen kann, während der Uneingeweihte im Zustand des kopfschüttelnden Staunens bleibt.

Das Gegenstück zu diesen religiösen Motiven bildet die vaterländisch-historische Thematik, die meist im Zeichen eines symbolisch übersteigerten Patriotismus steht. Auch hier trifft man auf eine harte Durchbildung der Einzelformen und große, schwere Gebärden. Beispielhaft dafür sind die „Haspinger" (1909) von Egger-Lienz, eine in strengen Parallelen aufgebaute Bauerngruppe, bei der die Körper die Vertikalen und die mit beiden Händen getragenen Äxte und Flinten die Horizontalen bilden. Mehr im Sinne einer reinen Silhouettenwirkung ist sein Nibelungen-Fresko (1909) im Wiener Rathaus angelegt, wo Egger eine Prozession germanischer Jungfrauen mit hunnischen Reitern konfrontiert, die auf dem Gegensatz von weiß und schwarz, schön und häßlich, Licht und Dunkel beruht. Doch die wuchtigsten Gestaltungen dieser Art finden sich wiederum bei Hodler, dessen Figuren in ihren pathetischen Gebärden geradezu aus der Wand herauszutreten scheinen. So wird sein „Rückzug bei Marignano" (1900) mit seinen athletischen Männern in strenger Form und harter Zeichnung, seinen formelhaften Bewegungen und ausdrucksvoll verzerrten Gesichtern eher mathematisch bewiesen als geschichtlich dargestellt. Dasselbe gilt für seine „Schlacht bei Näfels" (1897), auf der ein Bauernheer gegen ein Ritterheer prallt, und zwar vorn als Einzelkampf symmetrisch angeordneter Figuren, hinten als allgemeines Schlachtgetümmel, ohne daß dadurch der Eindruck des Kleinteiligen entsteht. Ebenso pathetisch wirkt sein „Tell" (1897), der mit erhobener Hand und vorgehaltener Armbrust wie ein übermenschlicher Heros dem Betrachter entgegenschreitet, als wolle er ein ganzes Volk mit seiner herrischen Geste zum Aufstand aufrütteln. Auch hier handelt es sich nicht um eine konkrete Situation, sondern um ein Menschen-

monument, das vor einer mächtigen Bergkulisse wie ein bildfüllendes Fels-
massiv aufgetürmt ist. Ähnliches läßt sich von seinem „Auszug der Jenaer
Studenten" (1908) behaupten, wo sich der dargestellte Vorgang wie auf einer
Simultanbühne in zwei Schichten vollzieht. Oben sieht man die Marschierenden, unten sind die aufbrechenden Reiter dargestellt. Um auch dieses Bild
ins Monumentale zu steigern, ziehen die marschierenden Viererkolonnen mit
weitausgreifenden Schritten und parallel gehaltenen Gewehren ins Feld, während
die untere Zone mit ihren strengen Symmetrien mehr den Eindruck eines re-
liefartigen Sockels erweckt, der auf eine statische Verewigung hinzielt.

Als letztes Bild dieser Reihe sei seine „Einmütigkeit" oder „Reformation" (1913)
im Rathaus zu Hannover erwähnt, auf dem sich die hannoverschen Bürger mit
einem Treueschwur zur Sache der Reformation bekennen. Die entscheidenden
Aufbauprinzipien sind auch hier Reihung und Ballung. So steht in der Mitte
ein Vorbeter, ein Führer, ein Bürgerheros, „um eines Hauptes größer" als die
anderen, der auf beiden Seiten von einer zum letzten entschlossenen Gruppe
von Männern flankiert wird, deren Schwurhände wie ein Wall von Speeren in
die Höhe ragen. Auf ein Milieu ist völlig verzichtet worden. Weder ein Markt-
platz noch eine Landschaft sind zu sehen, sondern nur eine Reihe athletischer
Männergestalten, deren straffe Rhythmisierung durch die emporgestreckten
Arme und gleichmäßig vorgestellten Beine dem Betrachter geradezu ins Auge
springt. Aus der Masse der Bürger, dem Volk, wird so eine Kultgemeinschaft,
die zu unbedingter Bewunderung oder Nachahmung auffordert. Ein Thema
wie dieses wendet sich nicht an die Sinne, vermittelt keine genießerischen
Impressionen, sondern soll mit imperialer Geste Vorbildlichkeit, Ethos und
nationale Gesinnung demonstrieren. Daher das Typische, Ideelle, Verall-
gemeinernde, das keine Rücksicht auf individuelle Besonderheiten nimmt und
so den Eindruck einer „völkischen" Gemeinsamkeit erweckt, die man ohne
besondere Mühe ins Imperialistische uminterpretieren konnte.

Der gleiche Vorgang läßt sich in der Literatur verfolgen. Nachdem der Impressionismus alle großen Formen zerschlagen hatte, um die sinnliche Eindrucksfülle in einem Wort, einem Satz zusammenzudrängen, war von älteren
Gattungen wie Roman, Drama oder Epos nur ein Trümmerfeld kleiner Skizzen
und Einakter übriggeblieben. An dieser Situation hatte sich auch im Jugendstil und Symbolismus nicht viel geändert. In beiden Richtungen stand weiterhin die Kurzform im Vordergrund: die Lyrik, das Spiel, der Kurzroman oder
der Romanzenzyklus. Dagegen bemühte man sich jetzt wieder um die „große
Form": das Drama, das Epos und das Gedichtwerk. Überall spürt man
ein neues Formbewußtsein, aus dem sich eine streng scheidende, normative
Poetik entwickelte. So schrieb Franz Servaes in „Der Wille zum Stil" (1905):

> „An Mischformen haben wir jetzt genug gehabt: Romane, die zu Lyrik
> wurden; Dramen, die zu Romanen wurden; Plastiken, die zu Gemälden

wurden ... Es wird Zeit, daß unsere Kunst sich wieder auf die Reinheit ihrer Gattungsformen besinne. Der Mischmasch mag vielleicht noch so lieblich, geistreich und kapriziös gewesen sein — er behielt etwas Frauenzimmerliches ... Es ist keineswegs in das Belieben eines geistreichen Autors gestellt, was er etwa unter ‚Roman' oder ‚Drama' verstehen mag. Diese Kunstformen sind festgesetzt und werden von ihren eigenen Gesetzen regiert" (DNR, S. 110/111).

An die Stelle des raffinierten Psychologismus der neunziger Jahre, für den alles nur Maske und Vorwand war, trat deshalb ein Traditionalismus, der sich mehr und mehr am Leitbild einer rein formalistisch verstandenen „Klassik" orientierte. Auf diese Weise kam es zu einer Autonomieästhetik, die sich in ihrem Kampf gegen die bisherige Gattungsanarchie nur zu leicht ins Formkultische überschlug. Bezeichnend dafür ist folgende Äußerung von August Horneffer in der „Tat" (1909):

„Die Anzeichen mehren sich, daß die deutsche Dichtkunst nach ihren naturalistischen und neuromantischen Wegen und Irrwegen der letzten Jahrzehnte sich zu einem neuen klassischen Stil durchzuringen versucht. Man hat den Wert der Form neu entdeckt, man hat begriffen, daß das Ziel der Kunst und jedes wahren Künstlers das geschlossene organische Kunstwerk sein muß, das Kunstwerk, das klar und stark dasteht als ein Sieg über die Unform, über die Vielfalt der Impressionen" (I, 529).

Mit derselben Eindringlichkeit wandte sich Theodor A. Meyer in seinem Buch „Das Stilgesetz der Poesie" (1901) gegen das bloße Malen und Beschreiben der naturalistisch-impressionistischen Ära, bei denen er das Geniale und Schöpferische vermißte. Im Anschluß an einen dürren Klassizismus sah er in der Poesie lediglich die „Kunst der unanschaulichen geistigen Vorstellung", die sich unter scharfer Distanzierung von allen „Nichtigkeiten des Alltags" vorwiegend auf die Herausbildung der „Form" beschränkt (S. 231). Wie in der Malerei trat auf diese Weise wieder die menschliche „Gestalt" in den Vordergrund, während sich alle „verunklärenden" Elemente wie Landschaft oder Milieu mit zweitrangigen Rollen begnügen mußten. Allenthalben strebte man nicht nur nach der großen Form, sondern auch nach dem großen Inhalt zurück. Anstatt den Menschen vorwiegend in einer ästhetisch-rezeptiven Situation zu zeigen, wie es im Impressionismus Mode war, gab man ihm wieder jene „Fallhöhe" zurück, durch die alle ethischen, politischen oder religiösen Handlungen in den Sog des Heroischen oder Tragischen geraten. Großes sollte wieder groß, Kleines wieder klein erscheinen. Das beweist eine Äußerung aus dem „Ausgang der Moderne" (1909) von Samuel Lublinski:

„Große Möglichkeiten und Ziele winken der modernen Kunst: die Tragödie im Drama, das Epos in der Erzählung, die Ballade und der Mythos in der Lyrik. Doch dazu wird gefordert, daß man wieder an menschliche Größe glaube" (S. 311).

Unter „menschlicher Größe" wird hier selbstverständlich ein weit über den Heroismus des Alltags hinausgehendes Übermenschentum verstanden, das sich an Leitbildern wie Nietzsches „Zarathustra" orientiert. Aus diesem Grunde verlangte man statt sensitiver Ästheten oder nervöser Schwächlinge, die ganz ihren momentanen Launen unterworfen sind, auch in der Literatur wieder Athleten, bei denen jede Handlung ein Ausdruck imperialer Stärke ist. „Wir brauchen einen Dichter, der die Menschen unserer Zeit zu Heroen adle", schrieb Richard Müller-Freienfels in der „Tat" (1913), und zwar mit einem bewundernden Hinweis auf Paul Ernst und Spitteler, die allgemein als die typischsten Vertreter dieser neuen Gesinnung empfunden wurden (V, 828). Anstatt ewig zu negieren und zu verspotten, wie Wilhelm Schäfer in den „Rheinlanden" behauptete, müsse endlich eine Rückbesinnung auf das Monumentale einsetzen (II, 123). Das Ideal dieser Richtung waren daher Kulturförderer, die auch in der Dichtung wieder als Führer auftreten und in edlen Formgebilden weithin leuchtende Vorbilder aufstellen. So forderte Karl Hoffmann, und zwar ebenfalls in der „Tat" (1909), einen neuen literarischen „Aktivismus", der sich nicht mit der demütigenden Tatsache abfinde, daß die „erobernden, erwerbstätigen Arme der arbeitenden Nation" weit über die Meere reichten, während sich die Literatur mit „zarten, verschwebenden Stimmungen" und „ahnungsvollen Symbolen" begnüge (I, 158/159). Um dieses Paradoxon, diese „Reversliteratur", aus der Welt zu schaffen, propagierte man allenthalben einen „Neuidealismus", der auf rein formalen und doch existentiell aktivierten Kategorien beruht. Und so entwickelte sich auch auf diesem Gebiet schließlich ein Geistbegriff, der trotz seiner inhaltlichen Unbestimmtheit eine aggressive Kulturmission ins Auge faßt und dadurch oft auf einen „Imperialismus der Seele" hinausläuft.

Im Bereich der Lyrik wurde dieser Wandel zu einer aktiven Formgesinnung vor allem durch Stefan George vollzogen, der sich um die Jahrhundertwende aus einem Schüler Mallarmés, einem technisch versierten Wortkünstler und Ästheten, in einen Priesterdichter verwandelte, dessen höchstes Ideal nicht mehr das Motto „L'art pour les artistes", sondern ein ethischer Gestaltungswille war, der aus dem Sektiererischen allmählich ins Gesamtvölkische übergriff. Diese klare Absage an den Ästhetizismus ging Hand in Hand mit einer Einheitsforderung, die alle individuellen Besonderheiten wie Originalität, Launenhaftigkeit und Preziosentum zu den Relikten der Vergangenheit wirft. Nicht die unverbindliche Reihung, sondern die verpflichtende „MITTE" steht plötzlich im Zentrum seiner literarischen und menschenbildnerischen Bemühungen. An die Stelle des Momentanen, der vorüberhuschenden Augenblicke und raffinierten Wortspielereien treten daher zyklische Ausdrucksformen oder Symbole, die sich stets auf die Gesamtheit des Lebens beziehen, wodurch sich das persönliche Erlebnis, die unwiederholbare Empfindung, in einen Gemeinschaftsausdruck wandelt, der auf der strikten Anerkennung überindividueller Satzungen beruht. In bestimmte Regeln gebracht wurde diese neue Weltanschauung weniger durch George selbst als durch seine Jünger. Dafür sprechen vor allem die Aufsätze im „Jahrbuch für die geistige Bewegung" (1910—1912), die oft nur eine nachträgliche Formulierung dessen enthalten, was der „Meister" längst realisiert hatte. So wetterte Gundolf 1910 gegen die zunehmende „erregtheit und beweglichkeit", an denen die Moderne kranke, und behauptete apodiktisch: „Nur im vereinfachen liegt heute das heil, nicht mehr im vermehren und erweitern", um nicht in den wahllos aufgehäuften „stoffmassen" zu ersticken (I, 23). Mit ähnlicher Akzentsetzung sprach Karl Wolfskehl von der „auf zusammenfassung der impulse, auf vereinfachung der ziele gerichteten haltung der Blätter" (I, 12). Anstatt weiterhin die „fülle des interessanten, reizvollen, aufregenden" zu vermehren, wollte er der Jugend wieder ein Gefühl für „ernst, würde und ehrfurcht" geben (I, I). Während im Impressionismus der Dichter lediglich ein Seismograph gewesen sei, der sich jeder Mode angepaßt habe, müsse man jetzt von einem „Wort-künstler" gerade das Traditionelle verlangen. Darum heißt es an anderer Stelle: „Die heut nötigen kulturheilande sehn wir in den formbringern, nicht in den formsprengern" (III, 8). Auch Wolters und Gundolf bekannten sich schon im ersten „Jahrbuch" zu Bildeindrücken, die etwas deutlich Konturiertes und Plastisches haben. Nicht die Stimmung war ihnen das Wichtigste, sondern die Linie, die graphische Knappheit. Eine solche Anschauung führte notwendig zu einer konsequenten Verwerfung aller malerisch-musikalischen Elemente. „Nur die schwächlichen, wenn nicht ganz entarteten poeten pflegen der musik die verbindung mit ihren Werken gern zu gestatten", heißt es einmal im Hinblick auf Hofmannsthal (III, 26). Wolfskehl verstand daher unter Kunst vornehmlich den „willen zum bilde", während er die „weib-sexualen tonwellen" der Musik mit Hybris und Selbstaufgabe verglich (I, 5). Da die Musik kein eigenes Ethos habe, könne sie nur „einlullen, streicheln, in taumel setzen", (III, 31). Er schrieb deshalb mit grollendem Unterton:

> „In ihr kommt chaos zum chaos, makrochaos zum mikrochaos. Die süßigkeit und schwermut, aber auch die wucht und inbrunst des nicht kosmisch gebundenen lebens, sein wogendes, schweifendes, die unersättlichkeit des von den formenden kräften verlassenen stofflichen, das hylehaft dämmernde, brodelnde, schwankende, alles müde, auflösungswillige, alles was nach untergang und aufgang gierig ist: das chaos wird offenbar in der musik" (III, 26). „Sie ist das ergebnis der zersetzungen, ein zerfallsprodukt. Sie ist die wichtigste, vielleicht hoffnungsloseste krankheitsform in dem von ihr befallenen Europa" (III, 28).

Die entscheidende Wende zu dieser gemeinschaftsstiftenden Mitte und damit steigenden Monumentalität des dichterischen Ausdrucks läßt sich in Georges „Teppich des Lebens" (1900) beobachten, wohl dem ersten konsequent durchgeformten Gedichtwerk, das auf dem Prinzip „strenger linienkunst" beruht (V, 16). Während in den „Büchern der Hirten und Preisgedichte, der Sagen und Sänge und der hängenden Gärten" (1895) noch die impressionistische Vielfalt der Welt enthalten war: Mittelalterliches, Orientalisches, Minnesängerliches, Antikes, Idyllisches, und zwar in bunter Mischung, wird jetzt jedes Gedichtwerk einem durchgehenden Programm unterworfen. Wichtig ist, daß dabei das Exotische und Raffinierte allmählich verschwindet und das Naheliegende, die Heimat, wieder ins Blickfeld seiner Gestaltung rückt. Statt römischen Caesarenprunk oder überladene Schloßszenerien zu beschreiben, ertönen plötzlich Strophen wie „Schon lockt nicht mehr das Wunder der lagunen/Wie deine wogen — lebengrüner strom" oder „In diesen einfachen gefilden lern/Den hauch der den zu kühlen frühling lindert/Und den begreifen der die schwüle mindert/Und ihrem kindesstammeln horche gern" (V, 16). Das Ergebnis dieser Umorientierung war eine Simplizität, die zu einer steigenden Vorliebe für völkisch-bäuerliche und gotisch-religiöse Motive führte. Beispielhaft dafür sind Gedichte wie „Der Freund der Fluren" oder „Das Kloster", wo es sich um idyllisch-einfache Bilder, ohne verwirrende Farbenreize, in klarer, hodlerscher Zeichnung handelt. Auf das Reim- und Rhythmengepränge der frühen Hymnen folgt hier die gedämpfte Sprache eines von der „Mitte" Ergriffenen. Die poetischen Bilder werden nicht mehr empfunden, nicht mehr nacherlebt, sondern drücken allgemeinste Situationen aus, die von einem Kreis gleichgestimmter Menschen als etwas Überindividuelles anerkannt werden sollen. Gundolf nannte diesen Wandel einen Übergang vom „orgiastischen" zum „domhaften" oder „bildnerisch Hellenischen" (I, 28). An die Stelle der vibrierenden Vokalmelodie des „Algabal" tritt so ein Predigtton, der etwas Spruchhaftes und Litaneienmäßiges hat. Die Form des dichterischen Sprechens verwandelt sich dadurch zu Huldigungen, zu Gesprächen mit geliebten Personen, denen man auf ihrer Lebensbahn mit ethischen Leitsprüchen zu Hilfe kommen will. Neben diesen gesprächshaften Formen, den Dialogen und Spruchweisheiten, begegnen vor allem Tafeln oder Monumente, auf denen neue Gesetze verkündet werden, und zwar im Ton apodiktischer Bestimmtheit, um keinen Zweifel an der Rechtmäßigkeit dieser Satzungen aufkommen zu lassen. Das zeigt sich am besten in seinem monumentalen Gedichtwerk „Der siebente Ring" (1907), wo sich George nach den resigniert ermatteten Versen im „Jahr der Seele" und dem dekorativen Reigen im „Teppich des Lebens" mit der Aura des Prophetischen umgibt. Die „unermeßliche fracht äußerer möglichkeiten", die zu „schillerndem spiel" verführten, wird hier durch die „einfachen geschehnisse" ersetzt, in denen das Führerbewußtsein eines von Gott Begnadeten

zum Ausdruck kommen soll. An die Stelle der zarten Gobelintöne, der auf-
gelichteten und doch verhaltenen Farben treten daher bewußt harte Effekte.
So heißt es nicht mehr wie im „Jahr der Seele": „Entflieht auf leichten kähnen/
Berauschten sonnenwelten/Daß immer mildre tränen/Euch eure flucht ent-
gelten" (IV, 109), sondern laut und entschieden: „Nun da schon einige arkadisch säuseln/Und schmächtig prunken: greift er die fanfare,/Verletzt das
morsche fleisch mit seinen sporen/Und schmetternd führt er wieder ins ge-
dräng" (VI–VII, 7). Der sanfte Rhythmus seiner frühen Werke geht dadurch
in ein Formschaffen über, dem eine Hypertrophie des Willens zugrunde
zu liegen scheint. Alles wird dem Zwang des Sakralen unterworfen, um eine
Diktion zu erzielen, die den Eindruck des Priesterlichen erweckt. Vor allem der
„Maximin" ist wie ein weltliches Meßbuch gehalten, bei dem das Unleserliche
der Kleinschrift und die fehlende Interpunktion einen Ersatz für das Latein
bieten sollen. Das gleiche gilt für den Tonfall dieser Gedichte. Wo bisher das
Gesellig-Dekorative bestimmend war, herrscht jetzt das Feierlich-Monumen-
tale: der bronzene Vers, den Rudolf Borchardt einmal als „porenverstopfend"
bezeichnete.

Das dichterische und religiöse Zentrum dieser Phase bildete eindeutig der Jüngling Maximin, ein leibgewordener Heilsbringer von griechischer Schönheit
und christlicher Sanftmut, an dem sich George zu einem Kultstifter steigerte,
der endlich den ihm gemäßen Anspruch gefunden hatte. Von dieser Warte aus
bekommt seine aristokratische Massenfeindschaft, die sich schon in seinen
frühen Werken beobachten läßt, plötzlich eine ganz andere Schärfe. Anstatt
sich wie im „Algabal" als „salbentrunkener prinz" in seine „paradis artificiels"
zurückzuziehen, tritt er jetzt mit der angemaßten Pose eines übermenschlichen
Zeitrichters auf, als stünde das Jüngste Gericht oder der Brand des Tempels bevor. Das Dichterische, das reine Eingebettetsein in die Landschaft, wird daher
immer stärker vom Rhetorischen überwuchert. Wie ein Halbgott wirft er
seiner eigenen Zeit, die sich von der religiösen Überformung des Menschen
zu emanzipieren sucht, den Fehdehandschuh ins Gesicht, bestraft sie mit
Bann und Fluch, als habe er die Macht, „ex cathedra" zu sprechen. So heißt es
im „Stern des Bundes" (1914), dem Höhepunkt dieser tyrannischen Macht-
besessenheit, die nur Anschluß oder Ausschluß kennt: „Ihr fahrt im hitzigen
taumel ohne ziel/Ihr fahrt im sturm ihr fahrt durch see und land/Fahrt
durch die Menschen …/Und eure lösung ist durch euch der tod" (S. 42),
„Das niedre fristet larvenhaft sich fort / Bescheidet vor vollendung sich mit
tod" (S. 40) oder „Verzeihung heischen und verzeihn ist greuel" (S. 93).
Hier werden keine Stimmungen mehr gestaltet, sondern Haltungen gezeigt.
Ein harter, metallner Ton herrscht vor. Nicht genug, daß er sich selber einen
unmenschlichen Zwang auferlegt, auch andere werden diesem Zwang unterworfen, worin sich die innere Identität von politischem und ästhetischem
Absolutismus manifestiert. Besonders deutlich wird diese herrscherliche Form-

besessenheit in folgenden Zeilen, wo sich der richterliche Ton in eine hart-
herzige Vernichtungsraserei überschlägt (S. 31):

> „Ihr baut verbrechende an maß und grenze:
> ,Was hoch ist kann auch höher!' doch kein fund
> Kein stütz und flick mehr dient ... es wankt der bau.
> Und an der Weisheit end ruft ihr zum himmel:
> ,Was tun eh wir im eignen schutt ersticken
> Eh eignes spukgebild das hirn uns zehrt?'
> Der lacht: zu spät für stillstand und arznei!
> Zehntausend muß der heilige Wahnsinn schlagen
> Zehntausend muß die heilige seuche raffen
> Zehntausende der heilige krieg."

Gedichte wie dieses richten sich nicht an einen Kreis von Kunstjüngern,
sondern an einen Männerbund, ein willfähriges Gefolge, das sich einem
priesterlichen Herrscher unterordnet, den man schon zu Lebzeiten wie eine
mythische Gestalt verehrte. Nicht der versierte Reimtechniker steht hier im
Mittelpunkt, sondern der Kultstifter, der Führer, der einer Schar von Entschlossenen mit dem „völkischen banner" den Weg zum „Neuen Reich"
weist, und zwar unnahbar, aus weiter Entfernung, wie es sich für einen
Cäsar geziemt. Aus Nietzsches Übermenschentum, hellenischer Leibver-
gottung und renaissancehafter Ichbesessenheit entsteht so ein Heroenkult,
der immer stärker zum Imperialen tendiert. Das gilt vor allem für ein Gedicht
wie „Die Kindheit des Helden", in dem das religiöse Erlebnis des jugendlichen Heilsbringers eine deutliche Wendung ins Orientalisch-Tyrannische
erfährt, wodurch aus dem strahlenden Genius ein landhungriger Imperator
wird, den man unter völkischer Perspektive als den „Starken von oben" bezeichnen könnte (VI—VII, 59):

> „Männer die die schulter rücken
> Hinter ihm, ihn schmähn und schelten
> Werden einst vor seinen zelten
> Sich in angst und ehrfurcht bücken.
>
> Zieht er siegend durch die länder ...
> Zitternd wanken sie durch gleißen
> Seiner waffen beuten pfänder,
> Sinken nieder ungeheißen —
>
> Stirn und bart bestreut mit ruß —
> Vor den blicken die versengen,
> Flehn um gnade den Gestrengen,
> Lecken ihm den staub vom fuß."

Solche Strophen lassen sich mit bestem Willen nicht rein literarisch interpretieren. Schließlich war Georges Gedanke eines „Neuen Reiches" nicht nur
eine visionäre Fiktion, sondern zielte auch in die Realität. Immer wieder hat
er auf den nahen Untergang hingewiesen, den nur eine Schar formbewußter
Geistmenschen überleben werde, die sich außerhalb des allgemeinen „sumpfes"
stelle. Während man bis 1900 mit „rosenketten überm abgrund" getändelt
habe (VIII, 92), bekannte sich George nach der Jahrhundertwende immer
stärker zur Idee einer Kultgemeinschaft, die in sich selbst zur „Mitte" geworden ist. Eine solche „verschmelzung" konnte jedoch in seinen Augen nur ein
Gott bewirken, das heißt jener von ihm geschaffene Maximin, in dessen Umkreis es keine „qual der zweiheit" mehr gibt (VIII, 9), was zu dem dürftigsten
aller Rettungsversuche führte, nämlich die gegenwärtige Not mit pseudoreligiösen Wahngebilden zu überblenden.

Ein ähnlicher, wenn auch abgeschwächterer Formaktivismus läßt sich bei
einer Reihe von anderen Lyrikern dieser Jahre beobachten, aus denen Namen
wie Rudolf Alexander Schröder, Ernst Stadler, Rudolf Borchardt und Rainer
Maria Rilke herausragen, die sich als Dichter — teilweise vorübergehend, teilweise für immer — dieser Wendung ins Monumentale angeschlossen haben.
Wie in der bildenden Kunst liebte man plötzlich auch in der Lyrik wieder
strenge Formen, vor allem das Sonett, die Ode oder Hymne, denen genau be-
rechnete Symmetrien und Parallelismen zugrunde liegen. Statt mit impressionistischen Augenblickseindrücken oder jugendstilhaften Wortverschlingungen
zu brillieren, schiebt sich jetzt eine „Wortkunst" in den Vordergrund, die
sich innerlich und äußerlich auf genau festgelegte Wertvorstellungen bezieht.
Wie bei George werden nicht mehr vorübergehende Stimmungen, sondern
wiederkehrende Haltungen dargestellt, selbst wenn dadurch eine gewisse
Statik entsteht. Nach einer Zeit impressionistischer Eindrucksfolgen, die auf
suggestiven Flimmerwirkungen beruhen, bevorzugte man deshalb in steigendem Maße die „Gestalt", bei der es nichts zu verunklären oder zu verwischen
gibt. Die flüchtig angedeuteten Farben und Töne der neunziger Jahre verwandelten sich dadurch zu Ornamenten, denen eine sorgfältige Wortwahl
und ein feierlich-getragener Rhythmus zugrunde liegen. Aus unmittelbaren Erlebnissen, wie sie noch für Dehmel und Liliencron bezeichnend
waren, wurden so spruchhafte Rück- und Ausblicke auf das Leben im allgemeinen, was zu einem Übergewicht guter Vorsätze und exemplarischer
Haltungen führte, die man in weltlichen Brevieren oder Stundenbüchern
zusammenfaßte. Inhaltlich trat dabei an die Stelle der impressionistischen
Unverbindlichkeit eine Ethisierung der Leidenschaft, die in ihrer Erhöhung
des lyrischen Tons fast an mittelalterliche Litaneien erinnert. Während
Dehmel noch sagen konnte: „Aber komm mir nicht im langen Kleid, nur
in kurzen Röcken kann man lieben" oder „Siehst du Mädel, wars nicht
nett, so an meiner Seite heute", unterwarf man sich jetzt wieder dem strengen

Zeremoniell der ritterlichen Anbetung. Das „süße Mädel" bei Schnitzler oder Altenberg wurde daher mehr und mehr durch das Leitbild der Dame, der Göttin oder Madonna verdrängt, deren Huld nur dem demütigen Lebenspilger zuteil wird. Statt momentaner Seelenzustände, die durch unverbindliche Impulse ausgelöst werden, kommt so selbst in der Lyrik, der subjektivsten aller literarischen Formen, eine ins Überindividuelle gesteigerte Sittlichkeit zum Durchbruch, die sich von der „geschniegelten Wiener Kulturlyrik" wie Hodler von Klimt unterscheidet.

Falls man überhaupt noch „Persönliches" verwandte, wurde es meist in heroische oder antike Masken eingekleidet. Dafür sprechen die „Sonette an die Sixtinische Madonna" (1907), die „Sapphischen Oden" (1913), die „Römischen Elegien" (1913) und die „Asklepiaden" (1913) von Rudolf Alexander Schröder, die sich unverkennbar an antike Vorbilder anlehnen und eine Art „Neoklassizismus" in der Lyrik begründeten. Ebenso dekorativ nachempfunden, das heißt Zeichen einer „fast abgöttischen Verehrung der Antike", wie sich Schröder einmal ausdrückte, sind die Gedichte von Rudolf Borchardt. In humanistischer Euphonie werden hier die „klassischen" Exempla der Tradition zu einem monumentalen Formalismus gesteigert, dessen äußere Fülle lediglich die innere Unsicherheit verrät. Es gibt bei ihm kaum etwas, was nicht wenigstens einmal durchprobiert würde: Sonette, Terzinen, Stanzen, heroische Elegien, Sestinen der Sehnsucht, Tagelieder oder klassische Oden. Doch das meiste bleiben Gedichte auf Gedichte, die mit gewählter Bildersprache und künstlich verstellter Stimme überpersönliche Themen behandeln und sich dabei eines gelehrten Vokabulars oder antiker Mythologiereminiszenzen bedienen.

Daher wirkt selbst seine „Heroische Elegie" trotz ihrer weitausgreifenden Stanzen, ihrer Formgewandtheit und ihres Wortgetöses wie ein Themengedicht, dessen anspruchsvoller Ton sich ins Pathetisch-Hohle überschlägt und so in einem Formalismus der Gebärde erstickt.

Ähnliche Beobachtungen lassen sich im Bereich der religiösen Lyrik machen. Auch hier muß man wieder an Schröder denken, seine Psalmen, Tischgebete, Glockensprüche und sein umfangreiches „Sonntagsevangelium", die sich am Kirchenlied des 17. Jahrhunderts orientieren und selten über das Nachgebildete oder Variierende hinausgehen. Das gleiche gilt für das „Stundenbuch" (1905) von Rilke. Nach Jahren raffinierter Wortspielereien, einem wahren Cancan der Farben, Klänge und Rhythmen, begegnet man hier einer gewollten Simplizität, die an alte Volksweisen oder überlieferte Spruchweisheiten erinnern soll. Auch in seinem „Marienleben" (1913) schlägt er einen Ton an, der sich ganz auf den Reiz der „einfachen Worte" beschränkt. Man lese dazu die „Geburt Christi", wo die manierierte Spannung zwischen dem betont Schlichten und der bewußten Artifizialität besonders deutlich zum Ausdruck kommt (I, 673):

„Hättest du der Einfalt nicht, wie sollte
dir geschehen, was jetzt die Nacht erhellt?
Sieh, der Gott, der über Völkern grollte,
macht sich mild und kommt in dir zur Welt.

Hast du dir ihn größer vorgestellt?

Was ist Größe? Quer durch alle Maße,
die er durchstreicht, geht sein grades Los.
Selbst ein Stern hat keine solche Straße.
Siehst du, diese Könige sind groß,

und sie schleppen dir vor deinen Schoß

Schätze, die sie für die größten halten,
und du staunst vielleicht bei dieser Gift:
aber schau in deines Tuches Falten,
wie er jetzt schon alles übertrifft.

Aller Amben, den man weit verschifft,

jeder Goldschmuck und das Luftgewürze,
das sich trübend in die Sinne streut:
Alles dieses war von rascher Kürze,
und am Ende hat man es bereut.

Aber (du wirst sehen): er erfreut."

Anders verhält es sich bei Stadler. Bei ihm wird das Religiöse meist als Zwiegespräch einzelner Personen mit Gott erfaßt. So in seinem Gedicht „Parzival
vor der Gralsburg", wo er mit weitausschwingenden Langzeilen einen schmerz-
gebeugten Ritter beschreibt, dem sich das Ziel seiner Sehnsucht, der heilige
Gral, immer wieder entzieht. Doch trotz aller Schmerzen erstrahlt in seinen
Gedichten stets das Licht der Auferstehung, tönen Engelsgrüße oder tröstet
die Sanftmut alter Heiligenbilder. Während im späteren Expressionismus
mehr die alles zermalmende Qual im Vordergrund steht, gibt es bei ihm noch
die Form, die Gnade der Gestalt. Das beweisen die beiden Frauenfiguren vor
dem Straßburger Münster, denen eines seiner schönsten Gedichte gewidmet
ist. Wie ein Bildhauer setzt er hier den Gestalten seiner Sehnsucht ein Denkmal,
das in seiner plastischen Formbestimmtheit, seinem Schönheitskult und doch
religiösen Feierlichkeit noch ganz in den Bereich der Stilkunst gehört (I, 180):

Gratia divinae pietatis adesto savinae
De petra dura perquam sum facta figura.
(Alte Inschrift am Straßburger Münster)

„Zuletzt, da alles Werk verrichtet, meinen Gott zu loben,
Hat meine Hand die beiden Frauenbilder aus dem Stein gehoben.

Die eine aufgerichtet, frei und unerschrocken —
Ihr Blick ist Sieg, ihr Schreiten glänzt Frohlocken.
Zu zeigen, wie sie freudig über allem Erdenmühsal throne,
Gab ich ihr Kelch und Kreuzesfahne und die Krone.
Aber meine Seele, Schönheit ferner Kindertage und mein tief verstecktes
Hab ich der Besiegten, der Verstoßenen gegeben.   [Leben
Und was ich in mir trug an Stille, sanfter Trauer und demütigem Verlangen
Hab ich sehnsüchtig über ihren Kinderleib gehangen:
Die schlanken Hüften ausgebuchtet, die der lockere Gürtel hält,
Die Hügel ihrer Brüste zärtlich aus dem Linnen ausgewellt,
Ließ ihre Haare über Schultern hin wie einen blonden Regen fließen,
Liebkoste ihre Hände, die das alte Buch und den zerknickten Schaft
                                        umschließen,
Gab ihren schlaffen Armen die gebeugte Schwermut gelber Weizenfelder,
                                        die in Junisonne schwellen,
Dem Wandel ihrer Füße die Musik von Orgeln, die an Sonntagen aus
                                        Kirchentüren quellen.
Die süßen Augen mußten eine Binde tragen,
Daß rührender durch dünne Seide wehe ihrer Wimpern Schlagen.
Und die Lieblichkeit der Glieder, die ihr weiches Hemd erfüllt,
Hab ich mit Demut ganz und gar umhüllt,
Daß wunderbar in Gottes Brudernähe
Von Niedrigkeit umglänzt ihr reines Bildnis stehe."

Eine weitere Spielart dieser religiösen Lyrik bilden die Gedichte des Charon-
Kreises, dessen Ziel ein Wortkunst-Symbolismus war, der auf einer mystisch
verinnerlichten „Deutschheit" beruht. Auch hier strebte man ins Monumentale, ohne jedoch den sakralen Faltenwurf Georges nachzuahmen. Durch
diese seelische Offenheit läßt sich im Laufe der Jahre eine allmähliche Steigerung ins „Kosmische" beobachten, die schließlich wie bei Däubler und Mombert
in den Expressionismus überleitet.
Neben diesen religiösen Motiven liebte man vor allem bäuerliche, heimatliche
oder patriotische Themen, die in hymnenartigen Versen „deutsche Wesensart"
umschreiben. Beispielhaft dafür ist die Balladendichtung dieser Jahre. Man
denke an Börries von Münchhausen, Wilhelm von Scholz, Lulu von Strauß
und Torney oder Agnes Miegel, deren Werke meist eine schicksalhaft-
archaische Note haben. Schon indem sie Balladen schrieben, die nicht zum
Lesen, sondern zum Vortrag bestimmt sind, sahen sie sich einer Gemeinschaft
gegenüber, die man mit einprägsamen Wiederholungen oder beschwörenden
Schlußformeln ansprechen muß. Daß sie bei einer solchen Einstellung zwangsläufig gewissen Regressionen erlagen, liegt auf der Hand. Die überwiegende
Mehrzahl ihrer Helden sind daher Gestalten mit nordisch-starken Gefühlen,

stets bereit, ungesühnte Schmach zu rächen, auf Eroberungen auszuziehen oder heroisch unterzugehen. Das gleiche gilt für die spezifisch „völkische" Lyrik dieser Jahre wie die „Sonnenlieder im Jahresringe" (1900) von Arthur von Wallpach, die Balladensammlung „Nornengast" (1910) von Karl Engelhard oder die Heldengebete „Jung Wiking" (1915) von Ellegaard Ellerbek, die von Guido von List als echte „Armanendichter" gefeiert wurden, da sie vorwiegend Stoffe aus der „Edda" behandelten. Mehr ins Vaterländische tendieren die „Deutschen Sonette" (1910) von Herbert Eulenberg oder „Des Michael Schwertlos vaterländische Gedichte" (1915) von Albrecht Schaeffer: Kriegschoräle, Hymnen an Dürer, Treueschwüre und Heimatbekenntnisse, deren Deutschtum vor allem in ihrer „Charakterfestigkeit" zum Ausdruck kommt. Ein ähnlicher Tonfall herrscht bei Rudolf Alexander Schröder, der sich in seinem Gedicht „Heilig Vaterland" zu den romantisch-verblendeten Zeilen hinreißen ließ: „Eh der Fremde dir/ Deine Krone raubt,/ Deutschland, fallen wir/ Haupt bei Haupt" (I, 489). Die Heimat, der Boden der Väter, erscheint hier als das „Land des Glaubens", ausgezeichnet mit den Werten einer tausendjährigen Kultur, die man erst in den letzten Jahrzehnten der Gefahr neumodischer Einflüsse ausgeliefert habe. Dafür sprechen Worte wie „O Deutschland du, vielduldende Nährerin,/ Du schweigst fromm und wartest die Schlechten aus,/ Bis dir vom Männer-Saal der Hauswirt/ Zornig die lästigen Freier scheuchte" (I, 15), in denen die Sprache Hölderlins ins „Völkische" umgefälscht wird, um auch dem klassischen Odenton eine imperiale Tendenz unterzuschieben.

Die gleiche Entwicklung läßt sich im Drama dieser Ära verfolgen. Während man sich im Impressionismus weitgehend auf Einakter, Intermezzi und gedichthafte Bilderfolgen beschränkt hatte, wird plötzlich wieder ein Gefühl für das Versdrama wach, das nach wesentlich größeren Dimensionen trachtet. Wie in der Antike, der Goethe-Zeit oder bei Hebbel behandelt man Konflikte wie den Gegensatz zwischen einzelpersönlicher Neigung und überindividueller Gemeinschaftspflicht, die notwendig zu einer tragischen Katastrophe drängen. Anstatt weiterhin elegante Flaneurs oder „halbe Helden" auf die Bühne zu bringen, regiert allenthalben das Exemplarische, wenn auch nicht in historisch-konkreten Situationen, sondern im Bereich abstrakter Urbilder, die keine realen Entsprechungen haben. Die sittliche Aufgabe dieser Dramatik, die im Zeichen eines „Schiller redivivus" steht, bleibt daher meist im luftleeren Raum des „Allgemein-Menschlichen" befangen, wodurch selbst die hohe Tragödie zu einem ästhetischen Experiment erniedrigt wird. Immer wieder hat man nur die Form, den „Stil" im Auge, anstatt sich auf das Inhaltliche zu konzentrieren. Das meiste sind daher Bearbeitungen älterer Stoffe, bloße Adaptionen, die trotz aller monumentalen Absichten im Prinzip der·Variation steckenblieben, da ihnen sowohl der schöpferische Impuls als auch die reale Lebensbezogenheit fehlen. Viele dieser Werke haben überhaupt keine Atmosphäre, sondern ragen wie Monumente in die Luft, denen es an einer echten

Basis mangelt. Je quaderhafter sie von außen wirken, desto brüchiger sind sie oft im Inneren. Wie stark dieser Formanspruch war, beweisen Autoren wie Schnitzler oder Wedekind, die sich nach der Jahrhundertwende bei gleichbleibend impressionistischer Gesinnung einem strengen Taktgezähle unterwarfen und zu renaissancehaften, historischen oder antikisierenden Stoffen griffen. So schuf Wedekind, der Dichter der Lulu, plötzlich einen „Bismarck" (1915) und einen „Herakles" (1917), während Eulenberg eine „Kassandra" (1903) und einen „Ikarus und Dädalus" (1910) schrieb. Selbst Christian Morgenstern, der Galgenlieder-Poet, hätte am liebsten „gleich drei große Renaissance-Dramen, nämlich außer Savonarola noch Cesare Borgia und Julius II." geschrieben, wie er am 30. Juni 1902 in einem Brief behauptet. Auf derselben Linie liegt Thomas Manns „Fiorenza" (1906). An die Stelle des Alltäglichen, der leichten Gesellschaftskomödien à la Hartleben und Bahr, trat dadurch ein literarischer Anspruch, der sich aus der Scheu vor dem Gewöhnlichen, „auf dem der menge stempel fleckt", in immer höhere Sphären verstieg. Erhabene Metaphern, Monologe, strenge Stychomythen: all das, was man aus dem naturalistisch-impressionistischen Drama verbannt hatte, feierte wieder fröhliche Urständ. Statt epigonenhaft sagte man wieder „traditionalistisch", statt theatralisch „dramatisch", statt Mache „Form", selbst wenn man damit beim Buchdrama landete. Nirgends finden sich wirklich aktuelle Probleme, wird das Geschehen durch politische, ökonomische oder soziale Kräfte bestimmt. Auf diese Weise schrumpft das Inhaltliche meist auf die Allgemeingefühle eines klischeehaften Helden zusammen, dessen Handlungen aus einer cäsarischen Machtvollkommenheit über sich selbst abgeleitet werden. Die gleiche Typisierung zeigt sich im Formalen. Auch hier soll alles eine letztmögliche Abstraktion verraten, komponiert sein wie eine Fuge, bei der sich ein Motiv aus dem anderen entwickelt. August Horneffer schrieb daher in der „Tat" (1909): „Die Einheit des Werkes muß straff gewahrt werden, die Form im einzelnen, die Verse, die schauspielerischen Gesten, die Gruppen und Szenenfolgen müssen Vereinfachung und Typisierung zeigen und vollkommene ästhetische Notwendigkeit erreichen" (I, 530).

Die erste Phase dieser neuen Vorliebe für das Drama, bei der das Monumentale noch vom Dekorativen überlagert wird, stand weitgehend im Zeichen Hofmannsthals, dessen Werke in ihrer stofflichen Erlesenheit und gewählten Sprache von den Ästheten dieser Ära wie eine Offenbarung begrüßt wurden. Nachdem er in den neunziger Jahren fast nur Einakter geschrieben hatte, die von einem impressionistisch-venezianischen Stimmungsklang getragen sind, begann er um die Jahrhundertwende fast auf alle Stoffgebiete der Weltliteratur überzugreifen. Man denke an Dramen wie „Elektra" (1904), „Ödipus und die Sphinx" (1906), „Das gerettete Venedig" (1905), „Jedermann" (1911), „Alkestis" (1911), „Das Salzburger große Welttheater" (1922) und „Der Turm" (1925), in denen er Stoffe von Sophokles, Euripides, Otway und Calderon ins

Ästhetische „umstilisierte", um sie von allen zeitbedingten Schlacken zu befreien. Das Ergebnis dieser dichterischen Umorientierung war ein Stilpluralismus, der zwar Kultiviertheit und Anempfindung verrät, jedoch im letzten kompilatorisch und formal-ästhetisch bleibt, da Hofmannsthal nicht nur die Formen, sondern auch deren Inhalte übernahm, was zu einem fragwürdigen Nebeneinander von christlichem Jenseitsglauben und antikem Pessimismus führte. Anstatt den literarischen Vorwurf umzumodeln, begnügte er sich meist damit, ihn wie ein kostbares Schmuckstück aus alten Kulturen in die Gegenwart hinüberzuretten. Aus dem Lyriker der Loris-Zeit wurde so ein Stildramatiker, der allem Modernen und Erlebnismäßigen aus dem Wege ging und sich mit hohem Kunstverstand auf ein geschmackvolles Arrangement bereits vorgeformter Stoffe beschränkte, so daß Kerr in der „Neuen Rundschau" jahrelang den Hilferuf „Bearbeitungen! Bearbeitungen!" ausstieß, wenn ein neues Stück von Hofmannsthal erschien. Selbst historische Stoffe waren ihm zuwider, da sie zuviel Realistik erfordern. Seine eigentliche Domäne war daher das Festspiel, der „Jedermann" oder „Das Salzburger große Welttheater", bei denen das Milieu nur eine untergeordnete Rolle spielt. Der gleiche Traditionalismus zeigt sich im Sprachlichen. Jeder spricht hier so, als hänge ihm ständig ein Spruchband aus dem Mund, um dem Ganzen einen sentenzenhaft-stilisierten Charakter zu geben. In völligem Einklang dazu steht der barocktheatralische Hintergrund, die Salzburger Domfassade, die selbst die letzten Reste an Realität ins Gläubig-Transparente erhebt. So geht es im „Jedermann", dem mittelalterlichen Mysterium vom Everyman, um das Sterben eines reichen Mannes, der nach einem hartherzigen Leben dennoch unter den Mantel der göttlichen Gnade schlüpft, während im „Salzburger großen Welttheater" ein rebellischer Bettler zu der Einsicht gebracht wird, die soziale Ordnung als eine gottgegebene anzuerkennen und sein Los ohne Murren auf sich zu nehmen. Anderes, wie „Das Bergwerk zu Falun" (1899) oder „Die Frau ohne Schatten" (1919), wo die textliche Vorlage nicht so klar vorgezeichnet war, wirkt fast noch problematischer. Das Dramatische wird hier so von dekorativen Elementen überwuchert, daß eine Bildersprache entsteht, die selbst absolut Unwichtiges in den Bannkreis des Feierlichen zu ziehen sucht.

In die unmittelbare Nachfolge oder Nachbarschaft dieser Werke gehören Dramen wie „Der Graf von Charolais" (1904) von Richard Beer-Hofmann oder der „Tersites" (1907) von Stefan Zweig, beides geschickt arrangierte Jambendramen mit langen monologartigen Partien, deren gewählte Sprache viele Bewunderer fand. Ebenso stark zeigt sich dieser Einfluß bei Karl Vollmoeller, vor allem in seiner „Gräfin von Armagnac" (1903), wo er den gleichen Konflikt wie in Maeterlincks „Pelléas et Mélisande" behandelt. Große, pathetische Gesten wechseln hier mit lyrisch geschwellten Schilderungen, während sich im Hintergrund dieses Pseudodramas zwei edle Seelen in Liebe zu vereinigen suchen, bis der Graf von Armagnac, der wie ein düsterer Riese in das Stück hineinragt, dem jungen Prinzen den Kopf abschlagen läßt. Noch stilisierter wirkt seine religiöse Pantomime „Mirakel" (1912), bei der er vorher Weihrauch im Saal verbreiten ließ, um den Zuschauer in die nötige Weihestimmung zu versetzen. Ähnliche Tendenzen lassen sich in dem Drama „Tantris der Narr" (1907) von Ernst Hardt beobachten. Auch hier steht Monumentales unvermittelt neben rein Dekorativem. So heißt es im Personenverzeichnis mit anspruchsvoller Bestimmtheit: „Tracht und Haltung der Gestalten entspricht der starken, keuschen und verhüllten Art der Fürstenstatuen im Chor des Naumburger Doms". Dazu passen die „breiten, doppelbogigen Fensteröffnungen" des ersten Aktes, die dem Zuschauer einen Blick auf „mächtige Kiefernkronen" und einen „grenzenlosen Himmel" gewähren (S. 7). Wenn jedoch die schöne Isot beschrieben wird, gleitet die Sprache sofort ins Dekorative über und schwelgt in Jugendstilreminiszenzen, die der herben Art der Naumburger Stifterfiguren geradezu entgegengesetzt sind (S. 131):

„Ein elfenbeinern Gleißen ist ihr weißer Leib,
Aus Maienmondlicht aufgebaut zu einem Wunder
Der Herrlichkeit. — Ein wilder Garten ist dein Leib,
Wo Purpurfrüchte gluten und betäuben.
Dein Leib ist eine Kirche aus Basalt,
Ein Elfenberg, in dem die Harfen klingen,
Ein jungfräuliches Schneegefild. Und deine Brüste
Sind heiligstes Geknosp des Strahlengartens.
Fruchtkapseln, die noch harren auf den süßen Seim
Des Sommermonds! Dein Hals ist wie ein Lilienschaft
Emporgebogen, deine Arme weisen
Wie Blütenzweige eines jungen Mandelbaumes
Keusch und verheißend in das Paradies,
In dem das Wunder deiner starken Lenden
Geheimnisvoll und drohend thront wie Gott."

Etwas formstimmiger wirkt seine „Gudrun" (1911), in der sich das Bildhafte und das Monumentale zu einer relativ gelungenen Synthese vereinigen. So preist der Normanne Ruuk den „Nordvogel" Gudrun vor der Königin Gerlind mit folgenden Worten (S. 72):

„Herrin: ein schmalgetürmter, weißer Fels
Im Meer, drauf rosig blinkend nach dem Frührot
Die junge Sonne spielt in kühler Luft,
So ist Frau Gudrun wahrlich anzuschaun!"

Der Inhalt ist in kurzen Zügen folgender: Gudrun, dem Dänenkönig Herwig versprochen, den sie mehr aus Bewunderung als aus Liebe zum Gemahl erkoren hat, gerät durch das Erscheinen des jungen Hartmut, des „Sturm-falken aus dem Blau der fernen Luft" (S. 54), in einen unlösbaren Konflikt zwischen Ehre und persönlicher Neigung. Ins Normannenland entführt, erträgt sie stolzen Sinnes alle Qualen der Erniedrigung und bekennt vor Königin Gerlind mit erhobenem Haupte (S. 78): „Ihr wollt mich zwingen, und mich zwingt ihr nicht!/ Mich zwänge nicht im eignen Leib mein Blut!" Als Herwig kommt, sie heimlich fortzuholen, entgegnet sie mit starrem Ehrbegriff (S. 109):

> „Ich bin als Königin gekommen her
> In dieses Land und soll als niedre Dienstfrau
> Hinweg mich stehlen, eh der Tag beginnt . . .
> Als Herrin, grau in Mägdekleid und Tuch?"

Da es auf Grund dieser Weigerung zum Kampfe kommt, sucht sie den Tod, um so dem tragischen Konflikt zwischen der Liebe zu Hartmut und der Treue zu Herwig zu entgehen. Selbst im Sterben bleibt sie die Hehre, Stolze, Unnahbare, deren einziges Streben es ist, als nordische Königstochter aner-kannt zu werden. Karl Hoffmann schrieb daher begeistert in der „Tat" (1912):

> „Aus der rührenden, holden Gudrunsgestalt arbeitete der Dichter ein schicksalsvolles Weib mit einer stark- und geradegerichteten und gleichsam mannhaften Seele heraus, und die Tragödie, die er schuf, ist zu einem Hohen Liede der Frauentreue geworden. Nicht aber der Treue um des Mannes willen, sondern um der Treue willen. Zum ersten Male seit Jahren genossen wir wieder auf einer ersten Berliner Bühne eine Dichtung von männlicher Art" (IV, 83).

Psychologische Raffinessen kennt dieses Drama kaum. Nach einer Zeit diffi-ziler Seelenanalysen steht hier das „primitiv Balladeske" im Vordergrund (S. 85). Nicht Neurastheniker werden geschildert, sondern einseitig gesehene Mutmänner oder Treueweiber. Das Blut entscheidet, die Rasse, das über-menschliche Ethos, nicht das individuelle Verlangen der Seele oder ein religiös gefärbtes Mitleid mit allem Kreatürlichen. Wohl der beste Ausdruck dafür ist das Archaisch-Formelhafte der Sprache, das selbst den unscheinbarsten Dingen eine weitreichende Bedeutsamkeit zu verleihen sucht. So finden sich immer wieder Alliterationen oder Stabreime wie „Die Runde der Rufer" oder „Trieb Dich so früh ein Traum zum Turm". Ein gutes Beispiel dafür bietet der „Brautsegen" des ersten Aktes, wo alle einen Kreis bilden und Gudrun und Herwig in die Mitte nehmen (S. 37):

> „Leib zu Leib
> Blut zu Blut
> Lust bei Lust
> Frucht am Baum

> Heiliges Band binde euch beide!
> Zwei ward eins.
> Eins wird zwei.
> Blutesbund
> Tod nur trennt.
> Ewiger Glut Treue euch weihe!
> Herwig, den Mann.
> Gudrun, die Magd."

Den gleichen Charakter haben die strengen Wechselreden und Monologe, der Chorgesang der Wächter und die Lieder der Mädchen, in denen Archaisch-Germanisches in griechische Säulenklarheit umgeprägt wird. Das Ganze wirkt daher wie eine Saga in Hellas: mit nordischen Helden an griechischem Gestade, wodurch jene gräko-germanische Idealpose entsteht, wie man sie in den dreißiger Jahren liebte. Daß man trotzdem nur selten den Eindruck des Monumentalen hat, liegt an den vielen Dekorationselementen, mit denen dieses Drama ausgeschmückt ist. Um wenigstens ein Beispiel dieser sorgfältig wählenden Wortkunst zu geben, lese man die Beschreibung des Sängers Horand, die wie eine ornamentale Variation auf die Orpheus-Legende oder den Heiligen Franz von Assisi wirkt (S. 41):

> „Da sang Herr Horand eine solche Weise,
> Daß an dem Himmel alle Glut verblich
> Und silbern aus dem Blau der Mond das Ohr
> Aufreckte! Und wo kleine Vögel saßen,
> Da schwiegen sie. Die Hirsche hielten still
> So Kopf wie Kiefern, drin das Gras noch hing,
> Die Grillen zogen ihren Atem an,
> Und aus dem Wasser tauchten tausend Fische
> Mit Kiemen rot und golden, blau und schwarz,
> Die wollten alle Horand singen hören."

Eine ähnliche Spannung zwischen monumentalen und dekorativen Elementen herrscht in dem Dramenzyklus „Der Gral" (ab 1901) von Eduard Stucken, wo sich Christlich-Urreligiöses und Keltisch-Sagenhaftes zu einer teppichhaften Einheit verbinden. Aus den ursprünglichen Gralsmotiven wird so ein Handlungsgewebe, das wie eine Reihe tragischer „Muster" wirkt, die sich mit kostbaren Intarsien, Mosaiken oder Stickereien vergleichen lassen. Noch verstärkt wird dieser Eindruck durch die Tatsache, daß Stucken fast alle Figuren dieses Dramenteppichs durch verwandtschaftliche Bindungen miteinander verknüpft. Nirgends hebt sich ein Einzelschicksal hervor, prallen echte Gegensätze aufeinander, sondern immer wieder spürt man die ausgleichende Hand des Autors, der keinen der aufgegriffenen Fäden unter den Tisch fallen läßt. Die beiden Grundelemente dieses Zyklus, der Sagenkreis der Artusrunde und das Gralsmotiv, wirken daher wie aparte Applikationen, mit denen man auch einen Wandteppich verzieren könnte. Das einzige dramatische Element innerhalb dieser Gewebestruktur ist das ständig wiederkehrende Schuld-und-Sühne-Motiv. Doch auch das spielt sich in der dünnen Luft des Höfischen und Allegorischen ab, wo nicht das Menschliche, sondern das Hoheitsvoll-Imperiale oder das Überweltlich-Göttliche regiert.

Das erste Drama dieser Reihe, das Mysterium „Luzifer", beginnt in der Hölle, und zwar in grausigen, schattenhaften Szenen, als bereite sich ein Aufstand der gesamten Unterwelt vor. Nach diesem magischen Vorspiel zieht Luzifer aus, einen Höllenheiland zu zeugen und so das Werk Christi rückgängig zu machen. Auf der Erde angelangt, betört er die reine Magd Dahüt, die durch ihn ein marienhaft überhöhtes Gretchenschicksal erleidet, jedoch ihr Kind taufen läßt und zum Gegenteufel Merlin erhebt. Luzifer verwandelt sich darauf in Amfortas, wodurch ein seltsames Ineinander von Heilsgeschichte, Gralssage und Faustlegende entsteht. Im zweiten Teil, der Tragödie „Vortigern", wiederholt sich der gleiche Vorgang auf irdisch-höfischer Ebene. Vortigern ist ein Rebell, der sich von seiner Tochter Rowen dazu verleiten läßt, den jungen König Emrys zu töten und sich selbst die Krone aufzusetzen. Im Überschwang der geglückten Tat baut er auf seiner Burg einen Teufelsaltar, zelebriert die schwarze Messe, bleibt aber dem Bösen ebenso ausgeliefert wie Kaspar, der schwarze Gesell im „Freischütz". Als Vergeltung seiner Taten trifft ihn am Schluß aus einer schwarzen Wolke eine tödliche Lanze, während das Kind Merlin den jungen Uter zum König erhebt. Dieser „Uter Pentragon", die Hauptfigur des dritten Teils, entbrennt in sündiger Liebe zur schönen Ygraine, der Frau des Herzogs Gymerth. Merlin, sein guter Geist, verhilft ihm dazu, sie nächtlich unerkannt zu besuchen. Als Gymerth fällt, heiratet Uter sie, ohne ihr seine Schuld zu gestehen. Wegen dieser Unterlassung verwandelt ihn Merlin in einen bresthaften Bettler, der erst nach einer langen Sühnezeit wieder die Gestalt Uters annehmen darf. Im vierten Teil, dem Drama „Merlin", bewahrt der inzwischen zum Magier emporgestiegene Titelheld den jungen Artus davor, Gemahl der Zauberin Morgane la Fee zu werden, erliegt jedoch selbst der Seenixe Vivian, mit der er in einem unterirdischen Verlies versinkt. Unterdessen beweist Amfortas seine teuflische Herkunft durch eine Reihe skrupelloser Verführungsversuche, bis ihn der tugendhafte Ritter Balan, der sich zum Rächer der verfolgten Mädchen aufwirft, mit der heiligen Lanze die Lende durchbohrt, worauf sich der Gral zu trüben beginnt. Im „Gawân", dem fünften Teil, handelt es sich wieder um einen Ritter ohne Fehl und Tadel, der alle Schicksalsprüfungen besteht und zum Schluß aus dem von Maria gereinigten Gralskelch trinken darf. Nach diesem religiös verklärten Höhepunkt verliert das Ganze langsam an Spannkraft und sinkt zusehends ins Dekorative ab. So wird im „Lanvâl" die Liebe eines jungen Ritters zu einem Schwanenmädchen beschrieben, deren magischer Reiz selbst symbolisch keine Glaubwürdigkeit mehr hat. Nach mancherlei phantastischen Erlebnissen tötet er schließlich seine Geliebte und wird dafür von Agravain, dem Bruder der von ihm betrogenen Lionors, erschlagen. Auch im siebenten Teil, dem Drama „Tristram und Ysolt", tritt das Gralsmotiv immer stärker in den Hintergrund. Lediglich im „Lanzelot" wird das Ganze noch einmal mit dem Grundgewebe verknüpft. Das Zentralereignis bildet hier die Liebe des jungen Lanzelot zur Königin Ginover, deren magische Gewalt ihn an den Rand des Wahnsinns treibt. Selbst eine Pilgerfahrt zum Gral, mit der er sein Vergehen sühnen will, kann ihn nicht aus den teuflischen Banden Ginovers retten. In maßloser Verblendung verflucht er daher das reine Licht des Grals und stößt sogar Elaine, die Tochter des Amfortas, die ihm ihre Jungfräulichkeit geopfert hat, beiseite, um wieder in die Arme Ginovers zu eilen. Erst als er nach langen, quälerischen Venusbergmonaten zufällig auf die Leiche der im Elend umgekommenen Elaine trifft, die ihm inzwischen einen Knaben geboren hat, reißt er sich aus seiner sündigen Verstrickung los und wird wie Tannhäuser zum frommen Pilger.

Sprachlich finden sich in diesen Dramen sowohl monotone Partien, die fast ans Litaneienhafte grenzen, als auch kunstgewerblich durchgefeilte Stellen, bei denen selbst das Nichtigste mit einer jugendstilhaften Metaphernflut überschüttet wird. Doch im Gegensatz zu den gewundenen und hüpfenden Rhythmen eines Dehmel herrscht hier das Feierlich-Schleppende, der doppelgereimte, fünffüßige Anapäst, der etwas Strenges und zugleich Absonderliches hat und den Sprachleib wie ein fester Panzer umgibt. Dieselbe Forciertheit zeigt sich im Bildlichen, das streckenweise durch den Geschmeidecharakter der Worte zu emblematischen Schmuckformeln erstarrt. So wird die bräutlichzitternde Lionors dem jungen Lanvâl mit folgenden Worten anvertraut (I, 465):

> „Ich will daher als Zeichen besonderer Gunst
> Euch ein Geschenk darreichen: ein Werk der Kunst!
> Ein Kunstwerk Gottes! Nachdem es Sein Traum war und Sehnen,
> Hat der göttliche Bildner aus Lehm es geformt und aus Tränen.
> Und er knetete Gralsblut ins Herz, Blutambrosia,
> Einen Tropfen Gottesschmerz von Golgatha.
> Den Rubin vom Kalvarienberg trug das Bildnis davon;
> Denn Gott liebt sein schneeweißes Werk wie Pygmalion.
> Nach siebzehnjährigem Mühn gelang Gott das Bildnis.
> Und nun strahlt es, wie Gralsblumen glühn in mystischer Wildnis
> Vom Engels-Lichtglanz getränkt der Saphir-Schale.
> Nie ward solch ein Kleinod verschenkt! Meiner Krone Opale
> Sind bleich, bleich wie der Siriusstern neben diesem Lichte!
> Euch geb ich dies Kunstwerk des Herrn: Lionors, meine Nichte!"

Bei solchen Bildern wird man fast an die späten Gobelins von Burne-Jones erinnert, wo es sich ebenfalls um die Gralssage handelt, und zwar in der gleichen Feierlichkeit, der gleichen teppichhaften Verknüpfung der verschiedenen Symbolwelten. Vor allem die Frauengestalten: die Zauberin Morgane la Fee, das Schwanenmädchen Finngula, die Königin Ginover, die Seenixe Vivian und die verführerische Marie de Hautdessert, jene teuflischen Buhlerinnen in Engelsgestalt, haben diesen Zug ins Präraffaelitische und Kunstgewerblich-Jugendstilhafte. Die besten Beispiele dafür bietet die metaphorische Umschreibung der einzelnen Körperteile. So ist immer wieder von den „weißen Schlangen" der Arme, dem „Opal" des Halses oder den „blauweißen Narzissen" der Brüste die Rede. An anderen Stellen werden Mädchenleiber beschrieben, die sich wie Wildschwäne auf dem Meeresschaum wiegen oder ihre „seidenweichen langen Glutlocken" mit kostbaren Opalkämmen strählen. Durch diesen Metaphernreichtum geht die monumentale Absicht des Ganzen zwangsläufig im Dekorativen unter, was auch durch die unerträgliche Länge dieser Dramen nicht ausgeglichen wird.

Trotz der großen Bühnenerfolge dieser Stücke, bei denen Max Reinhardt seinen ganzen Kulissenzauber entfalten konnte, kam es bald zu Gegenaktionen, die auf eine monumentalere Gestaltung des Dramas drängten und die Werke der Hofmannsthal-Nachfolge als „dekorativen Stilismus" verwarfen. So nannte Friedrich Lienhard die „Elektra" im „Hochland" (1903) ein Drama der „entarteten Triebe" (I, 623). Karl Hoffmann stellte den „Jedermann" in der „Tat" (1912) als eine „literaturgeschichtliche Transaktion" ohne echten Glauben und Menschlichkeit hin (VI, 93). Max Hochdorf sprach in der „Neuen Revue" (1907) von „Ohnmacht" und „überhitzter Gespreiztheit" (I, 80). Noch weiter ging Arthur Moeller van den Bruck, der in den „Rheinlanden" (1904) den Hofmannsthal-Kreis als Ausdruck des dekadenterschlafften und „weibischen Wienertums" bezeichnete, das sich im „Tändelnden" erschöpfe und daher keinen echten „Förderungswert" besäße (IV, 265). Anstatt sich mit einer solchen Halbdramatik zu begnügen, trat er für eine Exempeldichtung mit „gewaltigen Proportionen" und „gewaltiger Basis" ein, deren Ziel es sei, „gigantische Blöcke für Jahrtausende an Menschheit aufzutürmen" (IV, 265/266). Ähnliche Äußerungen finden sich in seinem Buch „Die moderne Literatur" (1899—1902) über George, den er als den „dekorativen Fall in der Lyrik unserer Tage" (IX, 35), den Vertreter der „Rahmenkunst" (IX, 44) und des „Stilismus" (IX, 3) charakterisierte. Fast der gleiche Ton herrscht bei Alfred Kerr, dem das steigende „Kunstwollen" der Hofmannsthal- oder George-Epigonen wie eine lächerliche Marotte erschien. So sah er in Stucken lediglich einen „Kunstarbeiter", der „Bildungsverse" schreibe (III, 46). Vollmoeller nannte er dagegen einen Gobelinverfertiger, der nicht eher ruhe, als bis er alles „edel umgestilt" habe, wie es in seinem Buch „Die Welt im Drama" (1917) heißt (III, 71).

Wohl der wichtigste Vertreter dieser „neuen Welle" war Samuel Lublinski, der schon in seinem Buch „Literatur und Gesellschaft im 19. Jahrhundert" (1899) von der allgemeinen Sehnsucht nach einer „klassisch" durchgeformten Dramatik gesprochen hatte. Zum Programm zusammengefaßt, erschienen diese Gedanken dann in seiner „Bilanz der Moderne" (1904), die in den Sätzen gipfelt: „So kam plötzlich die Sehnsucht nach ‚Stil' empor, nach weniger impressionablen, mehr ruhigen, aber dafür großen und mächtigen Formen" (S. 350). Noch schärfer wird dieser Ton in seinem Buch „Der Ausgang der Moderne" (1909), wo er sich der unmittelbaren Gegenwart zuwendet. Hier hagelt es nur so von Angriffen gegen den Impressionismus der „Neuromantiker", denen er „organisierte Stillosigkeit" vorwirft (S. 52). So schimpft er gegen die „Kostümstücke" der aristokratischen „Stilisten" à la Vollmoeller und Stucken (S. 2), nennt Hofmannsthal einen „Dilettanten", einen „Museumsdirektor der Kultur" (S. 86), wettert gegen die fortschreitende Lyrisierung des Dramas und bezeichnet alle Impressionisten als „Schädlinge", die man hinrichten solle (S. 73). Selbst George findet vor seinen Augen keine Gnade, da er es nur zum Relief, aber nie zur „Rundplastik" gebracht habe (S. 202). Daß diesem Angriff nicht nur formale, sondern auch politische Zielsetzungen zugrunde liegen, geht aus seinen „Nachgelassenen Schriften" (1914) hervor, in denen er dem „ästhetischen Barbarentum" (S. 38) der Neuromantiker eine „neuliberale" Gesinnung entgegensetzt, die es sich zur Aufgabe macht, das „Volks- und Gesellschaftsleben wieder mit freiheitlichen Idealen zu erfüllen" (S. 60). Die Hofmannsthalsche These, daß der Mensch nur ein Spielball „dunkler Mächte" sei, schien ihm daher ebenso suspekt wie die Rassenlehre der Konservativen (S. 57). An George verdammte er vor allem das prononcierte „Geistesjunkertum", das ihn trotz mancher genialen Züge an die Pöbelverachtung der wilhelminischen Herrenkaste erinnerte (S. 56). Am meisten verbitterte ihn jedoch die allgemeine Koketterie mit dem Irrationalen. Aus diesem Grunde proklamierte er eine „klassische Kunst", die sich weniger am Dunkel der Vergangenheit als am Licht der Zukunft orientiere, wie es im „Ausgang der Moderne" heißt (S. 77). Doch auch diese „Klassik", die als Antithese gegen das Georgesche „Pathos der Distanz" einen Neuhumanismus erhoffen läßt, ist von einer seltsamen Dialektik durchzogen. So spricht er auf der einen Seite von einem herben Heroismus, der sich an die antike Tragödie, das Nibelungenlied oder die Divina Commedia anlehne, während er auf der anderen, vor allem in seinen „Nachgelassenen Schriften", das „Klassische" immer stärker mit dem Begriff „Sachkunst" identifiziert (S. 3). Anstatt weiterhin der „Dame Romantik" zu huldigen, diesem „bizarren, grillenhaften und launischen Geschöpf", faßt er hier eine Kunst ins Auge, die „objektivere und härtere Naturen" verlange (S. 19). Er verstand darunter „realistische Klassiker", die Willensdämonie mit Werkbetontheit verbänden, um so zu erlebnismäßig-erfüllten und doch konstruktiv-gehärteten Formen vorzudringen. Die von ihm geforderte „Monumentalkunst" hat deshalb von vornherein etwas Puristisches, Objektives und Seinsollendes, das auf neuliberaler Grundlage beruht und sich in utopischer Hoffnung dem „reinen Geist" verschreibt. Nur so ist es zu verstehen, daß er das höchste Symbol der Menschheitskultur nicht im Staat, sondern im Drama erblickte, das ihm als der „vergeistigte" Ausdruck aller historischen Triebkräfte und Konfliktsituationen erschien. Er schrieb dazu im „Ausgang der Moderne" (S. 151):

> „Das Drama ist im Ästhetischen der vollkommenste Ausdruck für die Kraft, den Willen, die Leidenschaft und die Idealität einer Kultur. Darum steht nichts mehr und nichts weniger in Frage als die Ethik und das schöpferische Vermögen eines Zeitalters, wenn sein Drama vom Ruin bedroht oder durch unqualifizierbare Surrogate entwürdigt wird."

Eine solche Aufgabe läßt sich nach seiner Meinung nur dann erfüllen, wenn man auf alle psychologischen, lyrischen und dekorativen Elemente verzichte und wieder zu klar gezeichneten Willenskonflikten zurückkehre. Nur dann habe man die Chance, das Drama aus der romanzenhaften Verkleidung der „neuromantischen" Schule zu befreien und zu einer echten Monumentalform zu erheben. Er stellte daher die herrische Formel auf: „Die moderne Kunst wird monumental sein, oder sie wird gar nicht sein" (S. 45). Um neben Leitbildern wie Schiller und Hebbel auch einen zeitgenössischen Kronzeugen für seine Theorien zu haben, berief er sich meist auf Paul Ernst, den ersten Klassiker inmitten einer Zeit der „Stillosigkeit", wie es im „Ausgang der Moderne" heißt (S. 160). Er sei der einzige, bei dem man einen „dramatischen Stil, eine geschlossene Form, einen logischen Aufbau, eine klare Handlung und einen durchdachten und durchgeführten Willenskonflikt" finde, da er das „Konstruktive" der modernen Stilgesinnung nicht nur auf das Formale, sondern auch auf das Inhaltliche anwende (S. 165). Ähnlichen Gedanken begegnet man bei Karl Hoffmann, der 1909 in der „Tat" behauptete, daß man im Drama die „straffe Disziplin der technisch-sozialen Erscheinungen" in das „rein Geistige der Kultur" umsetzen müsse, um so zu einer „literarischen Neuklassik" mit „strengen Formen" vorzustoßen (I, 162). Ebenso entschieden bekannte sich Heinrich Schnabel in seinem Aufsatz „Das klassische Drama" (1910) zu einer „ethozentrischen Kultur", die auf positiv gesetzten „Formwerten" beruht (II, 420). Auch sein Ideal war nicht der „rezipierende" Ästhet, sondern der „aktiv" Gestaltende (II, 352). Nur so könne man jenen solipsistischen Individualismus überwinden, der sich in den neunziger Jahren verbreitet habe, wie es in seinen „Betrachtungen über Hebbel" (1909) heißt, wo er vom Drama eine konsequente „Objektivierung" der Charaktere fordert (I, 577), um dem dramatischen Geschehen wieder eine überindividuelle Zielsetzung zu geben, die nicht von der momentanen Laune des Autors abhängig ist.

Mit der gleichen Eindringlichkeit befaßte sich Paul Ernst mit diesen Problemen, vor allem in seinem Manifest „Der Weg zur Form" (1906), wie überhaupt das Theoretisieren innerhalb dieser Richtung eine beachtliche Rolle spielt. Auch er begann relativ liberal, da er wie Lublinski in seiner Frühzeit dem Sozialismus nahegestanden hatte. Nicht Hofmannsthal war sein Vorbild, sondern Schiller, dessen vorzeitigen Tod er als den „größten Verlust" der deutschen Literatur bezeichnete (Ergbd II, 76). Im Gegensatz zur klassisch-humanistischen Tradition setzte er jedoch ab 1900 der industriellen Wirtschafts-welt, diesem „Mühlwerk ohne Geist, ohne Verstand, ohne Gewissen, ohne Ehre, ohne Scham und ohne Seele" (II, 1, 359), einen Geistbegriff entgegen, der einen eindeutigen Elitecharakter hat und bereits auf den Aristokratismus seiner späteren Burgherrenjahre in der Steiermark vorausweist. Hand in Hand mit dieser Steigerung ins Erhabene und Großgeistige geht eine sorgfältige Eliminierung aller sozialkritischen Tendenzen, was zu einer immer stärkeren Verunklärung seiner subjektiv-humanistischen Zielsetzungen beitrug. Auf Grund dieser Aufgabe der klassischen „Totalität" schwärmte er schließlich von einer heroischen Überwelt, die ganz im Zeichen des „seelischen Adels" stehe. Nur durch eine solche Wendung könne auch im Drama an die Stelle des Charakterschwächlings oder Durchschnittsmenschen wieder der große Einzelne treten, der trotz aller Hindernisse seinen schicksalsvollen Weg mit innerer Größe zu Ende gehe. Er verdammte daher sowohl den impressionisti-schen Psychologismus als auch die Tainesche Milieutheorie, nach denen der Mensch nur ein Produkt seiner Nerven oder äußeren Umstände ist. Anstatt sich mit solchen Banalitäten abzugeben, müsse man in Zukunft dazu über-gehen, sich nur noch mit dem geistigen Überbau auseinanderzusetzen. Helden wollte er auf der Bühne sehen, nicht soziale Typen. Kleinbürger oder Pro-letarier, die zur „ungeformten Masse" gehören, ließ er daher nur als Episoden-figuren gelten (Ergbd II, 5). Als Hauptfiguren der großen Tragödie kamen für ihn bloß die „Mitglieder der höheren freien Gesellschaftsschichten" in Frage, da nur sie nicht dem unmittelbaren Selbsterhaltungstrieb unterworfen seien und somit über die nötige sittliche Entscheidungsfreiheit verfügten (III, 1, 41). Wohl die beste Zusammenfassung dieser Ideen findet sich in folgendem Zitat, in dem sowohl der idealistische Sucherdrang als auch die verzerrte Perspektive dieser Anschauungen zum Ausdruck kommen:

„Der schlimmste Feind alles Tragischen ist die Ansicht von der Be-dingtheit aller Sittlichkeit. Als Euripides den Satz aufstellte, daß dieselbe Handlung gut und böse sein könne, je nach der Person und den Um-ständen, da war die griechische Tragödie zu Ende. Denn wenn es keine objektiven, allgemeinen und unter allen Umständen gültigen Regeln der Sittlichkeit gibt, mögen diese auch die freie Schöpfung einzelner hoher Geister sein, dann gibt es keinen sittlichen Kampf mehr; dann gibt es eben nur noch ein Verstehen ... Wenn man vom Standpunkt des bloßen Erkennens auch nichts gegen die allgemeine Bedingtheit aller Dinge und Begriffe einwenden kann, wenn die heutige Wissenschaft auf ihrem rasenden Wege auch immer weiter fortfahren mag, alles Feste, das wir noch hatten, in Beziehungen, alles prädikatlose Subjekt in subjektloses Prädikat umzuwandeln: es ist ein Übergriff unerhörtester Art, wenn diese Gedanken in die Welt der Werte eindringen wollen" (III, 1, 43).

Um einer solchen Beziehungslosigkeit, die auf dem Prinzip der psychologischen Einfühlung beruht, zu entgehen, setzte er dem aufkommenden Relativismus das ethische Postulat einer „Stilkunst" entgegen (Ergbd II, 229), deren Weltbild vornehmlich auf dem Prinzip des idealistischen Sollens beruht. Durch diese „Stilhöhe", die sich über alle realistischen Gegebenheiten erhebt, verfiel auch Paul Ernst schließlich einem Formalismus, der sich weniger für die Verbindlichkeit des Inhalts als für das Konstruktive der Formgebung interessiert. So beschäftigte er sich eingehend mit Problemen wie steigender und fallender Handlung, dem dramatischen Wert der Exposition oder bestimmten Gattungsfragen, als ob es lediglich auf das „Gearbeitete" ankäme. Nicht das Inhaltliche, der Charakter oder die Fabel, sollte nach seiner Meinung über den Wert eines Kunstwerkes entscheiden, sondern die Sachhingegebenheit, die rein „formale" Leistung des Künstlers. Er empfahl daher wie allen Stilkünstlern, bloß alte, bereits vorgeformte Stoffe zu wählen, die man nicht bis ins Detail zu erklären brauche, da sie schon eine gewisse Allgemeinverständlichkeit besäßen. Nur so könne man am Prinzip der Typisierung festhalten, während man sich bei allen modernen Stoffen in ein vielfältig verästeltes Funktionsgewebe verstricke, das sich nicht mit der angestrebten Monumentalität vereinbaren lasse. Nicht das Leben liefere heute die Stoffe, sondern die literarische Tradition. Daß bei einer solchen geistigen Bankrotterklärung nur das Variieren übrigbleibt, deutet auch hier auf den kunstgewerblichen Charakter aller dieser Monumentaltendenzen.

Sein erstes Werk in dieser Richtung war der „Demetrios" (1905), an dem sich schon Schiller und Hebbel versucht hatten. Um sich von allem Milieuballast zu befreien, wird hier das Motiv vom falschen Zaren in die Welt der klassischen Linie, ins Griechisch-Spartanische, übertragen. Dennoch handelt es sich inhaltlich um ein stilisiertes Bild der eigenen Gegenwart, einer Zeit der Heloten, Demagogen und Betrüger, in der die alte „Ordnung" zu zerbrechen droht und das „Edle" dem Zank und Hader der Parteien ausgeliefert wird, was für den rückwärtsgerichteten Charakter dieses „Idealismus" spricht. Noch stilisierter und monumentaler wirkt sein Drama „Canossa" (1908), in dem er wie Hebbel eine welthistorische Sternstunde beschwört, die selbstverständlich in der Perspektive Heinrichs des Vierten dargestellt wird, der dem „Parvenü"

Gregor wie ein begnadeter Adelsmensch entgegentritt. Das konstruierte Formschema ist hier bereits überdeutlich ausgebildet. Nirgends finden sich Wärme, sinnliche Fülle oder Herzlichkeit. Beide Gestalten wirken wie Denkspieler, die sich an einem neutralen Ort getroffen haben, um sich eine Redeschlacht zu liefern. Es gibt zwar Augenblicke, wo diese Schärfe „Stil" gewinnt, zu formelhafter Prägnanz erstarrt, doch schon nach wenigen Zeilen sinkt das Ganze wieder ins Leere und Banale ab. Noch strenger wirkt seine „Brunhild" (1909), wohl das bezeichnendste Drama dieser Richtung, in dem er Gunter und Chriemhild, die Dunklen und Selbstsüchtigen, mit den blonden Lichtgestalten Siegfried und Brunhild konfrontiert, die durch göttlichen Ratschluß schon einmal miteinander verbunden waren. Da sich die falschen Verkoppelungen im Verlauf der Handlung allmählich lockern, steuert alles einem „tragischen" Ende zu. Hagen tötet Siegfried auf Geheiß Brundhilds. Brunhild selbst ersticht sich neben seiner Bahre, um wenigstens im Tod mit ihm vereint zu sein. Wie die Gudrun von Ernst Hardt scheint sie nur einen Ehrgeiz zu kennen: sich selber treu zu bleiben, das heißt, den hohen Mut ihrer Seele unter kein irdisches Joch zu beugen. Sie wirkt daher wie eine Nachtwandlerin der Ehre, die sich stets auf dem höchsten Grad ihrer Existenz befindet und deren Tragik eigentlich nur in ihrem Sturz, ihrer „Fallhöhe" besteht. Handlungsmäßig spielt das Ganze auf dem Burghof zwischen Schloß und Dom, streng die „drei Einheiten" wahrend. Obendrein wird jeder Akt durch einen Dialog zwischen einem Wächter und einer Magd eingeleitet, um den einzelnen Abschnitten einen antik-chorhaften Rahmen zu geben. Auch die Sprache bewegt sich im Bereich formelhafter Verknappung: prägnant, geistig erkältend, ohne jede Läßlichkeit, um stets den höchsten Anspruch zu wahren. Thema und Form schließen sich auf diese Weise zu einer Einheit zusammen, die zwar stilvoll, aber blutarm wirkt. Anstatt dem Zuschauer ab und zu eine Atempause zu gönnen, wird das Ganze wie ein mathematisch errechnetes Fugenthema abgespult, das einem werkimmanenten Mechanismus zu gehorchen scheint und am Schluß in einem verquälten Pomposo ausklingt. Nach dieser monumentalen Kraftprobe ließ seine dichterische Potenz etwas nach. Die beiden Dramen „Ninon de Lenclos" (1910) und „Ariadne auf Naxos" (1912) geben sich wesentlich entspannter, dekorativer, wenn auch nicht im Sinne von Hofmannsthal. Vergleicht man die Ernstsche „Ninon" mit impressionistischen Dramen dieses Inhalts, glaubt man eine Priesterin des Eros vor sich zu haben, die abstrakt-stilisierte Parkgespräche führt und die lockere Art ihrer Lebensbewältigung zu einem ethischen Prinzip erhebt. Einen neuen Anlauf in Richtung auf eine gesteigerte Monumentalität verraten seine patriotischen Dramen der Weltkriegsära. So wird in seinem Drama „Preußengeist" (1915) der launenhafte Individualismus des jungen Friedrich des Zweiten unbarmherzig der Staatsraison untergeordnet, wodurch aus einem verwöhnten Musensöhnchen ein Monarch entsteht, der alle persönlichen Wünsche dem Wohl des Staates

opfert. Ständig fallen hier Worte wie „Glück ist die Arbeit uns und Gottesdienst" (III, 103), „Und Deutscher sein heißt: seine Pflicht erfüllen" (S. 104),
„Ich bin Soldat, mein Leben ist nicht mein;/ Ich geb es hin nach meiner
Schuldigkeit" (S. 132) oder „Und jeder hat sein eigen Ich vergessen/ Und tut,
was recht, und weiß nur seine Pflicht" (S. 137). Am Schluß wird sogar das
Bild der „deutschen Sonne" verwendet, die ihr Licht über der „ganzen Welt"
aufgehen läßt (S. 137). Ebenso engagiert wirkt sein „Yorck" (1917), ein Drama
der deutschen Offiziersehre, das sich inhaltlich zwischen abstrakter Dürftig-
keit und antifranzösischen Affektentladungen bewegt. Welche literarische
Rolle er sich mit diesen Dramen anmaßte, geht aus der Äußerung hervor, daß
man nur noch die „erhebenden und großen Meisterwerke der Vergangenheit"
und von den „Heutigen" lediglich das aufführen solle, „das nach jener Richtung
geht", also seine eigenen Werke und die Werke seines Kreises (II, 2, 117).
Zu den wichtigsten Repräsentanten dieser Gruppe gehörte Wilhelm von
Scholz, der sich in seinen „Gedanken zum Drama" (1915) wie Ernst und
Lublinski zur „hohen Tragödie" bekannte, worunter er eine Verbindung aller
dramatischen Affekte zum „höchsten Formgehalt" verstand (S. 5). Aus diesem
Grunde forderte er einen dramatischen Stil, der auf einer monumentalen Verknappung beruht und sich weder lyrische noch epische Abschweifungen
erlaubt, sondern geradewegs auf sein Ziel zusteuert. Um nicht ins Psychologische abzugleiten, stellte auch er die These auf, sich nur auf bereits vorgeformte Stoffe zu stützen, die sich den strengen Stilgesetzen des „Neuklassi-
zismus" viel besser unterwerfen ließen als die differenzierten Lebensverhält-
nisse der Moderne:

> „Ein Drama großen Stils spielt mit Vorteil in entlegener oder phan-
> tastischer Zeit. Der Zuschauer wird nicht fortwährend an sich und seine
> kleinliche Alltagsumgebung erinnert. Er erlebt alles nicht psychologisch,
> kleiner, sondern größer, ferner, vom Zufälligen entkleideter, künst-
> lerischer. Diese Entpsychologisierung des Dramas ist in jeder psycho-
> logisch geschulten, psychologisch denkenden Zeit besonders notwendig"
> (S. 23).

Eine solche These war als Gegenschlag zum übersteigerten Nuancenkult des
Impressionismus durchaus berechtigt, wurde jedoch ständig ins Heroische
verzerrt. So spielt seine Tragödie „Meroë" (1906) in einem archaisch-asiatischen
Märchenstaat, in dem noch Aberglaube und Orakelwesen herrschen. Dabei
handelt es sich inhaltlich wie in Hebbels „Agnes Bernauer" um eine Fürsten-
erziehung, die sich weitgehend mit Problemen wie Pflichterfüllung und Staatsraison auseinandersetzt. Sein „Jude von Konstanz" (1905), „Der Gast" (1900)
oder „Das Herzwunder" (1918) erinnern dagegen mehr an mittelalterliche
Legenden- oder Mysterienspiele. Wie in Hofmannsthals „Jedermann" bleiben
hier alle Charaktere bewußt im Typenhaften, um den Eindruck allegorischer

Vertretungen bestimmter Tugenden oder Laster zu erwecken. Ähnliche Tendenzen finden sich bei Emanuel von Bodman, der sich wie Ernst oder Scholz bemühte, in seinen Dramen ein „verdichtetes und vereinfachtes Weltbild" wiederzugeben, um in den Bereich der „idealen Tragödie" vorzudringen (IV, 418). Auch er behandelte in seinen Aphorismen zur „Technik des Dramas" hauptsächlich Gattungsprobleme, da er in der Form zugleich den Inhalt erblickte. Die Stoffe seiner zahlreichen Jambentragödien sind daher von kultischer Simplizität, um den Zuschauer wie das „Tabernakel" mit dem „ewigen Sein im Strom des Werdens" zu verbinden (IV, 417). So schwankt sein „Donatello" (1907) unschlüssig zwischen dem irdischen Glück und der höheren Berufung hin und her, bis er sich für den Weg des Glaubens entscheidet. Völlig ins Religiöse entrückt ist sein Drama „Die heimliche Krone" (1909), die Tragödie eines Lebensreformers, der auch als König „rein" bleiben will und schließlich ein schmachvolles Demetrios-Schicksal erleidet. Wie die „Meroë" von Scholz spielt das Ganze in einem fernen asiatischen Land, wo der phantasievollen Monumentalisierung keine Schranken gesetzt sind. Im Zentrum steht dabei ein Marmortempel, in dem sich der Mensch wieder in seiner „nackten Schöne" zeigen kann (IV, 145), um sich zu einem Lebenskult zu bekennen, der auf der heiligen „Sonnenkraft" beruht (IV, 80). Noch feierlicher werden diese Monumentaltendenzen in seinem Drama „Der Gral" (1915), einem Drama der „hohen Ehe" zwischen dem Gralsritter Walwan und der verführerischen Ivonne von Salvaterre. Der Konflikt entwickelt sich hier aus dem Verlangen der schönen Ivonne, wieder nach Salvaterre, dem Ort des Lasters, zurückzukehren, da sie die monotone Feierlichkeit der Gralsburg nicht länger ertragen kann. Um sie nicht dem Teufel auszuliefern, wird sie von Walwan nach schweren Gewissenskämpfen erstochen, wobei der ganze Vorgang durch die monumentale Kulisse der Gralsburg zu einem „Urkonflikt" des Lebens erhoben wird. Ebenfalls Paul Ernst verpflichtet sind die Dramen „Gunther und Brunhild" (1908) von Lublinski und die „Kriemhild" (1910) von Heinrich Schnabel, in denen die gesamte Ahnenfolge dieser neoklassizistischen Richtung Revue passiert. Das gleiche gilt für die Frühwerke von Johannes Tralow wie seine „Inge" (1910) und das Brunhild-Kriemhild-Drama „Die Mutter" (1914), deren dramatische Spannung ebenfalls aus „heroischen" Willenskonflikten erwächst, die nur auf eine „tragische" Weise gelöst werden können.

Neben dieser klassizistischen Richtung, die sich weitgehend auf heroische „Urkonflikte" beschränkte, gab es eine Reihe von Dramen, bei denen dieser monumentale Geist mehr zum Völkischen tendierte. Man denke an Germanendramen wie „Die Maibraut" (1909) von Ernst Ludwig von Wolzogen, das skaldische Weihespiel „Sommer-Sonnwend-Feuerzauber" (1901) von Guido von List, „Der blonde Gott" (1915) von Ellegaard Ellerbek, „Wieland der Schmied" (1905) von Friedrich Lienhard oder das Maifestspiel „Baldurs Tod" (1919)

von Rudolf Pannwitz. Fast alle diese Werke sind auf festspielartige Fernwirkungen eingestellt und wurden entweder im Harzer Bergtheater oder im Nero-
tal bei Wiesbaden aufgeführt. Inhaltlich wird dabei meist Religiöses mit Ur-
germanischem vermischt, das heißt die Geburt der Wintersonne geschildert,
die rundköpfigen „Rassenverschandler" werden angeprangert oder ariosophische Runenweisheiten gepredigt, und zwar in einer Sprache, die vom Stilvollen
immer stärker ins symbolisch Verkitschte übergeht. Um wenigstens ein Beispiel aus dem Umkreis dieser germanophilen Begeisterungshymnen zu geben,
lese man folgenden Abschnitt aus dem Drama „Wieland der Schmied" von
Lienhard:

> „Dort schau hin! Rotfeuer des Sonnenunterganges sprüht dort um Wal-
> halla! Schau hin: Zinnen heben sich dort und Giebel und goldene Dä-
> cher! Die Götter haben die Gewänder abgeworfen, sie wandeln in herr-
> licher Nacktheit! Goldspangen blitzen — noch blendender die Augen!
> Sie haschen sich im Wettlauf, Baldr voran, er läuft wie ein Strahl, er
> stürmt ins Meer! Und auf den hellen Felsen winken die Frauen! Greise
> wandeln in großen Gesprächen! Und dort — Walküren reiten heim,
> Helden im Sattel! Walhalls Tore klirren auf —" (S. 42).

Auch in einigen historischen Dramen kommt diese Tendenz ins Völkische
zum Durchbruch. So schildert Walter Flex, der bezeichnenderweise über „Die
Entwicklung des tragischen Problems in den deutschen Demetriusdramen"
(1912) promoviert hat, in seinem „Lothar" (1920) eine Nationaltragödie, die
aus dem Konflikt zwischen Staatsraison und Familienegoismus erwächst
und sich nur auf „imperiale" Weise lösen läßt. Einen ähnlichen Charakter
haben die Dramen „Herzog Utz" (1913) und „Katte" (1914) von Hermann
Burte, die sich im Sinne des Treitschkeschen Herr-im-Hause-Standpunktes
gegen jede Form der konstitutionellen Gewaltenteilung wenden. Nicht die
Freiheit ist hier das Höchste, sondern die Macht. Wie bei Paul Ernst werden
daher alle persönlichen Wünsche dem Moloch „Ehre" zum Opfer gebracht, was
zu einem Triumph des Chauvinismus über jedes echte Nationalgefühl führt.
Eine der wenigen Ausnahmen innerhalb dieser Richtung bilden „Die Bürger
von Calais" (1914) von Georg Kaiser, in denen der ethische Konflikt zwischen
dem einzelmenschlichen Wollen und dem Gebot der Stunde auf eine höhere
Art gelöst wird. Anstatt in reckenhafter Nibelungentreue in den Tod zu gehen,
bringt man hier ein Opfer, das dem „Werk", dem Ausbau des Hafens, gewidmet ist. Der Konflikt entsteht dadurch, daß der englische König die Auslie-
ferung von sechs Bürgern verlangt, und zwar im Büßergewand, mit einem
Strick um den Hals, die ihm den Schlüssel zum Stadttor überbringen sollen.
Nur unter dieser Bedingung will er die Stadt verschonen. Anderenfalls soll
das ganze Hafenbecken zugeschüttet werden. Es erhebt sich nun die Frage,
ob es sinnvoller ist, Ruhm und Opferbereitschaft durch einen ehrenvollen

Untergang zu beweisen oder die persönliche Schande der Übergabe auf sich zu nehmen, um so das Werk zu vollenden und künftigen Geschlechtern einen Lebensraum zu geben: also die Sache höher zu stellen als die Person, den Dienst höher als die Ehre. Als sie sich für das erstere entscheiden, werden sie von Eustache de St. Pierre ermahnt, das Opfer aus innerster Überzeugung auf sich zu nehmen, anstatt bis zur letzten Sekunde auf einen Ausweg zu hoffen und damit ihren eigenen Entschluß herabzuwürdigen. Da sich sieben melden statt der geforderten sechs, soll derjenige frei ausgehen, der am nächsten Morgen als letzter auf dem Kirchplatz erscheint, um so die Opferwilligkeit bis zum Höchsten zu steigern. Sie kommen alle, und zwar in der Reihenfolge, in der sie sich gemeldet haben, zuletzt der von Anfang an der Entschiedenste war: Eustache de St. Pierre, wenn auch auf einer Bahre, als Leiche, um den anderen die persönliche Demütigung zu ersparen. Der Schluß ist dagegen ausgesprochen festspielartig: Dem englischen König wird ein Sohn geboren, und die Stadt wird begnadigt. Sprachlich vollzieht sich das Ganze in einem prophetisch-anfeuernden Ton, der durch den Parallelismus der einzelnen Sätze an die Wiederholungen einer Predigt gemahnt. Aus individuell-charakterisierten Gestalten, deren Reiz gerade in ihrer Besonderheit liegt, werden so gleichnishafte Typen, die wie auf Hodlers „Einmütigkeit" zu einem Schwur zusammentreten und ihre „tiefste Pflicht" als ihr „größtes Werk" empfinden. Den stärksten Eindruck empfängt man dabei von der Gestalt des Eustache de St. Pierre, der sich bereitwillig opfert, und zwar nicht aus chauvinistischer Verblendung, sondern aus innerer Notwendigkeit, weil er die Erhaltung höherstellt als die Vernichtung und sich so zu einem überzeitlichen Leitbild erhebt.

Der Prosa stand die Stilkunstbewegung von vornherein sehr skeptisch gegenüber, da man den Begriff des Erzählerischen mit der Vorstellung des Verfließenden und Willkürlichen verband. Was keine auferlegte Form besitze, könne auch nicht „ordnungsstiftend" wirken, behauptete man in diesen Kreisen. Eine besondere Abneigung hegte man gegen den Roman, der in seiner Formlosigkeit als milieuhaft-nivellierend oder antiheroisch galt. Paul Ernst schrieb daher im „Weg zur Form" (1906) mit apodiktischer Bestimmtheit: „Der Roman wird stets Halbkunst bleiben, weil ihm der Zwang zur Form fehlt", worin sich eine deutliche Orientierung am hochklassischen Programm Schillers verrät, das sich in der konservativen Ästhetik trotz romantischer und jungdeutscher Prosaeinbrüche bis weit ins 19. Jahrhundert gehalten hatte. Ähnliche Forderungen finden sich im Bereich des George-Kreises. Auch die Mittelalterschwärmer dieser Jahre unterschieden streng zwischen der „bildhaften Form" der Poesie und der bloß „verstandesmäßigen Mitteilung" der Literatur, wie sich Richard Benz ausdrückte. Aus diesem Grunde schrieb er wie Paul Ernst: „Deshalb kann der Roman, bei dem bedeutendsten Inhalt, doch niemals ‚reine' Dichtung sein, weil ihm das wesentlichste Element aller Kunst, die sinnliche Form, fehlt" („Tat" V, 61).

Man griff daher konsequenterweise zum Versepos zurück, das immer dann aus der literarischen Rumpelkammer hervorgeholt wird, wenn der ideologische Anspruch einer konservativen Richtung ins Formalistische abzugleiten beginnt. Beispielhaft dafür sind der „Parzival" (1922) von Albrecht Schaeffer, das „Kaiserbuch" (1922—1928) von Paul Ernst, der „Graltempel" (1906) von Richard von Kralik, der „Bismarck" (1914) von Gustav Frenssen und andere forcierte Epenversuche, deren Thematik meist einen mythisch-irrationalen oder völkisch-religiösen Aspekt besitzt. Wohl die seltsamste und zugleich anspruchsvollste Figur im Bereich dieser monumentalen Epenkunst war Carl Spitteler, der sich in seinen ästhetischen Schriften jahrzehntelang in aller Schärfe mit der „sogenannten Wirklichkeitskunst" auseinandergesetzt hat. In den Romanen seiner Zeit sah er lediglich „Klatschliteratur" oder „Bourgetiererei", worunter er die „psychologische" Richtung der französischen Romanciers verstand. Hohe Kunst und „Konventionalsprache" waren für ihn unüberbrückbare Gegensätze. Er schrieb daher mit idealistisch-utopischem Affekt: „Die Prosa herrscht ja nur unter der Bedingung, daß zugunsten der Geschäfte das Beste im Menschen unterdrückt und verschwiegen wird" (VII, 147). Einen echten „Stil" erhoffte er sich nur von einer konsequenten Abkehr von der Gegenwart, selbst wenn sich dabei gewisse Regressionen einstellen sollten. Die gleiche „Vereinfachung" forderte er im Hinblick auf die Form: „Es ist Größe (Stilgröße), wenn ein Künstler es vermag, sich auf die Hauptlinien zu beschränken und alle Nebensachen, auch die blühendsten, duftigsten, auszuschließen" (VII, 115). In Befolgung solcher Thesen ließ auch er sich immer wieder zu „monumentalen" Einseitigkeiten verleiten. So schildert er in seinem Zentralwerk, dem „Olympischen Frühling" (1900—1906) in einer kantigen und zugleich hochmetaphorischen Sprache den Aufstieg der Götter zum Olymp, der bei ihm wie ein Heereszug germanischer Recken wirkt. Auch der Kampf um Hera, ein geharnischtes Machtweib à la Kriemhild oder Brunhild, gleicht eher der Eroberung einer fränkischen Königsburg als einem hellenischen Götterzwist. Der Hintergrund dieses Heldenepos, dieser nordischen „Ilias", läßt sich am besten mit Mombertschen Urgebirgen oder Hodlerschen Alpenkulissen vergleichen, auf denen die düstere Gestalt der Ananke thront, die mit mächtiger Hand die Lose verteilt, wodurch der Gesamteindruck noch monumentaler, aufgetürmter und archaischer wird.

Mit welcher Begeisterung dieses Epos aufgenommen wurde, beweisen Zeitschriften wie „Die Rheinlande", die „Kunst" oder die „Tat", in denen man bis 1914, als sich Spitteler von der „Heiligkeit" des deutschen Imperialismus distanzierte, einen wahren Spitteler-Kult trieb. So nannte Jonas Fränkel den „Olympischen Frühling" eine Dichtung, die „alles in den Schatten stellt, was uns in dem reichen Jahrhundert seit Goethes ‚Faust' geschenkt worden ist" („Tat" VI, 173). Andere, wie Wyneken und Diederichs, priesen vor allem die Epiphanie des „Heldischen", die in diesem Werk zum Durchbruch komme.

Noch deutlicher ließ sich Blüher von dieser Begeisterungswelle mitreißen. Das Heldenepos war für ihn der genuine Ausdruck der „primären Rasse", das heißt ein aristokratisches Gegenstück zur Romankunst der Parvenüs, die sich lediglich mit den „Niederungen" des Lebens befasse. Er schrieb daher in seiner „Aristie des Jesus von Nazareth" (1921): „Das Thema des Romans ist das innere Verständnis für das Allgemein-Menschliche, das Psychologische, Moralische und dessen Entwicklung. Kurzum, der Roman ist das Kunstwerk des Emporkömmlings. Es wird in ihm versucht darzustellen, daß auch der gewöhnliche Mensch ein Held sein kann, was natürlich ein Irrtum ist" (2. Aufl., S. 63). Im Gegensatz zu solchen „Jammerprodukten" bezeichnete er den „Olympischen Frühling" als ein Werk der „Höhenkunst", da hier das Volk, die „sekundäre Rasse", nur als Kollektivperson vertreten sei, während Spitteler die „Helden" mit allen Merkmalen einer heroisch-aristokratischen Gesinnung ausgezeichnet habe, um so das Charismatische ihrer rassischen Überlegenheit hervorzuheben:

> „Immer ist die unüberbrückbare Kluft zwischen ihnen und den Herren da. Wenn einmal der ‚Olympische Frühling‘, der doch dem Homer an Größe und Gediegenheit gleichkommt, den Ruhm und die Bedeutung erlangt haben wird, die ihm gebührt, so wird man auch allgemein wissen, daß in diesem Epos zum ersten Male ein großangelegter organisierter Pöbelaufstand vorkommt (dessen Philosophie im übrigen genau dieselbe ist wie die des modernen Sozialismus), nämlich der des Plattfußvolkes gegen die Götter. Das alles ist aber streng im epischen Stil gehalten; das Problem des ‚menschlichen Verstehens‘ der Aufständischen, jene typische Wendung des Romans, wird nicht einmal erwogen … Niemand kann auf den Gedanken kommen, daß sich hier etwas ändert, bessert, entwickelt. Diese Themen sind vielmehr der Inhalt des Romans und des bürgerlichen Dramas, die beide auf die sekundäre Rasse gemünzt sind" (S. 63).

Was sich neben diesen versepischen Versuchen an Prosawerken findet, ist entweder mit halbem Einsatz geschrieben oder ins bewußt „Künstlerische" umstilisiert, indem man sich einer durchgehenden Rhythmisierung, einer gewählten Bildersprache oder eines dramatisch geschlossenen Handlungsaufbaus bediente. Besonders beliebt waren Formen wie die Novelle, das Märchen oder die Legende, wo man an bestimmte Modelltypen anknüpfen konnte. So lehnte sich Paul Ernst in seinen Erzählungen durchweg an die italienische Renaissancenovelle an, um damit der „Gefahr" des Psychologischen oder Milieuhaften zu entgehen. Weder die naturalistische Studie noch die impressionistische Skizze haben auf seinen Erzählstil eingewirkt. Anstatt die geschilderten Vorgänge stimmungshaft auszuweiten oder mit pleinairistischen Elementen zu durchsetzen, wird alles auf ein paar Leitmotive zusammengedrängt. Inhaltlich beschränkt er sich meist auf Problemkreise wie „Pflicht und Neigung" oder „Freiheit und Notwendigkeit", um ein möglichst „geschlossenes Bild" zu erzielen, wie es in seinem „Weg zur Form" (1906) heißt (II, 1, 430). Auf diese Weise entsteht eine gewisse Knappheit und Antiquiertheit, die durch den häufigen Gebrauch des Epitheton ornans unterstrichen wird, das dem Ganzen eine merkliche Patina verleiht. Fast alle seine Novellen scheinen sich an eine Gruppe gebildeter Edelleute zu wenden, deren künstlerisches Interesse hauptsächlich der geschickten Verknüpfung der einzelnen Motive gilt. Immer wieder handelt es sich um Sujets, die auf Grund ihrer erzählerischen „Allgemeinheit" fast ans Formelhafte grenzen, was allen diesen Novellen etwas Exemplarisches, Gattungspoetisches gibt, bei dem man sich an ältere Musterbücher erinnert fühlt. Eng verwandt mit dieser Form der Novellistik ist die Anekdotenkunst von Wilhelm Schäfer, die sich ebenfalls vom gegenwärtigen Leben distanziert und ins Historische auszuweichen versucht. Auch er reihte keine selbsterlebten oder impressionistischen Empfindungskonglomerate aneinander, sondern gab seinen Erzählungen ein eminent „formales" Gepräge. Im Gegensatz zu Hartleben und Schnitzler, die sich meist mit einer pikanten oder geistreichen Pointe begnügt hatten, versah er seine Anekdoten stets mit einem novellistischen Kern, in dem sich das Schicksalhafte, die Nemesis, verbirgt. Wie Ernst ging es ihm weniger um interessante Sonderfälle, um Gecken oder Hochstapler, als um die Herausarbeitung des „Allgemein-Menschlichen", was sich selten ohne einen gewissen Formalismus erreichen läßt. Das Einzelne beschäftigte ihn nur als Symbol des Ewigen, das sich im menschlichen Leben als unerhörte Begebenheit oder tragische Ironie offenbart. Er gab sich daher alle Mühe, nicht in einen „Schreibeton" zu verfallen, sondern strebte eine erzählerische Faßlichkeit an, die sich dem Hörer schon beim ersten Vortrag erschließt. Einen ähnlichen Charakter haben die „Schattenbilder" (1910—1915) von Herbert Eulenberg: kurze Charakteristiken bedeutender Künstler wie der Besuch Ifflands beim alten Haydn, die Triumphe der Neuberin, der „große Schröder", Nestroys Techtelmechtel mit einer jungen Schauspielerin oder die legendär verklärte Arbeit Grünewalds am Isenheimer Altar, wobei er statt „imaginärer Porträts" im Sinne Paters prägnante Situationen umreißt, die sich zu einer Anekdote verdichten lassen. Weitere Abarten dieses Genres bilden die „geschichtlichen" Szenen „Im Schritt der Jahrhunderte" (1917) von Walter von Molo oder die Künstlernovellen von Karl Röttger, in denen Gestalten wie Rembrandt, Shakespeare, Bach, Hölderlin und Kleist beschrieben werden, deren künstlerisches Schöpfertum sich ständig zu einer religiösen Inbrunst steigert.

Neben dieser traditionalistischen Richtung, die sich auf die Novelle und Anekdote beschränkte, entwickelte sich zu gleicher Zeit eine Erzählhaltung, deren

Vertreter sich mehr an volkhafte Formen wie Sagas, Märchen oder Legenden orientierten. Die wichtigsten Vorbilder dafür lieferte Richard Benz, der auf Grund seiner bevorzugten Stellung beim Diederichs Verlag eine ausgebreitete Propagandatätigkeit für das deutsche Mittelalter und die Romantik entfalten konnte. Auch er trat ständig für das „laute Lesen" ein, um so das Abstrakte und Verstandesmäßige aus der deutschen Prosa zu verbannen („Tat" V, 61). „Gesprochen, gesungen, gehört — nicht geschrieben und gelesen", war seine auf den neuen Gemeinschaftscharakter der Kunst hinzielende Maxime (V, 62). Das Gelehrte und Papierene der modernen Prosa legte er vor allem dem „verhängnisvollen" Einfluß der Renaissance zur Last, der das deutsche Volk von seinen „Ursprüngen" abgeschnitten habe. Er verdammte daher alle rhetorischen Finessen der romanischen Literaturen und lobte statt dessen die „musikalischen Qualitäten der primitiven Sprache", wie man sie in den Legenden und Volksbüchern des späten Mittelalters finde (V, 63). Aus diesem Grunde veröffentlichte er mehrere „Deutsche Volksbücher" (1913) und „Alte deutsche Legenden" (1910), um damit der Gegenwartsprosa den Weg zu einem echten „deutschen Stil" zu weisen. Noch nationaler klingen die Äußerungen von Gustav Neckel, einem der bekanntesten Nordisten dieser Jahre, der 1913 in der „Tat" die „große, herbe Linie des Sagastils" als das leuchtendste Beispiel eines germanisch-deutschen Prosastils hinstellte und dabei auf die bei Diederichs erscheinende „Sammlung Thule" verwies (V, 104). Wie sehr man gerade diese Reihe als beispielgebend empfand, beweist ein Zitat aus dem Diederichsschen Verlagskatalog von 1912:

> „Sie zeigen uns im Spiegel einer germanischen Bauernkultur ohne Einfluß des Christentums alle Charaktermöglichkeiten des germanischen Wesens. Sie sind ein einziges Dokument des rassehaften Denkens und Fühlens, in ihrer Wirkung noch dadurch gesteigert, daß der Stil epische Gedrängtheit aufweist. Auch wir müssen jetzt in unserer literarischen Entwicklung zu dieser fast monumental wirkenden Knappheit zurück, gleichwie die Malerei sich jetzt durch Hodler auf ihre Stilgesetze besinnt."

Bezeichnenderweise heißt es jedoch einschränkend, daß die „Sehnsucht nach dem Epischen" oft an der mangelnden Ungebrochenheit der „Wesensinstinkte" scheitere. Das dichterische Ergebnis dieser Richtung war daher recht mager, denn die „Deutschen Runen" (1919) von Lienhard oder die „Richt-Runen" (1923) von Artur Dinter wird man schwerlich als „literarisch" rechtfertigen können. Lediglich „Die dreizehn Bücher der deutschen Seele" (begonnen 1914) von Wilhelm Schäfer haben den von Benz und Diederichs geforderten „balladenhaften" Ton, der zum lauten Vorlesen bestimmt ist. Inhaltlich handelt es sich hier um die höchsten Emanationen der „deutschen Volksseele", und zwar von Odin bis zur „Schmach von Versailles", wobei die Schwerpunkte auf der germanischen Vorzeit, dem kaiserlichen Imperium, den Mystikern,

Martin Luther, Friedrich dem Großen, der Romantik, den Befreiungskriegen und der deutschen Reichseinigung liegen, was sich in seinem forcierten Anspruch nur mit dem „Kaiserbuch" von Paul Ernst vergleichen läßt.

Im Bereich des Romans, der sich dem stilkünstlerischen Gestaltungswillen eigentlich entzieht, kommt das Zeittypische lediglich in der steigenden Bedeutung der heroischen oder personenkultischen Elemente zum Ausdruck. Im Mittelpunkt stehen daher meist Vorbilder oder Suchergestalten, die sich mit starker Hand ihren Weg durchs irdische Getriebe bahnen, während das Stimmungshafte, Psychologische oder Beschreibende, das zu einer malerischen Auflockerung oder seelischen Vertiefung beitragen könnte, nur eine untergeordnete Rolle spielt. Man denke an die romanhafte Pestalozzi-Biographie „Der Lebenstag eines Menschenfreundes" (1915) von Wilhelm Schäfer, in der ein idealistisches Gegenbild zum materiellen Bereicherungstrieb aufgerichtet wird: ein weltlicher Märtyrer, der ständig scheitert und doch immer wieder von neuem beginnt, da er auf den unzerstörbaren Kern seiner Ideale vertraut. Statt Karriere zu machen oder sich eine finanzielle Grundsicherung zu erwerben, opfert hier ein Mensch sein ganzes Leben einer menschenbildnerischen Leitidee, der Gründung von Waisenschulen auf bäuerlicher Grundlage, wobei ihm nur seine Frau, die „edle Anna", zur Seite steht. Daß dabei manches unwillkürlich in die Perspektive von Lietz und Kerschensteiner gerät, ist bei Wilhelm Schäfer, der selbst volkspädagogische Absichten hatte, nicht verwunderlich. Vorgetragen wird dieses Leben, das sich in die Kapitel Morgen, Mittag, Abend und Nacht gliedert, in einer Sprache, die weder milieuhaftdetaillierte noch erotisch-flackernde Abschweifungen erlaubt, sondern sich mit epischer Gelassenheit auf ihr Thema, den vorbildlichen Volkserzieher, konzentriert. Ebenso bezeichnend für den Geist dieser Zeit ist der Roman „Oberlin" (1910) von Friedrich Lienhard, dessen pädagogische Absichten weniger ins Humanistisch-Liberale als ins Völkisch-Reaktionäre zielen. Handlungsmäßig spielt sich dieses Werk im Elsaß ab, und zwar während der Französischen Revolution, was Lienhard zum Anlaß nimmt, Deutschtum mit idealem Aristokratismus, französisches Wesen mit geschwätziger Pöbelherrschaft gleichzusetzen. Um dieser Schwarz-Weiß-Malerei einen theatralischen Hintergrund zu geben, leben die Vertreter des Deutschtums auf den Höhen des Wasgenwaldes und schauen mit „idealistischer" Borniertheit ins französisch-verseuchte Tiefland hinunter, wo der Plebs die Macht an sich gerissen hat und den entwürdigenden Ideen von „Freiheit, Gleichheit, Brüderlichkeit" nachläuft. Dem entsprechen die scharfe Verurteilung von Saint-Just und Robespierre und das überschwengliche Lob Schillers und Humboldts, deren ästhetischpädagogische Absichten von Lienhard ins Chauvinistische umgefälscht werden. „Hinweg von dem Abenteuer der französischen Revolution! Hinüber zu dem deutschen Abenteuer einer persönlichen Läuterung und harmonischen Steigerung aller guten Kräfte", heißt es einmal emphatisch (S. 179). Was jedoch im deutschen Idealismus als eine steigende Humanisierung gedacht war, sinkt dabei zu einem arroganten Cliquenbewußtsein herab, das in der zunehmenden Demokratisierung lediglich einen „Aufstand der Massen" erblickt. Eine Änderung der bestehenden Verhältnisse herbeizuführen, wird nicht einmal als Diskussionsthema erwogen. Statt dessen bekennt sich Lienhard gegen Schluß — wie alle selbsterwählten Zarathustra-Jünger dieser Jahre — zu Führernaturen wie dem Bürgermeister Dietrich, dem Präzeptor Hartmann und dem Hochlandspfarrer, die als „echte Deutsche" jede Revolution verdammen und ihre wahre Heimat nicht im westlichen „Politikland", sondern in einem idealistischen „Seelenland" sehen, wo sich alle zu einer artbewußten „Volksgemeinschaft" zusammenschließen (S. 456).

Eng verwandt mit diesen Vorbildtypen, zu denen auch die Bismarck-Literatur dieser Jahre gehört, sind die religiösen oder künstlerischen Suchernaturen, deren Sorge nur der Zukunft gilt, während sie die Gegenwart dem „fürst des geziefers" überlassen. Wie bei den Vorbildgestalten lassen sich dabei mehrere Gruppen herauspräparieren. An Künstlerromanen wäre vor allem der „Stauffer-Bern" (1912) von Wilhelm Schäfer zu nennen, den er als eine „Chronik der Leidenschaft" bezeichnete, um auf das Gejagte, ja Gehetzte dieses Lebens hinzuweisen. Ein Dorfbub steigt hier zu einem Maler auf, der sich mit angespannter Willenskraft dem Höchsten verschreibt, das heißt, in seiner Kunst einen Kalvarienberg sieht, der nicht zur Erfüllung, sondern nur zum Untergang führen kann. Alles Berauschende, Interessante und Prickelnde, das im Impressionismus zu einem echten Künstlerleben gehörte, bleibt daher ausgeschaltet. Schäfer schildert keinen Bohemien, sondern eine anspruchsvolle Kämpfernatur, die erst malt, dann radiert, dann kupferstechert, dann bildhauert, um vom malerisch Intimen zu immer monumentaleren Ausdrucksformen vorzudringen. Aus einem schlichten Lebenslauf wird so eine Legende, ein Mythos, der vom Leser Anbetung oder Bewunderung verlangt. Noch krasser erscheint diese Werkbesessenheit in Walter von Molos Schiller-Roman (1912—1916), in dem sich der idealistische Schaffensdrang zusehends ins Expressive steigert. Als der bestimmende Impuls erweist sich dabei wiederum der Glaube an den schöpferisch-gestaltenden Geist, der wie bei Lienhard nicht frei von nationalistischen Obertönen ist.

Auch bei den religiösen Suchernaturen genügen wenige Beispiele. Man denke an einen Roman wie „Amor Dei" (1908) von Kolbenheyer, der dem Leben Spinozas gewidmet ist und dabei den Nachdruck weniger auf das Philosophische als auf das Gottsucherische legt. Während Descartes mit seinen rationalistischen Gottesbeweisen wie ein liberaler Theologe vom Schlage Harnacks gezeichnet wird, stellt er Spinoza als einen Propheten der Allverbundenheit hin, der das Religiöse aus allen institutionellen Fesseln zu befreien versucht. Einen ähnlichen Geist atmet sein „Meister Joachim Pausewang" (1910), die Autobiographie eines Breslauer Schuhmachermeisters, die inhaltlich und stilistisch an Böhme erinnern soll. Nicht weniger deutlich zeigt sich diese Tendenz in seinem „Montsalvasch" (1912), in dem das „gralshafte" Leben des Philosophiestudenten Bihander beschrieben wird, für den es nur das faustisch-religiöse Ringen zu geben scheint. Auch der Roman „Die Abendburg" (1909) von Bruno Wille dreht sich um einen solchen Suchertyp, den Goldsucher Johannes Tielsch, der nach langen Wirren auf sein materielles Gewinnstreben verzichtet und zum Klausner wird, was fast an barocke Abkehrromane gemahnt. Wille verwendet dabei ständig eingelegte Lieder und lateinische Brokken, die obendrein mit archaisierenden Wortformen wie schier, balde, Burgemeister, gülden, dieweil, allwo, jetzo, dorten, anoch und sintemalen vermischt werden, um den Eindruck des Ehrwürdigen und Traditionsbewußten zu erwecken. Ihren Höhepunkt erlebte diese Richtung in „Tycho Brahes Weg zu Gott" (1916) von Max Brod. Wie im „Amor Dei" ist hier alles auf eine dramatische Konfrontation zugespitzt: den Gegensatz zwischen dem faustisch-ringenden Brahe und dem nüchternen Rationalisten Kepler. Während Kepler nur die mathematische Gesetzmäßigkeit gelten läßt und ein herbes, zurückgezogenes Leben führt, in dem die Frage nach dem Glück nur eine untergeordnete Rolle spielt, versucht Brahe mit allen Fasern seiner Existenz in das Geheimnis des göttlichen Weltgebäudes einzudringen, wobei er selbst mystische und astrologische Erkenntnisse, für die Kepler nur ein Lächeln übrig hat, in seinen Forschungsdrang einbezieht. Ewig nach Freundschaft lechzend, aus einem Extrem in das andere fallend, immer auf der Suche nach Gott, fühlt er sich dennoch als ein ewig Scheiternder, der seine Kraftreserven umsonst eingesetzt hat. Sein Weg zu Gott gleicht daher einem tragischen Heldenepos, dessen Peripetie vom Leser erschüttert nachempfunden werden soll. Besonders feierlich wirken dabei jene Szenen, in denen sich Brahe ins Visionäre steigert und die Harmonia mundi zu schauen vermeint, und zwar in bewußtem Gegensatz zu Kepler, der alle poetischen Erklärungsversuche des Weltgebäudes wieder auf den Boden der nüchternen Tatsachen stellt.

Die gleichen „sucherischen" Tendenzen finden sich im „völkischen" Bereich. Man denke an Gestalten wie Ingo von Stein, den Helden des Lienhardschen „Spielmannes" (1913), der als ruheloser Wanderer durch Europa zieht und erst auf dem Montsalvatsch seine religiöse Bestimmung erkennt. Diese besteht darin, auch in Deutschland eine völkische Seelenburg, einen Gralstempel des germanischen Heils, zu errichten, wo man in Christus zugleich Baldur verehrt. Als diese Pläne scheitern, zieht er sich auf die Wartburg zurück, verzichtet auf jede staatliche Unterstützung und predigt als einsamer Utopist den Gedanken der Weltbeseelung durch den deutschen Idealismus. Ebenso anspruchsvoll wirkt Hermann Burtes „Wiltfeber" (1912), der wie Ingo von Stein nach langen Wanderjahren wieder den „Boden seiner Väter" betritt, von dem er sich eine Neubelebung seiner seelischen Substanzen erhofft. Auch er ist ein geistiger Adelsmensch, eine Führernatur, ein Herrscher aus charismatischer Anlage, der sich weigert, Staatsbeamter zu werden, um nicht seinen germanischen Geistadel aufgeben zu müssen. Wie die Lienhardschen Helden gehört er zu jenen Zarathustradeutschen, die noch an das Rassisch-Starke und Ewige glauben, noch „Stilbewußtsein" haben, und daher hochmütig auf die „Masse" herunterblicken, jene verderbte, schwächliche, muckerhafte Proletarierschicht, die weder ein heldisches Empfinden noch einen angeborenen Rassenstolz besitzt. Jeder Demokratisierungsversuch wird hier als Kulturtod, Rassenchaos, sozialdemokratische Gleichmacherei oder Zersetzung der schöpferischen Substanzen angeprangert, aus dem sich zwangsläufig eine allgemeine „Verbasterung" entwickeln müsse. Hoffnung auf eine „Wiedergeburt" geben ihm lediglich die „Stillen im Lande", Erbhofbauern wie der alte Wittich, deren Höfe noch mit Runen und Hakenkreuzen geschmückt sind. Wenn er solche „Inseln der Kraft" beschreibt, wo Glaube, Rasse und Macht noch eine selbstverständliche Einheit bilden, wo noch das Prinzip der „Zeugung" angebetet wird, steigert sich sein Stil sofort ins Pathetische, Herrische, Monumentale und lehnt sich an die Sprache des „Zarathustra" oder der Bibel an. So heißt es von Madlee, dem kernigen, alemannischen Bauernmädchen: „Wie ein Standbild ragte sie in den Raum. Aus schwarzem Stein müßte man sie meißeln" (S. 80). Die mütterliche Gotte wird folgendermaßen beschrieben: „Und ihre Beine schienen ihm wie Säulen des Tempels; in der alten, schweren Bibel war so einer gezeichnet; ihre Brüste wie Kuppeln, ihr gelbes Haar wie Abendwolken und ihr Herz wie eine Orgel" (S. 17). Das Ganze wirkt daher wie ein Prosaepos, das sich von der Heimatkunst zur Höhenkunst zu erheben sucht, und zwar durch einen feierlichen und zugleich reckenhaften Ton, der sich ständig zu hymnisch-geschwollenen Tiraden steigert. Dieser sprachlichen Outriertheit entspricht ein Handlungsverlauf, den Burte trotz aller mühsamen Konstruktionen als einen „Urkonflikt des Daseins" bezeichnete. Selbst das übliche Dreiecksverhältnis gerät so in eine Perspektive, die sich nur in messerscharfen Konfrontationen ausdrücken läßt:

> „Da ist Madlee, die südwestliche, das Weib aus der Heimat, die Magd mit den schwarzen Haaren, und dort steht Ursula, Ursch, die nordöstliche, die Dame aus den Edeln, die Herrin mit blauen, stählernen Augen und weißblonden Haaren. Die eine ganz Natur, ganz Blutspielball, von unbändigen Sinnen und einfachen Geistes; die andere ganz Bewußtsein, vielfältig überlegt, die Ursula, die Ursch, mit dem Wesen einer Schicksalsschwester, geistvoll, sinnenlos, mit forderischen Gedanken! Die eine ganz Schoß, ganz Aphro; die andere ganz Hirn, ganz Pallas, fast jenseits der Geschlechter" (S. 167).

Da ein solcher Gegensatz keine Kompromisse zuläßt, endet das Ganze mit dem mystischen Opfertod des Helden auf einem Steintisch im Gebirge, wo der verzweifelte Heimatsucher durch einen Blitzschlag ins Reich des Ewigen abberufen wird. Ein ähnlicher Vorgang, wenn auch ins Optimistische abgewandelt, vollzieht sich im „Osning" (1914) von Ernst Wachler. Auch hier ist die Hauptfigur ein Heimatsucher, der junge Asbrant, der nach ausgedehnten Weltreisen wieder nach Deutschland kommt und den Teutoburger Wald, den Osning, das „Asenheim", durchwandert, in dem sich der göttlich-arische Ursprung des Deutschtums manifestiert. Die ganze Landschaft: die Grotenburg, die Externsteine, die Paderquellen, alles wird aus esoterischen Geheimsymbolen erklärt. Sogar die Steine und Bäume scheinen in dieser „paysage engagée" Armanenweisheiten zu raunen, die sich selbstverständlich wie bei Guido von List nur dem ariosophisch „Wissenden" erschließen. In jeder Hütte, jedem Haus leben noch Widukind-Enkel, Ario-Germanen, Sonnensöhne, die nur auf das Zeichen harren, sich einem neuen Arminius anzuschließen, der die dünne Decke der christlichen Zivilisation mit starker Hand zerreißt und die Deutschen wieder an den Opferstein des germanischen Glaubens führt. Asbrant, der strahlende Adelssproß, der die hehre Irmhild freit, wird daher am Schluß als der kommende Führer, der „Starke von oben", gefeiert, der sich die übermenschliche Aufgabe stellt, Deutschland aus einem Land kapitalistischer Wühler in ein Reich artbewußter Ario-Heroiker zu verwandeln, was Wachler mit imperialer Geste als die „Weltsendung des Deutschtums" bezeichnet (2. Aufl., S. 266). Eine ebenso bezeichnende Variante dieser nationalen Sucherromane bilden die Werke von Walter Flex, dem Erzieher der Bismarck-Enkel, der sich von Anfang an auf die Seite der völkischen Kreise geschlagen hatte. So eilt sein Ebenbild, der „Wolf Eschenlohr" (1915), der Träumer mit den brennenden Augen, schon beim ersten Kriegsruf zu den Waffen, weil er glaubt, für eine „heilige Sache" zu streiten, die einmal der ganzen Welt zugute kommen werde. Er ist stolz auf seinen sportgestählten Körper, empfindet selbst den unmenschlichen Kasernendrill als eine höhere Notwendigkeit und ordnet sich begeistert in das falsche Kollektiv der „Volksgemeinschaft" ein, das den einzelnen völlig überwältigt und in ein willfähriges Instrument der Staatsgewalt verwandelt. Der Jude Moritz Hirschberg, der ihn über die imperialistischen Hintergründe des Krieges aufklären will, erscheint ihm wie ein verneinender Mephisto, der das Große dieser Stunde nicht erfassen kann. Auch in seinem „Wanderer zwischen beiden Welten" (1917) wird die „Heiligkeit" des Krieges über alle kleinlichen Zweifel erhoben. Hier ist es der junge Leutnant Wurche, der ehemalige Wandervogel, der gläubig in das Massensterben hineinrennt, da er den Krieg als ein Erwachen zu wahrem Menschentum und echter Kameradschaft auffaßt, das den völkischen „Sucher" endlich vor eine große Aufgabe stellt. Er wird daher genauso schmählich zu chauvinistischen Zwecken ausgenutzt wie sein Doppelgänger Wolf Eschenlohr, obwohl er in utopischer Verblendung glaubt, mit seinem irrationalen Begeisterungsdrang nur den Mächten des „schöpferischen Urgrunds" zu dienen.

Mit der gleichen Deutlichkeit lassen sich diese Monumentaltendenzen auf dem

Gebiet des Theaters nachweisen. Auch hier wandte man sich in aller Schärfe
gegen die impressionistischen Tagesbetrieb, die Sensationen und Skandale,
die dem Amüsiergeschmack der „verwöhnten" Literatencliquen entsprächen.
Um diese Neigung zum Geschmäcklerischen und Dekadenten zu überwinden,
wollte man entweder zu den „geweihten" Bühnendichtungen der Vergangen-
.heit zurückkehren oder sich vom modernen Theater überhaupt abwenden.
Am schärfsten ging dabei der George-Kreis vor, in dessen Begriffswelt das
neuzeitliche Bühnenwesen meist als „zirkus" oder „nervenreizanstalt" erscheint, durch die selbst das Mythische dem Pöbel ausgeliefert werde. So
schrieb Berthold Vallentin im „Jahrbuch für die geistige Bewegung" (1911),
daß es kaum noch etwas gäbe, was nicht von dieser „merkantilen institution
aus seinen höhlen herausgerissen und auf die immer körperlos selbständigern,
immer faserigern, immer reiz-, immer giftstoffhungrigern nervenbündel der
großstadtmenschen losgelassen und wirksam gemacht würde" (II, 76). Aus
schicksalsvollen Tragödien und geheiligten Mysterienspielen seien auf diese
Weise Surrogate für „jobber" und „schmeckweiber" geworden, wie es bei
Gundolf heißt, der die „heutigen zirkusmittler" als Schänder des heiligen
Hellas bezeichnete (III, 5).

Den gefährlichsten Markthelfer dieser Depravierung des öffentlichen Geschmacks sah man in Max Reinhardt, der je nach weltanschaulicher Einstellung als gehaltloser Impressionist, geschäftstüchtiger Großstädter oder
vaterlandsvergessener Jude abgestempelt wurde. In den frenetischen Beifall
der großbürgerlichen Theaterbeflissenen aus Berlin W, die an Reinhardt
gerade das Raffinierte und Überreizte, die Entkleidungsszenen und das
nervöse Abtasten gekurvter Frauenleiber schätzten, mischten sich daher ab
1905 eine Reihe geharnischter Proteste, und zwar nicht nur gegen seine
impressionistische „Reizsamkeit", sondern auch gegen die bewußte Zersetzung des nationalen Geistes auf der Bühne, die zu einer weitgehenden
„Verweichlichung" des literarischen Geschmacks geführt habe. So schrieb
Julius Bab in der Zeitschrift „Die Rheinlande" (1907), daß sich bei Reinhardt
alles in ein „Fest der Sinne" verwandele und dadurch selbst die „innersten
Gemächer im Heiligtum dramatischer Kunst" dem Nervenkitzel preisgegeben
würden (VII, 94). Nicht Größe herrsche hier, sondern eine sinnverwirrende
Neigung zum Dekorativen, von der keine „Wiedergeburt" des deutschen
Theaters zu erwarten sei. Ähnliche Vorwürfe finden sich bei Ernst Horneffer
in der „Tat", der Reinhardt beschuldigte, lediglich die „Nerven der Zuschauer
aufzupeitschen", anstatt sich um einen neuen „Stil" zu bemühen (II, 659).
Ein solcher Nuancenkult eigne sich nur für die moderne Stimmungsdramatik,
für Hofmannsthal, d'Annunci oder Maeterlinck, während er bei den deutschen „Klassikern" völlig versage. Auch Hans Landsberg trat in seinem Buch
„Theaterpolitik" (1905) für eine strenge Stilisierung ein, um von der Hypertrophie des Äußeren, der impressionistischen Freude am Farbigen und

Glitzernden wieder zur klassischen Tragödie zurückzufinden, deren höchstes Ziel die Erregung ethischer oder religiös-mythischer Weiheschauer gewesen sei. Fast der gleiche Tenor herrscht in dem Buch „Die Ausdruckskunst der Bühne" (1910) von Arthur Kutscher, das sich zu Ideendichtungen wie der „Braut von Messina" bekennt, die sich nicht im Großstadtjargon herunterspielen lasse, sondern in ihrer Stilisierung eine geradezu choreographische Behandlung erfordere. Es entstand daher ein ganzer Chor von Stimmen, die sich für das Deutsche, Klassische und Idealistische begeisterten, das weniger auf dem Dekorativen als auf dem gestalterischen „Geist" beruhe, um so dem nervösen Subjektivismus der impressionistischen Ära einen Formbegriff entgegenzusetzen, in dem sich eine klar umgrenzte Tektonik des Willens manifestiere.

Aus diesem Grunde tauchten neben Reinhardt, dem Allgewaltigen, der in drei Theatern gleichzeitig inszenierte, Bühnenkünstler wie Adolphe Appia und Edward Gordon Craig auf, die einen wesentlich strengeren Anspruch vertraten und aus dem Dekorativen allmählich ins Monumentale übergingen. So forderte Craig in seinem Aufsatz „Über Bühnenausstattung", der 1905 in „Kunst und Künstler" erschien, eine konsequente Wendung ins Poetisch-Phantastische, die allen realistischen Details aus dem Wege gehe. Statt weiterhin sklavisch am Objekt zu kleben, stellte er sich das Theater als einen Ort der Weihe und der ethischen Erhebung vor, wo bereits die Szenerie an den Ewigkeitswert der dargestellten Vorgänge gemahne. An die Stelle des dekorativen Prunks à la Reinhardt traten daher bei seinen eigenen Regieentwürfen schlichte Höfe, Schluchten oder Säulenhallen, die in ihrer monumentalen Vereinfachung den Eindruck einer archaisch gesehenen Antike erweckten. Oft zog er die gesamte Szene zu großflächigen Raumgebilden zusammen, wobei er sich mit zwei oder drei Farbwerten begnügte, die dem seelischen Ausdruck der einzelnen Akte entsprechen sollten. Aus dem Bühnenbildner wurde so ein „Schöpfer", für den die Dichtung nur noch ein Vorwand seiner stilkünstlerischen Experimente war. Dazu paßt, daß Craig in seinem Buch „Die Kunst des Theaters" (1905) die These aufstellte, sich in Zukunft immer stärker auf Faktoren wie Bewegung, Rhythmus, Linie oder Farbe zu konzentrieren, um das Theater in eine Schaubühne zu verwandeln, bei der nicht das Gehörte, sondern das Gesehene im Vordergrund stehe. Daher triumphierte auch bei ihm — trotz des gewaltigen Anspruchs — nicht der Mythos, sondern die „reine Form": die sakrale Tanzpantomime, die auf das Göttliche zielt und doch nur das Dekorative trifft.

Wohl der konsequenteste Versuch, diese Ideen in die Tat umzusetzen, war das „Münchener Künstlertheater" (ab 1908). Unter der Leitung von Georg Fuchs spielte man hier auf einer stilisierten Reliefbühne, die im Gegensatz zum impressionistischen Bewegungsstil nur würdevoll gemessene Bewegungen erlaubte. Als erstes Stück inszenierte er den „Faust", und zwar mit Bühnenbildern und Kostümentwürfen von Fritz Erler, deren feierliche Strenge fast etwas Monotones hatte. Die meisten Szenen waren so „gestellt", daß sie von den Zuschauern wie ein rhythmisierter Menschenfries empfunden wurden. Um dem Ganzen auch eine theoretische Basis zu geben, wandte sich Fuchs in seinem Buch „Die Schaubühne der Zukunft" (1905) gegen die trügerischen Illusionen der gängigen Guckkastenbühne und trat in Anlehnung an das antike Theater für eine gleichbleibende Skene mit seitlichem Architekturrahmen ein. Wie Craig stellte er dabei die linearen „Stilreize" höher als alle gehaltlichen Fragen, was zu einem dekorativen Mysterium führte, dessen „reinigende" Wirkung lediglich in der Beseitigung des bisherigen Fundusschlendrians bestand. Obwohl sich das Münchener Künstlertheater nur für kurze Zeit auf dieser „Stilhöhe" behaupten konnte und schon nach wenigen Jahren in die Reinhardtsche Linie einschwenkte, lassen sich die Impulse dieser Bemühungen fast auf allen deutschen Bühnen verfolgen, nicht zuletzt bei Reinhardt selbst, der das impressionistisch Dekorative allmählich ins Stilisierte umzuprägen suchte. Überall kam es zu einer neuen Blüte der Figurinenkunst und der Dekorationsentwürfe, die manchmal fast an barocke Theaterkünste erinnern. Man denke an Ralf Voltmer in Hamburg, Ottomar Starke in Frankfurt (Main), Heinrich Lefler, Eduard Wimmer und Alfred Roller in Wien, Bernhard Pankok in Stuttgart, Emil Orlik und Rochus Gliese in Berlin, deren Theaterskizzen mal nach der dekorativen, mal nach der monumentalen Seite neigen. Einer der vielen Höhepunkte dieser Richtung waren die Aufführungen im Festspielhaus in Hellerau, dem Tanzinstitut von Emile Jaques-Dalcroze, jener Mischung aus „idealem Landsitz", „feierlichem Festspielbezirk" und „weltlichem Klosterhof", wie Karl Scheffler in „Kunst und Künstler" (1913) schrieb (XI, 50), wo alljährlich große Schulfeste abgehalten wurden, deren Bühnenstil fast ans Kultische grenzte. So führte man 1913 den Gluckschen „Orpheus" auf, und zwar in einfarbigen „rhythmischen Räumen" und mit machtvoll gesteigerten Trauerchören, die an den religiösen Ernst des Parthenonreliefs oder die düster drohende Gestalt des griechischen Nemesisgedankens anklingen sollten.

Neben dieser mehr „reformierenden" Richtung, die ihre Hauptaufgabe in einer stilvollen Aufführung der großen Werke der Weltliteratur sah, drängte sich in denselben Jahren eine Strömung in den Vordergrund, die wieder auf die Uranfänge des Theaters zurückzugehen versuchte und dabei sowohl idealistische als auch völkische Impulse verwertete. Zu den wichtigsten Vertretern dieser Gruppe gehörte Peter Behrens, der 1900 beim Eugen Diederichs Verlag eine Schrift unter dem Titel „Feste des Lebens und der Kunst" erscheinen ließ, die wie sein Haus auf der Darmstädter Mathildenhöhe genau auf der Grenze zwischen dem Jugendstil und den späteren Monumentalkunsttendenzen steht. Er beschreibt hier einen Zentralbau wie die Breslauer Jahrhunderthalle, der einen amphitheatralischen Zuschauerraum umschließt, in dem die Sitzreihen durch ansteigende Terrassen mit der Bühne verbunden sind. Die Bühne selbst stellte er sich als strenges Relief mit vorspringendem Proszenium und runder Orchestra vor, um so dem Ganzen eine griechisch-lineare Monumentalwirkung zu geben. Auch die Aufführungspraxis sollte auf diesen architektonischen Rahmen abgestimmt werden. Im Gegensatz zu dem bisherigen Starprinzip trat er dabei für eine chorische Rhythmisierung des Gesamtgeschehens ein, die alle Vorgänge zu einer „selbstherrlichen Form" vereinfacht (S. 22). Wie wichtig ihm diese Verdrängung des Mimus durch die Eurhythmie war, beweist folgendes Zitat: „Schön sei die Bewegung, ein jeder Schritt, ein jeder Griff sei eine künstlerisch übersetzte Form. Der Schauspieler stehe über seiner Rolle, er verdichte sie, bis alles Pathos ist und Pose" (S. 23). Nur so könne aus einem Charakterdarsteller wieder ein „Meister des Tanzes werden, eines Tanzes, wie wir ihn als schöne Kunst kaum noch kennen: als Ausdruck der Seele durch den Rhythmus der Glieder" (S. 24). Behrens forderte daher Verse, die man nur in feierlicher Haltung vortragen kann, um die Bühne wieder in einen Ort der Ideen zu verwandeln, auf dem die „niederen" Bereiche der Natur nur symbolisch vertreten seien. Als Handlungen schwebten ihm dabei „Sinnbilder unseres Geisteslebens" vor, in denen sich die gesamte Nation in edler Weise gespiegelt sehe:

> „Am Saume eines Haines, auf dem Rücken eines Berges soll sich dieses festliche Haus erheben. So farbenleuchtend, als wolle es sagen: Meine Mauern bedürfen des Sonnenscheins nicht! — Seine Säulen sind umkränzt, und von sieben Masten wehen lange weiße Fahnen. Auf der hohen Empore stehen Tubenbläser in glühenden Gewändern und lassen ihre langgezogenen Rufe weit über das Land und die Wälder ertönen. Es öffnen sich langsam die großen Torflügel, und man tritt hinein in den hohen Raum. Hier sind alle Farben tiefer gestimmt, wie zur Sammlung … Der Formen überwältigende Kühnheit, der Einklang der Farben, Wohlgerüche feierlicher Art, das Brausen der Orgel, jubelnde Geigen, das Siegesbewußtsein der Trompeten: Alles eröffnet unsere Seele einem zweiten, ihrem ewigen Leben. Wir sind größer, umfassender, klarer geworden … Wir wissen nicht mehr, daß es Nebensachen gab; wir wissen nicht mehr, daß das Leid nur traurig war, wir sehen alles im Zusammenhang. Wir sind geweiht und vorbereitet für die große Kunst der Weltanschauung! Und nun entrolle sich das Spiel des Lebens: Wir selber spielen es, das schöne Schauspiel unsrer ernsten Freude" (S. 11—13).

Als Beispiel einer solchen „Formdichtung", die zugleich ein Sinnbild unserer modernen „Geisteskultur" sei, wies er 1901 in den „Rheinlanden" auf die „Lebensmesse" (1899) von Dehmel hin. Was sich hier vollziehe, sei ein „Kult des Lebens", der in seiner vereinfachenden Typik den strengsten

monumentalen Stilgesetzen gehorche (I, 28). Eine solche „harmonische Verschlingung figürlicher Lebenslinien" und zugleich „edelste Darstellung des
Allgemein-Menschlichen" erschien ihm so weihevoll, daß man sie nur in weißen Gewändern und rhythmisch-erhabenen Gebärden darstellen könne. Er forderte daher eine „stilistische Auffassung", die sich das „Liturgische" zum Vorbild nehme, um so den Inhalt, die Vermählung eines jungen Helden mit einer
reinen Jungfrau, zu einem Gottesdienst des „schönen Lebens" zu erheben
(I, 40). Bei einer solchen Übersteigerung des Typischen mußte das Ergebnis
des Ganzen trotz aller noblen Absichten notwendig ein inhaltsloser Formalismus
sein. Eine 1909 von Behrens inspirierte Aufführung dieses Dramas, und zwar in
der Stadtgartenhalle in Hagen, wurde daher kaum beachtet.

Etwas mehr Erfolg war den national eingestellten Freilichttheatern dieser
Jahre beschieden. Noch schärfer als George zog man hier gegen das „zer-
setzende Chaos" der internationalen Großstadtatmosphäre zu Felde, wo man
einer artvergessenen Erotik und einem dekadenten Satanismus huldige, deren
Ziel eine allgemeine Narkotisierung der völkischen Instinkte sei, wie sich
Adolf Bartels ausdrückte (GA S. 51). Eine Rettung vor solchen Amüsieranstal-
ten des „Bildungspöbels" erhoffte man sich im Rahmen dieser Kreise hauptsächlich von einer stärkeren Bindung an Volk und Natur. So veröffentlichte
Ernst Wachler, ein aktives Mitglied der Guido-von-List-Gesellschaft zur
Förderung der „Armanenweisheit", einen Aufruf zu „Deutschen Festspielen"
unter freiem Himmel, der unter anderen von Hans von Wolzogen, Richard
von Kralik und Friedrich Lienhard unterzeichnet war. Man hatte dabei
„Landschaftstheater zwischen Fels und Wald" im Auge, die jenseits aller
literarischen Strömungen ständen und sich nur auf das „Deutschbewußte"
beschränkten. Während man in der Stadt auf den „Guckkasten" angewiesen
sei, der alles ins Miniaturhafte verkleinere, stelle sich in der freien Natur das
Monumentale fast von selber ein, da die Fernwirkung keinerlei realistische
Detailliertheit erlaube. Wachler gründete daher 1903 das Harzer Bergtheater
in Thale, und zwar als „deutsches Landschaftstheater" mit rein nationalen
Stoffen, die er an einem germanischen Altar aufführen ließ, um auf das Kultisch-
Religiöse dieser Spiele hinzuweisen. Wohl ihren schärfsten Ausdruck fanden
diese Tendenzen in seiner Schrift „Sommerspiele auf vaterländischer Grundlage" (1910), die sich in aller Offenheit gegen den gewinngierigen Theater-
kapitalismus der Reinhardt-Clique wendet. Um dieser Entwicklung Einhalt
zu gebieten, trat Wachler für eine durchgreifende Rückbesinnung auf die
historischen und mythologischen Traditionen der eigenen Rasse ein, und zwar
mit einer Emphase, die fast ans Gesetzgeberische grenzt:

„Das große feierliche Drama lehnt sich am passendsten an unsere Jahres-
feste an. Ihren Sinn zu deuten, ihren Gehalt uns zu erklären, ihre Gestalten uns nahe zu bringen, ist die Aufgabe. Die Mittsommermythe

zeigt uns die Erschlagung des Lichtgottes durch die Finsternis; Balders durch Höder, Helgis durch Dag, Siegfrieds durch Hagen. Eine ganze dramatische Reihe kann die Schicksale dieser Helden behandeln, die dem tragischen Dichter alles bieten, dessen er bedarf. Nehmen wir zu den Amelungen und Nibelungen den germanisch-keltischen Sagenkreis des Mittelalters hinzu ... so haben wir einen Reichtum und eine Fülle großartigen Stoffes, wie ihn schwerlich ein anderes Volk aufzuweisen hat" (S. 5).

Er träumte daher von deutschen Stammesbühnen oder Weihestätten germanischen Daseins, deren Ziel eine „Volkskunst" sei, die ganz im Zeichen eines national-religiösen Gemeinschaftsgefühls stehe. Zu diesem Zwecke verfaßte er Dramen wie „Walpurgis" (1903), „Mittsommer" (1905) und „Frühlingsfahrt" (1908), in denen ausschließlich das „nordgermanische Heldenleben" verherrlicht wird (S. 16). Das Harzer Bergtheater sollte im Rahmen dieser „völkischen Wiedererweckung" selbstverständlich nur eine Vorstufe sein. Worum es ihm eigentlich ging, war die „Feier der Volksgemeinde" auf germanischer Grundlage. Aus diesem Grunde faßte er schon in diesen Jahren einen Wuotanskult ins Auge, wie er sich später bei den Nazis findet:

> „Die dramatische Feier soll eine Weihehandlung sein: Gottesdienst. Mag man sich mit einer stillen Waldwiese, dem lichten Anger, der Dorfflur begnügen oder eine wirkliche Schaubühne mit erhöhten Sitzen für die Zuschauer herrichten, so sollte der Steinaltar überall den Mittelpunkt der ganzen Anlage bilden, auf dem zu Beginn die Feuerflamme als Sinnbild der Gottheit angezündet werden möge. Der Ring der Zuschauer umschließe im Halbkreis den Rasenplan, der als Bühne dient" (S. 18).

Auf dem Gebiet der Musik wirkt die Frage nach einer monumentalen Stilkunst auf den ersten Blick etwas irrelevant. Eine Kunst, die so stark ins Figurale, Plastische und Personenkultische drängt und daher Linie und Umriß als künstlerische Ausdruckmittel bevorzugt, scheint sich auf die Welt der Töne nicht übertragen zu lassen. Aus diesem Grunde versuchen George und Wolfskehl allen Ernstes, das Phänomen des Musikalischen aus dem allgemeinen Stilverlangen auszuschalten. Immer dann, wenn sie auf die Musik zu sprechen kommen, gebrauchen sie abwertende Prädikate wie „verschwommen", „entartet", „psychologisierend" oder „malerisch", um das Formauflösende dieser künstlerischen Ausdrucksweise zu betonen. In Anlehnung an solche Thesen gilt das Musikalische, das man im Impressionismus als den Inbegriff des Raffinierten und Sensualistischen angebetet hatte, bei allen strengen Stilaristokraten als etwas Kulinarisches oder Ausdrucksschwüles, das in seinen unkontrollierbaren Affektentladungen dem Gedanken der

„Form" diametral zuwiderlaufe. Diesem herrischen Bannstrahl, der auf den ersten Blick recht faszinierend wirkte, stand jedoch die weltweite Anerkennung der deutschen Musik entgegen, an der man schon aus chauvinistischen Gründen festhalten mußte. Die Musik dieser Jahre wird daher eher durch nationale Impulse als durch ein konsequentes Formverlangen gekennzeichnet. So bildete sich im Gegensatz zu den impressionistischen Kreisen, die wie Richard Strauss oder Eugen d'Albert einer gesamteuropäischen Musikkultur huldigten, eine bewußt nationale Gruppe heraus, bei der ein unverhohlenes Ressentiment gegen die sogenannten „Modehelden" zum Ausdruck kommt, deren Erfolge man auf ein unfaires Cliquenwesen zurückzuführen versuchte. Es handelte sich dabei vor allem um Komponisten wie Pfitzner, Hausegger oder Schillings, die sich mit Wort und Ton gegen den „nivellierenden" Ungeist des internationalen Modernismus wandten, den sie als etwas Undeutsches, Semitisches und Artfremdes empfanden. Trotz mancher Vorbehalte gegen das musikalische Prinzip an sich entstand so eine kulturpolitische Strömung, die zu einer neuen Aktivierung des Deutsch-Romantischen aufrief, um die glanzvolle Entwicklungslinie von Beethoven über Brahms zu Bruckner nicht der Vorherrschaft des „französischen" Impressionismus oder der „jüdischen" Sentimentalität zum Opfer zu bringen und so den Anschluß an die genuindeutschen Traditionen zu verlieren.

Was man dabei an „neuen Idealen" vorzubringen hatte, erschließt sich am besten aus der Kritik an den zeitgenössischen „Modeerscheinungen", die auf völkisch-idealistischer Seite allgemein als ein Verrat am deutschen Wesen hingestellt wurden. Wie auf Verabredung findet man in allen national ausgerichteten Zeitschriften dieser Jahre heftige Angriffe gegen das Sensationslüsterne, Überhitzte, Brillante, Äußerliche und Perverse der impressionistischen Musik, durch die eine musikalische „Oberflächenkultur" entstanden sei, die sich in blutlosen Witzeleien und raffiniertem Sinnenkitzel erschöpfe. Während früher der Ausdruckskünstler im Mittelpunkt gestanden hätte, schwärme man jetzt für Artisten und Roués, wodurch die edle „Frau Musika" zu einer leichtfertigen Buhldirne herabgesunken sei. Die Schuld an dieser allgemeinen Entseelung und zugleich Verschwülung schob man hauptsächlich den „welschen" Komponisten in die Schuhe, also Offenbach, Massenet, Saint-Saëns, aber auch Verdi, Mascagni und Leoncavallo, die als salonhaft und modisch abgelehnt wurden. Doch auch Wagner, in dessen Gefühlsentladungen man plötzlich die Abreaktionen eines sinnlich Unerfüllten sah, ging bei diesem Gericht nicht leer aus. Vor allem Emil Ludwig bezeichnete ihn in seinem Buch „Wagner und die Entzauberten" (1913) als einen egozentrischen Theatraliker, der sich selten über das Wollüstig-Unerlöste erhebe:

„Alles lüstert umher, wird schlüpfrig, man gleitet aus. Inmitten furchtbarer Fortissimi öffnen sich plötzlich, wie Klüfte zwischen Kämpfern, riesige Pausen und gähnen eine lange Weile, stumm. Aber eine neue Jugend tritt staunend zurück, nach einem halben Jahrhundert, wendet sich ab und bekennt: Dies ist nicht unsere Welt, — nicht dies, nicht dies!" (S. 265).

Ebenfalls gegen Wagner gerichtet war die Verwerfung der komplizierten Leitmotivtechnik, die mit dieser psychologisch-erotischen Ausdeutungskunst verbunden ist. Statt raffinierter Nervenkontrapunktik, deren Reizdissonanzen eher aufpeitschen als „erheben", verlangte man jetzt eine melodische Klarheit, die unter dem Gesetz der Katharsis, der seelischen Reinigung, steht. Wie verwirrend man das „ängstliche Vermeiden kadenzierter Wendungen, speziell des Leittons" empfand, beweist folgendes Zitat „Aus dem Musikleben der Gegenwart" (1909) von Leopold Schmidt: „Wenn überhaupt keine Tonalität mehr gewahrt wird, wenn das Ohr ruhelos zwischen Intervallen und Akkordfolgen hin und her geführt wird, deren Beziehungen es nicht aufzufassen vermag, dann entsteht beim normalen Hörer Überreizung und Apathie" (S. 96). Als genauso verwerflich wie diese übertriebene Nervenfriktion stellte man das Eindringen der Programmusik, das heißt das Überwuchern der melodischen Substanz durch außermusikalische Elemente wie Geräuschwiedergaben oder novellistische Verknüpfungstendenzen, hin, denen man sowohl mit Namen der „Form" als auch der „deutschen Innerlichkeit" entgegentrat. Ein gutes Beispiel dafür bietet die „Geschichte der Programmusik" (1910) von Otto Klauwell, bei der es sich eigentlich um eine Geschichte gegen die Programmusik handelt, in der eine „neue, rein instrumentale Form" angepriesen wird (S. 423). Ernst und August Horneffer charakterisierten diese Art von Musik als einen „Kultus der Wüstheit", wie es in ihrem Buch „Das klassische Ideal" (1906) heißt (S. 35). Walter Niemann nannte es in seiner „Musik seit Richard Wagner" (1913) eine Entartung ins „Unechte und Überfeinerte" (S. X). Hermann von der Pfordten sprach in seiner „Deutschen Musik" (1907) von einem „vaterlandslosen Ästhetizismus", der zu einem Sieg der Berlioz-Liszt-Wagnerschen Programmusik über die Vertreter der deutschen Seelentiefe geführt habe (S. 11). Man berief sich dabei meist auf die Schrift „Vom Musikalisch-Schönen" von Eduard Hanslick, der bereits in den fünfziger Jahren den gefühlsmäßigen Affekten und illustrierenden Partien der wagnerisierenden Richtung das absolut Musikalische, die „bloße Form", entgegengehalten hatte (11. Aufl., S. 5).
Doch die Hauptzielscheibe dieser Kritik war nicht Wagner, sondern Richard Strauss, den man einer weitgehenden Vernachlässigung des Romantischen und Innerlichen beschuldigte, da er sich sowohl die Untugenden der Wagnerschen Musikdramen als auch des französischen Impressionismus angeeignet habe. So wies Niemann auf das Modische und Artistische der Straußschen Tonpoeme hin, in denen ein „Mangel an Ethos" und eine „Abwendung vom

Volkstümlichen" zum Ausdruck komme (S. 174). Nicht das Gemüt sei hier das Entscheidende, sondern der „musikalische Nervenreiz" (S. 119), der manchmal fast ans „Pathologische" grenze (S. 121). Statt sich zu bemühen, ein „Herzensverkünder" zu sein, gleite Strauss ständig zum Salonschmeichler herab, der mit geschickten Tonillustrationen zu blenden versuche und zugleich mit einer „perversen Unnatur" kokettiere (S. 120). Ähnlichen Vorwürfen begegnet man in dem Buch „Die deutsche Musik der Gegenwart" (1909) von Rudolf Louis, wo der Glanz der Straußschen Orchesterpartituren mit „Talmi-Leidenschaft, oberflächlichem Schmiß und verschmierter Instrumentation" gleichgesetzt wird (S. 114). Dieselbe Gehässigkeit kommt in Zeitschriften wie dem „Kunstwart", der „Musik", der „Tat" und dem „Türmer" zum Ausdruck, in denen Musikschriftsteller wie Georg Göhler, Karl Schmalz, August Horneffer und Karl Storck den „Tantiemenjäger" Strauss bezichtigten, „planlos oberflächlichen Tageseinflüssen" nachzulaufen. Besonders ressentimentgeladen gebärdete sich diese Kritik, wenn sie sich mit Einzelwerken auseinandersetzte. So nannte Leopold Schmidt den „Don Quixote" (1897) einen „Orchesterscherz", der in „verrückter Weise von einem Verrückten erzählt" (S. 274). Das „Heldenleben" (1898) erschien ihm zu kompliziert, zu überhitzt, zu „unheldisch", da zur Größe stets die Einfachheit gehöre (S. 269). Mit Beethovens dritter Symphonie verglichen, sei das Ganze eher eine „Erotika" als eine „Eroica", bei der allein das Klangschwelgerische im Vordergrund stehe. Mit ähnlicher Schärfe verriß Paul Bekker 1921 in seinen „Kritischen Zeitbildern" die Straußsche „Alpensymphonie" (1915), die nicht von einem Dramatiker, sondern von einer harmlosen „Musiziernatur" stamme (I, 129). Noch aggressiver äußerte sich Friedrich Huch in seinem Roman „Enzio" (1911) über die „Sinfonia domestica" (1904), deren illustrative Manier ihm wie eine Profanierung der edlen „Musika" erschien:

> „Vollends naturalistische Kunststücke, wie sie in der letzten Zeit gemacht werden, ernst zu nehmen, bringt nur ein Publikum fertig, das das Unterscheidungsvermögen eines Tempels von einem Stall verloren hat. So etwas gehört allerhöchstens in den Zirkus. Gewiß: Man kann Kinderquäken imitieren, belästigt man aber die Sinfonie mit solchen Dingen, so ist es eine Sünde gegen den heiligen Geist der Kunst. Es ist, als unterstände sich einer, mit dem heiligen Weihwedel der Kirche Nachtgeschirre zu reinigen" (III, 180).

Fast einem Bannstrahl zu vergleichen war die Kritik an seinem Opernschaffen. Den „Guntram" (1894) ließ man noch passieren. Doch bereits seine „Feuersnot" (1901) wurde von Rudolf Louis als ein Produkt der „Modernitis" und des „Snobismus" abgetan (S. 106). In der „Frau ohne Schatten" (1919) sah Paul Bekker nur das „Artistische" (I, 120), was der allgemeinen Abneigung gegen den „blassen Ästhetizismus" der Hofmannsthalschen Libretti entspricht. Wohl den besten Einblick in diese Richtung bietet der „Tat"-Aufsatz „Der Impressionismus in der Strauss-Hofmannsthalschen Elektra" (1909) von Fritz Burger, der lediglich den brutalen Sadismus dieses Werkes hervorhebt. Alles Mythische und Tragische sei hier zu einer „Impression des Grauens" geworden (I, 260) und trage so zu einer Verflachung des Heroischen ins Psychologische bei. Das gleiche gelte für das rein Musikalische. Anstatt den Nachdruck auf das Formprinzip zu legen, begnüge sich Strauss weitgehend mit illustrierenden Naturlauten und raffiniert erregenden Nervenkitzeln. So höre man das Aufschlagen der Peitsche beim Vorüberziehen des Opferzuges, das Klirren der Edelsteine beim Auftritt Klytämnestras, ja selbst das „Im-Blute-Glitschern" werde vom Orchester musikalisch nachgeahmt. Während man sich früher bemüht habe, das rein Geistige oder Seelische auszudrücken, sinke dadurch die Musik auf das Niveau der sinnlich-vulgären Erscheinungswelt herab und lande schließlich bei „nymphomanischen Exzessen", wie es bei Rudolf Louis heißt (S. 111). Diese Art von Kritik läßt sich nur überbieten, wenn man einen Blick auf die zeitgenössischen Äußerungen über Straußens „Salome" (1905) wirft. Was ein Impressionist wie Oscar Bie noch als höchste Verfeinerung, als funkelnde Tonjuwelen oder autistische Befriedigung unvereinbarer Gegensätze gepriesen hatte, wurde jetzt in aller Schärfe als „erotisch perverse Raserei" hingestellt, die dem Ethos der hohen Tragödie geradezu ins Gesicht schlage, um Walter Niemann zu zitieren (S. 119). Auch Leopold Schmidt erregte sich über die bewußte Entfesselung „krankhaft anormaler Geschlechtstriebe" und bezeichnete die Schlußszene, in der Salome den abgeschlagenen Kopf des Jochanaan küßt als das „Ekelhafteste, was bisher auf die Bühne gebracht worden" sei (S. 116). Bei der Wucht solcher Angriffe fallen Bemerkungen, daß d'Albert bloß mit seiner Fingerfertigkeit blende oder Mahler stets ein bißchen „jüdele", kaum noch ins Gewicht.

Was man dieser wagnerschen Aufweichung und „welschen" Überfremdung an neuen Werten entgegenstellte, läßt sich trotz aller widerstreitenden Tendenzen auf zwei Strömungen zurückführen: eine national-ausdruckshafte und eine mehr formal-betonte, deren künstlerische Hochziele die seelische Innerlichkeit und das Prinzip des Tektonischen waren. In den deutschtümelnden Kreisen wurde der Nachdruck vor allem auf das Ideelle gelegt, auf den Offenbarungscharakter der Musik, um so das Religiös-Verpflichtende des eigenen Schaffens hervorzuheben. Und zwar verwandte man dabei Prädikate wie verantwortungsbewußt, gemeinschaftsbetont, kulturfördernd, gesund, männlich oder volksverbunden, die in einem scharfen Gegensatz zum impressionistischen „Feminismus" stehen. Nicht die klangliche Suggestion, sondern der „seelische Edelgehalt" galt hier als das höchste Kriterium der musikalischen Aussage. Dem entspricht das verbreitete Bekenntnis zum „freudigen Wollen", das meist mit der idealistischen Wesensart des „rein Deutschen" gleichgesetzt wurde. So pries Walter Niemann vor allem „Sinnigkeit" und „Gemüt"(S. 107), während sich Hermann von der Pfordten für Charakterstärke und nationales Verantwortungsbewußtsein einsetzte. Bei der anderen Gruppe dieser Richtung stand mehr der Kampf um die Form im Mittelpunkt, was in der auffälligen Vorliebe für Sonaten und Fugen zum Ausdruck kommt, die in den neunziger Jahren durch das Übergewicht der programmatischen Tendenzen stark in den Hintergrund getreten waren. Anstatt sich weiterhin auf das Tonmalerische der impressionistischen Musik, die fiebrige Polyphonitis eines Schreker, die endlosen Modulationen der Wagner-Epigonen oder die raffinierte Koloristik der Straußschen Partituren zu beschränken, kam so eine Richtung zum Durchbruch, die den Nachdruck weniger auf das Harmonische als auf die motivisch durchgearbeitete Kontrapunktik legte. Die Lippssche Einführungstheorie, nach der sich das reale Ich durch die ästhetische Empfindung in das künstlerische Objekt verlagert, wurde auf diese Weise durch eine Autonomieästhetik abgelöst, die in Anlehnung an Eduard Hanslick auch das Musikalische wieder als selbständige Form begriff, und zwar in bewußtem Gegensatz zu impressionistisch orientierten Wagner-Anhängern wie Friedrich von Hausegger, der den schöpferischen Einfall auf bestimmte psycho-physische Impulse zurückgeführt hatte. Gerade hier wird klar, wie stark sich diese Auffassungsweise vom rein Sensualistischen ins rein Strukturelle wandelte, um so das subjektive Betroffensein durch einen Akt der geistigen Durchdringung zu ersetzen, der sich in formalästhetischer Einseitigkeit von allen außermusikalischen Elementen abzuheben versuchte.

Das Verbindende dieser beiden Gruppen, die in der Praxis oft ineinander übergingen, war der Gedanke der „fortschrittlichen Reaktion", das heißt die Verwerfung des „Modernistischen" zugunsten bewährter Traditionen, in denen sich das Ewige des Volkstums oder das Unvergängliche großer Formen manifestiert, die als etwas Überindividuelles gegen das subjektivistische Chaos der modernen Kultur ausgespielt wurden. Das Schlagwort „Reaktion als Fortschritt", wie es sich bei Rudolf Louis findet (S. 46), meinte daher keine restaurative Pflege des Überkommenen, kein pietätvolles Sammeln und Hegen, sondern eine schöpferische Umwandlung des bereits Bestehenden, eine „Erneuung aus dem Fernsten", um so der deutschen Musik wieder ihre alte Weltgeltung zurückzuerobern. Aus diesem Grunde griff man wie in der Literatur und bildenden Kunst auf alles Große, alles „Klassische" zurück, das bereits den Charakter einer festen Norm angenommen hat. So forderte August Horneffer in der „Tat" (1909), daß man in Zukunft mehr im Sinne der „klassischen Meister" komponieren müsse, um den „seelischen Ausdruck" wieder in „strenge, gesetzmäßige Gebilde" zu bannen (I, 31). Man berief sich dabei vor allem auf Johann Sebastian Bach, der plötzlich zu einem „Klassiker" ersten Ranges aufzusteigen begann, da er in seiner Musik stets die Form, den Auftrag, die höhere Mission und nicht die momentane „Nervenreizung" als das Primäre betrachtet habe. Ihren deutlichsten Ausdruck fand diese

Reorientierung in der 1900 erfolgten Gründung der „Neuen Bach-Gesell-schaft", die sich eine planmäßige Verbreitung des Bachschen Werkes zur Aufgabe setzte. Ebenso symptomatisch für den Geist dieser Jahre sind die Gründung des Eisenacher Bach-Museums, die vielen Bach-Bearbeitungen von Reger, Ansorge, Busoni und Karg-Elert, ferner das Wirken von Karl Straube, der sich als Thomaskantor, Musikpädagoge und Leiter zahlreicher Bach-Feste um eine Neueinschätzung der Bachschen Orgelwerke bemühte. Eine ähnliche Gesinnung herrscht in der Bach-Monographie (1908) von Albert Schweitzer, die sich gegen den oberflächlichen, sensationshungrigen Musik-betrieb der Jahrhundertwende richtet und statt dessen eine Vergeistlichung der Musik propagiert. Wie sehr man gerade Bach in die „fortschrittliche Reak-tion" einzubeziehen versuchte, geht aus einer Äußerung von Leopold Schmidt hervor, daß ihm die Bachsche H-Moll-Messe als der „Inbegriff" dessen er-scheine, was „wir moderne Musik nennen" (S. 220). Auch Händel erfreute sich in diesen Jahren einer gewissen Renaissance. Bezeichnenderweise pries man dabei vor allem seine „einfache Architektonik" und wandte sich unwillig gegen jede historisierende Erneuerung der alten Verzierungstechnik, deren Endeffekt lediglich farbige Schnörkel seien („Tat" II, 186).

Neben diesen „Heroen" der Barockmusik, die man hauptsächlich wegen ihrer Kraft, Klarheit und Formenstrenge bewunderte, bekannte man sich in steigen-dem Maße zu Beethoven, und zwar dem Beethoven der „Eroica", wie ihn Klinger dargestellt hatte. In seinen Werken werde ein „neuer Mythos geboren: der Heldenmythos des geistigen Menschen", heißt es in dem Buch „Der Weg zum Mythos" (1919) von Ernst Michel (S. 100). Anstatt seine Symphonien impressionistisch-tonmalerisch oder einfühlend-psychologisierend zu inter-pretieren, etwa im Sinne der Bekkerschen Beethoven-Analysen, fallen hier Worte wie „idealer Gottesdienst" oder „Verkündigung an die Gemeinde", um von vornherein auf das „Sakrale" dieser Klangwelt hinzuweisen (S. 105). Ähnliche Tendenzen finden sich in dem Aufsatz „Beethoven und die Musik als Weltanschauungsausdruck" von Eduard Spranger, der 1909 in der „Wer-tung" erschien. Auch er deutet die Beethovenschen Symphonien als eine metaphysische „Bekenntnismusik" (II, 8), deren thematische Arbeit sich weit über die „oberflächliche" Verzierungstechnik Mozarts erhebe (II, 11). Noch überschwenglicher ertönt diese „Laudatio" Beethovens in der Schrift „Luci-darium in arte musicae" (1917) von Theodor Däubler, in der Beethoven als ein Führer der Menschheit hingestellt wird, durch den der „Glaube ans Gott-hafte" wieder zu einer tönenden Weltidee geworden sei (S. 87). Neben den Symphonien dieses „Titanen", dessen freiheitlich-humanistische Begeisterungs-fähigkeit allgemein ins Mythische umgefälscht wurde, interessierte man sich vor allem für die strengen Aufbauprinzipien seiner Klaviersonaten und späten Fugen. So lobte August Halm in seinem Buch „Von zwei Kulturen der Musik" (1913) im Gegensatz zu Bekker gerade das „straffe Ordnen der Kräfte", die wohlüberlegte Gruppierung und Durchführung des einmal aufgegriffenen Themas (2. Aufl., S. 126). Sogar in seiner Kammermusik habe man es nicht mit einem „empfindsamen Tondichter", sondern mit dem „ersten Strategen der Musik" zu tun (S. 47), dessen höchstes Ziel die synthetische Formerfüllung gewesen sei. Neben Beethoven war es vornehmlich die Romantik, die man mit dem Attribut des Leitbildlichen auszeichnete. So pries Walter Niemann in seinem Buch „Die Musik seit Richard Wagner" (1913) vor allem den „Erzromantiker" Schumann (S. 11). Andere hoben mehr die Bedeutung Marschners oder Webers hervor. Selbst Wagner, der „schlüpfrige Erotiker", ging bei dieser Begeisterungswelle nicht leer aus, da er wesentlich zur „Weltgeltung" der deutschen Musik beigetragen habe. Durch ihn seien die Opernhäuser wieder „Tempel deutscher Kunst" geworden (S. 307), schrieb Hermann von der Pfordten stolz in seiner „Deutschen Musik" (1907). Doch die eigentliche Bewunderung, ja Liebe dieser Jahre galt nicht Wagner, sondern Bruckner, nicht dem Intellektuellen, sondern dem Begnadeten, dem „Gotteskind". Während Bülow und der frühe Strauss die Brucknerschen Symphonien noch als dilettantisch belächelt hatten, wurden sie jetzt als unübertroffene Verkörperungen des „Urdeutschen" gefeiert, deren Seelenhaltung sich turmhoch über die gleisnerische Orchestervirtuosität Wagners und seiner Epigonen erhebe. Beispielhaft dafür sind Musikschriftsteller wie Rudolf Louis, August Göllrich, Arthur Seidl, Ernst Descey, Siegmund von Hausegger, August Halm und Ernst Kurth, die einen wahren Bruckner-Kult trieben. Neben der religiösen Ergebenheit und dem heroischen Atem wurde dabei vor allem die Beherrschtheit der Form als vorbildlich hingestellt. So sah August Halm in Bruckner den „ersten absoluten Musiker großen Stils und vollkommener Meisterschaft seit Bach", wie es in seinem Buch „Von zwei Kulturen der Musik" (1913) heißt (2. Aufl., S. 17), das sich mit der Sonate und der Fuge, den beiden „Urformen" der musikalischen Gestaltungsweise, auseinandersetzt. Die gleiche Bewunderung kommt in seiner Schrift „Die Symphonie Anton Bruckners" (1914) zum Ausdruck, die sowohl den formalen als auch den mythisch-religiösen Aspekt des Brucknerschen Werkes behandelt. Halm ging dabei weder psychologisierend noch poetisch-beschreibend vor, sondern stellte das Heroische oder Übermenschliche in den Mittelpunkt, das sich der subjektiven Einfühlung entziehe. Entgegen allen Wagnerianern oder „Brahminen" betonte er stets die innere Geschlossenheit der Brucknerschen Symphonien, ihre „antike Geduld" (2. Aufl., S. 10), mit der hier das überlieferte Sonatenschema durch die Einführung weiterer Themen zu einer architektonischen Monumentalform erweitert werde. Überall herrsche Straffheit des Aufbaus, sinnvolle Gliederung und melodische Fülle, erlebe man die Wiederholung des Themas als Fest oder Triumph, wodurch ein „Wunder von Organismus" entstehe (S. 46), in dem sich „musikalischer Ernst" mit „religiöser Gläubigkeit" verbinde (S. 85). Das Ganze erschien ihm wie ein Kosmos, wie eine „Welt von Musik" (S. 62), die sich in ihren kräftigen Steigerungen und flutenden Ekstasen ins Göttliche erhebe und daher etwas schlechthin Vollkommenes habe. Nirgends finde sich „Flitter oder flirrender Glanz", alles sei mit dem Stempel der „Genialität" gezeichnet (S. 69). Halm sah daher in Bruckner das „größte Kind" und zugleich den „männlichsten Helden" (S. 87), den bedeutendsten „Künstler der Form überhaupt" (S. 97), kühner und größer als Beethoven oder Bach, die er an „Kraftbewußtsein der Eigenheit" und an „Weltschöpferlust" weit übertreffe (S. 216). Erst mit ihm, dem „ersten und einzigen Mythenschöpfer und kosmischen Schöpfer der Musik" (S. 101), begänne eine neue Zeit und Kultur, vergleichbar mit der Leistung Spittelers im „Olympischen Frühling" (1900—1906). Nach seiner Meinung hätten die „Klassiker" Bruckner bestimmt als „ihren König begrüßt und verehrt", wenn es ihnen vergönnt gewesen wäre, dieses „Wunder" noch zu erleben (S. 209). Der gleiche Affront gegen die impressionistische Erlebnistheorie, das heißt, „private, etwa Nervenfragen mit Fragen der Kunst zu verwechseln" (S. 125), kommt in der Bruckner-Monographie (1926) von Ernst Kurth zum Ausdruck, die in formanalytischer Beharrlichkeit Bruckners symphonischen Stil aus einem rein „musikalischen" Gestaltungswillen abzuleiten versucht. Anstatt seine affektgeladenen Gefühlsübersteigerungen auf seelische Grundstimmungen wie Freude, Melancholie oder Resignation zurückzuführen, wird hier alles aus bestimmten Formprinzipien, aus Symmetrien oder offenen Wellenreihen erklärt, was Begriffe wie „Motivplastik", „Zusammenballung durch Bläserverdichtung" oder „Liniendynamik" beweisen, die seine These von der „Absolutheit" dieser Musik erhärten sollen.

Bei einem solchen Traditionalismus ist es nicht verwunderlich, daß der musikalische Stil dieser Jahre eine verwirrende Fülle von Bach-, Beethoven- und Bruckner-Elementen enthält. Und doch wäre es falsch, das Ganze als ein inhaltsloses Epigonentum abzustempeln. Denn im Gegensatz zur rein „akademischen" Brahms-Nachfolge, wie sie Rheinberger, Volkmann und Raff vertraten, läßt sich ab 1900 eine auffällige Wendung ins Weltanschauliche und Bekenntnishafte beobachten, die zu einer steigenden Monumentalisierung der Symphonieform führte. Klingende Beweise dafür bieten die zweistündige „Gloria-Symphonie" (1904) von Jean Louis Nicodé, die den Untertitel „Ein Lebens-Credo" trägt, das „Hohe Lied vom Leben und Sterben" (1919) von Waldemar von Baußnern, die „Frühlingsfeier" (1901) von Anton Ursprung nach einem Text von Klopstock, das „Weihnachtsmysterium" (1901) von Philipp Wolfrum oder die gedankenschweren Tondichtungen „Barbarossa" (1900) und „Wieland der Schmied" (1903) von Siegmund von Hausegger, denen Arthur Seidl „idealen Schwung und strotzende Kraft" nachrühmte (I, 186). Der gleiche weltanschauliche „Anspruch" kommt in der Dirigententätigkeit von Hausegger zum Ausdruck, der sich im Gegensatz zum impressionistischen Novitätenkult als erster zum Prinzip „stilreiner Programme"

bekannte. Von bleibender Bedeutung war dabei sein Eintreten für die Brucknerschen „Urfassungen", mit denen er den Grundstein einer entromanti-
sierten Bruckner-Deutung legte.

Einen Sonderfall innerhalb dieser Gruppe stellen die Spätwerke Mahlers dar,
die in ihrer übersteigerten Länge und doch künstlerischen Intensität recht
zwiespältig wirken. Die Bruckner-Nachfolge, die bei ihm auf einem direkten
Lehrer-Schüler-Verhältnis beruht, wird hier ständig mit höchst individuellen Elementen vermischt, wodurch der monumentale Gesamteindruck
seiner Werke immer wieder ins Nervös-Gespaltene und Subjektiv-Flackernde
zerfällt. Den Auftakt zu dieser Monumentalisierung bildet die 5. Symphonie
(1902), das „Freudenlicht der Welt", die sich in ihrer gesteigerten Polyphonie und Durchführungstechnik deutlich von den impressionistisch-
spätromantischen Wunderhornklängen seiner 4. Symphonie unterscheidet.
Anstatt wie dort den Nachdruck auf das Leichte, Verspielte und Ironische
zu legen, beginnt er diesmal mit einem Trauermarsch und schließt mit einer
Tripelfuge innerhalb eines streng gebauten Rondofinales. Wohl das bezeichnendste Beispiel dieses Strebens ist seine 8. Symphonie (1907) für Orchester,
Doppelchor und Solisten, oft die „Symphonie der Tausend" genannt, die
ihm bei der Münchener Uraufführung einen überwältigenden Erfolg einbrachte. An die Stelle des Liedes tritt hier der Hymnus: der Choral „Veni
creator spiritus" und die Schlußszene aus „Faust II", was sich weltanschaulich
kaum übergipfeln läßt. Aus diesem Grunde wurde Mahler trotz mancher
antisemitischen Vorbehalte selbst von deutschtümelnden Kreisen wie den
„Kunstwart"-Autoren als Symphoniker mit Beethoven und Bruckner verglichen
und sein idealistisches Wollen gegen die virtuose Orchestertechnik von
Richard Strauß ausgespielt. Die gleiche Hochachtung brachte man Max von
Schillings entgegen, dessen Opern auf Grund ihrer Themenwahl schnell zu
Lieblingswerken aller völkischen Musikcliquen wurden. Sein Erlösungsdrama
„Ingwelde" (1894), das inhaltlich auf einem Stoff aus der Svarfdälasaga
beruht, steht wie der „Guntram" (1894) von Strauss noch ganz im Banne
Wagners. In seiner nächsten Oper, dem „Pfeiffertag" (1899), die im Elsaß
des 15. Jahrhunderts spielt, schwenkte er vom Nordischen und Wikinger-
mäßigen ins Heimatliche um. Hier ist das Vorbild nicht der „Ring", sondern
die „Meistersinger", wenn auch die komplizierte Leitmotivtechnik einer volkstümlich einprägsamen Melodienfolge weicht, die sich in nummernmäßig
verwendete Märsche, Chöre und Balladen einteilen läßt. Auch seine folgenden
Werke haben dieses „Traditionsgebundene" und „Nationalbewußte", was
ihn in einen scharfen Gegensatz zu den jüdischen Konzertagenturen brachte.
Wohl die deutlichste Kampfansage gegen jene Kreise, die er als „Semito-
germanien" bezeichnete, findet sich in seiner Oper „Moloch" (1906), wo es
sich um einen molochitischen Priester handelt, der als Vertreter der jüdischen
„Zivilisation" nach Thule kommt, dort an Macht gewinnt und erst durch den

jungen Teut wieder aus seiner Stellung herausgedrängt wird. Ebenso gewalt-sam-monumental wirken seine Schauspielmusiken zur „Orestie", zum „Ödi-pus" und zum „Faust", die einen ähnlichen Griff nach den Sternen verraten wie Mahlers 8. Symphonie.

Die Zentralgestalt dieser Richtung war jedoch nicht Schillings, sondern Pfitzner, der in deutschfühlenden Kreisen oft als der „heimliche Kaiser" des zeitgenössischen Musikschaffens bezeichnet wurde. Auch er hat sich wieder-holt in schroffer Form gegen das internationale Judentum gewandt und eine konsequente Rückbesinnung auf das Nationale und Artgemäße gefordert. Im ersten Weltkrieg bekannte er sich wie alle Nationalisten zum offenen Haß, zur Rache, zur Kleistschen „Hermannsschlacht". Später ereiferte er sich gegen die „amerikanisch internationale Pöbelhaftigkeit" (II, 250) und stellte Gestalten wie Paul Bekker, Franz Schreker oder Arnold Schönberg als Ver-treter des internationalen Judentums hin, das eine planmäßige Zersetzung der deutschen Kultur im Auge habe. Überhaupt hat sich Pfitzner zeit seines Lebens für den kulturellen Führungsanspruch der nordischen Völker aus-gesprochen, in denen er die einzigen Vertreter „romantischer Seelentiefe" sah. Seine musikalischen Leitbilder waren daher Hoffmann, Weber, Marschner, Wagner: die Schöpfer der deutsch-romantischen Oper, die er als Inbegriff alles Musikalischen, als das „Tiefste, die Seele, die Innerlichkeit der Musik" empfand (I, 79). So schrieb er einen langen Freischütz-Essay zur Hebung des deutschen Nationalgefühls, bearbeitete Marschner-Opern wie den „Hans Heiling", den „Vampyr" und den „Templer", die er aus biedermeierlicher Enge ins Romantisch-Erlösungsmäßige umzustilisieren versuchte, und diri-gierte mit Vorliebe den „Tannhäuser", und zwar als Pilgermartyrium oder christ-katholische Legende, bei der das erotische Flackern der Venusberg-szenen zur Bedeutungslosigkeit abgedämpft wurde. Die gleiche neuromanti-sche Seelenhaltung verrät sein beharrliches Eintreten für die Inspiration, die er mit kompromißloser Schärfe als eine conditio sine qua non jedes echten Künstlertums bezeichnete, um sich von den modischen „Talentprodukten" der impressionistischen Orchestervirtuosen abzusetzen (II, 134). Musik war für ihn etwas Göttliches, eine Begnadung, ein Erlebniszwang, der sich bloß bei innerer Bereitschaft einstellt. Er wurde darum nicht müde, immer wieder auf das „Einfache, Schlichte und Ewig-Schöne" hinzuweisen, da man nur so zu einer reinen Herzenssprache zurückgelangen könne (II, 137). Aus diesem Grunde verzichtete er in seinen eigenen Werken auf alles „Blü-hende", Sinnlich-Vibrierende und Klanglich-Abtastende, was bei Strauß im Vordergrund steht, und versteifte sich auf eine klangliche Askese und Sprödig-keit, die in ihrer Unsinnlichkeit bis zur Härte geht. In jedem Takt wird hier das Höchste, Anspruchsvollste, Steilste gewollt, die „gotische Körperlosigkeit des Klanges", wie es bei seinen Anhängern heißt. Beispielhaft dafür ist seine Kan-tate „Von deutscher Seele" (1921) für Solostimmen, gemischten Chor, großes

Orchester und Orgel, die auf Texten von Eichendorff beruht und in ihrer neudeutschen Monumentalität wie ein archaisches Exempel inmitten expressionistischer Klangexperimente steht. Ebenso anspruchsvoll wirken seine Opern, in denen sich statt übersteigerter Salome-Komplexe und elektrahafter Blutrasereien rein geistige Prozesse vollziehen, die von göttlichen Einfällen oder ethischen Entscheidungen abhängig sind. Den Auftakt dieser Reihe bildet „Der arme Heinrich" (1895), eine Legendenoper, die trotz mancher Wagner-Elemente auf das Blühende und Klangschwelgerische des „Tannhäuser" oder „Lohengrin" völlig verzichtet und mit konzessionsloser Einseitigkeit auf die Grundfarbe Grau abgestimmt ist. Inhaltlich stellt das Ganze ein Bekenntnis zum Opfergedanken dar, zur Aufgabe der Selbstsucht zugunsten einer überindividuellen Ordnung. Leopold Schmidt schrieb daher anerkennend in seiner Essaysammlung „Aus dem Musikleben der Gegenwart" (1909):

> „Niemand wird der Vorstellung beigewohnt haben unberührt von der Reinheit der künstlerischen Gesinnung, die aus dem Werke entgegenweht. Hans Pfitzners ernste Art hat beinahe etwas Asketisches. Alle Konzessionen sind streng vermieden; geraden Weges, ohne nach rechts oder links zu sehen, geht der Komponist seinen Idealen nach. Diese Vornehmheit hat etwas Imponierendes und verdient gewiß doppelte Anerkennung in einer Zeit wie der unsrigen, in der die Sucht nach Erfolg viel unschöne Blüten treibt" (S. 109).

Seine nächste Oper war die „Rose vom Liebesgarten" (1901), die man oft als „lebende Bilder mit Musik" bezeichnet hat, da sie in ihrem reigenhaften Arrangement eine gewisse Jugendstilnähe verrät. Wohl den Höhepunkt seines Schaffens erreichte er mit seinem „Palestrina" (1917), einer ins Monumentale gesteigerten Legenden- und Festspieloper, der weltanschaulich ein höchst bezeichnender Bekenntnistext zugrunde liegt. Das erste Bild dieses gewaltigen Triptychons zeigt Palestrina in der verzweifelten Situation, vergebens nach einem Motiv zu einer Messe zu suchen, mit der er die „edle Musika" aus den Banden der Verweltlichung zu retten hofft. Vom Konzil zu Höchstem erkoren und durch den Tod seiner Frau bis ins Innerste erschüttert, erfährt er schließlich in treuer Verbundenheit mit den Meistern der Vergangenheit die „Weihe des Einfalls", die nur dem Seelisch-Hochgestimmten zuteil wird. Was folgt, ist ein Ausschnitt aus dem Tridentiner Konzil, der in seinem Durcheinander der Stimmen wie eine Parodie auf den zeitgenössischen Parlamentarismus wirkt. Im dritten Akt schließlich, der Schlußapotheose, wird der Besuch des Papstes Pius IV. bei Palestrina geschildert. Der greise Meister erweckt hier fast den Eindruck eines Gotterwählten, worin sich in maßloser Selbstüberschätzung Pfitzners eigenes Kulturwollen spiegelt, der mit seiner Kantate „Von deutscher Seele" der Musik nach Jahren des Verfalls wieder einen neuen Adel verleihen wollte.

Eine ebenso wichtige, wenn auch kleine Gruppe, stellen die „Wickersdorfer" dar, zu denen August Halm und Ernst Kurth gehörten, die in den Jahren vor dem ersten Weltkrieg als Musiklehrer in Wynekens „Freier Schulgemeinde" tätig waren, wo man jeden Tag mit einem Werk von Bach begann. Ihr Anspruch war, dem „reinen Geist" zu dienen, das heißt, sich nicht zu engagieren, sondern bei höchstem inhaltlichem und formalem Anspruch direkt ins „Absolute" vorzustoßen, das über allen ideologischen Konkretisierungen stehe. Daher verwandte Halm in seinen ästhetischen Schriften stets den Begriff „Autonomieästhetik", wenn er den strukturellen Charakter bestimmter Werke interpretierte, während er sich von jeder psychologisierenden Auffassung der Musik, die notwendig etwas Privates hat, energisch distanzierte. Entscheidend war für ihn nicht der seelische Ausdruck, sondern der „Formwille", und zwar als Vertretung des objektiven Geistes, der sich an ein überindividuelles Sollen gebunden fühlt. In seinen eigenen Werken stützte er sich deshalb auf die beiden „Urformen" der Musik: die Fuge und die Sonate. Das Ergebnis dieser Bemühungen war, daß er auf der einen Seite spätromantisch-überladene Symphonien, Konzerte und Orchesterfugen komponierte, während er daneben Spielmusiken oder Unterrichtswerke schrieb, die mehr einem „musikantischen" Gemeinschaftstrieb entsprachen, worin der anspruchsvolle und zugleich formalistische Charakter dieser Richtung zum Ausdruck kommt.

Doch alle diese Werke reichen nicht aus, auch die Musik als einen integrierenden Bestandteil dieser monumentalen Stilkunsttendenzen zu betrachten. Eine solche Behauptung wird eigentlich nur durch das Dasein Max Regers gerechtfertigt, des einzigen Komponisten dieser Jahre, bei dem der Gedanke der „fortschrittlichen Reaktion" wirklich stilbildend wurde. Mit Reger trat zum ersten Mal ein Mann aus der Provinz auf den Plan, aus kleinstädtischem Lehrermilieu, der alles Großstädtische, Intellektuelle und Gesellschaftlich-Geschliffene vermissen ließ, weder Kastengeist noch Kunstfimmel kannte, sondern sich in Kunst und Leben an die überlieferten Bindungen hielt. Musik, Glaube, Familie: alles war bei ihm noch an das Überindividuelle gebunden, was auch seine unverhohlene Freude am Derben und Urtümlichen beweist. Aus diesem Grunde hat es Reger stets verschmäht, dem Neuen um des Neuen willen nachzujagen. Er empfand es als seine Aufgabe, der „deutschen Kunst" zu dienen und als echter „Meister" die Reihe Bach—Beethoven—Brahms fortzusetzen. In einer Zeit der Programmusik und des Wagner-Epigonentums, als alle Kenner stolz darauf waren, „Antibrahminen" zu sein, bekannte er sich in aller Offenheit zur „reinen Form", und zwar in Anlehnung an Hugo Riemann, bei dem er sich wie kein zweiter das nötige Handwerk angeeignet hatte. Im Sinne der Riemannschen Strukturanalysen, verbunden mit den Hanslickschen Thesen der „tönenden Form", schulte er sich unablässig in Fugen, Sonaten und

Kanons, um so das Systematische und Konstruktive der Kompositionstechnik in den Griff zu bekommen, während er dem unmittelbaren Gefühlsausdruck, dem Tondichterischen, zeit seines Lebens sehr skeptisch gegenüberstand. Reger galt daher schon auf dem Konservatorium in Wiesbaden als ein Außenseiter, ein altmodischer Gelehrter, ein „Kanoniker" und „Kontrapunktist", der keinerlei Zugeständnisse an die Wagnerianer machte, sondern sich einer strengen Fugentechnik und Polyphonie verschrieb. Statt poetische Gefühlsüberschwänge zum Ausdruck zu bringen, war es ihm eine Lust, sich eine Aufgabe zu stellen, auf einen Zweck hin zu arbeiten, auch wenn er sich nicht in der passenden „Stimmung" dazu fühlte. Immer wieder hat man das Gefühl, als wolle er mit seinem Schaffensdrang einen ganzen Berg abtragen, getreu seinem Motto: „Bachisch sein heißt: urgermanisch, unbeugsam sein."

Er begann deshalb für die „Stillen im Lande", die Brahms-Anhänger, und zwar mit Orgelwerken und Kammermusik, die auf „reinen Formen" beruhen und in den Rahmen der bisherigen Gebrauchsmusik passen, obwohl ihr Schwierigkeitsgrad manchmal recht beträchtlich ist. Zu seinen treuesten Parteigängern gehörten darum jene Kreise, die wie er gegen den Großstadtgeist der impressionistischen Orchestermusik opponierten und in provinzieller Beharrlichkeit die Kammermusik als die eigentliche Domäne des Deutschtums empfanden. Aus diesem Grunde komponierte er viel auf Bestellung: für Musikfeste, hausmusikalische Veranstaltungen, Gottesdienste, Verleger, das heißt Werke, die in ihrer Synthese von Schlichtheit und Anspruch das dilettantische Schwelgen in Wagnerschen Klavierauszügen ersetzen sollten. Es kam ihm dabei primär auf die „Verständlichkeit" an, weshalb er sich gern als „Akkord-Arbeiter" ausgab, um sich von dem aristokratischen Vornehmtun der Wolf-Jünger abzusetzen. Dennoch ist seine Musik weder volkstümlich noch archaisierend, sondern von differenzierter Modernität. Wohl die bezeichnendste Komponente seiner Kompositionstechnik ist das ständige Gegen- und Ineinander von strenger Linearität und kühner Modulation, die sich wie stilkünstlerische Plastizität und impressionistische Farbigkeit gegenüberstehen. Das „lineare" Prinzip, wie es am deutlichsten in seinen Solosonaten zum Ausdruck kommt, die keine akkordischen Modulationen zulassen und daher fast an Bach erinnern, wird in seinen größeren Werken, vor allem den Orchestersuiten, ständig mit farbig-schillernden Akkordsäulen vermischt, wodurch jene seltsame Statik entsteht, die Herman Nohl und Hans Leisegang als den Formungstyp der „stehenden Welle" bezeichneten. Obwohl sich Reger unablässig bemühte, beim Komponieren in Fugen zu denken, das heißt, seine Werke vor der Niederschrift bereits im Geist zu bewältigen, anstatt bestimmte Bildvorstellungen zu illustrieren oder momentanen Stimmungen nachzujagen, spürt man immer wieder die Nachbarschaft zur impressionistischen Klangkultur mit ihren nervösen Reizdissonanzen. Nur so läßt sich die eigenartige Tatsache erklären, daß selbst er, der Akademiker, als „Neutöner" in Verruf geriet. Manche beriefen sich dabei auf seine kleine „Modulationslehre" (1911), die trotz ihrer strengen Funktionsharmonik, ihrer musikalischen Logik und sinnvollen Verknüpfung entlegener Akkorde eindeutig zum Farbigen und Verschwommenen tendiert. Das gleiche gilt für den Wälder- und Elfenzauber seiner „Romantischen Suite" (1912) mit ihren weichen und nuancierten Stimmungsmodulationen, deren zarte Klanggespinste fast an Debussy erinnern. Walter Niemann schrieb daher in seinem Buch „Die Musik seit Richard Wagner" (1913), daß selbst Reger, der Stilkünstler, den „Stempel des Krankhaft-Pathologischen" trage und vom „musikalisch-neurasthenischen Verfall" des Impressionismus angekränkelt sei (S. 200/201). Besonders deutlich kommt diese Gespaltenheit in der ständigen Kontrastierungswut, dem Orgelmixturklang seines Klaviersatzes zum Ausdruck, der auf einer übertriebenen Vollgriffigkeit und Akkordballung beruht. Sogar wenn er Bachsche Werke spielte, schwankte er ständig zwischen einem „stählernen Fortissimo und einem gedeckten, schattenhaften und gesäuselten Piano" hin und her, wie Niemann in seinen „Meistern des Klaviers" (1919) behauptet (9. Aufl., S. 141). Die gleiche Doppelpoligkeit zeigt sich in seinen geistlichen Werken, in denen man neben archaisierenden Elementen — wie der Verwendung von Kirchentonarten oder der Übernahme stilistischer Eigenarten von Dufay, Palestrina und Bach — immer wieder unruhige Modernismen wie gewaltsam hingeschmetterte Klangbrocken, endlose Steigerungen und schillernde Modulationen findet, wodurch die kontrapunktischen Spielereien, die ein enormes satztechnisches Können verraten, von einer Woge monumentaler Klangmassen zugedeckt werden. Man denke an seinen „100. Psalm" (1909) für Chor und Orchester, der sich in der Schlußfuge durch den Einsatz eines Nebenorchesters von Trompeten und Posaunen, machtvoll anschwellenden Orgelklängen und dem Hinzutreten des Chorals „Ein feste Burg ist unser Gott" zu einem festartig-triumphalen Jubel steigert. Ebenso „monumental" wirken sein „Violinkonzert" (1908), sein „Symphonischer Prolog zu einer Tragödie" (1909) und sein „Klavierkonzert" (1910), bei denen durch die unaufhörlichen Ausdruckssteigerungen eine ständige Finalestimmung herrscht. Eine Klangsäule wird hier auf die andere getürmt, zum Teil durch Terrassendynamik abgestuft und doch völlig entwicklungslos, da das lineare Spannungsprinzip, das für eine echte Monumentalität unerläßlich ist, immer wieder in forcierten Modulationen steckenbleibt. Den künstlerischen Höhepunkt seines Œuvre bilden daher weder diese Werke noch seine „Vaterländische Ouvertüre" (1914) oder sein „Heldenrequiem" (1916), sondern seine zahlreichen Variationen, wo die gewaltsamen Klangsteigerungen durch eine klare Form aufgefangen werden. Schließlich neigte er wie fast alle „Stilkünstler" dieser Jahre doch mehr zum Variieren und Bearbeiten als zum Selbstschöpferischen. Dafür spricht sein „Konzert im alten Stil" (1912), das sich die „Brandenburgischen Konzerte" zum Vorbild nimmt, oder seine „Suite im alten Stil" (1916) für Violine und Klavier, in der sich das Anspruchsvoll-Aufgeblähte mit einer formalen Sachlichkeit die Waage hält und so die barocken Elemente ins Neoklassizistische veredelt werden. Wesentlich komplizierter wirken dagegen seine Klaviervariationen wie die „Bach-Variationen" (1904), die „Beethoven-Variationen" (1904) oder die „Telemann-Variationen" (1914), wo er auf kleinstem Raum alle nur denkbaren kontrapunktischen Raffinessen anzuwenden versucht. Wohl seine reifste Erfüllung erlebte dieses Verfahren in seinen „Mozart-Variationen" (1915), die sich äußerlich vom Rokokohaft-Graziösen ins Heldenhaft-Monumentale steigern, ohne daß dabei das Thema eine innere Umwandlung erfährt. Während sich Beethoven und Brahms noch mit einer schlichten Coda begnügten, schließt Reger hier mit einer Doppel-fuge, bei der das mozartische Thema wie ein Cantus firmus behandelt wird und schließlich in triumphaler Posaunenpracht erklingt, deren Lautstärke in einer seltsamen Diskrepanz zu der eleganten Paraphrasierung des Ganzen steht.

Faßt man alle diese Bestrebungen zusammen, stößt man immer wieder auf die Frage, warum dieser Kunst der Weg zu letzter Größe versperrt geblieben ist. Eine Antwort darauf läßt sich am besten durch einen historischen Vergleich erreichen. Schon bei einem oberflächlichen Blick auf die Monumentalkunst älterer Zeiten springt einem als erstes das Prinzip der Öffentlichkeit in die Augen, das heißt die Absicht, der Kunst etwas Stellvertretendes und Allgemein-verständliches zu verleihen, in denen sich eine übergeordnete Idee manifestiert. Ihr Zentrum waren öffentliche Monumente wie Schlösser, Tempel oder Kathe-dralen, deren bloße Existenz etwas Seinsollendes, Anerkennungheischendes und Autoritäres hatte. Nicht das Intime, sondern das Repräsentative stand hier im Vordergrund, die typisierende Gestaltung einer anonymen Macht, die vom einzelnen eine weitgehende Anpassung oder Unterwerfung verlangt. Dafür sprechen sowohl die Antike als auch die Gotik und der Barock, wo es sich um Staatsformen handelt, deren Kunst weitgehend von öffentlicher Hand ge-steuert wurde. Demgegenüber treten jetzt Außenseiter in Form von Gruppen oder Sekten auf, die weniger etwas vertreten als etwas fordern, da ihre Sehn-sucht nach einem großen Stil nicht einem allgemeinen Wollen entspringt, sondern in einem rein subjektiven Gestaltungsdrang ihren Ursprung hat. Dazu paßt folgende Bemerkung von Ernst Horneffer in der „Tat": „Jeder Künstler beginnt von sich aus neu; er wird nicht aufgenommen und getragen von einem höheren Stilgesetz, das ihn als Glied einfügt, seinem persönlichen Schaffen eine große nachhallende Wirkung verleiht. Im reinen Individualismus ver-zehren sich hier die edelsten Kräfte" (1909 I, 3).

Das Ergebnis dieser Richtung war daher ein Paradox in sich: der Versuch einer „individualistischen Monumentalkunst", die sich selbst zum höchsten Wert erhebt und dadurch wie der Impressionismus im Bereich des Ästhetisch-Solipsistischen befangen bleibt. Immer wieder spürt man, daß es sich bei den Malern und Dichtern dieser Epoche um abgesprengte Bürgerliche handelt, die sich weltanschaulich in einem sozialen Niemandsland bewegen. Der Künstler ist hier nicht mehr der Anwalt eines Allgemeingefühls, sondern tritt im Rahmen jenes „freischaffenden" Liberalismus auf, dessen Grundprinzipien das rein Subjektive und künstlerisch Originelle sind. Trotz der weitgehenden Typisierung kommt daher in allen Werken dieser Richtung etwas Willkürliches zum Durchbruch, das eher durch seine Neuheit als durch seine monumentale Verallgemeinerung bestechen will. Schon Wilhelm Bode wies deshalb in seinem Buch „Kunst und Kunstgewerbe am Ende des 19. Jahrhunderts" (1901) auf das „Gesuchte" und „Unverständliche" dieser Monumentaltendenzen hin, für deren Stillosigkeit er den Mangel einer bestimmten Lebensform verantwortlich machte:

> „Hier sucht jeder seine eigenen phantastischen Ideen zum Ausdruck zu bringen: je absonderlicher sie sind, um so origineller glaubt er zu sein. Jeder möchte einen Stil für sich, einen Privatstil erfinden, während doch der Stil gerade das ungesuchte Ergebnis der ganzen künstlerischen Anschauung einer bestimmten Zeit ist" (S. 155).

Einer der wichtigsten Gründe für diesen stilistischen „Manierismus" war die mangelnde Zeitbezogenheit dieser Kunst. Während selbst „Klassiker" wie Calderon, Corneille oder Schiller — bei aller Typisierung — nie den Blick für das Zeitliche und Konkrete verloren hatten, handelt es sich im Rahmen der Stilkunst um 1900 meist um bindungslose Individuen, denen der Gedanke der klassischen Totalität bereits fremd geworden ist. Nur so läßt sich das Gewollte und Konstruierte dieser Bewegung verstehen, der es weniger um die Darstellung verehrungswürdiger Objekte ging als um den hybriden Versuch, sich selbst in den Mittelpunkt des Interesses zu stellen, was notwendig zu einer anmaßenden und gespreizten Überheblichkeit führen mußte. Man betonte zwar im Gegensatz zum Impressionismus das „Tektonische", das heißt, predigte Einfachheit statt Vielfältigkeit, Gebundenheit statt Anarchie, und doch blieb das Ganze meist im Subjektiven befangen. Denn gerade das Konstruktive, das an sich zu einer fortschreitenden Sachlichkeit verpflichten sollte, wurde immer wieder als ein ästhetischer Selbstzweck behandelt. Die beabsichtigte Vergeistigung entlud sich daher weitgehend in einem inhaltslosen Logismus, bei dem nicht der reale Gegenstand, sondern der „gestalterische" Prozeß als solcher den Ausschlag gab, wodurch die ästhetische Formgebung trotz der angestrengten Typisierung eine unleugbar artistische Note erhielt. Man denke an die verrenkte Gebärdensprache der Hodlerschen Gestalten, deren auferlegte Form zu gewaltsamen Manieriertheiten führt, da hier nicht das Objekt, sondern der Wille des Künstlers im Vordergrund steht, dem sich die realen Gegebenheiten bedingungslos unterzuordnen haben. Fast alle seine Linien biegen sich nach bestimmten Symmetriegesetzen, während er die Farben im Sinne geschmackvoller Teppichmuster verteilt. Aus dem erträumten Mythenschöpfer wird so ein Zeremonienmeister: ernst und gewichtig in allen formalen Problemen, aber uneigentlich in den Fragen der inhaltlichen Verbindlichkeit. Dem entsprechen in der Dichtung der Selbstzweck der einzelnen Worte, das reiche Fugato der Reime und das Prunken mit seltenen Metaphern, die von einem Stolz auf die künstlerische „Erfindung" zeugen. Auch hier spürt man einen seltsamen Zwiespalt zwischen dem höchst Persönlichen und den betont konstruktiv-typisierenden Elementen. So blieb die Rätselsprache Georges anfänglich ganz auf einen esoterischen Zirkel von Eingeweihten beschränkt, obwohl sie ständig das Ewige, Monumentale und Übermenschliche umkreist. Immer wieder zielen seine Werke nach dem Höchsten und verpuffen doch im Leeren, da ihnen die innere Bezogenheit auf das Zeitliche und Konkrete fehlt, das selbst universale Dichter wie Dante und Goethe, auf die man sich so gern berief, in ihre Werke aufgenommen haben. Das Bemühen um „Stil" geht hier manchmal so weit, daß von den realen Gegebenheiten nur monumental angeordnete Wirklichkeitsskelette übrigbleiben, die trotz der angestrebten ethischen Verbindlichkeit eine gefährliche Nähe zu den bekämpften L'art-pour-l'art-Theorien verraten. Denn das Entscheidende ist auch für diese Richtung nicht das Sujet, sondern die künstlerische Einkleidung. Während früher der Gehalt nach einem bestimmten Stil verlangte, sucht hier der Stil nach dem Gehalt. Woldemar von Seidlitz schrieb daher bezeichnenderweise in der Zeitschrift „Kunst und Handwerk" (1898): „Suchen wir erst wieder nach Stil und lernen wir ihn ertragen, so können wir auch alles ausdrücken, was uns erfüllt" (I, 248).

Auf Grund solcher Theorien glaubten manche allen Ernstes, daß es nur an den nötigen Kirchen und Theaterbauten fehle, um eine neue Klassik oder religiöse Neubesinnung herbeizuführen. Das rein Formale, das bisher lediglich den Rahmen bildete, erfuhr auf diese Weise eine solche Verabsolutierung, daß man nicht mehr den Kern, sondern die Hülle für das Vordringliche hielt. Auf die bildende Kunst angewandt, ergab sich daraus eine merkliche Akzentverlagerung ins Dekorative. So gestaltete Schmid-Reutte bei seinen religiösen Themen vornehmlich erstarrte, kubische Formen, die weniger das Gestalthaft-Personale als den strengen Linienrhythmus betonen. Auch für Hodler wurde das Heiligenbild zu einer Aufgabe, in der sich eher die Beherrschung der künstlerischen Mittel als die religiöse Ergriffenheit manifestiert. Das Ergebnis war daher zwangsläufig eine Religion ohne Gott, ein Kult ohne Gegenstand, bei dem im Sinne einer „Peinture cérébrale" das Artifizielle über das Sakrale triumphiert. Die ornamentale Gebärde, nicht die innere Anteilnahme steht hier im Vordergrund. Man erlebt die Problematik von Menschen, die glauben, Gott zu suchen, wenn sie „Werke" schaffen. Meist handelt es sich um Künstler, die aus sich herauswollen und sich doch um sich selber drehen, da der ganze Vorgang nicht aus Not oder Demut geschieht, sondern wie eine subjektive „Erhebung" in ein Reich vollendeter Formen wirkt. Ähnliches läßt sich in der Literatur verfolgen. Auch hier herrschen die Nach-

dichtungen, die Bearbeitungen und Variationen, versetzt man sich in fremde
Kulturen und Religionen, um sich aus der unschönen Gegenwart in ein „Refu-
gium des Geistes" zu retten. Anstatt in das Leben hineinzuwirken, schrieb
man „geheimbücher" für die „freunde des engeren bezirks" wie den „Stern
des Bundes", der trotz seiner gedichthaften Monumentalität kein Brevier
„volksgültiger art" sein sollte, wie George ausdrücklich betonte. Aus alten
Kultformen wurden so geschmackvolle Stilkopien, die keinerlei Konsequenzen nach sich zogen. Nicht das Überweltliche ist hier das Subjekt, sondern der
frei postulierende Künstler, wodurch sich wie bei Hodler eine Religion ohne
Gegenstand ergibt, die das Heilige nur als ein ästhetisches Stimmungsmittel
verwendet. Der All-Eine, der Schöpfer aller Dinge, verwandelte sich auf diese
Weise in ein Thema mit Variationen oder eine Plastik, die man immer wieder
umkneten kann. Daher führte gerade die prunkvolle Ausgestaltung der äußeren Form oft zu einer weitgehenden Vernachlässigung der religiösen Glaubwürdigkeit. Auch hier wird nicht Gott angebetet, sondern das selbstgeschaf-
fene Kunstprodukt. Beispielhaft dafür ist die zeremonielle Inhaltslosigkeit der
Rilkeschen „Marienlieder", die wie ein Patiencespiel mit dem Absoluten
wirken. Dasselbe gilt für seine „Gebete der Mädchen zur Maria", in denen
erotische Knospensehnsucht als mystische Verinnerlichung ausgegeben wird.
Letzten Endes ist auch das bloßer „Sezessionismus". Was als Restauration des
Religiösen gedacht war, verwandelte sich daher schnell in einen Kult des
„schönen Lebens", der bis ins Detail hinein dem Dekorationsbedürfnis bestimmter Kreise entsprach, die im Gebet die edelste Form des Müßiggangs
erblickten.

Die notwendige Konsequenz dieser Richtung war ein schrittweises Abgleiten
in den Formalismus, der sich mit einer abstrakten Begrifflichkeit begnügt,
die sich nur auf Phänomene wie das „Allgemein-Menschliche" oder bestimmte
Urformen des Lebens wie Geburt und Tod anwenden läßt. Das gilt selbstverständlich mehr für die „idealistische" als die „völkische" Richtung, die
unter künstlerischen Gesichtspunkten weitgehend indiskutabel ist. Denn
trotz aller überindividuellen Werte drang man sogar im Bereich der strengen
„Stilisten" selten über das eigene Ich hinaus. Das Neue gegenüber dem Impressionismus besteht lediglich in der konsequenten Logisierung des Subjektivismus, der selbst im Rahmen der reinen Sollensethik selten seine solip-
sistische Basis verleugnet. Auf diese Weise entstand weder eine neue Dinglichkeit noch eine neue Transzendenz, sondern eine fortschreitende Mathematisierung des Empirischen, die sich mit dem Marburger Neukantianismus vergleichen läßt. Hier wie dort huldigte man einem Reinheits-Logismus, der den
Begriff des Einheitlichen und damit die Herrschaft der Form zum obersten
Wertkriterium aller geistigen und künstlerischen Aussagen erhob. Im Bereich
des Ästhetischen entwickelte sich daraus eine Geometrisierung, die zwar zu
einer rigoristischen Bindung, aber nicht zu einer wirklichen Stellvertretung

neuer ethischer Ideale führte. Statt wahrhaft monumental zu sein, was stets eine innere Übereinstimmung mit den gesellschaftlichen, religiösen und politischen Einrichtungen der eigenen Zeit bedeutet, flüchtete man in einen Formenzauber, der wie ein dekoratives Idyll schöner, aber müde gewordener Seelen wirkt. Daher das Unvolkstümliche dieser Kunst, das Erlesene, Kostbare und Kunstgewerbliche, das nur im Bereich des „Völkischen" ins Gesamtnationale erweitert wurde, dort jedoch meist ins Banale abglitt.

In der Malerei äußerte sich dieser Formalismus, dieser Hang zum Dekorativen, in der steigenden Vernachlässigung dessen, was man bisher als „Sujet" bezeichnet hatte. Selbst da, wo man eigentlich das Allgemeinverständliche erwartet, macht sich immer stärker das Artifizielle breit. Fast alle Bilder dieser Richtung wollen als Ausstellungsobjekt geschätzt werden und nicht als anonyme Repräsentation eines allgemeinen Willens gelten. Im Gegensatz zur Monumentalkunst früherer Zeiten haben diese Werke kaum Beziehung zur Öffentlichkeit, sondern kokettieren mit dem Reiz des Ungewohnten, der nur von ästhetisch geschulten Augen wahrgenommen werden kann. In konsequenter Fortführung der impressionistischen Unpersönlichkeit regieren auch hier der Selbstwert der reinen Sinneselemente, das Formenspiel von Linie und Farbe, das in seinem künstlerischen Effekt eher zum Ästhetischen als zum Ethischen tendiert. Überall begegnet man einem flachen Wandstil mit zarter Farbgebung und rhythmisch schwingender Komposition, der eine ungewöhnliche Flächigkeit der Figuren zur Folge hat. Auf diese Weise lösen sich selbst die „personenkultischen" Elemente in nichtssagende Dreiecke, Halbkreise oder Vertikalen auf. Anstatt den Nachdruck auf eine konzentrierende Ballung zu legen, hält man sich an strenge Parallelismen, die lediglich der ordnenden Regulierung der sinnlichen Gegebenheiten dienen. So bevorzugt Hodler Landschaften mit der Ruhe eines Sonn- und Sonnentages, deren impressionistisch-glitzernde Farben in einem auffälligen Gegensatz zu seiner betont gestalterischen Formgebung stehen. Daher handelt es sich selbst bei seinen religiösen oder politischen „Urmotiven" um eine Kunst um der Kunst willen, einen Genuß für verwöhnte Augen, die nicht anbeten, sondern schwelgen wollen. Die Musik der Farben klingt hier nicht wie ein Choral, sondern wie eine kunstvolle Variation einer längst verklungenen Melodie. Es sind Werke, erfüllt mit dem Pathos des Ateliers, Gemälde, auf denen stilisierte Modelle zu teppichhaften Mustern verbunden werden, die zwar kunstvoll, aber nicht heilig wirken. Das gleiche gilt für Egger-Lienz, Cissarz oder Erler. Auch bei ihnen gleitet das Streben ins Monumentale immer wieder zu einer rhythmisch-dekorativen Flächengestaltung, zu friesartigen Reihungen oder übersteigerten Konfrontationen herab, die an „lebende Bilder" oder peinlich arrangierte Festzüge erinnern. Fast alle diese Bilder scheinen auf dem Motto „Nur Form — und nochmals Form und wieder Form" zu beruhen, mit dem Wilhelm Hausenstein in seinem Buch „Der nackte Mensch in der Kunst aller

Zeiten" (1911) das Grundprinzip einer wahrhaft „monumentalen" Flächen-behandlung umschrieb (2. Aufl., S. 43). Das meiste blieb daher im Ornament stecken, ohne „Stil" zu werden, oder wurde „Stil", ohne die angestrebte Ver-bindlichkeit zu erreichen. Bezeichnend dafür ist eine Äußerung von Wilhelm Worringer, der in seinem Büchlein „Abstraktion und Einfühlung" (1908) behauptete, daß sich das „absolute Kunstwollen" am reinsten in der Ornamen-tik zeige, wo man den „Tatbestand" nicht durch inhaltliche Beimischungen „verschleiern" könne (S. 27). Ähnliches kommt in den Schriften von Alois Riegl zum Ausdruck, der sich wiederholt gegen das Vorurteil wandte, Fi-gürliches höher einzuschätzen als Ornamentales.

Zu verwandten Resultaten kam man im Bereich des Literarischen. Auch hier wurde nicht der Gegenstand als solcher, sondern die subjektive Umbildung der wahrgenommenen Objekte als das Entscheidende empfunden, selbst wenn sich dadurch eine gekünstelte Originalität ergab, die in einem direkten Gegensatz zu der angestrebten Vereinfachung steht. Anstatt die Realität als etwas konkret Gegebenes zu behandeln, betrachtete man sie als eine Aufgabe, die sich nur mit einem kunstgewerblichen Idealismus bewältigen läßt. Das Ganze dreht sich daher trotz aller monumentalen Übersteigerungen letzten Endes doch um das eigene Ich und seine Verhaltensweisen, wodurch ein Personen-, aber kein Volksbewußtsein entsteht. Sogar in der Dichtung kam es auf diese Weise zu einem dekorativen Flächenstil, einer Versifikation von Welt und Überwelt, die sich in zeremoniellen Floskeln erschöpft. An dieser Tatsache hat auch die allgemeine „Vertiefung" ins Religiöse oder Mythologische nichts geändert. Denn was durch diese formalistischen Extravaganzen in den Vordergrund rückt, sind wie in der Malerei die reinen Sinneswerte, das geschmeidige Rankenwerk, und nicht die monumental-vereinfachte Form.

Das unermüdliche Stilverlangen dieser Jahre blieb deshalb bei aller Liebe zum Werk ein vergebliches Bemühen. Denn wie soll sich ein „Stil" entwickeln, wenn in allen „überindividuellen" Idealen lediglich der subjektive Künstler-wille zum Ausdruck kommt und man sich obendrein auf esoterische Zirkel beschränkt, die der „Forderung des Tages" bewußt auszuweichen suchen. Paul Ernst schrieb daher schon 1906 in seinem Buch „Der Weg zur Form" mit bitterer Resignation: „Vielleicht haben selten Zeiten in der Kunst so ernst-haft gearbeitet wie die heutige, und dabei so wenig zustande gebracht" (II, 1, 323). Ob dieses Scheitern ein Segen oder Unsegen für die ganze Bewegung war, sei dahingestellt. Schließlich hätte die Verwirklichung der angestrebten Ideale eine noch aggressivere Haltung mit sich gebracht, während der herr-schende Formalismus wenigstens manche der „imperialen" Zielsetzungen ins Ornamentale verflachte und so zu einer teilweisen Objektivierung der reak-tionären Gehalte beigetragen hat.

DIE WERKBETONT-SACHLICHE PHASE

PURISMUS

Was sich neben diesen gewaltsamen Monumentalbestrebungen, die je nach weltanschaulicher Orientierung ins Formalistisch-Dekorative oder völkisch Archaisierende tendierten, an schlichteren Formen entwickelte, läßt sich am besten mit Attributen wie „humanistisch-idealistisch" oder „puristisch" bezeichnen. Weltanschaulich gesehen, war damit eine deutliche Wende vom Autoritären ins Gemeinschaftsbildende verbunden. Anstatt den einzelnen zu einem absoluten „Dienst" zu verpflichten, wie es bei George heißt, trat man im Rahmen dieser Bewegung für eine demokratische Verbundenheit ein, die im Staat lediglich eine güterschaffende Organisation erblickt. Man wollte auf diese Weise eine Vergesellschaftung des Menschen erreichen, die frei von allen archaischen Regressionen ist. Im Gegensatz zu den romantischen Schwärmern und Utopisten, die von einer „Erneuerung aus dem Fernsten" träumten, begegnet man hier Künstlern oder Werkgemeinschaften, bei denen man das Gefühl einer unmittelbaren Zeitbezogenheit hat. Für sie waren Technik und Industrie keine „zivilisatorischen" Dekadenzerscheinungen, sondern nützliche Instrumente im Kampf um eine allmähliche Befreiung des Menschen aus den Überresten jener Herrschaftsformen, die auf dem Prinzip eines aristokratischen Personenkults aufgebaut sind. Nicht der Rang, sondern die Sache galt hier als das Entscheidende. Um ein solches Ziel zu erreichen, verlangte man eine soziale Neuordnung, deren Organisation keinerlei privatrechtlichen Elemente mehr enthält, das heißt den liberalistischen „Eigennutz" völlig eliminiert und sich lediglich mit der gerechten Verteilung der gemeinsamen Güterproduktion befaßt. Auf diese Weise entwickelte sich ein „Idealismus der Arbeit", der die rein individualistische Herrschaft über die Produktionsmittel durch ein System zu beseitigen suchte, das fast ausschließlich auf dem schöpferischen Prinzip der „Leistung" beruht. Nur durch eine solche Umorientierung hoffte man, den zwischenmenschlichen Beziehungen wieder einen ethischen Charakter zu verleihen. Man stellte daher das Postulat einer Gesellschaft auf, in der es weder Besitzende noch Besitzlose, sondern nur „Schaffende" gibt. Aus diesem Grunde wandte man sich auch ästhetisch immer stärker der Gestaltung von Konsumgütern zu, die von allen Menschen benötigt werden. Anstatt weiterhin am Gesuchten, Gewollten und Konstruierten einer rein subjektiven Formgebung festzuhalten, wie sie nur im Rahmen einer hochgezüchteten Luxusindustrie gedeihen kann, ordnete man sich jetzt der absoluten Notwendigkeit und höchsten Zweckerfüllung unter, die im Gegensatz zu jeder ornamentalen Verbrämung stehen. Durch diese neue Zielsetzung kam es selbst im Bereich des Künstlerischen, wo bisher das Originelle und Besondere tonangebend war, zu einer auffälligen Wendung ins Gebundene und Seinsollende. Überall unterwarf man sich plötzlich einem logischen Zwang zur Form, der auf alles Artifizielle und Kunstgewerbliche verzichtet, und ließ nur noch das gelten, was bereits in die Richtung einer zukünftigen „Sachkultur" weist.

Bei einer solchen Haltung ist es nicht verwunderlich, daß man sich weitgehend auf das Handwerkliche und Architektonische beschränkte. Malerei, Musik und Dichtung erschienen den meisten Vertretern dieser Richtung viel zu intim. Daher lag diesmal nicht die freie, sondern die unfreie, die „angewandte" Kunst an der Spitze der stilbildenden Tendenzen, worin ein Primat der Praxis und des modernen Lebens über alle pseudoromantischen Elitegefühle zum Ausdruck kommt. Kunst sollte nicht mehr der Erhebung ins Überwirkliche dienen und so zu einem Fluchtraum vor der unaufhörlich anschwellenden Industrialisierung werden, in den man sich nur mit dem nötigen Kapital zurückziehen kann, sondern sich wieder an der Formung wahrhaft aktueller Aufgaben beteiligen. Das Ästhetische, das bisher weitgehend außerhalb der konkreten Lebensinhalte gestanden hatte, bekam auf diese Weise wieder eine echte „Funktion". So liest man ständig von der Absicht, auch das tägliche Leben mit einem Gestaltungswillen zu erfüllen, der alles einer sichtbaren Logik unterwerfe. Der bisherige Begriff des Monumentalen verschob sich dadurch immer stärker ins Werkbetonte. An die Stelle der Bismarck-Türme oder Völkerschlachtdenkmale traten daher „Gemeinschaftsbauten der Arbeit", von denen man sich eine Wertrealisierung erhoffte, die nicht mehr in den privatkapitalistischen Circulus vitiosus eingespannt war. Trotz mancher idealistischen Übertreibungen entstand so eine leicht sozialisierende Komponente, durch die sowohl die künstlerische Willkür als auch das ältere Repräsentativsystem in den Hintergrund traten. Schließlich waren die primären Bauaufgaben dieser Richtung nicht Kirche oder Palast, sondern Siedlung, Fabrik und Warenhaus, also Bauten für Zweck- und Wohngemeinschaften, bei denen die notwendige Rücksichtnahme auf die Mitwohnenden und Mitschaffenden keinen überspitzten Individualismus erlaubt. Indem man gerade sie, die bisher außerhalb des ästhetischen Interesses gestanden hatten, als formbedürftige Objekte behandelte, rückten sie plötzlich zu Bauten auf, die schon durch ihre künstlerische Bedeutsamkeit etwas Anonymes und damit Öffentliches annehmen, das bereits jenseits der rein liberalistischen Eigentumsvorstellungen steht.

Wie durchgreifend diese Überwindung des „Personenkultischen" war, läßt sich bis ins Detail verfolgen. Hatte man bisher repräsentative Elemente wie Blumen, Karyatiden und Säulen geliebt, so bevorzugte man jetzt Zweckformen, in denen „aufwendige" Epochen wie die Gründerzeit nur ein architektonisches Grundgerüst gesehen hätten. Das gleiche gilt für den Wandel im Bereich der Materialien. Wo man früher Palisander, Bronze, Plüsch oder

Marmor verwandte, findet man jetzt Zement, Eisen und Glas. Auf diese Weise wurde die dämmerige Gemütlichkeit durch eine sachbetonte Helligkeit ersetzt, die eine abschließende Vornehmheit, Hoheit und Unzugänglichkeit weitgehend unmöglich macht. Beispielhaft dafür sind die lichtdurchfluteten Bank- und Schalterräume oder die klar gegliederten Fabrikhallen dieser Richtung, bei denen sich alles in Glas aufzulösen scheint und eine nüchterne Linienführung den Zweckcharakter dieser Räume betont. Nicht der ornamentale Schnörkel soll hier als Schönheit empfunden werden, sondern die Logik, das Rationelle, die Materialgerechtheit. Was sich daraus entwickelte, war ein Purismus, ja Puritanismus, der nach den Ornamenträuschen der späten neunziger Jahre wie ein „Gefängnisstil" wirkte. Es gab daher genug Ästheten, die geradezu einen Schock bekamen, so nüchtern empfand man diesen rein sachbetonten Organisationsgedanken, der ungeachtet aller individuellen Launen nur den übergeordneten Zweck im Auge hat.

Neben diesen ablehnenden Stimmen, die meist aus dem Lager des Jugendstils kamen, meldete sich jedoch schon in den Jahren zwischen 1900 und 1902 eine Reihe von Kulturpolitikern zu Wort, die sich unter dem Motto „Kampf dem Ornament" für eine durchgreifende Neuorientierung der gesamten kunstgewerblichen Bestrebungen einsetzten, und zwar im Sinne des Strengen und Asketischen, das keine Rücksicht auf den Sezessionsgeschmack der „künstlerisch" eingerichteten Villenbesitzer nimmt. So schrieb Wilhelm Schäfer 1902 in der Zeitschrift „Die Rheinlande": „Wir haben Größeres zu tun, als dem Einzelnen eine weltverlorene Heimstätte zu schaffen." Statt dessen wies er auf die modernen Rheinbrücken hin, in denen er Kunstwerke sah, „wie sie niemals gleich und größer waren" (III, 47). Die Schuld an dem bisherigen Versagen der Architektur gab auch er dem Jugendstil, jener „traurigen Entartung" des neuzeitlichen Kunstgewerbes, die selten über das „Dekorative" und die „individuelle Künstlerlaune" hinausgekommen sei, wie es in seinem Aufsatz „Sachliche Kunst" heißt (VII, 53). Ähnliche Stimmen finden sich im „Kunstwart", in dem Ferdinand Avenarius von Anfang an gegen eine gedankenlose Identifizierung der „modernen Jugend" mit dem Jugendstil aufgetreten war. Noch schärfer äußerte sich Otto Schulze in seinem Aufsatz „Jugendstil-Sünden", der 1902 in der Zeitschrift „Kunst und Handwerk" erschien und sich gegen den pikant-pervertierten Nacktkult innerhalb der üppig wuchernden Jugendstil-Ornamente richtet. Selbst in der „Deutschen Kunst und Dekoration", dem Hauptorgan des „floralen" Jugendstils, läßt sich seit 1902, dem Todesjahr Eckmanns, eine deutliche Abwendung von der bisherigen Marschroute beobachten. Hier schrieb Anton Jaumann, 1903 in seinem Aufsatz „Kunst-Politik" folgendes Resümee: „So hat denn auch die neue Bewegung im Kunstgewerbe uns der Kultur der Zukunft kaum näher gebracht; sie zeitigte keinen deutschen, überhaupt keinen einheitlichen Stil" (XV, 31).

Wohl die schärfste Abrechnung mit dem Jugendstil findet sich in den Schriften von Hermann Muthesius, der sich bereits 1899 für die zweckbetonte Nüchternheit der abstrakten Linie einzusetzen suchte. Anstatt sich krampfhaft um einen „neuen Stil" zu bemühen, trat er von Anfang an für die Herausbildung einer logischen und sachgemäßen Formensprache ein, die er 1901 in der Zeitschrift „Dekorative Kunst" unter dem Schlagwort „Maschinenstil" zusammenfaßte (IX, 141). Noch entschiedener kommt diese Gesinnung in seinem Buch „Stilarchitektur und Baukunst" (1902) zum Durchbruch. Der Jugendstil wird hier als eine „Ornamentmisere" bezeichnet, deren einziges Verdienst darin bestehe, die ausgeleierten Akanthusranken durch Seelennudeln und gereizte Regenwürmer ersetzt zu haben (S. 57). Um diese Vorliebe für alles Schnörkelige zu überwinden, verlangte Muthesius eine „saubere Knappheit der Form", die auf einer absoluten Materialgerechtheit beruht (S. 53). Als besonders verwerflich empfand er die „spätbürgerliche Intimität", deren Ergebnis eine weitgehende Vernachlässigung der öffentlichen Verantwortlichkeit sei. Was er im Auge hatte, war ein Werkcharakter, der sich eine zeitgemäße Formung aller Gemeinschaftsbedürfnisse zur Aufgabe setzt, da sich eine stilbildende Verbindlichkeit nur aus einer überindividuellen Idee und nicht aus dem persönlichen Genußverlangen entwickeln lasse. Er sah daher die „Marksteine" der ästhetischen Vorwärtsentwicklung nicht in Gemälden oder Vasen, sondern in Fahrrädern oder Dynamomaschinen, bei denen man notgedrungen auf die üblichen „Schmuckformen" verzichten müsse. Während man bisher sogar den Schornstein einer Zentralheizung als jonische Säule verkleidet habe, um auch das rein Sachliche dem Diktat des „Stils" zu unterwerfen, müsse man jetzt dazu übergehen, an die Stelle der üblichen Diskrepanz von Zweck und Verbrämung eine ingenieurhafte Sachkonstruktion zu setzen, die lediglich die „unbedingte Zweckmäßigkeit" anerkennt (S. 52). Leider sei davon noch wenig zu spüren. Statt eine gestellte Aufgabe rein „sachlich" zu lösen, bemühe man sich allenthalben um eine protzige Fassadenwirkung mit Türmchen, Giebelchen und Erkern, nur um einem „formalistischen Schema" zu genügen (S. 55). Das Ergebnis dieser „Stiljagd" seien stucküberladene Mietskasernen, aufgedonnerte Villenviertel und renaissancehaft-stilisierte Bahnhofsstraßen, bei denen nicht der Zweck, sondern das „Geklingel der Formen" den Ton angebe (S. 48). Um dieser „parvenühaften Prätention" eine „bürgerliche Sachkultur" entgegenzustellen, wie er 1903 in der Zeitschrift „Die Rheinlande" schrieb (S. 61), müsse man in Zukunft auf alle Entlehnungen aus der aristokratischen Formensprache verzichten. Es fallen deshalb ständig Ausdrücke wie „Künstlerkunst" oder „hochgepfefferte Schmuckkunst", worunter er sowohl den Akademismus der Gründerzeit als auch die „neumodische" Dekorationssucht des Jugendstils verstand, durch die man einer „uferlosen Willkür" verfallen sei (S. 54). Was ihn interessierte, war nicht die „Kunst an sich", sondern das „Bauliche".

Aus diesem Grunde zog er in seinem Aufsatz „Der Weg und das Endziel des Kunstgewerbes", der 1905 in der „Kunst" erschien, einen tiefen Grenzstrich zwischen dem „Ornamentkünstler" und dem „Tektoniker" (XII, 186). Im Gegensatz zu den Kunstgewerblern der späten neunziger Jahre ging es Muthesius weniger um das Dekorative als um die „Gesamtform" des jeweiligen Gegenstandes. Anstatt sich weiter um eine sentimentale Pflanzenstilisierung zu bemühen, ließ er als einzigen Schmuck das „gegenstandslose" Ornament gelten. Inhaltlich gesehen, ergab sich daraus eine zunehmende Vergeistigung aller geometrisierenden Tendenzen des Jugendstils im Sinne von Klarheit und Gediegenheit, was zu einer folgenreichen Akzentverlagerung vom künstlerisch durchstilisierten Detail zur tektonischen Gesamtidee führte.

Eine weitere Unterstützung erfuhr diese Entwicklung durch seine These, auf alle geschmackvollen Einzelleistungen zu verzichten und endlich auf „breitester, volkswirtschaftlicher Basis" zu produzieren (XII, 188). Die Möbel und Gebrauchsgegenstände, die man bisher hergestellt habe, seien fast alle einer exklusiven Clique von Kennern und nicht den Produzierenden selbst zugute gekommen. Er wandte sich daher entschieden gegen jene Kreise, die für den allgemeinen Geschmacksrückgang die wachsende Maschinenproduktion verantwortlich machten und wie Ruskin und Morris für utopische Handarbeitsideale schwärmten. Das Übel in der Maschine selbst zu suchen erschien ihm absurd. Nicht sie, sondern der Mißbrauch, den man mit ihr getrieben habe, sei Schuld an der steigenden Verkitschung, da man ihr immer noch Arbeitsweisen zumute, die an die Töpferscheibe oder Hobelbank erinnerten. Eine Rettung aus diesem Dilemma sah er nur in einer konsequenten Herausbildung einer „Sachkunst", die auf einem vertieften Verständnis für das Genuin-Technische und Ingenieurhafte beruhe. Seine höchste Begeisterung galt daher der „mathematischen Sachform einer Kurbelstange", der Eleganz eines „elektrischen Beleuchtungskörpers" oder dem „Aufbau einer Dynamomaschine", in denen sich die moderne Zweckform am reinsten manifestiere (XII, 190). Um diesen Formen zum Siege zu verhelfen, trat er energisch dafür ein, den kunsthistorischen Musterzeichner durch den Ingenieur zu ersetzen, der seine Ideen und Einfälle stets am gegebenen Material erprobt. Erst dann werde sich das „Kunstgewerbe" in ein „Allgemeingewerbe" verwandeln, das durch seine klaren Formen auch dem Alltag wieder eine neue Würde gebe (XII, 190).

Im Zuge dieser Abwendung von der übertriebenen Dekorationssucht des Jugendstils kam es zu einer Fülle an programmatischen Erklärungen, die alle in der Forderung nach einer neuen Sachbezogenheit und damit „Ingenieurskunst" gipfelten. So stellte Friedrich Naumann 1904 im „Kunstwart" die modernen Dampfschiffe, Brücken, Gasometer, Bahnhöfe, Markthallen und Ausstellungsgebäude als die entscheidenden „Bauwerke" der Gegenwart hin (XVII, 323). Alexander von Gleichen-Rußwurm behauptete in seinem Buch

„Der Sieg der Freude" (1909): „Wir haben ein gewisses, logisches Gefühl, das uns alles schön empfinden läßt, was seinen Zweck völlig erfüllt" (S. 62). Selbst er, der noch aus dem Ästhetizismus der neunziger Jahre kam, sprach von einer neuen Reinheit und Materialgerechtheit der Form, die sich nur durch eine „puritanisch nüchterne Reaktion" gegen das „Unleidliche" der „ornamentalen Motive" erreichen lasse (S. 106). Ähnliche Thesen finden sich in den „Nachgelassenen Schriften" (1914) von Samuel Lublinski: „Ein eiserner Bogen, der seine schwebende Form klar und eindringlich dem Auge offenbart, wirkt gerade dadurch ästhetisch; ebenso ein eiserner Pfeiler, der sich in seiner geschmeidigen Energie ganz so gab, wie er war. Der Techniker dem es gelang, die sachliche Wucht herauszuarbeiten, erwies sich dadurch als Künstler" (S. 5). In dieselbe Richtung gehört das Buch „Moderne Baukunst" (1907) von Karl Scheffler, das sich im Sinne „gesunder Sachlichkeit" gegen die herrschenden „Pseudoideale" in völkischer und ästhetisch-dekorativer Hinsicht wandte (S. 39). Neben den üblichen Äußerungen gegen den Jugendstil und die akademische Villenkultur mit ihren Loggien, Säulen und Gesimsen wird hier vor allem der gewaltsame „Zyklopenstil" der Monumentalkünstler und Architekturpoeten angeprangert. Besonders verwerflich fand Scheffler das „pyramidenhaft Ragende und toteninselhaft Tiefsinnige" der zeitgenössischen Denkmalmanie, womit er die falsche Monumentalität der zahllosen Bismarck-Türme und Ruhmeshallen meinte (S. 100). Statt einer solchen Kraftmeierei zu huldigen, sollten sich die gegenwärtigen Architekten lieber einer „größeren Einfachheit" befleißigen, um von der „künstlerischen Originalität" und verkrampften „Konzeption von Ausnahmeschöpfungen" (S. 32) wieder zur wohltuenden „Sichtbarkeit des Zwecks" zurückzukehren (S. 91). Als Vorbild für einen solchen Stil wies er auf die sachliche Monumentalität der Rohbauweise hin, deren einziger Schmuck in der Klarheit ihrer Proportionen bestehe. Auf Grund dieser Anschauungen kam er zu der These, daß man erst bei den wahrhaft „uniformen" Bauten von „sozialen Organismen" sprechen könne, denen ein gemeinschaftsbildender Charakter innewohne, während jede künstlerische Extravaganz in die Zeiten der liberalistischen Anarchie zurückführe (S. 25). Um diesen Grad von gesellschaftlicher Verantwortlichkeit zu erreichen, müsse jeder Mensch wieder einen Sinn für die „Logik der Tatsachen" entwickeln (S. 20), das heißt sich zu einem Geist absoluter „Phrasenlosigkeit" bekennen (S. 16), der aus sozialer Rücksichtnahme auf jede Originalitätshascherei verzichte.

Welchen Erfolg diese Proteste hatten, beweist die Tatsache, daß sich unter ihrem Einfluß sogar die Ornamentkünstler der späten neunziger Jahre in Proselyten der Sachlichkeit verwandelten. Selbst bei ihnen zeigt sich ab 1900 eine allmähliche Wendung ins Zweckbetonte und Puristische, die wie ein Wandel vom Organischen ins Ingenieurhafte wirkt. Das gilt sogar für die Jugendstil-Künstler, die sich plötzlich gegen die linearen Überspitzungen der rein illustrativen Pflanzenornamentik wandten und statt dessen einen zweckmäßigen und materialgerechten Nutzstil forderten. So sprach Eduard von Berlepsch schon 1900 in der Zeitschrift „Deutsche Kunst und Dekoration" vom „Stilgeheimnis der Stofferkenntnis" und der „unerbittlichen Logik der natürlichen Formentwicklung". Selbst Otto Eckmann, der wichtigste Vertreter der „floralen" Phase, bekannte sich im selben Jahr in der „Neuen deutschen Rundschau" zu Formen, „welche lediglich den Zweck des 'Gegenstandes geschmackvoll und dem Material vollkommen entsprechend" ausdrücken (S. 778). „Dann brauchen wir keinen Stil zu suchen, er kommt von selbst", heißt es an derselben Stelle. Ähnliche Bemerkungen finden sich bei Hermann Obrist, und zwar in seinem Buch „Neue Möglichkeiten in der bildenden Kunst" (1903), in dem sich individuelle Eigenart und strenge Sachbezogenheit oft unvermittelt gegenüberstehen. So schwärmte er einerseits für das „künstlerische Haus" oder das kennerhaft ausgestattete Interieur, wo alles auf das Prinzip der originellen Erfindung abgestimmt sei, während er sich andererseits für die „sachliche" Schönheit moderner Ozeandampfer, für die „Pracht der blitzenden Riesenkolben" und das „Saubere, Glatte, Blanke" der stählernen Maschinen begeisterte, da sich hier die „Echtheit des Materials" mit logischer „Zweckmäßigkeit" verbinde (S. 137). Das gleiche gilt für August Endell, den Schöpfer der grotesk-skurrilen Elvira-Fassade, der sich in seinem Büchlein „Die Schönheit der großen Stadt" (1908) zur „zähen Ausdauer" und „bewunderungswürdigen Konsequenz" der modernen „Arbeitskultur" bekannte (S. 8) und zugleich die geschäftlichen Organisationsformen echt jugendstilhaft mit Kristallen verglich, die sich wie „Naturgebilde" verzweigen und verästeln könnten (S. 29). Doch solche „floralen" Resterscheinungen gehen immer wieder in Begeisterungshymnen unter wie der folgenden: „Wieviel Arbeitsschönheit bergen die Werkstätten und Fabriken einer Stadt. Wieviel klug ersonnene Handgriffe, Apparate und Maschinen, wie sinnvoll greifen die Arbeitsarten ineinander. Welch eine Fülle von Einbildungskraft, Phantasie, Klugheit und Konsequenz überall" (S. 26).

Wohl der wichtigste Theoretiker dieser Richtung war Henry van de Velde, der sich trotz seines ausgeprägten Individualismus stets bemühte, nie das Prinzipielle, das tektonische Urprinzip, aus den Augen zu verlieren. Auch er nahm daran Anstoß, daß Gemälde und Plastiken nur dem Genuß einer bestimmten Ästhetenschicht dienen, und bekannte sich zu einem Kunstwollen, das sich die schöpferische Umwandlung der gesamten modernen Arbeitswelt zur Aufgabe setzt. Anstatt sich wie Morris und Crane, die künstlerischen Leitbilder seiner Frühzeit, auf die Handarbeit zu beschränken und nur für „Kenner" zu arbeiten, trat er ab 1900 für eine sachgebundene Maschinenkunst ein, die in einem scharfen Gegensatz zu den überästhetischen Tendenzen des Jugendstils steht. All das erschien ihm plötzlich als zu kostbar und subjektivistisch. „Mein Geist fand es wahrscheinlich unmoralisch, noch ferner Werke herzustellen, die nur in einem einzigen Exemplar vorhanden sein konnten", heißt es 1901 in seiner Schrift „Die Renaissance im modernen Kunstgewerbe" (S. 65). Wofür er sich jetzt begeisterte, war der Linienreiz elektrischer Lampen, der Zweckcharakter chirurgischer Instrumente oder die reine Sachform moderner Dampfschiffe und Lokomotiven, weil alle diese Gegenstände „genau das sind, was sie sein sollen" (S. 113). Er empfahl daher einen konsequenten Verzicht auf jede Art von Ornamentik und Prätention, wie man sie in den feudalistisch-repräsentativen Epochen der Vergangenheit geliebt habe, und trat für einen „Yachting-Style" ein, der auf einer rein technischen Basis beruhe, um so aus der luxuriösen Exklusivität der Art-Nouveau-Tendenzen zu einer rationellen „Zweckform" vorzustoßen. Auf der gleichen Linie liegt seine Forderung, den freischaffenden Künstler durch den werkverbundenen Ingenieur zu ersetzen, der weniger das Ästhetische als das Menschlich-Soziale im Auge habe. Anstatt sich wie die impressionistischen Bohemiens einfach „auszuleben" oder mit snobistischer Arroganz kunstgewerbliche Kuriositäten zu sammeln, bekannte er sich zu Menschen, die etwas leisten, „was für alle von Nutzen ist" (S. 36). Er hatte dabei Einsicht genug, nicht den Maschinismus, sondern die liberalistische Anarchie für die steigende Verhäßlichung der modernen Wirtschaftswelt verantwortlich zu machen, deren Grundprinzip der „gefräßige Eigennutz der Industriellen" sei (S. 36). Eine Wandlung dieser Situation erhoffte er sich echt „idealistisch" von einer allmählichen „Vergeistigung" des technischen Apparates. Aus diesem Grunde trat er wie Muthesius in aller Entschiedenheit für eine industrielle Massenproduktion ein, die sich der Herstellung reiner Zweck-und Gebrauchsformen widmet. Der gleiche programmatische Ton herrscht in seinem Büchlein „Vom neuen Stil" (1907), wo er im Sinne der anspruchsvollen Sollensethik dieser Jahre schreibt: „Du sollst die Form und die Konstruktion aller Gegenstände nur im Sinne ihrer elementaren, strengsten Logik und Daseinsberechtigung erfassen. Du sollst diese Formen und Konstruktionen dem wesentlichen Gebrauch des Materials, das du anwendest, anpassen und unterordnen", was rein puristisch klingt, jedoch zu dem jugendstilhaften Nachsatz überleitet, auch der „ästhetischen Sensibilität" und dem „Geschmack für Ornamentik" gewisse Rechte einzuräumen (S. 27). Bei einer solchen Weitherzigkeit ist es nicht verwunderlich, daß er gleichzeitig für die Eisenkonstruktionen der Firth-of-Forth-Brücke, die große Maschinenhalle der Pariser Weltausstellung, den Eiffelturm und den erotischen Linienreiz kunstgewerblich verdrehter Vasen und Kerzenhalter schwärmte, in denen noch das reizempfängliche „Amo" seiner frühen Bekenntnisbücher nachzittert.

Der gleiche Wandel läßt sich im Bereich der „Wiener Sezession" verfolgen. Wohl das instruktivste Beispiel dafür ist der Unterschied zwischen dem „Majolikahaus" (1899) und der „Wiener Postsparkasse" (1905) von Otto Wagner, die sich wie eine Schmuckkassette und eine Bahnhofshalle gegenüberstehen. Ebenso auffällig ist die Zunahme puristischer Elemente bei Josef Hoffmann, der den Stil der „Wiener Werkstätte" nach 1905 fast ausschließlich auf strenge, wenn auch geschmackvoll arrangierte Schwarz-Weiß-Effekte abstimmte. Joseph August Lux, einer der Theoretiker dieser Richtung, spielte daher schon 1905 den Stil der „Wiener Sezession" gegen den Jugendstil aus, und zwar als Protest der Sachlichkeit gegen „Überkunst" und „ornamentale Formgespinste" (DKuD XVI, 528). Eine Seite später schreibt er: „Sie (die Wiener Werkstätte) hat am klarsten das Wesen einer streng sachlichen Kunst ausgesprochen, die nichts anderes ausdrücken will als eine organische Idee. Ihr Zweckmäßigkeitssinn führte sie zu jener edlen Einfachheit, die als ihr reifstes Ergebnis anzusehen ist". Noch deutlicher zeigt sich diese Wendung zum „Einfachen" bei Adolf Loos, der den Jugendstil als eine „Ornamenthölle" bezeichnete. Während man bisher lediglich repräsentative Museumsstücke, sogenannte „Überstühle", angefertigt habe, wollte er endlich „Gebrauchsmöbel" herstellen, die auf jede Parvenüanwandlung verzichten. Er schrieb deshalb schon um die Jahrhundertwende, was später in seinem Sammelband „Ins Leere gesprochen" (1921) erschien: „Die schönheit nur in der form zu suchen und nicht vom ornament abhängig zu machen, ist das ziel, dem die ganze menschheit zustrebt" (S. 72). Welcher Aktivismus in diesen Sätzen steckt, geht aus der Äußerung hervor, daß er alle „stehenden und sitzenden" am liebsten in Menschen „der arbeit und des marsches" umgewandelt hätte (S. 96). Dazu passen folgende Proklamationen, die fast schon an den Expressionismus gemahnen:

> „Die maler, die bildhauer, die architekten verlassen ihre bequemen ateliers, hängen die liebe kunst an den nagel und stellen sich an den amboß, an den webstuhl, an die drehscheibe, den brennofen und die hobelbank! Weg mit aller zeichnerei, weg mit der papierenen kunst! Nun gilt es dem leben, den gewohnheiten, der bequemlichkeit, der brauchbarkeit, neue formen und neue linien abzugewinnen! Drauf und dran, gesellen, die kunst ist etwas, das überwunden werden muß" (S. 11).

Mit Nietzsches Prophetenstimme wird hier eine „Revolution von unten" verkündet, die den Entwurf eines Stuhlbeines nicht mehr von griechischen Säulenordnungen, sondern von einem neuen „Werkstattgeist" abhängig macht, der auf handwerklichem Können und materialgerechter Zweckbestimmtheit beruht. Wie scharf Loos dabei die bisherige Dekorationsfreudigkeit verurteilte, geht aus folgendem Zitat hervor:

> „Je tiefer die kultur, desto stärker tritt das ornament auf. Das ornament ist etwas, was überwunden werden muß. Der papua und der verbrecher ornamentiert seine haut. Der indianer bedeckt sein ruder und sein boot über und über mit ornamenten. Aber das bicycle und die dampf-

maschine sind ornamentfrei. Die fortschreitende kultur scheidet objekt für objekt vom ornamentiertwerden aus" (S. 100).

Auf Grund solcher Anschauungen sah er nicht im Künstler, sondern im Klempner den „quartiermacher der kultur" (S. 78). Doch mit solchen Forderungen, vor allem in ihrer überspitzt formulierten Art, fand er natürlich weniger Anklang als Josef Hoffmann oder Koloman Moser, die auch in ihren puristischen Werken nie ihre kunstgewerblichen Anfänge verleugneten.

Selbst der Neoklassizismus und das Neobiedermeier dieser Jahre versuchten, sich dieser Wende ins Sachliche anzuschließen. Man denke an die Bauten von Paul Schultze-Naumburg, die stilistisch an die Bürgerhäuser des späten 18. Jahrhunderts erinnern. Die Ablehnung des Modernen steht hier anfänglich ganz im Zeichen des Reaktionären, was vor allem für seine im Geschmack des Ancien régime ausgestatteten Herrensitze und Schlösser gilt. Doch auch dieser „Stil", dessen Zentrum die „Saalecker Werkstätten" waren, legte im Laufe der Jahre manche Untugenden ab, so daß die übernommenen Empire-Elemente in ihrer gradlinigen Formgebung schließlich zu Wegbereitern einer strengen Sachlichkeit wurden. Das gleiche trifft auf Paul Mebes zu, der sich in seinem Buch „Um 1800" (1908) im Sinne Schultze-Naumburgs gegen den verderblichen Einfluß der kapitalistischen Bauspekulanten wandte, deren Habgier sich bis auf die Dörfer und Kleinstädte erstrecke. Um dieser Entwicklung entgegenzutreten, setzte er sich für eine bescheidene und unaffektierte Formgebung ein, die trotz aller klassizistischen Dekorationsformen etwas ausgesprochen Puristisches hat. Seine eigenen Bauten ähneln daher eher den Landhäusern von Muthesius als den Villen der Schinkel-Zeit. Es tönt in ihnen das Lob einer einfachen, aber selbstbewußten Bürgertugend, die sich von allen „Äußerlichkeiten" frei zu machen versucht. Mebes wollte weder so originell sein wie die Mitglieder der Darmstädter Künstlerkolonie noch so akademisch wie die gründerzeitlichen Palastarchitekten, sondern „Wohnhäuser" bauen, die auf alle parvenühaften Elemente verzichten und ihren künstlerischen Geschmack allein in der Ausgewogenheit ihrer Proportionen verraten. Er läßt sich darin mit Bruno Paul vergleichen, bei dem die Anlehnung an den Baustil des 18. und frühen 19. Jahrhunderts ebenfalls mehr einer puristischen Reinigungstendenz als aus restaurativer Ideenlosigkeit entspringt. Das beweisen seine „Heilanstalt Pützchen" bei Bonn, sein Neubau der „Rose-Livingstone-Stiftung" in Stuttgart und sein „Haus Hainerberg" im Taunus, die weniger durch ihre schloßartigen Säulenvorbauten oder ihre biedermeierliche Inneneinrichtung als durch die Klarheit ihrer Disposition überzeugen, mit der hier ein ehemaliger Jugendstilzeichner seine Linienfreudigkeit im Sinne einer sachlichen Eleganz zu bändigen versteht. Eugen Diederichs schrieb daher am 11. März 1908 an Johann Vinzenz Cissarz: „Ich ... sehe in der Biedermeierrichtung nicht nur eine Anlehnung an das Historische als vielmehr eine Durchgangsbewegung zum Einfachen hin."

Auch die Heimatkunst hat zu diesem Umwandlungsprozeß beigetragen. So stellte Alfred Lichtwark, der führende „hanseatische" Kulturprogrammatiker dieser Jahre, in seiner Schrift „Palastfenster und Flügeltür" (1899) Wohnhaustypen wie das einfache Bauern- oder Fischerhaus als Leitbilder einer wahrhaft modernen Baugesinnung hin. Statt wie bisher einem protzigen Fassadenprinzip zu huldigen, vertrat er die Forderung, jedes Haus von innen her zu entwickeln, um so den „sachlichen" Bedürfnissen seiner zukünftigen Bewohner gerecht zu werden. Besonders verwerflich fand er den herrschenden Renaissancismus, den er als seelenlose Ausländerei bezeichnete. Ein Leben nach „innen" schien ihm nur im Rahmen der heimatlichen Bautraditionen möglich. Aus diesem Grunde wandte er sich gegen die beliebten „Zimmerfluchten", die „fürstliche Enfilade" im ersten Stock, mit der man auch dem Bürgerhaus etwas Schloßartiges zu geben versuche, anstatt seine moralische Überlegenheit durch eine selbstbewußte Schlichtheit herauszustreichen. Eine Befreiung von dieser parvenühaften Gesinnung versprach er sich wie Muthesius und Velde nur von einem klaren Bekenntnis zur „Zweckmäßigkeit", die er als die höchste aller baulichen Tugenden hinstellte (3. Aufl., S. 190). Ein ähnlicher Geist beseelt die Schrift „Streifzüge eines Architekten" (1907) von Fritz Schumacher. Auch er ging von der Maxime aus, daß sich ein neuer Stil nicht durch neue Formen, sondern bloß durch neue Aufgaben erreichen lasse. Er dachte dabei vor allem an Bahnhöfe, Brücken oder Markthallen, die von allen Menschen als Gemeinbesitz empfunden werden können. Im Gegensatz zum Jugendstil, wo man dieses „neue Wollen" mit einem kunstgewerblichen Pflanzengerank „diskreditiert" habe (S. 63), lasse sich eine solche Aufgabe nur von der Architektur bewältigen:

> „Nachdem die erste Befreiung von der (historisierenden) Architektur vorüber ist, erkennt man, daß alle Errungenschaften an guten Mustern, Geräten, Fliesen, Teppichen und Beleuchtungskörpern zerflattern, wenn sie nicht architektonisch zusammengehalten werden. Man beginnt zu spüren, daß das geschickte malerische Aneinanderreihen kunstgewerblicher Einzelleistungen eigentlich keine Lösung eines Innenraumes gibt, sondern daß ein bindendes Element kräftigerer Art dazutreten muß. Notgedrungen sucht man wieder Fühlung mit der Architektur" (S. 61).

Er predigte daher „Sachform" statt „Stilkaroussel", „Zweckmäßigkeit" statt „Jugendstil", „Raumkunst" statt „Flachornament", wobei er wie Lichtwark trotz mancher puristisch klingenden Formulierungen nie die heimatlichen Bautraditionen aus dem Auge verlor, was vor allem seine Schul- und Feuerwehrbauten beweisen.

Die ersten Resultate zeitigte diese puristische Welle in den Jahren zwischen 1902 und 1905. Als richtunggebend erwiesen sich dabei die klar gebauten Landhäuser von Hermann Muthesius, bei denen sich englische Einflüsse mit heimischen Überlieferungen vermischen. Anstelle der bisherigen Villen-maskerade und der steigenden Verkitschung der Gärten durch glasierte Gnomen, sinnlose Schlängelwege oder neckische Liebeslauben bevorzugte er eine Einheit von Haus und Garten, die den Menschen nicht zum Museums-wächter seiner selbst degradiert, sondern ihm das Gefühl der Zwanglosigkeit und damit Freiheit gibt. Muthesius liebte daher klare Bauglieder, schmucklose Putzwände und schlicht gereihte Fensterflächen, die so überzeugend wirken, daß sie keiner ornamentalen Verbrämung bedürfen. Wie programmatisch diese „Schlichtheit" ist, zeigt sich in der Bemerkung, daß diese Baureform vor allem auf den arbeitenden Teil der Bevölkerung zugeschnitten sei, wie es in seinem Buch „Landhaus und Garten" (1907) heißt (S. X). Fast noch asketischer wirken die Villen und Landhäuser, die Paul Thiersch in diesen Jahren gebaut hat. Sogar da, wo er leicht „monumentalisierte", ließ er sich nie zu einer aufdringlichen Schmucktendenz verleiten. Alles sieht bei ihm würdevoll, aber doch glatt und sauber aus. Derselbe Purismus kommt bei den Möbelentwürfen von Richard Riemerschmid zum Durchbruch, der stets ein offenes Auge für den schlichten Reiz der Volkskunst behielt. Bei Henry van de Velde wird diese Klarheit meist durch eine prononcierte Rationalität erreicht, indem er bei jedem Werk die Form rein aus dem Zweck abzuleiten suchte. Anders verhält es sich bei Peter Behrens, der erst auf dem Weg über die Entmonumentalisierung zum Purismus kam. Besonders phrasenlos wirkt er da, wo sich die Gestaltung neuer Fabrikgebäude oder die „Sach-form" bestimmter Industrieprodukte wie Öfen, Lampen und Elektrogeräte zur Aufgabe setzte. Überhaupt spielte das fabrikmäßig Erzeugte in dieser Richtung eine immer größere Rolle. Manche dieser industriellen „Formgestal-ter" gingen dabei ganz pädagogisch vor und veröffentlichten instruktive Bildvergleiche zwischen guten und schlechten Produkten, ornamental ver-brämtem Kitsch und angenehmen Zweckformen, um auch dem ästhetisch ungebildeten Käufer einen Eindruck von der Schönheit der absoluten Form zu geben.

Der Kampf gegen die Häßlichkeit, der seit Ruskin alle künstlerisch inter-essierten Kreise bewegte, trat damit in eine ganz neue Phase. Die Pflege des Schönen beschränkte sich plötzlich nicht mehr auf das Ästhetische, sondern griff auch auf die bisher verachteten Industriewaren über, denen man im Sinne des Gutgearbeiteten und Materialgerechten eine logisch entwickelte „Werk-form" zu geben suchte. Man hatte dabei Gebrauchsgegenstände im Auge, die rein durch ihre Sachlichkeit gegen den Ungeschmack, die Heuchelei und das Banal-Protzige des gängigen Kunstgewerbes protestieren. Besonders auffällig vollzog sich dieser Wandel im Rahmen der Zimmerausstattung. Was verschwand, war vor allem das Vollgestopfte und Übermöblierte. So wurden die Wände entweder glatt gestrichen oder mit anspruchslosem Rupfen bespannt. Vor die Fenster hängte man weiße, luftige Leinengardinen. Als Geschirr verwandte man einfaches Steingut, und zwar ohne Landschaftsbilder, Blumen oder Rokokoschnörkel. All das führte zu einer Geschmacksbildung, die gerade im Schlichten das Vornehme sah. Auf diese Weise entstand eine Atmosphäre, in der für das Künstlerische im älteren Sinne überhaupt kein Spielraum mehr blieb. In solchen Räumen wären hoheitsvolle Plastiken oder blumenreiche Ornamente, ja selbst gerahmte Bilder, die den Betrachter in eine unwirkliche, ästhetisch imaginierte Welt entführen, völlig fehl am Platze. Wo früher die „Gemütlichkeit" herrschte, der stille Winkel hinter den Plüschportieren, regiert hier das Klare und Formenstrenge, um sogar das traditionsreiche Wohnzimmer, die „gute Stube", in einen Arbeitsraum für schaffende Menschen umzuwandeln. Nichts in diesen Räumen ist repräsentativ, das heißt, fordert zu einem aristokratischen Nichtstun auf, das zu seiner inneren Rechtfertigung einer historisch stilisierten Einkleidung bedarf. Nicht die Dekorationen stehen hier im Vordergrund, sondern die Entschiedenheit der Linienführung, die konzentrierende Kraft der glatten Flächen und die kompromißlose Nüchternheit der Möbel, von denen man sich ein ebenso klares und rationales Lebensgefühl versprach.

Wenn man überhaupt noch künstlerische Elemente verwandte, dann nicht als Lebenssurrogat für Bildungsmenschen, sondern als räumliches Bauelement, als Gebilde oder Schöpfung, das keinerlei Einfühlung oder Selbstentäußerung verlangt. Die Maler des 19. Jahrhunderts hatten mit ihrer Natursentimentalität den Betrachter stets zu einem gefühlvollen Miterleben gezwungen. Jetzt dagegen liebte man Bilder, die auf alle genrehaft-anekdotischen Elemente verzichten und sich lediglich um die Klarheit der Gestalt bemühen. Man denke an die Mädchenköpfe oder Akte des frühen Hofer, die Porträts von E. R. Weiß, die liegenden Frauengestalten von Orlik oder manches von Weisgerber, um nur ein paar Namen zu nennen. Fast auf allen diesen Bildern handelt es sich um einfache Situationen ohne jeden monumentalen Anspruch, um ein schlichtes Gehen, Hocken oder Sitzen, das mit beruhigten, verhaltenen Gebärden dargestellt wird. Ebenso zurückhaltend ist das Koloristische, das in seiner Schlichtheit manchmal fast ins Monochrome übergeht. Noch besser als in der Malerei läßt sich dieser Purismus in der Plastik dieser Jahre beobachten. Auch hier stand nicht das Repräsentative im Vordergrund, sondern die reine Form, das bloße Kräftespiel der einzelnen Glieder, das sich nur durch eine strenge Tektonisierung erreichen läßt. Anstatt weiterhin stilisierte Muskelpakete aufeinanderzutürmen, konzentrierte man sich mehr und mehr auf die Form als solche, wodurch sich der Körper in ein Bauwerk verwandelte, das in seiner plastischen Strenge und puristischen Einfachheit wie ein Ausdrucksträger rein geistiger Kräfte wirkt. Das gilt selbst für die Tierplastiken dieser

Jahre, für die Werke von Fritz Behn, August Gaul und Renée Sintenis, die in
ihrer klaren Formbeherrschung, ihrer Geschlossenheit und Glätte auf alle
genrehaften Attribute verzichten und nur die Form als solche zum Ausdruck
bringen. Doch am klarsten wird diese Tendenz, wenn sie sich dem nackten
menschlichen Körper zuwendet, den man nach Jahren zyklopischer Übersteigerungen plötzlich ins Anmutig-Schlichte stilisierte. Beispielhaft dafür
sind die Werke von Hermann Haller, Wilhelm Lehmbruck, Karl Albiker oder
Georg Kolbe, die sich vor dem ersten Weltkrieg weitgehend auf einfache
„Grundhaltungen" beschränkten. Ohne alle Gewolltheiten werden hier Akte
gebaut, die etwas Werkstatthaftes haben, das heißt auf alle religiösen oder symbolischen Überhöhungen verzichten. Bei den meisten dieser Werke handelt es
sich um „Urformen des Menschlichen", die sich dem Realistischen nähern und
doch eine leichte Idealisierung verraten, ohne dabei ins Dekorative zu verfallen.
„Nacktheit" ist hier eine „Befreiung des Leibes von Zutat, Beiwerk und Neben-
sache", ein „Gebot höchster Form" und damit eine „Anbetung der Wahrheit",
wie Rudolf G. Binding die Werke Georg Kolbes charakterisierte (V, 292). In
die gleiche Richtung zielen manche Äußerungen von Henry van de Velde,
der in seinem Büchlein „Die drei Sünden wider die Schönheit" (1918) von
der Kunst der Zukunft behauptete: „Sie wird uns erscheinen in strahlender
Nacktheit des Leibes und der Glieder, deren einziger Schmuck ihr eigenes,
pulsierendes Leben ist" (S. 38).

Ihre erste offizielle Anerkennung erfuhren diese Tendenzen durch die „Dritte
allgemeine deutsche Kunstgewerbeausstellung" (1906) in Dresden, die wie
eine programmatische Zusammenfassung des bisher Geleisteten wirkt. Hier
wurden nicht nur gewerbliche Einzelstücke, sondern auch industriell angefer-
tigte Serienmodelle ausgestellt, um so die Gleichrangigkeit beider Gebiete zu
betonen. So war neben Schmuckgegenständen selbst der Dampfschiff- und
Maschinenbau vertreten, sah man Öfen, Laternen, Ladeneinrichtungen,
Arbeiterwohnungen, Klassenzimmer, Eisenbahnabteile, Wartesäle und techni-
sches Gerät, die für den inneren Zusammenhang der Gesamtkultur entscheidend sind. Das Programm ging dabei von Fritz Schumacher aus, der mit
dieser Schau eine absolute Ebenbürtigkeit der freien und der unfreien Künste
demonstrieren wollte, wobei er im Katalog die „Schönheit des nackten Materials" als den entscheidenden Durchbruch zur „Sachlichkeit" bezeichnete.
Das organisatorische Ergebnis dieser Leistungsschau war die Vereinigung der
Münchener und der Dresdener Werkstätten zu den „Deutschen Werkstätten"
(1907), was noch im selben Jahr die Gründung des „Deutschen Werkbundes"
zur Folge hatte, in dem sich alle „sachlich" ausgerichteten Kreise zu einer
Werkgemeinschaft zusammenschlossen, die sich zu einer sozialen Verpflichtung
des Kapitals bekannten. Auf diese Weise entstand eine Mischung aus sozial-
ethischen und merkantilen Tendenzen, die von den Gründern des „Werkbundes", von Theodor Fischer, Peter Bruckmann und Hermann Muthesius,

als die Veredelung der gewerblichen Arbeit und damit als ein „Idealismus des gemeinsamen Kapitals" bezeichnet wurde. Statt autoritärer Bindungen sollte hier allein der Adel der Arbeit ausschlaggebend sein, der auf der Allgemeingültigkeit der hergestellten Produkte beruht. Der Begriff „Kunstgewerbe" wurde deshalb mehr und mehr durch das Schlagwort „Werkkunst" ersetzt. Im Gegensatz zu den bisherigen „Sezessionen", deren Ziel es war, sich von der Allgemeinheit zu distanzieren und das Ästhetische lediglich jenseits der modernen Lebensinhalte zu suchen, wollte man damit die Richtung auf das schlechthin Mustergültige und Funktionsbedingte ausdrücken. Was man dabei als höchstes Ziel ins Auge faßte, war eine Einheitlichkeit des Geschmacks, die keinerlei individuelle Extravaganzen mehr zuläßt. Nur so hoffte man zu einem Stil zu gelangen, bei dem nichts funktionslos und daher auch nichts „unpassend" ist, sondern sich alles zu einer wohldurchdachten Einheit zusammenschließt.

Durch diese Wendung ins Sachliche entstand eine „courage du capital", die nicht nur kommerziellen und imperialistischen Zwecken zugute kam, sondern sich auch bestimmten kultur- und sozialpolitischen Aufgaben zuwandte. So berief Karl Ernst Osthaus, einer der eifrigsten Förderer des „Werkbundes", schon um die Jahrhundertwende Architekten wie van de Velde, Behrens und Riemerschmid nach Hagen, um sich von ihnen Pläne zu einem Museum, einem Vortragssaal, einer Villenkolonie, einem Krematorium und einer Arbeitersiedlung vorlegen zu lassen, die nicht vom Makel der „liberalistischen Anarchie" gezeichnet seien. Wie kraß er den ästhetischen Sündenfall der industriellen Entwicklung empfand, beweist ein kurzes Zitat aus seiner Velde-Monographie (1920):

> „In allen Ländern wucherte der Schund auf den Mistbeeten des Liberalismus. Das Unternehmertum hatte die Kunst aus der Architektur und dem Gewerbe verdrängt. Scheinwesen und Roheit vernichteten die Kultur der Völker ... Alles Tun, dessen Nutzen nicht berechenbar war, wurde als Narrheit verspottet. Dieser Gesinnung entsprach das Aussehen der Städte. Schmutzstarrende Arbeiterkasernen standen Fabrikantenvillen gegenüber, deren anspruchsvoller und doch billiger Prunk einen Unterschied der Bildung nicht erkennen ließ. Jedem, der in der Entwicklung der Menschheit einen Aufstieg zu höheren Lebensformen erblicken möchte, mußte dieser Zustand hoffnungslos erscheinen" (S. 21).

Ähnliche Ambitionen hatte Louis Laiblin, der Theodor Fischer damit beauftragte, zwischen 1907 und 1908 die „Pfullinger Hallen" zu errichten, um dem brachliegenden Gemeinschaftsleben dieses Ortes neue Impulse zu geben. Ebenso „idealistisch" orientiert waren die großzügigen Sozialleistungen von Ernst Abbe in Jena, dem van de Velde später ein eindrucksvolles Denkmal setzte. Das gleiche gilt für manche Arbeitersiedlungen dieser Jahre, die meist als parzellenartige Gartenstädte angelegt wurden. Wohl die besten Beispiele dafür sind die Margaretenhöhe bei Essen, eine Stiftung der Familie Krupp, die Siedlung Hellerau bei Dresden, das Zentrum der „Deutschen Werkstätten", die Gartenstadt Werderau bei Nürnberg und das Siedlungsgelände Staaken bei Berlin, wo an die Stelle seelenloser Mietskasernen landhausmäßige Giebelhäuser mit leichten Heimatkunstelementen traten.

Ein weiteres Feld dieser „courage du capital" war die architektonische Planung neuer Industrieanlagen. Als besonders folgenreich erwies sich dabei die 1907 erfolgte Berufung von Peter Behrens zum künstlerischen Berater des AEG-Konzerns, der sich in seinen Fabrikbauten als erster einer bis dahin ungeahnten Sachlichkeit zugewandt hatte. Die beste Probe seines Könnens bildet die 1909 errichtete „Turbinenhalle", bei der das architektonische Glas- und Eisengerüst in einem überzeugenden Verhältnis zu den industriell geforderten Funktionen steht. Ähnliches gilt für seine „Hochspannungsfabrik" (1910) am Humboldthain in Berlin, seine sachlich wohltuende „Kleinmotorenfabrik" (1911) und seine Bauten am Frankfurter Osthafen (1912), die man in ihrer beispielgebenden Schlichtheit wie Sensationen begrüßte. Von den Schulwerken dieser Richtung seien lediglich die „Deutzer Motorenfabrik" (1911) und die „Fagus-Werke" (1911) von Walter Gropius erwähnt. Wie bei Behrens findet man hier klare Kontraste, eine saubere Reihung gleicher Teile, symmetrisch geordnete Bauglieder und eine unaufdringliche Einheit von Form und Farbe, worin sich eine deutliche Absage an den bisherigen Ichkult verrät. Dem entsprechen Gropius' theoretische Äußerungen im „Jahrbuch des deutschen Werkbundes" (1913), mit denen er sich auch programmatisch für eine konsequente Phrasenlosigkeit einzusetzen versuchte. Anstatt wie bisher ungelöste Konfliktpunkte äußerlich zu verdecken oder den Charakter des Baues mit einer „sentimentalen, aus früheren Stilen erborgten Maske" zu verschleiern, die mit dem „ernsten Wesen einer Fabrik nichts gemein haben", wies er hier eindringlich auf die AEG-Bauten von Peter Behrens hin, in denen eine gelungene Synthese von Purismus und Monumentalkunst zum Ausdruck komme (S. 19). Was man mit diesen Bauten vergleichen könne, seien lediglich die gigantischen Getreidesilos in Kanada oder die Werkhallen der nordamerikanischen Industrietrusts, deren architektonische Wucht ihn an die Pyramiden des alten Ägyptens erinnerte.

Aus allen diesen Tendenzen: der sachschönen Gestaltung gewerblicher Produkte, den Gartenstadtidealen und der steigenden Rationalisierung der Industrieanlagen entwickelte sich im Laufe der Jahre eine Architekturgesinnung, die sich die Planung ganzer Städte zur Aufgabe setzte. Während der George-Kreis die moderne Großstadt noch als eine Antithese zu jeder wahrhaften Baugesinnung empfunden hatte, wie Berthold Vallentins Bemerkungen im „Jahrbuch für die geistige Bewegung" (1910) beweisen (I, 51), sah man auf puristischer Seite gerade auf diesem Gebiet ein Feld ungeahnter Möglichkeiten. So sprach Fritz Schumacher in seinen „Streifzügen eines Architekten" (1907) von städtebaulichen Ordnungsprinzipien, die sich nur durch eine großräumige Rhythmik und „ornamentale Askese" erreichen ließen (S. 63). Statt weiterhin am Reiz der „bewegten Linie" kleben zu bleiben, war er der Ansicht, daß man sich endlich zu einer funktionsbedingten Gruppierung „kubischer Massen" entschließen müsse, um so zu einer konsequenten Überwindung der bisherigen Detailliertheit beizutragen (S. 63). Aus diesem Grunde faßte er als einer der ersten Architekten dieser Jahre den „sozialen Charakter" von Schulen, Bädern, Markthallen, Schlachthöfen, Gaswerken, Brücken, Bahnhöfen, Fabriken und Krankenhäusern ins Auge, bei denen nicht die ästhetische Schönheit, sondern die architektonische Zweckmäßigkeit im Vordergrund stehe (S. 46). Ähnliche Tendenzen finden sich bei Justus Brinckmann oder in dem Buch „Der Städtebau" (1911—1913) von Werner Hegemann, die sich vor allem gegen die rein „malerischen" Gestaltungsprinzipien bei Camillo Sitte wandten. Noch einen Schritt weiter ging Karl Scheffler in seinem damals vielbeachteten Buch „Die Architektur der Großstadt" (1913), in dem man schon gewisse Ansätze zur späteren Bauhausgesinnung spürt. Den entscheidenden Umschwung im gesamten Städtewesen sah Scheffler in einer vernünftigen Trennung in Wohn- und Industriegebiete, der jedoch eine „vollständige Lebenserneuerung" vorausgehen müsse, wie es einmal heißt (S. 70). Denn ein „großer Baustil" könne sich nur dann entwickeln, wenn über alle „grundsätzlichen Probleme" des Gemeinschaftslebens eine „wortlose Einigkeit" bestehe (S. 63). Aus diesem Grunde verwarf er die impressionistische Sucht nach Veränderung und forderte eine neue Seßhaftwerdung in großen Blockbauten oder Reihenhäusern, die sich schon äußerlich bewußt von der „snobistischen" Arroganz der bisherigen Villenkultur distanzierten (S. 97). Er stützte sich dabei auf die These, daß sich die Übergangszeit der „kapitalistischen Verwirrung" allmählich ihrem Ende zuneige und sich seit einigen Jahren eine steigende Konzentration der Kräfte bemerkbar mache (S. 128). Daß es sich bei diesem Prozeß weniger um einen werkbundhaften „Idealismus der Arbeit" als um einen verstärkten Monopolkapitalismus handelte, wurde ihm kaum bewußt. Auf der anderen Seite war er klug genug zu erkennen, daß auch die Forderungen der „phrasenlosen Einfachheit" und „Güte des Materials" zu einer neuen Protzerei führen können, da man in manchen Kreisen selbst den „tendenzlosen Purismus" als eine „Art von Repräsentation" verstand (S. 95). Er sprach daher sowohl von der „charaktervollen Uniformität" rationeller Typenwohnungen (S. 55) als auch von einer „demokratisch gefärbten Großbürgerkultur", die nicht länger auf den erstarrten Traditionalismus der „aristokratischen Formen" angewiesen sein wollte (S. 99). Bei einer solchen Haltung ist es nicht verwunderlich, daß er schließlich die Forderung aufstellte, die AEG-Bauten von Behrens im „Baedeker" mit einem Sternchen zu versehen, während er zugleich eine „Aristokratisierung des modernen Bürgerlichen" ins Auge faßte (S. 99), die alle Errungenschaften dieses Purismus nur auf sich selbst bezieht.

Unter dem gleichen Zwiespalt leiden die Gedanken von Walther Rathenau, dem damaligen Leiter des AEG-Konzerns, der sich in seinem Buch „Zur Mechanik des Geistes oder vom Reich der Seele" (1913) zu einer steigenden Vergeistigung der menschlichen Arbeit bekannte (II, 311). Anstatt der um sich greifenden Mechanisierung, das heißt der „Entfremdung" des Menschen von seiner eigenen Natur, lediglich den Wunschtraum neuer Paradiese entgegenzustellen, setzte er sich energisch für wahrhaft aktuelle „Lebenserleichterungen" ein (S. 309). Die Möglichkeit einer neuen Freiheit sah er nur dann, wenn der Mensch seinen Intellekt nicht mehr als Szepter, sondern als Werkzeug verwende und sich so zum Herrscher über die Maschine erhebe. Wie Scheffler hoffte er dabei auf den ehernen Gang der Entwicklung. Während in den neunziger Jahren nur die gierige Sucht nach „Kram und Tand" im Vordergrund gestanden habe, wie es in seinem Buch „Von kommenden Dingen" (1917) heißt (III, 230), und zwar verschuldet durch ein „verantwortungsscheues, von Geschäften umnebeltes Großbürgertum", bahne sich seit 1900 in immer breiteren Schichten ein „seelischer Aufstieg" an (S. 235). Überall spüre man ein wachsendes Verantwortungsbewußtsein, das nicht mehr auf dem Prinzip der privatwirtschaftlichen Konkurrenz, sondern auf der Idee eines genossenschaftlichen Gemeinbesitzes beruhe. So heißt es einmal in aller Deutlichkeit: „Der Monopolist, Spekulant und Großerbe hat in der künftigen Wirtschaftsordnung keinen Raum" (S. 140). Was ihm dabei vorschwebte, war die Umwandlung des bestehenden „Klassenstaates" in einen idealistischen „Volksstaat" (S. 274). Doch auch er wich vor den Konsequenzen einer solchen Haltung zurück, indem er von einem „Sozialismus der Seele" sprach, bei dem das rein sachliche Verhältnis von Leistung und Einkommen durch ein unverbindliches „Gebot der Sittlichkeit" geregelt wird (S. 139). Im Gegensatz zur Sozialdemokratie, der er eine bloße Umkehrung der zeitlichen Not und damit eine Verewigung der herrschenden „Mechanisierung" vorwarf, ging es ihm um eine „Solidarität", die sich vornehmlich auf die „seelische Verantwortung und göttliche Zuversicht" stütze (S. 366). Er war davon überzeugt, daß es dazu nur einer „ethisch" ausgerichteten Gemeinschaftsform bedürfe. In einem solchen Reiche werde sich niemand mehr mit persönlichem Luxus umgeben oder einem raffgierigen Händlergeist huldigen, sondern sich ganz der „gemeinsamen Arbeit" widmen. Um dieses Ziel zu erreichen, müsse man endlich aus der „Wärmstube der Konventikel" auf die offene Bahn des Geschehens treten und alle Kräfte zu einem Einheitsstreben verbinden, das in einem „Reich der Seele" kulminiere, wobei er allerdings verschweigt, wie er sich in einem solchen Staat die Ordnung der Eigentumsverhältnisse vorstellt (S. 20).

Ähnlichen Gedanken begegnet man in dem Buch „Nervosität und Kultur" (1902) von Willy Hellpach, in dem der überfeinerten „Reizsamkeit" der impressionistischen Großstadtkultur mit all ihren Begleiterscheinungen wie Kaufgier und billigem Amüsement eine strenge „Tektonisierung" des Gemeinschaftslebens entgegengestellt wird. Wie Scheffler und Rathenau ging er von der Voraussetzung aus, daß sich in der zunehmenden industriellen Organisation bereits die ersten Anzeichen einer allmählichen „Vergeistigung" des bisherigen Liberalismus beobachten ließen, woraus sich später eine fortschreitende „Sozialisierung" des gesamten Wirtschaftsgefüges ergeben werde (S. 239). Doch auch er zog daraus keine konkreten Folgerungen, sondern setzte sich als echter Utopist lediglich für eine idealistische Einheitsgesinnung ein, die keinerlei Rücksicht auf die ökonomischen Begleiterscheinungen einer solchen Wandlung nimmt. Er kam dabei zu dem vorausgedachten Ergebnis, in der Stilisierung der dinglichen Welt zugleich eine logische Organisation der menschlichen Arbeitsbedingungen zu sehen. Während man bisher weitgehend einer neurasthenischen Freude am Launischen und Unberechenbaren gehuldigt habe, sei man jetzt auf dem besten Wege, die befreienden Tendenzen der sich „sozialisierenden Wirtschaft" mit den „psychischen Wirkungen" einer tektonischen Sachkultur zu verbinden, bei der nicht mehr der rücksichtslose Genießer, sondern der Arzt oder Ingenieur im Mittelpunkt stehe (S. 238).

Im Gegensatz zu solchen Stimmen, die den architektonischen Bestrebungen des „Werkbundes" eine utopisch-idealistische Grundlage zu geben suchten, hatten andere sozialpolitische Theoretiker mehr die nationale Bedeutung dieser Richtung im Auge. So sprach man wiederholt von der Idee, ganz Deutschland in einen einzigen „Werkbund" umzuwandeln, dessen Vorbild die Lagardesche „Volksgemeinschaft" sein sollte. Andere, wie Friedrich Naumann, stellten die Werkbund-Tendenzen als eine spezifisch deutsche Annäherung von Stil und Verantwortungsbewußtsein hin, wodurch Begriffe wie deutscher Stil und deutsche Wertarbeit fast etwas Austauschbares bekamen. Selbst das Imperialistische lag diesen Kreisen nicht ganz fern. Das beweist die häufig zitierte Parole vom „Sieg der deutschen Arbeit", in der das steigende Machtbewußtsein der industriellen Führungskreise zum Ausdruck kommt. Schließlich hatte Wilhelm II. wiederholt die Devise ausgegeben: „Das Imperium ist der Markt." Sogar ein Mann wie Muthesius ließ sich von diesen Phrasen umnebeln und wies 1907 in den „Rheinlanden" unter dem Titel „Die nationale Bedeutung der kunstgewerblichen Bewegung" voller Stolz darauf hin, daß man im Handwerk und in der Architektur Länder wie England und Frankreich bereits überflügelt habe. Um diesen Vorsprung der deutschen Arbeit in einen endgültigen Sieg zu verwandeln, trat er in aller Entschiedenheit für eine Dominanz des Gewerblichen ein, was ihn zu einer leicht überheblichen Haltung gegenüber Malerei und Dichtung verführte. Eine ähnliche Haltung kommt in seinen Äußerungen im „Jahrbuch des deutschen Werkbundes" (1912) zum Ausdruck, wo er von der „kategoriellen Verpflichtung" spricht, das „Ideelle" über das „Materielle" zu stellen, um sich von der ökonomischen Determiniertheit zu einer Geisteshaltung aufzuschwingen, die ausschließlich auf selbstgesetzten Idealen beruhe (S. 19). Nur so könne an die Stelle der bisherigen Minderwertigkeitskomplexe ein „gesteigertes völkisches Bewußtsein" treten, wie es in seiner Schrift „Der Deutsche nach dem Kriege" (1915) heißt (S. 63), in der er sich mit überschwenglichen Worten zur „Größe" der erreichten Kulturleistungen bekannte. Wesentlich aggressiver gebärdete sich Eugen Diederichs, der sich in seinem „Tat"-Aufsatz „Deutsche Aufgaben der Zukunft" (1915) für eine Herrschaft verantwortungsbewußter Großkaufleute einsetzte, die — im Gegensatz zu den bisherigen Junkerdiplomaten — einen viel besseren Blick für das Allgemeine der Weltlage hätten. Andere, wie Peter Jessen, wandten sich selbst im „Jahrbuch des deutschen Werkbundes" (1912) mit chauvinistischer Absicht gegen die beliebten „Französeleien dritten Aufgusses" (S. 5) und traten für eine „nationale Kulturarbeit" ein (S. 6), der ein „volkhafter" Affekt gegen alles Ausländische zugrunde liegt.

Eine gewisse Sonderstellung innerhalb dieser Bewegung nahm der Architekt Heinrich Tessenow ein, der sich von allen geistidealistischen oder chauvinistischen Übersteigerungen fernzuhalten versuchte. Dafür spricht vor allem seine bewußt sachliche Schrift „Hausbau und dergleichen" (1916), wo das Element des Gemeinschaftlichen einem „Sozialismus der Arbeit" entspringt, der sich ohne nationale Beimischungen an der reinen Zweckmäßigkeit der technischen Herstellungsweise orientiert. Auf den ersten Blick scheint es, als würde in diesem Buch lediglich die bereits um 1900 auftauchende Ornamentfeindschaft und Nüchternheit reinster Zweckkonstruktionen in einer neuen, persönlichen Form vorgetragen, also im Sinne eines Künstlermanifestes. In Wirklichkeit handelt es sich jedoch um etwas anderes: ein Sehen mit dem Herzen, ein Formen nicht aus der Negation des Ornaments heraus, sondern aus der Bejahung der Schlichtheit, der Ordnung, der absoluten Sauberkeit, die der von ihm vertretenen Form des Lebens entspricht. Bei Tessenow hat man endlich das Gefühl, daß wie bei der Arbeit die Beschränkung auf das Sinnvolle zur gültigen Lebensform wird, daß es gilt, die erstrebte Einfachheit nicht zu „wollen", sondern sie als etwas Selbstverständliches zu empfinden, und zwar auf die gleiche Weise, wie der technische Arbeitsvorgang eines Fabrikbetriebes den Menschen zur Verstandesgemäßheit zwingt. Anstatt weiterhin alle Formen zu verbiegen und damit deren logischen Sinn ins Dekorative zu verfälschen, begegnet man hier einer Nüchternheit, die zu einer konsequenten Rationalisierung des Architektonischen und zugleich sinnvollen Gliederung des Gemeinschaftslebens drängt. Es hat daher keinen Sinn, bei solchen Thesen von Klassizismus oder Schinkel-Epigonentum zu reden, da Tessenow nichts Vorhandenes, Klassisches anerkannte oder nachzuahmen strebte, sondern sich der Formen der gewerblichen Arbeit bediente und diese in aller Selbstverständlichkeit zum Ausdruck zu bringen suchte. Während sich bisher jeder um ein kleines „Privatfundament" bemüht habe, trat er in aller Entschiedenheit für „Gemeinschaftswesen" ein, die auf dem Prinzip der „Gesamtarbeit" aufgebaut sind (S. 4). Eine Wendung wie diese läßt sich nach seiner Meinung nur dann erreichen, wenn man von der Handarbeit zur Maschine übergehe, wobei er bezeichnenderweise nie von sich selber spricht, sondern immer die Formulierung „wir" gebraucht. Daß bei einer solchen Umorientierung manche Opfer gebracht werden müssen, rief bei ihm kein sentimentales Bedauern hervor, sondern wird als unerläßlich hingestellt. Er schreibt: „Die Hochschätzung des Gemeinschaftlichen bildet notwendig das Großbetriebliche und heute besonders der Fabriken; so weit das auf Kosten der kleinen Werkstätten geschieht, so schadet das gar nicht", da man in steigendem Maße genötigt sei, „an ein großes Ganzes oder an das Allgemeine zu denken" (S. 18). Die Voraussetzungen dazu bildeten weder Bilder noch Plastiken, die an sich „alle sehr gut sind und die doch eigentlich niemand haben mag" (S. 16), sondern eine „formale Regelmäßigkeit", der eine gesetzmäßige „Klarheit des Denkens" zugrunde liegt (S. 33). Wer weiterhin für gemüthafte Verbrämung, für Ornamente oder aparte Luxusgegenstände eintrete, könne nach seiner Meinung „ebensogut ein Streichquartett neben die Kreissäge setzen oder den Leim mit Kölnischem Wasser aufkochen" (S. 21). Aus diesem Grunde leitete er das Schöne nicht aus dem Besonderen, sondern aus dem Selbstverständlichen, aus Sachlichkeit und Wahrheitsliebe ab, um das „Einzelne" wieder in den Rahmen des „Ganzen" zu stellen (S. 25). Dem entspricht folgende These: „In einem gesunden gewerblichen Arbeiten fürchten wir das Eigenartige, aber nicht das Gewohnte oder die Wiederholung, die ist uns dort immer sehr selbstverständlich" (S. 32). Eine Seite später nennt er es den Triumph des „Praktisch-Gesetzmäßigen" über alle äußerlichen Verzierungsabsichten. Man denke dabei an die puritanische Schlichtheit seiner Arbeitersiedlung in Hellerau, die aus rein geometrischen Verhältnissen entwickelt ist und in spartanischer Konsequenz auf jeden ornamentalen Schmuck verzichtet. Bauten wie diese lassen eher einen anspruchsvollen Baumeister als einen Architekten vermuten, da es in ihnen vornehmlich um das „Werkmäßige" geht. Hier wird man nicht durch die erborgte Würde der gleichzeitigen Monumentalbauten erdrückt oder durch eine heimatkünstlerische Romantik im Sinne Schultze-Naumburgs verstimmt, sondern sieht sich einem Purismus der Logik gegenüber, der „zopfig einfach und dabei monumental" ist, wie Eugen Diederichs in einem Brief vom 6. Januar 1911 an Cissarz schrieb, in dem er Tessenow weit über Obrist, Pankok und Riemerschmid stellte. Ihre Bekrönung erlebte diese Stilhaltung in Tessenows Bau für das Dalcrozesche Tanzinstitut (1910–1913), der mit seiner schlichten Pfeilerfassade und seinen hellen, flutenden Räumen als das Symbol einer Lebensführung galt, bei der die Antinomie zwischen dem Einzelnen und der Gesellschaft im Sinne einer rhythmischen Durchgestaltung des Gesamtlebens aufgehoben wird.

Wohl die beste Zusammenfassung aller dieser Tendenzen, mögen sie nun zum Nationalen oder streng Puristischen tendieren, bot die große Kölner Werkbund-Ausstellung, auf der fast alle hier erwähnten Architekten oder Formgestalter vertreten waren. Sie wurde im Juli 1914, also vier Wochen vor Ausbruch des ersten Weltkrieges, eröffnet und läßt sich als Leistungsschau aller angewandten Künste nur mit der Dresdener Kunstgewerbe-Ausstellung von 1906 vergleichen. Theodor Fischer baute die Haupthalle, Hermann Muthesius das Gebäude der Farbenschau, Josef Hoffmann das Österreichische Haus, Peter Behrens die Festhalle, Adalbert Niemeyer das Hauptcafé, Henry van de Velde schuf einen Theaterbau, Georg Metzendorf eine Arbeitersiedlung, Walter Gropius eine Fabrikanlage und Bruno Paul eine Bierhalle, zu der Karl Albiker den plastischen Schmuck und Emil Orlik die Wandmalereien entwarf. Alle diese Bauten hatten etwas Öffentliches, das heißt vertraten nicht bestimmte Personen oder Gruppen, sondern setzten sich für eine übergeordnete Sache ein. Das rein Kommerzielle blieb daher ebenso ausgeschlossen wie die „zwecklose" Kunst. Was man hier demonstrieren wollte, war der formschöne Gegenstand, der sowohl beim Hersteller als auch beim Käufer eine veredelnde Wirkung hinterläßt.

Wer jedoch auf Grund dieser Tatsache eine innere Geschlossenheit des Ganzen erwartet hatte, wurde ziemlich enttäuscht. Denn auch diese grandiose Überschau stand völlig im Zeichen des herrschenden Stilpluralismus und ließ noch einmal alle künstlerischen Strömungen seit 1900 Revue passieren. Die „ästhetische" Richtung war am reinsten in dem Theaterbau van de Veldes vertreten, der wie ein organisches Naturgebilde aussah, das weder Härten noch rechteckige Kanten kennt. Nichts erweckte hier den Eindruck einer bloßen Verkleidung oder vorgetäuschten Repräsentation. Alles glitt in einem einheitlichen Sinne ineinander und wirkte daher schlicht, ohne sich ganz vom Geschmackvoll-Schmuckstückhaften zu lösen. Den „monumentalen" Aspekt dieser Ausstellung vertrat die Festhalle von Behrens, ein Bau mit aufdringlichen Tempelfrontanklängen und herrischen Rosseführern, der etwas Kubisch-Blockhaftes und Klotziges hatte. Der rein „sachliche" Pol kam in der Musterfabrik von Gropius zum Durchbruch, die bloß aus Eisen und Glas zu bestehen schien und in der Typisierung ihrer Bauformen fast ans Apparathafte grenzte. Hier wurde mit der Tendenz zur Vereinfachung zum ersten Mal radikal ernst gemacht und der Ort der Arbeit in einen Schauplatz des „Geistigen" verwandelt. Statt sezessionistischer Formspielerei herrschte in diesem Bau ein Werkstattgeist, durch den der Unterschied zwischen Künstler und Arbeiter fast aufgehoben wird. Richard Muther, der geschmäcklerische Ästhet der neunziger Jahre, brach daher in seinen „Studien und Kritiken" beim Anblick solcher Werke in den erstaunten Ruf aus: „Die kunstgewerbliche Bewegung, die sich heute vollzieht, scheint der letzte Akt eines großen Dramas zu sein. Dann, wenn das Bürgertum für alle Lebensäußerungen seinen ‚Stil' gefunden hat, wird der Arbeiter kommen" (5. Aufl., I, 124).

Die gleichen Unterschiede lassen sich in den zahlreichen Vorträgen und Diskussionen der Eröffnungstage beobachten. Während sich die Vertreter des strengen Purismus weitgehend neutral verhielten, kam es zwischen den „nationalen" und den „individualistischen" Gruppen, die sich um Muthesius und van de Velde scharten, zu heftigen Auseinandersetzungen. So trat Muthesius, der neben Friedrich Naumann eines der beiden Hauptreferate hielt, in seinen zehn „Leitsätzen" für eine strenge Typisierung ein, um das deutsche Gewerbe auf dem Weltmarkt als eine geschlossene Gruppe zu repräsentieren. Zu denen, die sich von diesen Theorien begeistern ließen, gehörte vor allem Bruno Taut, der sich dafür einsetzte, jeweils für drei Jahre einen bestimmten „Diktator" zu wählen, um dem „Werkbund" eine gewisse Marschroute vorzuschreiben. Demgegenüber berief sich van de Velde auf einen „glühenden Individualismus", der sich nicht von Exportrücksichten dirigieren lasse, sondern nur der eigenen Eingebung folge. Als auf Grund dieser Gegensätze der „Werkbund" auseinanderzufallen drohte, sah sich Muthesius gezwungen, seine Direktiven wieder zurückzuziehen. Wie in vielen geistigen Auseinandersetzungen dieser Jahre blieb auch hier das Letzte wiederum unentschieden, da sich die Konfrontation der Probleme meist in der dünnen Luft der Spekulation vollzog und selten zu den eigentlichen Ursachen des gesellschaftlichen Lebens vordrang. Während auf „völkischer" Seite bereits die Demagogen des Faschismus heranwuchsen, die allen diesen Parolen eine Wendung ins Chauvinistische gaben, kämpfte man hier immer noch um eine „architektonische Kultur", die im rein Geistigen verankert ist, was sich politisch und ökonomisch als völlig unwirksam erwies und von den Wogen des ersten Weltkrieges ebenso unbarmherzig beiseite gefegt wurde wie der sezessionistische Klüngel der Jahrhundertwende. In diesen Jahren zeigte sich in aller Deutlichkeit, daß selbst das Denken der Werkbund-Theoretiker im Rahmen der wilhelminisch-vorexpressionistischen Ära befangen blieb. Sogar in diesen Kreisen spürt man ein gewisses Cliquenbewußtsein, das in den Bereich des Ideellen auszuweichen versucht, anstatt sich mit der unabweislichen Totalität der menschlichen Lebensbeziehungen auseinanderzusetzen. Der sich daraus entwickelnde Formalismus ist wohl das einzig verbindende Element in der verwirrenden Fülle der hier besprochenen Epoche, auf die sich bezeichnenderweise kein umfassender Stilbegriff anwenden läßt, da sie nur in den seltensten Fällen die Grenze einer unbestimmten „Stilkunst" überschritt, bei der die inhaltliche Verbindlichkeit nicht dem Faszinans der bloßen Form geopfert wird.

ABBILDUNGEN

Paul Baum: Holländische Landschaft (1900). Marburg, Universitäts-Museum

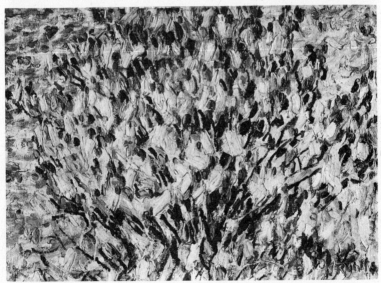

Christian Rohlfs: Blühender Strauch (1910). Marburg, Universitäts-Museum

Carl Strathmann: Der hl. Franz von Assisi (1904)

Peter Behrens: Der Kuß (1897). München, Staatliche Graphische Sammlung

Henry van de Velde: Museumshalle (1906). Dresden, Kunstgewerbeausstellung

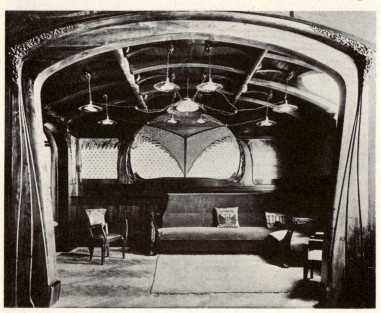

Bernhard Pankok: Herrenzimmer (1900). Paris, Weltausstellung

Henry van de Velde: Empfangstoilette (1896)

Thomas Theodor Heine: Serpentinentänzerin (1900)

Ludwig von Hofmann: Exotischer Tanz (1906)

Ludwig von Hofmann: Badende Frauen (um 1900)

August Endell: Atelier Elvira, Treppenhaus (1898). München

Der Kaiser
und die Hexe
von Hugo von
Hofmannsthal
(Geschr. 1897)

Heinrich Vogeler: Titelseite (1900)

Heinrich Vogeler: Zierleiste (1899)

Walter Leistikow: Villa im Grunewald (um 1900)

Hans Christiansen: Fenster (1899)   *Adolf Höfer:* Zierleiste (1897)

Josef Hoffmann: Palais Stoclet, Südfront (1905). Brüssel

Gustav Klimt: Adele Bloch-Bauer (1907). Wien, Österreichische Galerie

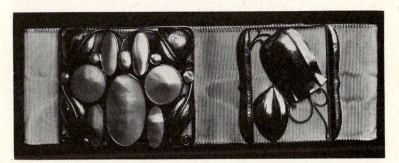

Josef Hoffmann: Schmuck (um 1905)

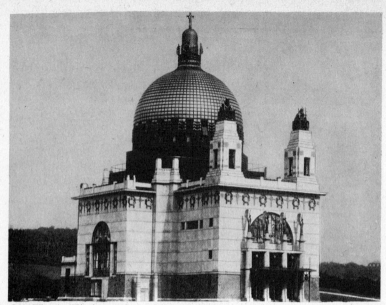

Otto Wagner: Kirche am Steinhof (1906). Wien

Josef Hoffmann: Palais Stoclet, Kleines Speisezimmer (1905). Brüssel

Emanuel Margold: Entwurf für ein Schlafzimmer (1907)

479

Franz Stuck: Die Sünde (1893). München, Bayerische Staatsgemäldesammlungen

Max Klinger: Der Philosoph (1898)

Carl Bantzer: Schmälmer Tanz (1897). Marburg, Universitäts-Museum

Fritz Boehle: Holländische Flußlandschaft (um 1900).
Frankfurt, Städelsches Kunstinstitut

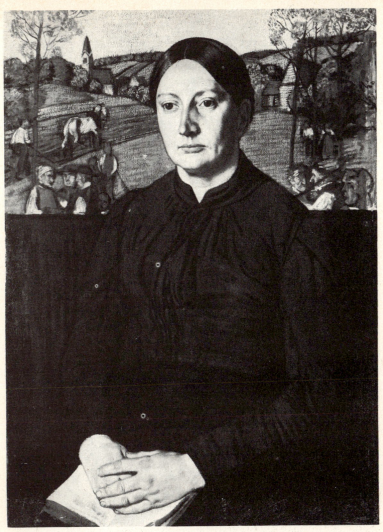

Fritz Boehle: Weibliches Bildnis (1907). Frankfurt, Städelsches Kunstinstitut

Fritz Boehle: Grabende Bauern (1906)

Ludwig Dill: Dachau (um 1895)

Albin Egger-Lienz: Die beiden Sämänner (1909)

Fritz Boehle: Die drei Lebensalter (1906). Frankfurt, Städelsches Kunstinstitut

Peter Behrens: Haus Wiegand (1913). Berlin

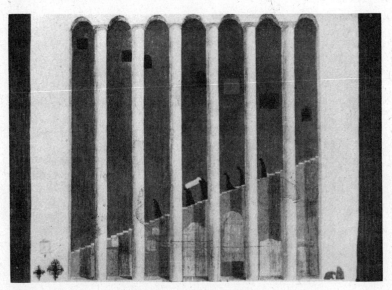

Eduard Wimmer: Szenenentwurf zu Shakespeares „Hamlet" (um 1905)

Ferdinand Hodler: Heilige Stunde (1907). Zürich, Kunsthaus

Ferdinand Hodler: Die Empfindung (1903)

Ferdinand Hodler: Holzfäller (1910). Bern, Kunstmuseum

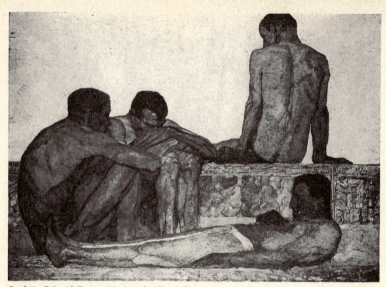

Ludwig Schmid-Reutte: Ruhende Flüchtlinge (1907). Stuttgart, Staatsgalerie

August Gaul: Löwe (um 1900). Hamburg, Kunsthalle

Artur Lange: Die Quelle der Kraft (1909)

Peter Behrens: Haus Schröder, Halle (1906). Hagen

Henry van de Velde: Haus Hohenhof, Eßzimmer (1906). Hagen

Heinrich Tessenow: Siedlungshäuser (1909). Hellerau bei Dresden

Hermann Muthesius: Haus Wegmann (um 1910). Rhede

Peter Behrens: Turbinenhaus der AEG (1909). Berlin

Walter Gropius: Büro- und Fabrikgebäude (1914). Köln, Werkbund-Ausstellung

Georg Kolbe: Sitzendes Mädchen (1905). Marburg, Universätits-Museum

ANHANG

Die legendäre Nachkriegszeitschrift
in einer repräsentativen Auswahl

UNABHÄNGIGE BLÄTTER

DER RUF
DER JUNGEN GENERATION

Eine Auswahl

Die Autoren Enzo Schmaggo · Manuf Rohthmaqqo
Ludwig Gollwitzer · Uwc Wandrci · Norbcspok Gustav
Homm · Dagmar Hall · Gustav Gründgc · Uwc Wandrci
Die Autoren · Enzo Schmaggo · Manuf Rohth Homm ·
Ludwig Gollwitzer · Uwc Wandrci · Norbcspok Gründ
Homm · Dagmar Hall · Gustav Gründgcns · gcnstum·

Herausgeber Hans A.Ncunzig   nymphcnburgcr

302 Seiten. Leinen mit Schutzumschlag

Die schon legendäre Zeitschrift "Der Ruf"
erschien mit ihrer ersten Nummer am
15. August 1946. Herausgeber war Alfred
Andersch, später zeichnete er gemeinsam
mit Hans Werner Richter verantwortlich.
Welche Bedeutung diese Zeitschrift hatte,
wie die in ihr veröffentlichten Arbeiten
geistige und politische Standpunkte
präsentierten, das macht der von Hans A.
Neunzig herausgegebene und eingeleitete
Sammelband "Der Ruf" deutlich. Der "Ruf"
vertrat ein Programm, wie die Arbeiten
von Andersch, Kolbenhoff, Ernst Kreuder,
Horst Lange u.a. beweisen. "Er war die
Hoffnung einer ganzen Generation".
Diese Ausgabe ist ein Dokument. Sie
sollte beachtet werden.
Hamburger Abendblatt

Nymphenburger Verlagshandlung München

QUELLENNACHWEIS DER ABBILDUNGEN

Originalphotographien

Berlin, Deutsche Akademie der Künste, Photo Kraushaar: 181, 481
Bern, Kunstmuseum: 489
Bremen, Kunsthalle: 206
Düsseldorf, Photo Dr. Stoedtner: 180, 183, 187, 193, 195, 202, 468, 474, 485, 488, 495
Hagen, Karl-Ernst-Osthaus-Museum, Photo Gröl: 201
Hamburg, Kunsthalle, Photo Kleinhempel: 490
Hannover, Landesbildstelle Niedersachsen: 199
Karlsruhe, Staatliche Kunsthalle: 203
Lienz, Osttiroler Heimatmuseum: 195
Marburg, Photo Marburg: 180, 185, 194, 196, 197, 207, 465, 468, 472, 476, 478, 479, 482, 483, 492, 493, 495, 496
München, Bayerische Staatsgemäldesammlungen: 480
München, Staatliche Graphische Sammlungen: 467
Stuttgart, Staatsgalerie: 205, 490
Wien, Österreichische Galerie: 477
Zürich, Schweizer Institut für Kunstwissenschaft: 209
Zürich, Schweizer Landesmuseum: 183

Reproduktionen aus Zeitschriften

Deutsche Kunst und Dekoration: 210, 469, 478, 484, 487
Die Insel: 470, 473
Jugend: 475
Die Kunst: 188, 192, 204, 465, 491, 494
Kunstwart: 198
Die Rheinlande: 182

Reproduktionen aus Büchern

Fidus, Lebenszeichen (Berlin, 1908): 201
Heinrich Hammer, Albin Egger-Lienz (Innsbruck, 1930): 204
Maurice Maeterlinck, Der Schatz der Armen (Jena, 1898): 200
Wilhelm Radenberg, Moderne Plastik (Leipzig, o. J.): 179, 208

LITERATURVERZEICHNIS

Folgende Werke und Gesamtausgaben werden im Text nur nach ihrer Band- und Seiten-
zahl zitiert: Adolf Bartels, Rasse und Volkstum. Gesammelte Aufsätze, 2. Aufl. (Weimar,
1920, zitiert als GA); Otto Julius Bierbaum, Gesammelte Werke (München, 1912/17);
Rudolf G. Binding, Gesammelte Werke (Potsdam, 1937); Emanuel von Bodman, Die
gesamten Werke (Stuttgart, 1951/60); Rudolf Borchardt, Gesammelte Werke in Einzel-
ausgaben (Stuttgart, 1955 ff.); Maximilian Dauthendey, Gesammelte Werke (München,
1925); Richard Dehmel, Gesammelte Werke (Berlin, 1906/09); Eugen Diederichs, Leben
und Werk (Jena, 1937, zitiert als LW); Paul Ernst, Gesammelte Werke (München,
1928/37); Walter Flex, Gesammelte Werke (München, 1925); Egon Friedell, Kulturgeschichte der Neuzeit (München, 1947/48); Theodor Fritsch, Neue Wege. Gesammelte
Aufsätze (Leipzig, 1922, zitiert als NW); Stefan George, Gesamt-Ausgabe (Berlin,
1927/34); Hermann Hesse, Gesammelte Dichtungen (Frankfurt, 1952); Friedrich Huch,
Gesammelte Werke (Stuttgart, 1925); Richard Muther, Studien (Berlin, 1925); Hans
Pfitzner, Gesammelte Schriften (Augsburg, 1926/29); Wilhelm von Polenz, Gesammelte
Werke (Berlin, 1909/11); Rainer Maria Rilke, Sämtliche Werke (Wiesbaden, 1955 ff.);
Rudolf Alexander Schröder, Gesammelte Werke (Frankfurt, 1952/63); Ernst Stadler,
Dichtungen (Hamburg, 1954); Eduard Stucken, Gesammelte Werke (Berlin, 1924).
Alle anderen Werke werden nach ihrer Erstauflage zitiert, deren Erscheinungsjahr jeweils
hinter dem Titel vermerkt ist. Wenn nur spätere Auflagen erreichbar waren, findet sich
stets ein besonderer Hinweis. Abkürzungen sind folgendermaßen aufzulösen: DKuD =
Deutsche Kunst und Dekoration, DNR = Die neue Rundschau, IB = Insel-Bücherei,
JGB = Jahrbuch für die geistige Bewegung, KuH = Kunst und Handwerk, KuK =
Kunst und Künstler, NDR = Neue deutsche Rundschau.

NAMENREGISTER

die **halbfett** gesetzten Zahlen verweisen auf die Bildseiten